U0627633

世界传世藏书

【图文珍藏版】

地理知识大博览

赵征⊙主编

第六册

线装書局

二、地理现象之谜

（一）离奇的闪电摄影之谜

一个美国的小男孩在雷雨天气里上树去掏鸟蛋，在他上到树顶的时候，这棵树被闪电击中，毫发无损的小男孩在胸口的位置发现了一个自己掏鸟蛋以及鸟巢的清晰图案。

1823年9月，有个水手被闪电击毙，人们在他大腿上发现了很明显的马蹄铁图形，而在水手头顶上方的桅杆上，刚好钉着一块避邪用的马蹄铁。

1957年，在美国一个牧场，一位女工在雷雨中工作，忽然雷声大作，这位女工感到胸部发痛。解开衣服之后，她惊奇地发现自己的胸前有一头牛的影像。

1976年，美国一位农民正在赶打他的一大群黑猫时，突然闪电大作，将黑猫全部打死。与此同时，这位农民也受了伤。他妻子连忙来照顾他，却发现在他的秃头上有一幅清晰的"怒猫图"：一只只张牙舞爪、横眉怒目的黑猫，活灵活现。她连忙拿来肥皂、洗涤剂等，准备为丈夫洗去这可怕的影像，可怎么也洗不掉。

这些奇怪的现象被人们称为闪电摄影。在身体上印上图像的人，有的已被雷劈死，有的活着，这说明图像的形成确实与闪电有关，而不是人体变化所致。

凡是懂得一点自然科学常识的人都知道，雷雨天气常见的闪电和雷声实质上都是大气中的一种放电现象。可是，为什么闪电还能摄影呢？

自19世纪以来，这个问题就引起了人们的争论，却始终没有答案。有人从摄像原理出发，认为闪电的时候，整个大自然可能相当于摄影棚，闪电起了"透视"作用。但是，对于其中具体的"摄影"机理却一直无法得出具体的解释。此外，闪电"摄影"对摄影对象是否有选择性？为什么能穿透衣服而印在人体上？这依然还是一个谜。

另一种解释是：地球是一个大磁场，在磁场强度较大的环境里，在适宜的温度、湿度条件下，大自然能够以某种未知的机理，储存人物和动物的形象，在同样的条件下，像录像机一样重新放出来。闪电摄影现象的形成肯定与雷电时的高压放电、大气等离子的形成及湿度和温度等因素有关。然而，是否还有磁场参与作用？存贮媒介又是什么？这些问题都需要科学家进行深入探讨。

（二）球形闪电的形成之谜

1981 年，苏联的一架"伊尔-18"飞机从黑海之滨的索契市起飞。当时天气状况良好，远离飞行线 40 千米处有一片雷雨云。当飞机升到 1200 米高空时，一直径为 10 厘米左右的火球突然闯入飞机驾驶舱，发出了震耳欲聋的爆炸声，随后立即消失。飞机上的人惊魂未定，几秒钟后，它再次难以置信地通过密封金属舱壁回到乘客舱。它先是在惊乱一团的乘客头上漂浮着，后缓缓地飘进后舱，分裂成两个光亮的半月形，随后又合并在一起，接着离开了飞机。驾驶员立即着陆检查，发现球形闪电进出的飞机头尾部各钻了个窟窿，雷达和其他仪表失灵，但飞机内壁和乘客没有受到任何损伤。

1993 年 9 月 16 日晚上，江苏省滨海县城天气异常闷热，东坎镇东村的人们在外面乘凉。突然，人们看见一条火龙向西飞来。飞到一户杨姓的人家屋顶上时，变成一只火球窜进屋内。随后火球爆炸，造成一死两伤。

民间俗称球形闪电为滚地雷。北宋著名科学家沈括（1031～1095）在《梦溪笔谈》中，记述了一次球状闪电的实况，描述了暴雷运行的过程：球形闪电自天空进入"堂之西室"后，又从窗间檐下而出，雷鸣电闪过后，房屋安然无恙，只是墙壁窗纸被熏黑了。

球形闪电是一种非常奇特的闪电现象。人们所见到的球状闪电的平均直径为 25 厘米，大多数在 10～100 厘米之间，小的只有 0.5 厘米，最大的直径达数米。球状闪电偶尔也有环状或中心向外延伸的蓝色光晕，发出火花或射线。颜色常见的为橙红色或红色，当它以特别明亮并使人目眩的强光出现时，也可看到黄、蓝、绿和紫色。其寿命只有 1～5 秒，最长的可达数分钟。

根据案例，球形闪电常常出现在雷暴天气，人们会看到球形闪电发光、旋转并发出嘶嘶声、跳动甚至反弹。它经常会从门窗、烟囱甚至房屋缝隙中不动声色地钻进屋内，靠近易燃物如树木、纸张时，一般不会引起火灾，但在它爆炸的一瞬间却可以烧掉潮湿的树木和房屋。如果落进水池，球形闪电还会使池水沸腾。

球形闪电到底是何种物质？虽然半个多世纪以来，人类关于球形闪电的记录多达4000 多次，一直没人能回答这个问题。

有些学者认为，球形闪电可能是因为有某种气体进入臭氧集中区，使臭氧很快分解而形成的；有些科学家认为，球形闪电是一些大气的氮和氧的特殊化合物；还有人认为，球形闪电是一种带强电的气体混合物。但是，还是有很多人不同意他们的说法，这些学者认为球形闪电是一个等离子凝团。总之，关于球形闪电的认识，始终没有达成共识。

新西兰坎特伯雷大学科学家阿伯拉翰森和戴尼斯提出一种理论：球形闪电是硅燃

烧发光所致。该理论认为，当土壤被雷电袭击后，会向大气释放含有硅的纳米微粒，来自雷电袭击的能量以化学能的形式储藏在这些纳米微粒中，当达到一定高温时，这些微粒就会氧化并释放能量。研究人员将土壤样品暴露于跟闪电过程一样的条件下，便会产生含有硅的纳米微粒，其被氧化的速率与球形闪电平均 10 秒钟的生命周期是一致的。

球形闪电

到如今，还没有任何一种理论的解释能够令所有人信服。科学家推测，球形闪电有可能是多种不同自然作用的产物。

球形闪电不但有趣，而且包含着许多秘密，一旦解开这个现象，对人类的生活将有着深远的影响。

（三）连珠状闪电形成之谜

自然界中最罕见的是连珠状闪电，这种闪电像一串闪亮的珍珠。闪电分为枝状闪电、带状闪电和连珠状闪电，闪电的样子不同，与他们相对应的雷声也不同。

带状闪电是从天上一点向下发射出来，像激光一样，有时候甚至可以到达地面，这种闪电对地面的人们危害很大，带状闪电的雷声不好听，声音很大很刺耳。枝状闪电常见于热带草原，每当雨季来临，枝状闪电就成了那片天空的主角，壮观的枝状闪电的雷声没有带状闪电的刺耳，那是一种很轻柔的感觉，没有负担，会使人很自然地产生闭眼享受的念头。

我们应该还记得小学课本中的一条自然常识：如果云层底部的负电荷不断聚集，而地面上正电荷也在不断增加，当两者之间的电压超过空气绝缘能力时，就会产生闪电现象。但是联珠状闪电，世界上绝大多数人却都未曾见过。由于联珠状闪电出现的机会极少，维持的时间也极短，因此人们对这种闪电的成因研究得很少，形成的原因目前尚不清楚。

（四）黑色闪电之谜

1974 年 6 月 23 日 17 时 45 分，苏联天文学家契尔诺夫在札巴洛日城曾亲眼看到一次飞速滚动的黑色闪电。时值一场大雷雨正袭击该城。开始是强烈的球状闪电，一会儿在它后边飞过一团黑色闪电，在灰色云层的背景下看得很清楚。

更为有趣的是，苏军上校包格旦诺夫在莫斯科市的大白天里也目睹到一个平稳地冒着气的黑色闪电，直径大约25～30厘米，像是雾状的凝结物。它的身后呈淡红色的阴影，周围呈现深棕色的光轮，像烧红了的大火球飞快地滚动，不久就爆炸了。

闪电是空中大气放电的自然现象，一般均伴有耀眼的光芒。闪电对于人类来说，并不是什么稀罕事物，人们经常能够见到闪电，尤其在夏季。但是，长期以来，人们只看过蓝色闪电和白色闪电，而从未看见过不发光的黑色闪电。

黑色闪电作为闪电家族中的一员，确确实实存在着。从古代一些岩画判断，人类在5000年前就已经发现黑色闪电。科学家们通过长期的观察研究，也证明确实有黑色闪电存在。

那么，黑色闪电到底是怎样形成的呢？科学家经过多年研究后得出结论：在大气中，由于阳光、宇宙射线和电场的作用，会形成一种化学性能十分活泼的微粒。这种微粒凝成一个又一个核，在电磁场的作用下聚集在一起，像滚雪球一样越滚越大，从而形成大小不等的球。

这些球有"冷"球与"亮"球的区分，"冷"球没有光亮，也不放射能量，可以存在较长时间。而且它发暗，不透明，只有白天比较容易看到。科学家称之为黑色闪电。所谓"亮球"，呈白色或柠檬色，是一种化学发光构造。它出现时，并不伴随某种雷电，能在空中自由移动，在地面停留，或者沿着奇异的轨迹快速移动，一会儿变暗，一会儿再发光。

黑色闪电一般不易出现在近地层，如果它出现了，一定得小心。黑色闪电一般呈现瘤状或泥团状，初看似一团脏东西，极容易被人们忽视，而它本身载有大量的能量。它对金属物极其"青睐"，因而被飞行人员称为"空中暗雷"。飞机在飞行过程中，倘若触及黑色闪电，后果不堪设想。当黑色闪电距离地面较近时，容易被人们误认为是一只飞鸟或其他什么东西，不易引起人们的警惕和注意，如果用棍状物击打触及，则会迅速发生爆炸，小则使人粉身碎骨，大则可能导致一座城市或村庄在瞬间被摧毁！

黑色闪电是怎样形成的呢？一部分科学家认为，它是由分子气溶胶聚集物产生出来的。它是由于太阳、宇宙光、云电场、条状闪电等因素长时间作用于空气产生的。当然，这种说法还需要进一步研究证实。

（五）火山闪电之谜

科学家早就知道火山喷发时会有闪电，闪电一般是和雷暴云、飓风以及其他恶劣天气联系在一起的，不过火山喷出的灰云也能制造出闪电。

火山喷发中的闪电可能与烟柱中发生的类似龙卷风的旋转有关，当火山烟柱旋转时，会造成水龙卷或尘卷，这可能会在烟柱中集中电荷形成闪电。但是科学家并不了解其中具体的过程，研究者觉得闪电可能是由于粒子互相碰蹭，产生了摩擦和电荷。火山喷发产生闪电，可能与普通雷暴云产生闪电的方式类似，这种过程被称为肮脏的雷暴云，在普通雷暴云中，冰颗粒互相摩擦而产生电荷。在火山中，岩石碎片、灰尘和冰可能也会互相摩擦，从而产生电荷。

（六）龙卷风形成之谜

1995 年，一场龙卷风席卷美国俄克拉荷马州阿得莫尔市。有人看到，龙卷风过处，许多户的房子屋顶像滑翔翼般飞起来，房子也随后倒塌；在外面的重物被吹出几十英里之远。大多数碎片落在陆龙卷通道的左侧，按重量不等常常有很明确的降落地带，估计一些较轻的碎片甚至飞到 300 多千米外才落地。

1879 年 5 月 30 日下午 4 时，在堪萨斯州北方的上空有两块又黑又浓的乌云合并在一起，过了大约 15 分钟，在云层下端生成了一个庞大的旋涡，随后又变成一根顶天立地的巨大风柱。

龙卷风旋涡横过一条小河，遇上了一座峭壁，但它在这个障碍物前显得无可奈何，于是它掉头西进，那边正好有一座新造的 75 米长的铁路桥。龙卷风旋涡竟将它从石桥墩上"拔"起，把它蹂躏一番后抛到水中。

在接下来的三个小时，它像一条蛮龙似的在整个州内乱窜，所到之处一片狼藉。

龙卷风是大气中最强烈的涡旋现象，影响范围虽小，但破坏力极大。它往往使成片庄稼、成万株果木瞬间被毁，令交通中断，房屋倒塌，人畜生命遭受损失。龙卷风的水平范围很小，直径从几米到几百米，平均为 250 米左右，最大为 1 千米左右。在空中直径可有几千米，最大有 10 千米。极大风速每小时可达 150~450 千米，龙卷风持续时间，一般仅几分钟，最长不过几十分钟，但造成的灾害很严重。

据统计，每个陆地国家都出现过龙卷风，其中美国是发生龙卷风最多的国家。加拿大、墨西哥、英国、意大利、澳大利亚、新西兰、日本和印度等国，发生龙卷风的机会也很多。我国龙卷风主要发生在华南和华东地区，它还经常出现在南海的西沙群岛上。

由于龙卷风的发生与强烈雷暴的出现密切相关，所以龙卷风一般在暖季出现。但在没有雷暴的寒冷季节里，只要具备强烈对流的条件，也是可以出现龙卷风的。

龙卷风在白天、夜间都能生成，但大部分发生在午后。有时，同时有几个龙卷一起出现。

那么，龙卷风到底是怎么形成的呢？

一般来说，雷雨云是龙卷风诞生的温床。在雷雨云里，空气上下温差悬殊，空气扰动十分厉害。在地面，气温是摄氏二十几度，越往高空，温度越低。在积雨云顶部八千多米的高空，温度低到摄氏零下三十几度。上面冷空气急速下降，下面热的空气猛烈上升。上升气流到达高空时，如果遇到很大的水平方向的风，就会迫使上升气流"倒挂"（向下旋转运动）。由于上层空气交替扰动，产生旋转作用，形成许多小涡旋。这些小涡旋逐渐扩大。上下激荡越发强烈，终于形成大涡旋。大涡旋先是绕水平轴旋转，形成了一个呈水平方向的空气旋转柱。然后，这个空气旋转柱的两端渐渐弯曲，并且从云底慢慢垂了下来。对积雨云前进的方向来说，从左边伸出云体的叫"左龙卷"，从右边伸出云体的叫"右龙卷"；前者顺时针旋转，后者逆时针旋转。伸到地面的一般是右龙卷。

龙卷风的推进速度很快，典型龙卷风的移动时速为55千米，但有些龙卷风的移速则高达每小时115千米；最强的龙卷可高达每小时450千米。

有时候人们会看到水龙卷的现象，俗称"龙吸水"。这是一种偶尔出现在温暖水面上空的龙卷风，它的上端与雷雨云相接，下端直接延伸到水龙卷水面，一边旋转，一边移动。这是一种涡旋，空气绕龙卷的轴快速旋转。受龙卷中心气压极度减小的吸引，水流被吸入涡旋的底部，并随即变为绕轴心向上的涡流。

有的地方还会出现火龙卷，这也是非常罕见的龙卷风形态，由陆龙卷与火焰的结合。2010年，位于南半球的巴西遭遇罕见的干旱少雨天气，全国多地燃起了山火。8月24日，巴西圣保罗市一处火点刮起了龙卷风，形成了罕见的火焰龙卷风景观。龙卷风夹起火焰高达数米，像一条巨大的火龙旋转前进。为了熄灭这条"火龙"，当地出动了直升机。

人们已经知道，龙卷风是在很强的热力不稳的大气中形成的，但对它的物理机制仍然没能够进一步的了解。龙卷风的破坏力似乎可以摧毁一些，但是对于处于龙卷风中心范围的东西却完好无损；有时候它能够把一只鸡一侧的鸡毛拔完，另一侧却完好无损。这些奇怪的现象仍然是一个谜。

（七）丝绸雨之谜

1973年10月22日下午2点，美国马萨诸塞州萨德伯里的一个小男孩飞奔入屋，拉着他的母亲，要她到屋外看看"世界上最大的蜘蛛网"。

他的母亲发现院子里的灌木丛、大树上都挂着一种银白色的网状物质。当她抬头时，看见一个闪闪发光的银色球形体正在向西移动，与此同时，更多的网状物质从天而降。两个小时后，这场丝雨才停下来。

他们用玻璃罐收集了一些样本送往当地的实验室进行化验。根据他们当时的描述，该物质呈白色、半透明状，会在短时间内迅速消失不见。

此事的报道激起人们极大的兴趣，他们中很多人都是第一次听说丝绸雨，而实际上，丝雨降临的现象在历史上并不罕见。资料显示，从公元 679~2001 年间，有记载的丝绸雨事件多达 255 起，其中 215 例发生在 1947~2000 年间。这些网丝状物质如甘霖般挥洒大地，像极了天使柔美的发丝，因而研究人员干脆称之为"天使之发"。

丝绸雨多为纤维状、网状或丝状物质，有的看起来很精细，有的则略显粗糙。它通常是纯白色的，但也可能呈灰色、银色和半透明状。在几起极罕见的报道中，它还具有灰色甚至是黑色条纹。除了一些记录称它散发出一种像樟脑丸一样的味道外，大部分记录都指明它没有气味。

丝绸雨拥有一些非常与众不同的物理特性。它异常坚韧，不易扯断，可是很快它就会蒸腾，只有在极少数的几例报道中有人成功收集了它。这样相互矛盾的特性同时存在，实在让人疑惑不解。

1957 年夏天，美国水族馆的馆长克雷格·菲利普在佛罗里达海岸亲眼目睹了一场丝绸雨后，收集了一些样品放置在密封的瓶子里。但是，当他到达实验室的时候，瓶子里的样品已不翼而飞。

更神奇的是，丝绸雨能直接从固体变为气体而无须经过液化。在很多情况下，人们刚要伸手接住它时，它已经了无踪影了。

那么，丝绸雨的确切成分究竟是什么？它是像雨雪冰雹一样的自然现象？还是只是某种动物，譬如蜘蛛的分泌物？又或者来自另外一个星球呢？

丝绸雨的具体成分让分析它的科学家们束手无策。同一份样本，昆虫学家认为是纤维，而纤维技术人员则认为不对，似蜘蛛丝。

1967 年，苏联时代的科学家利亚普诺夫收到一份来自新西兰的丝绸雨样本。它被密封在一支试管里，总体积还没有1立方厘米的十分之一大。随后，一队科学家对其进行了全面细致的分析。

物理学家克里钦科得出以下结论："这是一种精良的纤维材料。有些纤维的直径不足 0.1 微米。它们大都相互缠绕，组成直径约为 20 微米的纤维束或纤维线。它们不是现在已知的任何物质。"

同样参加此次研究的学者彼得里亚诺夫·所罗科夫最后总结道："这份样本的纤维材料如此精细，它不可能是自然形成的。"否定了丝绸雨可能是一种自然现象的猜测。

如果它不像雨雪冰雹一样的自然形成物，那它究竟从何而来？

1969 年 10 月 8 日，在密苏里的圣路易斯，一大片地区笼罩在纯白、黏稠的丝绸雨中，大部分雨丝一接触地面就"蒸腾"了，而在一些还没消失的网丝中，人们发现了一只蜘蛛。史密森短暂现象研究中心据此认为丝绸雨的成因是随风飘荡的蜘蛛。从此，丝绸雨实为蜘蛛网的说法开始流行。

持这种观点的研究人员认为：年轻蜘蛛能吐出拖曳力较强的丝线，在上升气流的帮助下，飘到几千米高的上空，继而旅行到很远的地方。

蜘蛛经常在秋季的晴天随风飘荡。只有在这样的日子里，地面温度骤然上升形成气流，才可能将蜘蛛带到空中。丝绸雨现象又恰巧多见于这样的天气，于是人们更是相信蜘蛛正是丝绸雨的制造者。

蜘蛛丝是一种由甘氨酸、丙氨酸、谷氨酰胺、亮氨酸和酪氨酸组成的硬朊蛋白质。它是世界上最坚韧的天然纤维之一，不仅强度要比同等直径的钢强五倍，而且延展性良好，可以拉伸至平时长度的 1.3 倍长。甚至有科学家专门研究蜘蛛丝，希望开发出比有机纤维凯夫拉尔更加强劲的材料，用以制造防护性更好的防弹衣。在南太平洋，未加工的蜘蛛网丝还被用作捕鱼网和鸟圈套。

有科学研究发现，蜘蛛可以飘荡到船上，随船在距离陆地几千米远的海上航行。蜘蛛之所以要随风飘荡，有许多原因。

丝绸雨研究专家布莱恩·鲍德曼却认为"蜘蛛网"说法站不住脚。

相关天气资料显示，丝绸雨事件多见于晴天，那时湿度较低，能见度良好。在这么光亮的背景下，蜘蛛折射所发的光强到足以让人们看清实在是不大可能。

还有一种猜想是，丝绸雨是 UFO 为。因为在 57% 有记载的丝绸雨事件中，目击者都描述，丝绸雨降落时，他们看到了不明飞行物。

最典型的案例发生在 1998 年 8 月 10 日。在澳大利亚的新南威尔士，尤妮斯·斯坦斯菲尔德女士和她的女婿看到"蜘蛛网"从碧蓝如洗的天空缓缓降下，同时他们还看到了在做特技回旋的银色球体。有一段时间，可看到的发光球体多达 20 个，它们可以静止不动，也可以徘徊盘桓，还可以急速直角转弯。目击者称，当发光体加速或不断回旋时，丝绸雨就产生了，如果继续加速，丝绸雨就会降落。

在多例报道中，目击者所看到的飞行物多为经典的球形、蝶形和长雪茄型，很少有近年来夜间常出现的三角形。它们通常会反光、发亮，并且具有银色光泽。

于是，有些人相信丝绸雨也是来自外星球的某种物质。有人甚至认为丝绸雨是外星球向地球倾倒的垃圾。不过，认为丝绸雨与 UFO 有关的理论中，最流行的莫过于 UFO 旁的强电磁场氮氧聚合说。

该理论认为，UFO 旁极强的电磁场会发生氮气和氧气的聚化。这些长链聚化物间的联结非常不稳定，容易导致明显的升华现象。

在《飞碟的真相》一书中，艾米·迈克尔介绍了法国空军陆军中尉吉恩·普朗提埃的理论："普朗提埃认为，UFO 现象发生后，由于其旁边的电磁场强度巨大，大气的电离将足够产生超重的正电微粒。这些微粒一旦与大气中的氧气、氮气与水分子等接触，就会产生一系列的化学反应，而丝绸雨就是最终产物。只要电离作用消失，丝绸雨也会了无踪影。"

尽管专家不断收集资料，给出各种解释，但丝绸雨的疑团还是困扰着许多目击者及科学家。或许只有未来的科学发展，能够给我们提供一个满意的答案。

（八）鱼雨之谜

濒临加勒比海的洪都拉斯人很喜欢吃鱼。有趣的是在每年的 5 月至 7 月间，洪都拉斯的一些地区都会下鱼雨。这种现象已经有些年头了，如今更被写进许多民俗故事中。记者没有亲眼见过天上掉鱼的奇观。据说鱼雨来临之前，天上乌云滚滚，大风呼啸，强风暴雨大约持续两三个小时之后，数百条活鱼，便落在地上。从 1989 年开始，洪都拉斯人每年都庆祝鱼雨节。2006 年，洪都拉斯电视台曾报道过鱼雨出现过两次。记者曾打听过鱼雨的成因，不过得到的回答都是"民间传说"版：1856 年，一个叫苏比让拿的西班牙神父来到洪都拉斯。为了帮助穷人，他连续三天祈祷，请神赐予食物。自那时起就开始下鱼雨了。

1861 年 2 月 16 日，新加坡发生了一场地震。地震过后下起大暴雨，当月 20~22 日三天之中，雨下得很可怕。一个叫弗兰西斯·卡斯诺的旅行家和生物学家当时正住在新加坡，他对当时目击的情景回忆如下：

上午 10 点钟，太阳已升起，我打开窗户向外看去，看到许多马来人和中国人正在从地面上积满雨水的水洼中拾鱼，把他们手中的篮子装得满满的。我问当地的居民鱼是从哪来的，他们告诉我是从天下掉下来的。三天之后，地面上的雨水干了，在干涸的水洼中有大量的死鱼。把这些小动物拿来检验，我辨别出是新加坡淡水湖泊、河流中大量生存的鲇鱼，在马来半岛、苏门答腊等地也很常见。它们约有 25~30 厘米长，属成年鱼。

这些鲇鱼生命力很强，离开水之后还能存活很长时间，在地面上能爬行很远，于是我立即想到它们可能是从附近的小溪或河沟里爬出来的，但是我住的房子有院墙，它们不可能越墙而入。一个上年纪的马来人告诉我，他青年时曾见到同样的现象。

1949 年 8 月，在新西兰沿岸地区下了一场鱼雨，成千上万尾鱼撒满一地，有鳕鱼、银枪鱼、黑鱼、乌鱼等等，无奇不有。雨过天晴，人们纷纷拾鱼，大饱了口福。1949 年 10 月 23 日上午，美国路易斯安那州马克斯维下了一场鱼雨，生物学家巴伊科夫亲自收集了一大瓶制作标本。美国圣迭戈下了一场鱼雨，有沙丁鱼和鳕鱼，居民十分惊奇。1974 年 2 月，澳大利亚的一个村子里，降下了 150 多条河鲈似的银汉鱼。

1975 年，英国电台记者罗纳·萨班斯尔讲述了他亲身经历的那次鱼雨趣事：那是第二次世界大战期间，罗纳在驻缅甸的英军中服役，部队来到缅甸、巴基斯坦相连的库米拉城。这里淡水奇缺，每人每天只能喝上几口水。一天，天上乌云滚滚，大风呼啸，眼见一场暴雨即将来临。罗纳立刻脱去衣服，身上涂上肥皂，站在空地上想痛快地洗个澡。雨下来了，可那不是雨水，而是一条条沙丁鱼，打得他身上很痛很痛。不一会儿，罗纳已被埋在几万条沙丁鱼堆中，他挣扎了很久，才从鱼堆中爬出逃回房间。

鱼雨是怎么来的呢？有一种说法是，在湖泊或海洋上方急速旋转的海龙卷可能会把水以及水里的一切东西带进云层中，然后通过强风携带，可能远途"旅行"降落到其他地方，形成规模不等、形式各异的"雨"。海龙卷上部向前倾斜龙卷风根据它发生在陆地还是海上，可分为陆龙卷和海龙卷，海龙卷的直径一般比陆龙卷略小，其强度较大，维持时间较长，在海上往往是集群出现。在大洋上易发生台风或飓风的海区，也容易发生海龙卷，值得注意的是当出现厄尔尼诺现象时，海龙卷发生的次数就会增多，显而易见，厄尔尼诺现象的出现，反映着太平洋东部赤道海区附近及其以南海域的大规模增温现象。

从海龙卷群发生成长的过程，可以把其分成多个成长阶段。在海龙卷群中最成熟的要推"母龙卷气旋"，依次是龙卷气旋族、龙卷气旋、龙卷涡旋、龙卷漏斗、吸管涡旋，构成一个完整的家族。其相互关系是：母龙卷气旋是由多个龙卷气旋组成的，它的作用范围在 10～20 千米，其威力属海龙卷之首；龙卷气旋是由各个龙卷涡旋组成，作用尺度在 3～10 千米；龙卷涡旋也称小龙卷气旋，是由多个龙卷漏斗组成，作用在 1～3 千米范围内；龙卷漏斗也是通常所见的漏斗云，它的尺度约为 300 米，一根漏斗云里有两个甚至三个以上吸管涡旋，所以也称母涡旋；吸管涡旋是海龙卷群中最年轻的，它的尺度一般不超过 30 米，但其破坏力却是最大的，有时比台风威力还大，主要是它那涡旋轴范围小气压梯度特别大，压力差可达 20 百帕以上，为台风内部平均气压差的几百倍甚至上千倍，因此其内部风速极大，多在每秒 100 米以上，要比台风大几倍，所经之处常能造成极严重的灾害，海龙卷能把海上船只和水以及水里的一切东西带进云层中，这些暴风云中的强风则携带着卷进来的东西长途穿行，然后一股脑儿地将它们倾倒在毫无准备的人或建筑物之上。鱼从天而降，这就是海龙卷的作用，即是"鱼雨"形成的原因。

（九）红雨之谜

2001 年 7 月 25 日，印度西部喀拉拉邦突降"红雨"，血红色的液体断断续续地下了两个月，所有河水都被染成一片鲜红，当地居民用自来水洗衣服，衣服也变成了粉红色。随着秋日来临、树叶飘落，猩红色树叶飘零落下，整个大地铺成了一片血红。

为什么会下"红雨"，红色从何而来？这一奇怪的现象立即引来世界各地的研究者前往一探究竟，专家们也给出了几种不同的说法。

说法之一：强风刮来阿拉伯红土

一些调查人员认为，"红雨"不值得大惊小怪。降雨发生前，强风带来了阿拉伯地区的红土，随着降雨发生，红土夹杂在雨水中降落，使雨变成了红色，整个降雨区域也因此被染得一片鲜红。

但是，这种说法当即遭到许多人的反对。设想一下，某个地区一连两个月断断续续地下雨，这可以理解。但是突然连续不断地刮强风，带来阿拉伯地区的红土，这似乎又无法成立。

说法之二：红色沉淀物是外星细菌

印度圣雄甘地大学的物理学者戈弗雷·路易斯在喀拉拉邦收集了部分雨水的沉淀物后，带回实验室作了综合分析。他吃惊地发现，红色沉淀物根本不是泥土、灰尘，路易斯大胆地提出：那是外星生物！

"倘若你通过显微镜仔细观察就会吃惊地发现，'红雨'是一种类似于细菌的物质。根据成分分析，瓶中沉淀物含碳 50%、氧 45%，还含有部分钠和铁，这与微生物的构成极其相似。看来它们从地球外某个星体降落至地球上。简而言之，2001 的夏天，印度不是下雨，而是下起了外星人！"

路易斯同时发现，就在 2001 年 7 月 25 日下"红雨"前的几个小时里，当地突然发生了极为强烈的音爆，喀拉拉邦的居民房屋受到极大震动。根据当时的情况，除非陨石闯入大气层，否则不会产生那样剧烈的反应。因此支持路易斯理论的科学家们由此推断，当天一颗彗星在经过地球时，一些碎片脱落下来，穿过大气层坠落地面。而在这一过程中，碎片由于受到摩擦，烫得发红，分裂成为更多碎片，并伴随着降雨落至地面。由于那颗彗星中含有丰富的有机化学物质，而地球上的生命也是由微生物不断进化而来，所以雨水中的沉淀物也具有生命初期的特征。

当然，路易斯的推论也遭到许多人质疑，大多数科研人员感到这种说法也站不住脚。一位科学家甚至在路易斯的个人网站上发帖，公开指责他的推论"一派胡言"。不过，更多的科学家认为，路易斯的发现或许不正确，但他起码突破了常规思维意识到了些什么。设菲尔德大学微生物学家米尔顿·温赖特目前正专心分析喀拉拉邦的"红雨"样本："现在就定论'红雨'究竟是什么还为时过早，但是我确定瓶中的沉淀物绝对不是泥土，有着本质的不同。不过，它也不具有 DNA，也不像是生物。当然，或许外星生物根本没有 DNA。"

（十）"死雨"之谜

1955 年 7 月 22 日下午 5 时 30 分，在美国俄亥俄州辛西纳提市波尔大街爱德华·姆茨先生家的花园里，正在工作的姆茨先生突然感觉到有一些温暖的红色水滴落在他的胳膊和手上。过了不一会儿，他的四周都下起了红色的雨。天空的云层中涌出一个乌黑云团，红雨就是从这团云彩中落下来的，正好落在花园里的桃树上。"我抬头仰望，"姆茨说，"发现正上方 300 米处有一团从未见过的怪云，并不很大，但颜色非常奇特，呈暗绿、红色和粉色。红色的云正好同落在我身上和桃树上的雨滴的颜色一模一样。我敢说，不管这雨滴中含有什么成分，它们肯定是从这块云彩中落下来的。"

"我对着云块凝视了几分钟，想辨别出它到底是什么物质构成的。此时，我刚才被雨滴淋着的探臂和双手部分开始有烧灼感。它们的确被灼伤了。我感觉就像是把松节油涂在了割破的伤口上。我赶快跑回屋子，用热水和肥皂仔细清洗。"

这些"雨"滴很像鲜血，摸上去油油乎乎的，还有点儿粘。

第二天一早，爱德华·姆茨先生发现花园中的桃树和树下的草皮都已死掉，树枝上挂满的桃子都已干瘪。

下雨时，在那一带上空并没有飞机经过，亦不像某一个化工厂能够产生一块在某一小片地区上空静止不动达数分钟之久的云彩。美国空军曾派人就此采访爱德华·姆茨先生，并取走了桃树、果实和草坪的样品。他们并没有公布研究的结果，"死雨"的实质依然是个谜。

（十一）地震云之谜

1948 年 6 月 27 日，日本奈良市的天空，突然出现了一条异常的带状云，好似把天空分成两半。此怪云被当时奈良市的市长看见了。第三天，日本的福井地区真的发生了 7.3 级大地震。市长把这种"带状""草绳状"或"宛如长蛇"的怪云，称为"地震云"，认为"地震云"在天空突然出现后，几天内就会发生地震。市长的论断，得到了日本九州大学工学部气象学家的支持。

1978 年 1 月 12 日下午 5 时左右，市长在奈良市商工会议所五楼礼堂讲话队突然看到窗外天空中飘动着一条细长的由西南伸向东北方向的红云，他立即停止讲演，向参加会议的大约三百多人宣布，那就是"地震云"！云的上浮力量很大，正要突破其他云层。"地震云"有时呈白色，有时呈黑色，这次因为发生在黄昏，所以呈红色，他估计在两三天内将发生相当大的地震。结果，第三天（1 月 14 日中午）在日本东京以南伊豆群岛的大岛近海发生了 7 级地震。

那么，地震云是怎样形成的呢？

热量学说。地震即将发生时，因地热聚集于地震带，或因地震带岩石受强烈引力作用发生激烈摩擦而产生大量热量，这些热量从地表面逸出，使空气增温产生上升气流，这气流于高空形成"地震云"，云的尾端指向地震发生处。

电磁学说法。地震前岩石在地应力作用下出现"压磁效应"，从而引起地磁场局部变化；地应力使岩石被压缩或拉伸，引起电阻率变化，使电磁场有相应的局部变化。由于电磁波影响到高空电离层而出现了电离层电浆浓度锐减的情况，从而使水汽和尘埃非自由地有序排列形成了地震云。

核辐射说。我们知道，早期核物理学家使用云室（cloudchamber）探测核辐射，利用纯净的蒸气绝热膨胀，温度降低达到过饱和状态。这时，带电粒子射入，在经过的路径产生离子，过饱和气以离子为核心凝结成小液滴，从而显示出粒子的径迹，可通过照相拍摄下来。

地球的大气，其实可以看作是一个简陋的云室，当地球内部产生辐射时，大量穿透力极强的离子穿过地壳进入大气。在适宜的条件情况下，水滴沿辐射轨迹凝聚成云，这就是所谓的"地震云"。这个假说就叫"地震的核爆炸假说"。

地震是一个大陆板块移动而导致的一种运动过程。板块之间相互挤压和分离，导致彼此之间有大量的能量粒子释放。大量的能量粒子积聚在板块之间，大量的能量粒子会穿过岩石，到达地面上方。因此上方的空气会吸收大量的能量粒子，能量粒子在原子核引力的作用下进入原子内部，原子体积开始变大，因为引力的值和距离的平方成反比，所以原子核对原子的整体引力会减小，因为原子的体积变大了，所以原子整体处于一个不稳定的状态。当周围的气流流动大或温差变化大的时候，水分子相互碰撞，打破这种原子整体的不稳定性，原子发生变形，原子核产生引力收缩，大量的能量粒子被压缩释放出去。大量的能量粒子的释放，即发出不同的颜色。

地震云成因众说纷纭。较早的理论由日本的真锅大觉教授提出：地震前地球内部积聚了巨大的能量，使地温升高，加热空气，成为上升的气流，并以同心圆状扩散到同温层。使10000米高空的雨云形成细长稻草绳状的地震云。

吕大炯提出的观点，弥补了该理论中的很多不足。吕提出地震云既能产生于震中区上空，也能产生于远离震中区而又有应力集中的断裂带上空。当因震前容积增大而传递应力至远离震中区时，在应力集中过程中，断裂带上的强应力作用使岩石发生挤压摩擦，使热量增加，地下热流通过断裂带不断逸出地面，上升到高空，形成带状地震云。

寿仲浩对地震云的成因机理也提出了自己的模型。一方面，巨大的岩石在受到外力作用的时候，最脆弱的部分首先破裂、造成小震。这些裂缝一方面减小了岩石的结合力；另一方面，地下水乘裂隙而入，水的膨胀、收缩和化学反应进一步减小了岩石的结合力。随着孕震区构造活动的加剧，由于摩擦等因素产生大量热量，岩石中的水分在高温、高压下变成了水蒸气，水蒸气通过裂缝到达地表；到达地表的水蒸气不断上升，遇到冷凝条件就形成云。

目前，对于地震云的形成原因众说纷谈，虽然各有道理，但是都不能完整的解释地震前出现的这种现象，所以至今还是个谜，而且地震本身是个非常复杂的过程，所以预报地震，最好采用综合法。

除了UFO，天空中还有许多难以解释的现象。几百年来，许多目击者报道了一些看似普通云雾的怪异行为，或者本身看起来就很怪异的云雾。而且有些报道还来自比较有声望的科学杂志。

（十二）逆风而飘的云朵之谜

除了气象学家，也许最清楚云的行迹的要数水手了。1870 年 3 月 22 日，英国"海上夫人"号船的航行日志记录了一片不寻常的云，这个记录和报道后来还刊登在英国皇家气象所的杂志上。

根据报道，船员们发现了一片圆形的云被分成了 5 部分，其中的一部分是个半圆，另外四个部分共同组成了另一个半圆，惊呆了的船员盯着它从地平线上方 20°的地方上升到地平线上方 80°的地方，这片云飘得很缓慢，而且是逆风而行。最后，因天黑了下来，也就结束了对这片怪云的观察。许多人怀疑，这种云很可能是一种飞行器。

（十三）带神秘阴影的云朵之谜

云朵上有一块块黑斑是正常的，但是 1912 年 4 月 8 日版的英国《自然》杂志上报道：在英国的威尔特郡，目击者看到了一块云上的三角形或扇子形的黑斑，这些黑斑会跟着一片云一段时间，之后又快速地跑到后面的另一片云上。据认为，这些黑斑可能是一些飞行器。

一年之后的 1913 年 4 月 8 日版的美国《天气回顾》报道，目击者在美国得克萨斯州发现了一片附有神秘阴影的云。据认为，这是另一块云在阳光的照射下投射到这片云上的阴影，这个阴影形状奇怪，而且还会随着太阳的移动而移动。

（十四）会袭击人的云朵之谜

1975 年夏天的一个早晨，美国长岛牡蛎海湾的一位教师有着一段很神奇的经历。据他描述，就像在童话里一样，他被一块黑云跟踪了。当时他正要钻进汽车，突然看到一片篮球场那么大的黑云在他房子上方飘来飘去，慢慢地扩展着，还变换着各种形状，从小球形到大卵圆形，再到很复杂的形状，最后变成约 2 米高、0.5 米宽的气柱形。他正惊讶地盯着云看，只见这时，黑云好像露出了嘴唇，看起来像是深吸了一口气，之后向他和他的汽车喷出一股水柱，他和车顿时就湿透了。不一会儿，喷水结束，云也不见了。

（十五）扭曲时空的发光雾之谜

有一种发光的雾，钻进去的人就好像经历了一次时空旅行，这听起来有点儿像科幻，但是畅销书《时间风暴》的作者收集了大量的案例来证明这种奇怪的雾的确是存在的。在这些案例里，一些开车或行走的行人在不知情的情况下，毫不犹豫地走进了有些发光的白雾中，之后，有的人就消失了，不久之后又现身了，但是却意识不清。一位司机曾经被发光的雾运到了 900 千米之外的地方。

据一位经历者说，她从家中去一个附近的小镇，刚从主车道拐向去小镇的路，行驶了约 1 千米远就遇上了大雾，她小心翼翼地在雾中行驶了约 500 米，看到前方有灯光透了进来，于是朝着灯光开去，但是走近一看，原来是一座加油站，但她家附近原来是没有加油站的呀！她感到非常惊讶。这时，一个工作人员迎了出来，经询问，这原来是距离她家 400 多千米远的一个加油站。这时她才意识到汽车已经在两分钟的时间里行驶了 400 多千米的距离，而这需要花费她几个小时的时间才能回去。

（十六）逼停飞机的怪云之谜

阿拉斯加境内的安格治空军机场在 1984 年 4 月总共接待了四架飞机的紧急迫降，原因是飞机在天空中遇到了很大的云雾才不得不迫降的。

其中的一名日本籍飞行员是这样讲述这件事情的：

他和机长驾驶着第 36 次班机正在飞越太平洋，前往美国阿拉斯加。途中突然遇到了一团巨大的云雾，挡住了班机的前进道路。这团云雾呈现半球状，它的高度约有 10 000 米，直径大概为 200 千米，不断发着微弱的亮光，把一大片黑沉沉的夜空照射成了蓝灰色。在浓密的云层中飞行是一件非常危险的事情。经过协商，飞机迫降到了安格治空军机场。之前，另外的三架飞机也被迫临时降落在这个机场。

那团奇怪的巨大云雾到底是从什么地方来的呢？四架飞机的机组人员都异口同声地说，自己碰到的那团云雾很像是核爆炸施放出的云雾。美国军方听到了这个消息之后，感到非常紧张，就赶紧派了一批专家携带着先进的设备赶往安格治空军机场，对所涉人员进行检查。他们认为核爆炸注定要产生大量的核辐射，假如这团云雾是核爆炸的产物的话，那么，无论是飞机还是乘客或者是货物，肯定会携带大量的放射性污染物。然而，经过检测，科学家们并没有发现任何一点放射性污染的痕迹。但是，美国高度紧张的神经并没有放松开来。他们派了专家又到飞机发现怪云的那片太平洋水域进行考察测试，可经过仔细地检查，还是没能找到足够的证据来证明太平洋上 4 月 9 日曾经发生过核爆炸，这就意味着无法断定飞机当时遇到的那团怪云是核爆炸施放出的烟雾。

有的科学家认为，这团怪云雾是龙卷风或乱积云聚集而成的一团特殊乱云。但是，这种说法又遭到了否定。因为查阅了美国和日本气象局的微压计量记录和气象卫星在那天拍摄的照片，人们发现所有的资料都表明，那个区域在那天的气象状况始终是良好的，根本不可能有龙卷风或者乱积云。

后来几位大学教授提出了一种猜想：这片怪云是流星闯入云层而引起的。一颗高能量的流星，突然以很快的速度冲入大气层。它瞬间分裂成无数的碎片，向着四面八方飞溅，产生大量的热蒸汽，逐渐凝聚，最后形成了一团巨大的云雾，在高空中缓慢地游动。这时，恰好有几架飞机途经那里，所以就发现了那团怪云。

哪种说法比较科学呢？我们没有答案，可能有一天，人们会揭开这团怪云的神秘面纱。

（十七）冰雹 20 天不化之谜

巴西南马托格罗索州南法蒂玛市曾发生一件让人啧啧称奇的事：20 天前，这一地区下过一场冰雹雨，至今还有不少冰雹没有融化。一般来说，冰雹落地不久即会融化，无法留存，更何况当地气温颇高。

据当地市民回忆，这场冰雹雨持续了半小时，落到地面的冰雹直径约 2 厘米，晶莹剔透。虽然当地的日间气温一直在 25℃ 左右，但冰雹却没有融化的迹象。巴西农业研究公司的研究员表示，这种现象在巴西从未有过。他估计，冰雹迟迟不化，可能是因为该地区是甘蔗种植区，甘蔗叶起到了阻挡阳光的作用。

（十八）神奇坠冰之谜

2011 年 6 月的一天，河北承德一群正在地里劳作的村民，突然昕到空中传来响声。只见一个白色物体从天而降，坠入旁边的树林。不久，又有两块白色物体飞落，砸在河滩和地里。

降下的物体是冰块。最小的直径约 30 厘米，最大的两块将地面砸了一个逾 20 厘米深、直径约 75 厘米的大坑。但奇怪的是，卫星云图和雷达图表明，降冰时，当地几百千米范围内，没有任何的云层。

我们知道，冰雹来时，空中必须有积雨云，还伴随着雷雨大风。这时，空中的上升气流会非常大，才有足够的力量把冰雹托在空中，使冰雹反复穿越在 3000～4000 米高空的零度层。冰雹个体逐渐加大，终于超过了上升气流的承载，降落下来。冰雹落到地面，一般是白色、不透明的，肉眼可以看出里面有很多层的结构，这是它反复穿越零度层的缘故。大的冰雹直径可以超过 10 厘米，小的可能仅有几毫米。可是，河北承德这次坠冰是怎么来的呢？

其实，这次坠冰并非孤立事件，世界各地都曾出现过这种难以解释的坠冰。

"清同治元年（1862 年）秋，日方午，有大星坠于零陵县西乡雷家冲田中，大如斗而圆，色白，其声，久之化为水"。1957 年，内蒙古的鄂尔多斯市金霍洛旗的一个山谷中发现一块有吉普车大的巨冰。1973 年，在甘肃华池县山庄桥找到一块 10 米高的巨冰。

在国外，1860 年，印度的沼泽地落下名为朱码撒拉的陨石，半小时后还看到它表面有蒸发的水雾。但限于当时条件，没有能够进行科学鉴定。

1955 年 8 月 30 日，美国威斯康星州卡斯顿城，一个约 3 公斤的冰块落在街头，距离一名 15 岁少年半米之处。1963 年 8 月 27 日，苏联德莫久得市，一位妇女看到很多冰块飞快地落到一个果园，估计总共约 5 公斤。新千年伊始，西班牙连续发生了 7 次"坠冰"；2010 年 4 月 27 日晨，一个重 20 多公斤、白里透蓝的大冰块从天而降，落到德国巴伐利亚州小城的一个花园……

对这类事件的一种解释是，坠冰是天外来客，正确的名字叫陨冰。它的来源只有彗星，因为彗星的彗核是冰物质。当彗星在运行时受到撞击，从彗核溅出冰块在与地球擦肩而过时，可能被地球引力捕获，穿过大气层降到地面。

（十九）雷电"青睐"男人之谜

不少人看来，雷电是种神秘的自然力量。更有人说雷电是有选择性的，它不"爱"女人，反而更"青睐"男人，这种说法有无科学依据？

有关雷电选择性的最早记录见于 1878 年 9 月 1 日：法国博内勒地区的三个妇女和一个男人正在路上行走，忽然雷电交加，于是他们躲到大树下避雨。女人们害怕把裙子弄脏，没有靠着树干，而那个男子则背靠着大树站着。突然一道闪电从天而降，男子身上的衣服瞬间燃烧起来，女人们过去救他，却惊恐地发现：他已经死了。

更离奇的雷击选择性的记载在英国。一对夫妇搂抱着在树下避雨，忽然一道闪电过后，女人发现丈夫不见了，只在地面上看见一小堆灰烬，原来丈夫已在瞬间"蒸发"了，尽管闪电的温度是太阳表面温度的 5 倍，但女人自己却安然无恙。

据有关统计显示，雷电是仅次于火灾和水灾的第三大灾难。在美国，每年就有近300 人遭遇雷电袭击，约 1/3 的人死亡，死者以男性居多。

这种雷电奇怪的选择性中隐藏着怎样的秘密？湖南省防雷中心副主任王智刚表示，迄今为止，这种现象仍然是一个谜，国内有关专家针对雷电现象的研究，也没有到达那个层面。

雷电的神秘之处在于，它不仅仅更"青睐"男人，而且能变幻出各种神秘莫测的怪异景象。据国外资料显示，排列整齐的一队羊群，雷电可能有规律地间隔击毙其中的一部分；遭到雷击的人或动物，可能在皮肤表面或毛皮之内留下某种图案或"象形文字"。

为什么会出现这种情景？据了解，不论在国内还是国外，科学家们对这些现象至今还无法做出科学的解释。

（二十）白天突然变黑夜之谜

1944 年秋天的一个下午，在辽宁省班吉境内，晴朗的天空突然一片漆黑，伸手不见五指，天好像要塌下来似的。人们惊慌失措，呼天喊地。大约 1 小时后又恢复了光明，人们才渐渐平静下来。

2006 年 4 月 1 日 13 时 10 分左右，山东莱州飘洒着春雨的天空突然变成了"黑夜"，一时间，整个城市都笼罩在黑暗之中。直到下午 3 时 30 分，阵阵大风才把光明重还人间。

青岛也曾出现过白天突降夜幕的奇特现象。一天上午 11 时，阳光高照的天空渐暗，阴云密布。到 12 时许，黑云压顶，天地间一团漆黑，风雨交加，电闪雷鸣，众多行人措手不及，纷纷避往沿街店铺。街上顿时"万家灯火"，路灯齐放，过往车辆车灯大开。这一现象持续了半个多小时。

在晴朗的白天，突然间出现了一段时间的黑暗。它既不是日食，也不是发生在龙卷风之前，而是区域性的暂时情况。这种现象到底是怎样产生的呢？

据当时人们回忆说，在这种白天里突然出现黑暗之前，并没有发现什么异常现象，都是突然发生的。为什么会出现这种天象呢？至今科学家们众说纷纭，有的说是与火山爆发有关，有的说很可能与天外星球来客有关：它们从地球上穿过，又悄悄而去，形成地球上某些地方暂时的黑暗。到目前为止，对于这种天象奇观，还没有合理的答案，只能期待科学家们进一步研究、探讨，并最终弄清这种天象奇观形成的原因。

（二十一）神的"彗星蛋"

在茫茫苍穹中，万事万物都存在着某种联系，如地球上大海的潮汐现象与宇宙间的引力密切相关。而每当明亮、巨大的哈雷彗星拖着它那美丽的长尾巴造访地球的时候，人们总会惊奇地发现一种奇特的现象——地球上会随之出现蛋壳上"印"有哈雷彗星的鸡蛋。

1682 年，哈雷彗星出现时，人们得知在德国马尔堡今黑森州境内，有只母鸡生下了一个蛋壳上布满星辰花纹的蛋。1758 年，当哈雷彗星"访问"地球时，英国霍伊克附近乡村的一只母鸡生下了一个蛋壳上有清晰的彗星图案的蛋。1834 年，哈雷彗星又一次出现，同样又有一只"彗星之蛋"在希腊科扎尼被发现，人们的好奇心于是又一次被激发出来。1910 年 5 月 17 日，当哈雷彗星重新装饰天空时，法国人获悉，一名叫阿伊德·布莉亚尔的妇女养的母鸡也生下一个蛋壳上绘有彗星图案的怪蛋，图案如雕刻，任你擦拭都不改变。这个消息让所有的人不再怀疑"彗星蛋"的真实性。

奇异的鸡蛋为什么会如同哈雷彗星一样周期性地出现呢？这一系列奇特的"彗星蛋"事件，使世界各地的科学家百思不得其解。

一个在天空，一个地上，两者之间有什么联系呢？

然而，很多人相信，正如美国一位科学家所说："彗星与鸡蛋之间存在着因果关系，这种联系有待人们去探索、研究。"苏联生物学家亚历山大·涅夫斯基也曾经认为："两者之间肯定具有某种因果关系。"他甚至大胆推测："这种现象也许与免疫系统的效应原则和生物的进化是相关的。"民间有一种说法认为：遥远天体的运行，会对地球生物产生相当微妙的作用。尤其是像日食、彗星、九星联珠等等略带神奇的天文现象发生之时，更会产生一些带有天文现象图案的"天文蛋"。

科学家为了得到 1986 年的彗星蛋，早在 1950 年时，苏联科学界便在国内联系了数以万计的农户，法国、美国、意大利等 20 多个国家也建立了类似的调查网络。结果，当 1986 年哈雷彗星又一次回归地球时，人们在意大利博尔戈的一户居民家里，又一次发现了一个彗星蛋。

神奇的哈雷彗星与彗星蛋究竟有着什么必然的联系呢？这一神秘的现象至今尚未得到令人满意的答案，仍有待于人们去深入研究解答。

三、天象奇观之谜

（一）海市蜃楼之谜

1815 年 6 月 18 日早晨，英国普鲁士联军与拿破仑军队在滑铁卢进行战役，距此 105 千米远的比利时小城镇市民竟竟看到天空中战马奔驰、大炮无声地发射、密集的队伍冲杀的奇异幻景。

19 世纪时，欧洲的许多探险家深入到非洲的撒哈拉大沙漠进行探险。随着探险队深入到沙漠腹地，所携带的用水日益减少，许多队员焦渴难耐。某一天，他们在寻找水源的过程中，突然发现前方不远的地方有一个很大的湖泊。喜出望外的队员们雀跃着奔向湖泊，却发现总也到达不了目的地。

2005 年 5 月 23 日下午，在有"人间仙境"之称的山东蓬莱群岛出现了极为罕见的自然奇观，上万名市民和游客有幸目睹了这一奇观。人们看到，当海面上的薄雾消退，

海面上空突然出现了一座繁华美丽的城市。城市中的高楼大厦、宽广的街道呈现眼前，甚至还能够清晰地看到人马在路上走动穿梭。这一奇特的现象持续了很长时间，最后随着海风慢慢消失。

上述种种不同时期所看到的奇异景象，其实就是海市蜃楼。在平静的海面、大江江面、湖面、雪原、沙漠或戈壁等地方，偶尔会在空中或"地下"出现高大楼台、城郭、树木等幻景，称之为海市蜃楼。我国山东蓬莱海面上常出现这种幻景，古人归因于蛟龙之属的蜃，吐气而成楼台城郭，因而得名。

关于海市蜃楼的形成，一种解释是，海市蜃楼是由于光在密度分布不均匀的空气中传播时发生全反射而形成的。

夏天，海面上的空气下层温度比上层低，密度比上层大，折射率也比上层大。远处的山峰、船舶、楼房等反射的光线射向空中时，由于不断被折射，就会越来越偏离法线（过入射点与水平线垂直的线）方向，进入上层空气的入射角不断增大，以致发生全反射。光线反射回地面，人们逆着光线看去，就会看到远方的景物悬在空中。

在沙漠中，当太阳照到沙地上，接近沙面的热空气层比上层空气的密度小，折射率也小。从远处物体射向地面的光线，进入折射率小的热空气层时被折射，入射角逐渐增大，也可能发生全反射，人们逆着反射光线看去，就会看到远处物体的倒景，仿佛是从水面反射出来的一样。沙漠里的行人常被这种景象所迷惑，以为前方有水源而奔向前去，但总是可望而不可即。

海市蜃楼不仅能在海上、沙漠中产生，在柏油马路上偶尔也会看到。柏油马路因为路面颜色深，夏天在灼热阳光下温度较高，同样会使路面上的大气层呈现上层空气冷、密度大而下层空气热、密度小的分布特征，所以也会出现海市蜃楼。

（二）绚烂极光之谜

极光是自然界中最漂亮的奇观之一，经常于夜间出现在地球南北两极附近地区的高空。它形状不一，十分绮丽，有时出现一瞬间就消失了，有时却长时间在高空中闪烁着光辉。

在我国的古书《山海经》中曾经有过关于极光的记载：北方有个神仙，相貌如同一条红色的蛇，在夜空中闪闪发光。这个神仙的名字叫作烛龙。"人面蛇身，赤色。身长千里，钟山之神也"。后人推测，这里所说的实际上就是极光。

在北极圈附近的居民中流传着各种关于极光的传说。如因纽特人认为极光是鬼魂为新来者照明道路的火把，挪威西海岸的居民还把北极光视为老太太边跳舞边挥动戴白手套的手。

极光多种多样，五彩缤纷，形状不一，绮丽无比，在自然界中还没有哪种现象能与之媲美。任何彩笔都很难绘出那在严寒的北极空气中嬉戏无常、变幻莫测的炫目之光。

关于极光形成的原因，一直都没有满意的答案。

最早的时候，人们认为极光是地球外面燃烧起来的大火，因为北极区在地球的边缘，所以能看到这种大火。另一种看法认为极光是太阳西沉以后透射反照出来的辉光。还有一种

极光

看法认为，极地地区冰雪十分丰富，冰雪在白天吸收阳光并贮存起来，到了晚上再释放出来，就形成了极光。

极光被视为自然界中最漂亮的奇观之一。如果我们乘着宇宙飞船，从遥远的太空遥望地球，会见到一个闪亮的光环围绕着地球磁极。由于它们向太阳的一边有点儿被压扁的迹象，而背太阳的一边却稍稍被拉伸，因而呈现出卵一样的形状。因此被人命名为极光卵。

极光最经常出现的地方是在南北磁纬度 67° 附近的两个环带状区域内，分别称为南极光区和北极光区。在极光区内差不多每天都会发生极光活动。在极光卵所包围的内部区域通常叫作极盖区，在该区域内，极光出现的机会反而要比纬度较低的极光区来得少。在中低纬地区，尤其是近赤道区域，很少出现极光，但并非不会观测到。1958年 2 月 10 日夜间的一次特大极光，在热带都能见到，而且显示出鲜艳的红色。这类极光往往与特大的太阳耀斑暴发和强烈的地磁暴有关。

目前，科学家们发现，极光一方面与地球高空大气和地磁场的大规模相互作用有关，另一方面又与太阳喷发出来的高速带电粒子流有关，这种粒子流常常是太阳风。由此可知，形成极光必不可少的条件是大气、磁场和太阳风，这三个条件缺一不可。然而，这也只是科学家一个大概的看法，并不能完整地反映出极光的性质。

（三）幻日之谜

2006 年 3 月的一天，大庆出现了四日同辉的壮观景象。当日 7 时 40 分许，在东方止冉冉升起的太阳两侧，又出现两个"小太阳"。它们形似椭圆状，金光耀眼。左侧"小太阳"与中间太阳之间的上方有一道淡淡的彩虹。在头顶上空还有一道色彩鲜亮的彩虹，它的旁边也有一个"小太阳"。

由于观测的角度不同，市民们看到的就成了"两日同辉""三日同辉"，东风新村

和喇嘛甸镇的部分居民则看到了"四日同辉"。

据专家介绍,这种四个太阳的景象,实际上是日晕的一种特殊形式,叫作"幻日",由云层中的冰晶折射造成,是大气的一种正常的光学现象,在南北极比较常见,在大庆市出现比较罕见。

幻日是大气的一种光学现象。在天空出现的半透明薄云里面,有许多飘浮在空中的六角形柱状的冰晶体,偶尔它们会整整齐齐地排列在空中。当太阳光射在这一根根六角形冰柱上,就会发生非常规律的折射现象。当这许多的冰晶在朝阳或夕阳附近时,光线从冰柱的一个侧面射入,又从另外两个侧面射出,产生了反射和折射,就产生了多个太阳,它们实际上是太阳的虚像。最多时曾有过"五日同辉"的记载。由于平时飘浮在空中的六角形冰柱常常是不规则排列的,所以反映不出多个太阳的奇景,因而幻日这种大气光学现象就极为罕见。

(四)空中图案之谜

1988年3月30日下午2时30分左右,在辽宁省本溪市,刚下过毛毛细雨的天空还是阴沉沉的。突然,空中出现一只房子一样大小的三角形无绳双尾大风筝,不一会儿风筝就消失了。接着,空中出现了三个身穿白衣、盘腿而坐的古代人,前两个人戴着诸葛亮式的那种帽子,后一个人挽着发、横别着一个大钗子,还有一个类似麒麟的动物。在流光溢彩的云雾中,他们向西北方向移动。这景象持续了约1分钟。之后,空中又出现一面无杆旗,旗的上端是密密的穗子,旗面上画着骷髅和两根骨头。约1分钟后这些图案也消失了。

1990年6月20日晚8时30分,在苏联敖得萨地区,有人偶然看见一片奇妙的椭圆形灰云。这片云很快就分成两片,并在中间裂开处渐渐呈现一张巨大的俄罗斯古典式安乐椅,椅子上坐着一位头戴王冠、身穿金色的欧洲中世纪皇室服装的女性,她的华丽、高贵如同女王一般。这位目击者还将此景拍了十几张照片。

1990年7月9日凌晨1时,在苏联莫斯科省奥列霍沃祖耶沃地区,月光如洗,天空墨蓝。不少人看到天空中突然出现的巨大屏幕。屏幕上从左至右有一系列图案:带三扇明亮的玻璃窗的房子,满是络腮胡的美国西部牛仔式的脸,类似中国甲骨文的奇怪符号。更令人惊奇的是:巨幕左下方出现的一个戴大礼帽的人头像,先是作闭眼酣睡状,后来眼睛睁开,射出两道耀眼的亮光。

在众多的空中图案事件中最令人不解的是这么一件事:1892年,意大利数学家安东尼开始攻四色定理简化这一世界难题。然而,10年过去后,他的研究没什么大的进展。于是,他来到布隆迪的刚果尼罗山脚下中央高原的森林里冒险。这是非洲部落原始神话中被称为"人的灵魂升天"的地方。一天,他正在思考四色定理,且渐渐理清了头绪，找到了关键的地方之时，突然一声雷响，他抬头看了看天空，发现云彩拼成了一个个几何图案，还有一些莫名其妙的符号。不一会儿，这些图案变成了一些拉丁字母，并且排成一些奇妙的式子。安东尼欣喜若狂，记下了这些式子，终于攻克了难关。也许是他的努力和虔诚感动了上帝，才在天空给他以提示。

这些空中图案是怎样形成的呢？

（五）幽灵光球之谜

1900 年，美索不达米亚地区的两座山脉打起了"网球"，一个光球在两座山脉之间一来一往，持续了很长时间。看起来又像是两座山在战斗，武器就是光球，只见一个火球从一座山上出发，向另一座山呼啸飞去，这个过程同时伴随着雷鸣。这种战斗在白天、黑夜都会进行，但一般都是出现在晴空万里的日子，多云的时候从来没有出现过。

在更早的 19 世纪，"幽灵之光"就出现在美国密苏里州的一个小镇好尼特。这些光球大小有的如棒球、有的如篮球，有的更大；颜色各种各样，而且还会变颜色，远看它们像灯笼或车前灯，但它们的行为很怪异，能够穿过原野飞奔而去或突然消失。许多研究人员对此现象进行了研究，但是都没有找到确切的原因。

2003 年，昆士兰大学的教授对这个现象进行了研究，认为这些不明之光是由于空气的温度高低不同而导致的空气折射现象，例如把 300 千米之外的汽车灯光折射到了此处。这种理论确实能够解释许多奇怪的发光现象，但是这种奇异的光始自 19 世纪，那时还没有汽车呢。

怪光来自哪里？人们自然而然地想到了闪电，根据它们的形状，难道是球形闪电？应该不是，球形闪电一般出现在雷雨前后，而美索不达米亚地区的火球只是出现在晴朗的日子，湄公河上的火球更容易出现在月圆之夜。而且，球形闪电的寿命只有十几秒钟，而那些光球却可以存在很长时间。

那些光球是不是就像极光一样是太阳活动引起地磁场变化而导致的发光现象呢？这也不太可能。因为极光是出现在地球上空的面积很大的一片光，而以上这些怪光只是出现在某个地点的光团。

也有许多研究者认为，这些光团是地震时地壳岩层的挤压和运动导致的压电现象。但是，用地震仪对这些地区测量，并没有发现其附近有丝毫的地震活动。

众说纷纭，但却始终没有一个让人信服的解释，到目前为止，幽灵光球仍是一个未解谜团。

（六）光线雨之谜

2010 年 7 月 9 日晚上 11 点半左右，有厦门市民发现了天空中有几条垂直的光线，最初只有 5 条左右，位置也比较低，后来天空中密密麻麻地陆续出现了近 50 条，而且位置越来越高，仿佛一张五线谱挂在天空中，非常亮。

2010 年 7 月 10 日凌晨，厦门市在环岛路黄厝附近，看到天空出现数十条垂直的神秘光线。当晚，金门也有居民看到同样景象。

随后部分光线被云层挡住，渐渐减弱，凭肉眼只能模糊地看到还有几条光线挂在空中，此时这些光线已在空中持续了近一个小时。当用相机拍下来的时候，惊异地发现相片里仍然有许多条光线。

对于这一奇异现象，厦门气象台工作人员表示台里没有监控到类似的天文现象，"但也不可能是流星雨"。金门航空站作人员表示，当晚他们并没有监测到异常现象，而且 9 日夜间和 10 日凌晨金门也没有举行什么大型活动。

据金门太武之春广播电台的主持人王中圣介绍，当晚金门也有居民看到天空中挂着这些神秘光线，并打电话向当地气象部门询问，气象站的工作人员也在第一时间进行了观测。据悉，当时光线出现在金门岛东南方料罗村的海面上空。另外，金门军方表示也有看到，但是近期军方没有任何夜间行动。

福建省天文学会副秘书长潘先生看到照片后，分析了可能产生这些"光线"的原因。他推测，这些"光线"都挂在空中一动不动，所以，几乎可以排除是来自太空的可能。因为，如果来自外太空，随着地球的自转，"光线"应该也会发生位移。

根据目击者的描述，事发地点很可能是在小金门附近，加上当晚事发天空有云层，只要云层里的水汽密度达到一定条件，就很可能产生海市蜃楼的景象。那么，这些"光线"很可能是小金门地面或海面的光线折射到空中去的。

另外，海市蜃楼确实存在一个从发散到消失的过程，这一定程度上也能解释"光线"从少到多又从多到少的景象。不过，这些只是初步的判断。他认为，首先要确定"光线"所在的具体地域，通过更多的目击者，提供所在的地理位置，看到其方位（东南西北），提供其高度角，这样才能进一步推断到底是怎么形成的。

（七）白天突然变成黑夜之谜

在晴朗的白天，突然间出现了一段时间的黑暗。它既不是日食，也不是发生在龙卷风之前，而是区域性的暂时情况。这种现象在我国曾多次发生。

1944 年秋天的一个下午，在我国辽宁省班吉境内，晴朗的天空突然一片漆黑，伸手不见五指，天好像要塌下来似的。人们惊慌失措，呼天喊地。大约 1 小时后又恢复了光明，人们才渐渐平静下来。

2006 年 4 月 1 日 13 时 10 分左右，山东莱州飘洒着春雨的天空突然变成了"黑夜"，一时间，整个城市都笼罩在黑暗之中。直到下午 3 时 30 分，阵阵大风才把光明重还人间！

青岛也曾出现过白天突降夜幕的奇特现象。一天上午 11 时，阳光高照的天空渐暗，阴云密布。到 12 时许，黑云压顶，天地间一团漆黑，风雨交加，电闪雷鸣，众多行人措手不及，纷纷避往沿街店铺。街上顿时"万家灯火"，路灯齐放，过往车辆车灯大开。这一现象持续了半个多小时。

据当时人们回忆说，在这种白天里突然出现黑暗之前，并没有发现什么异常现象，都是突然发生的。为什么会出现这种天象呢？至今科学家们众说纷纭，有的说是与火山爆发有关，有的说很可能与天外星球来客有关：它们从地球上穿过，又悄悄而去，形成地球上某些地方暂时的黑暗。到目前为止，对于这种天象奇观，还没有合理的答案，只能期待科学家们进一步研究、探讨，以便弄清这种天象奇观形成的原因。

四、神奇大地之谜

（一）沙漠产生之谜

据统计，地球上沙漠总面积约 1500 多万平方千米，占地球陆地总面积的 1/10，而且这个数字还在不断增大。那么，面积如此大的沙漠究竟是怎样形成的呢？

传统的观念认为：沙漠是地球上干旱气候的产物。从地球上沙漠的分布来看，也证实了这一观点。目前世界上的大部分沙漠都集中在南、北纬 15 度~35 度，如北非的撒哈拉大沙漠、澳大利亚的维多利亚大沙漠、南亚的塔尔沙漠、阿拉伯半岛的鲁卜哈里沙漠等。这是因为地球自转使得这一地带长期笼罩在大气环流的下沉气流之中，气流下沉破坏了成雨的过程，形成了干旱的气候，造就了茫茫的大漠。

然而，这一理论并不能解释所有沙漠的成因，比如塔尔沙漠，它的上空湿润多水，而且当西南季风来临时，那里的空气中水汽的含量几乎能与热带雨林地区相比。于是有人认为，尘埃是形成塔尔沙漠的主要原因。

科学家们发现，塔尔沙漠上空的空气浑浊不堪，尘埃密度超过芝加哥上空几倍。尘埃白天遮住了阳光，大气灰蒙蒙的，略呈暗红色，夜间也不见群星。尘埃一方面反射一部分阳光，另一方面又吸收一部分阳光，使本身增温而散热。白天因为尘埃弥漫使得地面缺少加热，空气就不能上升。夜间，尘埃以散热冷却为主，空气下沉，同时也减弱了地面的散热。

于是此地既无降雨条件，又无成露可能。尘埃在这里竟制服了湿气，使地面只能形成沙漠。

那么，这么多的尘埃又源于何处呢？有的学者指出，塔尔沙漠的尘埃最初是人类制造的，人类是破坏生态环境、制造沙漠的真正凶手。正如200年前法国哲学家夏托·布赖恩所说的："野蛮时期是森林、草原，到了文明时期却成了沙漠。"持这一观点的人还以世界上最大的沙漠——撒哈拉沙漠的演变为例，证明自己的观点。

撒哈拉沙漠的大部分地区在远古时代曾是一片植被茂盛的肥沃土地，绿叶葱翠，禽兽成群，万木竞荣……后来，由于人类破坏了原有的生态环境，才"制造"了沙漠。干旱的气候不是元凶，它只提供了形成沙漠的适宜条件。

但也有人不完全同意上述观点，认为撒哈拉沙漠的形成最初是很缓慢的，直至公元前5000年，不知从什么地方飞来铺天盖地的黄沙，才使此地变成了辽阔无际的沙漠瀚海。然而这不期而至突如其来的黄沙又是从哪里飞来的呢？没有人能确切地回答这一问题。那么，到底是谁制造了沙漠呢？

（二）撒哈拉大沙漠有过"绿洲时代"吗？

撒哈拉大沙漠的所过之处全部是沙丘、流沙和荒漠。"撒哈拉"一词在阿拉伯语中是"大荒漠"的意思，非常形象地说明了撒哈拉大沙漠是多么的荒凉。那么，撒哈拉大沙漠究竟荒凉了多久？人们在不断地探索下，终于证明了撒哈拉大沙漠地区远在公元前6000—公元前3000年的远古时期，曾是一片肥沃的平原。早期居民们曾经在那片绿洲上，创造出了非洲最古老和值得骄傲的灿烂文化。

探险家巴尔斯在恩阿哲尔高原地区的岩画上，发现了水牛、河马和一些在水里生活的动物，更让人感到不可思议的是，在这些岩画里边竟然没有骆驼！巴尔斯感到十分迷惑，因为只有在有沙漠的地方，才会有骆驼呀！水牛、河马必须在有水和草的草原上才能生存。撒哈拉大沙漠里的岩画上没有骆驼，这就说明这里在远古时代一定是水草丰茂，绝不会是像现在的这副样子，到处都是沙丘和流沙，到处是死气沉沉。

科学家用放射性碳-14测定年代的方法测出，这些壁画在距今4500—7400年的时候被创作出来。科学家们还发现，这些壁画往往是用不同的风格，在不同的年代被刻画在岩壁上的，所以重重叠叠地刻画在一块儿。这些说明，那时候，撒哈拉地区的人们在这里长期地生活繁衍。也就是说，那时候的撒哈拉地区正处在有水、有草、人兴畜旺的草原时代。

科学家们经过研究和分析，认为撒哈拉地区由草原退化为沙漠经历了一个漫长的过程。撒哈拉地区先是气候发生突然的变化，导致降雨量急剧减少。这些少量的雨水，流进了内陆盆地，可是由于雨水流量不多，也就滞留在这里。流水所带的泥沙在盆地里慢慢淤积，盆地增高以后这些水就开始向四周泛滥，慢慢地形成了沼泽。经过漫长的时间，沼泽里的水分在太阳的照射下慢慢地就变干了，沙丘开始出现在撒哈拉的大地上。这时候，撒哈拉地区的气候恶化得更加严重，风沙也越来越猛烈。撒哈拉地区也就慢慢变成了沙漠地带。

（三）冬热夏冷的"怪地"

在辽宁省东部山区，从桓仁县沙尖子镇船营沟到宽甸县的牛蹄山麓这段总长约15千米的地带，地温反常，夏天冒冷气，冬天冒热气。冬天，在这地段，有的山岗上，绿草茵茵，花果葱葱，仿佛春天般的景象，而山岗的四周，草木枯萎，冰封雪裹，一派冬季萧条的景象。夏季，这些地方好像安装了空调器似的，把寒气吹到地上。据当地人说，新中国成立前的某个夏天，一位国民党的军官把一匹战马拴在一个山洞前的树桩上，第二天，这位军官惊奇地发现战马几乎被冻死了。

这块"宝地"为当地农民带来了许多好处。且不说为冬季农业生产提供了良好的小气候，就日常生活而言，提供了许多便利。村民只要垒个山洞或石头坑，就是一个"纯天然冰箱"。酷暑时节，将鸡鸭鱼肉放到"冰箱"里，就不会坏。

据辽宁省地质部门初步考察，在沙尖子镇的一个长约200米、宽约80米的地方，冬季气温为零下30℃时，在地上挖1米深的坑，坑内温度竟达17℃；夏季气温为30℃时，地下1米深处的温度约为零下12℃。

此外，还有些地方也有类似的现象。譬如：在河南省林县石板岩乡西北部太行山半山腰处，有一个叫"冰冰背"的地方，每年阳春三月，太行山百花盛开时，"冰冰背"开始结冰，直至八月，寒气逼人；冬季，四周结冰，唯独"冰冰背"没有结冰，且热气如蒸，花草茂盛。在湖北省宜昌五峰县白溢寨主峰北侧，有一个奇特的山洞，每当三伏天，外面骄阳似火的时节，石缝中便自然凝出大型冰块。

为什么会有这种反常的现象呢？目前，科学家还没有进行很深入的考察研究，因此也还没有一个确切的答案。一些科学家也做了些推测：有的认为地下有储气构造和特殊的保温层；有的认为地下重叠着寒、热储气带，终年释放气流，遇冷则热气显，遇热则寒气显；有的认为是一种特殊环境下的小气候……

究竟是什么原因所致，但愿科学家们早日能给我们一个确切的说法。

（四）神秘的黑竹沟

在四川峨边境内，海拔4288米的马鞍山东坡，有一片200多平方千米的原始森林。这个地方名叫黑竹沟。

黑竹沟神秘莫测，十分恐怖，相传有数十人进入黑竹沟内失踪。且不说当地有多少人丧生其内，就以有关政府部门组织的考察活动来说，也曾失踪多人。譬如，1966年3月，一个解放军测绘小组，除一人留在沟外无恙外，进入沟内的6人，一死三伤两失踪；1976年9月，四川省林业厅勘探大队入沟调查，有两名技术人员失踪。此外，1986年和1991年，川南林业局组织的资源调查队终因遇险等原因中断调查。

当地人谈"沟"色变。他们世代传说：在沟内一个叫关门石的峡口，一声人语或犬吠，都会惊动山神。被触怒的山神会吐出阵阵奇雾，把闯入峡谷内的人卷走；或者招来暴雨冰雹，惩罚入峡谷者。他们还传说，当地的大熊猫不吃竹子而爱吃羊……

据报道：1994年4月和6月，一支由7人组成的科学考察队，两度进入黑竹沟，想揭开黑竹沟神秘的面纱。

考察队员在当地彝族山民的帮助下，历经千难万险，成功地进入当地人所说的关门石峡谷。原来，那儿与周围阴森可怖的原始森林相比，却是一个风景秀丽的峡谷。至于那儿为什么被当地视同恐怖的代名词，还不清楚。

考察队通过调查，证实黑竹沟内的熊猫确实会吃羊。据当地村民说，仅1992~1993年，就有22只羊被咬死。熊猫吃羊的方式与其他野兽不同，它们主要是吸羊血，吃脑髓和肝脏；而且吃饱后便头枕残羊在羊圈中抱头大睡，显得不慌不忙，颇有"绅士"风度。甚至1994年3月，一头重150多千克的母牛，也被熊猫吸干血，掏尽内脏。当地人知道熊猫是国宝，也不敢加害于它们。一向吃竹子的熊猫为何大开杀戒，变得如此凶残？当地彝族同胞解释说是箭竹少了，不够它们食用，它们是被迫食肉。而据考察队考察，当地的箭竹林仍有不少，这是怎么回事呢？目前还是一个谜。

（五）南极干谷之谜

南极是人类很少涉足的大洲，在那里还有许多现象人们无法解释，"无雪干谷"就是其中最神秘的一个。总面积达1400万平方千米的南极大陆，大部分被冰雪覆盖，从高空俯瞰，南极大陆是一个中部高四周低、形状极像锅盖的高原。这个被形象地称为冰盖的冰层，平均厚度为2000米，最厚的地方可达4800米。大陆的冰盖与周围海洋中的海冰在冬季连为一体，形成一个总面积超过非洲大陆的白色冰原，这时它的面积要超过3300万平方千米。

在南极洲麦克默多湾的东北部，有3个相连的谷地：维多利亚谷、赖特谷、地拉谷。这段谷地周围是被冰雪覆盖的山岭，但奇怪的是谷地中却异常干燥，既无冰雪，也少有降水，到处都是裸露的岩石和一堆堆海豹等海兽的骨骸，这里便是"无雪干谷"。走进这里的人都感到一种死亡的气息，于是它又被称为"死亡之谷"。

当科学家探测至此，他们对于岩石边的兽骨百思不得其解。最近的海岸离这里也得有数十千米，而远一点的海岸则要有上百千米。习惯于在海岸旁边生活的海豹一般情况下不会离开海岸跑这么远，可这些海豹偏偏违背了通常的生活习性来到这里。那么，海豹为什么要远离海岸爬到"无雪干谷"呢？

一些科学家认为，这些海豹来到这里是因为在海岸上迷失了方向。在这个没有冰雪的无雪干谷地区，海豹因为缺少可以饮用的水，力气耗尽而没能爬出谷地，最后干渴而死，变成了一堆堆白骨。

由于存在着鲸类自杀的现象，还有一些科学家认为这些海豹跑到无雪干谷地区就像鲸类一样是自杀。可是并没有充足的理由证明这是海豹自杀，因而有些科学家认为，这些海豹可能是受到了什么惊吓，在什么东西的驱赶下才到了这里。那么海豹在过去的年代里到底是惧怕什么而慌不择路呢？又是一种什么样的东西将它们驱赶到这里呢？这真令人费解。

（六）骷髅海岸之谜

瑞典生物学家安迪生在1859年走进骷髅海岸，立刻大喊："我宁愿死也不要流落在这样的地方。"这里折断的船体是它唯一的伴侣；沿岸荒漠，一轮明月投下阴森诡异的倒影，曾有的希望在海与风的咆哮声中愈发虚幻。这里有海市蜃楼，但是就不该有幻想。

骷髅海岸位于纳米布沙漠和大西洋冷水域之间，纳米布沙漠是世界上最为干旱的沙漠之一，烈日每日煎烤着这里的每一寸土地。近500千米的海岸异常的荒凉，本应美丽的金色沙丘充满了褶皱，斑驳的痕迹仿若哭泣的老人。阴森的气息令人不寒而栗。沙丘之间海市蜃楼闪闪发光，亦真亦幻，那是骷髅海岸最美的时光，也是对生命的最大讽刺——一边给人生的渴望，一边夺取人的生命。

滔天的大浪泛着白色的泡沫猛烈地拍打着海岸沙滩，夹杂的无数碎小石砾一遍遍洗刷着沙滩。无边无际的海风不停地呼啸而过。当地的土著猎人称这种来自海上的风为"苏乌帕瓦"，这是一种不祥的风。风来时，海岸上的沙丘迅速向下坍塌，无数沙砾间因为摩擦发出巨大的咆哮之声，轰隆隆的就像来自地狱的吼声，也许，这就是来自地狱的挽歌吧！为那些走进骷髅海岸的人奏响的灵魂之歌。

这里是生命的禁区，只有羚羊和沙漠象才敢进入。骷髅海岸遍布各种飞机和沉船残骸，因失事而破裂的船只残骸，至今依然杂乱无章地散落在骷髅海岸，没有人敢前往为他们收拾残局。骷髅海岸处处杀机重重，八级台风、交错的水流、来去无常的海雾、莫名出没的暗礁，众多船只在此无故沉没。但是仅仅这些还不能称之为骷髅海岸。人类的骸骨、零落的飞机碎片，骷髅海岸为何频频杀人于无形中？这里一定有一些不为人所知道的事情。无数个案例证明了骷髅海岸原因不明的风险。

1933 年，瑞士飞行员诺尔从开普敦飞往伦敦，飞机莫名失事坠落在此，而诺尔的骸骨至今下落不明。骷髅海岸因此得名。记者随后纷纭而至，都无功而返，徒添了骷髅海岸的名气。

1942 年，英国货船"邓尼丁星"号触礁沉没，3 名婴儿和一些船员乘坐救生艇登上骷髅海岸等待救援。数架飞机、几艘救援船、大型轮船等等从各地赶往出事地点救援。救援历经 4 个星期，堪称历史上最苦难的一次救援。遗憾的是找到的大多为遇难者尸体，生还者寥寥无几。一艘救援船在救援中触礁，导致三名船员遇难。被救者大多神志恍惚，语言不清，没有一个人能清晰表述他们的遭遇。

骷髅海岸最为无解的是 12 具无头骸骨。1943 年，骷髅海岸被发现有 12 具无头骸骨横卧在一起，不远处还有一具儿童骸骨。一块已经风雨斑驳的石板上写着一段话："我正在向北走，前往 96 千米处的一条河。如有人看到这段话，照我说的方向走，神会帮助你。"这段话写于 1860 年，那个年代有谁会来到这里，他又是通过什么到达这个荒无人烟的地方呢？这些遇难者来自哪里，他们是谁，为什么会如此惨烈的暴尸海岸呢？他们的头颅去了哪里，是谁残忍的割下了他们的头呢……

许多勇敢的探险家在骷髅海岸留下了足迹，却都发誓永不再来，不只是因为畏惧，单单无情的风声已经封锁掉了人类一切的好奇心。骷髅海岸是地狱的一角，没有人敢轻易去冒犯。

骷髅海岸的风沙在继续，那掩埋其中的残骸，无人晓得他们的秘密。

（七）雅丹魔鬼城之谜

漫天的狂风卷着滚滚黄沙凄厉的呼啸着，犹如魔鬼出没一般。"西出阳关无故人"，本已灰暗的心情面对此情此景却有了一种生命激扬的感觉，玉门关外的雅丹魔鬼城，有着魔鬼般恐怖面容，也有着生命的苍凉与悲壮。

雅丹地貌是沧海桑田最好的见证，千万年前湖泊荡漾密林高耸，而今除却黄沙没有一滴清水。如能工巧匠般的风将泥沙戈壁雕刻成千姿百态的"城池"，"魔鬼城"就出现了。中国西部雅丹地貌独居世界之冠，而雅丹魔鬼城更是其中的翘楚。与其他雅丹地貌相比，其规模远远超过了教科书中的定义，举世罕见。一座座土黄色的"古城堡"耸立在青灰色的戈壁上，蓝天白云下分外妖娆。戈壁沙浪波涛翻涌，"古城堡"就像无数岛屿矗立在汹涌的海面上，海走山飞，气势如虹。

雅丹魔鬼城最低处也有 5 米，最高点可达 30 米，点点鬼影洋洋洒洒几百米。远观其貌，像极了中世纪颓废的古城。这座风沙雕刻的城市，城墙蜿蜒，小道穿插，宫殿巍峨，广场宏大，危台高耸，垛堞分明……可谓一步一角色，一里一洞天，起伏变化间惟妙惟肖。留心观察，世界上所有的著名建筑都可以在这里找到缩影，不论北京天坛、西藏布达拉宫、巴黎凡尔赛宫、埃及金字塔，还是莫斯科红场、埃及狮身人面像。你看它像什么，它就是什么，其中玄妙实在值得琢磨。

为何雅丹魔鬼城能聚集如此众多的"名胜古迹"？很多学者显示出了研究兴趣，当一切纯属巧合时，也许确实有奥秘存在。可惜研究无法推进，因为没有任何证据能推翻雅丹魔鬼城是自然之物。自然是雅丹魔鬼城的建造者，不需要设计，不需要计划，千百年来随意的涂抹雕刻，就能将世人完全征服。

走入魔鬼城，在奇形怪状的土丘间，人突然就会想要逃离。这里干涸的地面没有一丝生气，黑色戈壁上寸草不生。侧壁而立的土丘清晰可见沉积的层理，举目可见处都是纵横交错的土丘残骸。对于雅丹魔鬼城而言，有人喜欢它的化腐朽为神奇，有人偏爱它的沧桑味道，有人钟情于它隐隐约约呈现出的生命质感。"天若有情天亦老，人间正道是沧桑"，如若万物皆有生命，雅丹魔鬼城那森森白骨之上片片岁月的残骸想必早已老去。

雅丹魔鬼城鬼脸一日三变。明媚阳光下，雅丹魔鬼城一片澄净，硬朗的线条间散发着阳刚的气质；正午时分，戈壁旋风卷起几柱"大漠孤烟"，轻飘上九霄，海市蜃楼渺渺瀚海似有似无，仿佛整个雅丹魔鬼城都浮于其上；斜阳西下，如血残阳下，雅丹魔鬼城一抹金黄，一会儿又是橘红，浓烈的色彩几分神秘几分威严。入夜，一座座嶙峋的土丘在地上投下长长的阴影，乍然望去，犹如幢幢鬼影穿梭城中，令人脊背发凉。"魔鬼"也有安静的时候，冬日白雪覆盖下，魔鬼城内出现了无数个童趣盎然的"雪人"，像孩童般甜蜜地熟睡，梦里是不是在和魔鬼打仗呢？

苏醒的魔鬼是可怕的，当雅丹魔鬼城内狂风大作时，天地变色，地动山摇。狂舞的飞沙四处冲撞着，呼啸声几里外都能听到，听着无不毛骨悚然。风沙共吼，有时似魔鬼狞笑，有时似孤魂野鬼哀号，有时如地府群鬼乱叫，有时如人之将死的绝望哭声……漫天黄沙遮天蔽日，魔鬼城此刻实如其名。一座不能靠近的地狱之城，一座令人生无可恋的绝望之城。毫不夸张地说，夜晚逢此情景，任英雄好汉也能吓破胆。

有人说只有走进雅丹魔鬼城，才能真正理解行走在天地间的感觉。诚然如此，打量着千百年来伫立于此的土丘，感同身受。雅丹魔鬼城是怪诞的，是玄妙的，又是真实的。深沉凝重的黑色戈壁上雅丹魔鬼城演绎着属于自己的暴力而粗野的传奇。

（八）艾尔湖之谜

世界之大无奇不有，南澳大利亚的艾尔湖当列其中。若以海拔而论，这片"水域"是澳大利亚大陆最低点，在海平面下 16 米；若以面积而论，艾尔湖是大洋洲最大的湖，也可以说是世界上最小的湖，因为它的面积并不确定。艾尔湖可以无影无踪，也可以浩瀚湖水碧波云天。从 0～9500 平方千米之间都可能是艾尔湖。

艾尔湖最不寻常之处在于这片水域中难得有水。据说，百年内艾尔湖只有 4 次水量完全充盈。这个区域年降水量不足 127 毫米，年蒸发量高达 2500 毫米。当河流从发源地向西流淌时，炎炎烈日经带走了绝大部分水量，有时走到半路就没了水的踪影。只有天降暴雨，艾尔湖才会暂时水波荡漾，更多时候干涸的湖床上铺天盖地的盐壳才是湖中的主角。

湖水干涸时"盐湖"20 厘米厚的盐壳阳光下闪闪发光，白得耀眼。你会纳闷南澳风情中不该有此种景象吧？盐壳上小昆虫倏忽爬过的痕迹小巧可爱。偶尔可见的动物尸体干净真实。一小洼水中，垂死的小鱼做着最后的挣扎。在水和盐的交替中，艾尔湖更像一个无辜的孩童，被上天善意地捉弄着。虽然如此，艾尔湖周边并不缺少水源。地下的大自流盆地源源不断地为这里供给着可用水。

艾尔湖另一神奇之处在于每百年 4 次的湖水渗透景象，这是艾尔湖最喧闹的时刻。当艾尔湖渗满水时，诸多动物蜂拥而至，二十多年一次的美食怎能错过。澳洲塘鹅、白海鸥、红颈鹬、高脚鸟及鸥嘴噪鸥，它们从遥远的昆士兰飞抵这食物丰沛之地，繁衍后代。世界各地的游人也都来一饱眼福，据说艾尔湖中的水养颜美容效果非同一般。

每逢湖水渗透，地质学家、生物学家、海洋学家等都赶到艾尔湖，想探究这一神秘现象的成因。不同的解释各自的理由令人眼花缭乱，可惜谁都推测不出下次渗透的时间。也许突如其来的惊喜更值得珍惜吧！

艾尔湖的湖水和盐壳来来去去，没有人能说得明白。

（九）猛犸洞穴之谜

当人类愈加融入天空时，地球深处就愈加神秘。猛犸洞穴，地球深处最长的地下迷宫，就是对这句话的最佳诠释。走入猛犸洞穴，无尽的黑暗、稀薄的空气、无声的恐惧、汹涌的暗河、未知的支洞，时刻挑战着你信心不足的灵魂，束缚着你自由的身体，走入其中没有人知道下一秒会是什么。

这个与猛犸无关的地下迷宫，上下 5 层，高可达 30 米，拥有 255 个溶洞，77 个地下大厅，8 道瀑布。几百眼竖井纵横交错，数条暗河穿洞而过，钟乳千姿百态。从被发现，猛犸洞穴的岩壁就写满了探险家的历史，在已知的 600 千米中每一米长度的延伸都凝聚了血与泪。没有人知道猛犸洞穴的终点在哪里，因为它还在不断延伸着自己的触角。也许正是这种未知的神秘，吸引了众多探险家前仆后继。

猛犸洞穴深处更为神秘的是它洞中的生物。在洞中光线最好之地，几十种藻类、菌类、苔藓类植物铺天盖地，极具生命力。白日，猛犸洞穴岩壁挂满了硕大的印第安纳蝙蝠，层层叠叠令人毛骨悚然。入夜，印第安纳蝙蝠周旋在猛犸洞穴中，当他们铺天盖地飞出觅食时，一轮明月下，仿若吸血鬼正在苏醒。

而在那茫茫黑暗中，200 多种顽强的生灵繁衍生息，近 1/3 过着与世隔绝的生活。达尔文的自然进化论在这里得到了证明，由于常年看不到光明，猛犸洞穴里的生物就自动地把眼睛进化没了。地下 914 米，没有眼睛的肯塔基盲鱼悠然自得，几百万年来仅靠水中养分生存。据说第一个发现盲鱼的是一个黑人奴隶，他是跟着一条拴着绳的鱼到达那里的。遗憾的是当他从洞中出来讲给别人听时，没有人相信他，更有人待他当作疯子看待。猛犸洞穴内的蜘蛛习惯了洞中冰冷的温度，不小心来到地面就会像炸弹一样自己爆炸。几千年的进化成就了这些神奇的生物，而人类的好奇又给它们带来了新的威胁。

历史上最先发现猛犸洞穴的印第安人对猛犸洞穴心怀感激，因为这是他们躲避白人追杀最好的避难所。为了逃命，印第安人在黑暗中沉默着，微弱的火把光亮在贼风中奄奄一息。

凡尔纳的《地心游记》描述了别样的地心世界，也许在猛犸洞穴深处真的存在。

（十）卡尔斯巴德洞窟之谜

回望一下明媚的阳光，留恋下美好的人间景象，卡尔斯巴德洞窟漫天飞卷的蝙蝠是黑暗的使者，是勇气的宿敌。在深不可测、高不可攀的洞窟内一路蜿蜒而下，黑暗中与蝙蝠共舞，挑战的激情与未知的恐惧都达到了极致。迄今所探测卡尔斯巴德洞窟最深处达 305 米，最大洞窟堪比 14 个足球场。洞穴上下 3 层一以贯之，气势令人悚然，完整而真实地展现着海陆变迁。

炫目的钟乳石、精致的石炭帷幕、华丽的洞穴珍珠，卡尔斯巴德洞窟像一座豪华的宫殿，孤独雄伟地屹立在黑暗之中。1200 米长的巨室洞窟，高达 85 米，宽度近 188 米，周遭钟乳石幔顺势垂下，一道道光线下黄色、粉色、蓝色摇曳生艳。一根直径 6 米的石柱凌空拔起，就像祭祀的高台。偶有的微生物在黑暗中绽放着残留的光芒，星星点点间给人希望又令人畏惧。对于这里的生物我们只见其光而不知其形，它们集体分泌液体吃掉一切接近它们的生命。对于这里的居民我们所知更少，洞壁原始的岩画线条简单而粗犷，却有天外来客的痕迹。

黄昏时分，百万只蝙蝠从阴暗冰冷的洞窟中倾巢出动。在漫天黄沙的天底下遮天蔽日的呼啸而过。卡尔斯巴德洞窟最深处除了蝙蝠还未有人类的足迹。有人戏言其下或许直连大海，更有人干脆说其下自成世界，有吃人的怪兽……关于卡尔斯巴德洞窟的影片恐怖而悬疑，倒也符合。

绝美的钟乳石并不能掩盖卡尔斯巴德洞窟未知的危险。

（十一）艾伯塔恐龙公园之谜

恐龙，一个6500万年前突然灭绝的物种，一个迷失在远古尘埃后面的千古之谜。地球，曾一度是它们的乐园，海陆空是它们的领地，其他一切动物都只能望而却步。然而，辉煌如过眼烟云，转瞬即逝，瞬间竟从历史上消失的无影无踪。地球霸主为何神奇灭绝？是地球的突然变冷，使它们耐不住寒冷，还是行星的撞击破坏了它们的食物链？迷雾团团，神秘疑惑。只有那千奇百怪的恐龙化石，向人类证明了它们曾经存在过，来到过这个神秘世界。

艾伯塔恐龙公园位于加拿大艾伯塔省西南角、布鲁克斯四周的红鹿河岸，占地5965公顷，因数量丰富、种类繁多、保存完好的恐龙化石而闻名遐迩。这里地带狭长，地形奇特，丘岗遍布，沟壑纵横交错，形成石柱、山峰和重重叠叠的彩色岩层；这里平原、森林、灌木和沼泽混杂交错，河流曲折蜿蜒，草木繁茂浓密，飞禽走兽竞相攀援奔跑；这里曾是地球霸主恐龙的快乐天堂、梦幻摇篮。6500万年前它们自由自在地生活在这里的陆地或沼泽附近，当死去时，其骨骼被新的层层泥沙掩埋。随着时间的推移，形成了化石，经过更长时间的演化，新的沉积盖住化石并把它们保存起来。

漫漫岁月，时光悠悠，在历史的长廊里，谁也逃脱不了生死轮回。生命的产生与终结，是造物主的刻意安排。也许生命消失，一丝痕迹也不曾遗留，让我们无从知晓过去的对白；也许只留下支离破碎的线索，让人类不断去探索、发现。恐龙，这个曾不可一世的神秘物种，激起了人们狂热的探索欲，唤起人们追寻远古世界的热情。

一块神秘之石引发的假说精彩玄妙、匪夷所思：2.5亿年前，小行星撞击地球后，火山喷发，全球变暖，细菌滋生，剧毒肆虐，海洋生物首当其冲，遭受灭顶之灾；毒雾弥漫整个陆地，所经之处，哀鸿遍野，尸骨无存，草木枯竭……灾难几乎摧毁了整个地球。死亡，成了这个时期的代名词。漫长的岁月里，世界一片荒芜，到处蔓延着毒气。为生存而变异，成了幸存者的主题。生与死的选择，开启了新时代。

恐龙，开始主宰着地球，横行霸道，耀武扬威。号称骨骼破碎机的霸王龙，同类嗜食者的玛君龙，眉骨砸平机的震龙，邪恶弯刀杀手的诺弗勒恶龙……让人毛骨悚然。华阳龙，性情温和，然攻击敌人时则凶猛无比，棘刺和甲板会变成可怕的血红色，长钉般棘刺的尾巴会在敌人身上戳出一个个大窟窿。艾伯特龙，凭借剑一般的速度、血盆大口和尖牙利齿，让其他动物闻风丧胆。恐龙，或高大或矮小，或奔跑或飞翔，或温顺或凶恶，或食草或肉食，形态各异，秉性各异，充满了神奇与灵异。

辉煌总是转瞬即逝。明媚的阳光洒满了大地，微风徐徐吹来，天空蔚蓝无比，成千上万的恐龙在悠闲嬉戏，谁也不曾料到灾难在悄悄地降临。神秘的行星，既成就了曾经横行一时的地球霸主，也促其使走向了灭亡。这次，不安分的行星又一次撞击了恐龙生活的地球，只不过，这次，恐龙不再是幸运儿。

我们人类是否这样假设一下：当小行星再次撞击地球时，我们人类的世界将会怎样？人类的命运又将如何？当年由于小行星的撞击，曾经的地球主人灭亡了。那么，会不会有一天，人类也会像恐龙一样，彻底从这个蓝色的星球上消失？

艾伯塔恐龙身世之谜，引人入胜，引人深思。这个曾经的地球霸主，并不因其灭绝而被遗忘。探求恐龙之谜，充满了神秘与奇异。

（十二）哈莱亚卡火山口之谜

清晨太阳的第一道光芒会飘落在哪里？"一定是哈莱亚卡火山"，夏威夷人高昂着骄傲的胸脯。这里是时间开始的地方。

哈莱亚卡火山，夏威夷人心目中的"太阳之家"，夏威夷先祖半人半神的毛伊曾将太阳神禁锢在此，以求永远的光明。哈莱亚卡火山见证了夏威夷先祖们天性的形成和荣耀的过往。于夏威夷人而言，哈莱亚卡火山已经不仅仅是一座巨大的火山，而是他们信仰所在。当失去了家园，没有了土地，坚守也许就是唯一能做的。

哈莱亚卡火山海拔 3056 米，火山口周长 33 千米，纵深 853 米，是世界上最大的休眠火山之一。18 世纪的某一次喷发后，哈莱亚卡火山便沉寂下来，余下的巨大火山口仿若一个宝盆藏尽了夏威夷的秘密。其实最初的哈莱亚卡火山口并不巨大，但是经年累月的风雨侵蚀，如今的火山口足以容纳整个纽约曼哈顿岛，足以容纳人类理解之外的所有自然奇迹。

依着长路慢慢靠近哈莱亚卡火山口，周遭蔓延着肃静和安谧的气氛。遥望火山口，没有丝毫生气，红褐色的岩石和青灰色的火山灰铺天盖地地铺满了整座山脉，空气中夹杂着干燥的热风，着实不令人舒服。脚下松散的沙粒随着每一步哗啦啦滚下山坡，就像骤然撕裂了一块棉布。

火山口是哈莱亚卡火山最为绚烂的地方，在阳光的映射下，随着角度的不同变幻着不同的色彩，赤橙黄绿青蓝紫，点点光影如雨后彩虹般迷人。似真似幻，不像人间。

有人说，这里是离月亮最近的地方，此言不虚。放眼望去，90 万年的火山喷发形成了无数个小火山口，大大小小的拥挤在一块，酷似月球表面上的环形山。每一处火山口都落满了岩石、火山锥、火山灰层和火山弹，火山口内部坑坑点点、层层叠叠。

举目而望，周遭全是冰冷的岩石色，环形火山口此起彼伏，没有一丝生命的迹象，夜色中若不是一轮明月挂于天际，着实会让人以为自己此刻身处月亮之上呢。

哈莱亚卡火山口上空电磁往来频繁而异常，不知电磁来自哪里，也跟踪不到去向哪里。一座拱形的屋顶在山间若隐若现，这是美国夏威夷科学城，专门用来观测和研究外星空间的。多年的研究成果，美国秘而不宣。如果地球之外确有外星人存在，那么毫无疑问他们一定会选择哈莱亚卡火山作为他们的基地，谁让这里离月亮最近呢？

深不可测的火山口内部辽远而苍凉，沿着火山口内部的点点痕迹慢慢走入火山口，生命之初的苍茫和美丽慢慢拉开了序幕。千万年前喷发的滚滚岩浆混杂着浓重的气体在雷电的催化下形成了最初的生命，时间从这里开始。

可惜没有人能真正进入哈莱亚卡火山口深处，我们引以为自豪的几百米不过是万米长跑的第一步。没有人知道那深邃之处有什么，更没有人知道已经沉睡的哈莱雅卡火山会何时喷发。黑暗的火山口中，忽而闪过一丝火光，是生命的迹象还是外星人的信息？

荒芜和冷峻的火山很难生长有漂亮的植物，但是哈莱亚卡火山除外。干热的白天，温度骤降的夜晚，毫无养分的火山灰土壤，就是在这种极端恶劣的环境下，一种植物，只有这一种植物"银剑"在海拔 1828~3048 米之间的哈莱亚卡火山怒放着自己璀璨的生命。这种银灰色的濒危植物能顽强的长到 150 厘米高，寿命长达 20 年之久。在生命即将完结的瞬间，"银剑"会开出成百上千朵紫色的花，那是哈莱亚卡火山最旖旎的时刻。

撩人的夜色掺杂着夏威夷醉人的美景写就了哈莱亚卡火山的神奇，身着草裙的当地土著跳着节奏神秘的祭祀舞蹈向哈莱亚卡火山膜拜。夏威夷人对哈莱亚卡火山充满了敬畏之情，也充满了感恩之情。而今唯有哈莱亚卡火山附近保有最原始的夏威夷群落。哈莱亚卡火山保佑着夏威夷人生息繁衍，保佑着他们原始自由的生活。

哈莱亚卡火山与夏威夷人注定不能分离，因为彼此，他们更添神秘。

（十三）塞布尔岛之谜

泰坦尼克号的沉没，千人死亡的惨状令多少人扼腕叹息。借助影视的推动力，对于沉船的考察和研究一时令探险家们兴趣盎然。一艘船只的沉没莫过于自身和外界两方面的原因。可是，你有没有想过，经过一个小岛的周围，也会存在着沉船的危险呢？

世界上还真有这样的地方存在，加拿大新斯科舍半岛东南部的大西洋中，有一个塞布尔岛令无数过往的船只胆战心惊。一组数据显示，在此岛周围大约有 500 余艘船只沉没，先后有 5000 余人丧生。最令人不可思议的地方是，船只一旦沉没，便杳无踪迹，无论搜救人员怎么搜索，都找不到丝毫蛛丝马迹。

针对这个诡异的现象，科学家进行了研究，他们惊奇地发现：塞布尔岛竟然会移动！它是由松散的泥沙堆积而成的，整个岛上见不到绿色的植株。当巨大的飓风刮来时，小岛竟然会像轻舟般随海浪飘荡到别处，移动速度非常快，似乎被什么力量在推动其前进。能被推进的原因之一是，塞布尔岛的面积比较狭小，东西长约 40 千米，南北宽约 1.6 千米，总面积仅有 80 平方千米，如此狭窄的区域作为一个整体活动很是便捷。在 200 余年的时间里，小岛竟然向东"滑行"了近 20 千米，平均每年移动百米左右。

小岛周围遍布细沙浅滩，只有 4 米左右深的水量。那些船只沉没前的共同遭遇是经过这里时搁浅，进而动弹不得，如人落入沼泽地般，只能随着松软的流沙渐渐下沉直至沉没。有人曾偶然目睹几艘排水量达千吨、长度近百米的轮船误入浅滩后再也出不来，只能任由流沙埋没。

为探寻船只沉没之谜，科学家们进行了不遗余力的研究。却一直没有得出确切的结论。因为还是有些现象无法解释：对于这样一个可以变换位置的小岛和周围大面积的浅滩，过往的船只应该能尽早观察到而避开，为什么却自投罗网呢？是船只赶不上岛屿移动的速度？还是流沙具有粘连船只的属性？抑或是神秘力量将其吸入沙中？没有人知道其中的缘故，或许只有那些逝去的灵魂明白其中的奥妙，而沉船发生后的无人生还的现实，使事实永远地埋葬在历史的尘埃中。

（十四）乐业天坑群之谜

倘若有时光穿梭机，我们可以回到过去任何想去的时代，可惜这只是人们美好的想象，空余慨叹在心中。但是有一个地方，能够给你提供最古老的景观和百万年前的动物化石。这里就是大约形成于三、四百万年前新生代第四纪的乐业天坑群。

乐业天坑群位于中国广西百色市乐业县，于 1988 年被国土资源部的工作人员发现。此后的十几年间，随着天坑群被开发为旅游景点，前来探险、游览的人络绎不绝，成为当地的一大胜景。

天坑群由众多的独立天坑相连组成，占地约 20 平方千米。从高空俯瞰，天坑似在崇山峻岭中鬼斧神工般被凿出的一个竖井，四周环绕着悬崖峭壁，光秃秃的无法攀援，颇有"千山鸟飞绝，万径人踪灭"的派头。远观的惊人图景令人心中不禁感叹造物主的神奇，怎样的力量才能成就如此的绝境？带着这个疑问，跟随科考探险队员的脚步和披露的信息，人们对它的了解逐渐清晰。

古语说：无限风光在险峰，乐业天坑群便是一明证。天坑底部的景色别具风情，在光照不够充足的情况下，大片的原始森林生长繁茂，树木粗壮、高耸，一看便知年代久远；密密匝匝的灌木丛穿插其间，人们行走无从下脚；森林下方的土地上覆盖了

一层厚厚的苔藓，踩上去如地毯般光滑舒适；幽暗的河水舒缓地流动着，用自己的语言窃窃私语着。

由于天坑地势环境的极端恶劣，人类的触角还未伸向那里，它才能保持其独具特色的原汁原味。行走在森林中，无数意想不到的新发现令科学家们惊异万分：与恐龙同时代生长的国家一级保护植物桫椤、蓝色的石头、方形的竹子，被认为绝迹的古生物洞螈、盲鱼、水生无脊椎动物、白色猫头鹰、透明虾、中华溪蟹、幽灵蜘蛛等。这里的动植物种群种类繁多，数量之庞大令科学家们心中窃喜，为勇于创新的他们开辟了一展身手的机会和场所。而他们的几次考察只是管中窥豹，只见一斑，相信还有很多未知的领域等待人们去探索。

对于天坑形成的原因，众说纷纭。有人认为是外星人到地球一游后留下的痕迹，所以才显得如此古怪和难以勘察。科学家对此辟谣：天坑的形成不是什么天外来客的杰作，而是由于乐业县特殊的石灰岩地质所致。石灰岩具有可溶于水的特性，在雨量充沛的情况下，落在石灰岩地面上的雨水裹挟着溶解的石灰岩顺着地缝向下流动，汇入暗河，扩大溶蚀的范围，日积月累，造成了大面积的地下空洞，最终导致地表下陷坍塌，才形成了天坑的奇特景观。

天坑底部的风貌独特，带给人无限的遐想空间。天坑底部的原始森林面积为 9.6 万平方米，旁边峭壁上若隐若现的中国地图的面积也是 9600 平方米，这些数据和中国国土面积数目的吻合现象令人费解；流经天坑的两条暗河为何具有一冷一热的相异现象，科学家们也无法解释清楚，唯有期待更进一步的考察与探究。

天坑的神秘莫测，吸引了众多中外科考探险队员前来探访。新奇与刺激并存，也夹杂着心酸的悲情故事。1999 年的一次考察活动中，探险队员们在经过一条水浅不宽的暗河时，武警少尉覃礼广在搀扶众人涉水渡过河后，突然落水，刹那间便不见了踪影，搜救工作持续了一个多星期后无功而返。令人困惑的是：走过如此浅近的河流，中老年人尚且绰绰有余，年仅 25 岁的武警战士为何会失足落水？失足落水后为何会不见踪影，难道河流的流速足以在一瞬间将人带离原址？时隔一年之后，一对美国探险专家夫妇发现了他的遗骸。于是乎，天坑吞噬人的传闻愈加给这里平添了一层神奇而不可捉摸的色彩。

在世事变幻剧烈，万物皆非昨日的外部环境中，乐业天坑群还保留着一些百万年前的原貌特征，我们可以借此了解到自然界的过去，人类进化的轨迹，令人欣喜不已。若非外力作用，它的状态依旧如故——在无人打扰的秘境里我行我素地生活、繁衍，直至永远……

（十五）巨人之路之谜

有人说英国北爱尔兰海岸巨人之路是大自然鬼斧神工最好的证明，千万年的冰与火雕塑出它的神奇。6000万年前地壳剧烈运动，频繁的火山喷发溢出大量的玄武熔岩，灼热的熔岩将美丽的海滩覆盖，在与海水的亲近中凝固成规则的六棱柱状体。太阳、海风、水流……诸多的巧合经历了沧桑岁月才有了如今的巨人之路。

巨人之路海岸并不平整，直立的峭壁平均高度可达100米，有些诡异，有些凶险。这片漫长的海滩布满了规则的玄武岩六边形棱柱体，大约有38000余根，绵延千米而井然有序，就像一条人工开凿的堤道，气势磅礴。巨人之路千万年矗立在海水与海风中，任凭它们任意雕刻。每根石柱的条理不尽相同，向人们展示着亿万年岁月的痕迹。乍然一看，石柱大小均匀，极为美轮美奂。但仔细观察，柱体也有高低错落，整齐中藏着无穷变化，自然之趣盎然。有的石柱高耸入云，就像皇宫高高的"烟囱"；有的石柱粗粗胖胖，简直就是富人家的大酒缸；有的石柱道道节理紧凑，像极了夫人们手中的扇了……

巨人芬·麦克库尔爱上了远在苏格兰的姑娘，为了迎娶自己的心上人，他费尽千辛万苦在大西洋中修建连接两岸的堤路，千丈悬崖抵挡不住他前进的脚步，海风中巨人的新娘款款走来，巨人之路就是他们爱情的见证。关于巨人之路的传说众多，独独这个流传最广，原始粗犷的岩柱、浪漫的爱情故事，别样的搭配也很有韵味。

走在巨人之路，近可观峭壁上镶嵌的根根柱体，远可眺沿岸壮阔的层层海涛，长达8千米的岩柱泛着赭褐色的光芒从峭壁直直的插入大西洋深蓝色海水中，汹涌的海浪肆无忌惮地拍打着岩柱，漫天的白色泡沫转瞬即逝，湿漉漉的岩柱间充斥着浓烈的远古洪荒气息。

关于巨人之路的争论近几年成为苏格兰和北爱尔兰的热点，掺杂了民族感情的奇迹并不少见，但让人如此伤痛的唯有巨人之路。所有来到巨人之路的人都会深切感受到北爱尔兰和苏格兰的情缘，如果不是这段海峡，曾经的至亲怎会隔海相望？猎猎风声贯穿石柱，大浪淘沙淘尽古事今悲。曾经有人建议摧毁巨人之路，因为它总是让人伤怀，其实大可不必，人间世事皆有因，岂干他物？

据一些学者考证，因为水流的侵蚀、海风的风化，巨人之路愈加瘦削。也许再过上几百年，巨人之路就会淹没在冰冷的海水中，消逝在潮湿的海风中。而那时我们来这里要看什么？当我们为此苦恼不堪时，有学者声称巨人之路并不会消失，因为它本来就不是自然所为。此言一出，举世哗然，巨人之路不是冰与火的产物那会是什么？至今没有人找到过巨人之路的根底，它们就像无根之木般令人敬畏。它们的根在哪里，难道穿透了地球来到了另一个世界？自然之力好像并未如此神功。那么它们是史前遗迹抑或外星基地？这两种说法都存在。认为史前遗迹的学者找到了英格兰巨石、卡纳克石柱作证，虽不是同一时期产物，但却有相通之处。认为外星基地的学者找到了天象图，浩瀚的大西洋一定有我们所不知的神秘，因为它的意义不仅仅只是地球的，由此推论，巨人之路也许就是大西洋和外星人联络的基地或者指示。这两种说法都有不少追随者，但不得不承认他们都缺少拿得出的证据。

与其他石柱群相比，巨人之路好像更为简单，更为纯粹，也许就因为它的简单或者纯粹让我们忽略了探究它的真实。巨人之路于我们而言，依然神秘得一塌糊涂。"当世界从混沌初开中形成它现在的模样时，不经意中在此遗漏了一小块残片，这也许便是混沌时代的最后一块残片"，19 世纪的某一天萨克雷站在"巨人之路"岩柱脚下喃喃自语道。

（十六）阿切斯岩拱之谜

"这里是地球上最美丽的地方"，当美国作家爱德华走近犹他州荒漠中的阿切斯岩拱时，完全被荒野上密布的铁锈色的拱形石所征服。2000 多个自然雕刻而成的岩拱聚集在 2000 平方千米的土地上，阳光下的他们沉默又充满了自然的力量。

亿万年前这里海浪汹涌，沧海经不起岁月的煎熬慢慢变成了桑田，只是退却的海洋抛弃了厚厚的岩层，任凭他们被滚滚而来的岩石撞击。岩石和盐层的亲密结合堆砌成了大块的盐丘。又过了千万年，一条江河从这里流过，它无情地洗刷着"盐丘"。水滴石穿，盐丘内部的岩石被天天消解着。直至一天剥落崩塌，于是世界上有了"阿切斯岩拱"。流水走过，风儿吹过，继续着自然的侵蚀之功，阿切斯岩拱的身上每天都有岁月的痕迹，而它也在一天天地被改变着模样。

阿切斯岩拱地区的气候非常糟糕，炎热至极的夏天、寒风刺骨的冬天，干燥的地面很难看到新鲜的绿色。无论人类怎么努力保持水土，这里的风沙总会以加倍的速度侵蚀着每一寸土地，每一块岩拱。有的岩拱昨日为纤巧的双拱，今日就成为零落的乱石。也许千万年后，这里只有散落的沙砾，或者连沙砾也不会存在。"你见证着一个岩拱的垂暮，下次来访它也许就不存在了。"人类在自然面前是无比渺小的，在阿切斯岩拱面前亦然如此。

走近阿切斯岩拱，你会感叹自然的鬼斧神工，也会惋惜自然的漫不经心。有些岩拱美艳动人，恰如娇美的新娘翘首盼兮；有些岩拱残破不堪，仿若风烛残年的老人。漂亮的"纤美石拱"已经成为犹他州车牌的标志，它就像一道彩虹飞跨几十米，40 多米高的顶部却只有薄薄的几尺，让你时刻担心它会崩溃在风沙的猎猎声中。也许它知道它的生命即将结束，所以才恣意绽放着脆弱的美丽。

印第安人最早来到阿切斯岩拱地区，虽然这里的环境十分恶劣。他们学会了在岩拱上作画来记录他们的生活。简单的线条，粗糙的痕迹展现了印第安人随遇而安的个性。印第安部落有自己的秘密，阿切斯岩拱也有自己的秘密，没有人知道他们还能在这里竖立多少年，也没有人知道他们最终的归宿。

沧海桑田于人而言，无比的漫长；于阿切斯岩拱，却只是一刹那的开始与完结。

（十七）艾尔斯岩之谜

在澳大利亚大陆中心广阔无垠的荒漠中，矗立着一座孤零零的巨石——艾尔斯岩，它在此地屹立了上亿年，没有人知道它从哪里来，为什么要如此执着地坚守。像一座谜石般吸引、困惑着人们一探究竟。

艾尔斯岩的基围周长达 9 千米，高出地面 348 米，全长近 3000 米。在沙漠中孤独地矗立着，看日出日落，听风声雨声，默默地诉说着光阴的故事。据传巨石是由一名来自南澳州叫威廉·克里斯蒂·高斯的测量员在工作中偶然发现的，巨石的壮观风貌一度让他以为自己产生了幻觉。后以当时南澳州总理亨利·艾尔斯的名字命名此石。从此，艾尔斯巨石名声大噪，成为令千万参观者终生难忘的奇异景观。而居住在附近的土著民族——阿南古人将巨石作为膜拜的"圣石"加以保护，尊崇万分，艾尔斯岩的价值更加非同一般

艾尔斯岩最奇特的地方在于它被不同时间段的阳光照射，会绽放出五彩斑斓的色彩。清晨太阳刚刚露出顽皮的笑脸时，它会穿上浅红色的礼服迎接阳光的洗礼；正午，烈日当空，巨石通体焕发出黄澄澄的明艳色彩；而黄昏日暮时，抓紧这最后的时光，它又再度神采奕奕，姹紫嫣红般变幻着色彩，如美丽的火焰在跳动；当天空披上了漆黑的幕布时，它终于返璞归真，停止了绚烂的表演，以自己黄褐色的本来面目平静示人。由于它所展现的无穷魅力，人们一度以之为神奇，不敢质疑其神圣的地位。直到地质学家的科学解释才令人恍然大悟：艾尔斯岩的主要组成部分是红色砾石，含铁量高，易在外界条件的变化下容易发生氧化作用。巨石表面的氧化物在太阳的照射下，才会反射出不同的颜色，让不明就里的人心生敬畏。

关于艾尔斯岩的来历，众说纷纭，有人说它是"天外来石"，几亿年前的陨石坠落，在此地安家落户；有人说它是亿万年前由于地质变化作用浮出水面的海底沉积物，沧海桑田后，海水褪尽，只有它如孤独的老者，还停留在原地踯躅前行。由于年代久远、缺乏证据，它的起源后人很难解释清楚，成了千古难解之谜。口耳相传中它的未知领域被无限扩大，产生了持续久远的影响力。

（十八）土耳其地下城之谜

海拔千米之上的卡帕多西亚高原荒凉又诡异，巨大的火山岩被切削成几百座如金字塔般的尖岩，放眼望去，悬崖、碎石、沟壑遍地，裸露的岩石寸草不生。但是在此偏偏有成百上千座古老的岩穴教堂和不计其数的洞穴住房隐于地下。

1963 年，地下城池，这个好像只有科幻小说中才有的事情在这里成为现实，而且

不止一处。10 年间，一共有 63 处地下城镇被挖掘，据说还有更多的未知城池沉睡于地下。每个地下城池规模大小不一，有的只能居住几十人，而有的可容纳上万人。目前所发现最大的地下城池共有 1200 间石头房子，1.5 万人能生活其中。通过一个像井一样的入口便可以进入奇迹，上下 8 层的架构复杂而巧妙，走廊迂回曲折，只能弯腰行走，用蚂蚁窝来形容很是贴切。

随着发掘的进展，人们惊奇地发现所有地下城之间都能通过地道连接起来，最长的隧道近 9000 米。这些古老的城市层层叠叠，深达数十米，纵横交错，四通八达。在这里生活是毫无问题的，因为地下城池具备了一个城市所有的要素，居室、酒坊、牲畜圈、仓库、礼拜堂、水井、墓地，石梯是交通工具，通话孔是联络工具，圆形石门是防御设施，城市中心的通风口密如织网。穿梭攀爬在地下迷宫，每一转身便是一个收获，总有更幽深更神秘的洞穴出现，当然迷路也是正常的。

如迷宫般的恢宏地下城市群是何人何时兴建的，为何又被遗弃呢？为什么要修建如此庞大的地下城池呢，为了防御还是出于某种信仰？

有人认为这是上帝信徒的避难所，躲避圣像迫害运动的基督徒修建了岩穴教堂的同时修建了规模庞大的地下城，以备东山再起。这一观点得到了大多数人的赞同。因为高原上的每一个火山尖岩几乎都被挖空修造为教堂。这些外表粗陋的教堂别有洞天，精美的圣画、优雅的穹顶、精雕细琢的圆柱、华丽的拱形门、虔诚的十字架……基督教的痕迹无处不在。这群坚守自己信仰的人在这不毛之地过着与世隔绝的生活，尽管暗无天日，尽管环境恶劣，他们依然虔诚地祈祷着。据记载，公元 6 世纪这里的教徒已达 6 万人。岩穴教堂、地下城池，如此相近的建筑很有可能出自同一群人之手。

但是有人坚持地下城池的年代远比这些基督教建筑要早得多，公元前土耳其就成为各种民族文化的交融地，赫梯、高卢、希腊、马其顿、罗马、帕提亚和蒙古人等都在此安营扎寨过，地下城未必不是其中哪个民族为了军事目的修筑的，不得不承认，此说也有道理。

那么会是哪个民族修建的呢？在地下城最深一层，考古学家惊喜发现了闪米特时代的器物。这个古老的神权民族大约于公元前 1800 年在这片高原生活过。地下城很有可能由闪米特民族修建，卡帕多西亚高原西南部确实发现了新石器时代遗址，由此推断地下城已经存在了近 4000 年历史？

但是依当时原始的石斧石刀之力怎么凿入地下 80 米深处的呢？如此宏大的工程，绝非一朝一夕之力就能完工。据专家测算，仅仅那条 9000 米隧道就需要 1000 个工人连续工作十年。配备如此完善的城池，事前规划、严密组织、统筹安排等等缺一不可，对于当时仅以填饱肚子为主的远古人而言，应是比登天还难的事情吧。

在地下城的一些文献中提到了"飞行的敌人"，难道将如此庞大的城池修建于地下是为了防备"飞行的敌人"？在远古时代，卡帕多西亚曾发生不明原因的大爆炸，大爆炸是不是"飞行的敌人"制造的？这"飞行的敌人"会是谁呢？地下城池中的居民好像突然就从世界上消失了，难道是被"飞行的敌人"集体劫掠去了？

土耳其地下城给了我们太多的不解之谜。

（十九）札达土林之谜

见过形态各异的自然景观，但是大片的土林群还是第一次见到。在西藏阿里札达县境内，由地壳运动引发地质活动，再加风化侵蚀作用，雕琢出栩栩如生的土林景观。

说起土林的来历，当地还流传着一个动人的传说：很久以前，土林密布的地区是一片美丽的湖泊，湖水与蓝天斜阳相掩映，景色宜人。突然有一天，狂风怒吼，波浪翻滚，湖底向上挺起了一座土山，矗立在水中央，阻断了湖泊中水的流动。又不知过了多少年，这座山在风吹雨蚀不断地侵袭下，演变成了目前的模样，也成为当地人信奉和膜拜的对象。因为一位喇嘛教活佛曾说过：札达土林是自然形成的佛教圣地，这样奇特神秘的山势是上天赐予西藏独一无二的礼物。

成片的土林沿着象泉河两岸绵延起伏，参差不齐地展现着有序的层次，聚集在一起，显现出不同的形态。有的如巨大的瓶体直立；有的如列队的卫士；有的如院门前的台阶；有的如低矮的房屋；还有的如古典的城堡，林林总总，不仔细琢磨很难辨别清楚，让人看花了眼。土林的成色源于大地，黄澄澄的一片。站在远处眺望，在阳光的照射下，反射出金黄灿烂的光彩。而最美的土林则是在黄昏时分呈现：彩霞满天的映衬下，土林也浸染了霞光变幻后的各种色彩，或黯淡，或明亮，或温暖，或冷峻，呈现出光与影交汇的风貌，宛如在看一场生动的无声电影。札达土林包围着札达县城，在城中行走，必须穿插土林而过，当地人都习以为常，他们一直在津津乐道的却是另一段传奇：古格王朝。古格王朝的遗址散落在具有土林风貌的山上，与山体密切贴合，融为一体。

漫步王朝遗址中，取自土林中的黏土而建造的房屋，已残缺不全，正如断臂维纳斯的美，古格王朝遗址结合了土地遭风化的独特景观与人文历史的悲怆，凝聚成一股苍凉、厚重之感，犹令人感到咂摸不已，余味不绝。更令人感慨的是古格王朝的最后一任国王，在外敌入侵而无力抵抗的情况下，他决定以一己之身换全体臣民的安全。岂料在背信弃义的强敌面前，他做了无谓的牺牲。古格都城被攻陷，人民遭到了惨绝人寰的大屠杀，距离遗址不远的"无头藏尸洞"即是明证。血淋淋的史实触动了人们的心脉，气氛骤然变得沉重起来。

300 年前这个神秘的王朝一夜之间消失殆尽，只留下那些记录了灿烂文化艺术成就的遗址。残垣断壁，零落萧条的古建筑，道不尽当初的繁华。而古格人闪电般消失的方式至今仍是一个谜团。据说当年古格被外敌团团围住时，城内断水断粮，人们从城中往外挖出了一条密道，借助这条密道，才得以又支撑了一段时间。而今，那条密道成为王朝遗址的闪光点，只要有游客来到这里必定要找寻一番，可是很少有人找到。正当人们怀疑这个密道传说真假的时候，才得知这条密道已被相关部门封存了。这样做的目的一是为了保存历史，保护文物；二是为了保证游客的安全。一条小小的密道足以令大部分古格人在重重包围中全身而退吗？是否还依托都城周围错综排列的土林呢？事实的真相已不得而知。只知道当敌兵攻入王宫时，宫内锅里的饭菜还是热乎乎的。离奇的传说与大胆的臆测给这个王朝遗址增添了许多神奇的意味。

迷离变幻的土林奇观，萧索荒凉的古格王朝遗址，自然景观与人文景观的完美结合。在你感叹造物主神奇力量的同时，也深深地体会到：唯有人类，才能给天地间增添一份生动的灵气，否则你看到的只有萧索与败落，徒增伤感也无济于事。

（二十）诡异"魔鬼城"之谜

乌尔禾风城又称魔鬼城，它位于准噶尔盆地西北边缘的佳木河下游乌尔禾矿区，西南距克拉玛依市 100 千米。这里独特的风蚀地貌及形状怪异的建筑群让人惊叹。当地人和蒙古人将此城称为"苏鲁木哈克"，哈萨克人称为"沙依坦克尔西"，意为魔鬼城。

每当晴空万里、微风拂过，人们在乌尔禾风城漫步时，耳边总能听到从远处飘来的阵阵美妙的乐曲声，仿佛千万根琴弦在轻弹，又宛如无数只风铃在随风摇动。可是，即刻就会狂风大作，天昏地暗，美妙的乐曲瞬间变成鬼哭狼嚎，像是马嘶、虎啸，又像是婴儿的哭声、女人的尖笑……整个风城笼罩在一片迷蒙的昏暗之中。如果没有准备，一定会被这种奇异的景象吓倒。

魔鬼城

那么，这种奇妙的声音来自哪里？这座城又是谁建的呢？

科学家在经过实地考察后认为，"魔鬼城"就是一个"风都城"，并没有什么鬼怪在兴风作浪，而是肆虐的风在其中发挥着关键作用。

"魔鬼城"的地层是古生代的沉积岩，经过漫长岁月的积累，一层又一层相叠而成，厚薄不一，松实结合的岩层，再加上这里地处干燥少雨的沙漠气候，经过太阳的烧烤，大地在白天时一片灼热。而气温又会在晚上骤然下降，冷热变化十分剧烈。在热胀冷缩的作用下，岩石会碎裂成许多裂缝和孔道。沙漠地区的风面对着准噶尔盆地老风口，再加上常年受到从中亚沙漠地区而来的西北风的影响，这些风最大的风力可达 10～12 级，风力极强。夹带着大量砂粒的狂风扑打在岩石上，长年累月地对那些又软又硬的岩壁进行侵蚀，这样，那些岩石也就被雕琢得十分精致而且神奇。

不过，雕琢"魔鬼城"的伟大工程师绝不仅仅是"风"，还有"雨"。流水的侵蚀、切割也在魔鬼城奇观的形成过程中起到了不可忽视的作用。作为魔鬼城主题景物的岩石，大多裸露在地面上，且水平叠置，这使得岩层虽经风吹雨淋却没有土崩瓦解，最终在风力和流水的侵蚀下，形成了各种栩栩如生的地貌。

原来是大自然的鬼斧神工，创造出了如此精妙的杰作。

（二十一）通向大海的巨人之路

爱尔兰北部海岸的一个海角，数以万计的多角形桩柱拼在一起成蜂巢状，构成一道独一无二的阶梯，直伸入海。火山熔岩慢慢冷却后的模样，是最壮观的实例。

按照神话，爱尔兰巨人麦科尔砌筑了一条路，从他在爱尔兰北部安特里姆郡的家门穿过大西洋，到达他的死敌苏格兰巨人芬哥尔在赫布里底群岛的根据地。但敌人狡猾地先发制人，从自己的斯塔法岛来到爱尔兰。麦科尔的妻子骗芬哥尔说，熟睡中的麦科尔是她襁褓中的儿子。芬哥尔听了甚是害怕，担心襁褓中的儿子已如此巨大，其父定然更加巨大。于是惊惶地逃到海边安全的地方，并立即把走过的路拆毁，令砌道不能再用。

虽然科学家已知道贾恩茨考斯韦角是怎样形成的，但因何会流传出这样一个神话却不难想象。单看砌道的规模就足以令人想到这定然出自超人之手。从高空下望，它确实像沿着 275 千米长的海岸，由人工砌筑出来的道路，而且还往北延伸 150 米，进入大西洋。大部分的桩柱都高达 6 米，有些地方的桩柱还要高出一倍多。构成这条路的桩柱数目更是骇人：约有 4 万根玄武岩桩柱，全都是形成规则的多角形，大部分是六角形，而且还紧密地拼合在一起，要插把刀子进去也很难。

撇开神话不谈，关于这条砌道是怎样形成的，就有过多种理论解释。有人认为是石化了的竹林，或是海水中的矿物沉积所致。今天，大部分地质学家都认为源自火山活动。约在 5000 万年前，爱尔兰北部和苏格兰西部的火山活动开始活跃，地壳上不时出现火山口，涌出的熔岩流遍周围，深达 180 米。熔岩冷却后硬化，但在新爆发之后，另一层熔岩又覆盖在上面。熔岩覆盖在一片硬化的玄武岩层土，就冷却得很慢，收缩也会很均匀。熔岩的化学成分令冷却层的压力平均分布于中心点四周，因而把熔岩拉开，形成规则形状，通常是六角形。这个过程只需发生一次，使基本形状确定下来，六角形便会在整层重复形成。冷却过程遍及整片玄武岩，因而形成一连串的六角形桩柱。在首先冷却的最顶上一层，石头收缩，裂成规则的菱形，就像干涸河床上泥土龟裂一样。当冷却和收缩持续，表面的裂缝向下伸展，直达整片熔岩，把石头分裂成直立的桩柱。千万年来，海洋侵蚀坚硬的玄武岩柱，造成今天桩柱高低不一。冷却的速度亦对石柱的颜色有影响。石内的热能渐渐散失后，石头便氧化，颜色由红转褐，再转为灰色，最后成为黑色。

这条砌道给世世代代的艺术家和作家带来不少创作灵感，被赞颂为"造化的祭台与殿宇"。

（二十二）景象诡异的科尔卡峡谷

秘鲁境内高耸入云的安第斯山脉高处，有一个鲜为人知的峡谷，深度为美国科罗拉多大峡谷（最大深度 1740 米，平均谷深 1600 米）的两倍，是世界最深的峡谷，名叫科尔卡峡谷。

群山的另一边是火山谷，里面屹立着许多锥形火山，顶部为圆形火山口。这里景象之诡异，令人想起月球表面。火山谷长 64 千米，谷内共有 86 座死火山渣堆。有些高达 300 米，有的四周是田野，有的四周堆满凝固的黑色熔岩。在火山谷与太平洋之间，有一条满布沙石的酷热沟谷，名为托罗穆埃尔托沟谷，无数白色巨砾散布谷内。不少石砾上刻有几何图形、太阳、蛇、驼羊以及头戴怪盔的人。这些图案和符号是谁的杰作呢？有人猜测巨砾可能是火山隆起留下的，可是，谁在上面刻上的图案呢？有人认为一千多年前，某些游牧部族从山区往海岸迁移，在这里居住，留下了石刻图画。有人推测，头戴怪盔的人是外星人。难道在一千多年前就曾有人目击过外星人？人们不得而知。

（二十三）迷雾重重的撒哈拉之眼

撒哈拉之眼是位于撒哈拉沙漠的西南部毛里塔尼亚境内的巨大同心圆地貌。这种地貌又被称为"理查特结构"的地貌，直径有 50 千米，海拔高度约 400 米，整体相当平坦；看起来就像个菊石，绕地球轨道才得见其全貌。

最初，理查特结构被认为是个陨石坑，但构造的中心地势平坦，没有发现曾有高温与撞击的地质证据；没有发现火成岩堆积的圆顶，也排除了火山的可能。现在普遍认为，理查特结构是地形抬升与侵蚀作用同时进行的结果；结构的同心圆状痕迹则是硬度较高、不易受侵蚀的古生代石英岩。至于理查特结构为什么会这么大、这么圆，尚未得到公认的解释。

（二十四）横跨地球中心的巨足

基多是赤道之国厄瓜多尔的首都，也是世界上距离赤道最近的首都。赤道线从基多城北 22 千米的加拉加利镇贯穿经过。厄瓜多尔在历史上是印加帝国的一部分，古代印加人很早就知道把地球一分为二的赤道线，他们管它叫"太阳之路"，把基多称为"地球中心"。印加人在加拉加利镇上建造了一座圆形无顶的太阳观察台，在旁边筑起了太阳神庙。但是，这里有一个人们平时难以看到的奇特景观：赤道巨足。火山喷发后，炽热的白色熔岩凝结、硬化成岩石，岩石恰如一只烧铸而成的巨足，不偏不倚恰好踩在地球的平分线上。但是这种奇特现象只有在高空中才能俯视到，人在地面上由于地球呈球形、地形呈倾斜状态而无法看到。

那么，上述奇观是怎么出现的呢？一种观点认为那里地处赤道，地壳活动频繁，完全有可能是在哪一次火山爆发后喷出的岩浆，在硬化过程中凑巧形成了这一奇异形状，也就是说这是大自然的杰作；一种看法是花岗岩石经过长年累月风化、侵蚀，从而造成了现在这一奇特的地貌；还有一部分人认为是古代印第安人在已有的自然形状上再创造，加工、雕刻成目前的模样，目的是为了做出标记，让人们知道这里就是地球的平分线。他们的理由是，早在很多世纪以前，基多就已经成为古代印加帝国的政治、宗教中心，印加人自古就崇拜太阳神，自诩是太阳的子孙。居住在基多附近的土著居民，即印加人的一支鲁伦班巴人，在当时就已掌握较高的天文、数学、建筑艺术知识与技术，几乎准确无误地把太阳神庙建造在地球的平分线上。因此，认为巨足是古代印第安人在大自然恩赐的石块上艺术再创造的结果，这点也完全是可能的。

那么，究竟是何种原因造成了赤道巨足，这点目前还无法确定，只有等待后人的进一步研究了。

（二十五）博苏姆推湖奇形之谜

火山喷发普遍被人们认为是博苏姆推湖形成的原因。博苏姆推湖具有鸡蛋卷一样的形状，湖面的直径达 7000 多米，而湖的中心只有 70 多米，周壁逐渐向中心倾斜，就像是人类精心打造出来的一个圆锥形。

这个鸡蛋卷形状的湖不会真的是人类用手一寸一寸挖出来的吧？可博苏姆推湖从表面上根本看不出它的特色，挖这么大个的湖需要挖走几亿立方米的泥土，如此浩大费事的工程会有什么目的呢？再者，7000 多米直径的湖面周边没有任何凸出和凹下，圆滑无比，这根本不是人力所为。那会不会是火山喷发后造成的蛋卷湖形状呢？

关于这个世界罕见的圆锥形湖泊的成因，一直是众说纷纭，莫衷一是。

人们比较容易想到的是陨石坠地爆炸所致，或是由于火山喷发留下的一个火山口湖。但是地质学家通过对阿散蒂地区的调查，并没有发现这一地区有陨石坠地爆炸的任何迹象，也没有发现这一地区在地质史上有过火山活动的记录。地质学者对该地区调查的结果却表明，这里在历史上并没有火山活动过的痕迹。接着有人推测，这个奇特形状是由于陨石落地而形成的。人们辛辛苦苦地在湖泊附近搜寻，却没找到任何关于陨石碎片的消息。

于是，人们又借助想象：是不是外星人为降落到地球上来的飞船，精心地构筑了这个识别标志？一直到现在，博苏姆推湖的成因依旧是一个未解之谜。

（二十六）火山口上的冰川之谜

在冰岛的巨人冰原瓦特那冰川上，冰块之多几乎相当于整个欧洲其他冰川的总和。它覆盖的面积差不多等于威尔士或美国新泽西州的一半大，其平滑的冠部更伸展出许多条巨大的冰舌。在上次冰河时期的 200 万年间，冰岛上的火山表面被厚逾 1600 米的冰川凿开。冰期在约 1 万年前才结束。冰岛的心脏地带满布火山、火山口及熔岩，1/10 的土地被熔岩覆盖着。这些熔岩是由 200 个火山爆发时所喷出来的。冰川大约以每年 800 米的速率流转入较温暖的山谷中，当它在崎岖的岩石上滚动时，裂开而形成冰隙。冰块抵达低地时逐渐融化消失，留下由山上刮削下来的岩石和沙砾。火山口上为何会有冰川呢？

有人认为，火山的爆发造就了连绵不断的山。很久以后，火山熄灭了，经过第四纪冰川运动，许多冰川就出现在火山口。还有人认为，在 1 万多年前的最近一次冰河期，地面基本上被冰层覆盖。气候转暖后，冰雪就保留在一些高山上，这些高山也包括一些死火山，有的死火山口有数千米高，所以那里就成了残留冰川的集中地。

（二十七）能发声响的山川之谜

关于火山口上的冰川，科学家还提出了很多说法，不过至今莫衷一是。

在广西靖西市，有个叫"牛鸣坳"的山坳横卧着两块巨岩，中间留"一线天"让人通行。左边那块三角形的巨岩，有汽车那么大，远看过去犹如卧在地上的一头大灰牛。岩石表面光滑，内有许多交错的孔洞。游人贴洞吹气，便发出一阵阵雄浑的"哞哞哞"的牛叫声，吹气越大，声越响，顿时群山共鸣，势如群牛呼应。古人有诗称"伏石牛鸣吹月旋"，意思就是这里石牛一叫，月亮也会跟着旋转起来，用来形容牛鸣石的神奇。

牛鸣石是浅灰色的石灰岩，被雨水溶蚀出许多孔洞，蚂蚁、蛇、鼠和鸟类穿行其中，把毛糙的洞壁打磨光滑了。人往一个洞口吹气，互相串通的孔洞受空气摩擦，便产生铜管乐器的效应，发出动听的牛鸣声。

再有河北青龙县老岭山东面的"响山"，海拔约 1000 米，势如黄钟覆地，岩隙罅穴格外发育，加上周围诸峰对响山形成合围之势，所以劲风一吹，擦壁如琴，入穴如笛，搏柱如钟，穿罅如弦。于是百乐和鸣，笙管笛箫齐发，时如高山流水，如泣如诉；时如黄钟大吕，抑扬洪亮，人们就能听到一场大自然管弦乐队的大合奏。

然而，世界各地还有许多诸如响山、音石、乐泉、语洞等大自然的音响胜地，人们对它的发声奥秘仍无法探明。

五、奇异景观之谜

（一）西尔布利史前人造山之谜

威尔特郡人引以为自豪的是，自己的家乡拥有欧洲最大的人造土山——西尔布利山。这座高 130 英尺、占地 5 英亩的人造山，是公元前 2500 年左右建造的，拥有 4000 多年的历史。几个世纪以来，考古学家对古人为何建造这座土山一直迷惑不解。

西尔布利山是一个人造奇观，高 39 米，坐落于英国威尔特郡埃夫伯里村附近，数百名劳工历时很多年才建造完毕，耗费 50 万吨原料。有科学家认为，最初的西尔布利山不过是一座低矮的砾石堆，而后一点点加高并被一道沟渠环绕。在修建防御工事时，盎格鲁—撒克逊人可能将这个锥形结构的顶部铲平。

考古学家曾在西尔布利山下面发现鹿角、白垩、石头和工具，它们颜色、类型不一，存在于不同的层。一些人认为，这些东西的发现具有非常重要的意义。西尔布利山并不是一个单一的建筑项目，建造者没有任何蓝图。

1969 年，理查德·阿特金森教授在西尔布利山山下挖掘了一条地道，试图找到建造原因。英国广播公司第二台播出了这一挖掘过程。但阿特金森并未在地下发现坟墓、寺庙或者宝物，很多人将此次挖掘视为一大败笔。阿特金森认为西尔布利山分三个时期建造，但莱利认为共有四五代人参与建造这座土山。

在人们寻求西尔布利山建造成因的过程中，引出了很多关于它的神话和传奇故事。其中有一个说法是，西尔布利山是传奇人物 Zel 国王和他的马匹的墓穴。据说，这个墓穴还和很多异教徒的信仰和地球神话有关联。很少有人知道当初建造这座土山的原因，但是我们可以肯定，那个时期正是英国早期历史发生重大变革的时期。最近的放射性碳追踪显示，西尔布利山建于新石器时代，而不是铜器时代。

实际上，建造者建造这座土山是将其作为举行仪式的组成部分，我们今天看到的外形所具有的重要性处于次要位置。给人的感觉是，这座人造山最后呈现出怎样的形态并不重要，真正重要的是建造过程。

西尔布利山据推测拥有 4000 多年历史，建于公元前 2400 年至公元前 2300 年之间。2009 年，英国文化遗产保护机构（English Heritage）投入 200 万英镑（约合 316 万美元），启动一项修复计划，防止因挖掘而变得脆弱的西尔布利山崩塌。

（二）莫赫陡崖之谜

莫赫陡崖屹立海中，是克莱尔郡海岸的天然屏障，景色壮丽。莫赫陡崖的地貌在爱尔兰是最险峻的，有别于岛上柔和的景色。黑乎乎的峭壁成锯齿状，像六角形手风琴似的陡峭岩石在大西洋中隐现，沿着克莱尔郡海岸延伸 8 千米。

莫赫陡崖并不优美，既无草坡、花朵，又无砂质海湾。它从海角耸立，高达 200 米。虽然大西洋的狂风巨浪不停猛击它的基底，但它似乎经受得住这种冲击，一直屹立不倒。

莫赫陡崖东北方的一片荒凉之地石头处，被称为巴伦高地，面积 260 平方千米，是巨大灰岩地带，灰岩成皱褶状阶地，向上爬升至埃尔瓦山，此山高 345 米，顶部由页岩构成。约 15000 年前，冰雪把该处冲刷得歪歪斜斜，成了欧洲一个最年轻的地貌。有一位将军勒德洛对巴伦的外貌描述得最为恰当，他说："那里无足够溺死人的水，又没有供人上吊的树，更乏埋葬死人的泥土。"但是它有牧场和松林，而且石阶上到处都有已经扎根的榛木和刺柏。

在这片灰岩上，交错的裂缝组成格子图案，生长着上千种植物。这些植物奇迹般地在这一小块一小块土壤中扎根生长，使这片阶地成为植物热爱者的天堂。温和潮湿的气候和岩石的庇护，使地中海植物和高山植物在此茁壮茂盛。初夏时分，岩面显得生气勃勃，老鹳草和春龙胆等把它点缀得多姿多彩。

雨水并非从石面溜掉，而是漏进石缝向下流；雨水不断侵蚀岩石，形成无数槽沟和海蚀洞。有时水向上涌，形成短暂湖泊，称为冬湿夏干沼泽地。探坑者勘察了绵延几千米的弯曲隧道。这些隧道一直深入至埃尔瓦山旁。向公众开放的阿威洞，有 1000 米长的通道，通向遍布钟乳石和石笋的地下洞穴。

这一带的峭壁正慢慢地一点一点崩溃，峭壁上偶尔会有一段岩壁坠落海里。悬崖的灰岩基底（由无数细小海洋生物的骨骼构成）是在 3 亿年前堆叠起来的。数百年来，越来越多颜色各异的砂岩和页岩沉积在海里。多次的大陆移动把沉积物逐渐推上表层，植物奇迹般地在这一小块一小块土壤中扎根生长。如此奇异的悬崖是怎样形成的呢？

这里的奇异植物为数众多，它们是如何在这片悬崖上生存下来的呢？目前为止，人们还不甚明了这种和谐生态环境的形成原因。

（三）立陶宛跳舞林之谜

立陶宛的"库尔什沙嘴"国家公园是个沙丘和鸟类的王国，该国家公园延伸在库尔沙湾和波罗的海中间的一条狭长地带。那里的树木一棵棵都长得奇形怪状，给人的感觉像是有一种神秘不解的力量把它们拧成了螺旋形。公园的工作人员已把这片神秘的树林叫作"跳舞林"或"醉酒林"。

对"跳舞林"出现的原因有好几种说法。比如说，生物学家认为，树干之所以变得弯曲，完全是嫩枝卷叶蛾之过。通常说来，树龄在5~20岁的幼小松树苗常易遭到嫩叶卷叶蛾的侵害。毛毛虫毁坏松树的幼芽，吃掉正在发育的顶端和侧边的嫩枝。一旦顶端幼芽被吃掉，只好由侧边幼芽来顶替其位置，结果松树树冠便变得弯曲起来。

立陶宛的林学家认为，之所以出现"跳舞林"这一奇观，原因在于松树的顶端幼芽太柔弱。当松树往上蹿的时候，大风常常将其幼芽折断，结果便出现弯曲。

"跳舞林"更确切的秘密目前尚无定论。

（四）月牙泉之谜

月牙泉地处敦煌城南5千米处，因其形状酷似一弯新月而得名。是我国著名风景名胜之一。

敦煌遗书载"鸣沙山中有井泉，沙至不掩……绵历古今，沙填不满。"古诗中则有"四面风沙飞野马，一潭云影幻游龙"，"银沙四面山环抱，一池清水绿满涟"。千百年来，河西不少名城重镇、关隘哨卡被风沙埋没，许多村庄农舍、植被、牛羊饱受黄沙侵袭。风沙吞噬了千年风华、百年繁荣。尽管鸣沙山"沙声吼如雷，声振数十里"，月牙泉却不被埋没，依然澄碧依旧、月弦如故，这不能不称之为"神"。月牙泉奇就奇在她千百年不枯不竭。狂暴的沙漠和静谧的清泉本是难以共存的，更何况处在暴热、干燥、蒸发量极大的沙漠气候的烘烤之中，沙和泉却能悖世之惯例，沙不填，泉不枯，如此神奇景观，还得归功于自然的造化。

月牙泉位于鸣沙山沙峰漠谷间的小盆地中，为沙山环抱，南北最宽54米，东西长近300米，泉沿向南凹，向北凸，向东西两端逐渐变窄变尖，水面形状酷似一弯新月，泉水弓背的一面（北面）距泉边10多米处，是高耸200多米、峰峦陡峭的沙山主峰。南面是一片距水面几米高的沙土台地，过去台地上有寺院庙宇、殿堂道观100余所，楼阁亭台鳞次栉比，岸边沙枣树、榆树、杨树、红柳蔚然成林，景致壮观而幽雅，有些地方还种植庄稼，足见台地之广大。

那么，月牙泉为什么不会被风沙掩埋呢？

月牙泉常盈不枯，恒久生存，还由于泉底有逆断层储水构造，属典型的古河湾风蚀残留湖，处在风蚀凹地和新月形沙丘间，也叫风成湖。以前鸣沙山中还有几个储水小湖，都和古河道的大部分一起被流沙埋没了，唯月牙泉这片残留河湾地势较高，河流渗漏的地下水汇集于此，又受到周围特殊地形地势的保护而得以幸存。其水源来自鸣沙山下含水层位置较高的地下潜流，一般不受外界气候环境的影响，水量稳定，而月牙泉处在古河道河湾残留形成的湖盆洼地中，离潜水较近，容易接受地下水的补给。所以，水面虽小，但底部水路畅通，涟漪荡漾。

敦煌地区历来西南风较多，刮西风时，由于泉附近比较潮湿且以前有植被，近处沙坡低缓起伏，而较远处又为高山所围，困之沙刮不起来，而远处的沙又吹不到泉边；起南风时，泉南有广阔的高台及树木、建筑阻隔，沙子很难落入水中，同时还把北面山脚流泻下来的沙吹卷到鸣沙山上，从而防止了北山脚沙子堆积拥向月牙泉。起北风时，主峰另一面的沙子飞速地沿月环形涉丘向山梁上滚动，沙子沿山梁上滚，速度迅疾，动能很大，所以吹到山背的沙子速度最快，而月牙泉一边主峰坡度极陡，山脚距泉沿近而山高，因之沙子从山脊骤然飞起，凌空而过，飞越月牙泉，落到对岸。

（五）彩色沙林之谜

名不见经传的云南省陆良县由于发现了一处特殊的自然奇观沙林，渐渐地出了名。

所谓沙林，是一处面积为6平方千米的奇特地貌。一盘散沙到了陆良，成了一片片由沙粒堆聚而成的峰峦叠嶂，风吹雨打，竟然屹立不倒，并且还能焕发出七彩颜色。

"彩色沙林"离陆良县城18千米，在一片群山耸立的山脚下，是近年来才被发现的奇特地貌——由沙里堆聚而成的峰峦，在风吹雨打之下，竟然屹立不倒。它们或如笋、或如墙，千姿百态，实为天下一绝；更奇妙的是其颜色变幻无穷。故有彩色沙林之称。如今，它与路南石林、元谋石林号称云南的三大奇林。

"过阴兵"的怪异现象就发生在这鬼斧神工之地。

在"彩色沙林"的尽头，有一处高高的山梁，故名为"大战马坡"。在大战马坡的半山腰，又有一个古地名为"小战马坡"，坡上兀出一石，上面有"下马石"三个字，当地山民说："怪异现象就在前面，自古人到这里就要下马。"再往前走，又有一石刻着"惊马石"三字，在它的右边有一处黝黑的山崖，下面是一道阴森森的山沟，当地人称为"惊马槽"。"过阴兵"的怪叫声、惨叫声就是从这沟里发出的。有着天地之灵气的马到了"惊马石"就会惊起来，即使用鞭抽打它也不肯从这惊马槽里过了。

（六）阿尔沃兰海域之谜

碧蓝沉静的地中海几多幻梦几多浪漫，几多悲情。这片孕育了无数文明的海域中有一块飞不过去的"死亡三角区"，这就是阿尔沃兰海域。二战后的 20 年内，这里发生了 11 起空难，229 人遇难。所有路过该海域的船只、飞机仪器都会莫名失灵，失去方向，最后一头沉入茫茫大海。

1969 年，西班牙海军一架"信天翁"号飞机在阿尔沃兰海域神秘失踪，西班牙海军动用了 10 余架飞机、4 艘舰船搜索十几天仅仅找到两把座椅。机长发出的最后消息令人费解："我们正朝着巨大的太阳飞去"，他们真的飞向了太阳？而两个月前另~架"信天翁"号飞机刚在这里失踪，失事机长获救，却丝毫说不清发生了什么。

1975 年 7 月西班牙空军学院 4 架训练机在阿尔沃兰海域集训，一道闪光掠过，4 架飞机齐刷刷栽进海中。失事地点距离海面仅 1 海里，训练有素的军人却无一人生还。

除却飞机，船员对这里也是心怀畏惧。1964 年 7 月一岛屿电台半小时内连续收到同一船只的两次求救信号，却怎么也确定不了该船的具体位置。

翌日距离海岸 1 海里的海面上浮起了十几具穿着救生衣的尸体。对于水性娴熟的船员来说，1 海里的距离实为小菜一碟，况且还身穿救生衣，那为什么这艘名为"马埃纳"号的渔船无一人生还呢？各种说法刹那间甚嚣尘上，但就像刊登该消息的西班牙报纸所说"没有一个合情合理的解释"。

从 1964~1985 年间有 6 艘潜艇在阿尔沃兰海域莫名消失，而同一时期全世界潜艇遇难事件不过 11 起。一位海军发言人曾表示："那种认为它们遭到同一个敌人进攻的假设，就像它们失踪本身一样神秘，异想天开。"那么它们是怎么从地球上消失的呢？难道真像《百慕大》作者所说那样，阿尔沃兰海域下面存在某种史前文明？

阿尔沃兰海域就像一座幽灵城堡漂浮在地中海之上，间或的飞机失事、船只遇难令这片海域弥漫着悲情色彩，究竟是什么赋予这片美丽海面凶险和恐怖呢？至今还没有一个可信的解释。

无论人们如何猜疑推测，阿尔沃兰海域一直保持着沉默。

（七）特兰西瓦尼亚之谜

寒气森森的夜幕下，黑云翻滚，阴风阵阵，一道道闪电划破夜空，疯狂地肆虐着大地。如此诡谲阴郁的夜晚，一裹紧黑色斗篷的身影在黑夜中徘徊游荡，如幽灵般降落到窗前，化身为黑色的蝙蝠，舞动着薄翼，飞入了卧室，扑向熟睡的少女，两只长长的獠牙，对着少女的脖颈咬了下去……这就是传说中的特兰西瓦尼亚的吸血鬼。

没有哪个地方能像特兰西瓦尼亚一样能够唤起人们的恐惧感。传说吸血鬼的故乡，也是狼人和吸血蝙蝠的栖息地。郁郁森森的原始森林，四处出没的棕熊、狼，黑暗不见天日的深山荒野，吸血鬼族的幽暗，狼人族的血腥，充满了诡谲阴郁。

吸血鬼，和特兰西瓦尼亚的三个历史人物密不可分，也是典型荧屏吸血鬼的来源。费拉德·德古拉（原身威拉德三世），一个邪恶的吸血恶魔，居住在一个鬼怪出没的城堡里，绰号"穿刺公"（用尖木桩将人钉死），以残酷而闻名，相传曾为民族英雄，迎战外地入侵，年轻貌美的妻子误信丈夫已战死的讹传而殉情自杀，威拉德三世悲愤之余化身吸血鬼，吸尽了无数人类的鲜血。莱斯男爵，风度翩翩却凶狠恶毒，心狠手辣，残杀300多名儿童，用鲜血来寻找点金术的秘密；吸血鬼女伯爵（原身巴托里伯爵夫人），美丽妖艳，却心如蛇蝎，喜欢吞噬处子之血，甚至把血装满浴盆来沐浴更衣，使自己永葆青春。他们的行为惨绝人寰，残暴冷酷，相传死后都变成了恐怖的吸血鬼。这是最早的、也是流传最广的吸血鬼形象。

吸血鬼一直带有离奇而恐怖迷幻的色彩，屡屡被搬上屏幕，成为主角。荧屏里的吸血鬼，大都牙齿尖长，皮肤苍白，眼睛发红，没有心跳和脉搏，也没有呼吸，没有体温，而且永生不老。但是他们有自己的思想，会思考，会交谈，也会四处走动。传说，吸血鬼害怕阳光，在太阳下就会湮灭或融化。他们白天睡在棺材里，到晚上，就变成吸血蝙蝠，飞到小镇上吸食人的鲜血。他们需要不断地汲取鲜血，对鲜血需求的强烈欲望程度，不是我们人类能够领会的。吸血鬼总是在阴暗的角落里，孤独地生活，日复一日地用鲜血作为自己的食品。在他们眼中，人类不过是一些弱小的生物罢了。吸血鬼的冰冷和诡异让人不寒而栗。

吸血鬼真的存在吗？曾有坟墓里的尸体自我吞食和爬出坟墓吸食人血的新闻，这既骇人听闻，让人魂飞魄散，也引起了人们对吸血鬼的好奇。为了消除人民的恐惧，据说当时政府采用了许多骇人听闻的手段，比如把一座公墓里的坟墓全部打开，看看哪些人的尸体没有腐烂，并当众焚尸。也曾有英国的4名年轻学生来到特兰西瓦尼亚，专门研究吸血鬼，3年得出的结论是：吸血鬼是真实存在的；在刚刚死去将要下葬的人嘴里放一枚硬币，胸前放一个十字架，就可以防止此人因嗜血而自我咀嚼变成吸血鬼。恐怖的吸血鬼，难道一直和人类生活在同一片天空，同一块地域下吗？

在特兰西瓦尼亚古城挥洒血雨腥风的还有狼人族。吸血鬼非常注重血统，数量一直都很少，狼人则是吸血鬼的忠实仆人。相传，他们嗜食生肉和鲜血，月圆之夜则会兽化成巨狼，对着满月狂嚎，宣泄着黑暗的灵魂和邪恶的欲望，助纣为虐。

力量强过人类数倍，但只能生活在阴暗之中；生命不会衰老，但必须日日吸食鲜血才能过活；容颜美艳绝伦，但只要吸血就会恢复丑陋。力量、生命、美丽来自黑暗，当光明来临时，一切也就化为乌有了。这就是吸血鬼的生活。

深夜，狂风大作，电闪雷鸣，茫茫夜空下，窗前一神秘身影闪入房间，在你恍惚恐惧间，两只长长的獠牙，对着你的脖颈咬了下去，"我来吸你的血……"。

（八）纳斯卡巨画之谜

秘鲁南部荒凉而贫瘠的纳斯卡平原，一个2000年的迷局镌刻其上。在那里约50平方千米的范围内，绵延几千米的线条纵横期间，勾画出一幅幅奇特又准确的巨大几何图案。这些线条沉默无言，似乎在等待后人的耐心破解，又仿佛故意影藏着什么秘密。如果说南美是一个用迷铺就的大陆，那么这些纳斯卡平原上的图形就是其中最难解的谜。

1939年保罗博士乘坐飞机沿着纳斯卡平原上的古代引水系统飞行，偶尔的一次低头就有了震惊世界的发现。保罗博士看到纳斯卡平原上有着巨大而神奇的类似飞机跑道一样的直线图案。"平行的跑道"有着明显的起点和终止点，博士不由得惊叹道："我发现了世界上最大的天文书籍。"这次发现吸引了全世界的目光，纳斯卡巨画显示了超凡的魅力，令无数考古学家天文学家为之一生探寻。

德国天文学家赖希女士为纳斯卡巨画奉献了自己毕生的精力。赖希女士找到了数百个不同形状的纳斯卡巨画。因为她，我们才能更深入了解纳斯卡巨画。纳斯卡巨画规模之大出乎人的想象，在这里几乎能看到所有的几何图形，三角形、四边形、方形、圆形，甚至还有螺旋形、波浪形、放射形……有的互相平行，有的

纳斯卡巨画

纵横交织。一些图案有着动物的样子，飞鸟、鱼虫、猴子、蜘蛛……更多图案是一些不可名状的植物形状。这些只有从天上俯瞰才能一睹全貌的图案在纳斯卡平原上讲述着自己的故事，只是没有人能读懂它们。

纳斯卡巨画中最为著名的是一幅蜘蛛图，蜘蛛完全由简单的一条单线勾勒而成。有人认为这是纳斯卡最动人的画，也许是图腾也许是某种仪式。纳斯卡平原上砌着18个相似的鸟图，一条太阳准线准确无误地穿过了鸟的羽翼。同样的图案也曾出现在出土的纳斯卡陶器之上。二者之间一定有着某种联系。一个巨大的三叉戟竖立在一座山脊之上，寒光闪烁，极富威严。纳斯卡平原上从未出现过三叉戟，当地人是如何画出未见之物呢？一个四边形旁边一双只有9个指头的人类巨手伸向远方，它要告诉我们什么呢？

关于纳斯卡巨画有太多的疑问，究竟是谁创造了纳斯卡巨画，它们是怎样被创造出来的？它们背后到底是什么呢？几十年来众说纷纭，莫衷一是。

构成纳斯卡巨画的线条是两边嵌黑花边的白带，一层浅色卵石延伸而成。据专家估算创造一幅图案需要搬运几十吨重的小石头，工作量极为巨大。关于如何创造巨画，科学界已经有了共识，所有的线条都是事先精心设计的，依图而建。那么如何设计出如此巨大的图案呢？现在更多的科学家倾向于空中设计，这种解释最为合理。但是在原始社会初期，纳斯卡人已经有了空中测绘的飞行器？而且具有了高超的设计、测量和计算能力？

根据美国航天飞机拍下的图片，纳斯卡巨画在百万米高的太空即可看到，由此推论，巨画是为了给空中的人看的。那么"空中的人"在哪里呢？无法想象，这些至今对巨画毫不知情的纳斯卡人，竟在千年前创造了向天空展示的美丽，他们是在祈祷还是呼唤某种生灵的再次降临？

有人认为这种宏伟的创造与某种天文历法有关，因为一些线条极其准确的指向了黄道上的夏至点。但是这只是为数不多的几条线条。更多的线条并无指向。一些历史学家认为纳斯卡巨画应该是纳斯卡人祭祀时所走的路线，这样就可以领悟图案所代表的某种物体的实质。也有的学者认为图案中的动植物更像天空中星座的变形体，那些长长的线条则是星辰运行的轨道。

从地理位置而言，纳斯卡平原应该水草丰美生机盎然，但是它却像火星一样荒寂。最近考古学家在这里挖掘出400多具木乃伊，而裹尸布上绣有人类升空、滑翔和急降的图案。纳斯卡巨画更加令人困惑。

关于纳斯卡巨画，人类的探索似乎已经走到了尽头，答案就在那里，可是它已经随着时光流逝了。

（九）撒哈拉岩画之谜

撒哈拉沙漠，一处令人向往又心怀畏惧的秘境，你会迷失其中，也会找回自我。但是谁能想到这片广袤的荒漠远古竟然是水草丰美的绿洲，不信有撒哈拉岩画为证。

玄妙的撒哈拉岩画最早由德国探险家巴尔斯发现于1850年，阿尔及利亚一处高高的岩壁上刻画了好多水牛、马和人的形象。线条简单，色彩艳丽，极富张力。20世纪30年代在扎巴连山谷先后发现了近5000幅壁画，壁上疾驰的羚羊、粗笨的老牛、庞大的大象、悠闲的河马……栩栩如生。尤其那沙漠中不可能有的水牛成千头嬉戏在壁画之中，四溅的水花极为逼真。1956年法国科学家走进了撒哈拉一座山洞，洞中近万幅壁画震惊了世界，一幅远古生活画卷就此拉开。

头戴巾帽、身缠彩带的原始群落尽情扭动着躯体，场面宏大，各式乐器玲珑巧妙，华服少女手捧食物，战争或者狩猎场面充满了动感，战车飞驰，车上首领手持利剑，气宇不凡，众多武士侍立两旁威武雄壮。麋鹿、野驴、鸵鸟、狮子在猎手的追击下奔跑跳跃、疯狂的逃命。壁画中人物身体上密密麻麻的白色斑点花纹，直接表明他们是非洲黑人的远祖。丰富的内容揭示了当时相当高的文化水平。

粗犷朴实的岩画所用材料极为简单，就是不同的岩石和泥土。史前人类用尖利的燧石勾勒出动物和人类的轮廓，然后将岩石泥土混合的颜料涂抹其上。令人好奇的是经历了好几千年的风雨，为什么这些岩画的色彩并未脱落，依旧耀眼夺目呢？这个问题至今没有答案。

当我们沉醉在史前人类美丽的文化时，不得不承认，一些岩画远在我们理解之外。有一幅6米高的半身人像壁画，脸部没有耳朵、嘴巴、鼻子、眉毛……两只眼睛一只在脸部中央，一只跑到了耳朵边上，既怪诞又滑稽。放在今天，这无疑是典型的毕加索表现手法，可是史前人类为何也会用如此变形的艺术手法呢？他们要告诉我们什么呢？有学者称其为"伟大的火星神"，说不定它是天外来客呢？

撒哈拉岩画中并没有沙漠之舟骆驼，水牛才是主角。那么可以断定史前时期撒哈拉是一片绿洲，芳草萋萋，绿树成荫，史前人类在此安居乐业。但是当撒哈拉成为荒漠时，他们去了哪里延续他们的文明？

岩画讲述了开始，却没有结局。

（十）英国威尔特郡怪圈

能想象吗，每年麦子成熟的季节，英国威尔特郡麦田就会在一夜之间出现几百个独立的呈螺旋形分布的圆圈吗？能想象吗，这些隐藏在麦田中的秘密，规模庞大而又异常地精致复杂？能想象吗，威尔特郡麦田中的圆圈不停地变异，从350年前的简单圆圈直至2009年出现三维效果？

每年世界各地都会出现大量的麦田怪圈，最能称奇而又有绝对排除人为的便是英国威尔特郡麦田怪圈。这些真真实实出现在麦田的怪圈，高深莫测，无人知晓，尽管它已经成为研究课题，但所有的研究只是摒除了艺术家作假的人为怪圈，对于威尔特怪圈的研究几乎没有进展。有很多人将其与外星智慧生物相联系，这些在空中才能看到的符号会不会是星外生物传递给我们的某种信息呢？或者麦田怪圈是一种不为我们所知的神秘超能量形成的？

距威尔特郡麦田怪圈几十米处便是著名的史前遗迹巨石阵，很多英国人坚信二者之间存在某种关联，至少传递着同一信息。那么这一信息是什么呢？跟踪麦圈15年的卡兰这样解释最近出现的三维麦田怪圈："代表着通过尘世之路，走向神圣世界。"

（十一）迪安圈之谜

在 1986 年一夜天色发白之际，一种神秘的力量迅速扫过一片玉米田，新的迪安圈又诞生了。迪安圈内玉米梗扁平地沿着顺时针方向贴伏与地上，呈现美妙而神奇的漩涡状。高空俯瞰，就像整齐的符号。此次迪安圈是在人类时刻监控下出现的，没有任何征兆，它就那么神奇地出现了。

关于迪安圈，最早的记录始于 1975 年，虽然有证据显示它早已存在。总结迪安圈，不难发现它们的共同点：迪安圈总是出现在几个固定的地方：比如英国彭奇波尔、汉普什尔郡和威尔特郡等地。迪安圈尺寸都很大，最小的直径也达几米，简单的圈状构成异常复杂的图案。有的像蜻蜓，有的像蜘蛛，有的像太阳系八行星，有的像雪花，有的像晶体晶片，有的像花瓣，有的像分子键，有的像太极八卦图形状等等，规则的几何拓卜形状，对称而悦目。

每逢迪安圈出现，当地上空云层就会出现异常，并且迪安圈内的庄稼具有较强的放射性，电磁的存在表露无遗。但是电磁来自哪里？有人推测外星人利用高科技程序通过强功率电波在农田制图，显然这是非常可行的。由此来看破解迪安圈也是一种星际交流。

更多人倾向迪安圈是神的喻示，因为迪安圈往往出现在神秘古迹旁边。每次迪安圈的出现总是伴随意外事故，不是飞机失事便是大火纷飞。这会不会是古人给我们留下的密语呢？

（十二）喀纳斯湖之谜

喀纳斯湖南北长达 25 千米，仿若一弯新月藏于新疆阿尔泰山脉西麓。"喀纳斯"为蒙古语，意为"美丽富饶、神秘莫测"，直白明了地诠释了喀纳斯湖的全部。喀纳斯湖是中国西部最深湖泊，188.5 米的深度使一切都可能发生。变色湖水、庄严佛光、枯木长堤、喀纳斯湖怪……它就像潘多拉的盒子，幽静的气质下是湖底深处的未知。

撩开喀纳斯神秘的面纱，你会惊讶于它的沉静和幽美。拥有众多传闻的它其实绝美如画。喀纳斯湖水面辽阔，来自阿尔泰山的雪水清冽甘甜，周边的奎屯山、友谊峰雪冠加顶，原始森林青翠葱郁，草甸悠长绵厚。青山、碧水、雪峰、密林……干净的瑞士气息与清新的中国写意在此完美结合。

喀纳斯湖的神韵见与多变的色彩。从晨至昏，其中韵味，只有身临其境才能有所感悟。早春时分，青灰色的冰块顺流而下，幽暗而澄净，嫩嫩的浅绿色泛着幽蓝，直抵心脾；入夏，烈日下滚滚冰水放射出乳白色光晕；深秋湖面色彩斑斓，湛蓝黛绿光影间油画般醉人；隆冬季节，喀纳斯湖凝结成一颗硕大的水晶，光芒璀璨。喀纳斯湖奇幻曼妙的色彩归功于湖中聚集了大量的冰碛风化物颗粒，这些悬浮颗粒在不同的深度不同的角度反射出不同的光芒。

雨后一轮红日喷薄于喀纳斯云海之上，在喀纳斯湖西面出现一个巨大的光环，赤橙黄绿青蓝紫色彩纷呈，一半浮于云海之上，一半隐于云海之中，大有佛祖即将降临之势，庄严而澄净。这就是喀纳斯著名的"佛光"。"佛光"只有短短十几分钟，转眼而过，仿佛神仙驾鹤西去。

在喀纳斯湖北段，数以千计的枯木聚集在一起，就像一条千米木堤。这些来自上游的枯木飘到这里就不再前进，不论上游水势多猛，都不再挪动脚步。曾有人对此表示怀疑，故意将一段枯木丢于喀纳斯湖下游，结果枯木竟然逆流而上，执着的回到原地。这段千里枯木长堤固执而坚定，令人寻味。枯木落叶间偶见动物尸体，平添恐怖气氛。

世界上有很多关于"湖怪"的传闻，但是这些传闻随着时间的推移和真相的揭示都渐渐淡去，几乎没有几个地方值得反复推敲，除却"喀纳斯湖怪"。那条来去只留背影的"喀纳斯湖怪"似乎越来越接近现实。它使喀纳斯湖边的牛羊莫名消失，它将捕鱼工人放置的渔网一夜漂流千米，它不时在湖面兴风作浪又瞬间消失……

2005年6月7日，距离一条游船200多米远的水面上突然浪花翻滚，瞬间就出去20多米远。待浪花稍稳，人们发现喀纳斯湖水面下出现了一个巨大身影快速地向湖心游去。渐渐地一个身影分成两个，一前一后地水面下滑行，几分钟后消失在翻滚的浪花中。来自北京的游客拍摄下了全过程，这是人类唯一一次近距离拍摄到"喀纳斯湖怪"。消逝的背影挑战着人类的认知。

图瓦人是成吉思汗后裔，勇猛彪悍，尤擅骑术。他们固守着祖辈们粗犷又精致的生活方式，围捕渔猎。原木雕琢的木屋奶茶飘香。湖边零落的牛马尸骨是图瓦人坚持的证据。他们曾数次试图追捕"湖怪"，但都以失败告终。数队科考人员进行了多次大规模大范围的考察，并无任何收获。而当"湖怪"就要在人们关注视线内消失时，又总有游客拍下有关湖怪的视频或照片。

而今图瓦人已不在喀纳斯湖渔猎，也不在湖边放牧，这里成了他们生活中的禁地。

（十三）尼斯湖之谜

英国苏格兰高原北部的大峡谷中一道39千米长的墨黑细流，宽度仅2.4千米，最深处竟达293米，宛若在嶙峋的高地上，划出的一道裂痕。高山深谷中苍翠的林木铺满起伏的峰峦，纵眼望去好似碧波万顷的绿色海洋，更增加了它的神秘，这就是著名的尼斯湖——这一弯底部地形复杂，拥有曲折如迷宫般深谷沟壑的天然淡水湖，它曾

是不轨之徒制造新闻的噱头，也是科考专家挑战自然规律的尝试。

　　早在1500多年前，就开始流传尼斯湖中有巨大怪兽常常出来吞食人畜的故事。相传公元565年，圣哥伦伯和他的仆人在湖中游泳，水怪突然向仆人袭来，多亏教士及时相救，仆人才游回岸上，保住性命。据说曾经有人目击过这种怪兽，说它长着大象的长鼻，浑身柔软光滑；有人说它是长颈圆头；有人说它出现时泡沫层层，四处飞溅；有人说它口吐烟雾，使湖面有时雾气腾腾……各种传说颇不一致，越传越广，越说越神奇，听起来令人生畏。自此以后，有关水怪出现的消息多达一万多宗。但当时人们对此并不相信，认为不过是古代的传说或无稽之谈。

　　1934年4月，伦敦医生威尔逊拍下的水怪照片，曾轰动一时。照片中的水怪长着长长的脖子和扁小的头部，看上去完全不像任何一种的水生动物，倒是很像早在七千多万年前灭绝的巨大爬行动物蛇颈龙，更加剧了二十世纪的"恐龙热"。尽管后来事实证明照片确系伪造，但依然挡不住人们揭开水怪神秘面纱的热情。从20世纪60年代开始，屡屡有科考队试图借助高科技大举搜寻尼斯湖水怪，但是终因尼斯湖的复杂地形无功而返。

　　全世界许多著名的科学家坚信在尼斯湖中确实存在一种至今尚未被人们查明的怪兽。他们认为，几亿年前，尼斯湖一带原是一片极目浩瀚的苍茫海洋，后来由于地壳运动频繁，经历了多次海陆变迁，才逐渐演变成今天的面貌。因此，很可能有一种尚未被人类认识的远古动物——独特的海栖爬虫类至今仍然生活在尼斯湖里。但是它在哪里呢？

（十四）西诺亚洞"魔潭"之谜

　　西诺亚洞，非洲津巴布韦境内一处著名的古人类穴居遗址。远古的先祖在此繁衍生息，千万年里，留下了玄妙的信息。

　　西诺亚洞内一明一暗两个子洞间的一汪深潭晶莹剔透，宛若一块巨大的蓝宝石镶嵌在石洞底部。深邃的潭水距洞口数十米，周遭洞壁直上直下，湿润冰凉。洞壁上凿有透穴，与明暗两洞遥遥相望，颇有生趣。清澈的潭水从石洞下部的穴口缓缓流出，绵延成一条长达15千米的地下河。

　　西诺亚洞内玄妙之处就在那汪深潭，并不宽阔的潭面上空杜绝一切物体的飞过，无论飞鸟抑或石头，都无法从深潭的此岸到彼岸，唯有扑通一声坠入潭中。有人为了验证潭中确实存在神秘引力，专门拿来枪械，想用飞速的子弹打破传言，结果射出的子弹就像着了魔似的，直直的溅落潭中，空余流水之声。

　　科学家推测是巨大的地心引力在作怪，那为什么潭水还在流动呢？有人戏称魔潭是对万有引力定律的挑战，若真如此，那天堂里的牛顿会不会给惊醒呢？

（十五）巴黎地下墓穴之谜

香艳的巴黎除却流光溢彩歌舞升平，也在诠释着生与死的距离。巴黎第十四大区每一寸土地都充斥着厚重的死亡，600 万无名无姓的累累白骨是潮湿阴冷的地下唯一的色彩。巴黎曾经的公共墓穴，会让你不由得忘记人的尸骸曾经是血肉之躯，灵魂载体。

地下墓穴连绵 187 千米左右，贯穿整个巴黎。现在，只有很少一部分对公众开放，这很短的一段也足以挑战来人的每一道神经，任谁也不能安然从几百万人的骸骨中穿过。墓穴狭窄的甬道完全由人体骸骨堆叠而成，整整齐齐就像柴火堆一般。大腿骨作为墙的支架，碎骨头将缝隙填满，头骨则成为尸骨墙的花边。绿色的蘑菇幽灵般生长在潮湿的尸骨上，顺墙而下的水珠释放着腐烂的味道。

繁华下的幽冷，如此直观，巴黎地下墓穴，无论你转向何方，面对的都是冰冷的死亡。古罗马僵尸军团和吸血鬼实在与巴黎地下墓穴气质相符，欧洲众多的地下恐怖小说也许都源于此地吧。

入夜，诡异的地下警察巡视着每一处尸骸，无名无姓的他们，灵魂在巴黎上空游荡。

（十六）墨西哥“寂静之地”之谜

漫天黄沙，毒辣的太阳，褶皱般的土地，此类荒芜之地总会有些事情在人类理解之外。最为神秘的便是墨西哥北部杜兰戈州的“寂静之地”。

1966 年勘探队在这里野外作业时意外发现所有通讯遥控设备都完全失效，遥远的消息根本无法进入该地，“寂静之地”由此得名。其实此地远比“寂静”更为神秘。1969 年一颗流星进入大气层燃烧解体，其中最大的一块突然改变飞行方向，直直地向“寂静之地”飞去。

无法想象，电磁波到了这里会消失得无影无踪；无法想象，罕见的陨石这里遍地都是，流星雨几乎天天可见；无法想象飞机的导航系统在这里成为摆设；更无法想象当地居民对不明飞行物已经见怪不怪……三个头的羊、恐怖的天气、各种古生物化石等等，墨西哥“寂静之地”并不简单。

科学家多次深入考察发现该地电磁横波传播正常，但是纵波却被完全屏蔽掉了，“寂静”有了原因。是什么将纵波完全屏蔽的呢？至今无解。有人推测地下一定有个巨大的强磁场，也有人猜测地下是外星人储备能量的仓库。

猜测终归是猜测，“寂静之地”沉默地保守着秘密。

（十七）哥斯达黎加大石球——"天体"迷云

关于远古石球，各国都有所发现，但是唯独哥斯达黎加大石球别具一格，没有人知道这些石球从何而来。最早的石球出现在公元400年，而今遍布在哥斯达黎加的石球统计在册的就达130个，而未记录在案的不计其数。

当地人戏称它们为"巨人玩的石球"，倒也形象。大大小小的石球完美的球体上光可鉴人。圆浑的球面上雕刻有精美的几何图形，有三角形、相交直线、斜线等等。最小的石球直径不过十厘米，最大的直径达2.4米，数吨重。有的石球推土机都推不动。这些石球总是群体出现，每次出现都至少20颗石球，它们被摆放成不同的图案，三角形、弧形、直线……令人吃惊的是所有图案不约而同地指向地球的磁北方向。

蜂拥而至的考古学家如获至宝，却陷入僵局。他们唯一能肯定的便是这些石球是人为雕刻，因为石球表面各点的曲率几乎完全一样。只有具备丰富几何学和高超雕刻技术的人才能完成。印第安人创造了伟大的文明，但是在远古时期能够打磨如此硕大的石球绝非易事，单单让这些重达几十吨的石块转动起来就已经是天方夜谭了。谜一样的石球是由漂亮的花岗岩雕刻，但是哥斯达黎加附近并没有花岗岩采石场。这些来自远方的石块是怎么被运到这里的呢？远古印第安人用什么工具将其雕刻的呢？为什么要摆放成不同的几何图形呢？它们做什么用途的呢？学者也是一头雾水。

林海茫茫，参天大树间矗立的哥斯达黎加石球沉默无语，遥远的夜空星光点点，它们之间真的有联系吗？

（十八）格拉斯顿伯里突岩之谜

高高突起的格拉斯顿伯里突岩，是英格兰最神秘的地方之一。无数的人蜂拥而来，只为亲临那神秘的理想国。

格拉斯顿伯里突岩最大的神秘之处就是亚瑟王的遗体是否埋葬在格拉斯顿伯里。亚瑟王——英国圆桌骑士团的首领，一位神话般的传奇人物。死时被同母异父的姐姐莫甘娜带到了格拉斯顿伯里，圣剑归还给了湖中妖精，遗体则深埋于阿瓦隆的庭院里。传说亚瑟王并未死，而是沉睡，只要英格兰陷于存亡危机、水深火热之时，他便会于阿瓦隆的长眠中觉醒过来，去拯救自己的祖国。阿瓦隆，便是格拉斯顿城堡，也是传闻中耶稣随约瑟来到英国时所到的岛屿。那是一个海洋深处的小岛，四周为沼泽和迷雾所笼罩，象征着来世与身后之地；据说，也只有亚瑟王能在死后抵达这里，其他人是无力企及的，被视为只可遥望而不可抵达之地，成为人们那遥远的理想乡。

这个地方同时也是圣杯传说的舞台。传说耶稣在最后晚餐时用的圣杯，被约瑟带到了这里。耶稣被钉于十字架时，这支杯子因装过上帝的鲜血而变得神圣，因而被称为圣杯。也正因此，圣杯成为神圣之物，争抢之物，多少人妄图据之为所有而丧失了性命！据说，圣杯就藏在格拉斯顿伯里突岩的圣井里。在埋葬圣杯的地方，有一股发红的泉水源源不断地向外流，这象征着基督的圣血从圣杯里流出来，源远流长，后来人们把流水的地方称为"圣杯井"，相传喝了井里的水，百病全无。一股股的红泉水至今仍从井里流出，吸引着世界各地的信徒前来寻求那能治百病的圣水。

亚瑟王的神奇传说与圣杯的故事共同结合，让格拉斯顿伯里突岩充满了神秘色彩。这里是精灵界与人类界之间的联结点，也是西方的乐土岛。

（十九）卡什库拉克山洞之谜

有人说西伯利亚地区是被上帝遗忘的地方，不宜前往，诚然如此。西伯利亚地区的卡什库拉克山洞就充满了令人畏惧的神秘气息。凡是进入山洞的人，都会感到莫名的恐惧，心跳加速，呼吸紧张，随后失去理智般冲出山洞。待清醒过来，却无法解释自己的行为。

1985年洞穴专家巴库林带队到卡什库拉克山洞考察。当准备离开洞穴时，巴库林突然感到背后有一股凝重的目光在盯着他，他想回头，双腿却变得僵直。他仿佛感到自己被某种力量催眠，冥冥中在听从别人的摆布。当他克服控制回头看时，一个巫师一样的家伙站在他的身后，神情专注地望着他。巴库林发疯似的拽着保险绳才逃离洞穴。此后巫师形象总是出现在巴库林梦中，阴影久久不能离去。

同样的情形也出现在其他考察队中，越来越多的相同描述使人们对卡什库拉克充满了好奇和畏惧。当他们进入洞穴深处时，惊奇地发现洞穴的磁场信号是经常变化的，而在众多的信号中有一个固定的脉冲。这个信号来自洞穴深处，就是这个信号引起了人们的心慌和畏惧，越往洞穴深处信号感越强烈。

当人们认为总算找到原因时，却发现这个脉冲并非地球岩石天然形成，具有这种振幅变化的脉冲只有人工装置才能发出。那人工装置在哪里安置着呢？探险队找遍了卡什库拉克山洞所有的角角落落，没有任何收获。巫师更是见不到踪影。

（二十）格雷姆岛之谜

海岛冰轮实为美景，只是并不是所有的岛屿都喜欢与冰轮相映，格雷姆岛更喜欢玩"幽灵"。

1831年7月10日，格雷姆船长率船于西西里岛以南海面遭遇莫名事件。那片水域突然沸腾起来，滚滚波涛汹涌澎湃，刹那间水汽遮天蔽日，闷雷般的轰隆声不时从海底传来。船只随着浪涛不停地摇晃，大约持续了20分钟才稍有平息。正在大家喘息之际，一股烟柱冲天而起，巨浪排山倒海般砸来，蘑菇状的气云挂于半空，整片海域耀眼瑰丽。沸腾的海水持续了一整夜，待一切平静后，海面布满了各种海洋生物的尸体，很明显它们被海水煮熟了。无疑这是一次海底火山爆发。

随后便是一个世纪的争论。因为一个小岛在火山爆发后诡异地出现在这片海域。这就是著名的格雷姆岛。初时小岛不过几米高，一个星期时间，小岛就高出海面20多米，一个多月时间已然成为大岛，周长近2000米，海拔60米。这个会长大的小岛引来周边国家的垂涎，纷纷宣布对格雷姆岛的主权。可正当外交官们为此争论个你死我活时，格雷姆岛在4个月后毫无迹象地消失了，这片海域唯有碧波万顷。一个世纪后，格雷姆岛又重现天日，于是外交官们又有事可做了。不过格雷姆岛没有等待结果出现，于1950年又悄悄消失，真成了无可言说的"幽灵岛"。

（二十一）西伯利亚通古斯之谜

在1908年6月30日，伦敦的电灯骤然间全部熄灭，斯德哥尔摩夜空七彩纷呈，荷兰夜晚如白昼，美国大地在震颤……这一切都因为西伯利亚通古斯地区突如其来的爆炸。

北纬60°55′，东经101°57′，当地时间7时17分，朝霞普降之际，一声山崩地裂般的声音炸响了，大地在晃动，随后一个圆柱状蘑菇云腾空而起，强烈的热浪扑倒了周边所有的植物，参天大树被连根拔起，几千平方米瞬间化为灰烬。灼热的气体在空中游荡，60千米外的小城成为废墟。爆炸引起了强烈的地震波，一直传到了遥远的北美和中国南海。据当时科学家初步推测，西伯利亚通古斯爆炸的能量相当于500颗原子弹或者几十颗氢弹同时释放的威力。爆炸后整整三天，通古斯地区没有出现黑夜，太阳射出绿色和玫瑰色光芒，令人畏惧。

能量如此巨大的爆炸因何而起的呢？各国科学家探讨了百年，依然没有得到令人信服的答案。很多科学家认为通古斯大爆炸显然是一次核爆炸，爆炸时冉冉升起的蘑菇云就是最好的证据。况且在其后的检测中发现该地区爆炸后的放射性物质含量明显高于其他地区，当地生物的遗传特性也遭到了篡改。但是当时地球上还没有出现原子弹，也不知道铀元素的存在。那么何来的核爆炸呢？

有学者认为是从天而降的大陨石造成了巨大的核爆炸。科学家库利克耗时10年致力于此，爆炸时夜晚如白昼恰恰符合陨石坠落的迹象。遗憾的是库利克期待的陨石坑并未找到。通古斯爆炸的中心很容易确定，被击倒的树木都指向了同一个地点。但是在这个地点没有陨石坑的痕迹，一片荒芜的沼泽死一样的躺在那里，毫无生机。

目击者声称，爆炸最初的亮光来自贝加尔湖上空，然后迅速从东南移至西北，很像人为操控的，由此有学者认为也许是一艘核动力宇宙飞船，仪器失灵，迫降失败引起核爆炸。那么为什么一点飞船残骸都找不到呢？

"微型黑洞说""地球内部核强爆说""天然气田爆炸说"……各种学说众说纷纭，但都没有充足的证据。这是人类历史上最大的爆炸，近乎一场毁灭。而今如地狱般的通古斯人迹罕至，那是一处禁区。

（二十二）美国 51 区——X 档案之谜

X 档案中那处神秘又模糊的地方，男女主人公数次走近又瞬间迷失的地方就是传说中的美国 51 区。漫天的传言、神秘的音爆，巨额的经费，坚决的否认，51 区注定是美国军方最大的秘密。

51 区距离赌城拉斯维加斯只有两个小时的车程，长期以来都是世界 UFO 爱好者和美国批评人士希望了解的地方。表面看来，51 区倒不像一个典型的军事基地反而更像好莱坞科幻电影中的场景。大型的飞机机库、储存仓库，数条飞机跑道，一座空中交通管制天线，简单的组成了 51 区 144 平方千米的主要内容。值得注意的是其中几个飞机仓库异常的巨大，屋顶都被漆成了白色。空中交通管制天线高达 45.72 米，长方形底座长达 121.92 米，可谓庞然大物了，而今它已然成为 51 区的标志。

对于 51 区，美国军方一直矢口否认。作为美国土地上保密程度最高的一块地盘，这一地区并没有标示在美国地图上。为了掩人耳目，美国军方耗费巨资购买了 51 区周围近 9000 英亩的土地，将其设为军事禁区，禁止任何人或组织靠近，包括它的上空。内华达州民用航空图标注了大片的禁飞区，却没有任何相关说明。任何有关该区的图片、照片都不得外露。直到 1994 年美国军方才稍有松口，但是只承认此处为军事基地，有关该区因何而设、从事何种试验拒绝透露。3 年前美国总统命令收回州政府对 51 区的管理权限，51 区直接归美国政府和五角大楼管辖。

美国普通民众更多是从好莱坞电影中了解 51 区的，由此他们坚信该区域一定存在绝密技术。而居住在 51 号区域附近的人们几乎每人都表示在自家后院看到了球形、三角形或者飞盘型的不明飞行物。巨大的轰鸣声让他们寝食难安，而当他们向 51 区抗议时，这些奇怪的声音就会神秘消失。

狂热的 UFO 爱好者每年 5 月 30 日都会来此聚会，他们对于 51 区和外星人深信不疑，尤其是所谓的"绿屋"。"绿屋"被认为就在 51 区，冰冻的外星人尸骸、破碎的飞船就在其中。X 档案中"绿屋"数次出现，但是真相总在即将揭示时戛然而止。据说每一位新上任的美国总统都会前往参观，不知道奥巴马是否成行？

几十年来，51 区一直困扰着美国民众，无数次辩论会（具有法律责任的）总是不了了之。美国政府到底在 51 区做什么？一部无解的 X 档案。

（二十三）瓦史斯瓦科伊镇之谜

你相信命运吗？你会走入寺庙去占卜未来吗？你认为当你第一声啼哭后人生就已经被确定了吗？如果有人告诉你世界上有一片属于你的树叶，上面写有你的人生时，你会相信吗？

相传 2000 年前，几位印度神仙就已经掌握了全世界人的命运，他们将这些天机写入了飘零而下的树叶。1200 年前这些不可亵渎的树叶被藏于印度瓦史斯瓦科伊镇中的庙宇，他们需要尘封上百年才能向世人昭示。600 年前在瓦史斯瓦科伊镇，神秘的树叶重现天日，瓦史斯瓦科伊镇的读经师们得以接触天机，并用这种古老的范本解读着过去和未来。

并不是每一个人都得以看到自己的未来，只有经过精心挑选的人才能看到整个解读过程。读经师严肃地说道："只有恰好在这个行列，树叶上才会写有神秘的文字。"这些树叶上的神秘文字被翻译为诗歌在瓦史斯瓦科伊镇传唱了千年。

这确实是一件很玄妙的事情，我们的命运在 2000 年前就已经被写在了那薄薄的树叶之上。美国人罗伯特感觉这一切过于神秘，他决定一探究竟。走入瓦史斯瓦科伊镇的寺庙，读经师请他沐浴更衣，并通过他的拇指指纹找到了关于他的神秘树叶。罗伯特在被选择的行列中。奇妙的事情发生了，当读经师展开那已经干枯的树叶时，罗伯特仿佛看到了自己的出生和死亡。树叶上的文字就像蝌蚪，密密麻麻地布满了叶面。读经师讲述了罗伯特的生活：一名音乐指挥家，父亲是菲利克斯，母亲是爱雅。结过一次婚但是离异了，而现在的婚姻生活很幸福。现在罗伯特正在努力建设一所音乐学校，他希望通过创作新的音乐来治疗人们的伤痛。读经师还告诉罗伯特他会成功的，他会受到大家的欢迎。"太不可思议了。"罗伯特对于读经师的讲述十分吃惊，因为所有的信息都完全正确，包括罗伯特的家庭和爱好。怀疑被打破，唯有一声感叹。

再过 100 年，写有天机的树叶将变成黑色，再也读不出任何人的命运。在这之前，瓦史斯瓦科伊镇的读经师们还会为被选中的人解读着他们的命运。

那一片片蕴含你终身秘密的树叶，你会去请求解读吗？

（二十四）圣塔柯斯镇之谜

神秘北纬 30 度之上的圣塔柯斯小镇不过弹丸之地，却足以挑战伟大的牛顿，伟大的万有引力定律。树动林吟，神奇地带被层层林木包围，气氛悚然。木栅门上"神秘地带入口处"字样提醒你此处会将定理推翻。诡秘树林中两块魔板石、两座神秘的小屋、奇异的怪坡……处处令众多科学家为之困惑。

两块外表普通的大青石，能瞬间将人的身高缩小变长，仿若哈哈镜一般。两个身高相同的人分别同时站在两块魔板石上，一个骤然高大威猛，一个立马矮小猥琐。但是无论如何测量，两人身高毫无变化。难道是人视觉的差错？

这里林木茂盛，却像刚被飓风扫过一般，统统向着同一个方向大角度倾斜，古今未变。这里所有的物体都在向万有引力挑衅，从不与地面保持垂直。就连从天而降，也是飘飘然斜着下来的。走在斜坡上，人与斜坡基本保持水平，快步如飞的过程中连自己的脚都无法看到。随意放置在木板上的小球不会向水平低的方向滚落，而是逆势而上。

圣塔柯斯小镇是一个创造"武林高手"的圣地，飞檐走壁瞬间可会。走入神秘地带中心的小木屋，人会不由自主地向左倾斜。可以毫不费力的在墙壁屋顶走上走下，不用担心马失前蹄。

也许这就是大自然吧，调皮的搞些恶作剧。那科学呢？伟大的牛顿是不是因此才回归了上帝？

（二十五）巴图岩洞之谜

对于信仰宗教的人来说，他们认为信仰能够给自己带来超凡的能力，使人无所不能。一个远古的洞穴——巴图岩洞，就被认为具有赋予人巨大魔力的力量，受到了无数信徒的膜拜和推崇。

巴图岩洞是由马来西亚吉隆坡城外热带雨林中的三座石灰岩洞组成的。这里是印度教力量之神木鲁刚的居住地。成千上万的信徒从四面八方聚集而来，祈求神灵的庇护。为表示对神的感恩和赎罪，信徒们开展了多种多样的宗教活动。其中有一种用类似长矛的物品自残身体的活动引人瞩目，那些竞技者用针刺穿身体，或者用钩子插入后背拖动汽车，在他们的脸上看不到痛苦，而且也没有鲜血流出体外。人们对此百思不解。莫非神真的给予他们如此神奇的力望而感受不到痛苦？科学家对此解释说：并不存在什么所谓的魔力，而是信徒们在精神恍惚的状态下感受不到痛苦而已。但是对于那些参加赎罪仪式的人来说，他们坚信是巴图岩洞创造的奇迹。

在这种怪异的宗教仪式面前，科学也束手无策，没有办法解释清楚其中的缘由。

（二十六）爱尔兰丹谟洞之谜

臭名昭著的、比猎狗更为敏锐的盗墓者，挖掘了一个又一个的人类文明遗迹，但是有一个地方却让所有盗墓者不寒而栗。这个地方就是爱尔兰丹谟洞，一个隐藏着巨额宝藏，更是一个充满了血腥的地方，一个通向地狱的入口。

夜幕降下来了，无边的黑暗笼罩着丹谟洞，阵阵阴风袭来，阴森恐怖，似乎有惨叫声从遥远的深处传来，极度痛苦地"啊""啊"的惨叫着，不是一人的惨叫，而是数以千计人的惨叫，好似来自地狱深处。丹谟洞，1000多人的葬身之地，爱尔兰最黑暗的地方，它记录了一次惨无人道的大屠杀。

公元928年，一群挪威海盗洗劫了爱尔兰，1000多居民为了逃命集体躲到了丹谟洞里，这是一个巨大的溶洞，洞里地形复杂，但是入口太明显，自认为绝佳的藏身之地变成了葬身之所。海盗很快发现了洞中藏人的秘密，一场血腥的大屠杀开始了。海盗进入洞里，把所有发现的人都杀死，然后守在洞口半个月，当场未死的人都因感染而死或者饿死。之后的1000多年里，丹谟洞成了爱尔兰的"地狱入口"，再没有一个人敢进入洞中。

丹谟洞，这个悲惨的地方，一直沉默到1940年。骸骨，成堆的骸骨，成堆的零散的骸骨，卧倒的、仰面的、侧躺的，奇形怪状。这些阴森的骸骨，多半是妇女和老人的，甚至还有未出世胎儿的，悲惨深深地震撼了人们。故事到这里还没有结束。这里不仅有着黑暗的历史，沉默的洞穴中还隐藏了永恒的宝藏。

突然，洞壁的狭缝中发出闪闪绿光，洞壁上怎么粘着绿色的纸片？难道是废纸？其实那根本不是什么纸片！那是一个镶嵌着绿宝石的镯子！人们越来越好奇，丹谟洞里竟然埋藏着宝藏！随之，几千枚古钱币，一些金条、银条和首饰，另外还有几百枚银制纽扣陆陆续续被挖掘出来了。有一些工艺品和纽扣的样式十分古怪，在所有和海盗有关的文物中都是独一无二的。经过几个月的精心雕琢，封存千年之久而导致色彩黯淡的艺术品和钱币终于重现夺目光彩。虽然宝物数量不是最多，但其历史价值和考古价值远远超过其本身价值。现在，存丹谟洞中被杀害的人终于可以安息了，他们为之丧命的财宝现成了爱尔兰的国宝，将永远聆听世人的惊叹和赞美。

爱尔兰谟洞，地狱入口，宝石闪耀，血腥绿光。

六、江河湖泊之谜

（一）南极的"不冻湖"之谜

南极处于地球的最南端。当人们一提起它，所想到的第一个问题就是"冷"字，想到那人迹罕至的冰雪世界。在南极，放眼望去，皑皑白雪、银光闪烁。这1400万平方千米的土地，几乎完全被几百至几千米厚的坚冰所覆盖，零下60℃的气温，使这里的一切都失去了活力，丧失了原有的功能，石油在这里像沥青似的凝固成黑色的固体，煤油在这里由于达不到燃烧点而变成了非燃物。然而，有趣的自然界却奇妙地向人们展示了它那魔术般的奇迹：在这极冷的世界里竟然奇迹般地存在着一个"不冻湖"。

科学家们所发现的这个"不冻湖"，面积达 2500 多平方千米，湖水遭到了极其严重的污染，并有间歇泉涌出水面。科学家们对这个湖的周围进行了考察，发现在它附近不存在类似于火山活动等地质现象。因此科学家们对于出现在这酷寒地带的"不冻湖"也感到莫名其妙。

为揭开此谜，苏联考察队利用电波器在他们基地附近厚达 3000 米的冰层下，又发现了 9 个"不冻湖"，这一新的发现使得对"不冻湖"的研究有了新的进展。他们接着对"不冻湖"的形成原因进行了分析、研究和推测，提出了各自不同的见解。有的科学家提出这是气压和温度在特殊条件下交织在一起的结果。持这一见解的人指出：在这 3000 多米冰层下的压力可达到 278 个大气压，在这样强大的压力下，大地所放出的热量比普通状态下所放出的热量多，而且冰在零下 2℃ 左右就会融化。另外，冰层还像个大"地毯"一样，防止了热量的散发，使得大地所放出的热量得以积存，这样在南极大陆的凹部就可以使大量的冰得以融化，变为"湖水"。

另有一些科学家则认为：在南极的冰层下，极有可能存在着一个由外星人建造的"秘密基地"，是他们在活动场所散发的热能将这里的冰融化了。

还有的科学家指出，这是个"温水湖"，很有可能在这水下有个大温泉把这里的水温提高了，冰给融化了。可有些人反驳说：如果这里有温泉水不断流入湖里，为什么湖上冰冠没有一点融化的迹象呢？为了解释这一问题，人们在冰层上架起了钻机，取得了冰下的样品，发现湖底的水完全是凉的，这就说明了在湖下并不存在温泉，湖水不是由于温泉而热起来的。

还有一些科学家推测，湖水是由太阳晒热的。他们是这样解释的，这个四周被冰山包围的湖实际上是一潭死水，它很容易聚热。这里的冰层起到了一个透镜的作用，这种透镜可以使太阳光线聚焦，成了湖上的一个热源，当阳光照在四面冰山上的时候就有少量的热被折射到这个聚焦镜上，天长日久，就形成了这一冰川上的"不冻湖"。但同时也有人提出为什么太阳不会把湖上的冰融化呢？如是湖上的冰起到透明镜的作用，那么，为什么在其他的地方没有这种现象呢？

围绕"不冻湖"的问题，各种推论、猜测纷纷提出，然而到现在为止还没有一个科学家能拿出令人满意、使人信服的结论。这冰山上的"不冻湖"的确太神秘了，它难倒了我们那么多的科学家，使得他们不得不进一步对它进行综合考察，力争早日揭开这层神秘的面纱，使其露出本来面貌。

（二）非洲的"杀人湖"之谜

1984 年 8 月 16 日的清晨，一位叫福勃赫·吉恩的年轻牧师和其他几个人正驾驶着一辆卡车经过喀麦隆共和国境内的莫努湖。这时，看见路边有个人正坐在摩托车上，仿佛睡着了一样。但当吉恩走近摩托车时，他发现那个人已经死了。而牧师转身朝汽车走去时，也觉得自己的身子发软。吉恩和他的同伴闻到了一种像汽车电池液一样的奇怪气味。吉恩的同伴很快倒下了，而吉恩却设法逃到了附近的村子里。

到早上 10 点半，当局得知已有 37 人在这条路上丧失了生命，很明显这些人都是那股神秘的化学气体的牺牲者。这股化学云状物体包围了有 200 米长的一段路面。虽然还没有进行尸体解剖，但对尸体进行检查的巴斯医生断定这些人都死于窒息，他们的皮肤都有化学灼伤。

使这些人丧失生命的云状物体是从莫努湖中自然产生的。附近的村民报告说，在前一天晚上听到轰隆轰隆的爆炸声。当局注意到湖里的水呈棕红色，这表明平静的湖水已经翻动了。

是什么引起了这股云雾？火山学家西格德森认为在最深的水中，通过保持碳酸氢盐的浓度，微妙的化学平衡使莫努湖发生了强烈的分层。某种东西扰乱了这种分层，使深水中的丰富的碳酸盐朝着水面上升。这种压力的突然变化，释放出二氧化碳，就像打开的苏打瓶盖一样，这一爆发形成了 5 米高的波浪，使岸边的植物都倒下了。这股合成的云状物也就是密度很大的二氧化碳气体，这股气体被风带到了路上，并一直停留在离地面很近的地方，西格德森说，很明显在黎明前的这段时间里，由于天黑使村民看不见这一云状物，同时，他猜测到这股云雾中含有硝酸，这就使人们天亮时能看见它。也能解释死者皮肤上的灼伤。但即使这样，西格德森还是说："灼伤仍然完全是个谜。"

据调查者说，这一事件是非常奇特的，因为它具有致命的作用。技术人员曾考虑过利用这种分层作为能源的一种来源，但后来放弃了这一想法，因为他们害怕由此而引起巨大的气体爆炸。而现在引起极大关注的是，这种情况可能在喀麦隆其他具有火山口的湖中再次自然地发生，因为这些湖都可能像莫努湖一样地进行分层。

（三）"上帝的圣潭"之谜

在帕尔斯奇湖东南部有一处不冻的深潭，它深不见底。人们称它为"不沉湖"或"上帝的圣潭"。原来，早在 19 世纪时，有一家姓鲍伊的印第安人迁来此处定居。他们住在深潭的附近，一天，他们的木筏遇到了飓风，当木筏被吹到深潭时已经被肢解得支离破碎。鲍伊一家7口人，有5人掉进了深潭，掉下水的人惊恐万状，拼命离呼救命。但是，抢住木筏的人不论怎么拼命也无法靠近援救他们。筏上的人眼睁睁地看着水中挣扎的人，水里的人露出绝望的眼神……

就在这时，奇迹出现了，那些在水中挣扎得筋疲力尽的人们，绝望之际发现自己并没有下沉，他们觉得像有什么东西托住自己似的，他们得救了。后来，有一个法国人蒙罗西哥来到此地，一不小心也掉进了深潭，他和前面的人一样也侥幸逃脱厄运。事后他对人说："那就像上帝的手，把我托了起来，使我不能下沉。"因此，人们就称这个深潭为"上帝的圣潭"。

"上帝的圣潭"很快就传遍了世界各地，吸引来不少的旅游者。1974年，到火炬岛考察的伊尔福德一行人也慕名来过此地。但在经过水质分析后，竟没有发现这里的水的比重与圣潭周围甚至整个帕尔斯湖水有什么不同。因此，许多专家学者都猜测水下有特异物质，当有物体落入水中时。这种特异物质就释放出某种能量，增大了水的比重，使物体能够浮在水面。

但是，这一说法很快又被另外的专家否定了，因为经他们试验，当人落水时取出水样来，然后与圣潭平静时的水样相比较，其成分并未发生改变，也就是说，前后水样成分完全相同。更让人称奇的是，不仅人无法沉入水底，就是钢铁也不会沉下去。到1979年美国科罗拉多州物理学会几位专家，协同圣弗朗西斯科海军基地和加拿大航海科学院，对"上帝的圣潭"进行了又一次测试，可他们仍然一无所获，没有找到什么有力的依据。

只是他们发现，圣潭不但排斥人类，而且排斥任何物体。仪器不能深入，潜水员无法潜入水中。有一位名叫哈德希布漠的海军军官，将手上的一枚钻戒扔进圣潭，那戒指居然也一样漂在水面。

在94平方米的"上帝的圣潭"，时至今日在它的区域内，还没有一样东西能够沉下去。对于这种现象，没有人能说得清是什么道理。由于它的神秘，不少人曾提出将帕尔斯奇湖辟为旅游地区，以吸引更多的游客。

（四）的的喀喀湖之谜

在的的喀喀湖东南21千米处，有个蒂亚瓦拉科文化遗址，以大量的精美的巨石建筑闻名于世。蒂亚瓦拉科原来叫作"泰皮卡拉"，在艾马拉语中的意思是"中心之石"，可能是因为其他部族对这个词的误读，久而久之就变成了"蒂亚瓦拉科"。它被人们称为"外星人"的"湖畔奇迹"。

在蒂亚瓦拉科遗址，保存最完整的是名叫"卡拉萨塞亚"的奇特建筑，它是用石头砌成的长方形台面，长118米，宽112米，周围由坚固的围墙围起来，里面有阶梯通往地下的内院。巨大的石柱耸在地面上，组成气势雄伟的石林。这里还有许多形状奇异的巨大石像有些学者认为，石像身上好像刻有许多天文标记或远古星空图案似的，令人迷惑不解。

据一些考古学家考证，"卡拉萨塞亚"可能是古代的印加人祭祀太阳神的祭坛，规模庞大，气派庄严。在"卡拉萨塞亚"庭院的南面，有一座占地达数英亩的"阿卡帕纳"金字塔，呈方形，有巨大的台座和台阶，顶上还有一座古老的庙宇，雄伟壮丽，气势轩宇，表现了古代印加人在建筑、雕刻、绘画、装饰方面杰出的艺术才华。

在"卡拉萨塞亚"庭院的东北角，巍然屹立着一座名闻世界的"太阳门"，它高为2.5米，宽达4.5米，重约12000千克，是用一整块巨大的中长石雕制成的，中央凿有一门洞，门楣上有精美的浮雕，其中有一个神秘的人形浅浮雕，双手各执一根权杖，头部放射出很多光线，其间还夹杂有蛇像。在人形的两侧有3排平行的、花纹错综复杂的方形的图案，图形基本上相似：带翅膀的勇士们恭敬地面向中央的神王。据说，每年9月21日黎明的第一缕曙光总是准确地从"太阳门"中央射出，风光旖旎。

蒂亚瓦拉科文化遗址上的所有巨大建筑物，都是用重达数吨、甚至重达百吨的巨石砌成的，石块精工琢磨，凹凸咬合，石块与石块之间，不用任何黏着剂，能做到合缝紧密，竟连薄刃也难从对缝中插进去。有些巨石与巨石相衔接处，用铜榫和扣链固定。可见古代印加人的石砌技术极高，建筑精巧严谨。

在遗址附近，发现有一条印加古路的路基，从路基延伸的方向来判断，很可能是从秘鲁的库斯科到厄瓜多尔的基多。

在湖畔还发现一座巨大的古天文台，垒成像古代足球门似的形态奇异的巨石，实际上是一种复杂的测时和确定季节的巧妙装置。据考古学家考证，古印加人崇拜天体，天文历法知识的发展与宗教信仰、农业生产有着密切的联系，他们很早就筑设天文台，用以观测太阳的位置和确定农业的节序，能确定夏至和冬至。古印加人的历法定1年为12个月，每月有3个10天的长周，1年加1个5天的短周，以冬至为岁首。

的的喀喀湖畔的奇迹，让现代人十分迷惑：的的喀喀湖位于海拔3812米的荒漠高原上，必须到5千米以外的高山上去挖取巨大石材，一般石块重达数吨、数十吨，有的石块重达10万千米。据考证，古印加人不会冶炼铁，他们没有钢铁工具，没有炸药，更不可能有飞机、火车或汽车、拖拉机。当时美洲人还没有创造出任何机械、轮子和绞车。在高寒、低压、缺氧至连呼吸都极为困难的恶劣环境中，在没有轮制运输工具的情况下，当时的人们用什么方法从高山上挖取这样巨大的石块？怎样经过崎岖的山路把每块重达数吨、数十吨、甚至重达100吨的巨石运到湖畔广场工地上并抬上高耸的城堡、宫殿的顶部呢？当时根本没有起重机之类的先进器具，光靠人力、运用极简单的原始工具能建造规模如此宏大雄伟的建筑物群吗？据有人估计，星散在的的喀喀湖畔的所有巨石建筑物的总工程，比修筑金字塔还要艰巨。究竟是何人何时用什么方法创造出石豹湖畔的奇迹呢？

西方有些人认为，以捕鱼和狩猎为主要谋生手段的古印加族人，根本不可能在的的喀喀湖一带的层峦叠嶂之中创造出辉煌的蒂亚瓦拉科文化。20 世纪 60 年代，作家路易斯·波威斯和雅克·伯杰曾认为，在非常遥远的古代，来自金星的"天外来客"——"外星人"，曾在的的喀喀湖畔的高原居住过，创造了湖畔的奇迹。有人认为，湖畔的"太阳门"上的图案描绘了"外星人"的形象，湖畔的巨大石像上精确地记载着 27000 年前的星空。

从 1950 年起，由玻利维亚考古学家卡路斯·庞塞·桑西内斯领导的考古调查队，对的的喀喀湖畔的古迹进行了相当大规模的深入发掘和长期认真的考察研究，并把一些已破损了的古建筑物加以复原。经过放射性碳—14 鉴定，确定湖畔古城最早的建筑日期始于公元前 300 年，竣工于公元 600 年。安第斯山区是古代美洲文明的发祥地之一，在公元前 8500—公元前 10000 年，这里就已经有了人类居住。考古发掘的材料证明，最早散居在安第斯山区的古代居民是摩其卡族、艾马拉族和克丘亚族（印加人是克丘亚族的一支）。在印加国家形成之前，安第斯山区已出现过一系列发展较高的古代文明。印加人在继承和发扬前代文化的基础上，创造出南美光辉灿烂的印加文化。的的喀喀湖畔的奇迹，就是印加文化的结晶。

当然，"外星人"在的的喀喀湖畔创造的奇迹还是一个谜团，这有待后人去揭开谜底。

（五）湖底炮声之谜

印度有一个湖，名字叫作劳弗里弗亚湖，面积大约有 400 平方千米。英国殖民主义者侵入印度以后，有一个名字叫司密斯的英国军官带领军队驻扎在劳弗里弗亚湖边。一天晚上，突然从湖里传出来一阵阵震耳欲聋的炮声，一下就响了好几天，折腾得司密斯和士兵们吃不好饭、睡不好觉。一次，7 个英国士兵正沿着湖边巡逻，突然又从湖里传来几声"轰隆隆"的炮声，只见他们立刻就倒在地上死去了。

司密斯听到这个消息，急忙跑了过来。那时候，印度的老百姓恨透了英国侵略者，不愿意受他们的欺压，只要抓住机会，就袭击英国士兵。司密斯朝着周围看了看，心想："这件事情是不是当地人干的呢？"可是，他仔细一检查，那 7 个士兵的尸体上却没有发现一点儿伤痕。这是怎么回事儿呢？司密斯不由地感到一阵恐慌。

没办法，司密斯只好把当地为英国侵略者效力的官员们，召集到一个叫安特里姆湾的地方开会，商量对策。谁知道，会议刚刚开始，不知道从什么地方又响起了"轰隆隆"的炮声。司密斯和那些官员们吓得一个个面色如土，胆战心惊，乱作一团。司密斯费了好大的劲儿才镇静下来，仔细听了听，这炮声好像是从劳弗里弗亚湖中央一个叫朗福德洛德角的地方传出来的。于是，他连忙命令士兵们乘上船只，朝着朗福德洛德角划了过去。

可是，英国士兵们赶到朗福德洛德角，那炮声却不响了。士兵们搜查了好半天，什么也没有发现，最后只好撤了回来。司密斯听了士兵们的报告，心想："看起来，这神秘的炮声是从湖底传出来的了？"

那么，为什么会从湖底传出来炮声呢？

面对这种现象，科学家们提出了各种看法，却没有什么说服力，只有恩格尔的看法还有些道理。恩格尔是一个地质学家，他认为地底砂岩层当中聚集的气体，当压力增加到一定程度时，就会向上渗溢，由于被湖底多层紧密的黏土阻挡着，没有办法继续上升。随着这些气体压力的进一步增强，最后终于冲开黏土层猛烈膨胀而发生爆炸。因为这种爆炸不是发生在水面，而是水下，爆炸声是从湖底传到水面上来的，所以人们听起来就摸不清方向；爆炸的时候，会释放出一氧化碳、二氧化碳和硫黄的氧化物。人和动物闻到以后，就会中毒死亡。

有的科学家不同意恩格尔的这种说法，认为湖底传出来的炮声和散发出来的毒气，是由于湖底火山突然爆发产生的。所以，湖底的炮声之谜一直到现在也没有真正解开。

（六）神秘的沥青湖之谜

在拉丁美洲有一个神奇的湖泊叫披奇湖，它坐落在加勒比海上多巴哥的特立尼达岛，距首都西班牙港约 96 千米。这个被高原丛林环抱的湖泊，面积达 46 万平方米之多。奇怪的是这个湖没有一滴水，有的却是天然的沥青，因此人们称其为"沥青湖"。该湖黝黑发亮，就像一个巨大精致的黑色漆器盆镶嵌在大地上。湖面沥青平坦干硬，不仅可以行人，还可以骑车。湖中央是一块很软很软的地方，在那里，源源不断地涌出沥青来。因此，被人们誉为"沥青湖的母亲"。

这个湖的神奇之处在于湖中沥青"取之不尽，用之不竭"。自 1860 年以来，人们已不停地开采了 100 多年，被运走的沥青多达 9000 万吨，而湖面并未因此而下降，据地质学家考察研究，该湖至少深 100 米，如果按每天开采 100 吨计算，再开采 200 年也不会采尽，它是目前世界上最大的天然沥青湖。

如此神秘的沥青湖是怎样形成的呢？随着科学技术的发展，这个湖的奥秘终于逐渐被揭开了。现已查明，该沥青湖的形成是由于古代地壳变动，岩层断裂，地下石油和天然气涌溢出来，经长期与泥沙等物化合而变成沥青，以后又不断地在海床上逐渐堆积和硬化，形成了如今的沥青湖。从沥青湖的形成过程，也可反映出该地区的历史演变和发展。在采掘中，人们曾发现古代印第安人使用过的武器、生产过程以及生活用品，还采掘出史前动物的骨骼、牙齿和鸟类化石等。1928 年，该湖湖底突然冒出 1

根 4 米多高的树干，竖立在沥青湖的中央。几天以后，树干才逐渐倾斜沉没湖底。有人从树上砍下一断树枝，经科学家们研究考查，发现这棵树的树龄已有 5000 多年了。

（七）神奇的"水妖湖"之谜

在苏联的卡顿山里，隐藏着一个神奇的湖泊。湖面明亮如镜，在阳光照耀下，熠熠生辉，如果仔细观察，人们还能看见那银色的湖面时时升起缕缕微蓝色的轻烟。在这里，环境十分幽雅宁静，湖光山色十分秀美，宛若童话般的仙境。

然而，这个美丽的湖泊却笼罩着神秘而又可怕的气氛，人们个个望湖生畏。自古以来，人们称这美丽的湖泊是水妖居住的地方，它长年喷吐着毒气，谁靠近湖泊，谁就会很快被毒死，一旦人或动物掉进湖里就会死去，所以，人们称其为"神奇的水妖湖"。多少年来，许多英雄好汉曾想揭开"水妖湖"神秘面纱，可未走近湖畔，人就会感到恶心头晕、流口水、呼吸困难。如不马上离开，就会死去。因此，无人敢冒死前往。

据说，后来有一位地质学家带着几个助手，戴上防毒面具进行实地勘察，终于解开了水妖湖之谜。原来，这个湖根本没有什么水妖，湖水也不是普通的水，而是水银。那银色的湖面，就是硫化汞在阳光下分解生成的金属汞。湖上缕缕微蓝色的轻烟，就是在太阳光照射下的水银蒸气。由于水银蒸气毒性极强，能杀死生物，因此，在湖四周的空气中，水银蒸气的浓度很大，凡是人或动物接触久了，就会中毒死亡。过去，由于科学知识贫乏，人们迷信水妖作孽。所谓"水妖湖"其实就是"水银湖"。

（八）奇妙的双层湖之谜

在北美阿拉斯加半岛北部远伸北极圈内的巴角上，有一个奇妙的湖泊名叫努乌克湖。长年居住在这严寒地带的爱斯基摩人，很早就发现这个湖的湖水分为上下两层：上边的一层是淡水，底下一层是咸水。

我们日常所见的湖泊，由于水的本身流动和借助外部的力量，湖水被搅得很均匀。可努乌克湖的水，却有一条明显的界限把水一劈为两层，使淡水和咸水层分明，这就说明了这个湖的湖水上下并不掺和。为什么这个湖的水分上下两层呢？据一些地理科学研究者考证认为，这座湖泊原是因一个海湾上升而形成的。它的北部是一条狭长的地段，像一个堤坝。冬季由于降雪充足，春天将大量融化后的淡水流入这个地域，因为湖上气候十分寒冷，这些淡水始终不能和咸水相混合，而北面的海水被海上的风暴激起，翻过狭窄的堤坝进入湖里，由于海水的密度较淡水大，结果就都沉到湖的下层去了。更为奇特的是，在这个湖中，不但水分上下两层，而且两层水中的生物也各不相同。上层生活着淡水鱼和植物，与该地区淡水江河中的鱼类和植物完全一样，而下层的生物群与北冰洋中典型的海洋生物群也完全相同。更令人奇怪的是上层的生物与下层的生物互不往来。各自生活在自己的水域中。

（九）五层湖之谜

在北冰洋巴伦支海的基里奇岛上有一个"麦其里湖"，该湖的水域层次共分五层，因此人们称其为"五层湖"。五层湖的每层水质不同，因而又各具自己特有的生物群，构成一个绚丽多彩的湖中世界。

五层湖的最底下一层是饱和的硫化氢，它是由各种生物的尸体残骸和泥沙混合而成。在这层中经常产生剧毒的硫化氢气体，其中只生存着一种"嫌气性细菌"，其他生物无法生存。第二层湖水呈深红色，宛如新鲜的樱桃汁液，色彩十分艳丽。这里没有大的生物，只有种类不多的细菌，它能吸收湖底产生的硫化氢气体作为自己的养料。第三层是咸水层，水质透明，是海洋生物的领域，这里的生物有海葵、海藻、海星、海鲈、鳕鱼之类。第四层是淡水与咸水互相混合的水层，生活着海蜇和咸淡"两栖"生物，如水母、虾、蟹以及一些海洋生物。第五层即最上面的一层——淡水层，这里生活着种类繁多的淡水鱼和其他淡水生物。

（十）发光湖之谜

在北美洲巴哈马联邦的大巴哈马岛上，有一个会发光的湖。每当夜晚驾船划桨时，船桨会激起万点"火光"，船的周围也会溅起点点"火花"，船尾则拖着一条"火龙"，偶尔鱼儿跃出水面，也会闪出"火星"，远远望去，一片星火，奇趣盎然。

最初，有人说这是湖中水怪作祟，也有人说是湖中龙女撒花，还有人说是鱼神巡夜的灯盏。随着科学的发展，会发光的湖的谜底已被揭开了。那"火光""火花""火龙""火星"都不是人们传说中的水怪作怪、龙女撒花、鱼神掌灯，也不是真正的火，而是受到湖中大量繁殖着的甲藻的作用：甲藻含有荧光酵素，当水中船只行驶、划桨、鱼儿游动等搅动时，荧光酵素会发生氧化作用，而产生五光十色的"火花"。

（十一）沸湖之谜

在加勒比海的多米尼加岛上，有一个神奇的"沸湖"。它是一个长 90 米、宽 60 米的小湖，坐落在火山区的山谷中。在湖水满时，从湖底喷上来的水汽高达 2 米。整个湖面热气腾腾，湖水翻滚，好像一锅煮沸了的开水，沸湖的名称就是这样得来的。此湖水温度很高，可达 100℃，一些来此观光的旅游者，只要将生的食物投入湖中，不一会儿就"煮熟"了。

有时湖水干了，可以看到在深邃的湖底露出一个圆洞，这就是喷孔。突然间，有一股灼热的水柱伴随着轰鸣声冲天而起，竟高达 3 米多，形成奇景，极为壮观。据地质学家认为，"沸湖"底的一个圆洞是一个巨大的间歇喷泉，这里过去是座火山，地下岩浆离地表较近，当地下水加热后，积聚了一定的压力，就通过岩石的缝隙向地面喷发出来，形成蔚为壮观的自然奇景。

（十二）死湖之谜

在意大利的西西里岛上，有一个名副其实的死湖。这个湖里没有任何生物存在，而且在湖的岸边寸草不生。原来，这个湖的湖底有两个奇怪的泉眼，在日夜不停地向湖中央喷射出腐蚀性很强的酸性泉水，因而人或动物偶然失足掉进湖中，就会立刻死亡。

在中美洲危地马拉北部的特哥姆布罗火山中，也有一个可怕的死湖。由于受火山的影响，湖中有一个"沸泉"，使湖水的温度高达 80℃ 以上，而且又含有大量的硫酸，因此任何生物都不能在此湖中存活。

（十三）不沉湖之谜

在地中海的占依岛上，有一个"不沉湖"。湖水五光十色，终年散发出浓烈的火药味。此湖似乎有一种神奇的魔力，一两磅重的石块投入水中都不会沉入湖底而浮在水面上，仿佛轻如纸屑，令人惊奇不已。更有趣的是，在不沉湖里游泳，即使不会游泳的人，也绝对不会淹死。据说有一次，一个不会游泳的胖子，在湖边摄影留念，一不小心掉进了湖中，急得他的太太大呼救命，可是岸上的许多游客不但不救，反而大笑起来，气得这位太太责怪他们"见死不救"，可当她看到她的丈夫不但没有沉没，反而轻巧地在水中游起泳来时，便破涕为笑了。

据科学家们分析，不沉湖的海水里含有某种矿物质，这种水的密度很大，因此人不会沉没。科学家们还发现，用这种水洗澡，能使皮肤变黑发光，具有较好的医疗作用，因此每年到这里来的各国游客络绎不绝。

（十四）甜湖之谜

在独联体乌拉尔，有一个奇妙的湖泊，因湖中的水是甜的，所以人们叫它"甜湖"。据说用甜湖水洗擦衣服，不用肥皂也能搓出泡沫来，能自然把衣服上的污垢洗干净。当地妇女很少去买肥皂，而喜欢用这里的湖水洗衣。同时，此水还能治疗风湿病。

据科学家化验，甜湖的水呈碱性，水中有大量的苏打和氯化钠的化合物，所以带有甜味，因而才有如此奇妙的作用。

（十五）鱼不去湖之谜

在苏联库滋涅茨克拉套里，有一个鱼都不愿去的湖，湖里没有一条鱼，被人们称其为"空湖"，也叫"鱼不去湖"。奇怪的是从其他湖里游来的鱼，当游到这个湖的入口处时，便掉头匆忙往回游，不愿游进去。人们曾多次试验将鲈鱼、鲫鱼放进湖里，却没有一条能够存活下来。许多人认为湖水有毒，可是几经化验，未发现任何有毒物质。因此，引起了科学家们的极大兴趣，然而，无毒而又无鱼的奥秘，至今仍未能解开。

（十六）乔治湖时隐时现之谜

在澳大利亚首都堪培拉与沿海大城市悉尼之间，有一个美丽的湖泊，它就是乔治湖。它好像有什么魔法，每隔一段时间就会消失，一段时间后又重新出现，而且它消失和再现是周期性变化的。从1820年到现在，乔治湖已经消失和再现过5次，它最近的一次消失是在1983年。许多科学家都对这一奇怪的自然现象进行了研究，但至今仍然没有一个公认的说法。

有人认为它的消失和再现可能与星球运行有关，但这种说法目前还缺乏足够的证据。

还有人认为，它是时令湖，水源主要是河水和雨水，如果当年雨量少，水分大量蒸发，湖水就会干涸，因而它时隐时现。

另外的人则认为乔治湖是个漏湖，这个地区的地球板块有自动开启和关闭的"特异功能"。要不然，怎么解释湖水会在短时间内消失，甚至连湖中的鱼都无影无踪了呢？

现在我们所看见的乔治湖则是个滴水全无的洼地，由于已有整整20年的干涸历史，湖底长起的树都有十几米高，悠闲的羊群在其中吃着茂盛的青草。很少有人知道那里本来是鱼虾生活的乐园，难怪乔治湖还有个"变幻湖"的别名，只不过变幻的原因一直是个谜。

（十七）喀麦隆杀人湖之谜

尼奥斯湖和莫努恩湖地处喀麦隆西部，美得惊世骇俗，但它们却是名副其实的杀人湖。即使人没有靠近这个湖，也没有在上面划船，也会招致死亡的厄运。

1984 年 8 月 15 日，位于喀麦隆西部省的莫努恩湖突然喷发毒气，附近的 37 名居民因之丧生。而更大的灾难又发生在两年后。

1986 年 8 月 21 日夜，位于该国西北省的尼奥斯湖发生类似的奇怪现象，伴随着闷雷般的响声，湖底沉积的超量二氧化碳"奋力"冲出湖面，掀起近 100 米的巨大水浪，强烈的毒气迅速向四周扩散，波及 2600 千米以外，夺去了湖周围 1800 名村民的生命。

当第一批救援人员来到尼奥斯湖的时候，眼前的一幕让他们惊呆了：方圆数千米范围内，不管是人还是动物都被一种突然且闻所未闻的力量扫荡。一位目击者回忆说："当时我正往下面走，我要去尼奥斯湖。可到了那里，才发现根本没有活人了——他们全都死了！"

最诡异的是，有不少村庄里的人畜被斩尽杀绝，却不见任何惊慌的迹象。这些人要么是在睡梦中死去，要么是在做饭时倒地。很显然，这些受害的人畜都是因窒息而糊里糊涂丢命的！

灾难发生后，喀麦隆和世界各国的科研机构立刻组织科学家调查"杀人湖"的秘密。经过调查研究，终于揭开了"杀人湖"的神秘面纱：这两个湖为火山湖，在湖底部岩浆中释放出的二氧化碳缓慢向湖底渗进，并逐渐溶于湖水中，密度不断增大；湖表层的冷水就像一个大盖子一样平静地盖在上面，使二氧化碳及其他有害气体难以散发。如遇地震或地层变化，湖表层的"盖子"发生震荡，毒气就可能发生剧烈的喷发。由于二氧化碳等气体密度较大，喷发后二氧化碳云团会沿着山势下沉，包围附近的村庄，因为这些毒气无色无味不易觉察，等二氧化碳等气体沉积到一定密度，人和牲畜就会因窒息丧命。

那么，怎样避免悲剧重演呢？科学家提出"放气"的方法，即将湖底的二氧化碳吸出湖面，逐步释放掉，从而避免二氧化碳在湖底聚积，以此消除隐患。在经过多年试验之后，2001 年 1 月，一组法国和喀麦隆科学家将一根排气管插入了尼奥斯湖底。一打开管顶封口，气压就逼湖水冲向空中形成了高达 50 米的水柱。

不过，单靠一根排气管，要想彻底消除隐患，起码需要 15 年时间。所以，科学家们目前正向全球各发达国家请求援助，希望能多装几根耗资不菲的排气管，以便能在最短的时间内消除这枚"定时炸弹"。

然而，与尼奥斯湖相比，有一个更大的杀人湖仍然在威胁着当地人。这就是位于卢旺达的基伍湖。它比尼奥斯湖大 2000 倍，生活在湖岸的人口也要多得多。生活在湖岸的人们根本不理会科学家所声称的"威胁",每天照样在湖边温泉中洗泡泡浴。而泡泡正是可能要他们命的二氧化碳。除了二氧化碳之外,基乌湖还"盛产"另一种致命气体——更具有爆炸性的甲烷。火山一旦爆发,不但会喷出二氧化碳,还有可能引起爆炸。

(十八)印度人骨湖之谜

在印度喜马拉雅山区有个路普康湖,也叫人骨湖。

1942 年,一队森林巡逻兵在海拔 4800 多米高的路普康湖偶然地发现了一个大型墓穴,200 多具尸骨散布其中。从墓穴被发现以来,人骨湖之谜就一直让世界各国的科学家们头痛。

在过去的 60 多年里,人们提出各种各样的说法,试图理清这个谜团,但是没有一个说法足够合理,使人信服。人们曾猜测,人骨湖中的这些人可能是战争中阵亡的士兵;也可能是被冻死的迷失方向的朝圣者;还有可能是某个仪式上自杀的信徒,抑或这些人死于当时某种流行的传染病。

通过进一步的深入研究,科学家们认为,导致这些人死亡的是历史上最致命的一次大规模的冰雹袭击。自然人类学者沃里姆贝说:"因为这些遇难者都是头骨受伤,而不是身体其他部位的骨骼受伤,所以我们可以肯定,一定是从上面落下来的什么东西导致了他们死亡,我们认为他们是遭受了一场大规模冰雹的袭击。"

在当地还流传着一个关于"人骨湖"的故事:

传说,有一天王后遭到了南达德维山女神的诅咒,她的国家将遭到严重的自然灾害,而国王将因此一蹶不振。为了解除女神的咒语,国师建议国王去上山祈福。国王、王后带着他们的孩子以及一班舞女和乐师走到了南达德维(Nandadevi)山峰。然而国王违反了禁令,举行了一场舞会。结果,在这神圣的地方享乐触怒了山上的女神,因此女神决定下一场冰雹杀死国王和他的军队,于是很多人被冰雹砸入湖中。而另外一些说法是,部分前往西藏去的商人,遇到冰雹灾难死在途中。

这种传说似乎给科学家们的结论提供了某种佐证。

一队科研小组的人员在人骨湖附近找到了玻璃手镯、指环、长矛、皮靴和竹手杖等遗物,这说明死者中包括多名女性。但是却没有找到传说中的军队的武器。

通过对遇难者 DNA 样本的研究,由于这些遇难者骨骼较大,身体条件较好,科学家们认为他们是一群从平原来此的印度朝圣者,而不是山地居民。科学家发现这些遇难者之间具有很紧密的血缘关系。"这些尸骨有男人、女人和孩子,他们很可能来自一个家庭。"通过对遇难者骨骼样本进行分析,科学家发现这些人的死亡时间大约在公元850 年,这比原来推测的时间要早 400 年左右。另外,据专家推测,在这一地区大约还有 600 多具尸体仍旧被冰雪覆盖着，没有被挖掘出来。这些人到底是什么人？又因何而死？这些问题至今还没有确切的答案。

（十九）贝加尔湖的海洋生物之谜

贝加尔湖位于中西伯利亚高原的南部，是亚欧大陆最大的淡水湖，也是世界上储水量最大的湖，素有"西伯利亚明眸"之称。1996 年，联合国教科文组织将贝加尔湖列入世界自然遗产名录。

贝加尔湖总面积约为 3.15 万平方千米，居全球第八位，贝加尔湖还是世界上最深的湖泊，它的最大深度为 1680 米；同时，它也是世界上储水量最多的淡水湖，储水量约为 2.36 万立方千米，占地球液态淡水资源总量的 22%。假如贝加尔湖是空的，全球所有河流的水都向它流进来，也大约需要 1 年时间才能将它灌满。

在整个湖区以及附近一带生存的 1200 多种动物和 600 多种植物中，其中约有 2/3 是地球上其他地方很少有的特种生物，而且有些生物极为珍贵，只有在几万年甚至几亿年前的古老地层里才有与其类似的化石。有的还要到相隔甚远的热带或亚热带的个别地方，才能发现它们的同种或近亲。例如，有种薜虫类动物，它的近亲却生活在印度的湖泊里；还有一种长臂虾，只有在北美洲的湖泊里才能发现它的同种。

而最使科学家感兴趣并且迷惑不解的是，贝加尔湖中生活着许多地地道道的海洋生物，如海豹、鲨鱼、海螺等，这也正是贝加尔湖的不同寻常之处。世界上的淡水湖中，只有贝加尔湖湖底长着浓密的"丛林"——海绵，海绵中还生长着奇特的龙虾。

可是，人们始终不明白，贝加尔湖的湖水一点儿也不咸，为什么会生活着如此众多的"海洋生物"呢？对此，科学家们作了种种推测。

最初，我国科学家认为，地质史上贝加尔湖是和大海相连的，海洋生物是从古代的海洋进入贝加尔湖的。

苏联维列夏金根据古生物和地质方面的材料推测，中生代侏罗纪时的贝加尔湖以东地区，曾有过一个浩瀚的外贝加尔海。后来由于地壳变动，留下内陆湖泊——贝加尔湖，随着雨水、河水的不断加入，咸水变淡，而现在的"海洋生物"就是当时海退时遗留下来的。

少数科学家认为，贝加尔湖里的海洋生物来自地中海。古地中海比目前的地中海宽广得多，曾把北部欧亚大陆同南部分离开来，后来发生了地壳运动，古地中海东段都变成了山，仅在中亚细亚地区还剩下少数湖泊，如里海、咸海等。

这些由古代海洋变成的咸水湖里，至今还确实有不少海洋生物。他们说，尽管贝加尔湖海豹同北冰洋里有环纹的海豹是亲属，但却和遥远的里海海豹更相似，这说明贝加尔湖可能是在古地中海消退之后生成的。

20 世纪 50 年代初期，人们在贝加尔湖附近打了几口很深的钻井。但从取上来的岩芯样品中，人们没有发现任何关于中生代的东西。也有一些材料证明，没有中生代的沉积层，只有新生代的沉积岩层，说明贝加尔湖地区长时间以来一直是陆地。贝加尔湖是在地壳断裂活动中形成的断层湖，从而否定了湖中海洋生物是海退遗种的说法。

那么，湖中的"海洋生物"到底从何而来呢？它们又是怎样进入湖中的呢？目前科学界的两种说法虽然都不是定论，从 18 世纪到今天，科学家们已经用 10 多种文字，在 20 多个国家里出版了 2500 多部有关贝加尔湖的著作。但看到这些就像贝加尔湖本身一样，变幻不定，深奥莫测。

（二十）无法探知的"空中河流"之谜

当前，气象科学十分发达，能够测出高空气流的千变万化，但是，还是会有突然出现的离奇变化，导致飞行事故的发生。

1982 年 4 月的一天，在冲绳岛美军那霸空军基地，有 5 架当时最为先进的 F–16 战斗机升空，在 1.2 万米的高空作编队变化演习。突然间，地面指挥员菲尔德惊呆了：飞机在雷达屏幕上排成"人"字形不动了！他以为是雷达系统出了毛病，急令雷达兵做仔细检查。也就在此时，飞行队队长普波兰得尔少校通过无线电波传来了呼叫之声："报告指挥官，不好了，飞机的发动机突然间全部熄火了，我们的飞机像是漂浮在河水之中。四周都是水，飞机已经不受我们控制了……"话尚未说完信号就中断了，接着雷达荧屏上的飞机也消失了。

为了寻找这几架战斗机，美军派出多架侦察机在太平洋上空大面积拉网搜寻，但是毫无结果。过了约 3 年，在秘鲁安第斯山脉荒无人烟的高原地区发现了两架美军飞机的残骸。经美空军专家们实地查证，这正是美军当年在西太平洋上空演习时失踪的飞机，但是寻找不到驾驶员的尸体残骸，而且另外几架也不知下落。

这所谓"空中河流"的怪事，早在第二次世界大战之中就发生过。

1944 年底，由苏联红军的空军战斗英雄谢尔盖耶夫少校率领的 5 架重型轰炸机，完成了轰炸柏林的任务以后，胜利返航。当飞机开到明斯克机场上空准备降落时，飞机突然停在机场上空不动了。当时晴空万里，能见度很好。机场指挥官为保护驾驶人员的生命安全，命令 5 架飞机的全部机组人员立即跳伞，当全部机组人员踏上地面时，都像从水中爬出来的一样，全身湿透了。这几架轰炸机在所有人员跳伞逃生约五六分钟后在空中消失了，苏军用雷达各处搜寻，始终没找到。

对"空中河流"的特异现象，气象学家们还没有一个让大家信服的解释。美国的军事科学家们认为，如果谁掌握了"空中河流"的奥秘，将能在空中绝对称霸，再也不怕什么远程战略轰炸机、洲际导弹和超现代化高速战斗机了，因为它能使一切空中飞行物体停止运行，改变航向直到坠毁。

七、幽谧洞穴之谜

（一）卡什库拉克山洞"幽灵"之谜

在苏联西伯利亚地区，有一个叫作卡什库拉克的神秘洞穴。这是一个怪异恐怖的山洞，进入洞中的时候，有的人会无缘无故地感到惊慌失措，然后又会扔下所有装备，不顾一切地冲向洞口，一心要冲向有光亮的地方。当这些人清醒过来以后，往往不能解释自己刚才的行为，不明白自己为什么会惊慌失措地逃跑。似乎在那一刻，他们都失去了控制。

那么，卡什库拉克洞穴里到底有什么？为什么每个人在这里都会有如此惊慌失措、不正常的举动呢？

1985 年，西伯利亚医学研究所的巴库林带领一批洞穴专家来这里考察。准备离开洞穴时，巴库林忽然感到后面似乎有一种凝重、专注的目光盯在他的背上。这时候，他的第一个念头就是逃跑，可他感到自己的腿好像已经僵直了，此刻，他又感到一种莫名的恐惧从内心深处袭来。

过了一会儿，巴库林感到自己似乎已经处于一种被催眠的状态下，冥冥中他似乎顺从了别人的意志，慢慢转过了头，终于看到自己身后竟然站着一个人，是一位中年巫师叫萨满。巴库林一下子被吓呆了。只见那个萨满离地大约有 5 米远，洞穴里没有风，但是那人身上穿的衣服却在飘动，他头上戴着一顶有角的皮帽子，两只眼睛闪闪发光。萨满看着巴库林，对他做了一个让其跟他走的手势。巴库林先是像中了魔法一样，无意识地向深处走了几步，然后又好像摆脱了这种魔法，又走到了洞口。就这样，巴库林摆脱了洞穴中那神秘的"诱惑"，终于安全地返回到地面。为了探究真相，巴诺夫斯基教授决定与其他学者一起去考察卡什库拉克洞穴。教授一行人进入洞穴后，就屏住呼吸小心翼翼地行走。洞里的温度很低，大家走在里面，感到有一股莫名的力量会拉着自己往下滑。渐渐地，巴诺夫斯基教授面前出现了一条裂缝，深约 70 米，要想绕过这条裂缝，就必须经过一段狭窄的斜坡。没有别的选择，大家只好走到斜坡上，他们四肢都伏在地上，然后用手一点一点地摸索前进。逐渐地，前方变得宽敞起来。探险队在一块岩石上安置了一台磁力仪。仪器的刻度盘上，变幻的数字在不停地闪烁着。这也就是说，洞穴的电磁场是非常活跃的。在众多的信号中，有一个固定的脉冲定时出现。那脉冲就来自洞穴深处。进一步还发现，这种脉冲信号发生时，就使人感到压抑和惊慌失措，并会情不自禁地跑向有光亮的地方。而且，越往洞穴深处，人的这种感受就越明显。与此同时，一些在洞口的蝙蝠、鸽子也会骚动不安，不停地在洞里乱飞。这个信号究竟来自何方呢？人们找遍了整个地下，还是一无所获。

对于卡什库拉克洞穴里诸多神秘事件，目前有三种解释。

第一种说法是认为这诸多的神秘事件根源于人产生"幻觉"。人在黑暗的地下，容易产生幻觉；而且洞穴内可能有特殊化学物质，形成混合气体，也可能使人产生幻觉。该洞穴的神秘现象是幻觉的结果。

第二种说法是"全息照相说"。一部分科学家认为，不仅人有记忆能力，物体也可能具有。在某些特定条件下，这些物体能把从外部得到的信息复述出来。很可能在卡什库拉克，在某一特定时刻，在某些特定的日光和地球物理条件下，恰好出现了某些自然界的映像底片，这是洞穴墙壁在某一时刻记载下来的。这不是毫无根据的，新西伯利亚洞穴东部的一些年轻人也见过类似现象。在一所地下大厅里，他们和一个黑色的躯体意外遭遇，那躯体急忙躲进了岩缝。有人猜测说，这种在洞穴内见到的幽灵般的"人"，实际上是全息照相。

第三种说法是，人们在卡什库拉克洞穴中的恐惧心理和时间停滞的感觉，不能归于神经紧张，而在于某种低频脉冲的干预。

探险科学家们曾经在该洞穴里设置了磁力仪，显示器上一会儿是一个数字，过几分钟变成另一个数字，这说明洞穴的电磁场是经常摆动的。在众多信号中，有一个固定的低频脉冲出现，出现的时间不规则，而且有时是单波道，有时是一束的，磁通量为1000毫微特斯拉。有关专家研究了信号和记录后，做出了结论：在卡什库拉克记录到的信号和任何自然现象无关。具有这种振幅变化的频率脉冲，只能是人工装置发出的。进一步的研究还发现，记录到这种脉冲信号的时间和人们在洞穴中出现神经过敏、感到压抑以及惊慌失措并跑向光亮地方的时间，竟然精确地保持着一致；而且，越往洞穴深处，这种状况就越明显。这种时候，在洞口的蝙蝠、鸽子也开始骚动，不停地在洞里乱飞。然而，这些信号是谁发的？又是在发给谁呢？现在仍然得不到答案。

（二）神奇的冷暖洞之谜

神农架内有好几个山洞，其中最大的一个被当地人起名为"冷暖洞"。山洞里到处都是奇形怪状的石柱、石笋、石帘和石鼓。洞中面积很大，可以容纳几千人。

大自然中有这样的山洞并不稀奇，可令人奇怪的是，该洞洞口处有一条非常明显的冷暖分界线。站在冷的一边，人们会感到冷风飕飕，寒气逼人；而站在另一边，却会觉得暖意融融，如沐春风。科学家测量发现，两处相距极近，仅仅一线之隔，然而温度却相差 10℃ 以上。那么，究竟是什么原因造成了这么大的温差呢？

有人认为，洞中温度低是正常的，而温度高的那一侧可能是因为下面有温泉，从而使上面的土地受热散发热量，所以温度较高。还有人认为，由于洞口的构造比较奇特，冷热空气在洞口处混杂在一起，构成了一道空气屏障，因此产生了这种奇特的现象。目前，支持这两种观点的学者各执一词，但都缺乏足够的说服力。

（三）墨西哥巨人水晶洞之谜

墨西哥巨人水晶洞位于墨西哥奇瓦瓦沙漠地下深处，洞深达 1000 英尺（约合304.8 米），洞内到处都是壮观的发光巨型石柱，有松树那么高，全部为半透明的金色和银色。晶体的形状令人惊叹叫绝。晶体形成于含有硫酸钙的地下水。由于地下 1 英里（约合 1.6 千米）处是岩浆，在岩浆的不断加热下，含有硫酸钙的地下水从数百万年前就开始渗透整个洞穴，从而形成水晶洞。

2000 年，两名矿工在挖掘一条地下隧道时发现了这个奇特的洞穴，这个巨型水晶洞是一个宽 10 米、长 30 米的马蹄形石灰岩溶洞。巨大的水晶柱从洞穴的上面和四周突出来。研究者说：世界上没有哪个地方的矿物世界能有如此的漂亮了。

那些巨大的剑状水晶柱，人们将其称之为"剑之洞"，里边含有许多世界上最大的天然水晶。这些半透明的巨型水晶长度达 11 米，重达 55 吨。

那么，这些罕见的巨型水晶是怎样形成的呢？

一种观点认为，这些水晶长得很快，因为它们被淹没在矿物质丰富的水当中，这些水的温度稳定，大致保持在 58℃ 左右。在这个温度下，无水石膏这种矿物质在大量的水当中就会被分解成为石膏，石膏是一种柔软的矿物质，它可以形成洞穴当中的水晶。

事实是否如此，还有待进一步的验证。

（四）白龙洞光线扭曲之谜

"天下第一镜"位于神奇诡谲的白龙洞中。白龙洞是典型的喀斯特溶岩洞，形成于第二冰川时期，距今 2 亿多年，中有南天神柱、"天下第一帘"、八音石等著名景点，更有大熊猫、剑齿象和羚羊化石等哺乳动物化石群，颇具考古研究和观赏价值。但最神奇的还是享有"天下第一镜"美誉的"海底世界"。

"海底世界"景点面积约 800 平方米，盆型结构，地面和洞顶有 2 万余根千奇百怪的石笋、石钟乳，正中间是一洼浅水，面积约 500 平方米。灯光下，你放眼水底，海龟下蛋、仙女荡秋千、姜太公钓鱼等奇特景观惟妙惟肖地跃入你的眼帘，好一个晶莹剔透的人间仙境。在离岸不远的水中，有一方八仙桌大小的石头，出水一米许，石头的正中央，有一根短而大的石笋，恰似一条大象腿；从洞顶垂下一根胳膊粗细的石钟乳，恰似一只小象鼻，象鼻亲吻着象腿，别有一番情趣。按光线直线传播的原理，这根石笋的根部，是无论如何也不可能出现在水中的，就好像你把手掌按在镜子上，你无论如何也不可能从镜子里看到你手背正中的痣一样。但在这里，石笋包括石笋的根部却实实在在地出现在了倒影中！是不是洞中的灯光"骗"了你呢？也不是。不少人特意关了灯，只用手电筒照着，或干脆举着火把，然而，石笋和石笋的根部还是出现在倒影中。光线真的会扭曲吗？个中奥妙，至今无人能解。

（五）三霄洞惨案之谜

峨眉山为我国佛门的四大名山之一。远在秦汉时期，就有方士在山上隐居。东汉末年，道教在山上修建宫殿，开始了宗教活动。从南北朝开始，山上开始兴建佛教寺院。明清两代，佛教活动达到鼎盛，山上所建庙宇有 151 座之多。山上香火缭绕，但游人一般不到舍身崖的三霄洞游玩，因为这里被称为恐怖的"死亡之洞"。

在风光秀丽的峨眉山九老洞的后面，有一个三霄洞。这里曾是供奉三霄娘娘的佛门圣地。

相传古时曾有三个姑娘在此洞里修炼，她们的名字叫作金霄、银霄和碧霄。于是后人将洞名改为三霄洞。

但是，一场致使 72 人瞬间惨死的神秘事件把一切都改变了。

"三霄洞惨案"发生时，三霄洞还是佛教的热闹之地，洞外庙宇雄壮，环境清幽。那是 1927 年秋季的一天，富顺籍的演空和尚出任三霄洞住持，一帮富顺的善男信女捐款铸造了一口大铜钟，千里迢迢送到这里。众人来到洞内，已是下午 3 点，为朝贺三霄娘娘，唱起了《三霄计摆黄河阵》。演空和尚忙制止说："佛地要静，吵闹了三霄娘娘是要降罪的。"大家情绪高涨，哪里肯听。这时，在洞内到处点燃了蜡烛，大家团团围着，边唱边跳，人声鼎沸，鼓声不断，钟声阵鸣，使这个高 3 米、宽 5 米、长约 700 米的洞内灯火辉煌，烟雾缭绕。突然间，洞内一声巨响，霎时漆黑一片，一股水桶粗的黄色火焰，像火龙似的从洞底喷薄而出，当场使 72 人窒息身亡。这一消息传到峨眉、富顺两县后，两县县长吓得胆战心惊，面如土色，火速到三霄洞调查原因，但没有结论，只好下令封闭三霄洞，将遇难的 72 人埋在三霄洞外，拆毁了洞外的三霄娘娘庙，禁止游人到此游玩。没过多久，成都《新新新闻》周刊还以《峨眉山三霄洞惨案——三霄娘娘显圣，七十余人丧生》为题，报道了这一震惊巴蜀的惨案。

几十年过去了，三霄洞路断人稀，成为令人生畏之处。现在三霄洞杂草丛生，枯藤遍野，只有"三霄洞"三个大字还依稀可辨。从洞口往里走约 300 米处，还有两具尸骨架。洞口两边各有一尊菩萨，高约 4 米，已面目模糊。那口铜钟已被人从洞口推到崖下约 10 米，至今还"昏睡"在那里。

"三霄洞惨案"的发生，曾引起很多专家和学者的关注。四川有一个大学教授曾专程到峨眉山三霄洞实地探查案件始末，并察看了各个深洞。教授的推断认为：是鼓声、喧闹声震动了洞内的瘴气所致。最近有不少学者提出疑问，因为瘴气本身是不会爆炸的。总之，众说纷纭，究竟是什么原因，至今还是个谜。

（六）乌兹别克斯坦"地狱之门"

地狱之门位于乌兹别克斯坦达尔瓦兹小镇附近。1974 年地质学家钻探天然气时，意外地发现一个地下洞穴，又大又深。

正当他们准备仔细探索时，该钻探队的所有钻探设备以及临时营地都掉进了这个"神秘地穴"。当时没有人敢接近洞口进行具体的调查，因为这个洞穴中充满了天然气，随时都有燃烧爆炸的可能，另外科学家也担心地穴中还有毒性气体。

研究团队最后决定，将洞穴内的气体点燃，等有毒气体都燃烧殆尽之后再进入探勘。当研究人员放火之后，熊熊大火就没有熄灭过。该洞穴目前真的有如地狱一般，这些年不知已经有多少吨优质天然气被烧掉。直到目前也没有人知道这里蕴藏着多少吨天然气，究竟可以燃烧多少年才能结束。

（七）亚平宁山洞水晶竹笋之谜

在 1971 年，一批洞穴学家在意大利安科纳弗拉沙西峡谷一带探索，无意中在亚平宁山脉下面找到一连串规模宏大的地下穴室和走廊，全长 13 千米，为 20 世纪洞穴学上的一大发现。他们手持光线微弱的手电筒，沿曲折的地下长廊摸索前进，涉水走过一个个深及膝盖的清水池和泥浆潭，只见石笋林立，像一根根华丽的水晶柱。再往前进，又湿又冷的洞穴网错综复杂，恍如大理石的巨型石柱使人眼花缭乱，好像冰雪覆盖的精美石帘叫人目不暇接。100 多万年侵蚀造成的奇景一一展现眼前。深渊旁屹立一巨人柱，那是一根巨大的石灰岩柱，表面凹凸不平，蚀刻很深。"巨人柱"对面是"尼亚加拉瀑布"，钟乳石重重垂挂，让人想到飞珠溅玉、水声如雷的尼亚加拉瀑布。更深处的"蜡烛穴"内，石笋从浅水池面冒出，闪闪发亮。这一奇异的景观究竟是如何形成的呢？

（八）巫山唱歌洞之谜

在重庆市巫山县官渡镇境内，有一个直径 2 米左右的洞穴。洞中有一块形似大鼓的大石头，每到春夏季节，石头就会发出有节奏的清脆响声，宛如演奏乐器，当地人将其称为"唱歌洞"，传说是仙女在唱戏。

不仅如此，"唱歌洞"更神秘的地方还在于：不管多大的洪水，它都能"喝"进洞里，一到晴天，再慢慢"吐"出来，老百姓又将其称为"喝水洞"。

每年夏天，山洪暴发，山上都会有大量泥水冲下来。小小的洞穴好像有强大的吸力，总是将大股山洪吸入洞内。而一旦雨歇天晴，洪水又会慢慢迈过高高的洞口返流出来，进入旁边的小河沟，有时一流就是好几天。因为有"喝水洞"的调节，小河沟从没涨过大水，附近居民也免受洪涝之灾。

洞口明显高于洞底数米，为啥水却能从高处流出来？数十年来，许多人想对神秘的"喝水洞"一探究竟。

当地村民说，祖上曾有三兄弟打着火把进入洞内，想看看里面究竟有啥机关。但越往前走越狭窄，走了大约300米后便无法前行，只听到"哗哗"水声却看不到水流，吓得跑了出来。此后，再也没人敢走那么远。

这个洞究竟有多深，通往何处？也成了一个谜。

八、怪异岛屿之谜

（一）难解的复活节岛巨像之谜

1722年复活节这一天，荷兰航海家雅各布·罗杰温和他的同伴们在太平洋南部海域航行时，意外地发现了这个无名的岛屿，并高兴地将这个岛屿命名为复活节岛。

第二天清晨，当罗杰温还心满意足地沉睡于梦乡的时候，他的一位助手突然破门而入唤醒了他，并气喘吁吁地报告说，刚才在岛上发现了不可思议的奇迹。罗杰温赶紧随这位助手跑向"出事"地点，而眼前呈现的奇异景象使他惊骇得几乎说不出话来。岛上的土著居民正在举行宗教仪式，他们点燃起火堆，伏卧在地上，向着他们崇拜的神像喃喃地祈祷着。这些神像高达9米，是用巨石凿刻而成的人头像，长耳朵，短前额，大鼻子，面部表情十分严肃，令人望而生畏。而巨石人像的数量之多也是惊人的，仅这一处就达40多个，而在不远处的拉诺·拉拉古山的一面斜坡上竟多达300个！它们有的并靠在一起，更多的是隔46米左右一个个地散立着。而每一尊巨石人像的重量都在30吨以上！

罗杰温和他的同伴们面对这孤岛荒岭之上的亘古奇观，不能不产生一系列不得其解的问题：是谁塑造了这些巨石人像？它们产生于什么时代？为什么人们要创造这些面孔冷峻、长相奇特的巨石头像？它们又是怎样被置放在荒丘野岭之上的？

发现者们是航海家而非考古学家，他们自然不能解释这些难题。但是他们带回欧洲的信息，却使复活节岛上的怪石之谜成了近几个世纪欧洲学者热衷探讨的一个课题。

1. 传说"鸟人"雕琢巨像

复活节岛远离任何大陆和文明，但岛上的居民却比任何其他国家的人们都更熟悉月亮和星星。很巧的是，当地居民称呼他们的岛为"鸟人之地"，一直到今天他们仍然这样称呼。一个口头的传说告诉人们，古代一些会飞的人在这里着陆并点燃了火焰。

研究者认为，石像是在岛的东南端一个火山石场雕琢的，在那里现在还可以看到雕了一半的石像。雕成的石像被拉到平台上放好，平台的下面埋葬着死者。放射性碳测试表明，最早建造竖有石像的平台，约在公元90年。为什么要雕琢这些石像？在没有树木的岛上，这些石像是用什么方法和交通工具运到平台上去的？这一直是一个谜。围绕着这个谜，众说纷纭，各执己见。有人认为，岛上的古人是不可能雕琢和运输这些石像的，这些石像是外星人雕的。传说一些会飞的人曾在岛上着陆，而岛上地睁大着双眼的雕像，就是这些飞人的肖像。某些人据此推测，外星人的飞碟因失事而在岛上迫降，为了使救援飞碟能找到他们，一小群外星人按自己的相貌雕琢了这些巨石像，后来救援飞碟来到了，这些外星人丢下没雕完的石像飞走了。尽管这种说法有些荒诞，但叙述这种观点的书籍，在西方却十分畅销。

英国学者詹姆斯在他的《消失的大陆》一书中，曾提出巨像是古大陆人类文明遗迹的见解。这种见解长期以来被认为是科学的论断，很多文献或教科书经常引用，流行一时。

詹姆斯在书中写道，古时在太平洋有很大一片陆地，这片大陆西起斐济岛，东至复活节岛，陆上住有6400万人，有5000万年的悠久文明历史，石像可能是那时建造的。在距今约1.2万年前，因火山爆发和地震，这块大陆沉没洋底，复活节岛只是幸存的残岛。詹姆斯见解的根据是在太平洋某些岛屿，发现有大陆性动植物和大陆性地块。

可是，詹姆斯学说与人类学、地球物理学的结论不符。现代科学证明，地球上猿人出现最早也不超过几百万年，人类文明史连1000万年也达不到，更谈不上5000万年了。

根据现场发掘考察和对石像放射性碳-14的测定，复活节岛石像是公元5世纪建造的，并不像詹姆斯所说的那么古老。石像建造年代与大陆沉没年代，上下差距达万余年，年代不符，说明石像不是古大陆文化遗址。

另据英国专家夏普对南太平洋海域的考察，认为至少在几万年内没有陆地沉降现象。复活节岛现在的海岸线，仍和石像建造年代的海岸线相近似，几万年沉降不到 1 米。这也说明古陆沉降说与实际情况不符。

挪威人类学家索尔·海尔达尔提出一个比较新的论点，他认为复活节岛的巨像文化起源于南美大陆。他在 1947 年撰文指出，复活节岛的最早移民并非是来自太平洋岛屿的玻利尼西亚人。其有力论证是：在复活节岛上发现了刻有表意文字的硬木书板，而在岛上一些巨石人像的后颈部位也发现刻有表意文字。但历史学界经过考察一致公认的一个事实是，玻利尼西亚人从未有过书写文字的表达形式。这就是说，复活节岛的最初移民一定是来自有过文字历史的某个其他民族。海尔达尔认为，这个民族就是古代玛雅人的后裔、印加帝国统治以前的秘鲁人。他们不是在公元 12 世纪左右才来到复活节岛上的，而是早在公元 3 世纪时就乘芦秆做成的船只漂流到了这里。这些移民即真正的"长耳人"，有很高的石刻技术，他们大约在公元 1100 年开始建造"莫埃依"巨石人像。而至 15 世纪左右，"短耳人"才从马克萨斯群岛迁居到岛上。

索尔·海尔达尔在对秘鲁和复活节岛分别进行了实地考察之后，还提出了一个几乎不容辩驳的论证：这就是在秘鲁维拉科察一地发现的石刻人像，其面貌特征与复活节岛上的石刻人像惊人的相似。由此可以断定，复活节岛的最早居民和岛上巨石人像的创造者是秘鲁人。

经过长期的争鸣和多次实地考察，专家们比较多的认为，巨像文化的起源地应在波利尼西亚当地。

波利尼西亚位于太平洋中部，是中太平洋岛群的总称，意为"多岛群岛"。总人口有 150 多万，多为波利尼西亚人。

多数考古学家和历史学家认为，复活节岛上延续至今的土著居民——玻利尼西亚人，是在公元 12 世纪左右定居于岛上的。相传这部分最早的土著居民是乘着木筏，凭借着玻利尼西亚人高超的航海技术，从岛的西北面 2000 海里以外的太平洋岛屿马克萨斯群岛迁移过来的。这部分"移民始祖"的长相特征是：耳垂很大，因此显得耳朵很长，故被考古学家们称为"长耳人"。这批早期移民在极其艰难恶劣的自然条件下，克服了无数难以想象的困难，终于在岛上顽强地生存了下来。大约 14 世纪，"长耳人"为了纪念他们的移民始祖所开创的基业，开始在岛上建造巨石人像并将其作为偶像加以崇拜，他们还赋予这些神像以"莫埃依"的尊贵名称。继"长耳人"之后不久，又有一批新的移民从太平洋的其他岛屿迁居到这个岛上。据说他们的耳朵与"长耳人"相比要短小许多，也许就像普通人一样吧，历史学家们为区别起见将这部分居民称为"短耳人"。而"莫埃依"神像，也同样是"短耳人"的崇拜物。

在开始的一段时间里，岛上的两部分居民友好相处，亲如一家。但在两个世纪的和平岁月之后，分裂对抗的不幸局面却发生了。"长耳人"在较长时间里建立的移民优势，逐渐转向压迫并欲统治"短耳人"。不平等现象的日渐增多，终使"短耳人"起而反抗，导致了部落间的战争。经过残酷的搏斗厮杀，"长耳人"逐渐处于劣势并后撤到该岛东端的玻依克高地。他们在那里挖了一条两千米长的沟壑，并填上树干和灌木条点火引燃。但这条大道仅挡住了一部分"短耳人"的攻击，另一部分"短耳人"却机智地避开火道，从高地的另一端攻了上去。这一突袭使"长耳人"溃不成军，他们被赶到了自掘的火道边上，绝大部分人都被活活烧死，生还者寥寥无几。考古学家们对那条堑壕的土层做了碳化分析，估计那场战争进行的时间大约在距今 1680 年前。

但秘鲁人也好，玻利尼西亚人也罢，他们为什么要在岛上创造如此巨大、如此众多的人面石像呢？难道仅仅是后人纪念先驱者的"祖先崇拜"心理所致吗？一些心理学家分析，可能是岛上居民在长期与外界隔绝的孤苦、乏味生活中，想从这种富有艺术性的劳动中得到某种寄托和快乐。也可能是他们精神上总陷于苦闷和空虚，要通过建造巨石神像卷入一种狂热的宗教信仰，以得到某种解脱。还有可能是为了对岛上出没的野兽或入岛的外来侵略者形成心理上的威慑力量，才把"莫埃依"神像建造得如此巨大，并个个都是威严可畏的样子。当然，复活节岛的早期居民建造巨石人像的真正动机，现在还无从得知。

2. 石像取材、运输、安放之谜

在这座小得可怜的火山岛上，连一棵树也没有。一般认为岛上巨大的石块是搁在滚木上移到安放地点去的，这种解释在这里是行不通的。而且，岛上最多只能提供2000 居民的食物。靠航海贸易给岛上的石匠运来食物和衣着，在古代是难以想象的。那么，当时是谁从岩石中开凿石料，是谁加工石料，还把它们运到现在的位置？没有滚木怎么能把它们搬出好几千米远？石像是如何加工、磨光和竖立起来的？

想象力丰富的人曾试图证明，埃及金字塔是靠喊着劳动号子的庞大劳役大军建造的，但这样的方法在复活节岛上是不可能的，因为缺乏人力。要想依靠不到 2000 个人，用原始的工具在铁硬的火山岩上雕琢出这些巨大的石像，即使是夜以继日地干，也是做不到的。那么，这些工作是谁做的呢？他们又是怎样做出来的？为什么石像环立在岛的四周，而不是在岛的中央？他们膜拜的是什么呢？

但最让人困惑不解的谜团，是巨石人像的置放问题。考古学家们已发现岛上所有的石像都取材于一个火山口内的岩层。但岛上居民是怎样把它们运送出来并置放在斜坡或平地上的呢？也许是用滚木运输。但考察表明岛上的土壤条件不可能生成粗大的树木，滚木的原料就成了问题。是用树藤编成绳网套拉牵成的吗？实验表明藤网套在30 吨重的石像上会一拉就断的。而经测量，从火山岩洞口到斜坡处散放的巨石人像之间的距离，最近的 6 米，最远的 105 米。岛上的早期居民究竟使用什么工具，运用什么方法，将巨石人像移放到现今位置上的呢？这在今天，也依然是一个未解之谜。

一位富于非凡想象力的德国学者伊里奇·冯·丹尼肯，认为复活节岛上的石像巨作是世界古代奇迹的一个突出表现，他甚至认为石像的作者是几百年前的"外星来客"。尽管这一假说是毫无根据的猜想，但它何尝不是现代人对古代奇迹感到不可思议而生出的感叹呢！

（二）"幽灵岛"

这里所说的"幽灵岛"指的是海洋中形迹诡秘、忽隐忽现的岛屿，而并非是那种热带河流上常见的、由于涨水或暴风雨冲走部分河岸或沼泽地而形成的漂浮岛。这里所提供的是令人困惑不解的"幽灵岛"现象，以及多年来人们为它所做出的种种推测。

1. 海岛为何突然失踪

1707 年，英国船长朱利叶斯在斯匹次培根群岛以北的地平线上发现了陆地，但他总是无法接近这块陆地，他完全相信，这不是光学错觉，便将"陆地"标在了海图上。过了近 200 年，海军上将玛卡洛夫的考察队乘"叶尔玛克"号破冰船到北极去，考察队员们再次发现了朱利叶斯当年所见到的陆地。1925 年航海家沃尔斯列依也在这个地区看到了这个岛屿的轮廓。1928 年，当科学家前去考察时，却没有发现任何岛屿的存在。

类似的事情在地中海也发生过。那是 1831 年 7 月 10 日，一艘意大利船途经地中海西西里岛西南方海域，船员们目睹了一场突现的奇观：海面上涌起一股 20 多米高的水柱，方圆近 730 多米，转眼间变成一团烟雾弥漫的蒸汽，升到近 600 米的高空。8 天以后，当这只船返回时，发现这儿出现了一个冒烟的小岛。四周海水中，布满了多孔的红褐色浮石和不可胜数的死鱼。这座在浓烟和沸水中诞生的小岛在以后的 10 多天里不断地伸展扩张，由 4 米长到 60 多米高，周长也扩展到 4.8 千米。由于这个小岛诞生在航运繁忙、地理位置重要的突尼斯海峡，因此引起了各国的注意，并派人前往考察。正当各国在为建设这座新岛、彼此间争夺其主权的时候，这个岛忽然开始缩小，仅 3 个月便隐入了水底。但它并未真正消失，在以后的岁月，它又多次出现，直到 1950 年，它还表演过一次。于是它就成了名副其实的"幽灵岛"。

1943 年，日本海军、空军在太平洋和美军交战中节节失利。设在南太平洋所罗门群岛拉包尔的日本联合航洋总部遭到美国空军猛烈轰炸。为了疏散伤病员和一些战略物资，日本侦察机发现：距拉包尔以南 100 多海里的海域有一个无人居住的海岛。这岛上绿树成荫，有小溪流水，几十平方千米的面积，又不在主航道上，是一个疏散、隐藏伤病员的好地方。于是日军将 1000 多名伤病员和一些战略物资运到这荒无人烟的海岛上。伤病员安居后，日军总部一直和这里保持联系，经常运来食品和医疗用品。谁知一个多月以后，无线电联系突然中断。日军总部担心美军袭击、占领该岛，马上派出飞机、军舰前来支援，但再也找不到该岛。1000多人和物资也随小岛一起消失了。美国侦察机也发现过该岛，并拍了详细的照片，发现有日军躲藏，派出军舰前来搜索，也同样扑了个空。

这海岛和岛上的1000多人哪里去了？战后，日本、美国都派出海洋大型考察船前来这一海域搜索，并派出潜水员深入海洋底部寻找了较长时间，未发现任何踪影。

就在同一时间，是美日海、空军大战最激烈的时刻，美军为了监视日本海、空军在南太平洋的行踪，在马利亚纳群岛海域一个无人居住的小岛上，建造了一座雷达站，发出强大的电波对周围的海域和天空进行探测。它24小时和美军总部保持着联系，不断发出附近海洋和天空的信息，报告日军海、空军行踪。两三个月后，电波突然中断。美军以为雷达站被日军袭击、占领，派出军舰、飞机前来支援，在马利亚纳群岛海域搜索了几天，再也找不到设有雷达站的小岛。岛上的10多名美军人员也一同和小岛神秘失踪了。美军派出潜水艇在这一带海底搜索，海岛仿佛是有意与人玩捉迷藏，致使寻找者在这个海域团团打转，最终一无所获。

在航海技术空前发达的今天，怪事又出现了。在太平洋的战略要地海域，美国中央情报局于1990年偷偷地在一座无人居住的小岛上，安装了海面遥感监测器，与天上的美国军事间谍卫星遥相呼应，监视苏联海军、核潜艇在太平洋海域的动态。这座"谍岛"获得的情报可直通五角大楼——美国国防部。凡是在这一带海域过往的商船、军艇及在此出没的潜水艇、飞机等，无不在五角大楼的监视之中。

1991年年终的一天，"谍岛"的监察系统和信息突然中断，五角大楼大为震惊。开始，他们怀疑是苏联的克格勃发现了这个秘密，有意破坏了美国的间谍网点。于是美国派出了一支以巡洋演习为名的舰队，悄悄地调查此事。谁知，却扑了一个空，舰队赶到出事地点时，"谍岛"已经从大洋中消失了。美国的科学家们认真地核查了这一带的海洋监测系统，并没有发现这一带海域发生过地震或海啸引起海底地形变化，使小岛沉没水中的事件。另一种可能是苏联埋下了数千吨炸药，摧毁了这个小岛。但该岛处于美国间谍卫星的严密监视中，像这样大的行动不可能不被发现。再说就算苏联知道此秘密，也没有必要兴师动众炸毁该岛，只要摧毁岛上的设备就可以了。那么"谍岛"是如何失踪的？五角大楼陷入了茫然不知所措之中。

五角大楼的科技人员认真地分析了从太平洋上空过境的卫星高分辨率遥感彩色图像和空中拍摄的照片，结果发现："谍岛"是在原位上失踪的，但去向如何，仍是谜团。

2."幽灵岛"为何来无影去无踪？

茫茫大海中的"幽灵岛"是怎样形成的？这成为世界海洋科学家们的热门话题。他们在研究和探索上下了很大工夫。

日本的海洋地质学家龙本太郎经过细致研究与调查，认为南太平洋上那些来去匆匆的"幽灵岛"是因为澳大利亚的沙漠底下巨大的暗河流冲入南太平洋的海底，带来巨量的泥沙，在海底堆积增高，直至升出海面，形成泥沙岛，然而在汹涌暗河流的冲击下，泥沙岛又会被冲垮，因而消失。

而美国的海洋地质学家京利·高罗尔教授却不同意这样的看法。他认为太平洋上的"幽灵岛"并非由泥沙堆积而成，岛上的基础是花岗岩石，岛上有茂盛的植物和动物群，因此，它形成的年代长久，是汹涌的暗河流冲击不垮的，为什么"幽灵岛"会突然消失呢？他认为由于海底强烈地震和海啸使它葬身海底。因为"幽灵岛"出现的海域是地震频繁活动的地区。高罗尔教授还认为：如果太平洋西北部的海底板块由强烈大地震产生大分裂，日本本岛、九州也同样会沉没在碧波万顷的大海之中，会有和"幽灵岛"同样的命运。他认为自己的说法并非危言耸听。

但高罗尔教授的论证又无法解释美国"谍岛"失踪之谜，因"谍岛"在美国间谍卫星严密监视之中，它消失之时，这一带海域并未发生任何地震和海啸。它是因何而消失的呢？

1994年，澳大利亚的海洋科学家们发现：在太平洋的珊瑚海域有几个珊瑚岛突然失踪了，又有一大片珊瑚礁突然消失了。这一现象引起科学界的强烈关注，政府专门派出科学考察船来这一海域调查研究。

考察船在珊瑚海域中捕捉到一种状如"飞碟"形的怪"星鱼"，此鱼状似一个大圆盘，直径在一米左右，周身长有16只爪子，爪子是"星鱼"取食用的工具。星鱼的游动方式很特别，靠自身转动而前进后退。澳大利亚科学家们给它取了个雅号叫"水中飞碟"。

观察发现，星鱼专门吃珊瑚，而且胃口大得惊人，星鱼群居而生，常常发生吃食竞赛，就如运动场上的比赛一样，在吃珊瑚上比个你高我低，所以有些珊瑚岛的失踪，是被这"水中飞碟"如蝗虫般的蚕食所致。

而美国的"谍岛"是珊瑚岛，因此它是消失在"水中飞碟"的肚子里，这是澳大利亚海洋科学家的看法，揭示了珊瑚岛失踪之谜。

3. 谜团尚未解开

在大西洋北部，有座盛产海豹的小岛，是由英国探险家德克尔斯蒂发现的，至今已有100多年，它被命名为德克尔斯蒂岛。因这里盛产海豹，招来大批的捕捉者，并在岛上建立了营地、修船厂。1954年夏季，此岛突然失踪。

加拿大政府派出了侦察机、军舰前来寻找均无结果。事隔8个月以后，一艘在北大西洋巡逻的美国潜水艇突然在航道上发现一座岛屿，潜水艇艇长罗克托尔上校大为震惊：因为他经常在这一带海域航行，航海图上从来没有这样一个岛屿，罗克托尔上校在潜望镜上一看，发现岛上有炊烟，原来有人居住。潜水艇靠岸登陆。上岸一问居民，才知道这是失踪了 8 个月的德克斯蒂岛。

罗克托尔上校在航海图上一察看。经测量，该岛在原德克尔斯蒂岛的坐标以东 800 海里之处。岛上的人员、设备、营地齐全，他们移位了 800 海里，却一点都不知道。居民们只是奇怪，为什么没有船只来送给养，接走捕捉的海豹呢？当他们得知自己所在的岛屿移位了 800 海里时，才大吃一惊，更令他们难以想象。

美国的海洋科学家们对"幽灵岛"的忽隐忽现，怎样会移位，感到不可思议。人们对大自然的神秘莫测，惊奇感叹！到底是什么鬼使神差呢？这是一个难以解开的谜团。覆盖地球面积约 2/3 的海洋，科学家们对它的探索、研究正在加快步伐，但"幽灵岛"的谜团何时才能真正解开，人们正拭目以待。

（三）矮人岛之谜

如果你在地图上找寻安达曼群岛，一定可以轻而易举地找到。因为它是孟加拉湾内一组引人注目的岛屿。位于尼科巴群岛北部的安达曼群岛共有大小岛屿 204 个，面积 6372 平方千米。岛屿最长为 499 千米，最宽不到 48 千米。长期以来，人们把北安达曼群岛、中安达曼群岛和南安达曼群岛统称为大安达曼群岛。其他还有兰德法耳岛、韦斯特岛、北安达曼岛等主要岛屿。

很多人一定看过小人国和大人国的故事。那么你见过小人国的人吗？世界上最矮的人种就是生活在安达曼群岛上！他们平均高度不到 1.20 米，一般男子的身高也不超过 1.5 米。不管男人还是女人，全都不习惯穿衣服，而是赤裸着身体。他们的脸长得比较大，鼻子直直的，头发黑而且长不长，皮肤像漆一样黑。他们张开嘴笑的时候，白白的牙齿显得异常刺眼。一位叫曼尔高·帕洛的探险家在他的著作《东方见闻录》中这样描写他们："生着狗一样的头、齿和眼睛，他们非常残忍，要吃人的"。因此，这个土著民族也叫"狗面民族"。

历史学家认为，2000 多年前这些黑人曾在东南亚诸海岛上辗转生活，绝大多数岛屿上还有一万多黑人，可目前大约只有 500 人了。他们是现在居住在地球上的唯一的旧石器时代的残存者。由于地处偏远，几乎与世隔绝，因此无论他们的身体形态还是他们的文化都没有随着时间的推移而发生明显的改变。他们嚼草根，吃野果，不会耕作，和他们长相酷似的狗是他们唯一的饲养动物。原始型的方箭是他们使用的武器，捕鱼时用 4 个齿的鱼叉，射猎野猪时用临时捆绑的箭杆。有时候，他们还从失事的船只上弄些铁下来，做成箭头、小刀和锛子。

很早的时候，人们就知道安达曼群岛的存在。公元 9 世纪阿拉伯旅行者和 13 世纪马可·波罗都曾谈到安达曼群岛。当时马可·波罗称"安达曼"为"安加曼尼"，15

世纪又有人叫它"金岛"。1789 年 9 月，布莱尔大尉受孟加拉政府的指令在安达曼群岛东南湾的南安达曼岛上建立犯人流放地。这个流放地当时叫作康沃利斯港。两年后，孟加拉政府将流放地连同它的名字"康沃利斯"港的名字转到安达曼群岛的东北部。1844 年，"布里顿"号和"鲁民蒙德"号两艘军舰在群岛附近失事，土著居民以为是向他们进攻，就将船上人员全部杀死，这样的事情经常发生。为了制止这样的事情发生，英国决定占领群岛。在 1855 年，他们制定了一项殖民地和囚犯流放地计划，但由于 1857 年的印度兵变，这项计划被打乱了。为了惩罚兵变中的俘虏，英国 1858 年初又在布莱尔港附近建立了一个新的流放地。1942 年 3 月，日军侵占了安达曼。1945 年 10 月，印度将其收回。随着孟加拉、缅甸和英属圭亚那的移民涌入，群岛上的人口越来越多，渐渐地繁荣和发达起来。

（四）巨人岛之谜

在浩瀚无垠的加勒比海上，有个神奇小岛，名叫"马提尼克岛"。从 1948 年起，10 年左右的时间内，岛上出现了一种令人们迷惑不解的奇异现象：岛上居住的成年男女都长高了几厘米，成年男子平均身高达 1.90 米，成年女子平均身高也超过 1.74 米。岛上的青年男子如果身高不到 1.8 米，就会被同伴耻笑为"矮子"。

更为奇特的是：不仅岛上的土著居民，而且成年外来人到该岛来居住一段时间后也会很快长高，例如，64 岁的法国科学家格莱华博士和他的助手 57 岁的理连博士，在该岛上只生活了两年，二人就分别增高了 8 厘米和 7 厘米。40 岁的巴西动物学家费利在该岛上只进行了 3 个多月的考察，离开该岛时竟已长高了 4 厘米。英国旅行家帕克夫人年近花甲，在该岛旅行一个月后也长高了 3 厘米。

由于生活在该岛上的成年人甚至老年人的身材能长高，因而此岛被称为"巨人岛"。其实，不仅人，而且岛上的动物、植物和昆虫的增长尤为迅速。岛上的蚂蚁、苍蝇、甲虫、蜥蜴和蛇等在从 1948 年起的 10 年左右时间都比通常增长约 10 倍，特别是该岛的老鼠，竟长得像猫一样大。

究竟是一种什么样神秘的力量促使该岛上的成年人、动物、植物和昆虫躯体如此迅速增长呢？这种神秘的力量又是来源于何种物质呢？

为了揭开此谜，许多科学家千里跋涉，来到该岛长期进行探测和考察，提出了多种假说和猜测，众说纷纭，莫衷一是。有些人认为，在 1948 年，可能有一只飞碟或其他天外生物坠落在该岛的比利山区，使该岛生物迅速增长的一种性质不明的辐射光，就来自一个埋藏在该岛比利山区地下的飞碟或其他天外来物的残害。但一些科学家对上述说法持怀疑和否定态度，因为世界上究竟有没有飞碟或其他天外生物，到目前为止仍然是一个难以解答的大谜。

一些科学家认为，该岛蕴藏着某种放射性矿藏——正是这种放射性物质使生物机能发生特异变化，因而"催高"了身体。

"巨人岛"的秘密究竟在哪里？至今仍是一个有待科学家们去彻底揭晓的谜。

（五）火炬岛之谜

在加拿大北部地区的帕尔斯奇湖北边，有一个面积仅 1 平方千米的圆形小岛，当地人称这一小巧玲珑的岛屿为普罗米修斯的火炬，简称"火炬岛"。据说，这一名称源于一个古老的传说：当年，把火种带给人类的普罗米修斯准备返回天宫的时候，顺手将已经没用了的火炬扔进了北冰洋，然而有火焰的一端并没有沉下去，而是露在水面继续燃烧，天长日久，便形成了一个小岛。经过风吹雨打，小岛上的火渐渐熄灭了。但是，即使过了许多年，它依旧有一种神奇的力量，这就是人一旦踏上小岛，就会如烈焰般地自焚起来。

据说早在 17 世纪 50 年代，有几位荷兰人来到帕尔斯奇湖。当地人再三叮嘱他们：千万不要去火炬岛。有位叫马斯连斯的荷兰人觉得当地居民是在吓唬他们。他认为，帕尔斯奇湖处在北极圈内，即使想在岛上点上一堆火，恐怕也要费些周折，更不用说是使人自焚了。

因此，马斯连斯对这一忠告没有理睬，固执地邀了几个同伴向火炬岛进发，希望找到所谓的印第安人埋藏的宝物。可是，他们一行来到小岛边时，当地人的忠告让马斯连斯的几个同伴胆怯起来，都不敢再前进半步。只有马斯连斯一人继续奋力向前划去。

同伴们远远地目送着马斯连斯的木筏慢慢接近小岛，心里都很担心，默默为他祷告着。时隔不久，他们突然看到一个火人从岛上飞奔过来，一下子跃进湖里。那不正是马斯连斯吗？只见水中的马斯连斯还在继续燃烧。他们立即冲了上去，但谁也不敢跳下去救他，只能眼睁睁地看着他在痛苦中挣扎。

1974 年，加拿大普森量理工大学的伊尔福德组织了一个考察组，在火炬岛附近进行调查。通过细致的分析，伊尔福德认为，火炬岛上的人体焚烧之谜，是一种电学或光学现象。这一观点即遭到考察组的另一位专家哈皮瓦利教授的反对：既然如此，小岛上为什么会生长着青葱的树木？并且，在探测中还发现有飞禽走兽。哈皮瓦利认为，可能是岛上某些地段存在某种易燃物质。当人进入该地段后，便会着火燃烧。

正因为他们都认为这种自焚现象是由某种外部因素引起的，所以他们就都穿上了用特别的绝缘耐高温材料做成的服装，来到了火炬岛上。在岛上，他们并没有发现什么怪异的地方。然而，就在两个小时的考察即将结束时，考察组成员莱克夫人突然说她心里发热，一会又嚷腹部发烧。听她这么一说，全组的人都有几分惊慌。伊尔福德立即叫大家迅速从原路撤回。

队伍刚刚往后撤，走在最前面的莱克夫人忽然惊叫起来。人们循声望去，只见阵阵烟雾从莱克夫人的口鼻中喷出来，接着闻到一股烧焦的肉味。待焚烧结束后，那套耐火服装居然完好无损，而莱克夫人的躯体已化为焦炭。

此后，美丽的小岛更披上了一层恐惧的面纱，让好奇的人们望而却步。此后，从1974年至1982年，相继有6个考察队前往火炬岛，但无一例外的都是无功而返，而且每次都有人丧生。于是，当地政府不得不下令禁止任何人以科学考察的名义进入火炬岛。

如今，火炬岛已是人迹罕至了。然而，它仍旧静静地坐落在帕尔斯奇湖畔，似有意等待着人们去揭开笼罩在它身上的神秘面纱。

（六）橡树岛之谜

在加拿大的新斯科舍省，有着一个叫橡树岛的荒凉岛屿，那儿没有人烟，生物种类也不丰富，但许多人都确信，这个岛上埋藏着大批金银财宝。

当初埋下宝藏的人，创造了工程史上的一项奇迹，他们埋得如此巧妙，以至于直到今天，人们还没有解开这宝藏之谜。

1795年，有3位年轻的猎人，驾驶着一艘帆船，来到了这个人迹罕见的小岛。一开始，他们上岛的目的是为捕猎，于是一下船，便深入到岛上的橡树林中。

他们在密密的橡树林中穿行，没找到野兽，却发现一株十分古怪的大树。在这棵大树离地面3米多高的地方，有根粗树枝被锯掉了许多，残存树枝的上半部，被划出几道深深的刀痕。接着他们又注意到，这根树枝的下方，地面有些下陷，很像曾经埋过东西的样子。3位猎人感到十分惊讶，于是立即测量了下陷的部位，发现它基本上是圆形的，直径约4米。

这一发现使他们立刻想到，可能是海盗在这儿埋下了宝藏，如果真是这样，岂不是发了大财。3名猎手感到无比兴奋，第二天清晨，他们又来到小岛，开始了艰苦的挖掘工作。3个人整整干了一整天，一共挖了3米深，发现下面有一层橡树木板。胜利在望了，木板下面也许就是梦寐以求的宝藏。猎手们抑制不住兴奋的心情，连夜开工，把木板移走，但结果使他们大失所望，木板下面仍然是泥土。

不过，这并没有使猎人们彻底丧失信心，经过1天的休息后，继续加紧挖掘，又挖了大约3米深的泥土，看到的依然是一层木板。就这样，他们辛辛苦苦地干了一个星期，总共挖地9米深，除了发现第三层木板外，连宝藏的影子也没看见。

这一年的冬天来得很早，阻碍了猎人们继续挖掘的工作。整个冬季，挖掘工作虽然暂时停止，但他们一直在筹划明年春天的计划。3位猎手坚信，宝藏肯定存在，只要气候条件允许就立即开工。不过，在深达 9 米多的洞穴中，仅凭两只手挖是不行的，他们需要有机械和经济方面的资助。不幸的是尽管 3 位猎人四处求助，却没人愿意把钱投资到这个很深的洞穴中，无可奈何之下，他们被迫半途而废。

10 年以后，一位年轻的医生对橡树岛之谜产生浓厚的兴趣。他组织了一支探宝队，动用了大量人力和机械，经过大约 2 年的苦干，将那个洞穴挖到了 27 米深。这中间每隔 3 米都有一层木板，直到 27 米深时，人们才发现一块非同寻常的大石头，上面刻着许多稀奇古怪的象形文字，但没有一个人看得懂。

这个新发现使人们坚信，挖出宝藏的时候快到了。探宝队决定在冬季来临之前加紧挖掘，可是到第二天，一场大祸从天而降，因为在深洞中，突然灌进了足足 15 米深的水，根本无法工作。

探宝队并不因此而泄气，在第一个深坑旁边再挖一个洞，挖到 30 米深后，再挖一条地道通向原先那个坑。这时候，不知从哪儿来的大水立即涌进新坑，使这项工程不得不中止下来。

1850 年，又有一支新的探宝队，企图找到橡树岛上的宝藏。他们运来了大型钻机，在原先的第一个坑里，一直钻到 30 米深，结果发现一条金表链和 3 个断裂的链环。操纵钻机的工人宣称，他感到钻头仿佛在一大块金属之中旋转。如果真是这样，钻头接触到的物体，会不会是只巨大的藏宝箱呢？没人说得准。然而就在这时，冬天来了，他们只得停工。

第二年春天，大家回到岛上，准备让宝藏重见天日。在离原坑大约 1 米的地方，他们又挖了一个新坑，到夏天结束之前。这坑已挖掘到 33 米深，而且钻头感觉到下面有大块的金属。正当大家确信胜利在望时，历史又重演了以往的一幕，大水突然灌进新坑，坑里的工人差一点被淹死。由于抽水工作毫无效果，人们不禁开始纳闷，这神秘的水究竟来自何方？经过一番搜索，他们发现，海滩上有一条巧夺天工的地道，从大西洋直接通往藏宝坑。当然，谁都无法把大西洋的水抽干。于是人们试图造一座大坝来挡住潮水，可建造费用太昂贵，结果没有成功。

后来，其他寻宝者来到岛上，又挖了许许多多坑，弄得这一带面目全非，看上去简直像一个原子弹试验场。尽管人们做出了巨大的努力，可谁也无法克服守护宝藏秘密的人设下的障碍。

1893 年，又有一支寻宝队来岛继续发掘工作。人们在原来的坑里再往下钻了 45 米，掘出了一些水泥般的东西，上面则又是一层木板。更令人惊异的是，钻机还带上来一张用墨书写的羊皮纸。兴奋不已的探宝者加紧工作，就在这时，他们又发现了一个海水入口，海水再次把深坑淹没，寻宝工程又以失败而告终。

橡树岛的地下究竟埋有什么宝藏？是谁埋下的？至今仍无人能探知这个谜底。

（七）墓岛之谜

位于太平洋的波纳佩岛的东南侧，有座名叫"泰蒙"的小岛。"泰蒙"小岛有许多延伸出去的珊瑚礁浅滩。在这长约1100米、宽约450米的珊瑚礁基上，矗立着89座大大小小的高达4米的建筑物，这些建筑物系用巨大玄武岩石柱纵横交错垒起来的。据当地人说，这岛是历代酋长的墓葬重地，因而被人称为墓岛。

墓岛充满了神秘的色彩。墓岛上的建筑物半浸在海水中。人们只有在海潮时才能驾小船进去；而在退潮时，那儿是一片淤泥，人们无法进去。当地人说，这是死者的意愿，不让外人侵扰亡灵的安宁。

墓岛的气候变幻莫测。阳光明媚的日子，瞬间可能倾盆大雨，其变化之快，令人百思不解。20世纪70年代，日本的海洋生物学家白井祥平曾领略了这种天气的变化。当时，他和两位助手在去墓岛的途中，阳光普照，碧波荡漾；当他们正进入墓岛的时候，忽然乌云密布，阴风四起，电闪雷鸣，大雨倾盆而下；当他们不得不撤出墓岛之时，风停雨止，云散日出。据当地人说，这些墓岛建筑物有神秘的毒咒，只有酋长才知道古墓的来历及其秘密机关。酋长年老之后将这些内容口授给继承人，受传者不得向外人泄漏，否则将遭到诅咒。

据说，日本占领波纳佩岛期间，一位日本科学家威逼当时的酋长说出古墓的秘密。结果这位泄密者突遭雷击身亡，而这位科学家在披露古墓秘密的写作过程中也莫名其妙地死了。之后，一位继续整理遗稿的科学家也忽然暴死。而到墓岛去掘墓盗取文物、财宝的人更是难逃厄运。

当然科学家们绝不相信这是咒语的灵验，但发生在墓岛上的许多神奇的事件确实使科学家们感到费解。此外，古墓上的建筑物也让科学家们感到不可思议。

据科学家测定，古墓建筑物已有800多年的历史，整个建筑物用了100万根玄武岩石柱。这些石柱采自该岛的北岸，再运到墓地。以当时有1000名壮劳力参加建筑的话，整个建筑过程至少需要1550年。因此科学家认为仅靠人力，这项工程很难完成。到底这一宏大的工程是怎样完成的呢？这还是一个谜。

（八）螃蟹岛之谜

对那些以捕螃蟹为生的渔民来说，位于巴西马拉尼昂州圣路易斯市海岸线外的大西洋上的螃蟹岛简直就是乐土，这里没有人烟，遍地都是螃蟹。当然，除了螃蟹之外，这里也有鳄鱼、巨蟒、豹子和一些奇形怪状的狮子。

通向螃蟹岛的是一层密密的胶泥。这种胶泥散发出一种恶臭气味，而且，这种胶泥根本就无法让人踏在上面，到螃蟹岛的人只能迅速匍匐前进，就像军队一样，否则的话就要葬身泥海了。这种恶劣的生存环境竟然能够繁殖出如此之多的螃蟹，真是让人百思不得其解。

不过，更让人奇怪的是关于岛上的两则传闻。一则传闻是说这上面住着野人。另一则传闻则是说有飞碟拜访过螃蟹岛。而且两则传闻都有信誓旦旦作证的证人。

据说，曾经有 3 个渔民来到螃蟹岛上，其中两个去捉螃蟹，一个留下来看守着船只，可是就在那两个渔民们刚走没多久，看守渔船的渔民就发现不知从什么地方钻出来一个野人，这个野人朝着渔船又是扔树枝，又是扔石块，显然他并不欢迎这些人来打扰他。吓坏了的看守者连忙呼救，他的两个同伴马上就返回了，不过，就在他们返回不久，野人已经跑得无影无踪了。

而有关飞碟的传说是这样的，据说 1976 年，有 4 个渔民来到螃蟹岛抓螃蟹，他们干了一整天后回到渔船上休息去了，可是就在他们休息的当口突然有一阵"呼呼"的声音把他们惊醒了。当他们睁开眼睛的时候，眼前出现了一片红光，渔船上也着火了。不但如此，渔船周围的海面上也起了熊熊大火，结果，两个渔民烧死了，一个渔民烧伤了，但是，渔船却一点也没有烧坏，幸存者战战兢兢地坐着渔船回去，并把这种现象告诉了别人。科学家觉得这一切非常费解，最后只能解释为这是外星人的飞碟袭击了人类。

但是，就像那野人一样，以后的人们再也没有遇到这种情况。所以，现在，人们就算想研究也无研究对象了。看来，关于螃蟹岛的传闻就要成为永远的谜了。

（九）死亡岛之谜

曾听说有"死亡谷""死海"，你听说过有死亡之岛吗？在距北美洲北半部加拿大东部的哈里法克斯约 1000 米的北大西洋上就有一座令人不寒而栗的死亡之岛取名塞布尔岛。

"塞布尔"一词在法语中的意思是"沙"，即沙岛。这是因为法国人最先发现它时，看到小岛如一片沙漠。据地质史学家们考证，几千年来，由于巨浪的冲蚀，小岛的面积和位置已不断变化。最早它是由沙质沉积物堆积而成的沙洲，长 120 千米，宽 16 千米。在近 200 年中，沙洲已变成沙漠，岛上十分荒凉，仅剩一些低矮的小草和灌木，长度缩减将近大半，东西长 40 千米，宽不到 2 千米整体向东迁移了 20 千米。地方虽然缩小了，名声却越来越大了。从近代一些国家绘制的海图上看，此处称为"禁航区"，四周布满各种沉船符号。

据史学家计算，在此地遇难的船只已不下 500 艘，丧生者已过 5000 人以上，一些船员胆怯地称它为"死亡岛"。在西方广泛流传的有关"死亡岛"的可怕的故事更增加了船员们的畏惧，然而此岛又正好处于从欧洲通往美国和加拿大的重要航线附近。随着国际贸易的发展，大家迫切希望科学家揭开它的奥秘。

为了解释这种恐怖的怪现象，许多学者提出种种假说：有的认为这是由于"死亡岛"附近海域常发生巨浪，这些巨浪能瞬间打翻来不及躲闪的船舶；还有人认为，小岛的磁场与其他地方的迥然不同，且瞬息万变，这使得航行于此的船舶上的仪器顿时失灵，从而导致海难发生。而更多科学家认为这主要是因为此岛的位置和面积经常变化，岛的四周又都是大片流沙和浅滩，再加上气候异常，风暴不断，所以船很容易在此搁浅沉没。这似乎揭开了谜底，但仍没有得到充分的科学论证。谜底到底何时揭穿尚需时日。

（十）来去无踪的岛

1964 年，从西印度群岛传来了一件令人瞠目的奇闻：一艘海轮上的船员，突然发现这个群岛中的一个无人小岛，竟然会像地球自转那样，每 24 小时自己旋转一周，并且一直不停。这可真是一件闻所未闻的怪事！

这个旋转的岛屿是一艘名叫"参捷"号的货轮在航经西印度群岛时偶然发现的。当时，这个小岛被茂密的植物覆盖着，处处是沼泽泥潭。岛很小，船长卡得那命令舵手驾船绕岛行船一周，只用了半个小时，随后他们抛锚登岛巡视了一番，没有发现什么珍禽异兽和奇草怪木。船长在一棵树的树干上刻下了自己的名字、登岛的时间和他们的船名，便和船员们一起回到了原来登岛的地点。

"奇怪，抛下锚的船为什么自己走动呢？"一位船员突然发现不对劲而大叫起来，"这儿离刚才停船的地方差了好几十米呀！"

回到船上的水手们也都大为惊异，他们检查了刚才抛锚的地方，铁锚仍然十分牢固地钓住海底，没有被拖走的迹象。船长对此满腹狐疑，心想这是不是小岛本身在移动呢？

这件奇闻使人们大感兴趣，一些人闻讯前去岛上观看。根据观察结果，一致认为是小岛本身在旋转。至于旋转的原因，就众说纷纭了。比较多的人认为，这岛实际上是一座浮在海面上的冰山，因潮水的起落而旋转。但真相究竟如何，当时谁也不能断言，只留待科学家们去研究了。

过了不久，这座怪岛又从海面上消失，不知所终。

1933 年 4 月，法国考察船"拉纳桑"号来到南海进行水文测量。他们在海上不停地来回航行，进行水下测量作业。突然船员们见到在上一回驶过的航道上竟矗立起一座无名小岛。岛上林木葱茏，水中树影婆娑。可在半个月后，当他们再来这里测量时，却又不见了这个小岛的踪影。对于这个时有时无、出没无常的神秘小岛，大家都莫名其妙，不解真情，只好在航海日志上注明：这是一次"集体幻觉"。

3 年后，即 1936 年 5 月的一个夜晚，一艘名叫"联盟"号的法国帆船航行在南海海域。这艘新的三桅帆船准备开往菲律宾装运椰子。

"正前方，有一个岛！"在吊架上瞭望的水手突然一声呼叫，惊动了船上的所有船员。

船长苏纳斯马上来到驾驶台，用望远镜进行观察。他清清楚楚地看到了一个小岛。他感到纳闷，航船的航向是正确的，这里离海岸还有 250 海里，过去经过这里时从未见过这个小岛，难道它是从海底突然冒出来的吗？可是岛上密密的树影，又不像是刚冒出海面的火山岛。

船长命令舵手右转 90 度，吩咐水手立即收帆。就这样，"联盟"号缓缓绕过了这座神秘的小岛。

这时，船员们都伏在右舷的栏杆上，注视着前方。朦胧的夜色映衬着小岛上摇曳的树枝，眼前出现的事，真如梦境一般。

此时，船上航海部门的人员赶紧查阅航海图，进行计算，确定船的航向准确无误，罗经、测速仪也工作正常。再查看《航海须知》，可那上面根本就没有这片海域有小岛的记载，而且，每年都有几百、上千条船经过这里，它们之中谁也没有发现过这个岛屿。

忽然，前面的岛屿不见了，可过了一会儿，它却又在船的另一侧出现了！船长和他的同事们紧张地观察着出现在他们面前的如同黑色幕布般的阴影。

突然一声巨响，全船剧烈地摇晃起来。接着，船体发出了嘎吱嘎吱的声响，桅杆的缆绳相互扭结着，发出阵阵的断裂声。一棵树哗啦一声倒在了船首，另一棵树倒在了前桅旁边。甲板上到处是泥土，断裂的树枝、树皮和树脂的气味与海风的气味混杂在一起，使人感到似乎大海上冒出了一片森林。船长本能的命令右转舵，但船头却突然一下子翘了起来，船也一动不动了。船员们一个个惊得目瞪口呆。显然，船是搁浅了。

天终于亮了，船员们终于看清大海上确实有两座神秘的小岛，"联盟"号在其中的一个小岛上搁浅了，而另一个小岛约有 150 米长，它是一块笔直地直插海底的礁石。

好在船的损伤并不严重，船长吩咐放两条舢板下水，从尾部拉船脱浅。船员们在舢板上努力划桨，一些人下到小岛使劲推船，奋战了 2 个多小时，"联盟"号终于脱险。

"联盟"号缓缓地驶离小岛。2 个小岛渐渐地消失在人们视野之中。这一场意想不到的险恶遭遇，使全船的人都胆战心惊。精疲力竭的船员们默默地琢磨着这一难解之谜。

"联盟"号刚一抵达菲律宾，船长苏纳斯就向有关方面报告了他亲身经历的这次奇遇。当地水道测量局等有关单位的人员听后说，在这片海域从来没发现过岛屿。其他船上的水手们也以怀疑的态度听着"联盟"号船员的叙述。显然，大家都认为这是"联盟"号船员的集体幻觉。

船长苏纳斯不想与他们争辩，他决定在返回时再去寻找这两个小岛，记下它们准确位置。开船后两天，理应见到的那两个小岛了，他却什么也没有见到。他们在无边的大海上整整转了6个小时，还是一无所获，2个小岛已经消失得无影无踪。苏纳斯虽有解开这个谜的愿望，但他不能耽搁太久，也不能改变航向，只好十分遗憾地驶离了这片海区。在太平洋中有一个神奇小岛，能分能合。到一定时候，它就会自行分离成两个小岛，再过一定时间，它又会自动连接起来，合成原来模样。其分合时间没有规律，少则一两天，多则三四天。分开时，两部分相距4米左右，合拢时两部分又严密无缝，成为一个整体。科学家们认为，这个小岛早已断裂，地理位置又很不固定，经常迁移，因此产生了这种时分时合的怪异现象。

在太平洋中还有一个方圆不过几千米的小荒岛，无论白天黑夜，都会发出哭哭啼啼的声音，有时像众人哀嚎，有时像鸟兽悲鸣，令人听了不寒而栗，或者还会为之伤心落泪。有人猜疑，那是遇难者阴魂不散地聚集在一起，向过往行人哭诉呢！

（十一）自燃岛之谜

著名的旅游胜地复活节岛的右下几海里处有一个不知名的小岛，那里是游客的禁区。发现新大陆后，远洋航海技术空前发展，人类首次接触到了这个小岛，据说第一次上岛的67人中有33个人在几分钟后大呼喘不过气，难受得很。仅仅过了几秒钟，所有身体异样的人全部自燃起来，这情形把当时的船员吓呆了，他们赶紧回船返航。

回去后他们把这件事说了，引来许多猎奇者和考察探险队，但他们最终都无功而返，甚至又有几十人自燃而死。

以后到过岛上的人频频传出自燃的消息。最近一次科学考察是1967年的英国考察团，他们了解了自燃的特性并带上防火服前往，结果有3名队员在刚刚踏上岛就在众目睽睽下自燃而亡，事后他们检验尸体，三个人的防火服居然丝毫未损，而他们烧焦的尸体也没有异常温度。

这种自燃现象到底是怎样产生的呢？无人知晓，只是从此再也没有人敢踏上这个死亡小岛了。

（十二）择捉岛之谜

1936年，法国旅行家安让·里甫在航海旅行时，不慎落入波涛汹涌的太平洋，灾难中的里甫紧紧地抓住一只救生圈在浩瀚的海洋中漂荡挣扎。就在他筋疲力尽、丧失了生的希望时，波涛将他送到了人迹罕至的择捉岛。这时，他除了一个随身携带的旅行包外，一无所有。

饥饿和死亡在威胁着他，面对这个荒凉岛屿的他感到孤独绝望，但他仍怀着求生的渴望，拖着疲惫的身子漫无目的地向前走去。忽然，在一个小水洼中他惊喜地发现了几条僵硬的小鱼，这意外的发现使他看到了生命的曙光。他赶紧支上旅行锅，迅速捞起水中僵硬的小鱼放入锅内，点上火准备吃上一顿美美的鱼汤。一会儿，锅里虽还没有冒气，但饥饿的里甫已急不可待，他猛地揭开锅盖，往里一看不禁大吃一惊，原来已经僵硬的死鱼竟然在这热气腾腾的锅里游动着。这时锅内的水温已达60℃，是幻觉还是事实？里甫大惑不解，他试探地扔入锅内几个荞麦粒，也被这几条游鱼抢吃个精光，他相信了眼前的事实，却又感到很茫然。

原来在这个小岛有一个直径达3千米的火山口，这个火山口的形状如同一口巨大的锅。在这锅口上有一圈千奇百怪的巨石，他们中有的直立在那里如同鱼儿跃起，有的横卧在地，酷似狰狞的猛狮。在这锅底却荡漾着蓝色的湖水，在山涧流淌着透明炽热的酸河。而那些能够在热锅里复活的死鱼，则属于这古火山活动时所形成的一个热湖中的生命，当火山爆发时，它没有被湮灭，而侥幸地存活了下来，但它却离开了赖以生存的热水而僵硬死去。

择捉岛上的怪事，确实让人难以理解。僵死的小鱼到底来自哪里？如果它真是由于火山爆发所造成的，那么它又是如何度过这久远年代而不腐烂的呢？火山口上为什么会是怪石累累而不是平坦的火山呢？光滑的巨石上为什么凿满了奇异的线条和花纹？一系列的问号吸引着各国学者纷纷来到这个小岛进行实地考察，对这些文字进行分析、推敲、猜测，但终无定论。择捉岛的一切至今仍是个谜。

（十三）恐怖魔咒岛之谜

在地图上，帕尔米亚岛只是浩瀚的太平洋上一个毫不起眼的小岛，如果你乘飞机从天空掠过，也许根本就不会注意到它的存在。几百年来，这个太平洋中小小的珊瑚岛——帕尔米亚为何怪事不断……

帕尔米亚岛地处太平洋中心，在夏威夷群岛西南约1000海里处，是个面积只有13平方英里的珊瑚岛。小岛呈马蹄形，最宽的地方只有半英里。岛上林木繁茂，生长着高达30米的椰子树，还有不少热带植物，从外表上看，的确没有什么特别之处。在蓝色的太平洋上，这样的珊瑚岛少说也有几万个。

然而，从被发现之日起，帕尔米亚就笼罩着一种神秘的色彩。1798年，美国船长艾德蒙·菲林的海船正取道太平洋前往亚洲。那天晚上，菲林如往常一样于9点钟上床休息，然而半夜船长醒来时，却发现自己莫名其妙地站在通往甲板的楼梯上。菲林非常吃惊，因为此前他从未梦游过。

船长和值班的水手聊了几句后又下舱睡觉了，可他睡了没多久又猛然惊醒，这一次发现自己已经到了楼梯的顶部，他还是不以为然，重新返回船舱睡觉。当他第三次从梦中惊醒时，发现自己又站在同样的位置，而且衣服都穿好了。

菲林大惊，他相信这是某种不祥之兆，便决定不再睡觉。他来到甲板上，感觉有些不对劲，于是命令水手改变航向，减慢船速。就在他发出命令后不久，只听得"轰"的一声，船触到了礁石上——幸亏调整及时，否则他们将遭受灭顶之灾。

天亮时，他们发现在1英里之外，是一个美丽的无人居住的珊瑚岛，菲林将它命名为帕尔米亚。菲林在岛上待了几天，修理好被损坏的海船后继续航行。这是有历史记载以来，在帕尔米亚岛上发生的第一起海难事故。

帕尔米亚岛真正名声大噪是在19世纪初。1816年，一艘名叫"伊莎贝拉"的西班牙海盗船，满载着从秘鲁印加帝国的陵墓里抢掠来的金银珠宝，在太平洋上与另一艘海盗船展开激战，双方伤亡惨重。几名幸存者驾驶着已伤痕累累的"伊莎贝拉"在茫茫的大海上寻找避难所。

然而，不久他们就在帕尔米亚岛附近触礁，在船没顶之前，10来个海盗将部分财宝移到这个无人居住的岛上。他们在那儿待了1年，其间有几个同伙莫名其妙地死去，到离开该岛时，就只剩下5个人。他们将从印加墓穴里盗来的财宝埋在岛上的一棵大树下，然后坐一个自制的筏子离开该岛。当木筏被一艘美国捕鲸船发现时，只有1名水手还活着，而他不久也死于一种奇怪的疾病。

这个故事开始广为流传，帕尔米亚岛在一些冒险家的眼中一下子具有了神奇的魔力。尽管这个小小的珊瑚岛远离大陆，但仍有一些人不畏艰险前往探宝，然而他们大多数都去无回。于是又有传说开始流传：是那些被海盗掠来的不义之财给小岛带来了灾难，印加国王已给小岛下了一道魔咒——所有与财宝发生关联的人都将遭受毁灭的命运！

1855年，一艘捕鲸船在帕尔米亚附近遇难，可后来人们却怎么也找不到遇难船只和船员，他们都神秘地消失了。在接下来的日子里，据说也有多艘船只在该岛附近失事，这个小岛真正成了太平洋上的神秘岛。

1911年，夏威夷居民亨利·库普以750美元的价格从美国政府手中买得该岛。显然，他是奔着岛上可能存在的巨额宝藏来的。然而，他不但未找到宝藏，反而把命也给搭上了。不久，该岛又落入了一个名叫富勒的家族之手，但他从购得该岛起就陷进了一场与美国政府没完没了的官司中。原因是当"二战"临近时，美国政府希望能将此岛作为海军基地，或者像太平洋上另一个著名的珊瑚岛比基尼一样作为核武器的试验基地。最终达成的协议是：富勒仍然拥有该岛所有权，但美国军方也可将它作为对付日本的空军基地。于是，在"二战"期间，帕尔米亚成了美国空军在太平洋上的一个中转站。

然而，"魔咒"依然存在！美国空军在该岛的事故率比任何其他基地都频繁，一些飞行员一到达该岛似乎就完全摸不清方向。有一次，一架在跑道上起飞的飞机，在上升到几百英尺高度后却向完全与预定方向相反的地方飞去。当时飞机上有两个飞行员，不久，飞机便与基地失去联系，再也不见踪影。这种事竟然发生在光天化日之下，着实令人吃惊。

这些蹊跷之事令美国军方也害怕了，不久他们便放弃了该岛。

"二战"之后，该岛成了一些旅游者和游艇爱好者偶尔光顾之地。然而，1974年，在该岛发生的一桩离奇凶杀案，再次使古老的帕尔米亚成为一个凶险之岛。这一年，一对来自美国圣地亚哥的夫妇马克和缪弗在该岛旅游时神秘失踪，一直未找到夫妇俩的尸体，直到6年后一个巧合的出现。

另一对从未听说过该事件的夫妇罗伯特和萨朗进行游艇运动时，偶尔来到帕尔米亚岛，他们极其偶然地在树林里一间废弃的小屋中发现了几张剪报，剪报的内容是当年有关马克夫妇失踪案的报道，这可能是几年前知晓该案的旅游者带来的。令人不可思议的是，几天之后，当罗伯特夫妇到海边散步时，碰巧看到了刚刚冲到岸边的一具人类的骷髅和头骨，它显然是从一个"二战"时期的军用箱子里掉出来后又被冲到海边的。法医后来的鉴定表示，它正是马克的遗骨，难以想象的是，它竟然会在事隔6年之后，刚好在罗伯特散步到此时被冲上来，如果罗伯特早一点或晚一点到此都可能不会见到马克的遗骨，因为下一个浪涛又会将它冲走。那么，马克夫人的遗骨在什么地方呢？尽管调查人员在全岛进行了仔细的搜查，却无任何发现。

直到20世纪80年代，与帕尔米亚岛有关的神秘事件依然一桩接一桩地发生！

帕尔米亚岛几百年来发生的这诸多神秘事件不断地引起一些人的浓厚兴趣。近年来，由美国一家专门调查全球怪异现象的杂志资助，几名探险家和科学家专程前往帕尔米亚岛进行了一次全面的调查。

他们自然不相信什么"印加人的魔咒"，他们除了对该岛的生态、气候、电磁力、地质进行调查外，还对该岛附近海域的礁石分布、洋流等进行了考察。他们的确发现了一些异乎寻常的东西：帕尔米亚岛位于太平洋最深的马里亚纳海沟与汤加海沟附近，这是一个地震火山多发区，帕尔米亚就是在一个火山口上形成的珊瑚岛，该岛附近水域遍布着错综复杂的暗礁，这也可能是造成一些船只频频出事的原因。

同时，在那些迷宫般的暗礁之间，是最危险的大白鲨和黑头鲨的繁殖地。此外，尽管在帕尔米亚的礁石间和泻湖里生活着大量的鱼类，但由于他们多半靠在珊瑚上生长的一种有毒的海藻为食，因此，这些鱼类都有剧毒。对于那些胆敢在此潜水与游泳的探险者和旅行者来说，这些海洋猛兽、有毒生物比印加国王的魔咒还要厉害。这也许可以解释不少来到该岛的人为什么会神秘死亡和失踪。专家们还发现由于该岛地质状况较复杂，电磁波也有异常。但这些与发生在帕尔米亚岛的那些神秘事件到底有何关系，却是一个有待解决的问题。

（十四）"有去无回岛"之谜

巴尔萨克利梅斯岛距哈萨克斯坦城市咸海城 180 千米之遥，因为这座岛有很多异常现象，因此就成为世界上最神秘的地域之一。传说该岛是一处"去了就别想回来"的凶地，当地更流传着不少恐怖的传闻：有人说，岛上栖息着传统科学所不知的动物，还能看到一些怪异的光学现象；还有人说，这个地方是个真正的时间漏斗，人一进去就再也出不来。2010 年底，俄罗斯《总结》杂志的记者去了这个神秘岛，才发现他们竟还是俄罗斯首批来到咸海中心这一未知地域的记者。

"巴尔萨克利梅斯"的突厥语意思是"去了就别想回来"。这个奇怪的名称是怎么来的呢？有一种说法是，该岛屿远离湖岸，经常有来这里捕鱼的渔民回不去——因为为所欲为的咸海把他们的渔船拖到了湖底。另外一种说法称，岛上有大量的毒蛇和剧毒昆虫，是它们咬死了熟睡的渔民。还有传说称，成吉思汗当年挥师西进时，花剌子模的国王曾带着一队人马和金银财宝到岛上逃难，以后就再没有消息。还有人说，20世纪 30 年代，苏联的肃反工作人员为了吓唬那些寻宝人，便四处散布岛上有怪物猛兽的谣言……这些说法到底有几分可信度呢？

现在只知道，首批专门对巴尔萨克利梅斯岛进行过研究的是俄国水文地理学家、海军少将阿列克谢·布塔科夫所率领的一支考察队，他们于 1848 年发现了该岛屿。考察队员登岸之后，着实大开眼界。当时，乌克兰著名诗人、画家塔拉斯·谢甫琴科也参加了这次考察，他在信中是这样回忆该岛的："我看到了不少别处没见过的稀罕东西……我一直在画，想尽量把这个神秘地域的有趣东西画下来。"

随着咸海在变浅，至 20 世纪 90 年代末，巴尔萨克利梅斯岛已经成为半岛。虽说在此情况下要想使之与外界隔离已经有了一定难度，可那里依然是禁区。

探险队在临近咸海的地方找到当地一名向导，便向巴尔萨克利梅斯岛进发。如果说开始还能看到零星的植物，可车子走上几十千米后便驶上真正的大沙漠，再没看见一棵草，没看到丝毫生命的象征，满眼都是盐渍斑斑的龟裂土地。方圆几十千米找不到一件标志物，还真是"进去容易出来难"了。

往全球卫星定位系统打进"巴尔萨克利梅斯岛"的地址之后，指针马上指明了前进的方向。可就像沙漠里出现海市蜃楼一样，面前突然出现一个岗楼和一道栅栏，栅栏的牌子上写着"小心猛兽"的字样，这无疑给了记者们一个下马威。他们下了车却并没发现任何野兽，倒是发现这一带到处布满了陷阱——那是一根根钉满钉子的大棒，只要车子开过去，轮胎准被扎穿！

这说明过去由于四周湖水环绕而难以登临的巴尔萨克利梅斯岛，如今只能用人工制造的"刺猬"来加以保卫了。队员们清除了路障，又穿过三个废弃的通行检查站和一处大门上带五星的哨卡，最后才来到岛上，搭起帐篷准备休息。

大半夜里，一种说不清道不明的奇怪感觉让大家不约而同地醒了过来。一阵寒风刮进帐篷，赶走了人们的睡意。帐篷外面是明朗的星空，篝火上的梭梭柴已经烧得差不多了。岛的另一头时明时暗，可记者们都相信这里除了他们再没别人，因为岛上没有人烟。

好不容易挨到天明，他们这才发现彼此的脸和手的颜色都变青了——绝不是因为冷，仿佛用蓝色复写纸擦过似的。向导是见怪不怪，笑着说这是咸海综合征，过不一会儿就会恢复原来颜色。队员们推测，也许是他们的身体因摄取了当地一种未知物质而变色。

随后他们马上又发现所带的仪器都走不准，卫星电话、电脑，甚至发电机都停止了工作。他们还有一种很不舒服的感觉，似乎并不闷热，可脑袋却像要胀开似的，耳朵里充斥着嗡嗡的声响。

岛上中心区域有不少废弃建筑和民居。在那些半坍塌的楼里到处都可以看到纸张、烧瓶、量杯和军装的残片。他们还在一间屋子内腐烂的木地板下面发现了一只小木箱——好像是有人故意藏在这里似的。箱子里面是一堆科学家们手写的要求上岗的申请书，申请书末了的日期都是1953年。也就在同一堆废纸中，还发现了也是这些科学家写的辞职报告。然而，照日期看，他们上岗和离职的时间间距还不到一个月。是什么原因让这些人如此快就辞去岛上的工作呢……每个房间里都乱糟糟的，看来人们显然是匆忙离岛，或者并没有离开。队员们还有一种奇怪的感觉，岛上除了他们似乎还有别人……

距离房间不远处的地方是一些土窑。据向导介绍，里面曾经住过犯人——在改善居住条件之前他们曾住在窑洞里。然而这里为什么会有犯人，他也是后来才知道真相。

队员们还发现了一块明显是供运输机起降的场地，那里至今还耸立着一对保存完好的天线。在这连上帝也不待见的不毛之地为什么会有这种正儿八经的建筑呢？

还有一件东西也引起了队员们的注意，那是一个类似巨大盘子的高台，像是有人用个大圆规在地上画了个整整齐齐的圆圈，说不清楚它到底是人工建造，还是大自然生成的。他们在上面溜达来溜达去，大家都感觉与在普通地面上散步大不一样，就像是他们的脚下藏着某座直通地球深处的建筑。对此，队员们找不到证据，而向导也急急忙忙把他们引开，不让他们过多逗留。

在一处墓地，那里除了旧坟还可以看到几座新土堆。如果说过去在岛上工作的人死后就地埋葬，那今天还能有谁愿意埋到这荒无人烟的地方呢？在一块十字架的木板上留有某人的名字，后经查证，此人曾在岛上工作过，其生命中的最后时光是在伦敦度过的，却留下了要葬身这里的遗言。

关于巴尔萨克利梅斯岛有过这么一个说法：它是故意不让别人看到，因为岛上有着太多的秘密，是生物武器试验场。

九、地理现象之谜

（一）提神醒脑的"香地"之谜

在湖南省洞口县山门清水村有一处神奇地散发着香味的土地，面积仅有50多平方米左右。香地是一块小凹地，这里人迹罕至，香地上边是悬崖峭壁，下面是潺潺的小溪。从表面看，这里平淡无奇。与附近地区没有任何区别，生长着与其他地方一样的树木花草，土壤颜色也与周围的相同，但它却能散发出阵阵奇香。这是怎么回事呢？

香地是在无意中被当地山民发现的。当一位采药的山民路经此地时，觉得有一种奇妙的香味扑鼻而来，是什么东西这么香？这引起了药农的注意，他反复查找香味的源头，查看了这里所有的花草树木均不得要领，最后，他突然明白，原来香味来自脚下的土地，是这块独特的土地发出的。香地的消息传开后，人们纷纷来到这里，享受这一大自然的恩赐。他们发现，这一奇特的香味，仅局限在这50米方圆的范围内，只要越出这香地一步，香味顷刻间就闻不到了。人们还发现这里的香味随气温的变化而变化，早晨露水未干时，香味显得格外香；太阳似火的中午，则变得微微香；日近黄昏，天阴或雨后天晴时，香味会渐渐变浓。但来到这里的人们谁也闻不出这香味究竟属于哪一种香。人们还发现，这香味还有使人精神舒爽、神志清醒、消除疲劳的功效。香地的趣闻，越传越广，许多专家也带着怀疑的态度来到这里实地考察。当他们闻到了这一香味后，才打消了疑问。专家分析判定后认为，这种香味可能是由这里地下所存在的某一种放射性微量元素引起的，当这一微量元素放射出来后，同空气接触就会形成一种带有香味的特殊气体。香味的时淡时浓，可能与这种放射性元素的强弱和气温变化有关。

这奇妙的香地究竟是如何形成的？如果说与放射性元素有关，那么这又是一种什么样的元素？为什么它仅仅存在于小小的范围内？目前，还很难说得清楚。

（二）能爆炸的热水之谜

在高原范围内共有 1000 余处地热区。以西藏南部的地热带为最强盛。它南起喜马拉雅山，北抵冈底斯山和念青唐古拉山，从西隆阿里向东经过藏南延伸至横断山脉折向南，迄于云南西部的强大地热带的形成，和年轻的喜马拉雅造山运动密切相关，我国科学工作者把它叫作喜马拉雅地热带。在这条地热带内有热水湖、热水沼泽、热泉、沸泉、汽泉和各种泉华等地热显示类型，还有世界上罕见的水热爆炸和间歇喷泉现象，是什么原因导致了这些现象呢？

在喜马拉雅地热带内一共找到 11 处水热爆炸区，其中以玛旁雍热田为典型。据目睹者介绍 1975 年 11 月在西藏普兰县曲普地区发生了一次水热爆炸，震天巨响吓得牛羊四处逃散。巨大的黑灰冒烟柱冲上天空，上升到大约 900 米的高度，形成一团黑云飘走。爆炸时抛出的石块直径大达 30 厘米，爆炸后九个月，穴口依然笼罩在弥漫的蒸汽之中。留下了一个直径约 25 米的大坑，称为圆形爆炸穴，穴体充水成热水塘，中心有两个沸泉口，形成沸水滚滚，翻涌不息的湍流区。泉口温度无法测量，但热水塘岸边的水下温度已高达 78℃。

水热爆炸是一种极其猛烈的水热活动现象，爆炸后地表留下一个漏斗状的爆炸穴，穴口周围组成的环形垣体堆积物逐渐流散，泉口涌水量慢慢减少，水质渐清，水温降低。水热爆炸通常没有固定的时间和地点，前兆不明显，过程也很短促，约在 10 分钟以内，因此只有少数人碰巧亲睹过这种奇特的地热现象。

有人认为，水热爆炸属于火山活动的范畴，这是因为目前仅有美国、日本、新西兰和意大利等少数国家发现过水热爆炸，但几乎都出现在近代火山区内。然而，青藏高原上的水热爆炸活动和现代火山似乎没有什么联系。它是在以岩浆热源为背景的洗层含热水层中，当高温热水的温度超过了与压力相适应的沸点而骤然汽化，体积膨胀数百倍所产生的巨大压力掀开了上面的盖层而发生的爆炸。高原上水热爆炸的规模较小，但同一地点发生水热爆炸的频率却较高。如苦玛每年四五次，有的年份则多达 20 余次。这种罕见的高频水热爆炸活动说明，下覆热源的热能传递速率大，爆炸点的热量积累快。从地热带内其他各种迹象判断，这个热源可能是十分年轻的岩浆侵入体。19 世纪末叶以来，涉足高原的任何外国探险考察家都没有报道过这里的水热爆炸活动，已经发现的水热爆炸活动大都发生在 20 世纪 50 年代以后，它们形成的垣体中也不见泉华碎块，这不仅说明这些水热区形成的年代新，而且还暗示这里作为热源的壳内岩浆体很年轻，正处在初期阶段。

（三）恶魔之坑谜团

美国亚利桑那州巨型陨石坑，一直以来都是科学家长久以来的谜团，它也是科学家研究陨石碰撞最热门的地区。

在1891年，在美国的亚利桑那州巴林佳发现了一个直径为1280米、深180米的巨大坑穴，坑周围有一圈高出地面40多米的土层。它是怎样形成的呢？人们迷惑不解，干脆叫它"恶魔之坑"。后经学者们考证，这是个"陨石坑"。是距今2.7万年前，一个重达2.2万多吨的陨石以5.8万千米的时速坠落地球时冲撞而成的。

陨星的质量估计有几百万吨，进入地球大气的撞击速度在10～20千米每秒之间。撞击时释放约1000万吨TNT当量，相当于一枚大型核弹。难得的是，亚利桑那陨石坑位于沙漠中，这表示撞击的痕迹也保存了那样久。如果撞击发生在世界其他部分（比如森林或海洋），几万（甚或十几万）年后将不会留下可辨认的痕迹。平均说来，地球陆地大概每1000年经受一次这样大的撞击，而陆地上每发生一次撞击，海洋中就会发生两次。

但如果是以如此快的速度撞击地面，应该释放出大量热能，陨石本身富含铁矿物质，碰撞产生的高温会使它们瞬间融化，但在当地从未发现过有融化铁矿石的遗迹。

（四）加利福尼亚神奇地带之谜

在美国加利福尼亚州蒙特雷湾北崴岸圣克鲁斯市附近有块不大的异常地带，飞机从它上空飞过，所有的表盘的指示器都瞬间失灵。这里生长的树木，都朝同一方向倾斜。自从它在1940年被发现之后，不少游客和科学家都涌来参观和研究。这里也有一个倾斜欲倒的小屋，进屋的人都打破了地心引力定律而倾斜站立，有人竟倾斜45°站立而不会倒下。在这里，正常的人会感到头晕难以适应。

进入森林中，你会惊奇地发现，所有的树木都奇怪地向着森林中心倾斜。森林中心高高的树丛中围着一片草地，树丛的树叶都不往高处生长。草地所在处是一片低低的山丘，距顶端约10米有一座古老的木屋。

这是古时淘金人住的房子，小房原来建在山丘的顶端，不知何时有了移动。淘金人原来一直在这间小木房里秤砂金，但到1890年以后，秤却出现了错乱，随后小木房就废弃不用了。自此小木房就变得愈加神秘起来。

人们一踏进房子，身子就好像被无形的绳索拽着要向前倾倒，一般斜度达10°左右。如果你想往后退，离开那座小屋，就会觉得有一种力量往回拉你。仔细观察，整间木屋都在倾斜。地上摆着棋子、空玻璃瓶、小球等，推动一下，它们就会奇妙地沿着斜面从低处滚向高处，而绝不会后退半寸。

（五）西诺亚洞中的"魔潭"之谜

西诺亚洞是津巴布韦境内的一处古人类穴居遗址，它是由明暗两洞及两洞间的一个深潭组成的。深潭位于一个竖井般直伸地面的石洞底部，距地面数十米；一潭深蓝色的清水宛若一块巨大的宝石晶莹闪光。洞直壁上有透穴，两洞相望同明暗，石洞的下部有一穴口，潭水从这里流出，绵延形成长达 15 千米的地下河。

洞中的深潭为什么有"魔潭"之称呢？原来它有一种魔法般的引力。明明潭面只有 10 余米宽，按理说将一块石头从水潭的此岸扔向彼岸的石壁，不该费什么力气，可事实上连大力士都绝对无法将石头扔过去，飞石一过潭面必定要下坠入水。不可能吗？也确有不服气的，人力不行，就借助于枪械。但一颗子弹射出去，同样不等击中深潭对面的石壁，就如同被什么神力吸住了似的，往下一栽溅落潭中。

这样的实验已进行过无数次。西诺亚洞中的魔潭的这种神奇得令人难以置信的引力由何而来？直到今天这仍是个未解的谜团。

（六）冷热颠倒之谜

每当数九寒冬和酷热的盛夏来临之际，爱幻想的人们总渴望能有一个冬暖夏凉的地方。虽然春夏秋冬的变换是一种规律，但世界如此之大，无奇不有，在这个地球上竟有一部分幸运的人居住在冬暖夏凉的"地方"，这就是辽宁省东部山区桓仁县境内被人们称为"地温异常带"的地方。这条"地温异常带"一头开始于浑江左岸满族镇政府驻地南 1.5 千米处的船营沟里，另一端结束于浑江右岸宽甸县境内的牛蹄山麓。整个"地温异常带"长约 15 千米，面积约 10.6 万平方米。

夏天到来时，"地温异常带"的地下温度开始逐渐下降。在气温高达 30℃的盛夏，这里地下 1 米深处，温度竟为零下 12℃，达到了滴水成冰的程度。

入秋后，这里的气温开始逐渐上升。在隆冬降临、朔风凛冽的时候，"地温异常带"却是热气腾腾。人们在任家山后的山冈可以看到，虽然大地已经封冻，但是种在这里的角瓜却依然是蔓叶壮肥，周围的小草也还是绿色的。任家在这个地方平整了一块地，在上面盖上塑料棚，在棚里种上大葱、大蒜，蒜苗已割了两茬，大葱长得翠绿。经过测定，发现在这个棚里的气温可保持 17℃，地温保持 15℃。在这小冈上整个冬春始终存不住雪。

还有一个具有这种特性的地方，是在河南林县石板岩乡西北部的太行山半腰一个海拔 1500 米叫"冰冰背"的地方。在这里，阳春三月开始结冰，冰期长达 5 个月；寒冬腊月，却又热浪滚滚，从乱石下溢出的泉水温暖宜人，小溪两岸奇花异草，鲜艳嫩绿。

人们知道，自然界的气温变化取决于太阳的光热，随着地球的公转，当它和太阳距离缩短时，太阳辐射给地球的热能就会增加，使地球变热、变暖。反过来，地球就变凉、变冷，这样就形成了春夏秋冬。而这些奇异的土地却打破了这一自然规律，出现了神奇的现象，这引起了很多科研人员的注意。他们中有些人认为，这里的地下有寒热两条储气带同时释放气流，遇寒则出热气，遇热则出冷气。他们还认为，在这种冷热异常的地带，它的地下可能有庞大的储气结构和特殊的保温层，在这特殊的地质构造之中产生的大气对流导致了这奇异的现象。还有人认为，这个地下庞大的储气带的上面带有一特殊的阀门，冬春自动开闭，从而导致这种现象的产生。但这些分析只是推论而已，这地温异常带到底是如何形成的呢？这里的地质结构有什么与众不同？还需要科学工作者经过进一步考证。

（七）圣塔克斯反重力之谜

美国加利福尼亚州有一处名叫"神秘地带"的地方，那里的好些现象，都是科学家们难以解释的，自旧金山市驱车沿公路南下约两小时，可抵达一个名叫"圣塔克斯"的小镇。该"神秘地带"就位于这个小镇的郊外，行车大约5分钟。

外地游客只要在入口前空地停好车，快步通过栅门，再向前走几步，眼前的景象就会使每一位游客惊愕起来。许多科学家怀疑会有如此"神秘"的地方，纷纷前来考察，结果发现这是"千真万确"的事，然而为什么会产生如此奇特的现象呢？科学家们也迷惑不解。

神秘地带的入口处，有两块长约50厘米、宽约20厘米的青石，这两块石板仅相距40厘米左右。看上去，这两块石板与普通石板并没有什么异样，可一旦人站上去，奇异现象就出现了，其中一块石板能使人显得更高大，而另一块石板却使人显得又矮又胖，仿佛像魔石一样变幻着。有一个高个子和矮胖子游客不相信，他俩同时各站在一块石板上，然后又相互交换了位置，引起游客们捧腹大笑。原来，第一次站立时，高个子越加显得高大，而矮胖子更加矮小肥胖；当他们互换位置时，矮胖子却比高个子更显得魁梧高大了。当时有人怀疑石块有高低，于是拿来了水平仪测量，可结果两块石板同处于一个水平面上。有人拿来了卷尺测量身高，可是站在石板上与站在其他地方的高度竟完全一样。究竟是人们的视觉差错呢？还是卷尺与人一样发生相应的伸缩呢？这就是神秘地带的第一个"奇谜"。

从石板到神秘地带的中心地段，是一条坡度极大的羊肠小道，奇怪的是小道周围的树木都朝一个方向倾斜，游客行走在小道上，身体倾斜是几乎与小道斜坡平行，行人低头看不见自己双脚，却能稳步向前行走。经过斜坡，便是神秘地带中心。那有一间简陋的小屋，四周有污秽木板搭成的围墙。人们一旦进入小屋，身体都会自动向右倾斜，许多游客都想试一试将身体挺直。可到头来，不知不觉地都仍向右倾斜。究竟是一种什么异乎寻常之引力能使身躯倾斜呢？谁也没法说清楚。这是神秘地带的第二个"奇谜"。

小木屋的一侧，有一块向外伸展的木板，人们不论从哪个角度去看，木板是很明显倾斜的。当游人把高尔夫球放在木板上，球不向下斜的一方滚落，反而竟向上滚，如果有人用手将球推离木板，球不会垂直而落，而是沿着斜方向掉下来。这是神秘地带的第三个"奇谜"。

在小木屋里，人们可以在没有借助任何工具的情况下，安然地站在房子的板壁上，甚至可以毫不费力地在板壁上自由自在地行走。这种绝妙的飞檐走壁的"奇谜"，即使训练有素、身怀绝技的杂技演员也是望尘莫及的。这是神秘地带的第四个"奇谜"。

在相邻的另一间小木屋里，还可看到另一种科学完全无法解释的奇妙现象。天花板的横梁悬挂着一条铁链，下端绑着一个直径25厘米、厚约五六厘米的盘状圆形物体，看来十分沉重。可是只要你在一个特定方向推它，它竟比想象的轻浮得多，只要手指轻轻地一点，它就能往前晃动，如果你在相反方向推动它，就要用双手的十足力量才能动它分毫。最初，推动它时是规规矩矩地左右摆动的，但维持了大约五六秒钟之后，它就突然改变运动方向，开始向右画面圆圈式的转动。不但如此，画了六七秒后，其圆圈运动方向又再作改变，变成前后摇摆。五六秒后，前后摆动又变成向左画圆圈转动。同样的，五六秒后它又恢复了左右摇摆的运动方向。如此周而复始，甚至历久不衰。这是神秘地带的第五个"奇谜"。

美国"神秘地带"内确实有着不少神秘的现象，种种奇异现象，都是违反牛顿的重力定律的。在科学上应该如何解释，至今仍在探讨不休。

（八）上坡容易的克罗伊山公路

俗话说，"下坡容易上坡难"。然而，大自然中有些地方竟然出现"上坡容易下坡难"的奇特现象。

在英格兰斯特拉斯克莱德的克罗伊山公路上，也有同样令人迷惑的现象。如果驾驶汽车在这条公路上从北向南行驶，迟早总会慢下来，甚至完全停止，令驾驶员不知所措。从北部驶向这座小山，司机眼看着前面道路向下倾斜，总以为车辆会加速，因而把车速降低，结果汽车嘎的一声完全停止。事实与表面现象相反，那条路并非下坡路，而是上坡路。从南部来的驾驶员也同样产生颠倒的感觉。他们以为是上坡行驶，于是加速，结果发现车子比预期的速度快得多，其实那条路是下坡路。迄今尚无人能对克罗伊山这种奇异的现象做出圆满解释。曾有人认为，那地方周围的岩石含有大量铁质，存在磁场，因而产生强大的引力，将汽车拖上山坡。但这个说法现在已遭摒弃。

无独有偶，美国犹他州也有一座被人们称为重力之山的奇特山坡。这是一条直线距离为 500 米左右、坡度陡峭的斜坡道，是闻名全球的怪坡。倘若你驱车来到此地，将车停下，松开制动器，就会发现，汽车犹如被一种无形的力量拉着似的，自动地缓缓向山坡上驶去。这一奇特的现象引起科学家们的极大关注。他们纷纷来到重力之山进行科学实验。实验结果表明：在怪坡上，越是质量大的物体，越是容易发生自行上坡的奇异现象。

（九）比利牛斯山"圣泉"

法国比利牛斯山脉中有个叫劳狄斯的小集镇，镇上有个岩洞，内有一眼清泉长年累月不停地流淌，泉水以其神奇的治病功能吸引了世界各地成千上万的人，这就是闻名全球的神秘"圣泉"。

传说在 1858 年，一位名叫玛莉·伯纳·索毕拉斯的女孩在岩洞内玩耍，忽然，圣母玛利亚在她面前显圣，告诉她洞后有一眼清泉，指引她前往洗手洗脸，并且告诉她这泉水能治百病，说罢倏然不见。

100 多年过去了，神奇的泉水经年不息。前来圣泉求医的各地人也络绎不绝。它的吸引力远远超过了穆斯林圣地麦加、天主教中心罗马和伊斯兰教、犹太教及基督教的发祥地耶路撒冷。据统计，每年约有 430 万人去劳狄斯，其中不少人身患疾病，甚至还是病入膏肓、已被现代医学宣判"死刑"的病人。他们不远千里来到这儿，仅在圣泉水池内浸泡一下，病情便能减轻，有的竟不药而愈！

有个意大利青年名叫维托利奥·密查利，他身患一种罕见的癌症，癌细胞已经破坏了他左髋骨部位的骨头和肌肉。经 X 光透视发现，他的左腿仅由一些软组织束同骨盆相连，看不到一点骨头成分，辗转几家医院后，他的左侧从腰部至脚趾被打上石膏，但却被宣告无药可医，而且预言至多能再活一年。

1963 年 5 月 26 日，他在其母亲的陪伴下，经过 16 小时的艰难跋涉到达劳狄斯，第二天便去沐浴。

密查利在几名护理员的照顾下，脱去衣服，光着身子被浸入冰冷的泉水中，但打着石膏的部位却未浸着，只是用泉水进行冲淋。奇迹出现了，打这以后，密查利开始有了饥饿感，而且胃口之好是数月来所未有过的。

从圣泉归家后仅数星期，他突然产生从病榻上起身行走的强烈欲望，而且果真拖着那条打着石膏的左腿从屋子的一头走到另一头。此后几个星期内，他继续在屋子里来回走动，体重也增加了。到了年底，疼痛感竟全部消失。

1964 年 2 月 18 日，医生们为他除去左腿上的石膏，并再次进行 X 光透视，片子上清晰显示出那完全损坏的骨盆组织和骨头竟然出人意料地再生。4 月，他已能行动自如，参加半日制工作，不久便在一家羊毛加工厂就业。

这一病例，现代医学竟无法解释。

（十）定时沸腾的魔泉斯丘古之谜

冰岛到处有间歇泉，最大的位于岛的西南角。斯丘古泉雾气缭绕的宁静水面，每隔 4~10 分钟，便会变成沸腾的大锅，猛烈喷出一道高高的沸腾水柱。

斯丘古喷泉像受人控制一样，每隔一定时间，便向空中喷出高达 22 米的沸腾水柱。几秒钟后，响起一阵蒸气嘶鸣声，喷泉便停歇下来，水面重归平静，上面笼罩着一团蒸气。不久，水面又开始起伏，显示另一次喷发快要出现，然后水面起伏加快，中间鼓起冒出气泡。跟着气泡突然爆裂，水柱再次喷出。无怪乎"斯丘古"在冰岛语中意为"翻滚"。

斯丘古泉位于冰岛惠特河旁的地热区，距雷克雅未克以东 80 千米。这个地区有许多热水蒸气池和热泥浆池，大喷泉也在这里，此泉是喷发力最强的间歇泉。

大喷泉是世界知名的温泉，泉水喷射高度曾达 70 米。1810 年时，此泉每隔半小时喷射一次。5 年之后，泉水喷射间隔的时间延长到 6 小时；到 1916 年，喷射完全停止。1935 年，把泉眼上的水排掉一些后，又恢复每半小时喷射一次。

今天，大喷泉又归于沉寂。有时技术人员为了向参观者展示壮观场面，会把大量肥皂液灌进泉里，提高泉水密度，好像给泉眼加上盖子，使蒸气不能散发。然后抽掉部分皂液，降低压力，泉水随即就喷射了。

冰岛位于中大西洋海岭上，正好处在两块巨大地壳板块分离之处。这里地壳薄弱，地下的熔岩就涌上来，加热了地下水，形成间歇泉喷出来。所以岛上有这么多间歇泉。

（十一）纳米比亚的"精灵怪圈"

在南非纳米比亚沙漠西部的沿海地区有一种独特的现象，这里遍布着一种奇怪的"精灵怪圈"，直径大都在 2~10 米之间，怪圈里几乎全是沙土，而且寸草不生，而在怪圈的周围却长着茂盛的野草。据调查这些怪圈至少存在了 30 年，因此不大可能是"人为炮制"的恶作剧。

从 20 世纪 70 年代早期开始，科学家就对"精灵怪圈"的形成原因产生浓厚兴趣。对于"精灵怪圈"的形成原因，科学界曾有三种解释：第一种是怪圈中的泥土具有放射性，从而阻止了植物生长；第二种可能是怪圈地底下有许多白蚁，它们将植物种子

全部吃光了，从而导致寸草不生；第三种可能是怪圈泥土中带有某种有毒蛋白质，这种有毒蛋白来自一种被称为"牛奶灌木"的沙漠有毒植物。

以比勒陀利亚大学植物学家格立特·茹因领导了一支研究小组，试图对三种解释进行研究验证。研究小组的工作非常仔细，他们先从沙漠中找到了一些绿珊瑚，并从其根部土壤中取回了一些沙土样本，研究人员在这些沙土样本中种植了多花黑麦草，结果发现这些草生长得很茂盛，这说明有毒物质的说法根本不可靠；对土壤样本进行化验后，发现其中并不含有放射性物质；最后，他们在地底下挖了 2 米深，结果没有找到任何白蚁。

到目前为止，"精灵怪圈"的形成仍然是个未解的谜团。

（十二）巨菜谷之谜

在美国阿拉斯加州安哥罗东北部的麦坦纳加山谷，蔬菜长得非常大，土豆长得像篮球，一个白萝卜重达 20 多公斤，卷心菜平均有 30 公斤重，豌豆和大豆能长到 2 米高，牧草也高得可以没过骑马者的头顶……这个地方因此被人叫作巨菜谷。

从巨菜谷被发现的那天起，科学家们就开始对这一反常现象进行了研究。

1. 微生物的功劳？

一些生物学家注意到，有一种寄生在植物幼芽上的细菌会分泌一种赤霉素，这种植物激素具有促使植物迅速生长的奇效。他们据此认为，巨菜谷巨型植物的出现可能是某种生长于当地的微生物的功劳。于是他们又开始了对这种特殊的微生物的寻找工作。但直到今天，他们仍然没有查清究竟是哪种微生物在起作用。

2. 日照与温差的作用？

有的科学家认为，这个地方处在高纬度地带，夏季日照时间长，所以这里的植物能够吸收到特别充分的阳光，这就刺激了它们的生长激素，导致它们变态性地生长。

但是，这种解释有很多漏洞。因为还有很多地方和这个地方处于相同的纬度，但在那些地方却没有发现如此高大的同类植物。所以，又有科学家认为，这种奇怪现象的发生是日夜温差较大造成的。忽冷忽热的生长环境破坏了这里植物的生长系统，使它们疯狂地生长。但这也无法解释为什么有类似气候条件的其他地方却没有这一奇异现象。

3. 土质特殊？

一些科学家的关注点从植物研究转到了土壤研究，他们认为这种现象可能是富饶的土质或者土中有什么特别的刺激生长的物质起作用的结果。为了证实这种假设，科学家们对这里的土壤进行了实地化验，结果证明这里的土质确实比较特殊。但科学家们仍不能解释为什么这里的土质会发生异常。

以上几种观点都有破绽，所以有些科学家认为起作用的并不是一种原因，而是上述各种条件的综合。

（十三）恒河水自动净化之谜

印度为世界古代四大文明古国之一，曾经创造了人类历史上著名的"恒河文明"。恒河这条世界名川，被印度人民尊称为"圣河"和"印度的母亲"。众多的神话故事和宗教传说构成了恒河两岸独特的风土人情。

恒河的上游在我国西藏阿里地区的冈底斯山。冈底斯山的东南坡有一个大而幽静的叫玛法木错的湖，湖水来源于高山融化的冰雪，所以湖水清澈见底，平如明镜。相传，这里的山中就是"神中之神"湿婆修行的地方，印度教徒尊它为"神山"。湿婆的妻子乌玛女神是喜马拉雅山的女儿，玛法木错湖是湿婆和他的妻子沐浴的地方，印度教徒尊它为"圣湖"，由于恒河水是从"神山圣湖"而来的，所以整个恒河都是"圣水"。千百年来，虔诚的印度教徒长途跋涉，甚至赤足翻越喜马拉雅山，到中国境内的"神山圣湖"来朝圣，到湖中洗澡，以祛病消灾，益寿延年；到神山朝拜，以得到湿婆大神的启示。

在印度教徒的眼里，只要在恒河水中洗浴，人的灵魂就能重生，还可以祛除疾病。每年都有众多的朝圣者虔诚而来，接受恒河河水的洗礼。更有甚者在恒河水里自尽，以期洗去此世的罪孽和冤狱。于是，人们偶尔会看到恒河上有时会漂浮着尸体。人们将尸体打捞起来火化后，会遵死者遗嘱将骨灰撒在恒河里。就这样年复一年，恒河水受到了严重污染，成了印度污染最严重的河流之一。可印度教徒依然我行我素，他们沐浴在此，饮用在此，却很少中毒或者得病。难道恒河水真的因为其神圣而具有了某种自我净化的能力吗？

为了探究其中的原因，科学家曾经有意识地将一些对人体极为有害的病菌放入恒河的水中。可没过多久，这些病菌通通都被自然杀死。

恒河水的这种净化能力从何而来呢？有人推测是河底的奥秘，河床里可能具有某种能杀死病菌的放射性元素，只是这个推测还未被证实。当然，恒河水的污染有目共睹。它的水质在以前要纯净优良得多，装上一壶河水，即使过了几个月，它也依旧澄清、新鲜，像刚打上来时一样可以放心喝下。只是现在的恒河水已经被污染了，即使它具有自动净化能力，也无法承受人类这样无休止的侵害与折磨。所以很多人都期待能够停止或者减轻对恒河的污染，以便使它能够回到当初的模样。

（十四）自行移动的石头之谜

在美国加利福尼亚州死亡谷有一种尚无法解释的地质现象——地面上的石头会自己移动，并在地面上留下平行滑行痕迹！这种奇特的现象出现于死亡谷"跑道盆地"（Racetrack Playa），这些奇特的石头的确是在地面上滑行的，在死亡谷里存在着风，却不足以将这些石头吹动。虽然我们未实际目睹石头的真实移动，但是从观测来看这种实质性移动是存在的。在此之前，人们曾听说过在死亡谷大篮子火山口在 27 英里长的路线上存在着强劲风，但是在跑道盆地的风尽管强劲，却无法将石头吹动。

在科学家发现石头移动现象之前的几天，盆地里有积水，但是很快盆地干枯结成龟裂状土层。我们可以清晰地看到泥泞时有人途经时留下的足迹，相信许多人会产生这些疑问，你是否看到石头在移动？石头是如何在地面上滑行的？它们是在水面上滑行，还是在泥泞中？令科学家颇有兴趣的是，石头滑行留下的痕迹显示在泥浆以下 1 英寸处存在着一个坚硬的土壤层，我们观测了死亡谷近期几次风暴中留下的其他泥浆洞，以及测量岩石滑行中陷入土壤中的深度。结果表明这些石头甚至像是在汤状泥浆表层中滑行，陷入泥浆中不超过 1 英寸，这将可以解释为什么这些石头未深陷入泥浆中。

同时，科学家也指出，没有迹象表明这些石头的移动是由于陷入泥浆中的"冰筏"造成的，在数英里盆地区域内泥浆干燥时的迹象显示，这里泥浆以下并不像存在着水源或冰层。而且从移动留下的痕迹来看，似乎石头的移动是在盆地中没有水时形成的。此外还有一个奇特的现象，就是石头移动后土壤的堆积变化，科学家看到石头移动留下 4~5 英寸宽的土壤堆积，在石头移动最前方堆积着 1~2 英寸厚的土壤，从而显示石头移动时土壤十分松散。假设这如果是暴风天气或其他循环风力导致的，但为什么人们从未看到如此强劲的暴风现象。

这些石头移动的痕迹很短，在土壤中留下的滑行深度并不深。但是这些移动痕迹很少有规律，却清晰可见。奇特的是，能够清晰地看到 4~5 处石头移动的轨迹都是平行的。这种石头移动现象，也不可能是人为造成的。如果某人故意将这些石头移动，会在盆地表面留下足迹的。此外，在最近的一次暴风天气中未曾发现有石头出现移动。目前，对于死亡谷跑道盆地中的石头移动现象仍是一个谜团，包括科学家在内都无法准确定论进行解释，他们只能提出一种牵强的解释——当处于泥浆和暴风中，这些石头也同时在移动。这个谜团仍有待于日后科学家的努力研究。

（十五）生蛋石头之谜

石头也能生蛋？这几乎是天方夜谭，但在贵州省三都县有一座登赶山，这座山特别奇怪，满山都长满了绿树杂草，而唯独山腰上裸露出一块崖壁。更奇怪的是，这块崖壁每隔 30 年就会自动掉落出一些石蛋，因此当地人都习惯把它叫作产蛋崖。产蛋崖，长 20 多米，高 6 米，表面极不平整。在高处，几块巨大而尖利的岩石横亘着，极为险峻。而石蛋就在相对凹进去的崖壁上安静地孕育着。有的刚刚露头，有的已经生出了一半，有的已经发育成熟眼看就要与山体分离。据村里的老人介绍，同一个凹进去的石窝每相隔 30 年就会产出一枚石蛋，产蛋崖上有很多个会产蛋的石窝。

冰冷的石壁为何能生出石蛋？为什么这些石蛋又会每隔 30 年自动掉落呢？产蛋崖石生蛋的这一神秘现象不仅超越人类已知的逻辑范畴，而且它也像一团巨大的迷雾一直笼罩在登赶山下这片水族之乡。

紧靠产蛋崖而居的姑鲁寨，是三都县一个典型的水族村寨，自从 1000 年前水族的一支迁入至今，这个村寨也已历经了千年的风雨。水族人房子一样、衣着一样，生活方式也一样，而唯独姑鲁寨还有一个其他水族村寨所没有的特点，就是各家各户几乎都收藏着从产蛋崖上生出来的石蛋。

2005 年的统计显示，在姑鲁寨 125 户人家中，一共保存着 100 多颗石蛋。可是，后来由于石头下蛋的“名声”远播后，许多外地客商慕名来到这里高价收购，带走了不少珍品石蛋。

从 1999 年到 2009 年这 10 年间，姑鲁寨的产蛋崖分别于 1999 年 3 月、2003 年 5 月、2005 年 6 月、2007 年 3 月、2009 年 1 月产出石蛋一共 5 枚。

经过分析测定，石蛋所形成的地质年代既不是侏罗纪，也不是在贵州分布最广的三叠纪，而是比这些地层更早的寒武纪，到现在已经有 5 亿年的历史了。此外，科研人员还发现产蛋崖上的石壁由一种泥岩构成，而石蛋竟然是一种在很多地方都常见的灰岩结构。如此常见的灰岩构成的石蛋究竟又是如何跑到 5 亿年前的寒武纪石头里去的呢？

一种观点认为，5 亿年前的寒武纪，贵州三都还是一片深海，当时有一些碳酸钙分子游离于深海的软泥中，在特定化学作用下它们渐渐凝聚在一起形成结核，经过上层沉积物的不断压实，软泥和结核都变成了埋藏于深海地下的岩石，软泥成了泥岩，而结核成了石蛋，经过亿万年的地质运动，它们最后就暴露于地表。由于差异风化，泥岩构成的崖壁风化速度快，而结核形成的石蛋风化速度慢，当泥岩层层风化剥落石蛋就慢慢孕育而出。由于围岩和石蛋的风化速度大约相差 30 年，所以每过 30 年左右石蛋在重力作用下就自动脱落滚落到山脚。

（十六）报时石头之谜

岩石能报时？听起来近乎天方夜谭，但在澳大利亚中部阿利斯西南的茫茫沙漠中，确实有一块能"报时"的奇石。这块巨石位于浩如大海的沙漠之中，高达348米，周长9400米，它的形成距今已有5亿年历史。石面上刻着密密麻麻的直线，形状有点像黄瓜，又像两端略圆的长面包。岩石的整体色泽为赭红，光溜溜的表面在太阳底下闪烁着光芒，在宽广的沙漠上既雄伟壮观又神秘莫测。那么，茫茫沙漠中的这块巨石是从哪里来的呢？

有人说，这块全世界最著名和最长的独块巨石是天外来物，是世界上最大的一块陨石；还有人说，这是地壳板块挤压的结果；另外一些人根据阿南古人的传说和法则，断定巨石是由土著人的祖先建造起来的。但巨石真正的成因是什么？人们至今还无从得知。

这块怪石通过每天很有规律地改变颜色来告诉人们时间的流逝：早晨，旭日东升，阳光普照的时候，它为棕色；中午，烈日当空的时候，它为灰蓝色；傍晚，夕阳西沉的时候，它为红色。它是当地居民的"标准时钟"，当地居民根据它一日三次的颜色变化来安排农事以及日常生活。

怪石除了随太阳光强度不同而改变颜色外，还会随着太阳光照射角度的变化而变幻形象：时而像一条巨大的、悠然漫游于大海之中的鲨鱼的背鳍，时而像一艘半浮在海面上乌黑发亮的潜艇，时而像一位穿着青衣、斜卧在洁白软床上的巨人……

那么，怪石为何具有"报时"的功能？

为了解释怪石"报时"的现象，许多考古学家和地质学家对怪石所处的气候条件、地理环境进行了详细考察，并对怪石的结构成分等进行了深入的研究。一些科学家试图这样解释怪石产生的"怪现象"：怪石之所以会变色是由于怪石处在平坦的沙漠，天空终日无云，空气稀薄，而怪石的表面比较光滑，在这种情况下，怪石表面有镜子的作用，能较强反射太阳光，因而从清晨到傍晚天空中颜色的变化能相应地在怪石上得到呈现。

怪石变幻其形象则是由于太阳光在不同的气候条件下活动，而产生反射、折射的数量及角度也不同，这种变化反映到人眼，即成为怪石幻形。

科学家对怪石"报时"的说法，虽然不能完全解释怪石现象产生的原因，但也为世人稍微解开了一丝谜团。

（十七）"变位石"之谜

我们知道地球上的物体重量在不同的地区会因地心引力的差异而有一定的差别，但这差别一般来说都是非常微小的。保存在我国贵州省惠水县村民罗大荣家中的一块贝壳类化石，却可以随时随地自行增减重量达2.5公斤左右。这种现象，同人们对地心引力与物体重量常规关系的认识是相矛盾的。

这块不寻常的椭圆形石头，其长直径为29.1厘米，宽度为25.9厘米，高度为

18.2 厘米，周长为 88.6 厘米。圆石表面透出一层古铜色，错综盘绕的石纹构成了类似穿山甲鳞片、仰翻着的手掌以及对称的马蹄形等图形。

据圆石主人罗大荣说，最初称石时有 22.5 公斤。朋友们在 1989 年春节时来观赏"宝石"，再过秤时圆石质量变成了 25 公斤。随后一连数天，分别换了 8 杆秤反复校验，才发现这块圆石最重时是 25 公斤，最轻时是 22.5 公斤，质量上下变化 2.5 公斤。

研究人员在一次测定中记录了当天 11 时 13 分、11 时 43 分、12 时 28 分这 3 个时刻里圆石的质量：分别为 21.8 公斤、22.8 公斤、23.8 公斤。在短短的 1 小时 15 分钟的时间里，圆石的质量竟增加了 2 公斤。这块"变量石"名不虚传。

圆石的质量为何有增有减且如此显著呢？这种变化是否对应于重力场的某种变化呢？

无独有偶，苏联普列谢耶湖东北处也有一块可能联系着重力现象新奥秘的石头。与自行改变重量的中国圆石不同，这是一块能够自行移动位置的"变位石"。该石呈蓝色，直径近 1.5 米，重达数吨。近 300 年来它已经数次变换位置。自 1840 年蓝色怪石出现在普列谢耶湖畔后，如今它向南移动了数千米。

17 世纪初，人们在阿列克赛山脚下发现了这块会"走路的"巨石，后来人们把它移入附近一个挖好的大坑中。数十年后，蓝色怪石不知何故却移到了大坑边上。1785年冬天，人们决定用这块石头建造一座新钟楼，同时也为"压制"它。当人们在冰面上移动它时，不小心让它坠落湖底。而到了 1840 年末，这块巨大蓝石竟躺在普列谢耶湖岸边了。

科学家们对这一奇特的现象进行了长时间分析研究，但始终未能解开其中奥秘。"变位石"同重力场之间究竟存在着怎样的联系呢？

（十八）会奏乐的岩石之谜

在美国佐治亚州有一片"发声岩石"异常地带。拿着小锤敲击这里的石头，无论大石、小石或碎片都会发出悦耳的声音，音色和谐清脆。可是，把这里的石头搬到别的地方去敲打，不管怎样敲，只有沉闷的嚓嚓嚓声，与普通石头一般。

为什么石头放在异常地带就能发出乐声，挪动位置就失效呢？有人分析这是个地磁异常带，存在着某种干扰场源，岩石在辐射波的作用下敲击时会受到谐振，于是发出乐声来。然而这仅仅是一种推测，还没有得到充分的证实。

美国加利福尼亚州沙漠地带的一块巨石，足有几间屋子那么大。居住在附近的印第安人常常在明月高悬的夜晚来到这里，点起一堆堆篝火，当滚滚浓烟笼罩时巨石竟然会发出阵阵迷人的乐声，忽而委婉动听，犹如抒情小夜曲；忽而又成哀怨低沉的悲歌。当地印第安人把这块巨石尊崇为"神石"而顶礼膜拜。但时至今日，人们仍然不知，为什么这纱巨石只有在宁静的月夜并被浓烟笼罩时，才能发出悠扬的乐声？这块石头究竟包藏着什么奥秘呢？这还有待人们做进一步的探索研究。

（十九）海滩古井水质清甜之谜

广东省南澳岛的前海滩有一口神秘的古井。古井用花岗岩条石砌成，口径约 1 米，深约 1.2 米。在这样一片连接滔滔大海的海滩上，怎么会有这样一口古井呢？尤其令人不解的是，尽管古井常常被海浪、海沙淹没，一旦显露，井泉仍奔涌不息；尽管四周是又咸又苦的海水，涌出的水却质地纯净、清甜爽口。

据《南澳志》记载，1277 年冬，元兵大举入侵南宋。南宋大臣陆秀夫、张世杰等护送年仅 11 岁的皇帝赵昺和杨太后等仓皇南逃。他们乘船登上南澳岛，修建行宫，挖掘了水井。但不知为何，人们后来见到行宫遗址，却不见水井的影子。1962 年夏，当地一位青年在海滩上发现了一口水井，并在井石四角的石缝中发现四枚宋代铜钱。经有关部门考察分析，发现古井所处的海滩原是滨海坡地，后因陆地下沉形成海滩。古井也就被海沙吞没了，难以被人发觉。但当特大海潮袭来，惊涛骇浪卷走大量沙层，古井便会显露。这种露井现象，自 1962 年后又出现过几次，并且都是在强台风掀起罕见的大海潮之后。

古井井水并非咸水或半咸水。即使将苦咸的海水倒入古井，一会儿之后，井水依然纯净甘甜，令人称奇。有人分析认为，当雨水降落在地表后，一部分渗入地下。由于古井所处的海滩地势较低，渗入到地下的水便向古井海滩汇集。一旦井露，地下水就有了出口，在水位差的压力作用下，就会在井底形成泉涌之势。同时，因为古井底质为沙，沙的孔隙中的水质点较为稳定，淡水和咸的海水混合得非常缓慢，海水密度大于淡水，所以淡水可以浮在海水表面。

但古井水质异常纯净的问题仍给人们留下了疑团。有人用测量表测得古井水比当地的自来水还要纯净。古井水贮藏上千年而不腐，这又如何解释呢？

十、海洋世界之谜

（一）深海海沟中的秘密

长期以来，由于技术水平的限制，人们对大海的深处知之甚少，总以为大海的底部是平坦的，后来人们才发现海洋的底部与大陆一样，有宽广的海底"平原"和"高原"，也有纵横相交的海底山脉，甚至还有深达万米的海沟。

海沟被称作"倒过来的山脉"，是海洋底部最深凹的地方，它是一种地质形态构造。深海沟大多位于大洋的边缘，是大陆与海洋过渡的最外边的一种地质构造单元，它具有特殊的形状（代表大陆、大洋两种不同地壳的接缝）和极大的深度（约为6000~10000米），比一般洋底要深3000~5000米。

近年来，科学家们对海沟地形做了大量勘测，对大量勘测结果进行分析后他们发现，世界大洋中深度超过7000米的海沟有19条分布在太平洋，只有4条分布在其他的海洋中。世界最著名的一些海沟，如日本海沟、马里亚纳海沟、菲律宾海沟和汤加海沟等就位于太平洋西部边缘的岛屿外侧。这些海沟的横截面均呈"V"形，由于松散物的堆积，海沟最深处或海沟底部总有一段平坦的地形。可能由于海沟运动缓慢，这种海沟平底又并不是完全水平的，而是稍微向岛弧方向倾斜。从阿拉斯加沿岸起有一连串的岛弧山脉直达新西兰海沟，这些岛弧的结构并不单一，大陆一侧的内弧多为火山弧，而位于大洋一侧的外弧则多为非火山弧。

这些神秘的海沟是怎样形成的呢？

大量的历史资料表明，海沟众多的太平洋地震带位于太平洋边缘地区。1876年1月，伴随着斐济—克马德克群岛间海沟的8级强震，这里发生了大规模的地面变形、断裂和崩塌等现象。1891年10月，日本横滨的地面裂开了一条长达160千米的裂缝。1899年，阿拉斯加大地震使许多岩块离开原位置10~15米，它还使岸边森林也陷入海中。

随着20世纪60年代地震学的发展，一些人开始从地震机理入手研究海沟形成的原因。地幔下面温度高的部分发生热膨胀后就会产生热对流，形成地球内部的物质对流，就像锅中经过反复加热的水会发生膨胀，水的体积增加，密度变小变轻，锅底较热的部分上升，相反表面上的冷水就会下降。于是，科学家们推测，海沟形成的原理也与此相似。

后来，科学家们据此模拟了海沟的形成过程：大洋中央海岭顶部异常大的地热流，在张力作用下，与从海岭下方上升的地幔热对流，为地震提供能量来源，就是这种对流和地幔上升的张力，造成了大洋海岭中央部位的裂谷带和断裂带。到达大洋边缘部位的地幔流与大陆相碰撞，然后就在那里沉潜。地壳被下降的地幔流带动而发生凹陷，于是在大陆边缘部位就产生了像深海沟那样的凹地。

但是，让科学家们感到棘手的是，地幔对流说看似简单，实则不然。至今他们仍不能证实大规模的地幔对流的存在；即使存在，也无法证实它能在地壳之下沿着大洋底部横向流动。科学家们仍在努力探索着，以期早日破译海沟的秘密。

（二）海火之谜

1933 年 3 月 3 日凌晨，日本三陆发生海啸时，人们看到，当波浪从釜石湾口附近的灯塔涌进海湾中央时，三四个像草帽般的圆形发光物在浪头底下出现，它们色泽青紫，横排着前进，像探照灯那样向四面八方照去，光亮可以使人看到波浪中的破船碎块。一会儿，这圆形发光物被互相撞击的浪花搅碎，然后发光物就消失了。

1985 年 6 月的一天，天空晴朗，太平洋洋面平静如镜，满载货物的 50 艘巴西船正在航行。突然，船队发现一片大火在前边的海面上忽然燃起，凶猛的火向船队扑来。全体船员奋力协作，终使船队逃脱厄运，才没有发生大的损失。

1986 年和 1987 年，在大西洋和印度洋的海面上美国船队和日本船队也分别遭遇过类似的海上怪火。

这种海水发光现象被人们称为"海火"，海火常常出现在地震或海啸前后。海火是怎样产生的呢？联合国曾组织有关地质学家和海洋专家调查过海火现象。调查报告有以下 3 种解释：第一，由于有难以计数的可燃发光微生物群在海底聚集，随着生殖繁衍其群体日益增多乃至涌出水面，再加上光照和空气中的氧气等条件，怪火就可能酿成；第二，由于恰似可燃气体如沼气等的气源在海底，气源膨胀后可燃气体从水面冲出，与空气摩擦燃着成为怪火；第三，由于海洋波涛汹涌，巨浪互相撞击，如条件合适，水中氢氧元素便会被分开，在强光的照耀下，怪火便会发生。

一些学者认为，怪火的出现与地震关系紧密。美国科学家曾对圆柱形的花岗岩、煤、玄武岩、大理石岩等多种岩石试样进行压缩破裂试验，结果发现当有足够大的压力时，这些试样便会爆炸性地碎裂，在几毫秒内会有一股电子流释放出。周围的气体分子正是在这股电子流的激发下发出微弱的光亮。这些样品若被放在水中，水也会因它碎裂时产生的电子流发出亮光。因此，当发生强烈地震时，很多的岩石破裂，破裂过程中释放的电子流足以产生让人感到炫目的光亮。不过，在海啸发生时，不像地震那样会发生大量的岩石爆裂（当然地震海啸除外）。那么，海火又是怎样产生的呢？

海火现象极为复杂，可能是因为不同的原因造成的，但其形成机制我们尚未完全弄清，尚待继续探索。

（三）最大的海底溶洞——巴哈马大蓝洞

也许你见过陆地上的溶洞，但你能想象海底也有溶洞，并且虽然这个洞穴位于水下，但洞中却生机勃勃吗？这个神奇的海底大溶洞就是巴哈马大蓝洞。

巴哈马群岛位于美国佛罗里达半岛外的罗萨尼拉沙洲与海地岛之间，整个群岛由

30 个较大的岛、600 多个珊瑚岛和 2000 多个岩礁共同组成，全长 1200 千米，最宽处达 600 多千米，其陆地面积约 14 万平方千米。

群岛中最大的岛屿安德罗斯岛面积有 4300 多平方千米，在岛的南北之间，有一个世界上最大的海底溶洞——巴哈马大蓝洞。巴哈马人称蓝洞为沸腾洞或喷水洞，这是因为有汹涌的潮流在洞口出入的缘故。涨潮时，洞口的水开始围绕着一个旋涡飞速旋动，能把任何东西吸入；落潮时，洞内喷出蘑菇形的水团。一些当地人相信，一种半似鲨鱼半似章鱼的怪物生活在蓝洞内，这种怪物会用长触须把食物拖入海底的巢穴内，吐出不需要的残余物。人们据此来解释水流出入这些洞穴时的猛烈运动。

巴哈马大蓝洞全部洞穴都在水面之下，全长 800 米，直通大海。各洞窟彼此都有通道连接，各通道左穿右插，又连着小洞窟，像迷宫一样。洞中遍布形态各异的钟乳石和石笋，有的像妖魔鬼怪，有的像飞禽走兽，有的像鲜花树木。这里虽然终年得不到太阳的照晒，但却充满了生机，洞壁上长满了各种各样的海绵，洞里生活着青花鱼等水生动物。

那么，为什么会在水下形成巴哈马大蓝洞呢？

巴哈马群岛原来是一条巨大的石灰岩山脉的一部分，当时地球上遍布冰川，海平面远远低于现在的海平面。后来，石灰岩受到酸性雨水的淋蚀而形成许多坑洼，逐渐成为洞穴。再以后，地下河因气候的日益干燥而消失了，洞穴也随之干燥，于是从石灰岩中析出的硫酸氢盐和钙慢慢形成石笋和钟乳石，没有水的支撑，洞顶开始坍塌，很多洞窟的顶部成了穹形。距今 1.5 亿年前，冰川因地球气候转暖而开始融化，海平面也逐渐升高到现在的高度，一部分陆地沦为海洋，于是巴哈马群岛上的一些洞穴就变成了水中洞穴，巴哈马大蓝洞因此形成。

由于一般的海底洞穴一旦形成了便常常被淤泥冲积物充塞掩埋，因而极少有海底洞穴存在。而巴哈马大蓝洞则因为附近大河很少，沉积物少，而且水流较急，能将附近的沉积物迅速冲走而得以存留到现在。但巴哈马群岛至今仍在下沉着，那它将来的命运又会如何呢？

（四）美丽的"海底玫瑰园"

20 世纪 80 年代，一些科学工作者在格拉普高斯海岭及东太平洋海隆进行考察。他们乘坐深潜器潜到海底，当打开探照灯时，通过潜望镜及海底电视，他们看到一幅神奇的画面：在一片生机盎然的绿洲上，生长着海葵一类的植物，还有各种动物，长达 5 米的鲜红色蠕虫、西瓜一般大的海蚌、菜盆似的蜘蛛、手掌大小的沙蚕等，它们自由自在地游弋着，还不时地以惊诧的目光瞅瞅它们从未见过的人类。科学家称这个美丽奇妙的世界为"海底玫瑰园"。

在离"海底玫瑰园"稍远的地方，科学家们还发现一个个"烟囱"正在"咕嘟""咕嘟"地冒烟，这些"烟囱"极为粗大，直径为2～6米，就像滚锅一样，热水上下不停地翻腾，喷射出五颜六色的乳状液体。在烟囱的周围凝结着一堆堆冷却了的火山熔岩，形状如同一束束巨大的花束，姿态万千。

在"暗无天日"的海底，为什么会存在这么丰富多彩的世界呢？

经过研究，科学家们发现这一海域的海水深达2600～3000米，"烟囱"喷出的热泉水温度却高达350℃～400℃，这里的热泉水不仅含有丰富的金属物质，而且还有含硫磺的气体。由于硫磺气的存在，从而导致硫磺细菌的繁殖。正是由于这些硫磺细菌的繁殖，加上海底"烟囱"里独特金属物质的存在，造就了这些地方奇特的生物群落。

那么，海底"烟囱"是这一海域所独有的吗？

其实早在60年代中期，在红海海底，就有人发现了多处类似"烟囱"那样的"热洞"。至今，人们在红海海底已经找到了四处"热洞"。过去人们总是用海水的盐分、气候的干燥和温度的高低，来解释红海海域特有的海洋生物群——红海的鱼类有15%是其他海洋里所没有的。现在看来，大量特有的金属物质的供应以及海底"烟囱"的存在，很可能也是红海特殊生物群落存在的一个重要原因。

1977年，英国地质学家乘坐"阿尔文"号深潜器，在太平洋的格拉普高斯海岭也观察到了正在喷溢的海底"烟囱"。1979年，美国生物学家、地质学家和化学家们，再一次乘坐"阿尔文"号深潜器，对东太平洋海岭及格拉普高斯海岭进行长时期的考察，并拍摄了大量电视纪录片。第二年夏天在继续考察时，他们又找到许多新的含矿热泉水及气体的喷溢区。科学家们认为这些水下的温泉是海底火山喷发的喷孔，随着热泉水的喷发，丰富的铁、铅、锰、锌、铜、金、银等金属物质在"烟囱"周围沉积下来，形成矿泥。也有人认为由于板块的碰撞，造成海底地层出现坼裂和扩张，地球内部喷涌而出的熔岩冷却固着成新的海底地壳。海水在地心引力作用下倾泻深入地裂中，同时形成海底环流将熔岩中大量的热能和矿物质携带和释放出来。当炽热的海水再度喷射到裂缝上冰冷的海水中，其中的矿物质便被溶解并形成一缕缕烟雾。矿物质遇冷收缩最终沉积成烟囱状堆积物，地裂中热液顺烟道喷涌而出就形成景致奇异、妙趣横生的海底热泉。

但加利福尼亚州蒙特雷水族生物研究所海洋地质学家德布拉·斯特克斯则认为，海底烟囱的构筑绝不仅仅是地质构造活动的结果，他和助手特里·库克发现，在热泉口周围生息着种类繁多的蠕虫，它们在营造烟囱中起着至关重要的作用。他们从烟囱内采集来岩心，发现上面布满了含有重晶石的凹陷管状深孔，从管洞外形来看极有可能是管足蠕虫长期挖掘的产物。管足蠕虫内脏中的细菌可从热液获取营养来维持自己的生命，细菌还可把海水中的氢、氧和碳有机地转化生成碳水化合物，为蠕虫提供生存所需的食物。这种化学反应的结果遗留下硫元素，蠕虫排泄的硫又促使海水中的钡和硫酸发生催化反应。长久以来，蠕虫死后便在熔岩中遗留下管状重晶石穴坑。蠕虫开凿的洞穴息息相通，从而使热液将矿物质源源不断地输送上来并堆集烟道。当烟囱在热泉周围形成后，熔岩上深邃的管状洞口穴就成为矿物热液外流的通道，从而形成海底黑烟热泉奇观。

现在科学家仍在进一步研究管足蠕虫在海底烟囱形成中所起的作用。

（五）海底喷泉与海底"洞穴"

泉水是地下水涌出地面而形成的。奇怪的是，在一些海边甚至在海底也有泉眼，泉水从那里喷涌出来，形成喷泉。与此相反，海水还会往里吸，形成深不见底的洞穴。

在离甘吉亚蒂村不远的黑海海面上，苏联的一艘考察船发现了甘吉亚蒂海泉，这是一个海底喷泉，水量惊人，每秒能涌出约 300 升淡水，在高水压的作用下，泉水能迅速冲破海水层直达海面，在蓝色的海面上翻腾跳跃的泉水极为壮观。考察队员用芦苇秆插进泛着白色泡沫的水里，就吸到一股清甜而凉爽的泉水。

在波斯湾的巴林群岛附近有一个海泉，当地人自古以来就一直在翻腾着的海面用掏通了的竹竿从海底收集淡水。

在古巴南部沿海的暗礁和石岛间的海面上，也常常出现这种泉水。这种翻滚上涌的水常带甜味。经水文和地质队考察，发现古巴岛上的河流有时会突然由地面河流变成一直流到沿海地层下的地下暗流，然后又从海底冒出，成为海底喷泉。

海水是咸的，但在美国佛罗里达半岛以东不远的大西洋上却有一小片直径约为30米的海水是淡水，令人惊讶的是，这小片海水的颜色、温度和波浪与周围的海水完全不同。

当地人早就发现了这种现象，过往船只也常常到这里来补充淡水。原来，这里的海底是一个深约 40 米的小盆地，中间有个日夜不停地喷出一股股强大淡水的喷泉，泉水在水压的作用下，从泉眼斜着升到海面。这个海底喷泉是地下自流水的一部分，其喷水量远大于陆地上最大喷泉的喷水量，每秒喷出的泉水可达 4 立方米。泉水汹涌上升，水流同周围的海水隔绝开来，因而形成了这个淡水区域。

另外，爱尔兰岛的海边有个举世罕见的喷泉，这里有块名叫"麦克斯威尼大炮"的岩石，岩石顶上有个直径为 25 厘米的孔眼与海底相通。每当海潮上涨，海水就会被压进岩穴然后喷射出一股高约 30 多米的水流，同时发出隆隆的吼声，宛如大炮在发射，"麦克斯威尼大炮"之名由此而来。

在爱奥尼亚海和亚得里亚海，还有一种"海磨坊"，是一种同喷泉完全相反的情景。海面上的海水因海底的强大吸力而形成强大的旋涡，仿佛有个无底洞穴在猛烈地抽吸着似的朝着海底涌去。在希腊阿哥斯托利昂城附近海面上，就有两个每秒钟约有

6.7 立方米的水被吸向海底的"海磨坊"。

旋涡和喷泉虽然一个是往里吸，一个是向外喷，但是科学家发现，海旋涡的形成也与海底喷泉有关系。在石灰岩的海岸区存在着许多被水流侵蚀成的洞穴，从高处流到海底的地下暗流往往比海面高得多，在这种巨大压力的作用下，地下水冲破海水的阻碍，从海面喷出来。在地下暗流的作用下，能产生强大的水压力，附近岩洞里的水会被这种压力吸出来，在这种情况下，如果这些岩洞跟海水相连，就会将附近的海水吸进去，从而形成海旋涡。但具体的成因，还有待进一步考察。

（六）"海底人"真的存在吗？

你听说过"海底人"吗？你认为"海底人"真的存在吗？近几十年来，在地球各大洋的水域都有不明潜水物出现过，或许，这为"海底人"的假想提供了某些线索。

据记载，1902 年最早发现不明潜水物。在非洲西岸的几内亚海域一艘英国货船发现了一个巨大的浮动怪物，外形同现在的宇宙飞船十分相像。长 70 米，直径 10 米。当船员们试图向它靠近，以便看清它是什么样的时候，这一怪物无声无息地沉入水中消失了。

1959 年 2 月，一件怪事在波兰的格丁尼亚港发生。一些人在这里执行任务，他们忽然发现有一个人站在海边。这个人精疲力竭，一步一挪地在沙滩上挪动。他被人们立即送进格丁尼亚大学的医院内。他穿的衣服很像"制眼"，脸部和头发好像被烧伤了。他被医生单独安排在一个病房内接受检查。人们立即发现此病人的衣服很难解开，因为它是用金属做的而不是一般棉布、呢子之类东西缝制的。衣服上没有任何开口可以解开衣服，必须用特殊工具，费很大的劲儿才能把衣服切开。此人的手指和脚趾数都异于常人，此外，他的器官和血液循环也极为特殊。正当人们要做深入研究时，他忽然无影无踪了。而失踪以前，他一直在那个医院内活着。

有的科学家认为，那种超级潜水物体所显示的非凡的能力，实在是地球人望尘莫及的。所以，这是外来的文明在海底藏身，因此，存在于地球本土之外的某些文明力量必然会关注我们人类的海洋。

也有研究者认为，不明潜水物的主人是地球人，只不过他们在水下生活，甚至在地下生活。

据说，1968 年 1 月，在土耳其西部 270 米的地下，美国 TG 石油公司的勘探队发现了深邃的地道。地道约 4~5 米高，洞壁如人工打磨一般非常光滑。地道向前不知延伸到何处，左右又有无数的地道互相连接，宛如一个地下迷宫。也许真有一个我们所不知道的世界存在于地下，但这有待科学证实。

（七）潮汐是怎样形成的？

潮涨潮落，每天都会发生。涨潮时，海水就会淹没大片的海滩；落潮时，大片的海滩又会露出来。古时人们把白天发生的涨潮叫作"潮"，晚上发生的涨潮叫作"汐"。可是你们知道"潮汐"是怎样形成的吗？

很早以前，这个秘密就已被古人所知。古希腊的航海家比戴阿斯，发现每月有两次特别小的低潮和两次特别大的高潮，并且总是在新月和满月的时候出现高潮，而总是在上弦月和下弦月的时候出现低潮。因此，他断定，是月亮导致了潮汐现象。

现代科学证实月亮确实是导致潮汐现象的重要原因。由于万有引力在各个星球间都会存在，因此，我们可以设想一下，如果整个地球都是海洋，那么在月球引力作用下，地球会变成什么样子呢？地球这个"水球"就会被拉成蛋一样的长形的球。背着月球和对着月球的两点就凸起。每 24 小时地球就会自转一圈，对某一点来说，就会有两次涨落在那个地方的海面发生。也就是说，从这一次落潮到下一次落潮，或者说，从这次涨潮到下一次涨潮，大约只有半天相隔。

那么每月会发生两次特别大的高潮和特别小的低潮的原因又是什么呢？

原来，万有引力也存在于太阳与地球之间，但由于太阳距地球较远，因此引力不大，平时不明显。可当月亮、地球和太阳处于一条直线即满月或新月时，太阳对海水的引力和月亮对海水的引力就会起重叠作用，这时，就会有大潮出现。当月亮和太阳与地球形成直角即上弦月或下弦月时，两种引力作用方向不同，就会相互抵消，这时小潮就会出现。由于每月出现两次这种情况，所以每个月特别大的高潮和特别小的低潮出现两次。

海洋潮汐这种自然现象极其复杂，除主要与月亮、太阳和地球的相对位置有关外，海盆的形状、海水的深度、气流的情况等对之也会产生一定的影响。

（八）挪威海底为何成"公墓"？

1980 年，一场高难度的悬崖跳水表演正在挪威沿海的一个寸草不生的半岛上进行。这个半岛一面是山，三面环水，悬崖下的海水深不可测。来此观看表演的人非常多。

发令枪响后，30 名跳水运动员纵身飞下悬崖，做着各种精彩的空中动作，钻进了大海之中。观看者全神贯注地欣赏着运动员的精彩表演。可是，半小时过去以后，却没有一人从水面露出。人们大为惊慌，运动员的亲属伤心痛哭。表演的组织者派出救生船和潜水员寻找运动员，可是连下海救生的潜水员也一去不复返。第二天，一名配有安全绳和通气管的经验丰富的潜水员下海探索。当安全绳下到距海面只有 5 米时，潜水员、安全绳和通气管以及船上的潜水救护装置被一股强大的力量全部拖进海底。

美国派来了一艘海底潜水调查船，地质学家豪克逊主持调查工作。在电视监视器前豪克逊不停地对海底进行搜索。突然，他发现有一股强大的潜流在离船不远的地方，那30名运动员、2名潜水员的尸体就在那股潜流中，在海底还有不少脚上拴有铁链的人的尸体。

豪克逊非常吃惊，觉得难以置信，但监视器录像机也录下了这一奇景。

是什么造成了运动员和潜水员不能返回水面而被淹死呢？那些脚上拴着铁链的尸体又是来自何处？

经过调查以后豪克逊提出了自己的一些看法。他认为在这里暖流和寒流进行交汇，因而一股强大的漩涡在此形成，附近的人和物体都被卷入涡心，带到水下。至于那些脚上拴着铁链的尸体的来源，豪克逊认为，曾经有一座大监狱在这个半岛上，死去的犯人不断被监狱的看守们投入海底，逐渐聚积了这么多尸体。

这只是豪克逊的个人观点。对于海底"公墓"，别的学者也有不同的看法。

但想知道海底"公墓"是如何形成的，还得等待更为深入的研究。

（九）海啸是怎么产生的？

人们都说"无风不起浪"，但为什么有时没有风的时候也会波涛汹涌，形成几十米高的巨浪呢？这种现象叫作"海啸"，海啸发生时会造成严重的破坏。那么，海啸是怎么产生的呢？

海底地壳的断裂是造成海啸的最主要原因，地壳断裂时有的地方下陷，有的地方抬升，震动剧烈，在这种震动中就会有波长特别长的巨大波浪产生，这种巨大的波浪传至港湾或岸边时，水位就会因此而暴涨，向陆地冲击，产生的破坏作用极其巨大。有时海啸是由海底的火山喷发造成的。像1883年，爪哇附近喀拉喀托岛上的火山喷发时，在海底裂开了一个深坑，深达300米，激起高达30米以上的海浪，巨浪把3万多人卷到海里。火山在水下喷发，海水还会因此沸腾，涌起水柱，难以计数的鱼类和海洋生物死亡，在海面上漂浮。

此外，有时海啸还是海底斜坡上的物质失去平衡而产生海底滑坡造成的。

也有些海啸是由风造成的。当强大的台风从海面通过时，岸边水位会因此而暴涨，波涛汹涌，甚至使海水泛滥成灾，由此造成的损失是巨大的。这种现象被人们称为"风暴海啸"或者"气象海啸"。

但是，海啸也并不是所有的海底地震的必然后果，一般而言，海啸是否会出现，与沿岸的地貌形态也有很大的关系。

（十）死海会"死"吗？

在巴勒斯坦、以色列和约旦之间，有一片美丽而又神奇的水域。那里既没有水草，也没有鱼儿，甚至那片水域的四周也寸草不生，一片荒凉，人们叫它死海。死海南北狭长，面积 1000 多平方千米。湖水有 146 米深，最深的地方有 395 米，湖底最深的地方在海平面以下 780 多米了。死海的北面有约旦河流入，南面有哈萨河流入，但是，却没有水道和海洋通连，湖里的水只进不出。由于死海的含盐量很高，水的浮力很大，因此即使不会游泳的人也不会在死海中淹死，对于一些不会游泳的游客来说死海是十分理想的休闲好去处，同时游客们还发现死海里的水还有治病的功效。随着媒体的广泛宣传，死海已成为一个奇特的旅游胜地。不但前来旅游的游客络绎不绝，一些风湿和皮肤病的患者也经常光顾此地。

长期以来在死海的前途命运问题上科学家们一直是众说不一的。从各自的理论出发，科学家们得到两种截然相反的结论：一种观点认为，死海在日趋干涸，若干年后，死海将不复存在，死海的前途也就"死"定了，等待死海的只有厄运。

经过多年研究，约旦大学地质学教授萨拉迈赫表示，虽然许多地图上标明死海水面的高度是海平面以下 392 米，但那并不是死海现在的高度，而是 20 世纪 60 年代测量所得的数据，现在死海水面的实际高度经过测量为海平面以下 412 米。这一数据清楚地表明，在过去的 40 年里死海的水面正以每年 0.5 米的速度（现在还有水位每年下降 1 米的说法）在下降。萨拉迈赫教授警告，如果任凭死海水面不断下降而不采取任何措施的话，死海将从地球上永远消失。

死海

据一些科学家说，60 年代死海的面积大约为 1000 平方千米，照这样的速度减少下去的话，再过 10 年其面积将减少到 650 平方千米。如果不能有效地控制水位继续下降，死海有可能会变成一个小湖。

但是，还有一种截然相反的观点认为，死海并不是一潭绝望的死水。

这种从地质构造的角度来考虑的观点，认为死海位于叙利亚-非洲大断裂带的最低处，而这个大断裂带正处于幼年时期，终有一天会有裂缝在死海底部产生，从地壳深处会喷涌出大量海水，随着裂缝的不断扩大，一个新的海洋终将生成。由此看来，死海的前途还是充满光明的。

而且，死海并没有绝对的"死"。20世纪80年代初，科学家发现在死海中正迅速繁衍着一种红色的小生命——"盐菌"，而且数量十分庞大，大约每立方厘米的海水中含有2000亿个盐菌，正是由于这种物质的存在才使得死海中的水正不断变红。另外，人们还发现死海中生存着一种单细胞藻类动物。这些发现似乎说明死海仍是有生命的。

尽管如此，死海的前途却不容乐观，因为一个严酷的现实是海水在咸化，干涸的威胁还在扩大，死海主要的水源——约旦河中的河水已不再流入死海；此外，死海南部因为生态平衡遭到破坏，水位也在不断下降。如果人类再不注意保护生态环境的话，或许不久的将来，死海就真的"死"了。

（十一）海上坟地——马尾藻海

马尾藻是一种普通的海藻，可是生长在大西洋的马尾藻却与众不同，它们连绵不断地漂满约450万平方千米的海区，以至于这个海区被称作马尾藻海。

马尾藻海位于北大西洋环流中心的美国东部海区，约有2000海里长、1000海里宽。海上大量漂浮的植物主要是由马尾藻组成，这种植物以大"木筏"的形式漂浮在大洋中，直接在海水中摄取养分，并通过分裂成片、再继续以独立生长的方式蔓延开来。厚厚的一层海藻铺在茫茫大海上，一派草原风。光。

马尾藻海一年四季风平浪静，海流微弱，各个水层之间的海水几乎不发生混合，所以这里的浅水层的营养物质更新速度极慢，因而靠此为生的浮游生物也是少之又少，只有其他海区的1/3。这样一来，那些以浮游生物为食的大型鱼类和海兽几乎绝迹，即使有，也同其他海区的外形、颜色不同。

1492年9月16日，当哥伦布的探险船队正行驶在一望无际的大西洋上时，忽然，船上的人们看到在前方一片绵延数千米的绿色"草原"。哥伦布欣喜若狂，以为印度就在眼前。于是，他们开足马力驶向那片"草原"。但当哥伦布一行人驶近草原时，不禁大失所望，原来那"草原"是一望无际的海藻，那边海域即今天的马尾藻海。

马尾藻海有"海上坟地"和"魔海"之称。这是因为许多经过这里的船只，不小心被海藻缠绕，无法脱身，致使船上的船员因没有食品和淡水，又得不到救助，最后饥饿而死。最先进入这片海域的哥伦布一行就在这里被围困了一个多月，最后在全体船员们的奋力拼搏下才得以死里逃生。在第二次世界大战中，英国奥兹明少校曾亲自去了马尾藻海，海上无风，"绿野"发出令人作呕的奇臭，到处是毁坏了的船骸。到了晚上，海藻像蛇一样爬上船的甲板，将船裹住不放，为了航行，他只好把海藻扫掉，可是海藻反而越来越多，像潮水一样涌上甲板。经过一番搏斗，筋疲力尽的他才侥幸得以逃生。

马尾藻海位于大西洋中部，强大的北大西洋环流像一堵旋转的坚固围墙，把马尾藻海从浩瀚的大西洋中隔离出来。因此，由于受海流和风的作用，较轻的海水向海区中部堆积，马尾藻海中部的海平面要比美国大西洋沿岸的海平面平均高出 1 米。

那么，马尾藻海究竟是怎样形成的呢？如果把大西洋比作一个硕大无比的盆子，北大西洋环流就在这盆中做圆周运动。而马尾藻海则非常平静，所以许多分散的悬浮物都聚集在这里，海上草原就是这样形成的。但是，马尾藻海里的马尾藻究竟是怎么来的，人们还没有找到一个肯定的答案。有的海洋学家认为，这些马尾藻类是从其他海域漂浮过来的。有的则认为，这些马尾藻类原来生长在这一海域的海底，后来在海浪作用下，漂浮出海面。

最令人称奇的是，这里的马尾藻并不是原地不动，而是像长了腿似的时隐时现，漂泊不停。一些经常来往于这一海区的科学家经常会遇到这样的怪事：他们有时会见到一大片绿色的马尾藻，然而过了一段时间，却不见它们的踪影了。在这片既无风浪又无海流的海区，究竟是何种原因使这片海上的大草原漂泊不定呢？这至今仍是个谜。

（十二）大西洲

世界文明史上最大的谜，是关于大西洲的。

公元前 4 世纪，柏拉图在他的两本对话集《蒂迈乌斯篇》和《克里提亚斯篇》里，描绘了一个有关大西洲的故事：远在古代，海峡彼岸有岛，岛名叫亚特兰提斯。海神波塞冬把它赐给了大儿子大西，大西在岛上建起了大西国。于是，人们便把这个岛屿称作大西洲，把周围的海叫作大西洋。

1. 一夜沉没的大西洲

柏拉图在书中描述：大西洲是一座副热带岛屿，面积达 39.88 万平方千米，人口估计有 2000 万。岛的北部，崇山峻岭绵延不断，形成一座天然屏障。

在公元前 1.2 万年左右，大西国到了鼎盛时期，当时政通人和，风调雨顺，很快成了文明世界的中心。

柏拉图还对岛国的风土做了进一步的描绘：大西洲面积比小亚细亚和利比亚之和还大。那里土地肥沃、矿产丰富，人们会冶炼、耕作、建筑。那里道路四通八达，运河纵横交错，贸易往来十分发达。为了攫取更多的财富，他们四处扩张，有强大的船队，曾经征服了包括埃及在内的地中海沿岸大片区域。

不料，灾难降临了。

大西洲遇到了飞来横祸，一场毁灭性的地震和随之铺天盖地而来的海啸，使整个大西洲载着都市、寺院、道路、运河及全体国民，在一夜之间沉陷海底，消失得无影无踪了。

历史上真的有这么一个大西洲吗？那么它又是怎样神秘失踪的呢？

柏拉图去世 300 年以后，另一位希腊学者德拉托尔偶然发现了一块石碑，碑上清清楚楚地记述了大西洲上发生的一切，这似乎证明柏拉图所说的并非空穴来风。可是，谁又能证明，柏拉图所描写的都是事实呢？

2. 海底的发现

2000 多年来，柏拉图的叙述一直吸引人们去努力探索大西洲的秘密。人们一直想弄明白，世界上究竟存在过大西洲吗？究竟是什么力量使得大西洲在一夜之间沉入海底？

世界上究竟存在过大西洲吗？

对于这一点，一些科学家坚信不疑。

1882 年，美国科学家依内提乌斯·唐纳利在一本名叫《大西洲：大洪水前的世界》的书中写道，大西洲确实存在，它是大西洋上的一个海岛，是世界文明的最早发祥地。

唐纳利对欧洲和美洲的动植物以及化石做了大量比较，发现在大西洋两岸均出现了骆驼、穴熊、猛犸和麝牛的化石；埃及的金字塔和墨西哥、秘鲁的金字塔极其相似；西班牙的巴斯克人和南美的玛雅人都是鹰钩鼻，而且所使用的松土泥鳅也一模一样……凡此种种，证明了世界上曾经有过一个联系欧洲、美洲和非洲的大陆。

继唐纳利之后，不少科学家也得出了与之相同的结论。比如，科学家在考察了欧洲鳗鱼的洄游习惯以后，发现欧洲鳗鱼在洄游时从马尾藻海出发，远涉重洋到欧洲，然后再重返马尾藻海产卵繁殖。鳗鱼为什么要辛辛苦苦兜那么大一个圈子，然后回到出发地点再产卵呢？科学家们解释，这是因为当时大西洲离马尾藻海最近，岛上的淡水河流为鳗鱼提供了免遭敌害袭击的场所，于是它们纷纷游到岛上去避难。天长日久，形成习惯。当大西洲沉没之后，鳗鱼仍像往常一样顺着墨西哥湾去寻找大西洲，不知不觉游到了欧洲。

1898 年，人们在铺设欧美海底电缆时，又在亚速尔群岛周围海域发现了一块海底高地，高地的大小、形状都十分像柏拉图笔下的大西洲。勘探人员取出了一些岩石，送到科研中心鉴定，证明这一带海域在 10000 年之前确实是一片陆地。

1968 年，人们在巴哈马一带海域的水面下发现了 1600 米长的城墙和底边 300 米、高 200 米的金字塔。1974 年，苏联的一艘海洋考察船又在这一带拍摄到许多海底照片。照片上清晰显示有许多古代建筑的断墙残垣以及从墙缝中长出的海藻。

这一切都似乎证实了大西洲的真实存在。如果，真的存在大西洲，那又是什么力量使之一夜沉没呢?

3. 毁灭的原因

美国学者唐纳利同意柏拉图的观点，他认为是由于地震、火山爆发和扑天而来的海啸吞没了这块大陆。

一位叫邱奇沃德的学者则认为，大西洲的沉没是地球气体的作用。他说，地球内部有无数蜂巢状的空穴，空穴里充满极易爆炸的火山气体。当火山气体逐渐进入大气，地壳便变得很薄，最后塌了下去。大西洲就是这样塌陷下去的。

在各种设想中，德国科学家奥托·麦克的小行星毁灭学说最引人注目。1930 年，科学家们发现在南卡罗来纳州的地面上有 3000 多个圆形或椭圆形的洞口，这些洞口似乎来自天空某种袭击留下的痕迹。接着，又在波多黎各附近的海底，发现了两个深达 10000 米，方圆 72 万平方千米的凹陷地带。鉴于此，麦克提出了他的学说：大约 10000 年以前，一颗直径约为 10 千米的小行星突然脱离了自己的运行轨道。它以雷霆万钧之势扑向地球，在到达离地面 400 千米的空中时，小行星开始燃烧，拖着 40 千米左右长的火焰继续朝地球冲来。不到两分钟的时间，一声惊天动地的巨响，小行星被炸成许多碎片，两块重达上万亿吨的大碎片，把大西洋撞出两个大坑，形成了波多黎各海底的那两个凹陷地带，别的碎片则把这一带的地面撞得千疮百孔，引起了火山爆发、地震和海啸，不到一昼夜，大西洲沉入了海底。海面上只露出熔岩覆盖的火山堆。它们就是今天的亚速尔群岛和巴哈马群岛。

尽管设想众多，也还有不少人对大西洲的存在持否定态度。他们指出，既然柏拉图提到大西洲当时已经具有高度文明，已经懂得使用金、银、铜制品，那为什么到目前为止，考古学家仍然没有找到这方面的证据。还有，如果大西洲的确存在，那么一些商品比如陶器、大理石雕刻、戒指和其他装饰品必然会随商品贸易散落到邻近地区。可人们至今尚未找到大西洲的任何遗物。而且根据大陆漂移说，现有的大陆都能巧妙地吻合接在一起，拼完之后，就没有大西洲的立足之地了。

关于大西洲的争论，不管结果如何，至少有一点可以肯定，那就是人类对未知事物的这种执着的探索和追求精神，是永远值得提倡的。

（十三）海底浓烟

1979 年 3 月，美国海洋学家巴勒带领一批科学家对墨西哥西面北纬 21 度的太平洋进行了一次水下考察。当科学家们乘坐的深水潜艇"阿尔文"号渐渐接近海底时，透过潜艇的舷窗，他们看到了浓雾弥漫下的一根根高达六七米的粗大的烟囱般的石柱顶口喷发出滚滚浓烟。"阿尔文"号向"浓烟"靠近，并将温度探测器伸进"浓烟"中。

一看测试结果，科学家们不禁吓了一跳：原来这里的温度竟高达近千摄氏度。

经过仔细观察，他们发现"浓烟"原来是一种金属热液"喷泉"，当它遇到寒冷的海水时，便立刻凝结出铜、铁、锌等硫化物，并沉淀在"烟囱"的周围，堆成小丘。他们还注意到，在这些温度很高的喷口周围，竟形成了一种特殊的生存环境，这里就像是沙漠中的绿洲，生活着许多贝类、蠕虫类和其他动物群落。

巴勒等人的发现，引起了科学界的极大兴趣。美国密歇根大学的奥温认为，这种海底"喷泉"可能与地球气候的变化有着密切的联系。

奥温在研究了从东太平洋海底获取的沉积物和岩样以后，发现在 2000 万—5000 万年前的沉积物中，铁的含量为现在的 5~10 倍，钙的含量则为现在的 3 倍。为什么沉积物中钙、铁等的含量这样高？奥温认为这可能与海底喷泉活动的增强有关。

据此，奥温又进一步认为，当海底喷泉活动增强时，所喷出的物质与海水中的硫酸氢钙发生反应，析出二氧化碳。已知现在的海底喷泉提供给大气的二氧化碳，占大气中二氧化碳自然来源的 14%~22%。因此，当钙的析出量为现在的 3 倍时，大气中二氧化碳的含量必将大大增加。估计相当于现在的 1 倍。众所周知，二氧化碳含量的增加，将会产生明显的温室效应，从而使全球的气温普遍升高，以致极地也出现温暖的气候。

在海底"浓烟"中还隐藏着什么秘密呢？人们期待着科学家能有新的发现。

（十四）海底下沉

众所周知，海洋中最深的地方是海沟，它们的深度都在 6000 米以上。海沟附近发生的地震是十分强烈的。据统计，全球 80% 的地震都集中在太平洋周围的海沟及其附近的大陆和群岛区。这些地震每年释放出的能量，可与爆炸 10 万颗原子弹相比。有趣的是，海沟附近发生的都是浅源地震。向着大陆方向，震源的深度逐渐变大，最大深度可达 700 千米左右。把这些地震源排列起来，便构成一个从海沟向大陆一侧倾斜下去的斜面。

1932 年，荷兰人万宁·曼纳兹利用潜水艇测定海沟的重力。发现海沟地带的重力值特别低。这个结果使他迷惑不解，因为根据地块漂浮的地壳均衡原理，重力过小的地壳块体应当向上浮起，而实际上海沟却是如此的幽深。经过一番研究，万宁·曼纳兹认为，可能是海沟地区受到地球内部一股十分强大的拉力的作用，所以才有下沉的趋势，从而形成幽深的海沟。

20 世纪 60 年代，人们认识到大洋中脊顶部是新洋壳不断生长的地方。在中脊顶部每年都要长出几厘米宽的新洋底条带（面积约 3 平方千米），而地球表面面积却并没有逐年增大，可见，每年必定有等量的洋底地壳在别的什么地方被破坏消失了。地球科学家发现，在 100~200 千米厚的坚硬岩石圈之下，是炽热、柔软的软流圈，在那里不可能发生地震。之所以有中、深源地震，正是坚硬岩石圈板块下插进软流圈中的缘故。这些中、深源地震就发生在尚未软化的下插板块之中。海沟地带两侧板块相互冲撞，从而激起了全球最频繁、最强烈的地震。也正因为洋底板块沿海沟向下沉潜，才造成了如此深的海沟。通过以上分析，可以看出曼纳兹的理论是有道理的。

那么，是什么力量导致洋底板块俯冲潜入地下的呢？日本学者上田诚也等人认为，洋底岩石圈密度较大，其下的软流圈密度偏低，所以洋底岩石圈板块易于沉入软流圈中。俯冲过程中，随着温度、压力升高，岩石圈发生变化，密度还会进一步增大。这就好比桌布下垂的一角浸在一桶水中，变重了的湿桌布可能把整块桌布拉向水桶。海沟总长度最长的太平洋板块在全球板块中具有最高的运动速度，上田诚也等人据此认为海沟处下插板块的下沉拖拉作用可能是板块运动的重要驱动力。如果确实如此，洋底板块理应遭受扩张应力作用，而近年来的测量发现，洋底板块内部却是挤压应力占优势。这一事实对于重力下沉的说法是个不小的打击。

另有一些学者提出地幔物质对流作用的观点，认为大洋中脊位于地幔上升流区，海沟则处在下降流区，正是汇聚下沉的地幔流把洋底板块拉到地幔中去的。这一看法与上述万宁·曼纳兹的见解是一脉相承的。但是，目前我们还缺乏地幔对流的直接证据。也有一些学者强调地幔物质黏度太高，很难发生对流。

对于海底为什么会下潜的问题，科学家们仍在积极地进行研究探索。

（十五）海底"风暴"

几年前，科学家们在美国东北部大西洋沿岸的诺瓦斯科特亚南部海域考察时，有两件事使他们大为吃惊：第一，从 5000 米深的海底采集上来的海水，竟混浊得漆黑一团，其混浊程度比一般大洋高出 100 倍；第二，从海底拍摄的照片上可以看出，在平坦的海底沉积物表面出现了一道道有规则的波纹，犹如一阵大风刚刚刮过，水面留下了一片涟漪。在通常是非常平静的深海世界里，出现这种奇异的现象，实在令人费解。

莫非在深海下也出现了"风暴"？为了查明原因，美国的海洋学家和地质学家在诺瓦斯科特亚南部海进行了一次名为"赫伯尔实验"的科学考察。这次考察采集了海底水样，拍摄了海底照片，测量了海水透明度，并在海底设置了一连串的自记海流计，对底层海流进了长时间的连续测量。

科学家们在"赫伯尔实验"期间又采到了混浊的水样，再次表明实验地区底层海水的扰动确实异常强烈。还发现这里海水的混浊程度随地点、时间变化很大，越靠近海底海水混浊度越大；有一个地点海水非常混浊，可是一个星期后又突然变清了。

实验中还发现这里的海水透明度的变化也很大。有一架透明度仪观察到 3 次极端黑暗期，每次持续 3~5 天，黑暗程度达到伸手不见五指，比世界上任何河口、港湾的海水都混、都脏。

科学家们认为，这是由于有一股 1 千米长的沉积物"云雾"状潜流在海底滚滚奔腾的结果。它犹如刮起的一股海底"风暴"，非常地猛烈，将海底沉积物刮起，使海水变得异常混浊。但是，这股深海潜流为什么如此激烈呢？

有的海洋学家认为，这是从附近流来的一支强大的海流——墨西哥湾流左右摆动的结果；另一些海洋学家认为，该海区有一南一北走向的海底隆起，这种上下起伏的地方，使深海水激烈地扰动；还有一些科学家指出，在"赫伯尔实验"区域的南部有水下死火山山脉，这种海底起伏也能够改变海流方向，形成剧烈的涡旋。科学家们的说法不一，有关这支深海潜流产生的原因，仍是一个有待揭示的自然之谜。

（十六）无底洞

地球上是否真的存在"无底洞"？按说地球是圆的，由地壳、地幔和地核 3 层组成，真正的"无底洞"是不应存在的，我们所看到的各种山洞、裂口、裂缝，甚至火山口，也都只是地壳浅部的一种形态。

然而我国一些古籍却多次提到海外有个神秘莫测的无底洞。《山海经》记载："东海之外有大壑"。《列子·汤问》；"渤海之东，不知几亿万里，有大壑焉，实惟无底之谷，其下无底，名曰归墟。八绂九野之水，天汉之流，莫水注之，而无增无减焉。"

事实上地球上确实有这样一个"无底洞"。它位于希腊亚各斯古城的海滨。由于濒临大海，在涨潮时，汹涌的海水便会排山倒海般地涌入洞中。据测，每天流入洞内的海水量达 3000 万千克。奇怪的是，如此大量的海水灌入洞中，却从来没有把洞灌满。有人怀疑它有一个出口。然而从 20 世纪 30 年代以来，人们做了许多努力，企图寻找它的出口，却都是枉费心机。

为了揭开其中的秘密，1958 年美国地理学会派出一支考察队。他们把一种颜色经久不变的深色颜料溶解在海水里。这种颜料随河水灌入"无底洞"中。接着他们又查看了附近海面以及岛屿上的河流、湖泊，满怀希望地去寻找这种带颜色的海水，可结果令他们非常失望。难道是海水量太大把颜料稀释得太淡，以致人们无法发现？

几年后美国人又进行了一种新的试验。他们制造了一种浅玫瑰色的塑料小粒。这是一种比水略轻，能浮在水上不沉底，又不会被水溶解的塑料粒子。试验者把 130 千克重的这种肩负特殊使命的物质，统统掷入到打旋的海水里。片刻工夫，这些小塑料粒就像一个整体，全部被无底洞吞没。试验者想，只要有一粒在别的地方冒出来，就可以找到"无底洞"的出口了。然而他们在各地水域整整搜寻了一年多时间，仍一无所获。

至今谁也不知道为什么这里的海水没完没了地"漏"下去。每天大量的海水究竟都流到哪里去了呢？

（十七）海底峡谷

在大洋边缘的大陆架和大陆坡上，人们经常会发现坡度陡峭、极其壮观的海底峡谷。那么，海底峡谷是怎样形成的呢？

有人认为，海底峡谷是由地震引起的海啸侵蚀海底而成的。可是，在没有海啸的地区也发现有海底峡谷，可见，海啸之说不能用来解释所有海底峡谷的成因。

海蚀说的拥护者认为这些海底峡谷所在的海底过去曾经是陆地。河流剥蚀出的陆上峡谷后来由于地壳下沉或海面上升，才被淹没于波涛之下成为海底峡谷。日本学者星野通平就认为历史上海平面曾一度比现今低数千米，大陆架和大陆坡那时均是陆地。不过，现代地质学研究表明，全球海平面大起大落幅度达数千米，是根本不可能的。至于某些陆架、陆坡区地壳大幅度升降的说法，倒是可以接受的，但海底峡谷也广泛见于地壳运动平静的构造稳定区，所以陆上峡谷被淹没的说法不能作为海底峡谷的普遍成因。

1885 年，科学家发现，富含泥沙的罗纳河河水注入清澈的湖水之下，沿湖底顺坡下流。以后科学界把这种高密度的水流称作浊流。1936 年，美国学者德利在阅读一篇描述日内瓦湖浊流现象的文章时，猛然意识到，海底峡谷很可能就是由海底浊流开拓出来的。携带大量泥沙，沿海底斜坡奔腾而下的浊流，应具有强大的侵蚀能力。不过，当时还从未有人观察过海底蚀流现象，所以人们对这一说法仍然将信将疑。

到了 20 世纪 50 年代，海洋地质学界通过深入研究，得出浊流具有强大的侵蚀能力的结论。1952 年，美国海洋学家希曾等人研究了 1929 年纽芬兰岸外海底电缆在一昼夜间沿陆坡向下依次折断的事件，判定肇事者正是强大的海底浊流。希曾等人还根据海底电缆依次折断的时间，推算出这股浊流在坡度最大处流速高达 28 米/秒，在到达水深 6000 米的深海平原时，流速仍有 4 米/秒，自陆坡至深海洋底浊流长驱达数千里之遥。这以后，海底浊流的存在逐渐为广大学者所接受。

海底浊流虽有较强的侵蚀能力，但海底峡谷的规模太大了，光靠浊流能否切割出深达数百米乃至数千米的海底峡谷，对此，一些学者仍表示怀疑。

海底峡谷究竟是什么原因造成的，还需要海洋地质学家进一步地研究探索。

（十八）俄勒冈漩涡

在美国俄勒冈州格兰特狭口外、沙甸河一带，有一个方圆仅 50 平方米的怪异的地方，被称为"俄勒冈漩涡"。这里有一座古旧的木屋，其歪斜程度犹如比萨斜塔。走进木屋，会感到有一种巨大的拉力把你往下拉，就像是地心引力突然加强了。如果往后退，还会感到有一只无形的手将你拉向木屋中心。

一到"俄勒冈漩涡"，马会本能地回避，飞鸟也会突然地回头下垂，树干则倾向北极。

许多科学家对"俄勒冈漩涡"进行过长时间考察，试图解开这个谜。他们用铁链连着一个 13 千米的钢球，把它吊在木屋的横梁上，这个钢球明显地违背了重力定律，倾斜成某个角度，晃向"漩涡"中心。你可以轻易地把钢球推向"漩涡"中心，但要把它向外推却很难。

"俄勒冈漩涡"的力量确实存在，但这究竟是什么力量？如何产生的？人们不得而知。

无独有偶，在美国加利福尼亚州蒙特雷湾北岸圣克鲁斯市附近也有块不大的异常地带，飞机从它上空飞过时，所有表盘的指示器都瞬间失灵。这里生长的树木，都朝同一方向倾斜。自从它在 1940 年被发现之后，不少游客和科学家都涌来参观和研究。这里也有一个倾斜欲倒的小屋，进屋的人都打破了地心引力定律而倾斜站立，人有意倾斜 45 度站立而不会倒下。屋的一角斜放着一块板，形成一个斜坡道，将一只球放在坡道的高端，那球却并不向低端滚落，而保持静止，若将球推下去，它顺坡滚动，还未滚到最底端就回头往上"爬"，直到顶端又停止不动。在这里，正常的人会感到头晕难以适应。

在世界各地还有一些地方有类似"俄勒冈漩涡"的现象。在乌拉圭的温泉疗养区巴列纳角，也有一块异常区，汽车开到这里如停住，会有一种奇特的力量推动车辆继续前进，上坡爬行几米才刹住，平坦路段则自动滑行几十米。

美国犹他州有一条"重力之山"的斜坡道。通过这段斜坡的公路长约 500 米，若驱车而下，在半途刹住车，车子竟然会慢慢后退，像被一股无形的力量拽着，硬是往坡顶爬去。但婴儿车、篮球等从坡顶放下去，都是一滚到底，从未出现往坡顶倒爬的现象。经过无数次的实验证明，质量越大的物体越容易往坡上爬，质量过轻就不能产生这种效应。

以上这些现象说明，我们"地心引力"说在某些地区是有区别的，地心引力在地球的各处分布是怎样的？这个引力的结构与各处地心的结构有怎样的内在关联？我们对此还知之甚少。

（十九）神秘"黑潮"

在大西洋的广阔海域，不断涌现出许多难解的谜团，困扰着世界各国众多的海洋科学家们。

前几年，法国的海洋科学考察船"巴米罗亚"号。在大西洋亚速尔群岛海域发现一股股从洋底冲上来的巨大"黑潮"，这一股股"黑潮"像我国写毛笔字的黑墨汁一样流向千里以外的法国海岸。经科学家们化验，这黑水里面充满着一些地球上很少的稀有金属。"巴米罗亚"号上的科学家们探测到，这一股"黑潮"是从 3000 米深度的大洋底部冲上来的。这难道是地球内部吐出来的"呕吐物"吗？

为了揭开这神秘"黑水"的谜团，法国派出"诺蒂尔克"号深水探测器，美国派出了"尔河文"号世界最深海洋探测器，在 1998 年 7 月份一起来到亚速尔群岛海域。

"尔河文"号由美国著名海洋科学家斯文蒂尔教授和法国海洋科学研究所负责人伊夫·富凯博士共同驾驶。当他们下潜到 1000 米时，海水的四周如同起了"大雾"一样，在最强的光线下看不清 10 米以外的东西。他们认为"这肯定是迄今为止在大西洋海脊发现的最活跃的地方。地质断层从北到南把大西洋从中切为两半，也就是把欧洲和美洲慢慢分开的地方。"

当下潜到 2500 米时，海水的温度上升到 100℃，四周的"大雾"逐渐消失，能见度非常清晰，能看到四周游动的虾、贝类、海参。尽管温度很高，但它却不沸腾。因为这里的水压是水面的 250 倍。

在强烈的光线照耀上，他们突然看到一幅清晰的图景：四周是林立的烟囱，井井有条，就如同进入了一个大工厂区。那一股股"黑水"就是从烟囱里冒出来的，像是污染。但这些污染物并不影响洋底生物的生存。在这里超过水面 250 倍的压力下，水温达到 400℃的 2500 米水下，又有谁有能力在此建造出这样大的"烟囱"呢？

此景不能不令这两位著名的海洋科学家大吃一惊。在此奇景之中，两位科学家想认真、详细地录像，周游、观察一下四周，谁知这深海探测器却不听从操作、指挥，被一种神秘的力量急剧地托起上升，就是要他们迅速离开这里，好像在有礼貌地把他们驱逐出境。

在不到两小时的时间，"尔河文"号深海探则器浮到水面。两位科学家面色苍白，他们亲眼目睹的景象，使他们吃惊得说不出话来。

在辽阔的大西洋中，有许多神秘莫测的现象令众多科学家们孜孜探索，难揭其真相。据一些海洋考察记载，在浩瀚的大西洋中科学家们不断发现不少令人难解的现象。

1963 年，美国潜水艇在波多黎各海域演习时，发现一个"怪物"，是一只线型水下船，时速快得令人吃惊，是人类科技望尘莫及的。当美军声呐仪探测到它的位置时，立刻派驱逐舰和潜艇追踪，在短短的两小时里，"怪物"擦身而过。顷刻间消失得无影无踪。

1992 年 5 月，法国著名的潜水专家拉马斯克尔在大西洋加勒比海水域，深入海底水下探宝时，发现一座圆体大建筑物，它透明发亮，从里面游出一个前半身像人，后半身似鱼的"怪物"，他同拉马斯克尔直面相遇，互不侵犯而游走，拉马斯克尔对水下神奇的建筑做了录像。

最令人惊奇的是在 1990 年秋季，瑞典和北约海军在大西洋东北部海域举行的一次大规模演习中，突然发现一艘神奇的水下潜艇，以飞快的速度闯入演习海域。它的来临使参加演习的 30 多只军舰上的雷达、声呐系统全部中断。北约海军的 10 多艘军舰在开恩克斯纳其海湾开展了一场大"围剿"，企图抓获这艘神奇的水下潜艇。谁知当炮弹和深水炸弹如雨点般地攻击目标时，炮弹、炸弹全无声无息地消失了。当这艘神奇的水下潜艇浮出水面时，北约所有军舰上的无线电通信系统全部失灵了。北约海军向它发射多枚技术上无与伦比的最先进的"杀手"鱼雷，它能百发百中，自动追向目标，但出乎意料的是，"杀手"鱼雷不仅没有爆炸，反而消失得踪影全无。

北约海军的指挥官们从亲自看到的情景中总算明白过来，这艘神秘的水下潜艇是地球人建造不出来的大西洋底的"神秘来客"。

前几年，法国、美国的科学家们联合探索大西洋底冲出来的"黑潮"来源，发现了 2500 米的大洋底层有巨大的"烟囱"群。"黑潮"是向洋面上排出的污染物。科学家们联想到过去在大西洋底发现的一系列神秘莫测的建筑，飞速前进的潜艇等，他们认为，在大西洋中生存着似人一样的高智慧动物。他们的科学技术，文明水平远远超过地面上生存的人类。深受观众喜爱的科幻电视剧《从大西洋底来的人》，不仅仅是科学幻想，而是有科学依据的。

美国著名的海洋生物学家拜伦·巴特尔教授认为，大洋的深处，一定生存着另外一支具有高度文明、高度智慧的动物。他们既能在"空气的海洋"里生存。又能在"海洋的空气"里生活，他们是人类的另外一支。

拜伦·巴特尔教授的理由是，人类起源于海洋，现代人类的许多习惯及器官明显地保留着这方面的痕迹，如喜食盐、身无毛、会游水、海生胎记、爱吃鱼腥等等。而这些特征则是陆地上的哺乳动物所不具备的。

当人类进化时，很可能分为陆上、水中两分支。上岸的称为人类，水下的被称为"海妖"。也许"海妖"会称人类是"陆妖"呢。拜伦·巴特尔教授的推论与分析，得到众多科学家们的赞同。他们认为，人类已到达过月球，即将登上火星，但对地球上的海洋却没有认真的探索，如今下潜海洋的深度也仅仅是 5000 米左右。洋底的生态并没有弄清楚。大洋里是否生存着高智慧动物尚待进一步发现证实。

俄罗斯有一些科学家认为，人类不一定是地球上的主宰，海洋的面积远远超过陆地。从一例神秘现象可以证实：如果海洋里生存着高智慧动物，他们在科学技术水平上远远超过人类。俄罗斯的海洋生物学家勒伦斯基教授多年观察、分析后认为，人们常常亲眼看到高空中出现的飞碟（UFO）并非是天外来客，而是地球上高级生物的杰作。据多方面的记载，飞碟常常从海洋里飞出、又钻入海洋里。

勒伦斯基教授在一篇有关海洋生物的文章里写道："在这浩瀚无边、神秘莫测的海洋里，许许多多难解之谜，就像一块块巨大的磁石，将会吸引着无数的科学家们投入它的怀抱，去探索那神秘的谜底，那些充满着神奇、恐怖、令人渴望揭示之谜，终有一天会被科学家们揭示明白……"

（二十）地中海古城

2000 年 6 月，埃及和法国的一个联合水下科学考察队在地中海海底发现 3 处具有 2000 多年的历史古迹。这 3 处古迹包括米努茨和希拉克留姆两大古城遗址，以及当年尼罗河流入地中海的 7 个入海口中最大的一个老河口。

据埃及最高文物委员会秘书长加巴拉介绍，这 3 处古迹分布的方位在亚历山大城附近的地中海阿布吉尔湾以东的近海约 6 米深的海底。其中米努茨古城遗址位于距岸边约 2 千米的海底；再往东 4 千米，即距岸边约 6 千米处是希拉克留姆古城遗址；尼罗河老河口——卡努布河口的位置被埋在阿布吉尔湾的近海海底的地层里。

在米努茨 500 米宽、800 米长的城郭范围内发现了几万根花岗岩打磨的石柱、石块，斯芬克斯雕像以及属于王室家族的头盖骨和一些神像。在希拉克留姆古城遗址，有巨大的石头建筑遗迹，例如几百根花岗岩石柱，高达 4 米的具有法老风格的国王雕像和大小不一的狮身人面像等。这两座古城遗址中发掘的早期文物分属古埃及新王国时期第二十六王朝和第三十王朝。同时，还发现了公元后的拜占庭东罗马帝国时期和伊斯兰时期的金币、器皿等物。其中最有价值的是古埃及新王国时期使用的石刻天象图。在卡努布老河口两侧的码头区，通过海底磁力探测仪发现了砖石结构的建筑、由此可以推断，当时该地区的经济富庶，民居和庙殿建筑已相当普及。此外，在亚历山大城于公元前 3 世纪建成之前，卡努布河汉曾是可通航的重要水道，卡努布河口是当年埃及进入地中海的主要出海口。

据指挥法国和埃及水下联合科学考察的法国专家法兰克·克德维介绍，在埃及地中海沿岸地区，自古就有显赫的文明奇迹。特别是在 2000 多年前，埃及临近地中海的三角洲地区曾流淌着尼罗河的 7 个分支，如今只剩下两汊，形同蛇信。在这次联合考察过程中，法国人使用水下磁力探测仪，对阿布吉尔海湾水下地层结构进行剖面分析，并对近海海底地貌进行了拼接和递进式的扫描。

当年，在卡努布河入海口周围，凝聚了古埃及新王国的繁荣景象，与米努茨和希拉克留姆连成一片，是地中海地区有名的三镇之城。从宗教意义上说，由于当时人们敬神，在卡努布有希拉比斯神庙，在米努茨有伊吉斯神庙，在希拉克留姆则以赫尔格尔神庙著称。由此更使此地商贾云集，朝拜游历者纷至沓来。在公元前 450 年，希腊学者希鲁杜特曾来埃及游历，他笔下记述的行程从卡努布开始，在那里他朝拜了希拉比斯神庙，又经希拉克留姆城到卡努布河口区的卡努布岛（现更名为"纳尔逊岛"）。公元前25年，希腊史学家斯特拉本对访埃之行有更详细的描述：从亚历山大出发东行，先到卡努布城，然后是米努茨和希拉克留姆，再过去则是卡努布河口和希拉克留姆河口……

既然大量史料有如此真切的记载，那么这些显赫一时的城市和古迹怎么会一下子就消失得无影无踪了呢？是2000多个春秋间的海平面上升造成的？还是地震导致大面积地面沉陷造成的？抑或各原因兼而有之？这一系列的问号，让一代又一代的探险家和史学家都想去解开这个谜团。

到了第二次世界大战时期的1943年，埃及末代王朝的道颂亲王首次雇佣外来潜水员，在亚历山大近海海底寻找当年的历史遗迹，找到了米努茨古城的遗址，并绘制了海底城市遗址的地图。可惜的是，由于当时埃及国事动荡，埃及王室面临着政变危机，未能继续这项科学考察和大规模发掘。但值得赞许的是，1943年，在对米努茨的初步探索中，找到了曾统治埃及并创建亚历山大城的希腊马其顿国王亚历山大大帝的头盖骨。这个头盖骨现陈列在亚历山大希腊博物馆里。如果今后进一步的发掘能最终证实亚历山大大帝的陵墓就在米努茨城的遗址中，那就使世界史学界长期争论不休的一大难题有了定论。

到了1996年，正值世界水下科学探险走俏的年代，欧洲水下古迹研究所与埃及最高文物委员会签约，决定对埃及地中海近海的历史遗迹进行系统考察和发掘。

2000年，有意思的是，埃及前王室成员道颂亲王的孙子侯赛因先生出席了6月4日埃及有关方面举行的专题新闻发布会。看到先人开创的业绩后继有人，抚今追昔，侯赛因百感交集。他说，他在儿时和家人常在盛夏暑热期间住在地中海海滨的宫殿里，并时常在海边捡到彩绘镶嵌石画的碎块，还听大人说海底有沉没的城市和宝藏。更令侯赛因难忘的是，当时有一个曾在地中海近海时常进行低空飞行训练的英国飞行员，非常肯定地告诉道颂亲王，说他在近海的海底看到了"海市蜃楼"，并建议进行水下科学探险。谁能料到这56年的依稀往事，竟然成了这次震惊世界的海底考古成就的开端。

令人惊异的是，地中海古城的消失一直没有文字记载，后人也没有提及。随着海底发掘的进一步深入，相信离揭开谜底的日子不会太远。

（二十一）海底金字塔

百慕大三角区海域，使无数的船只、飞机和人神秘地失踪，因而也引来了各种科学猜测。其中有一种假设性猜测认为：百慕大三角区海域深处，有一股极强的磁力，可以使船只飞机的罗盘失灵。有人补充说，考虑到此海域的南部就是失踪的玛雅文明的所在地，所以百慕大三角区海底下面一定掩埋着玛雅文明的某些神秘之物。说不定，玛雅文明时代的原子核废料的堆集场就在此海水下面。

这种说法听起来很玄，似乎不太可能。可是，一则出乎意料的新闻使人们大为吃惊。1977 年 4 月 7 日，法新社发自墨西哥的一则电讯说，科学家们在百慕大三角区的海底，发现了一座比埃及胡夫金字塔还要大的金字塔，这真是一件奇事珍闻。

人们知道，埃及是以金字塔而著称于世的，而事实上，除了埃及之外，在今天的墨西哥、洪都拉斯、秘鲁等地，即古代玛雅人活动的地区，都先后发现有金字塔式的宏伟建筑。然而，玛雅的金字塔和埃及的金字塔略有不同，埃及的金字塔是尖顶的，而玛雅的金字塔的顶端却是平的，相对而言，玛雅的金字塔大多比埃及的金字塔要小。

据称，百慕大三角区海底有一座巨大的金字塔是由一位美国海军上校发现的。尽管当时许多人，包括他本人在内，都不太相信这是真的，但是，声呐探测装置上清楚地显示出这座金字塔位于 360 米的海面之下，高度约为 230 米，边长 300 米，在金字塔的四周是平坦的海底。没有火山喷发过的痕迹，也没有海底山脉从中横过。

于是，有关方面便成立一支探险队，到该地区从事进一步的探测，使用深水潜艇，水下闭路电视摄像机等先进设备，以期能够揭示海底金字塔的真相。

如果百慕大三角区之谜被解开的话，如果证明海底金字塔确实是人工之杰作的话。那么，科学史就将要做修改，甚至人类的历史也要改写。就目前来说，没有人相信这座金字塔是在海水下面建造起来的。因为以现代科技能力来说，要在 360 米以下的海底建造如此之大的金字塔，仍是不可能的，况且它又何必修建在海底呢？人们宁愿相信这座金字塔原先是建造在地面上的。

而如今金字塔却在海底。想必一定是因为陆地下沉的缘故。科学家们相信其中之理，但不敢贸然接受这样的一个结论，因为仅在短短的数千年中，这块陆地怎么"沉入"得那么深？是因为这块陆地的下面是一块巨大的海底盆地？也就是说，这块原来被用来修建大金字塔的陆地不但沉入海中，而且沉得比原来的海底还要凹深一些。这又是什么原因造成的呢？

关键的问题是，为什么这个位于海水下面 360 米的金字塔。会对海上的船只、天上的飞机的失踪产生影响，而且每一次失踪事件发生后为什么都没有留下痕迹？这真是怪事！这中间到底隐藏着什么秘密呢？一切都还有待于科学家研究来揭晓！

（二十二）海底洞穴的古老壁画

1998 年 7 月的一天，法国职业潜水员昂利·库斯奎同 3 位潜水学会的会员，一起潜入地中海摩修奥湾 40 米深的海底。在海底，他们发现了一个黑乎乎的洞，洞口四周布满珊瑚。他们小心翼翼地潜入洞穴，艰难地在这 1 米宽的水下隧道中左右探索。

约半个钟点后，他们来到了一个拱形洞窟，这里的水深仅及腰际，宽约 60 米，高 2~5 米不等。洞壁颜色白、蓝交杂，钟乳、石笋如林，景象十分奇特。

他们手持电筒，沿着堆积方解石的滑溜溜洞底，一步步地向前挪动。突然，他们又发现了一个新的缺口。从缺口望进去，那里还有一个洞室，30 米高的洞顶俯瞰着一个被岩壁包围着的小湖。这又是一处绝妙的洞窟。

库斯奎把电筒放在一块大石上。灯光照在了洞壁上，在黑暗中他赫然看到了一只手的图案，他赶紧把洞内的奇妙图案一一拍了下来。

两天后，库斯奎到照相馆去取洗好的照片，才发现图案上的手不止一只，而是 3 只。他想这很可能是古人留下的杰作，他查考了所有能找到的考古资料，可是却一无所获。

库斯奎等人再次回到海底，这次他们大获丰收。在洞窟的西壁有一横排小马，是用像炭一样的黑颜料画的，画面上蒙着一层半透明的方解石。洞顶上有一幅巨角黑山羊图，还有一幅雄雄鹿图。东壁上画着 2 头大野牛和更多手印般的手掌，有的五指不全。还有一个猫头和 3 个企鹅图。有些图显然是部分或者完全重叠在一起，甚至还有怪异的几何符号。

库斯奎把他的发现向法国的考古研究部门做了的报告，但是专家们对此都表示怀疑，因为证据只是一些照片，况且法国东南部从未发现过什么洞窟壁画。幸亏史前史研究权威和资深潜水员让·库尔丹出来为库斯奎辩护，库尔丹曾在卡西斯湾发现过旧石器时代的遗骨、燧石和木炭等，他知道海底有许多洞穴在几万年前原是人类的居所，当时地中海的海岸线是在 100 多米以外，后来才给海水淹没的。法国海底考古专家让·克罗德也出面支持，认为虽然年代久远，在这一带寻找旧石器时代克罗马努人的遗迹几乎是不可能的，但还是应先派专家去现场勘察，再下结论不迟。

9 月 19 日，库尔丹等专家随库斯奎潜入隧道。眼前的景象让库尔丹惊叹不已："这是欧洲考古史上最重大的发现之一！我从未见到过这样一类的景象！"壁画不仅完全像库斯奎先前所描述的那样精美，而且这次使用的强力泛光灯还照出先前没有发觉的壁面。

经过几天紧张的鉴定之后，再也没有人对此表示怀疑了。克罗德完全相信从洞中带回的资料。他说："马、野牛、山羊等壁画和雕刻全部有着旧石器时代的特征。甚至是按照史前艺术惯例画出来的。例如，那时候画的野牛角总是弯曲或半弯曲的，蹄从来不画出来，腿总是缺掉最后的一截。这一切可以说明它们比著名的拉斯拉洞的画还要早。"

克罗德的初步推断，不久便得到了实验室测定结果的支持。测验由昂市全国科学实验所技师需克埃温主持，根据碳测年法测定，这批画已有 18000 多年的历史了。

18000 多年，已远远超出人类文明历史的极限，已变得十分遥远，科学家还能读懂这部"洞穴巨著",还能破解这一史前之谜吗?

(二十三) 平顶海山

太平洋的中部与西部,即夏威夷群岛、加罗林群岛、马绍尔群岛和斐济群岛一带的深海底部,有一座座奇异的海山,它们的顶部像被截掉一样,都是平坦的,被称为"平顶海山"。这种海山除太平洋外,大西洋和印度洋中也存在,或是孤耸于海底,或是成群出现。平坦的顶部为圆形或椭圆形,直径一般从几百米至20~30千米,顶部离海面最浅为400米,最深2000米,平均为1300米。其顶部如此平坦,原因何在?

一些科学家从平顶海山的顶部打捞到圆形的玄武岩块,它们是火山弹的原有形状。因此,有人认为,它们可能是一座座海底火山,顶部是火山口,被火山灰等物质填平了,所以呈现为平顶。

20世纪50年代,从太平洋西南的平顶海山顶部打捞6种造礁珊瑚、厚壳蛤以及层孔虫等生物化石,后来在太平洋中部也有类似的发现。这表明平顶海山顶部过去有过珊瑚礁发育。造礁珊瑚要求生活在有光照的水体里,因而其生存最大水深在50米左右。可见,曾有一段时间,海山顶部的水深不超过50米。由于此时海山顶部离海面近。风浪就有可能将其削平,并在其上发育造礁珊瑚。以后,海底山下沉,沉到水深400米以下的地方,所以平顶山上就残留着以前发育的造礁珊瑚和其他喜礁生物。但美国一些学者指出,海底山不一定发生过上升或下降,而是在冰川时期,海平面大幅度下降,使海底山顶部露出海面被风浪削平。但海平面能否下降几百米以至2000米,目前还没可靠证据。况且,有的平顶海山顶部宽达40~55千米,说它被风浪削平,似乎难以令人置信。

还有的学者认为,太平洋的平顶海山位于一片原来隆起的地壳上,致使海山顶部接近海面,被风浪削平。尔后,整个隆起下沉,便形成今日平顶海山的面貌。但这个隆起地壳是否存在,也无法证实。

(二十四) 红海成长之谜

红海是位于亚洲阿拉伯半岛与非洲东北部海岸之间的一个狭长内海。它是沟通欧亚两大洲、连接印度洋与地中海的天然水道,每年都有成千上万艘船只从这里通过。

《圣经》中记载,摩西带领犹太人逃出埃及,遇到红海的拦阻。后借助上帝的力量将海水分开,才得以逃出升天。

红海的形成是非洲与阿拉伯半岛这两个板块漂移和彼此分离的结果。大约在2000万年前,红海首先在北部形成,在距今300万~400万年前,今日红海中轴地壳发生张裂，海水入侵，出现了亚喀巴湾及南部海区。就是说，现在的红海实际上是在 300 多万年前出现的。其后，海底继续扩张，裂谷不断拓宽，红海中轴处新生的洋壳不断将古老的岩石基底向两侧推移。今天在海底可以观测到，随着逐流远离中轴，两翼岩石的年龄也逐渐增大，从 300 万年增至 2000 万年。

按照板块学说的观点，如今的大洋都是昨天陆地分裂并不断向两侧移动造成的。他们用发展的眼光，把世界海洋的发育历史分成若干阶段。比如，大西洋正处在发育旺盛阶段，叫壮年海；太平洋正处在发育后期，叫老年海；地中海在不断萎缩，叫残留海；而红海则处于发育初期阶段，称为幼年海。

据科学家研究，目前红海正在"成长"，大约每年向两侧扩张 2 厘米。阿拉伯半岛正以这个速度向亚洲压挤。可以推想，如果照此发展下去，那么 2500 万年后波斯湾就会消失，而沙特阿拉伯将与伊朗碰撞在一起，红海将成为地球上烟波浩渺的"世界第五大洋"。

另一种观点认为，即使红海今天的扩张运动一直在进行，但却无法保证海底扩张会一直持续下去。据现在掌握的材料，在以往漫长的地壳发展中，有的板块不停地移动，最后形成了大洋；有的板块则在移动过程中，受到其他板块的阻挡，中途停止了移动，并未形成大洋。

红海是否能成为大洋，还需要时间加以证明。

（二十五）萨特大旋涡之谜

有一种旋涡，它每天 4 次准时出现，它来临之时先是伴随着一声巨响（数里之外都能听到），接着海水翻卷打转，渐次形成千百个小旋涡，随即越来越大，越转越快……最后形成一个直径 10 多米、深陷亦达 10 米以上的黝黑的大漩涡。最后，当海水在回旋时，水上的空气也随着渐渐旋动，发出一阵凄厉的呼啸声。这就是恐怖的萨特大旋涡。

挪威博多城沿海，平静的海面上，每天 4 次准时出现一股神秘的巨大旋涡——萨特旋涡。

萨特旋涡的出现与潮汐及特殊地形有关。挪威沿海因深受第四纪冰川作用，素以曲折深邃的峡江峡湾闻名于世。萨特旋涡位于一个长约 1.8 公里、深约 90 米的峡湾中，最狭窄处仅 137 米，主水道南北还有许多分支水道，大潮期间，海流时速超过 18 公里；每次涨落潮时，流过峡湾的海水超过 7500 万立方米以上。巨量海水从峡湾深邃狭窄的水道中流出流进，急如瀑布，形成几道强有力的海流，互相冲撞搏击，就此出现了萨特大旋涡。因为潮汐每天两起两落，萨特涡流也按时出现 4 次。造成旋涡的水势随月相而变化，朔望时水流最强，上下弦时最弱。风向对旋涡也有影响。

旋涡旋转得最急时，非常危险，大小船只都无法通过，因此当地在水道两端都设有信号站，白天悬挂一个红球，夜间亮一盏红灯，表示水道不宜航行；若是两个红球或两盏红灯，则表示船只可安全通过。旋涡旋转得最急时，非常危险，大小船只一律都不能通过。如果有船只想冒险，那最终只会粉身碎骨。

1905 年，"英雄"号瑞典铁矿船船长，试图驶过萨特涡流。但旋涡太大了，根本过不去。到船长打算折回时，船已给冲走，撞向一个小岛。船员设法爬上陆地。但那只可怜的船却是被撞得粉身碎骨，最后那一点点残骸也被卷进旋涡。

鉴于上述情况，当地在水道两端都设有信号站，白天悬挂一个红球，夜间亮一盏红灯，表示水道不宜航行；若是两个红球或两盏红灯，则表示船只可安全通过。因此，航海人员一定要看好信号灯，能通过时再通过，千万不可硬行。

综上所述，海平面也不是风平浪静的，也有暗流涌动的时候。

（二十六）深海逆流之谜

1950 年科学家汤森·克伦威尔发现在赤道附近，海面 200 米深处有一股海流幅宽达 300 千米的逆流，而且在 100 米深处的流势最为强大，中心流速每秒可达 150 米。后来这股海流就以汤森·克伦威尔命名为克伦威尔逆流。它从西经 92° 到东经 160°，总长为 6500 海里。它一般都在赤道海面上流动，有时也浮到海洋表面漂荡。

1955 年，德国海洋学家卫斯特发现在接近南美沿海约几千米深水层中，也存在一股流势特别惊人的巨大潜流。据卫斯特测定这股潜流也不总是流势惊人，在南大西洋巴西和阿根廷海域内流速比较快，靠近南美大陆，在 1500~4000 米深处时就很小了。但在巴西海域的海面下 1500~4000 米深水层中，它的流量比黑湖还大。

在海洋深处，究竟有多少潜流、逆流以及它们究竟是怎样形成的，目前还没有定论，有待于科学家的进一步探索。

（二十七）黑色的潮流之谜

法国海洋科学家伊夫·富凯，一次在位于大西洋海域附近的亚速尔群岛附近水下 2500 米处进行海洋科学考察。忽然，他意外发现了一股神秘的黑色潮流。它长 250 米，宽 60 米。在黑色潮流的底部，有 30 来个类似大烟囱的圆锥形洞隙，不停地从地球的内部吐出透明的高温水流。奇怪的是，这里的水温高达 360℃，却不见沸腾；这些水流一出洞口，经迅速降温浓缩，立即成为污黑水流，浑黑的海水在探测器最强的灯光照射下也无法看清 10 米以外的东西。这些乌黑潮流中没有海洋生物活动，一旦有鱼虾进入会立即中毒身亡。但是，在乌黑水流影响不大的这一水域周围，虾贝、蟹类和海参的密度却极大，十分丰富。

这种神秘的黑潮究竟是什么东西？难道这是地球从内部吐出来的"呕吐物"吗？

1998 年 7 月，法国派出了"诺蒂尔克"号深水探测器，美国派出了世界最深的海洋探测器"尔河文"号，一起来到亚速尔群岛海域，力图解开这神秘黑潮的谜团。

当他们下潜到 1000 米时，海水的四周如同起了大雾一样，在最亮的光线下看不清 10 米以外的东西；他们继续下潜直到 2500 米时，此时测量的海水的温度达到 100℃，四周的大雾渐渐消失，能见度非常大，能看到四周游动的虾、海参。在强烈的光线照耀下，他们突然看到一幅清晰而又令人惊异的图景：他们仿佛进入一个大工厂，四周是林立的烟囱，井井有条，那一股股黑潮就是从烟囱里冒出来的，像是污染物。在水温达到 100℃、水压是水面压力 250 倍的 2500 米水下，又有谁有能力在此建造出这样大的烟囱呢？此景不能不让科学家大吃一惊。他们正要打算仔细地观察一下，却感到深海探测器出现异常，它仿佛被一种神秘的力量急剧地托起上升，像是要让他们离开这里。不到 2 小时，"尔河文"号深海探测器浮出水面。两位科学家面色苍白，所看到的这一幕幕景象让他们吃惊得说不出话来。

有人认为，大洋的深处一定生存着另外一支具有高度文明、高度智慧的动物。因为人类起源于海洋，当人类进化时，一很可能分为陆上、水中两分支。上岸的称为人类，水下的被称为海妖。也许海妖会称人类是陆妖。也有人认为，在大西洋中生存着似人的高智慧生物。他们的科学技术、文明水平远远超过陆地上生存的人类。俄罗斯的海洋生物学家勒伦斯基教授经过多年观察、分析后认为：人们常常看到高空中出现的飞碟并非是天外来客，而是地球上高级生物的杰作。据多方面的记载：飞碟常常从海洋里飞出，随后又钻入海洋。

虽然人类已到达过月球，即将踏上火星，但对地球上的海洋的深度也仅仅是 5000 米左右，洋底的生态并没有弄清楚。大洋里是否生存着高智慧动物尚待进一步发现证实。一个科学家曾经说："在浩瀚无边、神秘莫测的海洋里，有许许多多难解之谜，它们像一块块巨大的磁石，吸引着无数的科学家投入它的怀抱，去探索其中的奥秘，那些充满着神奇、恐怖的谜底，终有一天会被科学家们揭示明白。"

（二十八）太平洋里的怪声之谜

1997 年，在太平洋里回荡着一种非常奇怪的声音，但至今无人知晓它是什么声音。这种巨大的声音被科学家称作"Bloop"，频率很快，持续时间超过 1 分钟；声音之大，在 5000 千米外的多种传感器都能接收到。

美国国家海洋大气管理局表示，它绝不是人造声音，这种声音虽然跟现有海洋生物发出的声音有几分类似，但是已知动物中并没有大到足以发出这么高的音量的动物，即使最大的蓝鲸也无法制造这么大的声音。科学家对这种声音进行追踪，最终查找到太平洋一个偏远的角落，这里距离洛夫克拉夫特笔下的著名海怪的巢穴不到 800 千米。

1997 年 5 月 19 日，即发现神秘的海洋怪声"Bloop"的同一年，人们还发现另一种奇怪声音，这种声音持续时间长达 7 分钟，频率递减，直到最终消失。这种声音被称作频率递减声音，它的声响很大，三个相隔近 2000 千米的传感器都能接收到它。然而从那以后再没人听到过这种声音，它的起源至今仍是个谜。

（二十九）大西洋裂谷形成之谜

说起东非大裂谷你一定不会陌生，但是你听说过大西洋裂谷吗？

1873 年，英国海洋考察船"挑战者"号，用普通测海锤测得大西洋底部并非平坦，中间还有一带比较高的地方像是一座高山，这引起了人们极大的好奇心。

1925～1927 年，德国海洋考察船"流星"号，又用回声探测仪探查到这座高山，并给出了具体参考数值：这座高山由北向南呈 S 状绵延，长 27780 千米，宽 1100～1800 千米，高 3000 米。这个高度，就犹如一个人的脊梁骨一样，因此，科学家将其命名为"大西洋中脊"。

26 年以后，美国地质学家又有了一个重大发现，大西洋中脊顺着山的走势，裂开一道缝隙。这条裂缝深 1～2 千米，科学家叫它"裂谷"。这是一有力的发现，为大西洋裂谷探秘提供了进一步佐证。

1967 年，英国地质学家经过长期监测，观察到大西洋中脊的裂谷并不是不动的，而是正在不断扩展，这或许可以证实大陆漂移学说。

1972～1974 年，美法科学家联合行动，美国出动了一艘"阿尔文"号；法国开出两艘，一艘叫"阿基米德"号，一艘叫"塞纳"号。他们沉到 2800 米深的亚速尔群岛大裂谷底部发现，在宽约 2000 米的裂谷底下到处都是裂口，而且在喷出热水。经过观察发现，原来这儿是大西洋底地壳裂开的地方，一股无比巨大的力量从地下升起，正使劲把裂谷朝两旁推开。事实也证明，大西洋正在以每年 1～4 厘米的速度扩张。其实这和早年维格纳的"大陆漂移学说"正好吻合。

那么这条裂谷是怎样形成的呢？真的是板块漂移撕裂的吗？这还有待科学考证。

（三十）特提斯海失踪之谜

100 多年前地质学大师、奥地利维也纳大学教授爱德华·修斯，推测亿万年前曾有过全球性的古地中海，这一古海域被夹在南北两个超级大陆之间，被命名为"特提斯海"。特提斯是希腊神话中的海洋女神，这个不朽的女神与地质学结下了不解之缘。于是，人们可以提出许多疑问，例如什么是特提斯海？她为何出现？有多大的范围？多长的历史？又如何消失？她为地球的结构和面貌带来什么样的变化？造成怎样的后果和影响？如此等等问题，都摆到了人们的面前。

大约在距今2.8亿年前，地球上的海陆分布格局与今天完全不同。那时的非洲、印度、澳大利亚和南极洲都是连在一起的古陆，地质学上把它叫作冈瓦纳古陆。在冈瓦纳古陆北部和欧亚古陆的南部，存在着一个规模巨大的古海洋，也就是地质学家们所称呼的"中央地中海"。1883~1909年，修斯出版了《地球的面貌》一书，首次提出稳定陆块的概念。同时，他根据古希腊神话故事有关特提斯的传说，给这个古老的地中海起名叫"特提斯海"。希腊神话故事说，特提斯容貌美丽，有"美发女神"和"银脚女神"之称。她心地善良，对遇难的神祇，尽力给予帮助。

直到今天，地学界的科学家们一直沿袭使用"特提斯海"这个美丽而尊贵的名字。从特提斯海到今天的地中海，经历了漫长的地质演化时期。饱经沧桑的特提斯海的每一次变化，都在地球上留下了深深的印记，同时也为我们留下了许许多多的不解之谜。特提斯海的演化史为科学家特别是地质学家们提供了一个长期而又富有魅力的课题。

关于特提斯海消失的原因，多年来一直是地学界探索的老问题，也是今天地学界研究的"热点"问题。地质学家们提出的各种观点之间，既有排斥否定，又有渗透融合，逐渐形成了两大学派：固定论和活动论。

固定论者认为，今天的地中海是一个复合式海盆。在其陆块沉陷与裂合作用下，形成了边缘海，经常有火山活动和地震发生就是最重要的证明。固定论者还勾画出地中海复合式海盆的某些特征。我国著名地质学家黄汲清教授所创立的槽台多旋回说，对特提斯海的形成演变作了有说服力的论证。例如，在我国大陆及其他地区，发现了很多特提斯海全盛时期的生物化石、沉积岩石、岩浆石及火山喷发的物质。在我国新疆还找到了只有在冈瓦纳古陆上生长过的动物水龙兽、二齿兽化石。就连冈瓦纳古陆和欧亚大陆发生碰撞的缝合线，也在我国的西藏、新疆、青海的边界处找到了。不仅如此，人们还认为，阿尔卑斯山—地中海—喜马拉雅山是一条中新世代以来的地槽带。

活动论实际上是用大陆漂移说、海底扩张说、板块构造说来解释地中海的成因。"格洛玛·挑战者"号钻探船在世界各大洋获得的大量钻孔岩芯资料，以及海底古磁性条带的发现，使人们有更多的理由相信，海底扩张造成了陆地板块的漂移。根据这一学说，大西洋在逐渐扩大，太平洋则在逐渐缩减，而地处欧、非、亚大陆中的地中海，正处于逐渐消亡的过程之中。于是，有的科学家认为，今天的地中海是古特提斯海的一部分。

（三十一）海底玻璃形成之谜

我们每天都要与各种各样的玻璃制品打交道，如玻璃杯、玻璃灯管、玻璃窗户等等。普通的玻璃是以花岗岩风化而成的硅砂为原料，在高温下熔化，经过成型、冷却后便成为我们所需要的玻璃制品了。然而，在很难找到花岗岩的大西洋深海海底，居然也发现了许多体积巨大的玻璃块，这真是一件非常奇怪的事。

为了解开这个海底玻璃之谜，英国曼彻斯特大学的科学家们进行了多方面的分析和研究。首先，这些玻璃块不可能是人工制造以后扔到深海里去的，因为它们的体积巨大，远非人工所能制造。有些学者认为，这种玻璃的形成，有可能是海底玄武岩受到高压后，同海水中的某些特质发生一种未知的作用，生成了某种胶凝，从而最终演变为玻璃。如果这真是属实的话，今后的玻璃生产就可以大大改观了。现在我们制造一块最普通的玻璃，都需要 1400℃~1500℃ 的高温，而熔化炉所用的耐火材料受到高温玻璃溶液的剧烈侵蚀后，会产生有害气体，影响工人的健康。假如能用高压代替高温，将会彻底改变这种状况。出于这个设想，有些化学家把发现海底玻璃地区的深海底的花岗岩放在实验室的海水匣里，加压到 400 个大气压力，结果是根本没有形成什么玻璃。

还有一种看法认为，大西洋海底玻璃是月球撞击形成的。大西洋海底体积巨大玻璃的成因源自月球撞击地球之后产生的高温高压，使月球和地球的接触面瞬间在高温高压下熔化。当月球脱离地球之后，强气流的突然降温，使月球的撞击面大西洋海底变形成了大面积的玻璃状结构的岩石。

那么，到底哪一种看法是正确的呢？迄今仍然是一个未能解开的自然之谜。

（三十二）海底围墙之谜

海底围墙的发现是很偶然的。1968 年春天，两位美国作家驾船经过比密里岛北岸 0.25 海里处，发现了海底中一些巨大的石头。这些石头每块约有 6 米长、3 米宽、0.6 米高，明显是经人工雕琢而成的，这才引来了更多的人来海底探险研究。考古学家考证后说，这些石头在水中至少已经沉睡 1 万年。那么，1 万年前它们是些什么呢？如果它们是围墙，则说明海岛上曾有过一个文明程度甚高的城市。令人奇怪的是，岛上除了围墙，好像没有别的建筑物，而且史书上从来没有过关于这个海岛城市的记录。如果说当初岛上就只修建了这么一座围墙，那就更加令人费解了。围墙怎么会沉入海底呢？

（三十三）海底光轮之谜

你相信吗？大海上有一个直径约 500~600 米的圆形光轮旋转前进，还散发着一股刺鼻的硫磺气味。

1973 年 4 月，一个叫丹·德尔莫尼奥的船长，在百慕大海区附近的斯特林姆湾明澈的海水里，看到一个形如大雪茄烟状的潜航物体。它长 40~60 米，两头又圆又粗，航速每小时达 10~130 千米。这个潜航物体两次出现都是在下午 4 时左右，并且都是在比米尼岛和迈阿密之间的水域。这位船长非常担心轮船与它相撞，但它不久就消失在轮船下方的深海中。

1973 年 11 月 6 日深夜，美国的雷蒙德·瑞安及其儿子在一条玻璃纤维压膜摩托艇上发现了水下不明物体。这形状若降落伞盖的金属体，其直径约 30 米，发着乳白色强光。当瑞安父子俩驾艇向着水下亮光驶去时，亮光却渐渐暗下去。瑞安用桨板插入水中去够那发光体，对方无反应；当碰着它时，亮光就全熄灭了。水下发光体像跟他们捉迷藏，当摩托艇靠拢时，亮光黯淡；当摩托艇离开时，重又白光闪耀。当海岸警备队的汽艇开来时，不明潜水物进入主航道向海湾潜航而去。它未在水面产生任何痕迹。

为什么 1973 年百慕大海区频频出现这种 UFO？看来这与当年不明飞行物"风潮"的出现不无关联。特别是 10~11 月间，各界人士目击了几十个不明飞行物飞越百慕大"魔三角"的南部及加勒比海，有的潜入水中，有的突然从水中冒出来。

1963 年，百慕大海域波多黎各岛东南部水面下，出现过一个神秘的不明潜水物。美国海军派出一艘驱逐舰和一艘潜水艇先后来到这里追赶此物，可连续追赶了 4 天，还是没有追上，让它在海下失去了踪迹。在美国潜艇追踪过程中，发现对方有时竟能钻到 8000 米的深海沟中。

还在 100 多年前，英国货轮"海神"号就曾与不明潜水物相遇过。当货轮航行到非洲西部几内亚湾附近海域时，船员们突然发现，在船头前方约 100 米处有一个巨大的怪物漂浮在海上，好像是一个巨型闪光金属物。当"海神"号向它驶近时，漂浮着的怪物竟没有溅起一点浪花，无声无息地潜入水底不见了。要知道，那时潜水艇尚未问世。

近几十年来，地球各大洋水域都曾出现过不明潜水物的活动。1967 年 3 月至 10 月间，在亚洲东南部的泰国湾，先后 5 次出现"闪闪发光的海底巨轮"现象。当时许多光带飞速从水下穿过，像是从一个旋转的中心光源中辐射出来的一般。我国"成都"号远洋轮的船长曾两次亲眼目睹到这种奇特的"海底光轮"。对于这样一种直径达数千米的、能够像性能良好的机械那样运转的有组织的"活"的机体，有的学者认为是"智慧现象"。

让人们不解的是，海上光轮大部分都是在印度洋或印度洋邻近的海域出现。那么海上光轮这种奇怪的现象又如何解释呢？主要有以下几种猜测：

第一，发光体为一些海洋浮游生物。当两组浪的相互干扰便促使这些浮游生物移动。

第二，舰船的桅杆、吊索、电缆等的结合可能产生旋转的光圈。

但以上结论均属于人们的猜测。到目前为止，海上光轮还是个未解之谜，这还需要海洋工作者和科学家的进一步调查研究，以便早日揭开其中的奥妙。

（三十四）海上光石之谜

在红海之滨，有一小块沿海区域被划为旅游景点，并成为潜水运动的乐园。然而，不幸的是这里时有神秘失踪事件发生，但是没有引起重视，直至有一天当地政府接到报案：两名来自德国的潜水爱好者艾玛和马克斯在这一海域神秘失踪，而且是在风和日丽的天气里，在距离海岸 50 米处的水下失踪的。他们的伙伴托·柳德维格当时被留在船上，他指着出事地点说："艾玛和马克斯曾游上水面对我说，他们在海底深处发现一种奇异的闪光现象，他们甚感兴趣。这海底闪光像是有人在那里扳动一盏小灯的开关，时而亮，时而熄灭。这闪光具有一种珠母的辉光和色泽，它闪了 5 分钟后就熄灭了……"

"他们第二次返回那里观察。这次，我等了很久，可仍不见他们的踪影。我等急了，只好独自潜水下去寻找他们。我寻找了足足半个多小时，也没找到，只见海底深处有一块巨大的闪光砾石。"

当地政府派来专业潜水员，又深入水底寻找，找遍周围整个水域却一无所获。于是，潜水员们对托·柳德维格说起的那个水下闪光的神秘巨砾进行了考察。这块水下巨砾很像一尊古代雕像的头部。从它的正面看，它很像一个巨人的面孔，有鼻子和眼睛的细微部分，它的表面被海水冲刷得十分光滑。

1 个月后，又发生一起类似的意外事件：一个名叫奈·比兰德拉的意大利女潜水爱好者，来到那个闪光的水下巨砾附近潜泳，却因一种异常的感觉而回到船上。后来，她莫名其妙地休克过去，手上还出现神秘的烧灼痕迹。奈·比兰德拉苏醒后回忆："在水下，我只是触摸了一下那块巨砾——它间歇地闪烁着白光。这时，我体会到一种强力的电击感。"

长期以来，这一海区出现的怪异现象，引起了科学家的极大关注和浓厚兴趣。为了研究这一海下巨大的神秘闪光，科学家已把它拍成电影，并组织海洋学、光学等有关专家观察研究。科学家们认为，这一水下发光巨砾很像古代雕像人头的说法纯属一种偶然的巧合。无疑，这块巨砾定期成为一个强大电磁辐射源，然而其电磁辐射的机理尚无定论。特别是它在水下的光源从何而来，迄今仍是个谜。

（三十五）海水"粘"船之谜

100 多年前，在大西洋西北洋面上，有一艘渔船正在进行捕捞作业。渔船把网撒到海里，便拖着渔网前进。突然，船速明显降低，仿佛从沙滩上奔向大海的人一下水就走不动了似的。

船员们大吃一惊，脑海里立刻闪现出一系列海怪的传说，莫非自己的船被海怪攫住了，恐怖感立刻笼罩全船。

船长命令全速前进。可是任凭机器怎么吼，螺旋桨怎么转，这船却一步也不能移动了。会不会是渔网拖住了什么东西？

船长下令："收网！"

船员们拼命地往上拉渔网。可是，越拉，大家越害怕：从来都是撒开的渔网，今天却被卷成长长的一缕，仿佛有一只巨手扯着渔网，要把渔船拖向可怕的深渊。

"弃网！"船长胆怯地下令。

船员们操起斧头，三下两下就把渔网砍断了。然而，这一切都无济于事，渔船仿佛被粘性无穷的胶水粘住了，一点也动弹不了。

船员们惊恐万状，有的祈祷上帝保佑，有的哀求海怪宽恕……

正当船员们绝望的时候，突然有人发现渔船开始动弹了，起先是慢慢移动，接着越来越快，终于脱离了这个令人恐怖的地方。

渔船返港了。船员们向亲人诉说着这次奇遇。可船为什么会被海水"粘"住？他们除了解释是海怪作祟外，谁也说不清到底是怎么回事。

无独有偶，海水"粘"船的事也被挪威著名探险家南森遇到了。

自小就立志做一个北极探险者的南森，为了证实北冰洋里有一条向西的海流经过北极再流到格陵兰岛的东岸，不顾亲人的劝阻，设计制造了一条没有龙骨、没有机器的漂流船。这条船好像切成两半的椰子壳，船壁坚厚，船头上伸出一根又粗又硬的长角。南森给船命名为"弗雷姆"号，翻译成中文就是"前进"号。

1893年6月19日，南森乘船从奥斯陆港出发向北极方向驶去。8月29日，当船行驶到俄国喀拉海的泰梅尔半岛沿岸时，突然走不动了，船被海水"粘"住了。

顿时，船上一片混乱，有的船员在绝望地呻吟，有的在祈祷："死水，死亡之水呀，我们就要葬身在这里了，上帝救救我们吧！"

毕竟是探险家，南森却没有一丝惊慌的表情。他环视了海面，只见四周风平浪静，离岸也很远，不是搁浅，也没有触礁。那么，问题出在哪里呢？南森想，可能就是碰上传说中的"死水"了。他认真测量了不同深度的海水，记录下了观测的结果。

船员们对南森的行动不解，有人问："队长，你在海水里测了半天，这到底是怎么回事？海水里有海怪吗？"

南森回答道："不是海怪作祟。这'死水'的奥秘总有一天会弄明白的。"

不一会儿，海上刮起了风，"弗雷姆"号风满帆张又开始移动。船员们欢呼雀跃，庆幸自己死里逃生。

此时，南森仍在琢磨着。他发现，当船停在"死水"区不能挪动一步时，那里的海水是分层的，靠近海面是一层不深的淡水，下面才是咸咸的海水。他想，船被海水"粘"住的原因可能在此。

南森在寒冷的北极海洋中漂流了3年零2个月，终于弄清了北冰洋中心区的冰层和极地冷水下面，确实有大西洋流来的一条海流；同时，他还总结了浮冰的规律。

1896年8月15日，南森经历了千辛万苦之后终于回到了挪威。他没有陶醉在一片恭维声中，而是请来了海洋学家埃克曼共同探索"死水"的奥秘，终于弄清了其中的道理。

原来，海水的密度各处不同。一般说来，温度高的海水密度小，而温度低的海水密度大；盐度低的海水密度小，而盐度高的海水密度大。如果一个海域里有两种密度的海水同时存在，那么，密度小的海水就会集聚在密度大的海水上面，使海水成层分布。这上下层之间形成一个屏障，叫"密度跃层"。这"密度跃层"有的厚达几米。这种稳定的"密度跃层"可以把海水分成两种水团，分别位于跃层的上下，并以跃层作为界面。如果有某种外力（如月亮、太阳的引潮力，风、海流的摩擦力等）作用在界面上，界面就会产生波浪。这种波浪处于海面以下，人的肉眼完全看不见，因此称之为内波。

在海岸附近，江河入海口处，常常形成"冲淡水"，盐度和密度显著降低，它们的下面如果是密度大、盐度高的海水，就会形成"密度跃层"。夏季寒冷地区海上浮冰融化了，含盐低的水层浮动在高盐高密度的海水之上时，也会形成"密度跃层"。南森遇到的就是后一种情况。

一旦上层水的厚度等于船只的吃水深度时，如果船的航速比较低，船的螺旋桨的搅动就会在"密度跃层"上产生内波，内波的运动方向同船航行方向相反，内波的阻力就会迅速增加，船速就会减低下来，船就像被海水"粘"住似的寸步难行。当年南森的"弗雷姆"号被"粘"住时，船速就由4.5节突然降低到1节。后来，是风的推力超过了内波的"粘"力，才使南森的船脱险。

（三十六）奥克兰海洞之谜

1886年5月4日这天，澳大利亚的麦尔邦港里大大小小的各种船只穿梭往来，显得一片繁忙。只见一艘叫作"格兰特将军"号的船扯起风帆，慢慢地驶出了港口，朝着茫茫的大海深处驶去。

这艘"格兰特将军"号船上有一些旅客，还装载着黄金、皮革、羊毛和一些别的货物。它要经过新西兰的南部岛屿，开往英国的首都伦敦。

"格兰特将军"号在海上飞快地航行着。天气非常晴朗，海面上的风浪也不怎么大，真是一帆风顺呀！所以，在 5 月 13 日的时候，它就已经接近了新西兰南部一个叫奥克兰的岛屿。

这时候，天色慢慢地黑了下来，风也越刮越小了。"格兰特将军"号的船长命令舵手放慢了速度，朝着奥克兰岛缓缓地开了过去。

到了半夜的时候，"格兰特将军"号的船长命令舵手把船的速度放得更慢了，然后，他就干别的事情去了。整个海面上显得特别安静，只有船桅上的绳索发出一阵阵轻轻的声响。

"格兰特将军"号又往前航行了一段路程。这时候，一个负责瞭望的水手对值班的大副说："报告大副，奥克兰岛就在眼前了。"大副抬起头仔细一看，船果然就要到达奥克兰岛了。于是，他传下命令，对舵手说："改变航向，绕过奥克兰岛，继续前进！"舵手接到命令，立刻转舵。没想到，船却还是停留在原来的航向上，根本没动地方。舵手感到特别奇怪，赶紧一连转了几次舵柄。可是，船还是没动。这是怎么回事儿呢？原来，"格兰特将军"号已经陷到了强流当中。舵手正在惊奇的时候，忽然觉得船只被强流连推带拉飞快地朝着奥克兰岛冲了过去。船长发现情况不好，急忙赶了过来，他和所有的水手们心里非常清楚，"格兰特将军"号已经陷入了特别危险的境地，如果再不改变航向，就会撞到奥克兰岛上。船长和水手们急忙帮助舵手使出浑身的力气来转动舵柄。但是，不管他们怎么奋力想使船只脱离险境，都不起作用。最后，只听"轰隆"一声巨响，"格兰特将军"号终于撞到了奥兰克岛的石壁上，船舵"咔嚓"一声就被折断了。

这时候，"格兰特将军"号上的旅客们正在安稳地睡着觉，被这突如其来的声响一下惊醒了。他们一个个睡眼惺忪，穿着睡衣就急急忙忙跑到了甲板上。旅客们揉揉眼睛仔细一看，立刻被眼前的情景吓呆了。只见"格兰特将军"正在强烈的海流当中"滴溜滴溜"不停地打着转儿。忽然，又冲过来一股海流，冲击着船转了一个大圈以后，就朝着岛屿的另一处石壁撞了过去。更可怕的是，人们发现那个石壁上隐隐约约出现了一个黑乎乎的大海洞。那个大海洞正在张着黑乎乎的大嘴，好像要把整个"格兰特将军"号吞进去。

水手们看到那个黑乎乎的大海洞，虽然吓得两条腿一个劲儿地发软，可他们毕竟是水手，还在做最后的努力，来挽救"格兰特将军"号，挽救船上的旅客们，也在挽救他们自己。

海流还在猛烈地冲击着"格兰特将军"号，"格兰特将军"号最后身不由己地被冲进了那个巨大的黑洞当中，前桅杆"咔嚓"一声撞到了石壁上折成了两截儿，又"轰隆"一声倒了下来，"啪"地一下砸在了甲板上。船长和旅客们感到好像是天塌地陷了一样的恐怖。接着，人们什么也听不见了，耳朵里只有那汹涌海水的吼叫声，吓得浑身哆嗦，乱成一团。他们再往周围一看，黑茫茫一片，什么也看不见，只能坐在杂乱的甲板上等待着天亮。

几个小时以后，黎明的曙光终于露了出来，天终于亮了。船长借着黎明的光线一看，"格兰特将军"号正在大海洞的洞口里边，船的桅杆紧紧地顶在海洞洞口的上部。看样子，如果不是桅杆须在洞口上，整个船只早就被吞进去了。

现在应该怎么办呢？船长想了想，决定用救生船先把旅客们弄下船，送到岛屿上去。于是，他命令三个水手，放下了救生船。旅客们下到救生船上，划到了海洞的外边。

谁知道，正在这个时候，海水开始涨潮了，汹涌的浪潮猛烈地冲击着"格兰特将军"号，发出一阵阵吓人的声响。工夫不大，"格兰特将军"号的船底就被浪潮巨大的力量冲撞出了一个大窟窿，海水顿时"咕嘟咕嘟"地涌进了船舱。"格兰特将军"号开始慢慢下沉了。

船上的旅客们看到这种情景，吓得不知道怎么办才好了，那些身体强壮的男人纷纷跳进海里想逃生。可是，那个黑乎乎的大海洞好像有一股巨大的吸引力一样，一下就把那些人吸进了海洞里。只有四人侥幸逃到了洞外的救生船上。

这时，"格兰特将军"号上没有跳船的人，大都是一些妇女、儿童和体弱的人。船长赶紧叫水手们放下一艘长艇，带着他们快逃命。没想到，水手们刚刚把长艇划出洞外，迎面涌来一阵汹涌的海浪。结果，长艇被海浪"哗"地一下打入了海底，长艇上的人们几乎全都没有了性命，只有一个叫大卫·阿斯提斯的旅客和两个水手紧逃慢逃才逃到了洞外的救生船上。

海浪还在无情地冲击着"格兰特将军"号，海水还在不停地涌进船舱。最后，它终于慢慢地沉入了深不可测的海洞当中，船长和船上的人们都不见了踪影……

那些逃到救生船上的人们眼睁睁地看着"格兰特将军"号沉入了海洞，心里感到又惊又怕。大副先让大家镇静下来，然后想了想说："这附近有一个小岛，叫作失望岛。现在，咱们只能到那儿去啦。"别的水手一听，也想起了那个小岛，就说："好，咱们就到那个失望岛去吧。"于是，大副和水手们拿起船桨，划起救生船，带着那些幸存的旅客，朝着失望岛划去。

5月16日，大副和水手们来到了失望岛。他们上了岛上一看，哎呀，这个小岛和它的名字一样，真的是一个名副其实的失望岛。只见小小的岛上没有一点儿人烟，也没有人会到这么一个荒岛上来，甚至连船只也很难经过这里。

大副看了看这个荒凉的小岛，又看了看大家，然后清点了一下人数。现在，他们一共有9名水手和5名旅客。大副对大家说道："朋友们，这就是失望岛。它位于赤道以南，冬天很快就要来临了。咱们也许要在这里度过几个月的日子。"水手和旅客们知道自己的处境，就对大副说："大副！咱们现在只能团结一心，才能战胜困难。你有什么吩咐，就说吧！"大副点了点头，接着说："好！冬天很快就要到了，所以咱们现在必须寻找过冬的东西。"说完,大副、水手和旅客们立刻分头行动了起来。

大副在失望岛上转了一圈,看到岛上生活着许多海豹,心里非常高兴,因为海豹的肉可以用来充饥,海豹的皮可以披在身体上或者搭成棚子挡住冬天的寒冷。于是,大副连忙和水手们打来一些海豹,动手宰杀起来……

冬天很快就到了,失望岛上的生活越来越困难了。人们只能靠着海豹的肉来填饱肚子;披着海豹的皮,缩在用海豹皮搭成的棚子里,艰难地熬着漫长的时光。人们盼望着春天的来临,盼望着茫茫的海面上能够出现过往的船只。

春天终于来到了,天气逐渐暖和起来,人们每天都站在失望岛的最高处,眼巴巴地盯着海面。可是,他们盼了一天又一天,海面上连一只船的影子也没有。

到了夏天,人们实在等不及了。大副苦苦地想了好几天,最后终于下定决心,到新西兰去搬救兵。他把自己的想法说出来以后,大家想了想,觉得现在什么办法也没有了,只好这么干了。这天,大副带着三个水手,登上救生船,告别了大家,朝着新西兰的方向划去。

自从大副几个人走了以后,人们又开始天天都盼望大副他们早一天回来。可是,大副他们这一走,不知道碰到了什么样的灾祸,反正是再也没有回来。大家的希望又落空了。

日子艰难地过了一天又一天……

第二年春天,有一天,人们忽然发现远方的海面上出现了两艘船。他们顿时兴奋起来,一边拉着嗓门高声呼喊,一边不停地挥舞着手里的海豹皮。可是,那两艘船离失望岛太远了,船上的人们根本发现不了他们,慢慢地开走了。失望岛上的人们望着那越来越远的船只,一下瘫倒在地上,谁也不说话,只是失望地看着那水天一色的海面……

不知道过了多长时间,有一个水手站起身来,看了看大家说:"朋友们,别泄气!这回咱们没有成功,原因是海面上的船只离咱们太远了。咱们得想想办法呀!"经他这么一说,大家的情绪才有了好转。这个水手接着说:"我想,咱们应该赶紧动手做一个小船。如果再有船只出现,咱们就可以划着小船去追赶了,那样咱们也许就会有救了。"大家一听,觉得他的话非常有道理,立刻从地上爬起来,到处寻找木头,做起了小船。

过了些日子,海面上又出现了一艘船。这时候,失望岛上的人们已经把小船做成了。两个水手急忙登上小船,拼命地朝着那艘船划了过去。其他人拼命地喊叫,不停地挥舞着手里的海豹皮。

就这样,那艘船上的人终于发现了失望岛上的人们,失望岛上的人们终于得救了,终于结束了两年的孤独艰难的生活。

这些人得救以后,"格兰特将军"号沉船的消息很快地传播开来了。那些沉入海底的黄金立刻吸引了好多敢于冒险的人，他们组成一个个探险队怀着发财的梦想，陆陆续续朝着奥克兰群岛开了过来。

1890 年 3 月 26 日，那个从大海洞里死里逃生的旅客大卫·阿斯提斯，也带着一艘名字叫作"达芬"号的船到了奥克兰群岛。这艘船上有一个船长和四个水手。有一天，大卫·阿斯提斯看看海面上风平浪静，就对船长说："今天是个难得的好天气，咱们是不是现在就出发呀？"听他这么一说，船长赶紧说道："好吧，立刻出发，到那个大海洞去！"

船长、四个水手和大卫·阿斯提斯驾驶着"达芬"号，一边朝着那个大海洞前进，心里一边美滋滋地想："啊，这要是能把那些沉入海洞的黄金找到，就可以一下发大财啦，这一辈子也就可以尽情地享受了。"不过，发财的美梦不是好做的，他们从此就一去不返了。其他到奥克兰群岛那个大海洞寻找黄金的探险队的船只也都一艘艘地失踪了。

那么，这些寻找"格兰特将军"号沉船上黄金的船只和人们到底又发生了什么事呢？这些问题，谁也不知道。探险队当中倒是有几个人活着回来了。可是，这几个人说，他们根本就没有发现什么"格兰特将军"号，甚至连传说中的大海洞也没有看见。

这又是怎么回事儿呢？难道说，大海为了保住自己的秘密，把奥克兰群岛的那个大海洞藏起来了吗？谁也说不清楚，也许这又是一个永远也解不开的谜……

十一、自然灾害之谜

（一）通古斯大爆炸之谜

俄罗斯的西伯利亚地区广袤、深远、无边无际的原始森林和自然冰川依照其自身的规律在静谧中自生自灭。1908 年 6 月 30 日这一天，一声猛烈的爆炸打破了这亘古的沉寂。耀眼的火球直冲云天，6000 平方千米的森林在瞬间被大火吞噬，巨大的声响传到了 1000 千米之外，浓烟一直升到 2 万米的高空，一朵蘑菇状云雾"盛开"在通古斯上空，久久不散……

按照当时军事科技的发展水平来讲，爆炸不可能出自人为，那又是什么引起了这次破坏力如此巨大的爆炸呢？

据之后的科学推算，通古斯大爆炸具体发生在大约当地时间 1908 年 6 月 30 日早上7 时 17 分左右，位置在北纬 60°55′、东经 101°57′，靠近通古斯河的塔伊加地区（今属俄罗斯联邦埃文基自治区）。据后来估算，这次爆炸的破坏力相当于 1000 万~1500 万吨 TNT 炸药的威力，使超过 2150 平方千米内的 6000 万棵树倒下。

大约当地时间早上 7 时 15 分左右，在贝加尔湖西北方的当地人观察到一个巨大的火球划过天空，其亮度和太阳相当。几分钟后，一道强光照亮了整个天空，稍后的冲击波将附近 650 千米内的窗户玻璃震碎。并且，人们观察到了蕈状云一样的东西腾空不散。这个爆炸得到了横跨欧亚大陆的地震站的记录，它所造成的不稳定气压甚至被当时英国刚发明的气压自动记录仪侦测。接下来几个星期，欧洲和俄国西部的夜空犹如白昼，晚上不必开灯就可读书。在美国史密斯天文物理台和威尔逊山天文台观察到，大气的透明度降低的现象至少持续了几个月。

一位叫谢苗诺夫的通古斯地区居民在回忆他当时所见到的情景时说："那天早上，天空北部突然裂成了两半，林区上边的整个北部天空都被火焰覆盖了。从北面刮来一股热风，火烧火燎的，衬衫烫得快要着火了。同时，天上'砰'的一声巨响，我被摔出 21 英尺远，顿时失去了知觉。后来，天空明亮起来，又有一股炽热的风从北边刮来……"

1908 年 7 月 13 日，俄罗斯西伯利亚地区的一家报纸报道了通古斯大爆炸，文中这样说：

本地区发生了一次实属罕见的异常天气现象。这里先后刮过两次强度相当的大风。到 6 月 30 日上午，第三次大风接踵而来。7 时 43 分，这股干燥的强风夹杂着巨大的噪声横扫大地，接着地动山摇，许多建筑物发生了震颤，仿佛许多石块还撞击着各种建筑。有人回忆，在第一次和第三次强风的间隙，地下发出一种异常的声响，好像火车在地下奔驰，五六分钟后又像是大炮轰鸣……这次来路不明的"爆炸"，震倒了路边的行人和马匹，震碎了房屋的玻璃。

在第一次轰鸣声后，有人亲眼看见一个燃烧的天体从天而降，从南到北划过天空，在东北方向的远处消失。由于速度太快，目击者没有看清它的大小和形状。但是，许多村民都看见这个飞行物到达地平线时，那里升起了一团巨大的火焰。

20 世纪初叶的俄国，沙皇统治风雨飘摇、自顾不暇，地处偏远的通古斯地区发生的这次大爆炸，一直无人问津，人们笼统地把它称为"通古斯大爆炸"。直到十月革命以后，1927 年苏联物理学家库利克率领考察队前往通古斯地区进行了第一次科学考察。

他们提出假说：一颗庞大的陨石在快速运动中与大气摩擦，充分燃烧分解，引起大爆炸。考察发现，烧焦枯死的树横跨了大约 50 千米，少数靠近爆炸中心的树没有倾倒，但树枝和树皮却被脱去了，树向着与爆炸中心相反方向倾倒。之后，库利克又先后四次率队前往通古斯考察。1938 年，库利克又找人来航拍整个区域，发现树木是以一个巨大的蝴蝶状倾倒的。然而，仍然没有发现任何陨石坑。因为始终没有找到陨星坠落的深坑和陨石碎片，"陨星说"也就成了一种缺乏证据的推测。

同时，许多奇怪的现象也被发现，如爆炸中心的树木并未全部倒下，有些只是树叶被烧焦；爆炸地区的树木生长速度加快，树木年轮宽度由 0.4~2 毫米增加到 5 毫米以上；爆炸地区的驯鹿都得了一种奇怪的皮肤病，等等。不久后第二次世界大战爆发，苏联关于通古斯大爆炸的考察也被迫中止了。

"二战"以后，苏联物理学家卡萨耶夫访问日本，看到原子弹在广岛爆炸留下的废墟后，联想起了通古斯，两者有着众多相似之处：爆炸中心受破坏，树木直立而没有倒下；爆炸中人畜死亡，是核辐射烧伤造成的；爆炸产生的蘑菇云形状相同，只是通古斯的要大得多。于是，他大胆地提出：通古斯大爆炸是一艘外星人驾驶的核动力宇宙飞船在降落过程中发生故障而引起的一场核爆炸。

这立即在科学界引起了强烈反响，支持者和反对者都不乏其人。有人进一步指出，通古斯地区驯鹿所得的癞皮病与美国 1945 年在新墨西哥进行核试验后当地牛群因受到辐射而得的皮肤病十分相似，而且，通古斯地区植物和昆虫出现遗传性变异等情况，也与美国在太平洋岛屿进行核试验后的情况相同。

但 20 世纪 50 年代至 60 年代，又有人在这个地区发现了极小的玻璃球。化学分析显示，球内含有大量的镍和铱，这是在陨石中常见的金属，而且也可以确定：它们来自地球以外。另外，研究发现它们并没有辐射异常的迹象，表示这次大爆炸并不是自然的核自爆现象。所以，又有人坚持说大爆炸源于陨星。

多年来，双方都声称找到了对自己有利的证据，谁也说服不了谁。

1965 年，三位美国科学家提出，通古斯大爆炸事件可能是从太空降到地球的一种反物质——反陨石造成的。他们认为，半克"反铁"与半克铁相撞，就足以产生相当于在广岛爆炸的那颗原子弹的破坏力。

1973 年，美国德克萨斯大学的两位科学家——杰克逊和莱伊安根据黑洞天体的理论，认为大爆炸是由微型黑洞天体的强大引力造成的。

苏联科学院院士彼得洛夫第一次提出了"彗星撞击说"。他认为引起通古斯爆炸的，是一个来自太阳系遥远地方的由稀松的雪团组成的彗星。当它高速运行，冲破地球表面的大气层时，因摩擦产生了过热气体。这种气体一接触地面，就发生了巨大冲击波。但由于彗星很快便蒸发完了，所以地球上没有留下任何"物证"。

（二）天启大爆炸之谜

1626 年 5 月 20 日（明熹宗天启六年五月初六），明朝故都北京城西南王恭厂（今宣武门）一带发生了一场破坏惨重的灾变，至今使人闻而骇然，难解事发端倪。

当天早上，天色皎洁，忽有声如吼，从东北方渐至京城西南角，灰气涌起，屋宇动荡。顷刻，大震一声，天崩塌，昏黑如夜，万室平沉。若乱丝、若五色、若灵芝状的烟气冲天而起，经久方散。东自顺城门大街，北至刑部街，长3~4里，周围13里，上万间房屋，2万余人皆成粉碎状，瓦砾盈空而下，人头及臂、腿、耳、鼻等纷纷从空中落下。

街面上碎尸杂叠，血腥味浓；人亡惨痛，驴马鸡同时毙尽。在紫金城内施工的匠师2000余人，从高大的脚手架上震落，摔成肉饼。成片的树木连根拔起，飘飞远处；石附马大街一座500公斤重的大石狮子也飞出顺城门外。象来街的皇家象苑、象房全部倾倒，成群大象受惊而出，狂奔四方。

皇帝明熹宗正在乾清宫用早膳，突然地动殿摇，御座、御案一下子翻倒在地，明熹宗不顾九五之尊，起身冲出乾清宫直奔交泰殿，当时内侍都来不及追随，只有一个近侍搀扶着皇帝跑出来，没想到途中屋瓦乱飞，正中近侍头部，近侍脑浆迸裂倒地而亡。

奇怪的是爆炸中心却"不焚寸木，无焚烧之迹"，而爆炸威力之大，撼天动地之巨，远非火药库失事或地震引起灾变所能解释。一时间，全国震动，熹宗皇帝不得不下罪己诏，大赦天下，祈天安民，发府库万两黄金赈灾。此事亦被载入明朝正史。

死难者奇况颇多。承恩寺街上8人抬一女轿正走时，赶上灾变；大轿被打坏放在街心，轿中女客及8名轿夫全都不见了。菜市口有位姓周的绍兴来客正与6个人说话，忽然头颅飞去，躯肢倒地，而近旁6个人则无恙。

令人咄咄称怪的是，死难者与受伤者以及无恙者都在灾变中瞬间被剥光了衣服，赤身裸体。元宏圭街一顶过路女轿，灾变时被掀去轿顶，女客衣饰尽去，赤体在轿却毫无伤迹；一位当官的侍从在灾变时，只觉棕帽、衣裤、鞋袜瞬间俱无，大惊不妙。有个被压伤腿的人，眼见周围的男女一丝不挂，有的以瓦片遮挡下身，有的用裹脚带缠掩下部，还有的披着床单或半条破裤……相互间啼笑皆非，无可奈何。

人们的衣服都被掠到哪里去了呢？灾变后，有人报告，衣服全都飘移到几十里外的西山里了，大半挂在树梢上。户部（明朝管民政的机构）张凤奎派长班（即侍从）前往查验，果然如此。只见在西山昌平州教场上衣服成堆，首饰、银钱、器皿无所不有。

北京城特大灾变360周年之际，北京地质学会等20多家团体于1986年发起了对这场灾变原因的学术研讨。学者们各抒己见，莫衷一是。主要有"大气静电酿祸"说、"地震引发火药爆炸致灾"说、"地球热核强爆作用"说等。但这些观点都不能解释灾变中的低温无火、荡尽衣物等罕见特征。

当时的天启皇帝朱由校认为这场灾难是自己当政不端的原因，并下"罪己诏"来责备自己。但我们今天重新审视这场浩劫，只能称这是一个旷古谜团。

对于王恭厂特大爆炸，几百年来一直众说纷纭，有人认为是地震引起的，有人说是火药库失事，也有人以为陨石坠落，或隐火山热核强爆，或是由地震、火药及可燃气体静电爆炸同时作用。到了现代，就有人说是外星人入侵。但没有一个观点或说法使人完全信服，也没有一个说法可以解释天启大爆炸的所有现象。

最奇妙的是爆炸所引起的"天变"。通古斯大爆炸后"接下来几个星期，欧洲尤其是俄国西部的夜空犹如白昼，亮到晚上不必开灯就可读书"。这种白夜现象是由于彗星在大气层爆炸之后，碎片和宇宙尘在大气层的上端四射飞溅而造成的。

在天启年间的北京，没有"白夜"的记载，但记载中有"不久，又见南方的天空上有一股气直冲入云霄，天上的气团被绞得一团乱，演变成各种奇形怪状，有的像乱丝，有的像灵芝，五颜六色，千奇百怪，许久才渐渐散去"的描述，应该也是由于宇宙尘或碎片"四处横飞"造成的。只不过天启爆炸的天外来物体积较小，爆炸时距离地面更近（因此"地裂十三丈"），所以四射的宇宙尘是在大气层的较低端形成"天空中有丝状、潮状的五色乱云在四处横飞"，而没有造成经久不息的"白夜"。

以破坏的面积和规模看，通古斯爆炸较之天启爆炸的外来物体积要大得多。据科学家计算，通古斯爆炸体的直径约 20 米，爆炸点距地面大约 5000~10000 米之间，爆炸力相当于广岛原子弹的 1000 倍，也就是相当于 1000 万到 2000 万吨当量的 TNT 炸药威力，波及 2150 平方千米。而天启爆炸的爆炸范围直径大约 1.5 千米，面积达到 2.25 平方千米，波及的范围远至昌平、通州，但比之通古斯要小得多。

两次爆炸的天体显然是斜角切入大气层，在近地点爆炸。据研究，通古斯的爆炸物的切入对地角度为 30°左右，爆炸的冲击波形成蝴蝶形。天体切入的方向是自东南向西北。但由于"锥形弹道冲击波"的作用，冲击波放射的方向是反向的东南方，在爆炸点东南方向，树木成马蹄形向东南面倾倒。

由于天启爆炸物爆炸时离地面距离很可能大大小于通古斯爆炸，因此其对地面的切入角度应该更陡峭一些，天体切入的方向是从东北到西南，"忽有声如吼，从东北方渐至京城西南角"。而冲击波的方向像通古斯爆炸一样也是反向，从西南向东北，即朝着天体飞来的方向。"爆炸的力量主要是在王恭厂中心区内，如石驸马大街到工部衙门一带是官府衙门集中的地方。冲击力量在东、西和北三个方向，以东面和北面更强一些。唯独丝毫未提及南面"，显见爆炸的冲击波也是呈扇形或类似蝴蝶形展开。

如此比较下来，天启大爆炸和通古斯大爆炸很可能属于同一性质的爆炸，而彗星闯入大气层在近地点爆炸的学说也几乎可以圆满地解释两次大爆炸的所有共同的现象。

（三）庞贝古城毁灭之谜

1748 年春天，一名叫安得烈的农民在深挖自己的葡萄园，他高举锄头"哐啷"一声，好像掘到了一块巨石，但怎么使劲也拔不出锄头。发现锄头穿透了一个金属柜子，于是大家七手八脚把柜子挖出来，打开一看，里面竟是一大堆熔化、半熔化的金银首饰及古钱币。消息传开，在这片土地上种植葡萄的农民突然想起祖辈相传的关于庞贝失踪的传说，于是盗宝者蜂拥而至，尔后也引来一批历史学家和考古专家来这里考古。使得庞贝终于重见天日。

庞贝城出土的一只银制酒杯上刻着这样的话："尽情享受生活吧，明天是捉摸不定的。"另外的一副壁画上写道："没有任何东西可以永恒。"相信说出这些话的庞贝人并不知道死亡在即。这只银杯被挖掘于存放葡萄酒的房间内，同时被挖掘出的还有横陈在酒杯旁的一具女性的遗骸。这就是庞贝，它以瞬间痛苦的毁灭为代价，放肆地享受生命的欢乐。庞贝人耳熟能详的名言是：葡萄酒和女人，毁坏了我们的身体。可如果没有葡萄酒和女人，我们活着还有什么意义呢？庞贝人的人生观念由此可见一斑。

庞贝城面积约 1.8 平方千米，四周环绕着 4800 多米长的石砌城墙，两条笔直平坦的大街将全城分成 9 个城区，里面小街小巷纵横相连，路面用碎石铺成。大街两旁有人行道，街道宽达 10 米，铺着整块的大石板；十字路口雕花石砌的水池里满是清凉的泉水。最宏伟的建筑物集中在城西南，因为那儿是政治、经济、宗教的中心。

公元前 10 世纪，庞贝只是一个小集镇，主要从事农业和渔业生产。公元前 89 年，庞贝城被罗马人占领，成为罗马帝国的属国。到公元 79 年为止，这里已经成为富人的乐园，贵族富商纷纷到此营建豪华别墅，尽情寻欢作乐。庞贝城人口超过 2.5 万人，成为闻名遐迩的酒色之都。

然而，公元 79 年，维苏威火山却给庞贝城带来了灭顶之灾。火山爆发形成的火山碎屑将整个庞贝城掩埋，最深处竟达 19 米——曾被誉为美丽花园的庞贝消失了。在这个过程中，大部分人有时间逃命，如今在遗址中发掘到 2000 多具尸骨。

1890 年，考古学家乌塞皮·菲奥雷利亚种出一种新的发掘技术。经过很长时间，人体在里面枯干了、消失了，只剩下一些空壳。考古学家就利用这些空壳做模子，把石膏浆灌进去，制成许多和真人一样形状的石膏像，再现出了受难者当时那种绝望和痛苦的表情：一个小女孩紧紧抱住母亲的膝盖，掩面大哭；一个拿着一袋硬币的乞丐茫然站在街口；有些人正在墙脚挖洞，寻找逃生之路；有一群被铁链锁住的角斗士痛苦地挣扎着，想要摆脱铁链……一切仿佛都发生在昨天，庞贝城好像沉睡了 1900 年，刚刚苏醒。

据考古学家们鉴定，在遗址中发掘到的 2000 多具尸骨中，大部分是老弱病残、奴隶、囚徒等，也就是说，大部分的庞贝人得以在灾难中逃生。然而，他们最终逃到哪里去了？为什么此后没有创建第二个繁华的"庞贝城"？神秘的庞贝给世人留下了太多的谜团。

（四）印度古城摩亨佐·达罗毁灭之谜

在巴基斯坦信德省的拉尔卡纳县南部滚滚流淌的印度河右岸，有一座半圆形的佛塔废墟，修建年代没有人知晓。白日狂风沙尘呼叫，夜晚寒风习习，尽收眼底的只有一望无际的信德沙漠。当地人称之为"死人之丘"。多少年来，这里一片荒芜，满目凄凉，没有人烟。可是，有谁想到这漫漫黄沙之下埋藏着一个曾经高度发达的文明城市呢！

1922年，几名印度勘察队员偶然来到这里，在佛塔的废墟里，找到了几块刻着动物图形和令人费解的文字的石制印章。接下来的几十年里，几个考古工作队相继来到这里进行了发掘和整理，终于发现这里是一座重要的古代城市的废墟。这一考古发现，向世人证明了印度河文明与两河流域的苏美尔文明一样古老而灿烂。这座标志着"印度河文明"的古城，就是举世闻名的摩亨佐·达罗。

摩亨佐·达罗的城市总体规划非常先进且又极为科学，在当时可谓土木工程中的一项伟大成就，无怪乎很多人将其称为"青铜时代的曼哈顿"，但在信德省方言中，摩亨佐·达罗真正的含义是"死者之丘"。这座印度河古文明鼎盛期的最具代表性的城市遗址，在地下埋没几千年后，终于待到20世纪开始被一一揭示。

城市整个被分为好几个部分，包括一座位于高处的"城堡"和地势较低的城区。一条宽阔的大马路自北往南纵贯城市，每隔几米就有一条东西向的小街与之成直角相交。此外，还有小巷组成的不规则的路网与小街相连，住宅房屋的墙壁很厚，表明至少是两层楼房，大多数为多间建筑，有些房子很大，包括几套院落，有些则是简陋的单间房屋。

房屋是用烧制的砖块建成的，据考古学家称，"砌砖的精细程度几乎无法再提高了"。大多数住宅的底楼正对马路的一面均为毛坯，没有窗户——这种旨在防止恶劣天气、噪声、异味、邻人骚扰和强盗入侵的城市习俗至今仍为近东地区的许多地方遵行。通常房屋正门位于后面的小巷，对着一个宽敞的门厅，向前是一个院落，房屋的采光、通风十分良好。

当欧洲人还生活在村庄里，英伦王岛上的巨石阵正在建造的时候，生活在印度河流域的哈拉帕人已经成为世界拥有最先进的供水和排污系统之一。在摩亨佐·达罗，一个水井网络为每个街区提供方便的淡水来源。

几乎每户人家都有沐浴平台，许多家庭还有厕所。城中还有一个范围广大的排水系统将多余的水带走。于1925年挖掘出土的大浴池是被一个大建筑群包围的砖砌大水池，位于城市公共部门的正中心，盛有一池深水，它在当时是一个技术上的奇迹，在古印度的建筑中也是独一无二的。

然而到了大约公元前1500年左右，不知出于什么原因，摩亨佐·达罗人烟绝迹，一个灿烂的文明戛然而止，这让考古学家们大惑不解。关于摩亨佐·达罗究竟是如何消失的，这也成了考古学家们探测的重要课题。

有人设想是由于城市内部发生剧烈的变革和斗争的结果。但是这种设想似乎缺少令人信服的科学证据。又有人认为雅利安人的入侵是导致这一毁灭过程的基本原因。在这座城市的街道和房屋中，人们挖掘出很多集中死亡的人类的遗骨，这些人有的还带着手镯、戒指和串环，很显然是突然死亡的，所以这种观点流传很广。但有史料明确记载，雅利安人到达印度是在公元前1500年左右，而这座城市毁灭是在公元前2000年之前，其中有500年的差距，也就是说，在雅利安人到达的500年前，这座城市已遭到毁灭。

还有人从自然灾害方面来找原因。在公元前1700年前后，地球上有过一个地震活跃期，历史上有许多城市都是在这个时候被毁灭的。印度河诸城被大地震破坏后，森林遭到严重破坏，水土流失，气候变得恶劣，河道淤塞，导致洪水泛滥。人们在此地不能生存，只好背井离乡，迁徙到其他地方。这种说法似乎更有说服力，因此更容易得到人们的赞同。

近年来，有一种新的说法认为，摩亨佐·达罗毁于一次史前大爆炸。从挖掘的现场来看，全城居民几乎死于同一天，显然是遇到了某种不可抵抗的灾难。不仅如此，研究者们还惊奇地发现：这座古城焚烧后的瓦砾场，看上去极像原子弹爆炸后的广岛和长崎，地面上还残留着遭受冲击波和核辐射的痕迹。联系到古印度史诗《摩诃婆罗多》对5000年前史实的生动描述，后人对"核死丘"的遭遇也就可以领悟一二了："空中响起轰鸣，接着是一道闪电。南边天空一股火柱冲天而起，太阳耀眼的火光把天割成两半……房屋、街道及一切生物，都被这突如其来的天火烧毁了……""这是一枚弹丸，却拥有整个宇宙的威力，一股赤热的烟雾与火焰，明亮如一千颗太阳，缓缓升起，光彩夺目……""可怕的灼热使动物倒毙，河水沸腾，鱼类等统统被烫死；死亡者烧得如焚焦的树干……毛发和指甲脱落了，盘旋的鸟儿在空中被灼死，食物受染中毒……"难怪美国"原子弹之父"奥本海默认为这部印度古代叙事诗中记载的分明是史前人类遭受核袭击的情形。后经科学家证实，这种巨大的爆炸力来源于大气中电磁场和宇宙射线的双重作用。

这种观点虽然耸人听闻，但通过考察摩亨佐·达罗的遗址，证明它确实是有爆炸的痕迹的。

怎样才能给摩亨佐·达罗的毁灭一个圆满的解释，这真是一个难解的问题。

（五）索多玛城毁灭之谜

索多玛是《圣经》中的罪恶城市，也是现实中物欲横流、道德败坏的比喻。大多数历史都是因为"成就"而被铭记，但是索多玛却因它的毁灭被人们长久地记住。

《圣经·旧约·创世纪》第13章第13节说"索多玛人在耶和华面前罪大恶极"，第18章第20节中记载了耶和华的宣言："索多玛和蛾摩拉的罪恶甚重，声闻于我。"

第 19 章第 24 节中说："当时，耶和华将硫黄与火从天上降与索多玛和蛾摩拉，把那些城市和平原并城里所有的居民，连地上生长的都毁灭了。"

亚伯拉罕向天主求情，上帝答应他，只要能从城中找到 10 个正义的人，就不毁灭索多玛。黄昏时，上帝派了两位使者来到索多玛城，罗德看见了他们，请他们到自己的家中做客。罗德为他们烤了无酵饼，备了宴席。没想到他们还未就寝，索多玛城所有的男人就无一例外地围住了罗德的家。他们对罗德说："今晚来到你这里的那两个男人在哪里？给我们领出来，叫我们好认识他们。"罗德劝他们放过这两个外乡人，但他们不听，一齐上前要打破那门。上帝的两名使者将罗德拉进屋内，又使那些在屋门口的男人都迷了眼，找不着门口。那两个人对罗德说："你这里还有什么人？带你的妻子、儿女、女婿马上离开这地方，因为上帝遣我们来毁灭这地方。"罗德就出去，告诉他的两个女婿说："起来，离开这地方，因为上帝要毁灭这城！"但他的两个女婿却以为他在开玩笑。

天一亮，两名使者领他们到城外，其中一个说："快快逃命，不要往后看，也不要在平原任何地方站住，要逃往山中，免得同遭灭亡。"太阳已升出地面，上帝降硫黄和火于索多玛和蛾摩拉，毁灭了这几座城市和整个平原，以及城中所有的居民和地上的草木。罗德的妻子因为一时好奇，回头张望，立即化身为盐柱。

随着现代考古对《圣经》中一些描述的证实，《圣经》中的这些神秘故事也越来越多地激起了人们的好奇心。人们觉得它们可能是确有其事的。多年来，为了证明《圣经》中关于索多玛记载的真实性，罗恩·瓦特一直在中亚等地探险。这个执拗的美国人原本是一名麻醉师，他从 1977 年突然对考古学发生了兴趣，特别是《圣经》考古。

1989 年，罗恩驾车经过死海的西边。虽然此前他曾经过这条路无数次，可是这次他突然发现远处山脚下的巨石和泥土看起来好像城市的墙与建筑物。于是，他把车停在一边以做进一步的研究。他发现，在这里有类似建筑物的结构，但全是由桴木所构成，有多个房间，其中一个仍然能够进入。联结各建筑物的街道、古庙塔和狮身人面像，所有这些都被用传统的城墙围着。站在高处，可以看见整个城市建筑排列在一个明显由人工划定的方形范围内。

巧合的是，死海西岸的这座山长久以来一直被人们称为索多玛山。罗恩断定，这座城市废墟就是《圣经》中被上帝而毁掉的索多玛城。

罗恩在城中还发现了已完全变成灰烬的骨骼等，科学家们在这些灰烬残留物中还发现了大量的硫和硫黄石球。通常情况下的硫呈结晶状态，但该处的圆球形硫在全世界却独一无二，它们含有 95%~98% 的纯硫。美国田纳西州诺克斯维尔—加尔布雷斯实验室的研究人员测试过这种球形硫，他们说，硫通常只能在火山、硫化物矿脉中发现，在索多玛山脚下发现的这些硫球必定曾燃烧过，因为这些硫球周围有燃烧环的痕迹。

关于索多玛城如何被毁灭，宗教人士一直坚持说是上帝的惩罚。

太阳在天边冉冉升起，平原上一片宁静，索多玛城中的居民们正在安睡，毁灭的时刻终于到来……

这场漫天烈火，以其巨大的高热能量在瞬间毁灭了整个地区。所有的一切都在高热能量之中化为灰烬，所有的一切都在高温热浪之中翻卷升腾……

但这里有一个十分明显的问题，当耶和华用在空中投掷的方式引发漫天烈火的时候，他果真是在倾倒硫黄与火吗？即使这只是一个比喻性的说法，也未免太蹩脚了，因为硫黄燃烧时释放出的能量与温度都不高。不过，要是换成另一种说法，或许会更为合情合理一些。也就是说，耶和华从空中往大地上发射有着硫黄一样淡黄颜色、尾部喷火的类似火箭弹一样的东西，这些东西落地之后立即爆炸，从而迅速引发漫天烈火。远远传来的爆炸声，惊醒了大清早仍在睡梦中的亚伯拉罕，他立即跑到户外，向传来爆炸声的方向眺望，发现包括索多玛在内的整个平原地区，已经变成一片火海！

《众神之车》的作者曾经提出这样的观点，索多玛漫天烈火的爆发是一次核爆炸引发的。但由此又引出了这样的一些问题：索多玛究竟出了什么事？难道用某种力量摧毁这座城市已经到了迫不及待的程度了吗？该书的作者以日本广岛的原子弹爆炸为例，进行了自以为是的解释，并且特别指出罗德妻子之死，是因为她转身直视原子太阳受到强烈的辐射，猝然倒地死亡。

耶和华在索多玛投掷了原子弹！进一步的推论就将是：这个耶和华，或那些天使，绝对不是民族神话或宗教经典里的神，而只可能是外星人！而关于索多玛漫天烈火是核爆炸引起的说法，也存在着一个明显的漏洞，因为核爆炸的时候，核辐射一般不会直接使受到辐射的人猝然倒地而死。同时，核辐射所造成的核污染会长期蔓延，而不会很快消失。因而，躲在山洞里面的罗德与他的两个女儿，即使能够躲过核爆炸的威胁，也不可能逃脱核污染的危害，更不可能打破伦常来生儿育女，成为两个部族的始祖。不过这种说法，倒也提供了一种新思路，即索多玛发生漫天烈火的故事，是在一次真实爆炸事件发生的情况下，经过幸存者的不停讲述，一代又一代流传下来并进入民族神话，再进入民族宗教的。在无数次的不断述说之中，这个故事最后演变成《圣经》里漫天烈火、罪大恶极的索多玛人被耶和华有意识地加以毁灭的形态！

如果人们能够排除那些后来被附加上去的神秘成分与宗教色彩，那么索多玛发生漫天烈火的爆炸事故，实际上只有三个基本的构成要件：爆炸的原因是某种从天而降的物体，爆炸的现场是比较广阔的地区，爆炸的后果是这一地区被彻底摧毁。一般说来，地球人最常见的、由空中坠落物体引发巨大爆炸并造成严重破坏的，就是陨石撞击地球！

可是，如果索多玛漫天烈火是由陨石撞击引起的，就必定会出现巨大的陨石坑，而在幸存者的传说中，也不可能对这个巨大的陨石坑置之不理、一字不提。同时，假如在索多玛地区真的曾出现过如此巨大的陨石撞击事件，也就不可能不留下陨石撞击地球的任何痕迹。有关专家认为，索多玛地区的地理位置，就在如今的死海附近，可是在死海附近，至今还没有发现过任何巨大陨石坑的遗迹。所以，索多玛的漫天烈火，很可能并不是因陨石撞击地球而引起的。

（六）"死城" 赫库兰尼姆之谜

无独有偶，与庞贝有相似结局的还有一座"死城"，名字叫赫库兰尼姆。关于它毁灭时的情况，考古学家做了如下猜测：

公元 79 年 8 月 24 日早晨，那不勒斯海湾晴空万里，阳光明媚。

在海滨圣地的赫库兰尼姆城，面包师塞克斯塔斯·帕特卡斯正在面包房烤制着面包和糕点，蔬菜水果贩奥拉斯·法菲热斯正往水果和蔬菜上洒水，一位雕刻师正在加工一块美玉，一个生病的孩子躺在珠宝店后面的一所房子里，一个粗壮的搬运工正在造船厂搬运一箱货物，一个 14 岁的小保姆正在照看仅 10 个月的婴儿……整个城市的居民处在宁静欢快的气氛之中。

中午，赫库兰尼姆城的居民感到大地在震颤，并听到震耳欲聋的爆炸声和雷声，抬头望去，只见东面 4 千米远的维苏威火山口冲出一股蘑菇状的烟柱，霎时间遮天蔽日，天昏地暗，滚烫的岩浆以每小时 100 千米左右的速度迅速地涌向这座城市，其温度估计高达 399℃。

惊恐万状的居民争先恐后涌向海滩，沿海滨或乘船逃命。

19 个小时以后，当维苏威火山平静下来时，赫库兰尼姆城已经被掩埋在厚达 20～30 米的黑色岩浆下面。

几个世纪过去了，赫库兰尼姆城与 11 千米外的庞贝城逐渐被人们遗忘，直到文艺复兴时期，意大利人研读祖先留下的手稿时，才知道维苏威火山附近有两座被埋葬的城市。

1709 年，工人们在"死城"挖井时，发现了古时剧场的舞台。进一步挖掘后，发现了众多的大理石构件。赫库兰尼姆就这样很偶然地被发现了。当时，意大利正被奥地利军队占领。奥地利一亲王闻讯后下令士兵开挖隧道，以便攫取漂亮的大理石去建造他正在动工兴建的别墅。他根本就没有意识到他挖掘的是世界上独一无二的东西——一座完整无缺的古城。

1738 年，意大利皇家图书馆馆长、人文学家唐·马塞罗·凡努提侯爵开始在赫库兰尼姆城发掘。他采取井巷式的发掘方法，清理出土了三个穿长袍的罗马人的大理石雕像、一些彩色圆柱和一匹青铜马的躯干。同年 12 月 11 日，又找到一方铭文，从而了解到有个名叫鲁幅斯的人曾出资兴建"海格立斯剧场"。据此，专家们断定，这里就是失踪千年的罗马古城赫库兰尼姆。

1763 年，公众的注意力转移到庞贝城，因为那里出土了刻有"庞贝市公所"铭文的石碑，从而掀起了一股发掘庞贝城的热潮。直到 1927 年，意大利政府才决定对赫库兰尼姆城进行分阶段的发掘，赫库兰尼姆城的原貌逐步得以显现出来。

赫库兰尼姆城，又名海格力斯，以希腊神话传说中的英雄海格力斯之名命名，在历史上，它曾被意大利几个不同的民族相继统治过。公元前 89 年，它同庞贝城一起被罗马人占领，成为古罗马的一个属地。公元 79 年 8 月 24 日维苏威火山爆发前，其占地面积约 23 万平方米，人口达 5000 人。

初步发掘出来的赫库兰尼姆城保存较为完整，主要是因为火山熔岩对它起到了一种保护作用。火山熔岩虽然使木料碳化，却没有毁掉木头，因此，许多门窗在原来的位置上仍可随意启闭，青铜汲水机依旧可以运转自如。在一个小吃店的柜台上还摆放着胡桃；修理店里，一个铜烛台和一尊酒神铜像仍放在原处等待修理；面包房里，烤面包的铜盘仍旧留在烤箱里；离那儿不远处，两头小毛驴的骨架永世套在磨套上；玉雕店里，一个病孩躺在一张精美的木板床上，桌上放着为他做的一条鸡大腿……有一间屋子的墙上潦草地写着送酒的次数和日期；另一间屋中的墙上列着一些简单的单词；还有一间房子的墙上画着一幅角斗士与鹿角斗的素描；在通向一所房子的斜坡上，写着这样一句话："帕吐姆那斯爱艾菲安达。"

但是，赫库兰尼姆城的居民却"失踪"了。在最初 250 年的挖掘中只找到 9 具遗骸，所以人们一度认为居民大多数逃走了。今天的那不勒斯城市，仍保留有"赫库兰尼姆居民区"。

然而事实并非如此。1980 年，工人们在安装地下水泵时，发现两具躺在古海滩上的遗骸。一具是矮胖的男性，考古学家们发现他的身边有只打翻了的船，故称他为"舵手"；另一具是女性，她被认为是位"美女"。1982 年，考古学家们大面积清理海滩，出乎意料地发现了 13 具遗骸，其中一具身上佩有军用剑和鞘，说明他生前是个士兵。同一年，挖掘机在一个拱门下，发现 6 个成年人、4 个儿童和 1 个怀抱婴儿的小保姆，他们的遗骨挤作一团；在另一个拱门下，一排排地躺着 48 具尸骨；而在第三处拱门下，19 具尸骨和一匹马的尸骸堵在里面。主持发掘工作的考古学家吉塞普·玛吉博士回忆着："那情景真是惨不忍睹！"同一年，吉赛普·玛吉博士还对海岸边的 10 间小屋进行清理，又发现了大量遗骸。

赫库兰尼姆城前后共出土了近 200 具遗骸，为防止这些遗骸迅速腐烂，史密森大学物理考古学家萨拉·比西尔将他们浸入一种防腐的丙烯酸树脂溶液中。随后，对他们进行了深入细致的研究，了解到古罗马男子一般身高 1.70 米、女子 1.55 米，虽然其中几具骸骨有患关节炎、贫血症等迹象，但总的说来，大部分人营养充足、体格健壮、肌肉发达。

赫库兰尼姆虽与庞贝几乎同时覆灭，但两座死城的状况存在着很大区别。美国《全国地理》杂志 1984 年 5 月号发表的里克·戈尔的文章指出：公元 79 年，维苏威火山爆发时，灼热的岩浆袭击庞贝城之前，已有三股岩浆滚下维苏威火山，而赫库兰尼姆正好处在岩浆滚落的路上，很快便成为泥流热海中的孤岛，随后岩浆迅猛上涨，将其覆没，所以它比庞贝城早覆没 7 个小时。受维苏威火山上流下的丰富地下水浸润而保持潮湿的泥土将赫库兰尼姆密封起来，这就使它比火山灰和浮岩覆盖下的庞贝城保存的要好得多。许多日常生活中容易腐烂的东西，由于保持了一定的温度和湿度，同时又受不到空气的影响，尽管曾经被炽热的岩浆炙烧过，但仍保存完好，发掘出来时几乎与掩埋时没有什么两样。

如今，庞贝城已有五分之三重见天日，而赫库兰尼姆城由于掩埋较深、岩层坚厚，又处于现代城市之下，离完工之日还遥遥无期。虽然已经发掘出赫库兰尼姆城的四个行政区，以及石头街、古罗马广场、长方形大会堂和竞技场的一半，但更多的遗迹、遗物仍深埋在地下，甚至连赫库兰尼姆城的实际规模，还有待于进一步发掘来进行评估，因此它被称为"考古学界最引人瞩目的未完成的工程"。

（七）海底的希腊古城毁灭之谜

2000 年 6 月 3 日，从埃及传来的一个消息震惊了世界。埃及和法国联合考古队在埃及北部港口城市亚历山大附近的地中海海底发现了一座古希腊城市遗址。希腊古城怎么会在埃及？被海水淹没了的到底是哪一座城市？为什么古城会整体沉入大海？随着海底古城被发现，一个又一个的疑问涌现了出来。

由埃及和法国两国考古人员组成的考古队，在亚历山大港外的地中海连续调查和搜寻了两年的时间，终于在距亚历山大港 6 千米、6~8 米深的浅海处发现了几座淹没在水底千年的古城。考古学家们估计，古城建于公元前 6 世纪至 7 世纪，即距今 2500 年的法老王时代。除了许多完整无缺的建筑物外，考古学家还在遗址中发现了多尊法老像、狮身人面像以及拜占庭古币等珍贵文物。

带领这次考古活动的法国海底勘探家戈迪奥说："所有东西都被沙覆盖。有些珍藏离水面仅 30 厘米，有些却有 2 米……我们发现了完整无缺的城市，时间在这些遗址中停住了。"

2000 年的这次考古活动，发现的古城包括伊拉克利翁、卡诺珀斯和门乌西斯等。潜水员在遗址中还惊讶地发现了许多保存完整的房屋、庙宇、港口设施以及巨大的神像。据希腊神话所载，这几座各距 1000 米的古城，当年以富庶的生活和高雅的艺术而闻名，同时，城里还有不少供奉土地神塞拉皮斯、送子神伊希斯和冥神奥西里斯等神祇的庙宇。

海底古城的发现，被考古界誉为"水底考古史上最令人振奋的发现"。因为在海底发现的这几座城市，曾多次出现在希腊悲剧、游记和神话中，"浮出水面"的古城是证明它们存在的实质证据。

千百年来，古希腊的寓言、神话和史诗都先后多次提到，地中海边上曾经有过一个极其强盛和文明的城市群——古埃及的法老城。根据古希腊史诗中的描述，法老城高度发达的文明将同时代世界其他地方的文明远远地抛在后面。但历史学家们却一直没有找到这些古城确实存在过的任何证据，直到近代考古技术的发展为人们进入深海考古提供了可能。

当身着潜水服的考古学家们最终潜入海底的时候，他们全都被眼前的情景惊呆了：保存完整的房子，富丽堂皇的庙宇，相当现代化的港口设施和表现当年市民生活的巨型雕像……整个时间静止的城市！人们从这座深埋在海洋里的城市群可以看出，法老城的居民是一个懂得享受生活的民族，为了让自己的日子舒适而快乐，他们建造了宽敞明亮的住房，精心设计了通风口、厕所和澡堂，修建了雄伟宏大的露天娱乐场以及完善的城市排水系统。

这座古城虽在埃及海岸被发现，但古城的建筑却有着明显的希腊风格。考古学家们推测，古城建成之后，历时千余年才被毁灭，而城市全盛时期也正是希腊经济文化高度发达的时候。从史书记载也可以看到，当时埃及和希腊的各种交往十分频繁，人员往来更是自由无阻。可以想象，当时的城市建设吸收了大量希腊等地的外来风格，所以城中不少古物呈现为希腊风格也不足为奇。

柱式是主流欧式建筑的基本形式，起源于古希腊。古希腊的建筑从公元前7世纪末起，除屋架之外，均采用石材建造。由于石材的力学特性是抗压不抗拉，这就决定了其结构特点是密柱短跨，而柱子、额枋和檐部的艺术处理又决定了建筑的外立面形式。公元前6世纪，这种形式稳定下来，有了成套定型的做法，被古罗马人称为"柱式"结构。

古希腊建筑基本上有三种主要柱式：一是多立克柱式，其特点是比较粗大雄壮，没有柱础，柱身有20条凹槽，柱头没有装饰。多立克柱又被称为男性柱。著名的雅典卫城的帕提农神庙采用的就是多立克柱式；二是爱奥尼柱式，其特点是比较纤细秀美，柱身有24条凹槽，柱头有一对向下的涡卷装饰。爱奥尼柱又被称为女性柱。爱奥尼柱由于其优雅高贵的气质，广泛出现在古希腊的大量建筑中，如雅典卫城的胜利女神庙和伊瑞克提翁神庙；三是科斯林柱式，这种柱子比爱奥尼柱更为纤细，柱头是毛茛叶形的装饰，形似盛满花草的花篮。相对于爱奥尼柱式，科斯林柱式的装饰性更强，但是它在古希腊的应用并不广泛。雅典的宙斯神庙采用的是科斯林柱式。

发现海底古城以后，埃及相关部门即对该海域进行了保护，除了体积较小的文物会被运到博物馆展出外，当局让其余的遗迹继续留在水底。被打捞上岸的文物包括：

玄武岩法老王头像、土地神塞拉皮斯的大理石头像、送子女神伊希斯的无头石像等。文化交流和融合的倾向在这些文物中有非常明显的体现。

根据考察，考古学家们估计，这几座古城建于公元前 7 世经至前 6 世纪。其中伊拉克利翁很可能曾经是这一地区的经济中心，不过自从亚历山大城在公元前 331 年建成后，伊拉克利翁的经济地位便被取代。由于遗迹中还发现了拜占庭时期的金币和珠宝，因此人们相信，古城最迟是在 7 世纪至 8 世纪左右突然消失的。

但是，这个城市群的灭亡过程仍然是一个未解之谜。美国斯坦福大学的地球物理学家阿莫斯·努尔认为，城市淹没于海底的可能性最大的原因是地震。大概在 7 世纪或 8 世纪的时候，一场突然降临的大地震将整座城市毁灭，地壳运动使得城市整体下沉，最终沉入海底，归于沉寂。

目前，海底古城仍然保存在海底，只有少量艺术品被摆在博物馆展出。科学家们还在对这些海底古城进行进一步的研究，希望找到关于海底古城的更多信息。

（八）大力神城突然毁灭之谜

2500 年，大力神城曾作为地中海沿岸宗教圣城而存在，但是在某一天随着一阵剧烈颤动，这个城市好像被融化一样消失在大洋底。几个世纪后，沿岸的另一个城市卡纳普斯也遭到相同的厄运。从城市的东边开始，地面逐渐在溶解，然后房屋、庙宇和道路慢慢地被淹没在泥潭里。

原本极其繁盛的两座城市突然消失之后，城里没有一人能够幸存，因此也没有任何记录。它们消失后，很快被人们遗忘，再后来，人们甚至不知道这两座城市原来的确切位置。直到 2000 年，一位法国考古学家开始致力于揭开地中海历史上的最大谜团：究竟是什么大灾难将这两座城市从地球的表面抹去？

1996 年，考古学家开始了寻找大力神城和卡纳普斯城的过程。他运用各类电子探测仪器，在舟筏遍布的阿布其湾 150 平方千米范围内搜索。此外，在一些海域，他还派遣潜水员进行近距离观察。1999 年，考古学家在离海岸 1.6 千米的地方发现了卡纳普斯城的东郊。它在水下 6~8 米的地方被淤泥部分覆盖着。几年之后，大力神废城也被发现。大力神废城离现在的海岸 6.5 千米，全长 1000 米，宽 800 米，城里的东西一切依旧。

潜水员从海底淤泥中发掘出来的物品更是令人难以置信。在原卡纳普斯城的东部，发现了一座寺庙的残部，全长 60 米，庙墙厚度达 2 米。其间散落着一些金币和珠宝，还有残余的雕像，其中包括一具玄武岩加工成的法老雕像，以及一具没有头颅的女神伊希斯的身体雕像。从发掘的物品看，它们应该分别处在法老王朝的末期至公元 7 世纪时期。

2001 年春天，考古学家的考古队开始发掘大力神废城。他们从淤泥中挖掘出一具狮身人面像的头和三具粉红色的花岗岩石雕像，还发掘出了一座名为大力神的希腊神庙，大力神城因此庙而得名。最令人兴奋的是，潜水员还发现了 10 条沉船，它们排成一行，每只船的两边都用锚固定着。这 10 条船肯定是停泊在原来城市的码头上，尚未起锚，就随着城市一起消失了。

这两座城市缘何迅速毁灭？考古数据表明，城市中的建筑物是突然坍塌的，人们在平静的日子里，这座城市的地面突然间下降了 8 米，生活中的人们还没有来得及思考是怎么回事，就失去知觉而死亡了。

这两座城市消失的时间不同。大力神城的消失时间几乎可以断定是在公元前 1 世纪，因为其中所发现的物品最晚可以追溯到 1 世纪。而卡纳普斯东部消失的时间要晚，海底废墟中发现的最新物品是两枚金币，其中一枚铸造于公元 724~743 年之间，也就是说卡纳普斯城直到伊斯兰时期仍然是完好的。

还有一些迹象也表明了这两座城市是突然倒塌的，比如，大力神城废墟中到处都散落着金银珠宝和青铜花瓶。如果人们是有秩序地撤退的，他们肯定已经把这些值钱的东西带走。海底废墟中留下这么多金器，说明人们要么走得很匆忙，要么来不及逃走就已经被杀死了。

另外，雕像、石柱和墙壁都坍塌在海床上，至少有一些城里人被这些掉下来的石头砸死。卡纳普斯东部的海底废墟也一样，石柱、墙壁和庙宇的一些部分也倒塌在海床上。很明显，卡纳普斯的东部在沉入海底之前，不止一次地遭到自然灾害的袭击。地质剖面图显示，海底废墟的下面有数条裂缝，其中有一条长达几百米、深度为 2 米。挖掘时发现，大裂缝曾经被填埋好，然后在上面建房子。也就是说，这个城市曾经被毁坏过，而又得以重建，然后才突然间消失在大海之中。

是板块下陷？到目前为止，这两座城市的毁灭原因仍是一个谜团。

（九）托木斯克爆炸之谜

俄罗斯历史上曾发生过两起神秘的大爆炸：一起是 1908 年发生在通古斯的大爆炸，另一起是 1983 年 3 月 26 日晚，发生在苏联西伯利亚的托木斯克地区大爆炸。这次大爆炸非常类似通古斯的大爆炸。

根据数百名目击者的回忆，在发生大爆炸的那天傍晚，托木斯克地区的上空，先是出现一个像"照明弹"一样的东西，把黑夜照得如同白昼一样，然后它又变成一个大火球。接着，火球上出现了橘红的尾巴和发出两三次蓝绿色的闪光。在炫目的闪光之后，在 10 千米的高空，这个火球爆炸了，红色的火流射向地面，但没有达到地面就消失在夜空之中。爆炸时，半径 150 千米范围内，都可听到雷鸣般的响声。

托木斯克大爆炸发生后，托木斯克大学和科学院、地球物理研究所联合组成了调查队，对这次大爆炸进行了调查。当时的目击者向调查队提供了许多奇怪的现象：

火球飞行时发出奇怪的响声，有时像树叶发出的沙沙声，有时像发动机发出的扑扑声，有时又像铁皮屋顶在微风吹击下的嘎吱嘎吱声。许多目击者都是在听到这些响声之后才发现火球的。

再有，这个火球带有超强的电场。在通过城市和乡村上空时，电视图像受到干扰，路灯发生故障，电灯被烧毁。但是，在火球爆炸地点下面宽20千米、长30千米的范围内，至今没有发现任何痕迹。

这次火球也是沿着通古斯一样的路线飞行。

虽然联合调查队对这次奇特的大爆炸进行了多方面的深入调查，但最终还是没能解开它的秘密。

（十）芝加哥天火之谜

1871年10月8日，是个星期天。当月色降临芝加哥的时候，忽然，城东北一幢房子首先起火。旋即，不远处的教堂也起火了。随后，在城的四面八方都相继腾起大火。从第一个火警发出一个半小时后，全城已陷入火海之中，火借风势，越烧越烈，此时任何力量也无法抵御大火的进攻。惊慌失措的市民惊叫着在街上乱跑乱撞，一些富商弃了马车，骑上马向市郊突围，一路上踏死了不少人。所幸火燃之时，人们均未入睡，但全城被烧死和惊马踏死的也有千余人，另有几百人在郊区倒毙。

大火一直燃烧到翌日（10月9日）上午，才渐渐熄灭下来。大火使这个拥有60万人口的城市，一夜之间化为瓦砾，1.7万座房屋被毁，直接经济损失达20多亿美元，12.5万人无家可归。

这场火灾的肇事者是谁呢？报纸说是1头母牛碰翻煤油灯，触燃了牛棚，才蔓延于全城的。在现场指挥救火的消防队长麦吉尔对此轻率的结论嗤之以鼻，他在证词中说："在短时间内燃遍全城的这场火灾，'是由某间房子开始而蔓延的'，这完全不可能……如果不是一场'飞火'，又怎能在瞬间使全城燃成一片火海呢？"

目击者称，"整个天空都好像烧起来了，炽热的石块纷纷从天而降……"，"火雨从头上落下"。同一天晚上，芝加哥周围的密歇根州、威斯康星州、内布拉斯加州、堪萨斯州、印第安纳州的一些森林、草原也都发生了火灾。这火到底是怎么烧起来的？

靠近湖边的一座金属造船台，被烧熔成团，城内一尊大理石雕像也被烧熔了，这要多高的温度？木屋之火不过200℃～300℃，不可能熔化金属和岩石。

几百人奋勇窜出火海，死里逃生，庆幸来到郊区的公路上，可是，他们却离奇地集体倒毙了。尸检鉴定，他们的死与火烧无关。

总之，谁也不再相信 1 头母牛碰翻油灯烧掉芝加哥的鬼话了。那么谁是罪魁祸首呢？一个多世纪以来，人们对芝加哥这场蹊跷的大火一直没能找出真正的起因，而被戏称为"无名之火"，成为世界之谜。

此事发生很久以后，一位美国科研人员为考证火灾与气象的相互关系，读到早已为人们忘怀的芝加哥惨案报告，重新提出了对火团的讨论。他认为，芝加哥灾祸的起因，最大可能是一场炽热的陨石雨，因为当时城市上空无风，而只有两小时全城就被吞没在一片火海中，这说明这场火灾非同一般。陨石落到地面，依旧具有极高的温度，足以使金属、石头熔化。芝加哥即被"天火"所焚。附近各州亦溅落"天火"，引起一些森林、草原同时起火。陨落物含有大量致命的一氧化碳和氰，可以形成小区域的"致命小气候"，使人不焚而亡。几百人逃到空荡的郊区公路上，正好进入"死亡区"。

另外一些学者认为，起火原因是地球与高速运行的彗星尾巴相碰，使地球大气层一下子变得炽热而造成的。

苏联的一些科学工作者则持不同意见。他们认为彗星上只有各种"冰"和微小坚硬的细尘的松软聚积，并没有什么能引起火灾的东西。地球也曾不止一次地穿越彗星尾巴，每次都没有引起意外，也没有使大气层"染受"有毒气体。至于陨石，虽说它飞进大气层时也会燃烧和熔化，但只限于陨石表面薄薄的（小于 1 毫米），陨石内部始终是很冷的，他们认为芝加哥火灾的起因看来还是应该从地面去寻找。所以，有人认为是由短暂的龙卷风造成的。

到底是什么原因，仍未有确凿的定论。

十二、北纬 30 度之谜

（一）百慕大死亡三角之谜

提起百慕大三角，可谓无人不知。这片区域简直成了神秘地带的代名词。这片面积约 10 万平方千米的三角形海域，由 7 个大岛和大约 150 个小岛以及一些礁群组成。

"百慕大魔鬼三角区"名称的由来，是 1945 年 12 月 5 日美国 19 飞行队在训练时突然失踪而得名的。当时预定的飞行计划是一个三角形，即美国东南沿海的西大西洋上，北起百慕大，延伸到佛罗里达州南部的迈阿密，然后通过巴哈马群岛，穿过波多黎各，到西经 40 线附近的圣胡安，再折回百慕大，形成的一个三角地区。人们将其称为百慕大三角区或"魔鬼三角"。

在这个地区，已有数以百计的船只和飞机失事，数以千计的人在此丧生。1880～1976 年间，约有 158 次失踪事件，其中大多是发生在 1949～1979 年的 30 年间，曾发生失踪 97 次，至少有 2000 人在此丧生或失踪。

更为奇怪的是，当事后救援者赶到现场时，丝毫未发现遇难船舰、飞机的残骸碎片，至于遇难者的尸体，更是无从寻找。

1925 年 4 月 18 日，日本"来福丸"号从波士顿出港。不久，北面出现了低气压。为了进入平静的海域，船员们把罗盘刻度向南回转，经过百慕大群岛区域。然而不久，这艘船就下落不明了，船与船员都消失得无影无踪。没过多长时间，美国海军运输船"赛克鲁普"号也经历了同样的命运，19000 吨位的大船连同 309 名乘员一起消失在神秘的百慕大三角。

1945 年 12 月 5 日，美国海军 5 架"复仇者"式海上鱼雷轰炸机在执行完任务的返航途中突然消失于百慕大海域上空。飞机失踪后，美国最高军事当局动用了空前规模的舰船和飞机，对包括百慕大水域在内的几十万平方千米的海陆范围进行了严密的搜索，结果却连一片飞机残片都没有找到。

1872 年，在百慕大发生了一件匪夷所思的事。人们发现，之前在百慕大失踪的"玛丽亚·采列斯特"号在亚速尔群岛以西 100 海里的地方漂浮着。可当人们登上船时，发现船上空无一人，餐桌上摆着美味佳肴，茶杯里还盛着没喝完的咖啡，壁上的挂钟也在正常地走动。这一切都说明，这艘船并没有遇到风浪，且之前是有人在船上的，然而船上的人却不知为何弃船而去……

1981 年 8 月，一艘名叫"海风"号的英国游船在"魔鬼三角"——百慕大海区突然失踪，当时船上 6 人骤然不见了踪影。不料，时过 8 年，这艘船在百慕大原海区又奇迹般地出现了！船上 6 人安然无恙。

这 6 个人共同的特点就是当时已失去了感觉，对已逝去的 8 年时光他们毫无觉察，并以为仅仅是一刹那间。当调查人员反复告诉他们已经过去了 8 年，最后他们才勉强接受这个事实，当问他们当时都做了些什么事时，他们无话以对，因为他们只感觉过了一会儿，似乎什么也没干。

类似的怪事不止一例：一艘苏联潜水艇 1 分钟前在百慕大海域水下航行，可 1 分钟后浮上水面时竟在印度洋上。在几乎跨越半个地球的航行中，潜艇中 93 名船员全部都骤然衰老了 5～20 年。

研究人员认为，这艘潜艇进入了一个时间隧道的加速管道。虽然对它仍知之甚少，不过除此之外，无其他更合理的解释。

百慕大的种种奇异现象引起了全世界科学家的重视，他们提出了各种各样的假设。

1. 黑洞说

百慕大三角区飞机和船只的失踪事件颇似宇宙黑洞现象，因此，是宇宙中的黑洞吞噬了那些失踪的飞机和船只。

2. 水桥说

百慕大三角区的海底有一股逆向的潜流。有人曾在太平洋东南部的圣大杜岛沿海发现了失踪船只的残骸。他们据此认为，是这股潜流把这些残骸推到了圣大杜岛上。当上下两股潮流发生冲突时，就会发生海难，残骸最终被潜流拖到远处，这就是船只失踪的原因。

3. 磁场说

百慕大三角海域的海底有巨大的磁场，正是它们导致罗盘和仪表失灵，因而造成船只遇难。

4. 晴空湍流说

晴空湍流是一种非常特殊的风，当风速达到一定强度时，风向会发生改变。航行中的飞机碰上它就会激烈震颤，严重时飞机会被它撕得粉碎。

5. 次声说

声音产生于物体的振荡。人所能听到的声音之所以有低浑、尖脆之分，这是由于物体不同的振荡频率所致。频率低于 20 次/秒的声音是人的耳朵听不见的次声。次声虽听不见，却有极强的破坏力。

6. 幽灵潜艇说

1993 年 7 月，英、美两国联合探险队在这一海域水下 1000 米深处发现了一艘潜艇，其速度之快，远远超过世界各国已知的任何潜艇。后经查实，在这一天，世界各国根本没有任何潜艇在那一带执行任务，也就是说，这条潜艇根本不可能是人类制造的。因此人们称之为"幽灵潜艇"。以后人们又多次发现它，甚至与之较量，但都没有结果，甚至"丢盔卸甲"。

7. 外星人建造

有人认为，"魔鬼三角"原是外星人在海底安装的强大信号系统，这些信号系统发出的信号严重干扰了船只和飞机的导航系统，损坏了人的神经系统，船只和飞机自然会失去正确的航向。为了证实这一点，美国科学家借助各种现代仪器的监视，指挥一艘驱逐舰快速驶过百慕大海区。结果，军舰受到干扰，葬身鱼腹。

另外，有一些人认为百慕大三角区的神秘更多的是由人所炒作出来的。百慕大之神秘，更多的是由于狂浪、飓风、海啸等自然灾害造成的。很多人出于猎奇心理，在研究的时候有意或无意地删去这些情节，甚至为了吸引人眼球而把别的地方的空难、海滩事故说成是在百慕大三角发生的。

然而，更多的人相信百慕大的神秘，这就更加吸引人持续的关注、研究它。

不管有多少关于百慕大的推测和假设，就目前而言，它们都只能解释其中一种现象。百慕大海底和海面还有无数令人难以置信的怪事，这需要人们进一步去探索。

（二）西地中海魔鬼三角之谜

西地中海是一片面积不大、气候也不恶劣的海域，可在这里每年都会毫无缘故地发生多起飞机和船只遇难及失踪的事件。这个形似三角的海域真正成了飞机和船只的墓地，因此人们形象地称呼此地为"魔鬼三角"。飞机在这里遇难的经过非常蹊跷，据说飞机到达这片海域的上空时，机上的仪表就会受到奇怪的干扰，因而造成定位系统失灵，飞行员找不着方位。可更奇特的是，在这片海域遇难的船只也不少，船只可以根据太阳来确定方向，所以不会有迷航的问题。但是就在这片风和日丽的海域里，有无数船只也遭受了劫难。在这里发生的海上事故太多了，有些事故发生后甚至连飞机和船只的残骸也难以找着。人们只能认定这里有"魔鬼"把守，冲撞进去的人类很难把握自己的命运。可谁能知道，这个"魔鬼"究竟是什么呢？

1969年7月30日，西班牙各家报纸都刊登了一条消息，国内一架"信天翁"式飞机于29日15时50分左右在阿尔沃兰海域失踪。

人们得到消息后，立即到位于直布罗陀海峡与阿尔梅里亚之间的阿尔沃兰进行搜索。由于那架飞机上的乘员都是西班牙海军的中级军官（上校和中校），所以军事当局相当重视，动用了10余架飞机和4艘水面舰船。当人们搜寻了很大一片海域后，只找到了失踪飞机上的两把座椅，其余的什么也没发现。

在这次事故发生前两个月，即同年的5月15日，另一架"信天翁"式飞机也在同一海域莫名其妙地栽进了大海。那次事故发生在18时左右，机上有8名乘务员。据目击者称，那架飞机当时的飞行高度很低，驾驶员可能是想强行进行水上降落而未成功。机长麦克金荣上尉侥幸还活着，他当即被送往医院抢救。尽管伤势并不重，但他根本说不清飞机出事的原因。

人们还在离海岸大约1哩的出事地点附近打捞起2名机组人员的尸体。后来几艘军舰和潜水员又仔细搜寻了几天，另外5人却始终没找到。

据非官方透露的消息说，那次飞行本来是派一位名叫博阿多的空军上尉担任机长的，临起飞才决定换上麦克金莱。这样，博阿多有幸躲过了那次灾难。然而好运并没能一直照顾他。时隔两个月，已被获准休假的博阿多再次被派去担任"信天翁"式飞机的机长。这次，他没再回来。

这一事实促使人们得出结论说，这是两起一模一样的飞机遇难事故——两架相同类型的飞机，从同一机场起飞，由同一个机长（博阿多）驾驶，去执行同一项反潜警戒任务，在同一片海域遇上了相同的灾难。但谁也无法解释，失踪的"信天翁"式飞机发回的最后呼叫"我们正朝巨大的太阳飞去"，究竟意味着什么。

西地中海"死亡三角区"的三个顶点，分别是比利牛斯的卡尼古山，摩洛哥、埃尔及利亚、毛里塔尼亚共同接壤的延杜夫，再加上加那利群岛。在这片多灾多难的海域，不断发生着飞机遇难和失踪事件。

1975 年 7 月 11 日上午 10 点 30 分，西班牙空军学院的 4 架"萨埃塔式"飞机正在进行集结队形的训练飞行。突然一道闪光掠过，紧接着，4 架飞机一齐向海面栽了下去。

附近的军舰、渔船以及潜水员们都参加了营救遇难者和打捞飞机的行动。他们很快就找到了 5 名机组人员的尸体。但是这 4 架刚刚起飞几分钟的飞机为什么要齐心合力朝大海扑去呢？西班牙军事当局对此没有做任何解释，报界的说法是"原因不明"。

有人做过统计，从 1945 年"二战"结束到 1969 年的 20 多年和平时期中，地图的这个小点上竟发生过 11 起空难，229 人丧生。飞行员们都十分害怕从这里飞过。他们说，每当飞机经过这里时，机上的仪表和无线电都会受到奇怪的干扰，甚至定位系统也常出毛病，以致搞不清自己所处的方位。这大概就是他们把这里称作"飞机墓地"的原因吧。

如果说飞机失事是因定位系统失灵导致迷航造成的，那么对货轮来说，就令人费解了。因为任何一位船员都知道，太阳就可以用来做确定方向的参照物。

西地中海面积并不大，与大西洋相比，气候条件也算是够优越的。然而，在这片海域失事的船只一点也不比飞机的数量少。

这里发生的最早一起船只遇难事件是在 1964 年 7 月，一艘名为"马埃纳"号的渔船不幸遇难，有 16 名渔民丧生。此事相当奇特，引起了人们各种各样的猜测。但 8 月 8 日，西班牙报纸刊登这则消息时却说："没有一个合情合理的解释。"

事情经过是这样的：7 月 26 日 22 点 30 分，特纳里岛的一个海岸电台收到从一艘船上发来的一个含糊不清的"SOS"呼救信号。但它既没有报出自己的船名，也未说出所在的方位。23 点整，该电台又收到一个相同的告急信号，之后就什么也听不到了。

第二天上午 10 点 45 分，海岸电台收到另一只渔船发来的电报，说他们在距离博哈多尔角以北几里的地方发现了 7 具穿着救生衣的尸体。有人认出他们是"马埃纳"号上的船员。电文还说，7 具尸体旁边还浮着一只空油桶和 6 个西瓜，此外什么都没发现。

为了寻找可能的生还者，海岸电台告知那片海域上的船只，让他们也沿着前一只渔船的航线航行。过了一天，一艘渔轮报告说找到了 3 具穿救生衣的尸体。几十只船在这里又整整搜寻了三天，均一无所获。后来在非洲海边的沙滩上又发现了 2 具尸体。这样一共找到了 12 个人，其余 4 人始终没有下落。

事后人们提出了许多疑问，比如：在相隔半小时的两次呼救信号中，"马埃纳"号的船员怎么没能逃生？他们为什么两次都不报出自己的船名和方位？也许那些穿着救生衣的人是被淹死的？可遇难地点离海岸只有 1 哩，为什么船上那些水性娴熟的船员竟连一个也没能游到岸边？还有人推测说他们是饿死的。但是这似乎站不住脚，因为最先被捞上来的那 7 名船员在海里多待了 9 个小时，这么短的时间，一般是不大可能饿死人的。还有一种认为，船上发生过爆炸事故的假设也可以推翻，因为捞上来的尸体完全没有伤痕。

任凭人们如何猜测，制造了这场灾难的大海一直保持着沉默。

地中海 7 月份的气候总是风和日丽的。1972 年 7 月 26 日上午，"普拉亚·罗克塔"号货轮从巴塞罗纳朝米诺卡岛方向行驶。到了下午，不知怎么回事，这艘货轮掉转船头驶到原航线的右边去了。原来船上的导航仪奇怪地受到了干扰，并且船长和所有的船员没有一个人能够辨明方向。出发时船长曾估计，他们在第二天上午 10 点左右即可抵达目的地。但次日凌晨 5 时，"普拉亚·罗克塔"号遇上的几名渔民却说，这里离他们要去的米诺卡岛足有几百哩。

很难设想，在这段时间里，这艘货轮上所有的人都丧失了理智或喝醉了酒，以致连辨认方向的能力都没有了。这又是一起没人说得清楚的海上事故。

在地中海的土伦湾海域，从 1964 年到 1970 年的 25 年里，有 6 艘潜艇失去了踪迹。而这段时间全世界其他地方发生的潜艇遇难事件加在一起，也不过 11 起。相比较而言，这里潜艇遇难的比例委实太高了。在这方面，当获"金牌"的非法国莫属——6 艘遇难潜艇中有 4 艘是法国的。

1968 年 1 月 20 日，乘有 52 名艇员的法国潜艇"密涅瓦"号在土伦海域不见了。由于这里的海底有许多深沟，被认为是试验深潜器性能的好地方，它是被派往该地进行这种试验的。

消息传来，法国军方当即派出 30 艘装有先进声纳仪的海军舰只前往出事地点进行搜寻，一些侦察飞机和救生机也出动了。美国一艘专门用于海底搜寻工作的船只"海燕"号，应法国政府的请求，随后前来协助。两天前"海燕"号正在寻找在这同一片海域里失踪的以色列潜艇"达喀尔"号，因工作毫无进展，便投入了新的一轮搜寻。

最后一切希望全都破灭了。"密涅瓦"号和"达喀尔"号一样，永远地从地球上消失了。

（三）内华达三角坠机之谜

在美国内华达州也有一片可怕的神秘区域，迄今已经有 2000 多架飞机在那里离奇失踪或者坠毁，以至于人们将那里称作"内华达三角"。

这片神秘区域位于内华达州偏远荒凉的沙漠和山区，绵延范围超过 2.5 万平方英里，那里人迹罕至，没有任何人居住。据报道，迄今已经有无数架飞机在"内华达三角"离奇失踪或者坠毁。据悉，没有人确切知道在过去 60 年中有多少架飞机在"内华达三角"上空失踪，而坠机地点也极少被找到。

在所有发生于"内华达三角"的离奇坠机事件中，最让人印象深刻的就是 2007 年美国"冒险大亨"斯蒂夫·福塞特失踪一案。

2007 年 9 月，时年 63 岁的美国"冒险大亨"斯蒂夫·福塞特独自驾驶一架单引擎飞机，从内华达州的一个农场起飞，从此杳无音讯。美国民航巡逻队历经长达一个月的地毯式搜索，却连一块飞机碎片和尸体残骸也未发现。起初，有阴谋论者指出，福塞特可能并没死，而是躲在了某个地方，从而躲避债务和离婚费，同时骗取高达 2500 万英镑的保险费；也有阴谋论者认为，福塞特被附近美国空军基地"51 区"内的最高机密飞行器击毁，甚至有人声称他可能被外星人绑架了。

更让人瞠目结舌的是，据美国航空事故专家克莱格·福勒称，除了数百架轻型飞机在"内华达三角"离奇失踪之外，至少数百架军用飞机——比如"B—24 解放者""B—17 飞行堡垒""P—38 闪电"等型号的战斗机也曾先后在那里神秘坠毁。

"内华达三角"频频发生的坠机之谜引发了种种猜测。最耸人听闻的说法是，之所以会有如此多飞机在"内华达三角"坠毁，很可能是因为"内华达三角"附近就是戒备森严的美国军方"51 区"所在地，而这些失踪飞机很可能是误闯了绝密禁地"51 区"，所以才被军方击落，从而防止"51 区"内的"外星人机密"外泄。

据悉，位于内华达州沙漠深处的"51 区"是被美国政府列为最高机密的一个空军基地。一直有传闻称，"51 区"中有坠毁的 UFO 残骸，以及保存在低温冷柜中的外星人飞行员尸体。同时，大多数美国空军研制的秘密飞行器都是在"51 区"进行测试的。

但是也有科学家给出了更靠谱的说法。就在福塞特失踪一年多后，他的飞机残骸被找到，而专家对残骸进行了全方位研究后，终于拼凑出了最可能的真相。然而专家发现，福塞特坠机与"51 区"的所谓"外星人秘密"和高科技飞行器毫无关系，而只是因为恶劣的天气——专家指出，"内华达三角"的地理环境和气候创造了一种独特的大气条件，从而足以将飞经该空域的飞机从空中"拉扯"到地面。

据披露，"内华达三角"一带快速移动的太平洋气流和陡峭的山峰共同产生了一种叫作"山脉波"的现象，它就像游乐场过山车一样，可以在突然之间将飞机抛到高空，然后将之猛压到地面，最终导致机毁人亡。

（四）日本龙三角之谜

地球上有一片比百慕大三角更加令人畏惧的海域——日本魔鬼三角，又称龙三角。这一片深蓝色的海域里潜藏着种种危险，船只在这里神秘沉没，飞机在这里离奇失踪，魔鬼三角到底隐藏着什么秘密呢？

西班牙各家报纸都刊登了一条消息，国内一架"信天翁"式飞机"亚洲王子"号1928年2月28日离开美国纽约港，经穿巴拿马运河之后，于3月16日从美国洛杉矶横渡太平洋。一周之后，"东部边界城市"号轮船听到了"亚洲王子"号发出的求救信号，这个信号重复了几次，告知它在美国夏威夷群岛附近遇难，然后就消失了。虽然美国海军动用了一切力量，对太平洋宽阔的海域进行了一番搜索，但是却没有结果。失踪的船只包括船长、43名欧洲人、130名华人以及船上运载的130吨货物。

1957年3月22日凌晨4点48分，一架美国货机从威克岛升空准备前往东京国际机场。机组成员是67名军人，飞行时间预定为9个半小时，飞机上准备的燃料足够13个半小时的航程。在开头的8个小时，飞机飞行状况一切正常。下午2点，驾驶员发出信号，预计到达时间为下午5点。飞机所有的设备都处于正常状态，此时飞机所处区域天气晴朗，对于飞机飞行而言，条件几近完美。1小时15分钟以后，驾驶员在距东京300千米的地方发出讯号，空中交通控制中心回复说，希望它能够在2小时以内到达。然而这架美国飞机却永远没能降落到东京机场。

搜救队在方圆数千米的海面上来回搜索，最终无功而返。这架为战争而造、飞行条件几乎完美的飞机究竟发生了什么事？直到今天依然无人知晓。

据说，2000多年来，共有100多万艘船只长眠在这片深蓝色的海下，平均每14海里便有一艘沉船，其中包括几艘带有核武器的苏联潜艇和至少一架配备核弹头的美国战机。到目前为止，至少有126枚核弹头在龙三角海域神秘失踪。

我们来看看下边发生在"龙三角区"的事件的一些记载：

1970年1月，利比里亚一艘叫作"索菲亚·巴巴斯"号的轮船航行到这里。开始的时候，它航行得一切正常，可是，工夫不大，人们就跟它失去了联系。"索菲亚·巴巴斯"号轮船就这样莫名其妙地沉没了。

1970年11月12日，利比里亚一艘叫作"巴纳鲁纳"号的轮船也在这里突然之间就神秘地失踪了。

1975年12月29日，南非的"柏青·伊斯特拉"号货轮满载铁砂，从南非驶向日本。这艘货轮庞大无比，载重量是22.79万吨。"柏吉·伊斯特拉"号航行到龙三角海域的时候，无线电机长和妻子还通过一次话，告诉妻子说："这里海面平静，天空晴朗。"不久，这艘货轮就突然失踪了。

几年以后，"柏青·伊斯特拉"号货轮的姐妹船"柏青·范加"号货轮航行到龙三角海域，无线电联系突然中断。从那以后，人们再也没有看见过它的身影。

1977年2月，巴拿马的一艘名叫"胜利1号"的货船，航行到龙三角海域也突然没有了踪影。

不久，一艘叫"吉欧吉斯"的货轮在龙三角海域突然沉没。它在沉没以前，没有发出SOS求救信号。

1980年9月，英国的"德比夏"号货轮在龙三角海域突然沉没。沉没以前，也没有发出SOS求救信号。不久，日本的"玻利瓦"号货轮在龙三角海域遭到"德比夏"号货轮的同样下场。

以上说的这些船只全都是雇用船只，那么军用船只的命运又怎样呢？根据已经透露出来的消息，军用船只也照样在这里发生事故。苏联先后就有13艘潜水艇在龙三角海域失踪，而且其中大部分是具有先进设备的核动力潜艇。

在海洋中沉没的船只，一般经过人们的打捞或多或少都能找到幸存者，还有遇难者的尸体。可是，凡是在魔海龙三角海域里遭到不幸的船只，不管人们投入多大的力量，花费多长的时间，连一个幸存者或者遇难者的尸体也寻找不到。

龙三角区，一个让轮船上的人们只要说起它就心惊胆战的海域，一个让轮船上的人们连听到它的名字都不寒而栗的海域。

那么，飞机航行到这里会有什么样的遭遇呢？

1957年3月12日，一架KB—50型加油机航行到龙三角海域，当时的气候良好。可是，这架飞机在这里突然失踪了，飞机上的8个机组人员也没有了踪迹。当时，基地根本没有接到任何求救信号。

1957年3月16日，美国一架"入侵者"战斗机，飞行到龙三角海域也突然失踪。这架战斗机也没有发出求救信号。

1957年3月19日，菲律宾总统麦格素赛的座机在龙三角海域悄然失踪。总统本人和24名随员一块儿没有了踪影。

世界历史上，在同一个地方，在一个月之间接连不断地出现飞机失踪的事件是不多见的，甚至说是从来没有的。但是，这样的事件却在龙三角海域确确实实地发生了。所以，后来人们把1953年的3月，叫作"恶月"。

那么，除去"恶月"，飞机航行到龙三角海域会不会逃脱这种可怕的厄运呢？我们来看看下边的记载：

1971年4月27日，日本海上自卫队的一架PZV-7反潜巡逻机进行夜间巡逻训练。由于那天晚上的气候不好，这架飞机请求返航。当它飞行到龙三角海域时突然失踪。

1971 年 6 月，日本一架 LM-1 型单座训练机飞行到龙三角海域上空时突然失踪。

这些记载告诉人们，不管是在什么时间，也不管是什么飞机，只要它飞行到龙三角海域，碰上那种倒霉的时刻，都会遭到不幸。

更令人不安的事实是带有核武器的潜艇及飞机的失踪。美国著名学者查·伯尔兹指出："截至目前，至少有 126 枚核弹头在'龙三角'神秘失踪。"

有人注意到：龙三角和著名的百慕大三角很有相似点，两者几乎处于同一纬度，虽然经度不一样，但它有点像两个对应的点，这里发现的奇异现象非常接近：比如空无一人的船只或者是飞机进入了这个地方以后就消失了，没有任何的回音，甚至很多年以后都没有找到尸体或者残骸，等等。

连续不断的神秘失踪事件引发了人们的好奇，科学工作者们开始以不同的方法和不同的角度试图去揭开龙三角海之谜。由于实地考察有一定的条件局限性和较大的风险性，因此五花八门的猜测便纷纷出台了：

古时候迷信盛行，人们将这一现象归结为海洋怪兽兴风作浪，但在当代科技面前这一假设已经不再成立。

有人归结为磁偏角现象使航行中的船只迷航甚至失踪。磁偏角是由于地球上的南北磁极与地理上的南北极不重合而造成的自然现象，这种偏差在地球上的任何一个位置都存在，并不是日本龙三角所特有。早在 500 年前哥伦布提出磁偏角现象后它早已成为航海者的必备知识，故它不可能简单地成为拥有现代化设备的船只迷航和沉没的原因。

还有一种飓风说。据海洋专家观测，强大的飓风经常在日本龙三角的海域中酝酿，这片不幸的海域是飓风的制造工厂，其温暖的水流每年可以制造 30 起致命的风暴，这一点可在那些失事船只最后发出的只言片语中得到印证。于是，有些专家认为是飓风使得那些过往船只的导航仪器在一瞬间全部失灵，最终导致船舶失事的。但是，当今大型的现代化船舶是按照能抵御最坏情况的标准制造的，按理说仅凭一场飓风并不能击沉它们。有人猜测，在遇到飓风的同时如果又遇上海啸，那么任何坚固的船只都经受不起这样的打击。那时遇难船只不要说是自救，就连呼救的时间可能都没有了。

一切都是推测，还没有能够加以论证。日本龙三角正继续以它的神秘莫测期待着人们前去揭开谜团。

（五）利雅迪三角之谜

俄罗斯的普斯科夫地区随时都充满了一种神秘感。这么一个貌似平常的谷地自古以来却老爱闹"恶作剧"，使利雅迪及其附近的居民极度不安。还是在十月革命之前，这里的省报便经常报道有无数农民在此神秘失踪的消息。

1928 年，又有 7 名先进伐木工人连同斧头在此不见了踪影。1931 年，利雅迪村有 7 家富农在此失踪。就是到了和平年代，有人在谷地里失踪也几乎成了家常便饭。1974 年，从当时的列宁格勒来的一伙采蘑菇人在"鬼谷"里神秘失踪，两个星期后找到其中的两人，可就是他俩谁也说不出其他那 5 个人的下落。这里和"百慕大三角"一样，成了远近闻名的"利雅迪三角"。

2003 年 7 月 13 日，67 岁的采蘑菇老人叶甫盖尼耶维奇因找鸡油菌在利雅迪村附近的"鬼谷"里迷了路。老人是个善于辨认各种踪迹的人，因此在路边等他的伙伴一开始并不怎么着急。但时间在一分一秒地过去，他们一直等了一天一宿，老人还是不见踪影。到了第三天，动用了非常局势部的战士、专家和警犬。就连警犬也只是无奈地摇摇尾巴。战士们虽然把所有的蕨科植物丛都搜过一遍，还边搜边大声呼叫，可就是找不到老人。

带队的军官们急了，怀疑他很可能早已溜回家，而拿这些人来开涮，于是下令撤走战士们和警犬。可这些日子里，老人一直都是不知所措地在"鬼谷"里转着圈儿，饿了就吃篮子里的鲜蘑菇，边走还边祷告上帝，时间仿佛都停滞了。在高大挺拔的松树和大片的蕨科植物中间，白天成了夜晚，可到了晚上又继续做着白天的噩梦。到了第五天早上，老人眼前开始出现幻景。一会儿他像是在一个被遗弃的少先队夏令营里漫步，一会儿又像是听到小丘后面有运木材车驶过的声响。到了第十天，老人耗尽最后的气力，蜷着身子躺在软乎乎的苔藓上，在有气无力地等死。

可是老人的亲人和朋友并没放弃能找到他的希望，相信他还活着。他的亲属、来自利雅迪村的医务人员和当地的孩子，都加入了寻找他的行列。他们的吆喝声震撼了利雅迪的大地，可老人就是听不见。

一开始是矿石村的尼娜老奶奶感觉到有采蘑菇人走失的迹象，她闻到谷地里有一种蘑菇的腐烂味道。老奶奶吓得跑回家，将这一情况告诉了孙子安德烈，后者召集了一伙人下谷地去寻找。7 月 22 日晚上，他听到从树丛里传来微弱的呼哧声。

原来老人的干瘦身子就蜷缩在树丛里。安德烈安慰了老人几句，马上回村去搬援兵，一个小时之后老人被送往医院。

《共青团真理报》对"鬼谷"一再有人失踪感到好奇和忧虑，决定 2004 年复活节前夕派出记者尤里和萨沙前去探秘。

两位记者对这次探险做了充分准备写下了遗嘱，到澡堂去洗了个澡，换了一身干净衣服。因为历史上曾有 20 多人都在这个"百慕大三角"失踪。为了不重蹈前人的覆辙，他们买了最好的国产流体指南针，带了足够吃 10 天的干粮，准备了一根 5 千米长的采蘑菇者专用的尼龙绳。他们想，如果将尼龙绳拴在路口的一棵桦树上，不管魔鬼把他们带到哪里，最后总能回到这个地方。

最初的 5 个小时他们仿佛置身在一个魔幻童话世界里。一个个小山坡，一条条沟錾，湍急的春水、小溪，奇形怪状的多年树干，被伐得乱七八糟的树林。他们想，这样的美景，大画家希什金大概就是做梦也甭想能看到。

可是不久，他们开始有些忐忑不安起来，因为发现所带的国产流体指南针不是那么老实，指针一个劲儿地朝四面八方乱摆，其误差大概得有90°左右，有时甚至有100°，最后干脆停摆。后来，他们亲手来测这一带生源性致病情况的超感知觉架也是这么不争气，一开始也是像转疯了的风扇那样转了一阵，最后飞入密林中，干脆连找都找不回来了。从这个架子的转速看，这地方完全可以同"百慕大三角"相比，他们现在的唯一定向标就只剩下苔藓了。记得中学时自然课的老师曾对他们说，长苔藓的地方永远是北方。但是这自然课的知识也帮不了什么大忙。如果按照地图，应该在2千米外就有村庄。更糟糕的是，后来他们还发现手机也没有了信号，森林给人一阵阴森恐怖的感觉。他们再也没哼歌的兴致，失望变成了恼怒，除此之外，倒霉的尤里还陷进了齐腰深的沼泽里。幸好萨沙还带有一根长长的手杖，才把他从泥潭中拽出来。

既然笔直走碰不到人家，他们决定往回走。现在要想走出"利雅迪三角"，唯一的希望就是那根指路的尼龙绳了。他们把脚步放到了最慢的程度，边走边用棍子杵脚下的地。等绳子到了尽头，他们可真是吓坏了：绳子是中间断开的，另一头找不着了……

不知从什么地方飞来一只黄色的蝴蝶。它在他们跟前左右翻飞，一会儿飞开去，一会儿飞到脸前，像是要领着他们朝前走。

"瞧！那可是少先队夏令营啊！"萨沙突然叫了起来。那是夏令营无疑！萨沙都看到了夏天能住的小屋，贴了标语的宣传陈列架，还有一尊掉了一只胳膊的女少先队员石膏像。有意思的是，尤里根本就没看到什么夏令营。更有意思的是，去年夏天叶甫盖尼耶维奇也看到了这个夏令营。可当他们走过这个海市蜃楼般的夏令营时，发现只有一块堆着木段子的林中旷地。

天渐渐黑了下来。他们只有在森林里过夜，搭起帐篷，生起篝火，可是心里并不踏实，天刚亮他们又往前赶路。一直到快接近中午时，他们才碰到一个人，向他询问了所在方位后，看了一眼地图，不禁一阵狂喜。他们原来在这一带转了一个大圈，已经离开先前要考察的"鬼谷"整整20千米。

俄罗斯科学院历史学、博物学和工程学研究所研究人员亚历山大·克赖涅夫说："从附近的那个矿石村名称来看，这一带有丰富的铁矿层，所以指南针才会胡乱摆。这里的地形特点又造成了能让你迷路的音响效果。如果没有方位物可供参照，人永远就只会在一个地方转圈儿，因为右腿迈的步子总是比左腿要大一些。"

这位无神论科学家的说法是无可挑剔的，但又怎么解释不同人所看到的那座废弃的少先队夏令营呢？不错，右脚迈的步子是比左脚要大一些。于是，人在森林中迷路之后，便会逆着时针在5~12千米的半径内转来转去。需要提醒的是，尤里他们这次离最近的住家也就只有 1.5 千米远。再说，谷地本身就是最好的方位物。这么说来，"鬼谷"的奥秘还是没有完全揭开。

（六）麦田怪圈之谜

1647 年，麦田怪圈最早出现在英格兰，那个怪圈呈逆时针方向。20 世纪 80 年代初，英国人在汉普郡和威斯特一带屡屡发现怪圈，而且大多是在麦田，所以正式将怪圈命名为"麦田怪圈"。

麦田怪圈已经成为地球谜团中经典的成员之一，人类探求麦田怪圈的兴趣从它一开始出现就丝毫没有减弱过。从 17 世纪至今，关于麦田怪圈的争论就不绝于耳。它们常常在春天和夏天出现，几乎遍及全世界，无处不在。世界上唯一没有出现过麦田怪圈的国家只有南非。总的来说，全球的注意力都集中在英国南部，这里出现的数量最多而且也多出现在靠近上古文明遗迹，

麦田怪圈

如史前巨石阵、埃夫伯里（英国威尔特郡一村庄，附近有球形白垩石砌坑壁等新石器时代遗迹）和锡尔伯山（Silbury，欧洲最大的史前人造山）。

麦田怪圈越来越大，也越来越复杂，渐渐演变成为几何图形，被英国某些天体物理学家称之为"外星人给地球人送来的象形字"，例如 1990 年 5 月，英国汉普郡艾斯顿镇的一块麦田上出现了一个直径 20 米的圆圈，圈中的小麦形成顺时针方向的螺旋图案。在它的周围另有四个直径 6 米的"卫星"圆圈，但圈中的螺旋形是反时针方向的。

虽然研究发现有 80% 的麦田怪圈属于人类的恶作剧，但是其他的是人类目前无法完成的。它们具有以下特征：

（1）多数形成于晚上，通常是子夜至凌晨 4 时，形成速度惊人。附近找不到任何人、动物或机械留下的痕迹，没人亲眼目睹到怪圈的产生过程。动物远离现场，怪圈出现前举止失常。

（2）在麦田圈附近常出现不明亮点或异常声响。

（3）图形以绝对精确的计算绘画，常套用极复杂的几何图形，或进行黄金分割。最大的跨度达 180 多米，比足球场还大。最复杂的共有 400 多个圆，被称为"麦田圈之母"。

（4）农作物依一定方向倾倒，成规则状的螺旋或直线状，有时分层编织，最多可达五层，但每棵作物仍像精致安排一般秩序井然。

（5）秆身加粗，秆内有小洞，胚芽变形，与人折断或踩到的麦子明显不同。

（6）麦秆弯曲位置的碳分子结构受电磁场影响而异常，但竟然能继续正常生长。生长的速度比没有压倒的小麦快。开花期的作物如果形成麦田怪圈，不会结种子。成熟期的麦子形成的麦田圈，会因发生变异而使果实变小。

（7）圈内烘干的泥土内含有非天然放射性同位数的微量辐射，辐射增强三倍。

（8）圈中的土壤里有许多磁性小粒，而且只有在显微镜下才能看到。

（9）图形内外的红外线增强。

（10）大多在地球磁场能量带出现。电磁场减弱，指南针、电话、电池、相机、汽车甚至发电站失常。

虽然长久以来这些神秘圆圈图案都有各式制作或出现的说法，但是到现在还没有一个有力和完整的解释，这些圆圈图案到底如何出现？不过比较令人信服的证据是：数段在麦田神秘圆圈图案出现时，所拍到的真实录影。画面里显示数个神秘小光球或白光在麦田上出现。许多这类神秘光球出现在多段录影当中，同时也出现在一些白昼拍摄、画面清晰的录影里。这些神秘光球很明显的呈现有规则方向和高智慧的移动方法，这是否能让我们把神秘光球和麦田怪圈联想在一起呢？

麦田里的植物样本也被拿来进行科学化验。主持这项工作的科学家指出，类似微波能量效应可能是麦田圈形成的原因之一。麦田神秘圆圈调查人员被要求使用更多的创造力和想象力在调查研究工作中。一些人员应用了禅定、光和音乐来测试图案，麦田怪圈似乎能与人类脑波互相联系。这些图案的出现让我们更加感知到人类生存在超乎自身想象和复杂的世界。

（七）复活节岛上的巨像之谜

位于东太平洋南部的复活节岛是从南美洲到澳大利亚的必经之路。多年来，矗立在岛上的巨石像使复活节岛享誉世界。

如今一提起复活节岛，人们首先想到的是那矗立在岛上的600多尊巨人石像，当地人称这些石像为默艾。它们或卧于山野荒坡，或躺倒在海边。其中有几十尊竖立在海边的人工平台上，单独一个或成群结队，面向大海，昂首远视。石像造型之奇特，雕技之精湛，着实令人赞叹。

这些石像一般高7~10米，重达30~90吨，有的石像一顶帽子就重达10吨之多。所有的石像都没有腿，全部是半身像，外形大同小异。石像的面部表情非常丰富，它们的眼睛是专门用发亮的黑曜石或闪光的贝壳镶嵌上的，格外传神。个个额头狭长，鼻梁高挺，眼窝深凹，嘴巴撅翘，大耳垂肩，胳膊贴腹。所有石像都表情冷漠，神态威严。远远望去，就像一队准备出征的武士，蔚为壮观。

这些奇特的雕像自然会引起人们无数个疑问：复活节岛上的巨石像来自何处？石像雕于何时？如此高大的石像又用什么办法搬到海滨的？这么多的石像是什么人雕琢的？雕琢如此众多的石像其目的是什么？

考古学家发现，在该岛拉库的山脉上有几个采石场。那里的岩石好像切蛋糕一样被人随意切开了。采石场上躺着好多还没有被加工的石料和只加工了一半的石像，其中一个石像的脸部已经雕凿完了，后脑勺还跟山连着，只要再凿几下就行了。可是，雕凿它的石匠却没有这样做。看样子，石匠好像忽然发现了什么或者突然出了什么事情，急急忙忙地离开了。为何这些人会突然不做活儿了呢？

有人说，复活节岛当时可能发生了火山爆发，要不就是发生了狂风海啸，石匠们为了活命，就扔下手里的工作，四处逃跑了。

复活节岛上确实有三座火山。一座在岛的中央，叫特雷瓦卡；一座在岛的西头，叫拉诺卡奥；一座在岛的东边，叫波利克。地质学家们仔细地考察了那些火山，发现复活节岛是火山爆发形成的。不过，那些火山自从有了人类在这里生活以后就停止了活动，早就成了死火山。这也就是说，复活节岛上当时根本就没有发生火山爆发。复活节岛的居民们经常会碰到狂风海啸这样的灾害，根本用不着那样惊慌。再说，灾害过去以后，他们为什么没有回去再接着干活儿呢？

复活节岛上的居民们管那些巨石人像叫"毛阿依"。有一些石像的头上还戴着圆柱形的红帽子，当地的居民管它们叫"普卡奥"。那些巨石人像有一部分立在岛的四周，都站在用石头搭成的祭坛和坟墓的平台上。可不知道为什么，这些石像却大都被翻倒在地上了。还有一些巨石人像分布在东边的洛拉科火山口和火山口外的山坡上。另外，有一些巨石人像在洛拉科火山口的下边，好像在守卫着这个地方一样。

那么，这些巨石人像代表着什么呢？复活节岛上的居民们为什么要雕刻这些巨石人像呢？

考古学家们去请教复活节岛的居民，奇怪的是，他们也不知道这些巨石人像的来历，他们没有一个人亲自参加过雕刻石像的活动。

当年，荷兰海军上将罗格文离开复活节岛以后曾经写过一部回忆录，他说这些巨石人像是复活节岛人崇拜的偶像。英国航海家却认为，这些巨石人像是复活节岛人为了纪念去世的酋长而雕刻的，因为复活节岛人管这些石像叫作"阿利基"，"阿利基"是酋长或者首领的意思。而有些人提出一种大胆的说法，说这些巨石人像是天外来客建造的。

建造者又是如何将雕刻好的石像运到海边的呢？这与英国的巨石阵一样成为难解之谜。在岛的东南部采石场，还有 300 尊未雕完的石像，最高的一尊高 22 米、重约

400 吨。如此巨大的石像在那个时代，仅靠人力和简单的工具是运不走的。据当地人传说，要运走这些石像，要靠鬼神或火山喷发的力量搬到海边。还有的说，是用撬棒、绳索把躺在山坡上的石像搬到大雪橇上，在路上铺上茅草芦苇，再用人拉、棍撬一点一点移动前进的。但是，一些考古学家通过实验，结果证明这种方法是行不通的。

考古学家们在考察的时候，还发现复活节岛上有一些巨石人像的后颈上竟然刻着文字。荷兰海军上将罗格文的回忆录里曾经记载着：他们登上复活节岛上以后，在巨石人像附近发现过好多刻满奇异文字图案的木板。

1863 年的时候，法国一个叫埃仁·埃德洛的传教士来到复活节岛，说这些文字是"魔鬼的可怕咒语"，就把岛上所有带奇异文字的木板烧毁了。不过有的人觉得毁掉太可惜，就偷偷地藏起了一些。所以，如今收藏在世界各地博物馆的这种带有奇异文字的木板总共只有 26 块。

复活节岛上的这种奇异文字图案，除了刻在木板上的以外，另外还有。在岛上一个叫奥朗哥小村前边一大堆圆石头上，就刻着许多鸟头人身的奇异图案。所以，有人也管复活节岛叫作"鸟人之岛"。

那么，复活节岛上的这种奇异的文字是什么意思呢？鸟头人身的奇异图案又代表着什么呢？这又是一个难解之谜。

复活节岛上的人们管自己居住的地方叫作"吉比托奥吉·赫努阿"，意思是"地球的肚脐"，听起来觉得这种叫法显得非常奇怪。可是，当人们从高空往下观看复活节岛的时候，就会发现复活节岛人对小岛的称呼一点儿也不奇怪了。原来，复活节岛正好是太平洋的中部，这里正好是世界的中心，不就是"世界肚脐"吗？

难道说复活节岛上的人们曾经从高空俯视过自己居住的地方，这好像不怎么可能。那么，是谁把这些告诉了他们呢？这又是一个难以解开的谜。

这些石像是谁建造的？人们对此也充满了种种猜测。挪威科学家托尔·海尔达尔提出，复活岛上曾居住过南美印第安人，并认为他们是巨像的建造者。但后来经过研究，更多的学者认为岛上的居民是从波利尼西亚迁移过来的，而不是从南美洲迁移过来的。首先，岛上居民使用的文字更接近波利尼西亚文字；其次，通过对他们的骨骼研究，发现他们的骨骼更接近东南亚人。另外，更具有说明意义的是，由于波利尼西亚人非常盛行祖先崇拜，因此那些巨像可能是由岛上的家族或部落建造的用于纪念先人的墓碑。

复活节岛对于旅游者来说，实在是一个很神秘的地方。

十三、生命禁区之谜

（一）那不勒斯"死亡谷"之谜

那不勒斯和瓦维尔诺湖旁边的两处谷地中原始树木高耸入云，错根盘结。只是鸟语花香、湖光山色的如画风景背后却弥漫着死亡的气息。千百年来这里是各种动物赖以生存的美好家园，但更是他们无法摆脱的噩梦。

清晨，谷中升腾起层层白雾，袅袅中仿若冥界死神即将降临，周遭死一般的安静令人窒息，没有鸟的鸣叫，没有动物的嬉戏声。偶尔的声响却是动物的惨叫，声音凄厉而惨烈。找不到杀害动物的凶手，只能看到地上的血迹和面目狰狞的动物死尸。

各种动物的尸骸在谷中随处可见，零落的骨头上还有残存的腐肉。很明显它们不是自然死亡、不是自相残杀，也不是集体自杀，更不是人类所为。那它们究竟遭遇了什么？没有人知道，也无从知道。唯有一些冷冰冰的统计数字透露着谷中不祥的味道。据不完全统计，每年被那不勒斯谷无情吞噬的各种动物多达数万只。所有的动物都对那不勒斯山谷退避三舍，可是总有一些动物误闯其中，最终难逃死亡厄运。有人怀疑是谷中的毒气在作怪，但是怎么测验都找不到毒气的影子，反而测得此处空气新鲜，适宜疗养。

那不勒斯山谷如此对待无辜动物的同时，却对人类格外开恩。人类进入山谷内不仅安然无恙还可尽享周边美景，呼吸美妙空气，当地人称之为"人类的天堂"。动物的墓地、人类的天堂，同一处谷地为何人畜两重天？意大利方面曾多次组织科学家深入谷地进行周密的调查，结果都无功而返。

而今谷内白骨经年累月已是层层叠叠。阳光下，那不勒斯山谷游人如织，而动物的白骨却泛着惨白的光影。

（二）加州死亡谷之谜

走入加州死亡谷，贪婪、无知、孤独、畏惧、渺小、退缩，所有人类的弱点都会涌现出来。长达300千米的谷地拥有了可以称为风景之外的一切：无边的沙漠、凄凉的戈壁、惨淡的荒山、干裂的盐碱地。燥热的空气中弥漫着腐烂的味道，这里是北美洲最炽热、最干燥的地区，曾经连续6个星期气温超过49℃，几乎常年没有一滴雨水垂下。谷内有一潭无人敢问津的恶水,湛蓝的水面闪烁着迷幻的色彩。夕阳下的阴影在谷内迅速地移动,很快吞噬了一切,包括那不可知的秘密。

这是一处死亡和财富并存的谷地,人类的贪欲和现实在此展现得淋漓尽致。淘金热使死亡谷在美国闻名,而死亡更令它闻名于全世界。死亡谷内黄金灿灿、大量的金矿银矿散发着诱人的光彩。无数批淘金者前仆后继的期望能在此找到黄金天堂,但那只是死亡谷昙花一现的绚丽。20世纪初死亡谷内人声鼎沸,酒吧林立,聚集了来自各地的淘金者。极少数幸运者挖得了自己的财富,可以纵情欢乐。但是更多的人丧命于此,因为死亡谷并不喜欢人类的味道。

1849年一支矿藏勘探队进入谷中寻找山脉深处的金矿,结果几乎全军覆没,连尸体也无处可寻。即使跌跌撞撞逃出来的极少数人,也在几天内莫名的相继死去,至今未查出死亡原因。其后又有数批淘金者在谷中莫名失踪。尽管越来越多的实例证明死亡谷绝对是一个死无葬身之地,但是总有疯狂的淘金者不顾死活地在这里做着一日巨富的美梦。只是阴森的谷地风声鹤唳,一批批淘金者的尸骨坠落在地面的裂缝中,风化在猎猎风中。天堂和地狱不过转瞬间的转变。几年间,金矿枯竭,死亡谷又重归阴森可怕,荒废的房屋更如幢幢鬼影,讲述着昔日的辉煌和生命的惨烈。

死亡谷内干枯的盐碱地就像一位沧桑老人脸上纵横的沟壑,皱巴巴的表面毫无生气。不过细微观察,其实这里也是生机盎然。不过鲜活的生命中并没有人类的影像。坚硬的岩石上有小白花绽放,茎干的茸毛吸取着仅有的水分;咸咸的恶水中也有鳟鱼在嬉戏;响尾蛇吐着长长的信子,跳跃式地埋伏在不起眼的角落;大角羊更是跑来跑去寻找着水源和食物。

恶劣的环境更凸显了生命力的顽强。据科学家航空侦查,死亡谷内生存着300多种鸟类、2000多头野驴、19种蛇类……这是它们的极乐世界,无人打扰,自成体系,逍遥自在。对于它们来说,死亡谷是赖以生存的家园,是生命诞生和自然结束的地方。

死亡谷内人畜生死两重天,着实令人费解。美国方面动用了最先进的仪器设备进行了大量的勘测调查。有的地质学家认为距今2000万年前,死亡谷内由于地壳运动,形成了一条大断层,经年累月的风沙暂时将它掩盖。而丧生在死亡谷内的人很有可能就是不小心踏上了大断层,最终掉入地壳深处,尸骨无存。有的化学专家则坚称死亡谷内岩层复杂,丰富的卤素矿、硼砂矿中很有可能藏有某种剧毒矿物元素,杀人于无形中。两个说法都能够解释死亡谷内人类的失踪和死亡,却无法圆满说明动物在死亡谷内的繁衍生息。死亡谷是一处不寻常的地带,也许上帝将黄金和死亡放在一起,就是为了考验脆弱的人性吧!

严格地说,死亡谷并不是绝对的禁区,毕竟有过短暂的辉煌。而今死亡谷边缘一些怪石嶙峋的地段,已经被开辟为美国著名的自然景区,全世界的摄影爱好者都以能拍下死亡谷黑暗降临一幕为荣。

死亡谷，人类已经被拒之门外，只能遥想谷内动物的生存繁衍。加州死亡谷的鸟鸣声声中不会有人类的回响。

（三）万烟谷之谜

鲜红炽热的烟云腾空而起，喷薄而出的火山灰直插云霄，滚滚熔岩倾盆落下，火山喷发如烟花般绚烂，亦如烟花般寂寞，瞬间的绽放后是荒芜与落寞。但是偏偏有一座火山，却将自己的气势一直延续，这就是位于美国阿拉斯加的卡特迈火山。"万烟谷"便是它的得意之作。

"万烟谷"在卡特迈火山西北方向10多千米处，长不过10千米，宽8千米。在数次火山喷发后，山谷已然成为灰砾谷地，厚厚的火山灰砾铺天盖地，直使谷内寸草不生。这片面积近145平方千米的灰砾场，犹如蒸汽氤氲的浴场，布满了成千上万个喷气孔，每时每刻喷发出炽热的气体遮天蔽日。蒸汽与烟柱混杂在山谷上空，远远望去，恰似仙境又如地狱，令人向往又心生畏惧。这一切都归功于1912年的卡特迈火山喷发。

卡特迈火山在5天60个小时内将约180亿立方米火山灰冲入大气层，并以极快的速度向四周快速推进，高压气流将路上所有阻挡之物全部冲倒，而炽热的火山灰更令所到之处生命消逝，植物碳化。曾经绿草茵茵的谷地被厚达200米的火山灰砾覆盖。巨大的力量削平了山尖，形成了一个巨大的火山湖泊，地下水和雨水的交融令湖内水量充足，雾气蒸腾，严冬时节也不会结冰。火山爆炸撕裂了万烟谷的土地，条条狭长的裂缝自然而然成为地下蒸汽喷出的孔道。密密麻麻的喷气孔遍布万烟谷的每一个角落，尤其是山谷上部更为集中。那里的喷气孔紧密相连，延伸长达1000多米。

据估测，谷内每秒钟喷射出的水蒸气约200多万千克，形成巨大的蒸汽云漂浮空中。有的气柱直达300米高空，有的气柱蘑菇云般浓厚，有的气柱时有时无，有的气柱黑烟滚滚。阳光打下来，每一道气柱都折射出耀眼的色彩，十分壮观。光影之间，充满了迷离的色彩。即使火山爆发4年以后，当地温度也高达649℃，烟雾依然袅袅不散。万烟谷由此得名。

60年代万烟谷为美国登月成功做出了卓越的贡献。千疮百孔的万烟谷像极了月球表面，美国宇航局就将此处作为训练宇航员的基地，阿姆斯特朗那人类的一小步就是从这里开始的。

一些科学考察队多次进入谷内，试图探寻烟雾笼罩和卡特迈火山再次爆发之间的关联，遗憾的是，每次采集的数据都不相同。万烟谷仿佛时刻变换着自己的模样，每个气孔都那么的不可捉摸。前一秒钟还热气四射的气孔，下一秒钟可能就偃旗息鼓，或者干脆就没了踪影。本来平整的土地，说不定何时就会成为布满气孔的蜂窝煤。万烟谷不可知的地下世界，充满了未知的秘密。人类来到了它的边缘却找不到进去的通道。唯一可以肯定的是卡特迈火山爆发造就了万烟谷的神奇，那火山平静近百年为什么依然烟雾不断呢？

随着时间推移，万烟谷喷气孔的数量日渐稀少，有了些许生机。一些苔藓藻类出现在了喷气孔周围，麋鹿、驼鹿也会偶尔出现。不过这里依然没有固定的生灵，能将食物瞬间煮熟的温度拒绝动物的长期生存。1918 年万烟谷被开辟为美国卡特迈国家公园，吸引了众多游人，大家都希望亲眼一睹"月面"的风采。

（四）印度尼西亚"爪哇谷洞"之谜

死亡的灵幡在上空飘动，生命的哀乐在洞中回荡，堆砌的尸骸破碎凌乱，印度尼西亚"爪哇谷洞"中充斥着腐肉的味道。

走近"爪哇谷洞"，心跳就不由地加快，周身被莫名的恐惧包围。"爪哇谷洞"总共 6 个大大的山洞，每个都深不可测，洞口呈喇叭状，活脱脱张着一个个漩涡式的血盆大口，吞噬着每一个靠近它的生命。洞中有种可怕的力量，会毫不留情地将周围一切生命吸入洞中，直至它们成为累累白骨。即使距离洞口六七米远，也难逃被一口吞下的厄运。

洞中可怕的力量是什么？进入洞中的生物经历了何种惨剧才会如此面目狰狞？没有人知道。一些无畏的科学家通过种种途径进入洞内，却发誓再也不来此地。感谢那些勇敢的探索者，让我们得以知晓洞中景象，一位勇敢者在笔记中写道："在地球这个弹丸之地，自然界似乎发出了一声声诅咒，凡来这里的人，无不感到惊惧与恐怖，因为这里的一切都死气沉沉，濒临毁灭。人畜的死亡在这里拉开了序幕，扬起了灵幡，只要看一眼这个见不着活人、动物必死的地方，不禁令人毛骨悚然……"

（五）俄罗斯堪察加"死亡谷"之谜

嶙峋的地势满目凄凉，深深浅浅的沟壑纵横交错，时而喷发的火山气体弥漫着恐怖的气息，随处可见的灰黄色的硫黄毫无生气，累累白骨透露着生命的绝望，这就是位于俄罗斯堪察加半岛的"死亡谷"，寸草不生的谷间狼、狗熊、獾以及其他不知名动物的尸体白骨横陈，四处散落，空中飞动着死鸟飘落的羽毛。这里是一切生灵的地狱，所有误入其中的生灵都无法摆脱厄运的降临，即使搏击长空的雄鹰飞过这里也会被死神召唤，当然也包括人类。这条 2000 米的谷地吞噬的生命不计其数，大小不一的骷髅令人不寒而栗。

一位守林人曾亲眼目睹一头饥肠辘辘的大狗熊误入谷内，本想饱餐一顿动物尸体，结果刚刚张开血盆大口，就轰然倒地，一命呜呼。各路科学家都曾对此进行过冒险性探索和考察，但结论众说纷纭，莫衷一是。有的认为罪魁祸首是聚集谷内的硫化氢和二氧化碳气体；有人认为谷内可能含有某种烈性毒剂。但是距"死亡谷"仅一箭之远，而且没有山峦间隔的村庄却世代平安无恙，过着悠然的田园生活，从无人死于非命。

难道此地受到了上帝的诅咒？无人知晓。只是经年累月，飘零的尸体已渐干枯。

（六）日本龙三角之谜

自 20 世纪 40 年代以来，无数飞机船只毫无声息地葬身在日本龙三角空旷清冷的海水中。1980 年，巨轮德拜夏尔号装载着铁矿驶入日本龙三角，这是当时世界上最完美的巨轮，性能极佳。突然，平静的海面飓风骤起，德拜夏尔号在风浪中失踪了。船长并没有发出求救信号，他发出的最后消息为："我们正在与每小时 100 公里的狂风和 9 米高的巨浪搏斗。"

二战后期，美军第 38 航母特遣队奉命突袭日本，结果彻底领教了龙三角的喜怒无常。在高达 18 米恶浪中，16 艘舰船体无完肤、200 多架飞机被掀翻入海、765 名美军水兵掉入深渊。这是美国海军有史以来遭遇的最严重的非战斗性伤亡。

日本龙三角无疑是世界上最接近死亡、最为神秘的海域之一。究竟是什么力量能瞬间将船只吞噬？究竟是什么力量能掀起 18 米巨浪？究竟是什么力量能让飞机不留痕迹的消失？日本龙三角水面下有什么秘密？海底黑洞、异常磁场、外星基地、巨型怪兽……这片世界上声名最为狼藉的海域着实恐怖。

而《龙三角》的作者俑利兹声称无人驾驶的幽灵船是一切灾难的罪魁祸首。据记载，1881 年英国乔治王子在日本龙三角与幽灵船相遇，他在航海日志中记载了发出奇怪磷光的"飞翔荷兰人"。

1980 年，一位随船的苏联教授在日本龙三角看到了圆筒状不明物体发着蓝光从海底冲出，烤焦了靠近它的一切物体，而后骤然消失于海洋中。教授断定这种诡异物体绝非地球所有。

想要找到真相必须找到失事船只和飞机的残骸，遗憾的是，所有失踪飞机船只都未留下准确位置，找寻无疑是大海捞针。曾经的探寻也都是无功而返，连个碎片都没见到。龙三角挫败了一次次试图揭开真相的活动，不是科考队全体失踪便是仪器突然失灵，蒙着面纱的龙三角血债累累。

日本渔民对龙三角极为畏惧，但是巨大的利益诱使他们在危险中航行，海员们扬起了远航的号角，蓝色墓穴鬼火点点。

（七）美甲"拐孩林"之谜

美国加利福尼亚的安琪儿森林，美好的名字充满了纯真和向往，可惜它天使名称的背后是未知的凶险。

1957 年 3 月的一天清晨，8 岁的汤姆·鲍曼和他的父亲、姐姐、堂兄在安琪儿森林悠然的散步，一家其乐融融，尽情地享受着天伦之乐。伶俐的汤姆跑在最前面，时不时招呼他的哥哥姐姐快点跟上。可在眨眼之间，汤姆就仿佛人间蒸发一般，无声无息地没了。哥哥姐姐本以为汤姆在捉迷藏，但是随着时间的推移，他们才意识到汤姆失踪了。当地警察和 400 名志愿者搜遍了安琪儿森林的每个角落，连个蛛丝马迹都未找到。汤姆消失了。

汤姆并不是唯一一个就这样消失在安琪儿森林的孩童。很多 8~11 岁的鲜活可爱的小天使在离亲人几米远的地方都莫名其妙的人间蒸发了。真相至今不得而知。因为安琪儿森林吞噬的都是小孩，又被人们冠以"拐孩林"的可怕名称。

（八）卡尼古山"飞机墓地"之谜

飞机能飞过千重山万重岭，但是有一处，却怎么也飞不过。卡尼古山，法国比利牛斯山东部的一处高峰，威严雄壮，大理石岩闪烁着冷酷的色调，冰冷的海水击打着峭壁，翻滚着白色的浪花。无数的飞机到此便失去了方向，一头撞向山壁，瞬间粉身碎骨。

卡尼古山被称为"飞机墓场"，山脉间散落着无数飞机的残骸，包括各个年代各式飞机。仅仅 1945 年到 1957 年，卡尼古山就有 5 架飞机遇难，每两年就会有一架飞机在此失事。据保守统计，至今因飞机遇难长眠于此的人数达 229 人。

没有人能说清为什么飞机如此钟爱卡尼古山，这里已然成为飞行员无法逾越的禁区。当飞机飞到卡尼古山上空时，机上的仪表和无线电设备都会莫名失灵，连定位系统都出现故障，以致不知身在何处，跌跌撞撞中性命堪忧。

充满魅力的卡尼古山偏偏得此名称，令人唏嘘。

（九）尼奥斯"杀人湖"之谜

喀麦隆的尼奥斯湖湖水湛蓝清澈，茵茵绿草，鸟语花香。谷间的村庄千百年来享受着尼奥斯湖的馈赠，春耕秋实，平静的田园生活惬意而知足。其实灾难就在他们身边。

1986 年 8 月 21 日晚，尼奥斯湖滚滚雷声响彻夜空，一股幽灵般的圆柱形蒸汽从尼奥斯湖中强劲射出，整个湖面都如开水般沸腾起来，巨大的气浪翻向岸边，而后一束烟云从湖中升起，袭向谷间的村庄，忽而世间的一切声响都消失殆尽。

瞬间曾经清澈无比的尼奥斯湖一片血红，就像被鲜血染过一般，湖面漂浮着一缕缕令人作呕的雾气。湖边青草泛着枯萎的黄色，到处躺着死去的牲畜和鸟兽。谷间的村庄中可怕的寂静令人窒息，房屋牲口棚一切都完好，但是没有任何生命存在的迹象。推开屋门，看到的都是面目狰狞的死人，惊愕的眼神，弯曲的手指，口鼻中凝固的血块，没有人知道他们死前经历了什么，突来的命顶之灾将天堂变成了人间地狱。近2000 人和 6000 多头牲畜死亡，加姆尼奥村全村 650 名居民中，仅有 6 人幸存。

有科学家推测是古老的湖底火山发怒了，喷射出大量的有毒气体，但是没有任何证据能证明此种说法。尼奥斯湖给了村民无尽的快乐，也最终吞噬了他们的生命。20多年过去了，尼奥斯湖又静静地安卧在帕美塔高原上。但是谁能保证不再发生类似的"杀人事件"呢？

（十）巴罗莫角之谜

冰天雪地的北极圈内藏尽了神秘的力量，最为著名的便是一座锥形小岛，人入即亡的巴罗莫角。而它的发现史就是一部人类死亡史。

最先走进巴罗莫角的是因纽特人小亚科逊。他追逐一头北极熊登上了小岛，随后就消失的无影无踪。随后赶来的救兵也都无声无息地消失在巴罗莫角。几十年之后几个手拿枪支的加拿大人发誓要勇闯"死亡角"，结果也人间蒸发了。

1972 年探险家诺克斯维尔以及默里迪恩拉夫妇登上小岛。4 月 14 日，他们决定走近巴罗莫角腹地。突然诺克斯维尔机惊慌地叫道："快拉我一把！这里好像有个磁盘，我动不了了！"话音未落，诺克斯维尔面部的肌肉开始萎缩，不到十分钟，他就仅剩一张薄薄的皮附在骷髅上了，很快皮肤也消失了，只留下惨白的骨头。整个过程中没有出现血肉模糊的情景。默里迪恩拉夫妇逃脱了，他们成为死亡角死亡瞬间的唯一见证人。

巴罗莫角，一个能见证死亡瞬间的锥形半岛。

（十一）苏联的死亡谷之谜

堪察加半岛也是世界上火山活动最活跃的地方之一。各种各样的火山现象，如间歇泉、富含矿物质的温泉都可以充分证明这一点。半岛上有 300 多座火山，其中有 29座近期内活动十分频繁。半岛上的冷热喷泉很多，仅热喷泉就有 85 处，还有罕见的间歇泉，间歇泉中以"巨人泉"最为壮观，巨大的水柱突然腾空而起，可达 10 多米。整个河谷便笼罩在云雾之中。

当然，让堪察加闻者色变的还是它被称为世界七大死亡地带之一的"死亡谷"。死亡谷长 2000 米、宽 100~300 米不等。那里地势凹凸不平，坑坑洼洼，不少地方可以看到天然的硫黄露出地面，狗熊、狼以及其他野兽的尸骨到处可见。据统计，这个死亡谷已经使近 30 人死亡。有人认为，杀人的罪魁祸首是积聚在深坑中的硫化氢和二氧化碳气体。还有人说，致命的原因可能是烈性毒剂氢氰酸和它的衍生物。可令人惊奇的是，离此谷仅一箭之地的村舍却不曾受到有害气体影响。所以，至今也没有一个让人信服的解释。

（十二）美国的死亡谷之谜

在美国加利福尼亚州与内华达州相毗连的群山之中，也有一条特大的死亡谷。它长 225 千米、宽约 6 千米~26 千米不等，面积达 1400 多平方千米。峡谷两岸，悬崖峭壁，地势十分险恶。这里也是北美洲最炽热、最干燥的地方，几乎常年不下雨，更有连续 6 个多星期气温超过 40℃ 的记录。每逢倾盆大雨，炽热的地方便会冲下滚滚泥流。

据说在 1949 年，美国有一支寻找金矿的勘探队伍因为迷失方向踏入了死亡谷，整个队伍几乎都覆灭了，几个侥幸逃生者没过多久也神秘地死去。此后，不断有人前去探险或试图揭开死亡谷之谜，然而也几乎无一例外地葬身谷中。

后来，科学家通过航空侦察惊奇地发现，这个人间地狱竟是飞禽走兽的极乐世界。据估计，这里大约生活着 300 多种鸟类、20 多种蛇类、17 种蜥蜴，还有 1500 多头野驴。谁也弄不清这条峡谷为什么对人类凶残，而对动物却是如此的仁慈。

（十三）意大利的死亡谷之谜

意大利那不勒斯的瓦维尔诺湖附近的死亡谷，专门夺取动物的生命，对人体却无损，被称为"动物的墓场"。据统计，该谷中发现死于非命的各种飞禽走兽、大小动物的尸骸已超过 4000 具，其中鸟类几十种、哺乳动物也有上十种。它们的死，不是自相残杀，也非集体自杀，更非人为，其中原因至今不明。这个山谷中每年大约有 3 万多头动物死于非命，因此又叫"动物的墓地"。

（十四）印尼的死亡谷洞之谜

印尼爪哇岛上有个更为奇异的"死亡谷"。在谷中共分布着 6 个庞大的山洞，每个洞对人和动物的生命都有很大的威胁。如人或动物靠近洞口 6~7 米远，就会被一种神奇的吸引力吸入洞内而葬身。所以山洞里至今堆满了狮子、老虎、野猪、鹿以及人体的骸骨。这些山洞何以会具有这种吸摄生灵的力量？被吸进去的人和动物又是因何原因而丧生的呢？到现在这仍是一个谜。

（十五）阿苏伊尔幽谷之谜

在阿尔及利亚朱尔朱拉山的峡谷当中，有一个十分著名的峡谷，名字叫"阿苏伊尔幽谷"，是非洲最深的一个大峡谷。那里有漫山遍野的鲜花、灌木雪松、橡树和山樱桃，风景十分美丽。可是，阿苏伊尔幽谷到底有多深，人们从来就没有探查清楚。那谷底到底是什么样，就更没有办法知道了。

1947 年，阿尔及利亚和一些外国专家组成了一支联合探险队，来到阿苏伊尔幽谷。他们挑选了一个身强力壮又有丰富经验的探险队员，第一个下去尝试。这个探险队员系好保险绳，朝着幽谷下边看了一眼，就顺着陡峭的山崖一步一步地滑了下去。上面的探险队员们紧紧地抓着保险绳，保护着他的安全。保险绳上拴着深度的标记。

时间一分一秒地过去了，保险绳上的标记也随着 100 米、300 米、500 米地往下移动。这时候，这个探险队员还在一步步地向着谷底摸索着。待他下到 505 米的时候，这个探险队员觉得身体越来越有点儿不舒服，但是仍然没有看见谷底。他带着一种莫名的恐惧拉了拉保险绳，上边的探险队员赶紧把他拉了上来。

就这样，这次探险活动也就结束了。人们对阿苏伊尔幽谷的秘密还是一无所知。

1982 年，阿苏伊尔幽谷又迎来了一支考察队，这次他们决心一定下到超过 505 米的那个深度。于是一个队员系好保险绳，慢慢地朝着谷底滑了下去。

当他下到 810 米深的时候，说什么也不敢再往下走了，恐惧战胜了一切，他只好爬了上来。这时候，一个经常跟山洞打交道、比较有经验的队员已经系好保险绳。他十分镇静地朝着谷底看了看，然后就一米一米地滑了下去。

山顶上的人们睁大眼睛死死地盯着保险绳上的标志：800 米，810 米，820 米，接着看到保险绳又往下滑动了 1 米。

在幽谷中，这个探险队员，一步一步下到 821 米深度的时候，深深地吸了一口气，稍微休息了一会儿。他抓紧保险绳，准备再接着往下滑动。没想到，这个洞穴专家突然出现了一种莫名其妙的恐惧，这种恐惧使他连朝谷底深处看一眼的勇气也没有了。这次探险仍旧以失败告终。

这样一来，821 米——这个深度就成了阿苏伊尔幽谷探险家们所创造下的最高纪录了。至于阿苏伊尔幽谷究竟有多深，那神秘的谷底到底有些什么东西，一直到现在也没能解开这个谜。不过，阿苏伊尔幽谷还在继续吸引着探险家们前来挑战。

（十六）恐怖的马尾藻海之谜

众所周知，世界上的海大多是大洋的边缘部分，都与大陆或其他陆地毗连。然而，北大西洋中部的马尾藻海却是一个"洋中之海"，它的西边与北美大陆隔着宽阔的海域，其他三面都是广阔的洋面。所以它是世界上唯一没有海岸的海，因此也没有明确的海区划分界线。

马尾藻海又叫作萨加索，在葡萄牙语中是葡萄果的意思，它的位置大致介于北纬20°~35°、西经30°~75°之间，面积约有几百万平方千米，由墨西哥暖流、北赤道暖流和加那利寒流围绕而成。马尾藻海最明显的特征是透明度大，是世界上公认的最清澈的海。但是，在航海家们眼中，马尾藻海是海上荒漠和船只坟墓。在这片空旷而死寂的海域，几乎捕捞不到任何可以食用的鱼类，海龟和偶尔出现的鲸鱼似乎是唯一的生命，此外就是那些单细胞的水藻。

大名鼎鼎的哥伦布也曾被困在这里。1492 年 8 月 3 日早晨，哥伦布率领他的船队到达这里，船队发现前方视野中出现大片生机勃勃的绿色，他们惊喜地认为陆地近在咫尺了，可是当船队驶近时，才发现"绿色"原来是水中茂密生长的马尾藻。结果他们被困在这里一个多月，最后在全体船员的奋力拼搏下才得以死里逃生。在众口流传的故事中，马尾藻海被形容为一个巨大的陷阱，经过的船只会被带有魔力的海藻捕获，陷在海藻群中不得而出，最终只剩下水手的累累白骨和船只的残骸。

第二次世界大战时期，英军少校奥兹明曾亲自来到马尾藻海。只见海上无风，"绿野"发出令人作呕的奇臭，到处是毁坏了的船骸。海面上的海藻表面吸着力非常大，船员碰到海藻后，皮肤甚至会被划伤。到了晚上，海藻像蛇一样爬上船的甲板，似乎要将船裹住不放。奥兹明少校只好下令把海藻扫掉，可是海藻越来越多，像潮水一样涌上甲板。经过一番博斗，他才精疲力竭地侥幸逃生。

马尾藻海为什么如此危险，甚至吞噬了很多人的性命呢？许多航海家推测，以螺旋桨驱动的船舶无意中误入有大片马尾藻漂浮的海区后，螺旋桨会被像绸带一样的马尾藻死死缠住而不能动弹，轮船失去控制，最终倾覆或碰撞而沉没。但是，这种说法无法解释飞机也在马尾藻海失事的原因，所以更多的人认为这是一个目前还无法破解的谜。

（十七）"海上坟场"塞布尔岛之谜

在加拿大东南的大西洋中，有个叫塞布尔的岛。这个岛十分古怪，它不仅会移动位置，而且移动得很快，仿佛有脚在走。每当洋面刮大风时，它会像帆船一样被吹离原地，作一段海上"旅行"。该岛东西长 40 千米，南北宽 1.6 千米，面积约 80 平方千米，呈月牙形。由于海风日夜吹送，近 200 年来，小岛已经向东"旅行"了 20 千米，平均每年移动 100 米。

这个岛之所以出名，还在于它是世界上最危险的"沉船之岛"，在这里沉没的海船，先后达 500 多艘，丧生的人数达 5000 多名。因此，这一带海域，被人们称为"大西洋墓地""毁船的屠刀""魔影的鬼岛"等。

塞布尔岛由泥沙冲积而成，全岛到处是细沙，不见树木。小岛四周布满流沙浅滩，水深约有 2~4 米。船只只要触到四周的流沙浅滩，就会遭到翻沉的厄运。

1898 年 7 月 4 日，法国"拉·布尔戈尼"号海轮不幸触沙遇难。美国学者别尔得到消息，自认为船员们可能已登上塞布尔岛，便自费组织了救险队，登上该岛。可待了几个星期，竟然连一个人的影子都看不到。

1800 年，英国政府注意到，在新斯科舍半岛发现了不少金币、珠宝及印有约克公爵家徽的图书和木器。经过进一步的调查后，查明其最终来源于塞布尔岛，更准确地说，来自某条在塞布尔岛上被搁浅的船只。

当年开往英国的"弗莱恩西斯"号，从新斯科舍半岛起航后便杳无音信。英国海军部有理由认为，"弗莱恩西斯"号遇难后，船员可能登上塞布尔岛。当地居民觊觎船上财物，将船上的人全部杀死。不过，后来的调查最终搞清了真相：船员与船一同被无情的海沙吞没。

几个月后，英国的"阿麦莉娅公主"号又沉陷于塞布尔岛周围的流沙中，船员无一生还。另一艘英国船闻讯赶来救援，不料也遭同样厄运。英国政府大为震惊，立即决定在岛上建造灯塔、设立救生站。

救生站发挥了巨大作用。1879 年 7 月 15 日，美国一艘排水量 2500 吨的"什塔特·维尔基尼亚"号客轮载着 129 名旅客从纽约驶往英国的格拉斯哥，途中因大雾不幸在塞布尔岛南沙滩搁浅，但在救生站的全力营救下，全体船员顺利脱险。

尽管近几十年航船在该岛罹难事件已大大减少，但是每当过往的船只经过这里，仍然会感到一种潜在的危机。

（十八）死亡崖未解之谜

在英国东伯恩有一处风景优美的悬崖峭壁，如刀削般直立海边，崖顶风光如画，绿草如茵，而且可以俯视英伦海峡。是一个非常吸引人的游览胜地，但也是非常出名的死亡之崖。

每年很多来自美国、法国和荷兰的游客前来游览，他们登上崖顶，面对英伦海峡，眺望烟波浩瀚的大海心情说不出的兴奋。在这醉人的美景中，有人忽然变得飘飘然，情不自禁地想投入崖下大海的怀抱，在一种亦幻亦真的感觉的推动下，有的人纵身跳下悬崖，就此结束生命，告别了这个世界。有人说，这些游客可能是受到魔鬼的引诱才这样做的。

英国一家医院的一位心理医生已对很多游客在那里跳崖自杀的事进行了20多年的研究，他发现首宗跳崖自杀的事情发生在1600年，自此后选择此处自杀者越来越多。

据调查，很多自杀者原是高高兴兴来游山玩水的游客，事先都没有自杀的企图。他认为很多人是置于迷人风景之中，心旷神怡之时产生的一种莫名其妙的难以自制的心理，促成他们自杀。这时自杀者可能一时意乱情迷、难以自制而走上自杀之途，尚不知自己做了什么事。这种情况在心理学上也可以做出解释。

但也有些自杀案例确实令人费解。20世纪90年代，有一位美国大学教授和妻子来英国度假，他们共同游览了东伯恩山崖，并没有出事。但夫妇俩回到伦敦准备动身回美国时，教授妻子突然神秘失踪，原来她独自一人乘火车再次回到死亡之崖，并从上面跳了下去。这位教授说，他对此无法解释，他和妻子感情一直很好，这次旅行也很快乐，妻子没有自杀的理由。

死亡之崖屹立在英伦海峡边，悲剧仍在不断发生，从崖上纵身一跳，6秒钟后就可以粉身碎骨。到底这么多人在此自杀的原因何在，至今仍是一个谜。

十四、南北两极之谜

（一）两极无地震之谜

在地震史上，地球的南、北极地区还从未发生过任何级别的地震，这一奇异的地质现象一直是地质学界的一个未解之谜。

一种观点认为，巨大的冰层是造成南极大陆和北极的格陵兰岛内陆地区没有发生过任何地震的主要原因。据多年观测统计，南极大陆和格陵兰岛的冰雪覆盖面分别达到90%和80%，且冰层厚度大。由于冰层的压力，其底部几乎处于"熔融"状态，同时由于冰层面积大且分量重，在垂直方向产生强烈的压缩，而这种冰层形成的巨大压力，与地层构造的挤压力达到了平衡，因而不会发生倾斜和弯曲，所以分散和减弱了地壳的形变，因而无地震发生。

但这种说法并未获得足够的证据支持，因此两极无地震之谜尚是未解谜团。

（二）南极神秘无雪干谷

在南极洲麦克默多湾的东北部有三个相连的谷地：维多利亚谷、赖特谷、地拉谷。这段谷地周围是被冰雪覆盖的山岭，奇怪的是谷地十分干燥，没有冰雪，水也很少，到处都是裸露的岩石和海兽的骨骸。这里就是无雪干谷。

无雪干谷周围是被冰雪覆盖的山岭，这些山岭的海拔高度大约在 1500 ~ 2500 米之间，而且这些山上的冰川向着谷地里边流落而去，形成了冰瀑。不过，这些冰瀑流落到山谷两旁的时候就消失了。冰川到达不了的地方，一年四季都不下雪，"无雪干谷"就因此得名。由于无雪干谷地区一年到头都没有任何降水，因而气候显得特别干燥。

长期以来，无雪干谷地区一直无人涉足，因而这块无雪之地也从不为人所知。最早走进这个无雪干谷地区的人是著名极地探险家斯科特。当斯科特走进无雪干谷地区的时候，他被谷中的景象惊呆了。他看到，这里没有冰，也没有雪，只有裸露的岩石，科学家在无雪干谷发现岩石边有很多兽骨，而数量最多的是海豹的尸骨。斯科特心想：这里看不到任何生命，生命在这里都被扼杀了。于是，斯科特就给这个地方起了个名字叫"死亡之谷"。从那以后，人们也称这个无雪干谷为"死亡之谷"。

奇怪的是，这里离海岸线有几百到上千米，这些海豹为什么离开海岸线这么远跑到这里来呢？

一些科学家认为，这些海豹在爬到这里以后迷了路。在这片无雪区，没有水源，海豹又不能够爬回到海里，所以被饿死在这里。

还有一些科学家认为，这些海豹跑到无雪干谷是为了自杀，可是这难以找到充足的论证。还有些科学家认为，这些海豹受到威胁，慌不择路的情况下跑到了这里。然而，具体是什么力量将它们驱赶到这里的呢？仍然没有一个令人信服的解释。

（三）水温奇高的范达湖

除了奇怪的海豹尸骨，无雪干谷地区还有一个水温奇特的湖，这就是范达湖。一些日本科学家在 1960 年对无雪干谷的范达湖考察后发现，在 3 ~ 4 米厚的冰层下的水温是 0℃ 左右，而在 15 ~ 16 米深的地方升到了 7.7℃，到了 40 米以下处的水温竟跟温带海水温度相当，达到了 25℃。科学家们对范达湖这种深度越大水温越高的奇怪现象兴奋不已，纷纷来到这里进行考察。

关于其中的原因，各国科学家对其都有各种不同的猜测，最盛行的有两种学说：地热说和太阳辐射说。

坚持地热说的科学家们提出这样的观点：与范达湖相距 50 千米是罗斯海，罗斯海附近有两座活火山：默尔本山和埃里伯斯。其中埃里伯斯火山至今仍在喷发。这表明这一带的岩浆活动剧烈，因此会产生很高的地热。在地热的作用下，范达湖就会产生水温上冷下热的现象。

然而有很多证据却表明，在无雪干谷地区并没有任何地热活动。

有专家们认为原因在于太阳辐射。当夏天到来时，强烈的阳光透过冰层和湖水，把湖底、湖壁烘暖了。湖底层的咸水吸收、积蓄了大量剩余阳光中的辐射能，而湖面的冰层则是很好的隔离屏障，阻止了湖内热量的散发，产生一种温室效应。南极热水湖含有丰富的能有效蓄积太阳能的盐溶液，这就是范达湖的温度上冷下热的原因。

但是有专家提出疑问：南极夏季日照时间虽长，但很少有晴天，因此太阳的辐射到达地面的有限，并且90%以上的辐射能被冰面反射，因此地面能够吸收到的就更少了。再说，暖水下沉后必然使整个水层的水温升高，而不可能仅仅使底层的水温升高。这样一来，太阳辐射说的理论似乎站不住脚。

不过，美国学者威尔逊和日本学者鸟居铁经过多年的研究，对这个问题做出了一个解释：虽然南极的夏季少晴天，致使地表只能吸收很少的太阳辐射，但是透明的冰层能够透射进一定的太阳光。这样，靠近表层的冰层会或多或少获得太阳辐射的能量。此外，冬季凛冽的大风会将这一地区的积雪层吹得很薄，而每到夏季，裸露的岩石又使地表能够吸收充足的热量。日积月累，湖水表层及冰层下的温度便有所上升，最后到了融化的程度。由于底层盐度较高，密度较大，底层不会上升，结果就使高温的特性保留下来。同时，在冬天时表层水有失热现象，底层水则由于上层水层的保护，失热较少，因而可以保持特别高的水温。据一些科学家的观测记录显示，此说法还是有一定说服力的。

（四）南极臭氧空洞之谜

臭氧是地球的"天然屏障"，虽然宛如一层轻纱，却可以保护人类免受太阳中的紫外线损伤，同时还会避免引起"温室效应"，避免因此而导致海平面上升。

每年的8月下旬至9月下旬，在20千米高度的南极大陆上空，臭氧总量开始减少；10月初出现最大空洞，面积达2000多万平方千米，覆盖整个南极大陆及南美的南端；11月份臭氧才重新增加，空洞消失。其实，所谓臭氧空洞，并不是说整个臭氧层消失了，只不过是大气中的臭氧含量减小到一定程度而已。

研究发现，南极洲上空的臭氧空洞对海洋生物有很大的影响。强烈的紫外线可以穿透海洋10~30米，使海洋浮游植物的初级生产力降低了3/4，抑制了浮游动物的生长，从而对南大洋的生态系产生不利影响。

自从1985年英国南极考察科学家发现南极上空的臭氧空洞以来，南极臭氧空洞留给人们的未解之谜还很多。

臭氧洞与全球气候息息相关已被科学家们所证实，但还有一些谜团没有彻底解开。人们一直认为臭氧层的减少，是工业污染和人类不注意环境保护的结果。然而，在南极洲，500万平方千米的大陆人迹罕至，何来污染？为什么在人类活动相对较多的北半球的北极上空没有出现臭氧洞，而偏偏在南半球的南极上空出现呢？这个问题和"为什么北极只有北极熊而南极只有企鹅"一样，看似简单，却令人费解。

（五）南极魔海之谜

一提起魔海，人们自然会想到大西洋上的百慕大"魔鬼三角区"，这片凶恶的魔海，不知吞噬了多少舰船和飞机。它的"魔法"究竟是一种什么力量？科学家们众说纷纭，至今还是一个不解之谜。然而在南极，也有一个魔海。这个魔海虽然不像百慕大三角区那么贪婪地吞噬着过往的舰船和飞机，但它的"魔力"足以令许多探险家视为畏途，这就是威德尔海。

威德尔海是南极的边缘海，南大西洋的一部分。它位于南极半岛与科茨地之间，最南端达南纬83°，北达南纬70°~77°，宽度在550千米以上。它因1823年英国探险家威德尔首先到达于此而得名。

"魔海"威德尔海的魔力首先在于流冰的巨大威力。南极的夏天，在威德尔海北部，经常有大片大片的流冰群。这些流冰群像一座白色的城墙，首尾相接，连成一片，有时中间还漂浮着几座冰山。有的冰山高一两百米，方圆二三百平方千米，就像一个大冰原。这些流冰和冰山相互撞击、挤压，发出一阵阵惊天动地的隆隆响声，使人胆战心惊。船只在流冰群的缝隙中航行异常危险，说不定什么时候就会被流冰撞坏或者驶入"死胡同"，使航船永远留在这南极的冰海之中。1914年，英国的探险船"英迪兰斯"号就被威德尔海的流冰所吞噬。

在威德尔的冰海中航行，风向对船只的安全至关重要。在刮南风时，流冰群向北散开，这时在流冰群之中就会出现一道道缝隙，船只就可以在缝隙中航行。如果一刮北风，流冰就会挤到一起，把船只包围。这时船只即使不被流冰撞沉，也无法离开这茫茫的冰海，至少要在威德尔海的大冰原中待上1年，直到第二年夏季到来时，才可能冲出威德尔海而脱险。但是这种可能性是极小的，由于1年中食物和燃料有限，特别是威德尔海冬季暴风雪的肆虐，使绝大部分陷入困境的船只难以离开威德尔这个魔海，它们将永远"长眠"在南极的冰海之中。所以，在威德尔及南极其他海域，一直流传着"南风行船乐悠悠，一变北风逃外洋"的说法。直到今天，各国探险家们还恪守着这一信条，足见威德尔海的"魔力"了。

在威德尔海，不仅流冰和狂风对人施加淫威，而且鲸群对探险家们也是一大威胁。

夏季，在威德尔海碧蓝的海水中，鲸鱼成群结队。它们时常在流冰的缝隙中喷水嬉戏，别看它们悠闲自得，其实凶猛异常。特别是逆前鲸，它是一种能吞食冰面任何动物的可怕鲸鱼，是有名的海上"屠夫"。当它发现冰面上有人或海豹等动物时，会突然从海中冲破冰面，伸出头来一口将其吞食掉。它那细长的尖嘴，贪婪地吞噬海豹和企鹅，其凶猛程度令人毛骨悚然。正是逆前鲸的存在，使得被困威德尔海的人大多难以生还。

绚丽多姿的极光和变化莫测的海市蜃楼，是威德尔海的又一魔力。船只在威德尔海中航行，就像在梦幻的世界里飘游。它那瞬息万变的自然奇观，既使人感到神秘莫测，又令人魂惊胆丧。有时船只正在流冰缝隙中航行，突然流冰群周围出现陡峭的冰壁，好像船只被冰壁所围挡住了去路，似乎陷入了绝境；使人惊慌失措。霎时，这冰壁又消失得无影无踪，使船只转危为安。有时，船只明明在水中航行，突然间好像开到冰山顶上，顿时把船员们吓得一个个魂飞九霄。还有，当晚霞映红海面的时候，眼前常出现金色的冰山倒映在海面上，好像向船只砸来，给人带来一场虚惊。在威德尔海航行，大自然不时向人们显示它的魔力，戏弄着人们，使人始终处在惊恐不安之中。正是大自然演出的这一场场闹剧，不知将多少船只引入歧途。有的竟为避虚幻的冰山而与直下的冰山相撞；有的受幻景迷惑而进入流冰包围的绝境之中。

（六）南极动物冰雕之谜

探险家们发现，在南极洲的对岸、接近印度洋之处有许多巨型冰雕，系海豚、海狮等多种动物造型，这些动物造型惟妙惟肖、栩栩如生，就连睫毛、爪子也清晰可辨，高的有50多米，矮的也有20多米，在海面上四处漂浮。

南极动物冰雕，究竟是天然形成，还是人工斧凿，目前依然是一个谜，人们尽可大胆想象。

（七）南极绿色冰山之谜

在南极地区的水域中航行，船员们常能见到一座座巨大的冰山在水面上漂浮而过。有时，在这冰山群峰之中偶尔会发现不同寻常的绿色冰山。这种冰山，远看一片翠绿，仿佛万木葱茏，充满生机。在这银装素裹的极地世界中，即使是一小块绿色，也会给人们带来无限的喜悦和惊异。

南极怎么会有"绿色冰山"呢？几个世纪以来，人们对南极的这种"绿色冰山"的由来一直迷惑不解。

一些科学家认为，浮游生物死亡后，被冲积到极地冰滩的边缘，经过多年的聚积，冰滩的底部产生了厚厚的浮游生物层。由于地理变化的原因，南极的冰滩有时会发生崩裂现象，崩裂的冰脱离了冰滩坠入大海，在水面上缓缓漂浮，当这些"独立"的冰山遇到大洋暖流时，它淹没在水中的部分，就回发生大面积的融化。随着融化的进行，冰山逐渐变得"头重脚轻"起来，"头重脚轻"的冰山经不起海浪的冲击，最终失去平衡而翻转过来。于是，原来的冰山底部变成了冰山山顶，夹在底部的浮游生物层也随之露出了海面，这些露出海面的黄色生物和冰山的蓝色冰体混合交融，在阳光的照耀下便形成了绿色。

这一解释尚未得到证实，但相信谁也不愿意错过观赏这独一无二的奇异景观。

（八）南极 UFO 出没之谜

南极洲无疑是地球上飞碟出现最频繁的地区，世界各设置在南极的科学考察基地均有多项飞碟目击报告记录在案。

西班牙 UFO 研究专家 A·里维拉的《十二个神秘的死亡三角地区》一书中记载：1965 年 7 月 3 日，南极，"幽灵"在夜幕降临、闪着月亮光的情况下出现了。它进行 Z 字形飞行，然后在一个地方静止不动了。10 分钟后，消失在高空。闪着红光，时而又闪着黄光和绿光。

1965 年智利海军秘书处的《情况通报》第 1765 期称，当那个不明飞行物飞过的时候，两台正在工作的可变电感器受到了磁场的干扰都在频带上显示出来了。与此同时，英国、阿根廷等国的南极基地工作人员也有类似的报告——这是当时最为轰动的 UFO 事件。

（九）南极古城市废墟之谜

美国和俄罗斯的人造卫星发现，在南极洲的冰原下，竟然隐藏着一个城市。这座城市的建筑大部分为积雪所覆盖，隐藏在冰川后面。有的摩天大厦直插云霄，形状像金字塔；也有的是圆柱体状，墙壁薄而结实，没有加上绝缘体。

科学家们用不同的方法进行测试，结果显示，这座城市是在约 3 万年前建造的。这是一种特别的人类居住区。这些建筑物最大的特征是没有门，入口呈马蹄形，高约 6 米。科学家由此推测，这些特别建筑物居民约 3.6~4.2 米高。

据称，"冰城"建筑在一个圆拱形空间内，城市使用某种类似核能的能源，足以容纳 2000 人居住。

而美国航空及宇宙航行局的科学家们进一步推测："冰城"内的生命，可能是宇宙中一个已经消失的文化人群的后代。

（十）北极死水效应之谜

1893 年的一天，"弗拉姆"号考察船正穿行在北冰洋巨大的白色冰上，由于没有风，四周一片寂静。挪威探险家弗里德约夫·南森是这船的主人，他正准备向北极极点接近，寻找传说中的"北极陆地"。突然，考察队遇到了阻碍，速度明显慢了下来。船员没有偷懒，船也没有撞上冰山或是浮冰。船就这样神秘减速了。

接下来，南森还发现，他的船似乎被一种神秘的力量控制了，这种力量有时让船无法转向，有时会让船自动拐弯，在海面上划出一个大圆圈回到起点。在神秘力量的干扰下，考察船的航行速度比正常速度慢了 1/4。许多船员对此感到非常恐怖，以为他们的航行惊动了北极地区神秘的水怪。当逃离那片古怪的水域后，船只的航行速度又恢复了正常。那种神秘的力量不止一次地干扰南森的考察船，有时在这片水域，有时在那片水域。

南森既是一位科学家，又是经验丰富的北极探险家，他探索北极，证明并不存在像南极那样的大陆，他还在其他各个领域都有研究。南森因为在当时国际联盟中的优秀贡献，被授予了诺贝尔和平奖。就是这样一位学识渊博的科学家、社会活动家，也难以解释自己遇到的这个北极怪现象，于是他给这种现象起了一个名字，叫作"死水效应"。南森发现这种效应后，一些物理学家认为，死水现象也许与海水的盐度、密度有关。海水是咸的，密度也比较大；而冰川水其实是淡水，当北极地区冰山融化时，产生的淡水的密度比海水低，如果环境安静无干扰，淡水会浮于海水之上，在一定时间内形成淡水水层。整个海水从海面到水底，也许会出现两三层盐度、密度不同的水层。如果船只突然碰到了密度很大的水体，行驶速度自然也就慢下来。

这个解释有一定道理，但是却无法解释为什么有时候船舵会不听使唤以及船只打转的情况。

（十一）北极酸雾之谜

去过北极的人知道，在北极的浮冰上，北冰洋的海面上，经常笼罩着一层雾，这种雾浓度很大，能见度很差，人在雾中有时甚至连身边的同伴都看不清，而且还含有酸性物质，对人的眼睛有较强烈的刺激。北极又是冰又是海，湿度大，有雾不难理解，但为什么在北极这样一个几乎没有任何污染的纯洁之地会出现酸雾？这就让人非常难以理解。到底是北极本身具有形成酸雾的环境条件，还是由于北极离人类居住集中的北半球较近，导致人类生活废气在北极的"汇总"形成酸雾？人们对此莫衷一是。

十五、文明碎片之谜

（一）史前姆大陆之谜

"姆大陆"是一个传说中存在的陆地。根据专门收集古代玛雅传说或者神话的书《特洛亚诺古抄本》记载，姆大陆消失于 1.2 万年前，与亚特兰蒂斯大陆同时沉没。姆大陆土地辽阔，东起现今夏威夷群岛，西至马里亚纳群岛，南边是斐济、大溪地群岛和复活节岛，全大陆东西长 7000 千米，南北宽 5000 千米，总面积约为 3500 万平方千米，是一块美丽富饶的地方。

最早提出太平洋中曾有过一片姆大陆的人是英国人种学家麦克米兰·布朗，而研究成果最有影响的是英国学者詹姆斯·乔治瓦特。乔治瓦特认为，在远古时期，太平洋中曾经存在过一个大陆，是人类文明的摇篮。

姆大陆的居民拥有高度的文化，在建筑和航海方面尤其出类拔萃，而且在世界各地都拥有殖民地。大陆上共有 7 座大城市，没有险峻的高山，只有一望无际的平原和低缓的丘陵，到处是一派宁静祥和的气氛。然而，1.2 万年前的某一天，姆大陆突然发出可怕的轰鸣，刹那间，山呼海啸，火山喷发，整个大陆在一夜之间沉入大海，仅有几处高地露出洋面，幸存的居民被隔离在一座座小岛上，辉煌的大陆瞬间灰飞烟灭。

1863 年，法国学者德·布尔研究了玛雅文献《特洛阿诺抄本》后，发现其中有两处提到姆大陆，姆大陆因火山爆发而消失。因此，他认为姆大陆位于太平洋中。

中美洲尤卡坦半岛玛雅遗址的最早发掘者、法国学者奥格斯特·普伦金也认为姆大陆消失在太平洋中。他认为，当时姆大陆由女王姆当政，为了获得女王的爱，她的亲兄弟科与阿克展开了搏斗，最后阿克杀害了科，霸占了女王，并攫取了姆大陆的统治权。女王感到耻辱，于是逃到埃及，改名伊西斯（埃及女神），创建了灿烂的埃及文明。

乔治瓦特认为，姆大陆消失后遗留下来的城市遗迹，在太平洋诸岛上比比皆是。当时，属于姆大陆一部分的复活节岛幸免于难，没有沉入海底，现在岛上的巨人石像和刻有文字的石板很可能就是姆大陆的遗物。波纳佩岛附近的南马特尔岛上的建筑遗址，据说也是姆大陆的遗迹。可是最新研究成果表明，太平洋诸岛上的居民居住历史不超过 3000 年，而姆大陆却消失在 1.2 万年前，如何解释时间差异呢？

据说，姆大陆沉没的地方，自古以来就经常发生神秘的失踪事件。船只和飞机一旦进入该水域时，就会出现罗盘失灵、无线电通讯故障或中断等现象。

根据已经透露出来的消息，军用船只也照样在那里发生事故。苏联先后就有 13 艘潜水艇在那里失踪，而且其中大部分是具有先进设备的核动力潜艇。有人据此猜测，大洋海底可能隐藏着某种文明留下来的核防卫系统，导致这些核潜艇"翻船"。

姆大陆沉没原因也是争论的焦点之一。火山？地震？还是与冰河期的末期一同沉没？看来姆大陆的争论，亦如亚特兰蒂斯的争论一样，还将长期持续下去。不经过几代人、几十代人的发掘，没有大量的确证，怕是很难画出一个圆满的休止符。

（二）消失的亚特兰蒂斯古大陆之谜

现代科学发现，在大洪灾之前，地球上或许真的存在过一片大陆。这片大陆上已有高度的文明，在一次全球性的灾难中，这片大陆沉没在大西洋中。而近一个世纪以来，考古学家在大西洋底找到的史前文明的遗迹，似乎在印证着这个假说。在民间的说法中，人们把这片陆地叫作"大西洲"，把孕育着史前文明的那个国度叫作"大西国"。其实，科学界早就给这片神秘消失的大陆命名了，那就是沿用了柏拉图提出的名字"亚特兰蒂斯"。

亚特兰蒂斯真的存在吗？这个千古之谜始终困扰着了人类。数千年来，没有任何一个世界之谜像亚特兰蒂斯之谜一样吸引着人们如此持续关注的目光。人们为了找寻和证明它的存在，一直苦苦地探索着，并为此争论不休。

有学者首先猜测消失的亚特兰蒂斯是地中海上的圣多里尼岛。在公元前 1950 年到公元前 1470 年左右，圣多里尼岛上的克里特人曾创造了辉煌的米诺斯文明，在地中海强盛一时。但是公元前 1470 年的一次火山大爆发使米诺斯文明毁于一旦。以上种种看来都与柏拉图描写的亚特兰蒂斯极为相似，但最大的冲突是米诺斯文明毁灭在公元前 900 年，而不是柏拉图所说的公元前 9000 年。就算这是笔误，那也无法解释柏拉图关于亚特兰蒂斯在"海克力斯之柱以外"，即大西洋中，所以这种说法并不为人们认同。

之后，每当人们在大西洋或者附近什么地方发现史前文明的遗迹时，各种媒体就会不约而同地声称这可能就是传说中神秘消失的亚特兰蒂斯古大陆。

1958 年，美国动物学家范伦坦博士来到大西洋巴哈马群岛进行观测研究。范伦坦是个深海潜水好手，在水下考察时，他意外地在巴哈马群岛附近的海底发现了一些奇特的建筑。这些建筑是一些古怪的几何图形——正多边形、圆形、三角形、长方形，还有连绵好几海里的笔直的线条。

10 年之后的 1968 年，范伦坦博士宣布了新的惊人发现：在巴哈马群岛所属的北彼密尼岛附近的海底，发现了长达 450 米的巨大丁字形结构石墙，这道巨大的石墙是由每块超过 1 立方米的巨大石块砌成的。石墙还有两个分支，与主墙形成直角。范伦坦博士兴奋不已，他继续探测，并很快发现了更加复杂的建筑结构——平台、道路，还有几个码头和一道栈桥。整个建筑遗址好像是一座年代久远的被淹没的港口。

"飞马"鱼雷的发明者、法国工程师兼潜水专家海比考夫也来到现场，他是水下摄影的高手，用当时最新的技术勘察了这一片海域，并拍下了几张照片。这些照片发表后，在世界上引起了很大轰动。

由于巴哈马的海域是属于下沉地形，因此引起不少的猜测：是否为亚特兰蒂斯人建造的？由于没有其他证据辅证，所以仍不得而知。轰动一时的石墙事件仍是一个沉睡海底的谜。

1974年，苏联"勇士"号科学考察船在直布罗陀海峡外侧的大西洋底，成功地拍摄了8张海底照片。从照片中可以看出，除了腐烂的海草外，在海底山脉上还有古代城堡的墙壁和石头阶梯……但是对于这些城墙的争议一直很多。有的地质学家指出，这些石墙不过是较为特别的天然结构，并非人工筑成，但更多的学者认为是人造的。当然在关于这些建筑是谁造的这一点上，也是一个不解的谜。

很快，巴哈马群岛一带便挤满了世界各地赶来的科学家、潜水专家、新闻记者和探险者，而围绕着这些水下石墙的争论也越来越多。有些地质学家指出，这些石墙不过是较为特别的天然结构，并非人工筑成。但更多的学者却认为是人造的。对这些建筑究竟是谁造的这一点上，他们的看法也很不一致。有人认为，巴哈马与玛雅人的故乡尤卡坦半岛相距不远，因此这可能是史前玛雅人的古建筑，由于地壳变动而沉入海底。有人则从巴哈马海域陆地下沉的时间上推算，认为这些水下建筑建成于公元前七八千年间，因此应该出自南美古城蒂瓦纳科的建造者之手，但蒂瓦纳科的建造者是谁本身就是个谜。

还有一些人说，已故的美国预言家凯斯在生前曾做过一个预言，宣称亚特兰蒂斯将会于1968年或1969年在北彼密尼岛海域重现，如今范伦坦这个发现，正好印证了凯斯的预言，因此这里就是那个在公元之前沉没了的著名的亚特兰蒂斯。

当然，更多严肃的科学家们拒绝按预言来判断，但人们又无法做出较为圆满的解释。而只能笼统地回答，这些水下建筑"大概是人造的"，年代"相当久远"。至于到底是谁造的，造于什么时候，至今仍没有人能够回答。

在没有更多的证据出现之前，有人提出亚特兰蒂斯只是虚构出来的一个神话。根据对话录的记载，亚特兰蒂斯拥有高度文明，国家富强，后来人民的生活开始腐败并到处入侵其他国家，最后整个亚特兰蒂斯因大灾难消失。这一种故事可能只是一种预言，它所要说明的道理就是本来正直善良繁荣安定的社会，一旦开始腐败，触怒上帝就会有这样的后果。

猎奇的心理注定会使人们更愿意相信传说的真实性。尽管人们发现了大量证据证明大西洋海底存在着古大陆，但是目前亚特兰蒂斯大陆之谜仍未彻底解开。

（三）克里特岛文明消失之谜

克里特岛是一个传说之岛。在它众多的神话故事中，最著名的是有关克里特岛迷宫的传说。

在远古时代，有位国王叫弥诺斯，他统治着克里特岛。弥诺斯是当时地中海地区最强大的国王。他请建筑师代达罗斯为他在克里特岛建造了一座迷宫，迷宫中道路曲折纵横，任何人进去都别想出来。在迷宫的深处，弥诺斯养了一头人身牛头的野兽米诺陶洛斯牛。弥诺斯要求希腊人每隔 9 年送 7 对童男童女到克里特岛，供米诺陶洛斯牛享用。雅典人非常惧怕弥诺斯，不得不年年进贡。

埃古斯的儿子忒修斯决心除掉这个怪物，于是他亲自率领 7 对童男童女到克里特岛。忒修斯出发时，老国王与他约定，如果能平安归来，就挂起白帆。否则，就像以往一样，挂上黑帆。英俊的雅典王子出现在克诺索斯王宫时，弥诺斯王的公主立刻就爱上了他。公主偷偷地交给忒修斯一个线球和一柄魔剑。忒修斯按照公主的指点，把线球的一端拴在迷宫的入口处，然后来到米诺陶洛斯的栖身之地，用魔剑杀死了这个半人半牛的怪物，带领公主和其他的童男童女逃离了克里特岛。

终于又看到祖国雅典了，忒修斯和他的伙伴非常兴奋，又唱又跳，以致忘了和父亲的约定，没有挂白帆。思念儿子的国王看到挂着黑帆的船出现时，以为儿子已经遇难了，他悲痛欲绝，跳海自尽。从此，爱琴国王投海的那片海被命名为爱琴海。

今天，考古人员在克里特岛北部诺萨斯的地下果真发现了这座传说中的迷宫——弥诺斯王宫。它依山而建，是一个由许许多多房屋组成的复合建筑群，总面积约 22000 平方米。在各个华丽的建筑物之间，有长廊、门厅、阶梯等连接，真是百户千门，曲折纵横。进入这座廊道迂回的复杂建筑物之后，的确很容易迷失方向，找不到出路。确实是座名副其实的迷宫。

迷宫出土后，宫内装饰有的保持原样，有的被略加修补复原，让参观者有机会重见 3000 多年前的辉煌场面。迷宫核心的国王觐见室里，石膏造的御座相当完整，它同现代常见的高背靠椅相差无几。据说，海牙国际法庭为了显示其权威，首席法官的座位就是照此御座仿造的。

王宫中有以海洋生物、雄壮公牛、舞蹈女郎和杂技演员为题材的色彩鲜明的壁画。另外，还有许多石地窖，有斧头的残片、铜斧乐器以及一个以小片釉陶和象牙包金加镶水晶造的近 1 米见方的棋盘。细加琢磨的雪花石膏在看似国王的宝座上，在接待室的铺路石板上，在那些现出典型弥诺斯建筑风格的上粗下细的柱子上，在门道附近闪闪发光。

由于地下迷宫的发现，人们发现了公元前 15 世纪曾有过的灿烂文明，这一文明被后人誉为"克里特文化"。

大约公元前1500年前后，克里特人神秘地消失了。克里特岛上的所有城市，也突然在同一时间全部毁坏了。此后不久，这个曾经繁荣的文明中心也消失在了历史中，只留下一些传说和神话。

对于克里特岛文明的毁灭，历史学家提出了种种不同的见解。

一些历史学家认为，是同希腊的战争毁灭了弥诺斯王国。荷马时代的希腊人是一支健壮而野蛮的雅利安人，对贸易和"商路"的观念非常模糊。克里特人绑架过或拐走过希腊的青年男女去做奴隶、斗牛士、竞技者或祭品，而且同希腊人进行不公平地"贸易"。在希腊日渐强大后，开始挑战起弥诺斯王国的权威，并最终在战争中将这个国家摧毁。

但是，如此强大的一个国家会在一夜之间毁于蛮人之手，这也实在让人难以理解。而且，人们也找不到相关的典籍记载。

更多的历史学家相信，弥诺斯王国的灭亡一定是由于一场人力所不可抗拒的大劫难。科学家们根据对桑托林火山岛的地质研究证明，弥诺斯王国毁于一场可怕的火山喷发。

丹麦奥胡斯大学教授瓦尔特·弗里德里希和他的同事根据从锡拉岛上发现的一段橄榄枝，验证了一个更有说服力的理论：克里特文明是毁于一次空前规模的火山喷发及其引发的大海啸。

克里特岛距离锡拉岛只有60英里，弗里德里希认为，大约3600多年前，锡拉岛上一座火山突然猛烈喷发，其喷出的烟柱上升到高空，数千吨火山灰甚至随风飘散到格陵兰岛、中国和北美洲。火山喷发还引发了大海啸，高达12米的巨浪席卷了克里特岛，摧毁了沿海的港口和渔村。而且，火山灰长期飘浮在空中，造成一种类似核大战之后的"核冬天"效应，造成这一地区在以后的几年时间里作物连续歉收。克里特文明可能因此遭受了毁灭性打击，迅速走向衰亡。

就这样，一次火山大爆发毁灭了一个古老的文明社会，结束了一个独特的时代。

（四）奥尔梅克文明之谜

奥尔梅克文明比玛雅文明还要古老，享有中美洲"文明之母"的美誉，那么，它究竟有多少我们所不知道的秘密呢？

墨西哥民间有这样一个古老传说：远古时代的密林里生活着一个古老的民族——拉文塔族，他们住在仙境般的美丽城市里，有着高度发达的文明……这就是墨西哥湾沿海地区著名的奥尔梅克文明。

奥尔梅克文明的发祥地位于今墨西哥的维拉克鲁斯州和塔巴斯科州，西起帕帕洛阿潘河，东至托纳拉河，面积约为 1.8 万平方千米。这一带西部为洪泛区，东部为沼泽地，气候炎热多雨，河流众多，水草丰美，并且橡胶树成片，因此当地居民被称之为"奥尔梅克人"，意为"橡胶之乡的人"。

奥尔梅克文明出现在 3300 多年前，是墨西哥最早出现的较为发达的人类古文明之一，享有中美洲"文明之母"之美誉。奥尔梅克文明的主体为三个文化点：圣洛伦佐文化、拉文塔文化和特雷斯·萨波特斯文化。三个文化的发展和繁荣期有先有后，相互衔接。由这三个文化点组成的奥尔梅克文明的影响不仅仅局限于墨西哥本地区，而且遍及整个中部美洲地区。中美洲其后出现的玛雅文明、阿兹特克文明以及其他各种文明都与奥尔梅克文明有着很深的渊源。

奥尔梅克文明被认为是中美洲文明的始祖，它具有极高的艺术造诣，为日后的社会提供了许多文明财富。但最卓著的当属奥尔梅克特有的雕像，这些雕像以巨大的石头头部雕像工艺见长，大都雕刻着厚厚的嘴唇和凝视的眼睛。1938 年发现的"奥尔梅克巨石头像"是奥尔梅克文明中最闻名于世的艺术品，这些头像由整块玄武岩雕成，构思完善，具有强烈的写实性。14 个巨石头像中最大的是一个青年的头面雕像，重达 30 吨，高 3.05 米左右，形象十分生动。他鼻子扁平，嘴唇厚大，眼睛半睁，呈扁桃状，眼皮显得十分沉重；头戴一顶装饰有花纹的头盔，遮住了两耳。考古学家认为该头像可能是当时奥尔梅克领袖的雕像，或者就是一种向死者表示致敬的纪念碑。

雕像的高超工艺，连几千年后的现代人都叹为观止。它们不仅体积巨大，而且栩栩如生，尤其令观者震撼的是，这些雕像所用的石头均来自很远的地方，而在当时没有先进机械设备的情况下，奥尔梅克人却把沉重的玄武岩石块从 20 千米外的火山区拖到圣洛伦索，还把巨大的石头打磨成了 10 米高的石头头像，其中的力量与智慧实在是令人难以想象。所以，科学家认为，这些石像是文明的标志。

除了雕刻出巨型石像外，奥尔梅克人还用绿玉或黑玉雕出许多小型的人像、动物形象或一些小雕像。奥尔梅克人喜欢用翡翠绿玉做各种珍贵的礼器、宗教用具和装饰品，这是奥尔梅克文明的一大特色。在奥尔梅克人看来，最为贵重的物品是玉石，它代表着"第一流的无上的体面"。绿色玉石所折射出的颜色仿佛滴翠的青玉米或荡漾的碧波，由此绿玉成为"珍贵"和生命自身的同义词。奥尔梅克人雕刻出来的小型石像晶莹圆润，玲珑可爱。这些玉石人像以裸体直立的站相和五官俱全的面具为最多，有的小人像胸前还缀有一面用黑曜石凿成的镜类饰物，即使在 3000 多年后的今天仍然闪闪发光。在玉雕作品中，最常见的是一个带有美洲豹头部特征的神像，该神像是人的身形，学者们称之为"豹人"或"豹娃"。美洲豹是奥尔梅克人崇拜的主要天神的象征，因此这个神的形象往往兼具人和豹的特点。奥尔梅克人的这些作品既反映了他们独特的宗教信仰，又形成了一种方正凝重、深厚圆润的风格，成为奥尔梅克艺术的典范。

不仅如此，科学家发现奥尔梅克人还发明了一种橡皮球游戏，后来这种游戏在整个地区广泛流传，成为各地十分喜闻乐见的活动项目。此种发明无疑又闪现了奥尔梅克人特有的智慧。

3000多年前，就在地球上的大多数角落仍然处于文明的黑暗中时，而奥尔梅克却在古远的城市中创造了自己的文明，闪耀着夺目的光芒。他们曾经很强盛，但到公元前900年前，不知是什么原因，他们突然消失了。他们的遗迹中也没有任何遭到外敌入侵的痕迹。所以科学家猜测也许是他们赖以生存的河流由于淤泥堵塞而改道，导致他们不得不放弃这里，远走他乡。据说今天的墨西哥城圣洛伦索就建立在它的遗址之上。

（五）神秘消失的玛雅古文明

玛雅文明的遗址位于现在的墨西哥尤卡坦半岛。在古代世界文明史上，玛雅文明似乎是从天而降，而又在最为辉煌繁盛之时戛然而止。哥伦布发现美洲大陆之前，这个伟大而神秘的民族早已集体失踪。他们异常璀璨的文化也突然中断，给世界留下了巨大的困惑。

玛雅这个神秘的民族在南美的热带丛林中建造了一座座令人咋舌的巨型建筑。当雄伟壮观的提卡尔城以电脑复原图出现在人们面前时，许多现代城市的设计师也自叹弗如。建于7世纪的帕伦克宫，殿面长100米，宽80米，气势之恢宏更是无与伦比。乌克斯玛尔的总督府，由22500块石雕拼成精心设计的图案，尺寸、数量竟分毫不差。奇琴·伊察的武士庙，屋顶虽已消失，但那巍然耸立的1000根石柱仍然令人想起当年的气魄。这一切的一切都使人感到，玛雅的确是个不平凡的民族。

人类的文化都可从它本身发展的历史长河中找到渊源，而唯独高度文明的玛雅文化例外，它的历法数系、纪年和医术在地球上难以找到可以实际运用的印证。玛雅人有两个历法，一个是太阳历，计算出1年有365.2420日，远远精确于欧洲人使用的恺撒历；一个是传统的历法，规定每月20天，1年有13个月。这个传统

玛雅文明遗址

历在地球上毫无用处，为什么玛雅人却代代相传？难道他们过去在某个地方就用传

统历？

玛雅人的纪年体系也不同于世界上的其他国家。它一共分 9 段，最高一个阶段是最低一个阶段的 230.4 亿倍，这样天文般的数字对于丛林中的土著居民显然是无用的，而只有在宇航时代，在星际交流中才会运用到。而且其纪年起点有过几次，每次新的起点都始于一次毁灭性的破坏之后，最后一次纪年始于公元前 3113 年，是他们在中美洲定居下来的日子。1969 年苏联科学家发现了一具据测定是 10 万年前的骷髅，经研究认为玛雅人对此人生前做过一次成功的胸外科手术。考察者还在秘鲁发现一幅石画，外科专家称它为玛雅人时代的"胸透"。

玛雅人创造出了一套精巧的数学，来适应他们按年记事的需要，对播种和收成的时间、季节和年度中雨水最多的时间，准确地加以计算，以期充分利用贫瘠的土地。他们的数学技巧，在古代原始民族中真是高明得令人吃惊。

玛雅人除对地球历法了解得十分精确之外，对金星的历年也十分了解。金星的历年就是金星绕太阳运行一周所需的时间，玛雅人计算出金星历年为 584 天，而今天我们测算金星的历年为 584.92 天，这是个非常了不起的数字。几千年前的玛雅人能有如此精确的历法，这意味着什么？

在社会和生产的实践中，绝大多数民族根据手指的数目，创造了 10 进位的计数法。而玛雅人非常古怪，他们是根据手和脚 20 个指头的启发，创造了 20 进位的计数法，同时，他们还兼用 18 进位计数法，这个计数法受何启发？根据何在？没有人能够回答。

还有，玛雅人是世界上最早掌握"0"概念的民族。要知道，数学上"0"的被认识和运用，标志着一个民族的认识水平。玛雅人在这方面的才能比中国人和欧洲人都早数千年。

玛雅人依照自己的历法建造的金字塔，实际上就是一种祭祀神灵并兼顾观测天象的天文台。

位于彻琴的天文台是玛雅人建造的第一个，也是最古老的天文台。塔顶高耸于丛林的树冠之上，内有一个旋梯直通塔顶的观测台，塔顶有观测星体的窗孔。其外的石墙装饰着雨神的图案，并刻有一个展翅飞向太空的人物浮雕。这一切，不禁令人遐思万千。

如果你还了解到玛雅人在当时的情况下竟然知道天王星和海王星的存在，你不感到惊讶吗？他们的彻琴天文台的观天窗口不是对准最明亮的星体，而是对准银河系之外那片沉沉的夜幕。

他们的历法可以维持到 4 亿年之后，这究竟有何用意？另外，他们是从何处获悉并计算出太阳年与金星年其差数可以精确到小数点之后第 4 位数字的？

很明显，这一切知识已经超过了农耕社会的玛雅人的实际需求而令人不可思议。

既然超出他们的需要，就说明这些知识不是玛雅人创造的。那么，是谁把这些知识传授给玛雅人的呢？在那个全世界各民族仍处于蒙昧的年代，又是谁掌握了如此先进的知识呢？

考古学界对玛雅文明湮灭之谜，提出了许多假设，诸如外族入侵、人口爆炸、突发疾病、气候变化等，专家们各执己见，他们的假设也给玛雅文明增添了浓厚的神秘色彩。

专家们普遍认为：玛雅社会曾经相当繁荣。农民开垦梯田和沼泽水田、生产粮食的能力足够供养激增的人口；工匠以石块、兽角、兽骨和贝壳等原材料制作艺术品，他们甚至还能够生产棉织品，雕刻石碑铭文，绘制陶器和壁画；在玛雅社会，商品交易也曾一度盛行。但自公元7世纪中期开始，玛雅社会衰落了。

随着政治联姻情况的增多，除长子外的其他王室兄弟受到排挤。一些王子离开家园去寻找新的城市，其余的人则留下来争夺继承权。这种玛雅民族内部的争斗由原来的为祭祀而演变成了争夺珠宝、奢侈品、王权和美女的战争。绵延数代的争战致使生灵涂炭、贸易中断，城市和村庄被毁灭，农业生产也遭到严重的破坏。

但是上述的这些原因都不能完全解开玛雅文明的湮没之谜。玛雅文明的消失已经成为我们这个星球上所发生过的最不可思议的重大事件之一了。

玛雅，这个在公元前1000年前，由简朴的农渔社区发展出辉煌的文化，而又在不知名的摧残下沦于衰亡的民族，究竟得自什么力量，让它们能在石器时代创建出傲世的文化？又遭遇何种苦难，让它们消失在中美洲的热带雨林中？

这也正是无数科学家长期以来孜孜不倦地研究的课题，他们都在试图揭开其中的奥秘。

（六）大津巴布韦遗址之谜

大津巴布韦遗址，位于津巴布韦的马斯温戈省，距首都哈拉雷250千米，它证明南部非洲曾经有过高度发达的黑人文明，是非洲著名的古代文化遗址，也是撒哈拉沙漠以南非洲地区规模最大、保存最为完好的石头城建筑群体。"津巴布韦"一词源于班图语，意为"石屋"，或"受敬仰的石头城"。津巴布韦及其周边共有200多座规模不同的石头城。当地人把石头城引以为自豪，不论从国名、国旗、国徽和硬币上，石头城都被当作这个国家和民族的象征。

1871年，来到这里探险的德国地理学家卡尔·莫赫最先把这个奇迹公之于世。他说："那是一大片聚在一起的石造建筑物，全没屋顶，都用灰色的花岗岩石块以精巧的技术建成，有些石块还曾雕琢。山上那些高大的石墙，分明是欧洲式的建筑。"莫赫进入城内做了一番考察，认为有证据显示石头城的最初建造者们生活富裕、势力强大。

然而，对于究竟是什么人、在什么年代以及为什么要建造这么庞大的石头城等诸多疑问，却没有找到任何线索。

大津巴布韦遗迹是一个大面积的复合体，有防御工程、塔状建筑和排水系统，占地达一万多亩，共有三组建筑：第一组是一连串如堡垒般的城墙，内有复杂通道、石级和走廊，这组建筑现在一般称为卫城。城墙与一个大孤丘结合在一起，随着岩石起伏，以精湛的技术把花岗岩石堆砌起来，顺其自然之势与大孤丘混为一体。站在卫城顶上，可把整个津巴布韦遗址风光尽收眼底，可见当初设计者的别具匠心。第二组是一处椭圆形花岗石围墙，称为神庙。围墙的东北、南、北三面分别有一个进出口，围墙高约 6 米，东面城高约 9 米，围墙底部宽约 5 米。神庙位于卫城下的平地上，至今仍然完整无缺，充分显示出当初建造者的艺术才干和建筑水平。庙内有一座气势庄严的高塔。第三组介于围墙和神庙之间，包括好多小的房屋。

据最初记载，大津巴布韦卫城上有七座实心塔，现今只剩下四座。这四座塔的真正用途，人们至今仍弄不明白。更令人费解的是神庙里面的圆锥塔，此塔高 20 多米，没有任何文字标记。多少年来，一批又一批考古学家和前来企图在塔内搜寻黄金宝藏及古物的人，曾千方百计想钻进去探查，却无法找到一个入口。近年来，又有人前来对此塔"刨根问底"，有的在地下挖了一条壕沟穿过塔底，也有人为寻找塔内的通道在塔内搬开了许多石块，但还是找不到一个进口，最终不得不认定这是个实心塔。离圆锥塔不远处有一祭塔台，据说，在原始社会，这里是举行生殖崇拜的场所。对塔的作用，专家们众说纷纭，有人认为它是瞭望台，有人认为它是宗教象征，有人认为它是粮仓的模型，还有人说它是男性生殖器的象征，但这种种说法都缺少足够的依据，至今人们仍不明白它的真正用途。

事实上，不仅圆锥塔，就是那整座的石头城到底是干什么用的，人们至今也没能真正弄明白。有人说这是一个消失了的帝国的皇帝住所，有人说这是宗教场所，但是也有人认为这是古代人开采、提炼黄金的地方。由于这些石头建筑上没有文字，历史上也没有记载，这种种说法都不过是人们的推测和设想。但是有一点可以肯定：大津巴布韦以及其他石头废墟是历史上已经湮没的一个帝国保存的全部遗迹，是古代非洲文明的杰出代表，它代表着非洲撒哈拉以南地区文明发展的极高成就。

那么，这样一系列辉煌的建筑究竟是什么人建造的呢？

有人认为它是由公元前来自地中海的腓尼基人建造的，也有人认为是阿拉伯人建造的，但更多的人则认为是非洲黑人建造的。根据历史记载，最后在津巴布韦这个已颓败的城市居住的民族，由于战争的原因，大约在 1830 年"祖卢战争"期间，早已被全部赶走了。后来声称拥有大津巴布韦的阿孟瓜人，实际上并未在当地居住过，这里现在生活的是马绍纳族人的一个分支——卡兰加人，但他们至今还住在低矮简陋的窝棚中，他们的生活似乎和这些建筑毫无关系。而这一古迹的真正建造者，随着历史的烟云似乎已无从寻觅。

（七）神秘的特洛伊古城

特洛伊古城位于土耳其西北部的希沙立克山丘下，紧临碧波万顷的达达尼尔海峡，隔海与巴尔干半岛相望。长期以来，人们一直以为它是《荷马史诗》中虚构的一座城市。直到 19 世纪 70 年代，世界考古学鼻祖海因里希·谢里曼的卓越考古发现，才使这座荒丘下的古城重新呈现在世人面前。

谢里曼（1822~1890）出生在德国北部麦克伦堡州的一个小镇，父亲是个贫穷的新教牧师。在谢里曼 7 岁那年，其父买了一本叶勒尔写的《世界历史》作为圣诞礼物送给了他，这本书叙述了特洛伊战争的故事。

据说，特洛伊国王普里阿蒙之子帕里斯趁斯巴达王墨涅拉俄斯短暂不在的机会，拐走了他的娇妻海伦。"人间王"阿伽门农决定为弟弟墨涅拉俄斯以及家族受到的侮辱复仇，遂从希腊各地召集阿卡亚人（即希腊人）组成联军，渡海到小亚细亚，征伐特洛伊，将它围攻 10 年才攻陷。在特洛伊沦陷前的 20 天里，希腊元帅阿伽门农强夺了主将阿喀琉斯的妙龄女奴布丽赛丝，两人遂结怨生仇，阿喀琉斯拒绝参加战斗，特洛伊人频频获胜。阿伽门农非常着急，派人向阿喀琉斯讲和，请求他出战，但遭到拒绝。后来，特洛伊人将希腊人逼到海边时，阿喀琉斯情急之下，准许他的部将帕特洛克纳斯借用他的甲胄出战，然而智勇双全的特洛伊主将赫克托尔不但杀死了帕特洛克纳斯，还剥去了他穿戴的甲胄。

这一下，惹怒了勇士阿喀琉斯，他披上煅冶神赫伐托斯为他打制的光彩夺目的新甲胄，重返战场。他在特洛伊城墙下杀死了赫克托尔，把他的尸体拖在战车后，每日清晨，他驾驭着战车，拖着赫克托尔的尸体，围绕着焚烧帕特洛克纳斯遗体的火葬堆转圈子。年迈的普里阿蒙国王深夜来到阿喀琉斯的营帐请求赎回他爱子的尸体，阿喀琉斯为之感动，答应了他的请求，并休战 12 天。此后，战争陷入相持状态。最终希腊人奥德修斯设下"木马计"，让希腊士兵烧毁营帐，佯装坐船撤退回国，特洛伊人不辨虚实，信以为真，打开城门将木马作为战利品拖回城中。就在特洛伊人庆贺胜利的时候，藏在木马里的希腊士兵趁着夜幕掩护杀死了特洛伊城的守门人，打开城门，埋伏在城外的希腊军队蜂拥而入，攻下特洛伊城。

书中有一幅特洛伊城被焚烧时火光冲天的插图，唤起了谢里曼的好奇心，给他幼小的心灵留下了深刻的印象。

由于家境贫寒，谢里曼 14 岁那年，不得不辍学到一家杂货店当学徒。一次，一位磨坊主酒后闯入杂货店背诵《荷马史诗》，再次给谢里曼极大触动，尽管他对希腊语一窍不通，但是荷马与特洛伊城仍使他着迷。他对特洛伊城的存在深信不疑，并发誓有朝一日要去发掘特洛伊城，挖出埋在地下的普里阿蒙国王的宝藏和美女海伦的嫁妆。

1870年，已积攒了大笔财富的他带着18岁的雅典妻子索菲娅来到濒临爱琴海的土耳其西北部沿海地带，开始了一生中梦寐以求的伟大事业——寻找特洛伊城的工作。

1871年9月，谢里曼召集了80名（不久增至150名）民工，开始了旷日持久的发掘工作。由于当时尚无科学的考古发掘经验可资借鉴，又无公认的科学发掘技术，所以谢里曼在遇到年代较晚的建筑物或遗址时，不像现代的考古发掘者给予绘图、照相、记录、测量，而是立即把它毁掉。他让民工不断地往下挖掘，他认为他所寻找的"特洛伊"一定埋得很深。然而，民工们挖出成片的城址废墟一层叠一层，令他感到茫然不知所措。究竟哪一座是《荷马史诗》中描述的特洛伊呢？外界的冷嘲热讽，遗址的单调重复，使谢里曼有点儿心灰意冷。

就在1873年6月15日，谢里曼准备结束整个特洛伊古城的发掘工作前的一天早晨，疲惫不堪的他像往常一样在雇工陪同下来到工地上，他猛然发现，在古城墙根下埋藏着一个青铜器。于是他不动声色，让妻子索菲娅借口他过生日，给民工放假一天，工钱照发。在确信所有的民工都已离开工地后，他悄悄地挖掘起来。他从坚硬的泥土里刨挖出一件又一件的金银器，计有2顶金冕，6只金镯，1个金杯，1个重601克的高脚金杯，1个高脚琥珀金杯，1件内装有60只金耳环、8700只小金环的大型银制器皿，还有穿孔的棱镜、金扣子、穿孔小金条和其他一些小件饰物，以及银质、铜质花瓶和青铜武器等。这些器物中以两顶金冕最为精美华丽，大的那顶金冕有一串精致的项链可以围绕在戴冕者头上，并从上悬垂下74根短的、16根长的链子；短链子的流苏垂在佩戴者的额前，长链子的末端有一个小的特洛伊崇拜物像，一直悬垂到佩戴者的双肩上，戴冕者的脸庞刚好完全嵌在金冕之中。这顶金冕共用了16353块金片。小的那顶金冕类似前者，但侧边链子较短，显然只打算遮盖两鬓。面对这些金光灿灿的珍宝，谢里曼相信，他已发现了国王普里阿蒙的宝藏。他内心狂喜，将金冕戴在年仅20岁的妻子索菲娅的头上，仿佛看见了1000多年前戴着金冠的海伦再现人间。

事实上，谢里曼发掘出来的这层遗址并不是特洛伊城故址，而是比它更早的古城遗址；戴在索菲娅头上的金冕也不是海伦的金冠，而是一个生活在2200多年前的另一位王后的金冠。谢里曼早已挖过了头，特洛伊战争时的城址应该在这一层的三层之上，连他本人后来也承认这一点。

谢里曼在希沙立克山丘共进行了4期发掘，即1871～1873年，1879年，1882～1883年，1889~1890年逝世时为止。其间他先后于1874～1876年发掘了迈锡尼和伊塔卡，1884～1885年发掘了梯林斯宫殿。

继谢里曼之后，德国考古学家德普费尔德和美国考古学家布利根对特洛伊遗址又进行了发掘和整理，将特洛伊遗址自下而上分成9层：第1层（公元前3300～前2500年），发掘出一座石筑小城堡，有城墙和城门，出现了铜器、磨光黑陶和灰陶。第2层

（公元前 2500~前 2200 年），城市开始繁荣，筑有坚固的城堡，直径达 120 多米，有城墙、城门，城内有居住址和铺砌的道路，谢里曼发现的所谓"普里阿蒙宝藏"就是在该层出土的。第 3、4、5 层（公元前 2200~前 1800 年），城市范围较大，但其发展规模和水平都不高。第 6 层（公元前 1800~前 1275 年），特洛伊城发展到历史上最大的规模，城墙更为坚固，总长达 540 米，至少有 6 座城门。故址平面呈长方形，布局井然有序，城内发现有火葬墓，葬具为骨灰瓮。德普费尔德认为它属于特洛伊战争日期。第 7 层（公元前 1275~前 1100 年）可分为 A、B 两阶段，A 阶段属于特洛伊战争时期，是与第 6 层属于同一文化系统的人创造的。布利根认为特洛伊在被希腊军队围困 10 年之后，因中木马计而陷落，即是在这一时期。B 阶段属于后期青铜时代至铁器时代。第 8 层（公元前 700~前 350 年）属于希腊化时代文化堆积。亚历山大大帝率领马其顿军队越过达达尼尔海峡进入土耳其，占领特洛伊。第 9 层（公元前 350~前 400 年）属于罗马时代文化堆积。公元前 168 年罗马灭掉马其顿，特洛伊随之落入罗马人控制之下。

今天，史学界普遍认为确实存在过特洛伊城。这座城市始建于公元前 16 世纪，坐落在土耳其西北部的达达尼尔海峡入口处，地处欧亚大陆交通要冲。公元前 13 世纪至公元前 12 世纪，特洛伊发展到鼎盛时期，普里阿蒙国王拥有无数的珍宝，令周围的邻邦垂涎欲滴。当时，希腊各城邦逐步发展壮大，图谋向外扩张，富庶的特洛伊就成为掠夺的目标。公元前 12 世纪，希腊各城邦组成联军进攻特洛伊，围困 10 年方才攻下。《荷马史诗》中描述的就是这次战争的故事。特洛伊陷落后，遭到洗劫和焚毁。此后，随着岁月的流逝，一代名城特洛伊被掩埋在荒丘之下。

然而，又有考古学家提出疑问：特洛伊城果真是毁于一场战争吗？甚至还有人认为，特洛伊城根本就不存在。谁是谁非，还有待进一步的考证。

（八）迈锡尼文明存在之谜

伯罗奔尼撒半岛上的亚哥里斯平原干旱贫瘠，人们很难把它与《荷马史诗》中所描述的"多金的"迈锡尼联系在一起。"多金的"迈锡尼是真实的吗？

迈锡尼文明是希腊青铜时代晚期的文明，它由伯罗奔尼撒半岛的迈锡尼城而得名。约公元前 2000 年左右，希腊人开始在巴尔干半岛南端定居。从公元前 16 世纪上半叶起逐渐形成一些奴隶制国家，出现了迈锡尼文明。迈锡尼文明是希腊本土第一支较为发达的文明，公元前 17 世纪中期至公元前 12 世纪盛极一时。

在《伊利亚特》和《奥德赛》中，荷马多次提到"人间王"阿伽门农的首都迈锡尼，而且每次提及这一城市，都要加上"多金的"这一词来形容它。在荷马的笔下，迈锡尼似乎是一座黄金遍地的城市。迈锡尼向外扩张，其君王阿伽门农曾率领希腊联军渡海远征特洛伊，侵入小亚细亚西南沿海一带，特洛伊战争正是迈锡尼人与特洛伊人争夺海上霸权的一场交锋。迈锡尼虽然取得了特洛伊战争的胜利，但不久便被南下的强悍民族多利亚人所征服，从此迈锡尼文明急剧衰亡，希腊倒退到没有文字记载的史前社会时期。迈锡尼文明也逐渐被人们淡忘。

19 世纪末，德国考古学者 H. 谢里曼在迈锡尼遗址发掘出众多王族墓葬及丰富的金银饰物之后，他相信自己找到了荷马史诗《伊利亚特》和《奥德赛》中所描写的世界。在一个迈锡尼的墓穴中，他将所发现的一个金箔面具命名为"阿伽门农面具"，迈锡尼文明及其历史地位才开始得到肯定。

迈锡尼的遗址建筑在一个高丘上，城堡的堡墙以巨石环山建成，大门上有双狮拱卫一柱石刻，被称为"狮子门"。据考古证明，它建于公元前 1300 年左右。它的门两侧的城墙向外突出，形成一条过道，加强了城门的防御性。"狮子门"宽 3.5 米，高 4 米，门柱用整块石头制成；柱子上有一块横梁，重 20 吨，中间厚两边薄，形成一个弧形，巧妙地减轻了横梁的承重力。横梁上面装饰有三角形的石板，石板上雕着两只狮子，狮子的前爪搭在祭台上，形成双狮拱卫之状，威风凛凛地向下俯视着。门口的阶梯也用整块的岩石铺成，上面还残留有战争的轮辙。虽然迈锡尼城堡已成废墟，但这个庄严肃穆的城门，历经 3000 多年的风吹雨打依然巍然屹立，威风不减当年。

1939 年起，由希腊考古学家帕巴德米特里领导的希腊考古学会和英国考古学家韦思领导的考古队共同对迈锡尼遗址进行发掘。发掘工作断断续续进行了几十年，奇迹还在不断出现，人们对迈锡尼文明的了解也更加深入、全面。

迈锡尼的圆顶墓是相当宏伟的石构建筑，最大的圆顶墓称为阿特柔斯王（阿伽门农之父）的宝库，高 13.2 米，用巨石叠涩砌成，墓门的一块楣石竟重达 120 吨。迈锡尼的陶器和工艺品也有自己的风格，除吸收弥诺斯文明的因素外，还具有强劲粗放的特色。竖穴墓中的随葬品，如金质的面具、角杯、指环、金银镶嵌的刀剑等，都是古代工艺的杰作。圆顶墓已全部遭盗掘而极少遗存，但瓦孚墓中残存的两只金杯极为生动精美，以浮雕表现捕捉林中野牛的情景。迈锡尼的线形文字"B"的发现，给传奇性的迈锡尼考古又增添了新的魅力。线形文字"B"如今已释读成功，使我们对迈锡尼社会的奴隶制度和高度发达的社会经济有了进一步的了解。从各地发现的泥板文书上了解到，该文明的社会经济情况与古代东方的奴隶制王国相接近。泥板中还有日后希腊神话中常可见到的天神如宙斯、赫拉、雅典娜、阿波罗的名字，表明该文明与其后的希腊文明存在一定的继承关系。

迈锡尼坟墓和王宫遗址的成功发掘，使世人看到了一个湮没已久的辉煌的文明，证实了《荷马史诗》中"多金的"迈锡尼的存在。迈锡尼考古的进行，使荷马的优美的诗句又一次回响在迈锡尼的废墟中，湮没已久的迈锡尼文明在一代又一代考古学家的努力下，向人们展现了辉煌灿烂的面目。

"多金的"迈锡尼成了考古史上的又一个传奇。

（九）失落的印加帝国

印加帝国信奉太阳神，他们建立了高度的文明，在西班牙入侵以后，他们神秘地失踪了。是发生了毁灭性的瘟疫呢，还是他们遁入了山林？

美洲一直是一个被认为缺失古文明的大陆，直到 1911 年失落了很多个世纪的古城马丘比丘在秘鲁被发现，一段古老的文明终于重见天日。

大约在 12 世纪，秘鲁利马附近的库斯科谷地中的印第安部落逐渐强盛起来，开始向外扩张，兼并周边地区。1438 年他们统治了安第斯山脉北部山区，建立了强大的奴隶制国家——印加帝国。16 世纪初，印加帝国达到鼎盛时期，曾控制南美洲广大土地，人口多达 600 万，建都于库斯科。印加帝国雄霸一方，他们信奉太阳神，建立了完善的农业体系。他们还有进步的政治制度，能够推动完善的法律来治理百姓，绝不以严刑峻法苛难。

以农立国的印加人，早在公元前 400 年就知道集约栽培法，他们栽培玉米的技术高超且无人能与之比拟。此外，印加人在纺织品的生产技术上，更有伟大的突破，各色各样的织法以及各种形态的精致图案，都具巧夺天工的技巧。

首都库斯科（在今秘鲁南部）有巨大的太阳神庙，庙中墙壁是用黄金片镶嵌的，中间一个金制圆球，代表太阳；旁边有几百条金制线条，代表太阳的光芒。壁上金光闪闪，豪华非常。从首都到全国各地，包括现在的秘鲁、玻利维亚、厄瓜多尔全部，以及哥伦比亚南部和智利的北部、中部，都有宽广的驿道相通。

由于发掘了金矿，在帝国庄严的宫殿建筑上，各处均镶着金饰品，灿烂耀目，光彩辉煌，但这也同时为其本身带来了不幸的灾难。印加人已大量使用青铜器，但是他们还不知道炼铁，不会使用火器和马。

印加人没有文字记录，人们普遍使用的记录符号是"结绳文字"，即用不同颜色、不同距离、不同大小的绳结来记事、记数。

1532 年，印加帝国正当全盛期，拥有 600 万国民，掌握了当时先进的有色金属冶炼、加工技术，能制造出一流的冷兵器，还有像马丘比丘那样险要的城堡可坚守。可是数百名西班牙殖民者闯入印加帝国后，印加末代国王阿塔瓦尔帕被斩首，很短的时间内帝国就消亡了，马丘比丘的印加文明失落了。

据口传历史记载，在印加帝国到了多拿卡巴克王统治时，造成了印加无与伦比的盛世。多拿卡巴克王死后，把印加帝国分为两部分，传与瓦斯卡尔和阿达瓦尔巴两个儿子统治。在 1532 年，兄弟反目，印加帝国因两位王子争夺王位而爆发内战，印加人形成了派别，开始了血腥战斗。正值印加人因分裂而国力日衰之际，残暴的西班牙冒险家们乘虚而入，他们攻击印加人，疯狂掠夺黄金。在这个动荡纷乱的帝国中，他们巧妙地攫取了意想不到的利益。一支百余人的队伍轻而易举地战胜了数万人的印加军队，武器的先进固然是一个因素，但事情显然并非这般简单。西班牙人的胜利完全是由印加人自己拱手送上的，内乱已经使他们筋疲力尽了。

由于印加人民没有发明文字，也就没有记载，使得遗留下来的问题更具神秘性。又有一班学者根据印加人的记录，大胆推测当时印加帝国虽然拥有高度文明，但却被突袭而来的恐怖瘟疫横扫全国。然而就算是发生瘟疫，难道当时的西班牙人具有免疫力？即使印加人真的发生瘟疫，怎么能够使6007万人全部消灭殆尽呢？

也有学者认为，在西班牙人入侵印加帝国后，另一位国王瓦斯卡尔率领着数以百万的印加人深入蛮荒的安第斯山中，在整座山上建筑藏身的栖息之所，打算再度恢复当年的印加势力。然而，大瘟疫再次袭来，残存的印加人无力再重振势力，只得继续逗留在丛林中，埋葬死者，消灭遗迹。为了避免再度引起纷争，他们销毁了高度的文明，企图掩饰当年印加帝国的强盛，然后以最简单的方式——聚集部落为生，形成今日印第安人的祖先。

实际上，近年来许多考古学家在绵延的安第斯山脉中，陆续发掘到许多印加帝国的遗迹，证明印加人确实曾经抛弃辛苦经营的帝国，而在蛮荒的山地中再建王国。

古老的印加帝国遗留下来的重重疑云，为古老帝国的神秘灭亡增添了点点色彩。印加帝国消失的真正原因有待于历史学家、考古学家们继续考证，为它寻求一个正确的答案。

（十）神秘之都库斯科之谜

在秘鲁南部安第斯山脉南段群山环抱的库斯科盆地中，有一座气候宜人的高原城市库斯科，在16世纪西班牙殖民者入侵南美洲之前，这里曾是印加帝国的统治中心。

库斯科，印第安语的意思是"离太阳最近的城市"，海拔3400米。有关库斯科的起源，印第安人中流传着这样一则神话传说：很久以前，至高无上的创造神创造了一对青年男女，男的叫曼科·卡帕克，女的叫玛玛·沃利奥，两情依依，终成眷属。创造神传授给他们各种技艺，赐给他们神奇的金杖，晓谕他们寻找金杖沉没之地并在那儿定居。这对年轻夫妇遵照神的旨意，带着金杖，浪迹天涯。有一天，他们来到了库斯科盆地，像往常一样，将金杖插入地里，顷刻之间，金杖消失得无影无踪，他们异常兴奋，终于找到了神灵指引的地方，于是便在这里安居乐业，生息繁衍，建立起库斯科城。此后，历代印加帝王不断兴建，至第9代帝王帕查库提（1438~1471年在位）时代，库斯科规模空前，名扬天下，被印第安人视为神圣之地。

库斯科是印加文化的摇篮。1000~1533年，一直是印加帝国政治、经济、文化和宗教中心。辉煌壮丽的古建筑虽历经沧桑，但至今遗迹犹存，从中不难领略到印加帝国昔日的风采。

印加帝国强盛时期分为4个"苏尤"（行政区）：西北部是钦查苏尤，包括今秘鲁中北部和厄瓜多尔；东南部是科利亚苏尤，统治着的的喀喀湖流域、今玻利维亚的大部分、阿根廷北部和智利中部；西南部是孔德苏尤，占有秘鲁南北；东北部是安蒂苏尤，拥有安第斯山脉中段的东麓地带。与4个"苏尤"相应，库斯科城又分为4个区域，各地酋长在相应区域内建造房屋，以备朝觐帝王时住宿，而不同的街区代表了不同地域的风俗，所以库斯科城成为印加帝国的缩影。

古代库斯科城的中心是"瓦卡依·帕塔"中央广场，现为阿尔马斯广场。广场呈正方形，边长183米，历代印加王宫就集中在广场周围，从中央广场开始，随着距离的增加，建筑物由石砌的宫殿府衙逐渐变成泥墙茅舍，等级森严，贵贱有别。印加帝国最伟大的帝王帕查库提时代，在这个广场上曾多次举行过盛大的阅兵式和庄严的宗教仪式活动。每逢盛大祭祀典礼之时，广场中央供奉着用黄金制成的太阳、雷、闪电等诸神像，两旁的金御座上供奉着历代印加帝王的木乃伊，众神之像前成群的骡马在祭司的祷告声中成为刀下之鬼，而当印加帝王露面时，万众欢声雷动，祭祀活动达到高潮。如今，广场上竖起了印加人引为自豪的先王帕查库提的青铜雕像。

城内最大的宗教中心是科里坎查太阳神庙，自印加帝国的始祖曼科·卡帕克起，到印加·罗加为止，历代帝王都居住在这里。太阳神庙是一座长70米、宽60米的长方形建筑物，附属有王宫和祭司的府邸。关于这座太阳神庙，秘鲁历史学家加西科索·德拉维加（1539~1616）在他编纂的《王家述评》一书中是这样描述的："太阳神庙是在朝东的一块圣地上建筑起来的，整个庙宇是用精心修整的、平坦而巨大的石板砌成的，为了让空气流通，屋顶造得很高，用茅草盖成，还有一个很优美的祭台。大殿的四周墙壁从上到下全部镶上较厚的纯金片，所以这座神庙得名'金宫'。在正面墙壁上有太阳神偶像，它是个绘有男子脸形、周围环绕着光芒和火焰的用黄金制成的圆片。它面朝东方，在受到初升的太阳光直接照射时就放射出万道金光。在太阳神偶像的左右两侧，按照古代习俗在金御椅上供奉着历代印加王的木乃伊，远远望去，它们就像真人一样。大殿中央置有一个华丽的御椅，举行典礼时，印加王便坐在御椅上。"印加帝王在这里以太阳神的化身自居而号令全国，从而把全体印第安人凝聚在一起。这座神庙后来被西班牙殖民者摧毁，现在其废墟上建有多米尼各教派的教堂。

太阳神庙的附近建有5座正方形小神庙。第一座小神庙供奉着太阳神，里面每一件东西都是用银制作的，月亮神偶像是个绘有女子面容的银制圆片，在其两侧安放着印加王后的木乃伊；第二座小神庙供奉着众星神；第三座小神庙供奉雷神和闪电神；第四座小神庙供奉彩虹神；第五座小神庙专供祭司使用，据说其墙壁均是用金银宝石装饰的。这些神庙里的金银珍宝全被入侵的西班牙殖民者洗劫一空，然后熔化掉了。

太阳神庙的西南部有一座献给太阳神的"黄金花园",园中的花草树木、飞禽走兽以及人物全是用黄金和白银制成,甚至连撒满黄金的土地里种植的玉米也是用黄金制作的。据加西科索·德拉维加记载:"从植物发芽到开花结果,其成长过程都经过精密的仿照。小鸟栖于林梢鸣叫,蝴蝶和蜜蜂在花丛中采蜜……各种动物形象栩栩如生,搭配得当,使人难辨真假。"相传西班牙殖民者进入花园后,信以为真,直到用手采撷花朵时才发觉全是黄金和白银。

帝都之内还有一处著名的建筑,叫"太阳贞女馆",印第安语称为"阿克利亚瓦西",是专门培养"太阳贞女"的地方。这种机构在印加帝国境内随处可见。"太阳贞女"是接受过专门技术培训的处女,她们貌美灵巧,深居简出,保持童贞,主要为宗教仪式服务,并为神、祭司和印加王编织衣物,酿造玉米酒,唱圣歌,跳圣舞。库斯科的"太阳贞女馆"在帝国境内规模首屈一指,它长120米,宽60米,可以同时容纳200~600名贞女。自西班牙殖民者踏上美洲大陆后,耶稣会传教士随后而至,并于1571年在"太阳圣女馆"原址上建立起了多米尼各派的大教堂。

库斯科作为印加帝国的首都,有设防严密的防御体系。都城的四周筑有四座古堡,以西北部的萨克萨瓦曼堡最为著名。萨克萨瓦曼堡在印第安语中意为"山鹰"。古堡筑于山坡之上,方圆4平方千米,有三重围墙作为屏障;围墙依山而建,墙高18米,最外面一道周长540多米,全部用巨石垒砌,表面平整,接缝严密,估计使用的巨石总数达30余万块,最重的一块石头重约200吨。民间传说,古堡始建于1400年,历时108年才完工。古堡建成后,印加帝王经常在此检阅士兵,甚至把它作为行宫,召见大臣共议国事。在库斯科市郊的群山中,另外还矗立着3座可以俯瞰全城的坚固城堡以及众多的瞭望塔,保卫着首都的安全,至今遗迹依稀可寻。这些古堡所用的巨石是怎样从采石场运来的,又是怎样垒砌起来的,当年的印加人具备这种超凡的能力吗?

这些未解之谜至今还缠绕在这座神圣之城的头上。

今日的库斯科已是一座驰名世界的历史名城,每年6月的最后一周,秘鲁人民都要在此欢庆盛大的民族传统节日"太阳节"。1980年2月至3月间在此召开的南美洲印第安人运动第一次代表大会上,库斯科城被命名为"世界印第安人的首都"。

(十一)"空中之城"马丘比丘之谜

16世纪中叶,当秘鲁沦为西班牙殖民地后,民间就一直相传:在茫茫的安第斯山脉中,有一座神秘的印加古城。直到1911年失落了很多个世纪的古城马丘比丘在秘鲁被发现,一段古老的文明才终于重见天日。

马丘比丘是南美印加帝国时代最早的一座都城,位于印加帝国首都库斯科西北120千米处。这个"空中之城"坐落在老年峰和青年峰中间陡峭狭窄的山脊上,四周被崇山峻岭重重包裹。在这没有人烟的地方，印加人却建起了他们的城市。从远处看起来，马丘比丘似乎随时都可能从狭窄的山脊上滑下万丈深渊。古代印加人怎么能在绝顶上建造城市着实令人费解。

古城的全部建筑都用巨大的花岗石垒砌而成。这些建筑没有使用灰泥，完全是靠工匠精准地切割、堆砌石块而完成的。在尚未发明文字，也不知道使用车轮和牲畜的年代，把重达20吨的巨石运到山上并放在恰到好处的位置，依着山坡一层层建起城池，这对当今第一流的建筑工程学家来说也是一个难题。

包含3000多级台阶的100多座石梯把庞大古城的各个不同部分连接了起来。排列有序的露台，抬高了高地的边缘，使其与农业区的茅草顶小屋连接在了一起。台阶蜿蜒通过门卫房、葬礼石和基地，通往徒步旅行者进入古城的印加小道。三只一直待在这儿的羊驼默默地埋头啃着草，并经常像骄傲的孔雀一样，摆出姿势让旅游者拍照。

对星相学有兴趣的游客不妨在凌晨就开始游览太阳神庙，这儿被认为是一座天象观测台。它的外形类似于墨西哥奇岑伊喳马雅半圆形天文台，呈圆形。太阳神庙的建筑极好地体现了修建者的创造性，切割得极为精细的大理石没有用一点水泥，完全靠精巧的设计垒堆在一起，浑然一体，非常坚固。

像玛雅人一样，马丘比丘的居民都是很好的天文学家，在这座圆形的神庙里，据说藏有大量金银和许多供奉太阳神的神像。著名的"印地华塔纳"也具有同样的功能，被认为是一种观测天象的工具，顶上装着一种用岩石刻成的类似于日晷的仪器，可以用来预测冬至和夏至的时间，以便人们安排播种和收获。

这与世隔绝的所在，几百年都没有被西班牙殖民者发现，因此也免遭劫掠。当初美国人宾汉姆（Bingham）偶然发现马丘比丘的时候，它已经被几个世纪以来的树林灌木、苔藓藤蔓遮盖，只能隐约看到些断壁残垣。今天，杂草藤蔓虽然被清除了，但是想要瞻仰古城，仍然得耐心等待笼罩古城的山中云雾散尽。这也就是为什么马丘比丘被叫作"云雾中的城市"的原因。等待是漫长的，可是也正因为这样，当那层神秘的白色面纱最终消失，马丘比丘更像是上天额外赏赐给人类的礼物。

马丘比丘古城到底有多古老？学术界的正统看法是：这座城堡的兴建日期应该是公元15世纪左右。然而，一些备受敬重的学者却敢于质疑，时时提出不同的意见。例如，20世纪30年代，德国波茨坦大学天文学教授洛夫·穆勒找到确凿的证据，显示马丘比丘古城在建筑上的一些重要特征，反映的是重大的天文现象。他以数学方式，仔细计算过去几千年中星星在天空的位置（一种名为"岁差"的天文现象，星星的位置会随着时间改变），得出这样的结论：马丘比丘城堡的最初设计和建设，肯定是在"公元前4000年到公元前2000年之间"完成。

在正统历史学家眼中，这简直就是信口胡说。如果穆勒的推算正确，马丘比丘城堡的历史就不是短短500年，而是6000年了。这么一来，它就比埃及的大金字塔古老得多（正统学者认为，大金字塔的兴建日期约在公元前2500年左右）。

关于马丘比丘城堡的历史，还有其他学者提出异于正统学界的意见。跟穆勒一样，他们大多认为，这座城堡的部分遗迹比正统历史学家所认定的日期古老好几千年。

就像组合在马丘比丘城堡墙上的多角形巨石，乍看起来，这个观点似乎能够配合其他碎片，组成一幅完整的拼图，让我们得以解开历史之谜，一窥秘鲁古老的面貌。维拉科查是这场拼图游戏的一部分。传说中，首都设在帝华纳科。这座伟大古城的废墟，如今坐落在玻利维亚境内一个名为科尧的地区。

如果汉克的假设"马丘比丘的建设者"是远古时代"维拉查科"的杰作这一论断成立的话，那么，我们也可以这样假设："马丘比丘"乃是"太平洲"幸存者的又一杰作。但他们为何偏偏将城堡建在海拔达2700米高的山峰之上呢？在如此高的地方修建城堡，连生计也成问题呀？这是不是"太平洲"人的陆路逃难者向他们的太空探索者留下的"醒目"标志，以便"太平洲"的太空探索者找到"世外桃源"后回来发现他们，并将他们接走了呢？

强大的印加帝国为什么要建设这样一座空中城堡？多少年来，考古学家对这个神奇的古城产生了众多的猜想。

一种说法是祭祀太阳神。印加人崇拜太阳，太阳神是他们最重要的神灵，印加王都自称为"太阳之子"。选择这样高的位置建设如此规模的一座城，为的只是和太阳更近一些。

另外，有考古学者推断，这是一个宗教祭祀典礼的活动中心。平时有一些人居住在这里照料寺庙和祭坛，大部分人要到宗教节日才到这里来。考古学家在城中发现的头骨中，绝大多数是女人的头骨，他们推断这些都是为了敬献给太阳神的祭品。这个城市是如何建造的？又为何离开这个"世外桃源"呢？种种未解之谜一直吸引着人们继续不断地探索。

（十二）哈图莎的毁灭之谜

公元前1595年，立国300多年的古巴比伦走到了尽头。汉谟拉比的荣光、众神的眷顾最终也未能使古巴比伦逃脱灭亡的命运，来自北方的赫梯人攻入了巴比伦城，毁灭了古巴比伦国。从此，赫梯人走上了历史舞台。经过了繁荣的300多年，赫梯也走向了衰亡。据说，当最后一个赫梯王离开都城哈图莎的时候，他对这座城市下了诅咒，诅咒它永远被弃置。公元前1190年赫梯帝国毁灭后，古城真的在历史中消失了。

随着古城消失的还有曾经辉煌一时的赫梯文化。几个世纪之后的人们都不知道赫梯的存在，直到1834年，一位法国建筑师兼文物古董商在土耳其才偶然发现了它。

赫梯文明繁荣了5个多世纪，但到了公元前1200年灾难降临了。到公元前1150

考古发现，灾难不仅仅降临到赫梯人的首都哈图莎，从目前已辨认出的零零散散的其他赫梯城市来看，有大量的证据表明，它们也遭受了类似的破坏。1993 年德国考古学家在赫梯首都以东 125 英里的库萨克里，挖出了一座土砖墙被大火烧毁的巨大建筑群。在其中的 54 个房间里到处都是散落的巨大的赫梯陶器堆，有些陶器因受大火的高温烘烤而熔化。总之，赫梯人遭到了灭顶之灾，所有的赫梯城镇都变成了废墟。

虽然赫梯王朝的覆灭来得迅猛而突然，但致使它遭此灭亡的各种因素却并非出于一朝一夕。考古界一直对哈图莎的毁灭原因争论不休。

有人认为，是影响整个中东地区长达一个世纪的干旱和庄稼歉收，严重地削弱了赫梯王国的实力。民众开始迁徙，寻找好一些的生活环境。于是，本国臣民的不稳定，再加上北部迁徙而来的掳掠性游牧部落和西部入侵民族的合力进攻，赫梯王国自然走向了覆灭的深渊。

还有人认为，是来自"海上民族"对中东的侵略导致了赫梯的灭亡。考古学家发现，在拉美西斯三世于公元前 1180 年左右写的一份文书中有这样的记录："这些外国在它们的岛国本土密谋策划，没有一个国家能挡其锋，赫梯首当其冲……"但也有许多史学家很难接受赫梯帝国仅仅毁于航海者之手这一观点，他们倾向于认为其他劫掠者也卷入其中，并且国内的敌人也起了作用。

凡此种种说法，不一而足。哈图莎最终因何毁灭，至今还是考古界的未解之谜。

尽管赫梯王国灭亡了，但是赫梯文化却留下了自己的印记。赫梯王国覆灭 200 年以后，在安纳托利亚东部和叙利亚北部又崛起了 15 个小王国。考古学家们相信，这些王国的人民不会是赫梯人的后裔，但是他们却选择了赫梯人的语言，承接了赫梯人的一些宗教和风俗习惯。学者们把这些人称为"新赫梯人"。在叙利亚，新赫梯人建立起了城邦，并持续到公元前 8 世纪左右。《圣经》里提到的赫梯人也正是这些新赫梯人。

（十三）古都尼尼微毁灭之谜

作为古亚述帝国的帝都，尼尼微城曾经辉煌不已，但是几千年过去了，人们除了从史书和《圣经》上知道曾经有过尼尼微这样一座城市之外，其他就一无所知了。直到 19 世纪，西方开始兴起探寻西亚文明的热潮，一批又一批来自各国的探险家们来到这片荒芜的沙漠上，寻找这座曾经在史书和《圣经》上讲述的古城。

从 16 世纪开始，美索不达米亚一直隶属于奥斯曼土耳其帝国，它实际上已沦为帝国的一块充满邪恶的死角。在这里，土匪抢人，酋长好斗，地方官员受贿，沙漠灼热，狮子觅食，霍乱、痢疾一类的传染病到处流行。美索不达米亚危机四伏，去那里旅行简直就是冒险。然而，仍有一些胆大好奇者探索了这块历史圣地。

先后来到美索不达米亚探险的有意大利人、丹麦人、英国人、法国人等，他们当中有些是纯粹的探险，有些是政府资助的考察，有些甚至就是西方国家驻美索不达米亚的外交人员。其中最著名也最幸运的是一个叫奥斯丁·亨利·勒亚德的英国人。

在英国人之前，法国人保尔·伊迈尔·波塔就已经在美索不达米亚秘密开采了很久，他发掘出的许多雕塑和陶碑被运回欧洲后都引起了极大的轰动，但是他一直没有找到《圣经》上记述的尼尼微城。不甘心被法国人抢先摘走亚述王冠的英国人紧急派出他们的代理人前往美索不达米亚，他就是奥斯丁·亨利·勒亚德。喜好探险的勒亚德在中东许多地方旅行过，当时他在英国驻君士坦丁堡的领事馆工作。一本传记资料把他的工作称为"多样化的非官方外交使者"，其实是一种介于政治活动和谍报工作之间的使命性质。

1845年，勒亚德到达莫索（巴格达以北的城市，传说尼尼微古城就在附近）。老练的勒亚德故意在法国人和地方酋长们面前晃荡而过，装得像个猎人，而私下里却把工具偷运到莫索附近的土丘，开始发掘。夜幕降临之前，他的工人们已发现了两个亚述宫殿遗址。不久，他就发掘出了象牙雕刻、楔形文字碑和记载战斗场面的雕塑画板。

1847年，勒亚德开始发掘库云吉克，那是法国人波塔曾经检测却又被放弃了的土丘。勒亚德发现，在库云吉克地下20英尺处留存有大量文物。库云吉克真的是长期被人们寻找的尼尼微。而实际上，勒亚德发现的第一个遗址是一个叫尼姆路德的城市，历史上曾做过亚述帝国的首都。通过几年的发掘，勒亚德终于找到了深埋于地下的尼尼微，几乎在同一时期破译出的楔形文字也证明了勒亚德的考古发现。

随后，勒亚德又发掘出了公元前704~前681年一直统治着亚述的国王辛拿切利甫的部分宫殿。宫殿拥有71个房间，其中一间是随后建造的图书馆，图书馆包揽了古亚述帝国从语言、历史、文学、宗教到医学的所有书籍。宫殿至少还有27个入口，每个入口都由巨大的牛、狮或者狮身人面石雕卫士守卫着。也许最令人难忘的要算那些记载着亚述历史和神话的石雕壁画了。勒亚德估计，如果把这些壁画接排起来，将近2英里长。

由于大英博物馆提供的资金极其有限，恼怒的勒亚德于1851年离开了发掘地。之后，又有伊拉克、法国、德国、英国以及美国的考古队来到美索不达米亚进行了零星的发掘，有的发掘者高度重视科学考察价值，有的则只能算是些劫墓暴发户。直到20世纪，人们才真正开始了对尼尼微、尼姆路德以及其他美索不达米亚古城的科学考察。

19世纪50年代初，大英博物馆的研究人员把勒亚德从尼尼微发现的24000多块楔形文字碑进行分类翻译。一天，一位参加翻译工作的亚述学者乔治·史密斯在考察一堆破碎的石碑时，偶然读到了令人难以置信的东西。碑文记载了古巴比伦时期，上帝降大雨和洪水来惩罚邪恶有罪的人类的情景。大灾中，一个名叫尤特拿比利姆的人造了一只木船，载上家人和许多动物在洪水中幸存了下来。很明显，碑文记载的故事与《圣经·创世纪》中描述的"洪水与诺亚方舟"的故事几乎一样。

史密斯的发现引起了轰动。有些人声称，那段碑文证明诺亚方舟的故事是真实的；另一些人却争论说，碑文表明《圣经》故事是依据更古老的神话写成的。可惜的是，那块有关洪水故事的石碑已破碎，史密斯也无法提供巴比伦洪水故事的全文。于是，《每日邮报》出资派史密斯去尼尼微找回破裂碑文的残余部分。奇迹般的巧合出现了，史密斯竟然在不到一星期的时间里就碰上了那块遗失碑文的其余部分。然而新恢复的碑文全文并没有增添什么有关洪水的内容，而希望继续发掘的史密斯在两年后却因痢疾死在了叙利亚。

（十四）阿兹特克文明起源之谜

阿兹特克人住在玛雅人之北，属今天的墨西哥境内。阿兹特克文明出现之前，在这块土地上曾经出现过托尔特克文明。约在 1200 年，阿兹特克人进入墨西哥地区，取代了托尔特克人，1325 年阿兹特克人在这里建国，并最终于 15 世纪和 16 世纪之交形成了一个版图广大的帝国。如今，拥有 2000 多万人口的墨西哥城就建在阿兹特克人的故都特诺奇蒂特兰之上。

但是，在相当长的时间里，甚至是阿兹特克人的后代也并不知道阿兹特克文明的存在。

新大陆被发现以后，西班牙人作为最早的征服者来到了墨西哥，并用 40 年的时间彻底征服了曾经辉煌一时的阿兹特克帝国。大部分阿兹特克人的后代被迫改信了基督教，并在原来城市的废墟上，建立起了一座新的城市。

直到大约 300 年之后的 1790 年，阿兹特克终于不甘寂寞，让世界为之震惊了。那一年，西班牙总督下令修建墨西哥城的地下排水系统。一个炎热的下午，市中心宽阔的扎卡罗广场上，工人们正在紧张地劳作，夏日的余晖在土堆后投下长长的影子。

突然，一声金属撞击石头的清脆声响引起了人们的注意，原来是有个工人挖土时碰到了一块大石头。大伙齐心协力彻底清除了它上面的泥土，之后，人们不由得屏住了呼吸。这块石头分明是一尊造型怪异的雕像：带爪的四肢，毒蛇盘绕而成的裙子，颈部以上是两个相向张开大嘴的蛇头，最可怖的是其胸部挂着一个牙关紧咬的人头骨，头骨上挂着一串用心脏和像是刚砍下来的人手穿成的项链。时任墨西哥总督的西班牙人对这些石雕也怀有很大的兴趣。他下令将最先挖掘出的怪异雕像就近运往当地的大学，在那里对石雕进行称量，并把它的外观绘制成图。后来，学者们花了一个世纪的时间，才终于弄明白这个石雕是阿兹特克人崇拜的女神考特利秋的雕像。考特利秋是所有阿兹特克神的母亲，是地球之神，因此也是掌管生命与死亡的女神。

不久，人们在广场附近大教堂的一根柱石底下，又发现了一个硕大的石盘。灰黑色的玄武岩浮雕圆面当中是一张伸出匕首状舌头的人脸，人脸的周围饰以一圈圈令人费解的几何图案。人们给它取名为"太阳之石"，部分原因是因为它酷似一面日晷。

1791 年，在广场的西北角，人们又意外发现了一块磨盘石模样的大型石雕。石雕的环面上刻着一群武士战斗的场面，当时人们推测它是一块用于祭祀的石雕，于是把它叫作"牺牲之石"，现在它被称为"泰佐克之石"。

这些在墨西哥首都中心地带出土的石雕，唤醒了人们对于淡忘已久的阿兹特克古国及其首都特诺奇蒂特兰城的回忆，使 18 世纪的墨西哥乃至后来的全世界都为之震惊！

在当时，自大的西方人怎么也不肯相信，凭借阿兹特克人"落后"的技术水平竟然能够搬运如此沉重的石雕。日渐衰败的西班牙帝国严禁任何外国人在其新大陆的领地内旅行，结果欧洲几乎无人能够获取这些文物的第一手资料。直到 1821 年墨西哥独立，通往阿兹特克的大门才被打开，一时间，欧洲的旅行家、科学家和冒险家们云集墨西哥。

人类学、历史学和语言学工作者们开始在各种历史档案中系统地寻找这一古老民族的踪迹，这一古老民族曾把中美洲的绝大部分地区牢牢地置于自己的统治之下，在墨西哥谷地创造了一个幅员辽阔的伟大帝国。

16 世纪西班牙人入侵之前，拥有 20 多万人口的特诺奇蒂特兰是阿兹特克帝国的首都。阿兹特克人认为，他们的首都不仅仅是帝国的中心，更是世界的中心。坐落于特诺奇蒂特兰中心位置的是他们的宗教圣地——中心广场的大寺庙，城内的街道和建筑都以中心广场为中心呈辐射状向四周延伸。特诺奇蒂特兰城的房屋，有用泥沙砌成的，也有用高档的石块建造的，还有两层的楼房。

特诺奇蒂特兰最具有特色的要数它的人工岛了。由于帝国不断发展，而小岛的面积又非常有限，阿兹特克人在原来岛屿的四周建了很多人工岛用来种植玉米等作物。这种人工岛被西班牙人称为"水上花园"。

特诺奇蒂特兰城中有两个很大的市场，其中一个就在中心广场附近，每隔 5 天有一次集市。市场上的商品应有尽有，主要的商品还另辟专卖区。当时阿兹特克人还未使用铸币，所以商品交易都是物物交换。但有些物品已经具有货币的职能，如一袋袋的可可豆，T 形的小块锡或铜，装在羽毛管里的金砂、金粉等。

阿兹特克帝国的主要社会组织是部落联盟，每个部落由 20 个氏族组成，设有部落议事会，由 4 名行政官吏实行集体管理。随着历史的发展，阿兹特克人的部落组织形式也在不断地发生着改变。捕获的战俘，部分作为人祭，部分沦为奴隶。在西班牙殖民者入侵前，阿兹特克社会已经出现贫富分化、阶级以及早期国家的萌芽。武士和祭司组成了国家的上层，中间有商人和工匠，最底层为奴隶。他们种植玉米、豆类、棉花、烟叶和剑麻等，沿海居民则从事渔业。14世纪至16世纪独具特色的阿兹特克文化开始繁盛起来，如象形文字、天文学、医学，宏伟的特诺奇蒂特兰建筑群，装饰建筑的浮雕、壁画及花纹，造型美观的陶器等都达到了较高水平。阿兹特克俨然成为拉丁美洲四大文化基地之一。仅有少量阿兹特克人存留下来作为现代墨西哥居民的组成部分，但其大部分的文化和传统已经不复存在。

有人说，阿兹特克人的迅速灭亡完全是自身宗教宿命论所致。1519年2月，西班牙征服者科尔特斯组织了一支远征军，奉命为西班牙王国寻找新的奴隶和财富的来源。在到达墨西哥海岸时，科尔特斯把他们登陆的地方命名为"维拉克鲁兹"，意为"耶稣基督的富贵乡"。面对居心叵测的侵略者，阿兹特克人显得愚昧和无知。他们甚至以为这些西班牙人是他们传说中将再次回来的神，当时的阿兹特克帝国皇帝摩台克祖玛二世不断地派使节向侵略者送上各种贡品。没想到这些黄金等贡品反而更加刺激了远征军的征服欲望。1519年11月，科尔特斯和他的远征队在未遇任何抵抗的情况下进入特诺奇蒂特兰，他们俘虏了国王并大肆掠夺财宝。1520年，阿兹特克人开始反抗，将科尔特斯率领的远征队赶出了特诺奇蒂特兰。但是反抗来得太晚。1521年西班牙人卷土重来，占领特诺奇蒂特兰后，他们在城中大肆屠杀，城中的神庙建筑被焚毁，这座辉煌的城市就这样被彻底摧毁了。阿兹特克文化也被看作邪恶的异教文化，遭到摧残和毁灭，阿兹特克人也逐渐淡出了人们的视野。

关于阿兹特克这个民族，最早能追溯到13世纪，但是13世纪以前呢？阿兹特克人起源于哪里？他们的祖先是谁？历史学家们分析，阿兹特克人可能来自墨西哥北部地区，但是又不能确定具体在北方的什么地方。阿兹特克人的起源问题一直都是考古学界的一个难解之谜。

按照阿兹特克人的传说，很久以前，他们在一个叫作"阿兹特兰"（意为"鹭之地"）的地方过着居无定所的漂泊生活。一天，阿兹特克人崇拜的太阳神和战神维洛波切特利对他们说："你们去寻找一只鹰，它栖息在一株仙人掌上，口中还衔着一条蛇，找到之后，那个地方就是你们居住之地。"阿兹特克人遵照神的指示，在墨西哥谷地特斯科科湖畔的一个岛上找到了这只站在仙人掌上的鹰。他们便在此定居下来，建立了自己的村落，并称之为"特诺奇蒂特兰"，意为"仙人掌之地"。

虽然只是传说，至少说明阿兹特克人是后来迁移到如今的墨西哥城的，那么"阿兹特兰"又是哪里？阿兹特克人为什么迁移？

考古学家们推测，阿兹特克人实际上是被当地更为强大的部落赶走的。有人研究认为，"阿兹特兰"位于今墨西哥的墨斯卡系蒂坦岛。而墨西哥的一位考古学家认为，"阿兹特兰"不在今墨西哥境内，而是在美国的加利福尼亚，或新墨西哥，或佛罗里达，甚至可能在亚洲。

事实上，在现存的各种历史文献中，关于阿兹特克人迁移出"阿兹特兰"的记叙与解释都非常模糊，除了神话和传说以外，阿兹特克人没有留下任何关于他们"故乡"的线索。也许留下了，但被征服者西班牙人无情地毁灭了。因此，阿兹特克人的起源问题还一直是个困扰史学家们的难题。

（十五）吴哥古城之谜

"吴哥"，梵语中意为"城"。分为大吴哥和小吴哥的吴哥古城，主要是由 9 世纪至 13 世纪创建的一组石造建筑群和精美的石刻浮雕组成的。大吴哥又称吴哥通，"通"意为"城"；小吴哥又称吴哥窟，"窟"意为"首都的寺院"。吴哥古迹总共有大小各式建筑物 600 余座，散布在约 45 平方千米的森林里。

就像它的所在一样，吴哥古城处处都隐藏着令人困惑的谜。

19 世纪，法国博物学家亨利·莫霍特得到一本中国元朝人周达观写的《真腊风土记》（真腊是元朝对柬埔寨的称呼），对书中描绘的东方风光异常着迷的亨利·莫霍特读完该书便决定前往柬埔寨。1860 年，亨利·莫霍特深入丛林寻找一种独特的蝴蝶品种，在当地向导的带领下，这个喜欢冒险的法国人进入人迹罕至的丛林深处。在阴森的密林里走了很久，亨利突然发现了一条长长的石阶，石阶通向几座尖顶高塔。他顺着石阶上去，发现那里分布着许多被苔藓、青藤覆盖着的异常宏伟的建筑物和石像。亨利欣喜若狂，在他后来的笔记中，他这样写道："如此迷人的景象一下子浮现在我眼前，我忘记了旅途的疲劳，内心充满敬慕与喜悦之情，犹如荒凉沙漠中突然见到一片绿洲。"怀着敬畏的心情，亨利·莫霍特对吴哥古城进行了考察并绘制了草图。

3 周之后，亨利·莫霍特离开了他发现的这座带给他巨大震撼的古城。当他再次踏上探索旅程，却不幸感染了热病，于 1861 年去世。但是亨利的笔记被寄回了欧洲，并于 1864 年出版。他的笔记一经发表就在西方各国引起了轰动。从此，开始有一批又一批的考古专家们赶赴吴哥。

其实，亨利·莫霍特并不是第一个注意到吴哥古城的外来人。在他之前，中国的外交官、葡萄牙和西班牙的游客以及法国的传教士都对吴哥古建筑做过描述，但是他们的记述并没有引起人们足够的注意。

19 世纪后半叶，人们开始对吴哥古城进行科学发掘、整理和修复。由于地处雨林，人烟稀少，历时久远，到处都是参天古树，许多石雕被树枝和藤蔓层层缠绕，古寺庙、广场、神像等长满杂草，发掘和研究工作进行得艰苦而漫长。经过多年清理，大量建筑恢复了其本来面目，在热带丛林里沉睡了 400 年的古老城市再一次呈现在人们面前。

吴哥古城在 9 世纪至 15 世纪的漫长岁月里一直是柬埔寨的国都。古城约占地 15 平方千米，四周环以高墙，内有宫殿、庙宇、宝塔，是柬埔寨古代建筑艺术的代表。其建筑之精细、浮雕之生动、设计之巧妙均堪称绝品。

据记载，吴哥窟建于 12 世纪前半叶吴哥王朝全盛时期。当时信奉婆罗门教的高棉国王苏利耶跋摩二世，为了祭祀"保护之神"，同时也为了炫耀自己的功绩以及为他死后做陵墓而专门建造了这座神庙。吴哥窟的主体建筑位于石砌台基上，台基分为 3 层，每一层台基的四周都有石砌回廊围绕。回廊上饰以浮雕，题材大多取自印度史诗《罗摩衍那》和《摩诃婆罗多》中的神话故事，也有反映当时高棉人现实生活及他们同占族入侵者战斗情景的画面。中心建筑是大神殿，分为 3 层台基。位于最上层的是中央佛塔，离地高度达 65 米，其余四座较小的则位于第二层的四角。神殿各层皆环以圆柱回廊，墙壁上更是布满了精美的浮雕和壁画。整个建筑象征着佛教传说中的宇宙中心须弥山。由于整个寺都是用巨石垒砌而成，因而显得格外整齐肃穆、和谐庄严。此外，寺内还有一座图书馆和一处供饮用的蓄水池。

吴哥通位于吴哥窟的北部，是苏利耶跋摩七世统治时期建造的新都。相比较而言，吴哥通规模宏伟壮观，占地 9 公顷，城墙周长 12 千米，墙高 7 米，厚 6 米，周围环以相当宽的护城河。而且全城 5 道城门中，有 4 道通向市中心的巴扬庙，另 1 道通往皇宫。5 个城门上方都建有无数巨大的石塔，塔的四面雕有佛的头像，高达 2 米多。吴哥通的中心是巴扬庙，它是王城的主体建筑，高达 45 米，它和周围的 16 座中塔和几十座小塔构成了一组整齐完美的阶梯式塔形建筑群。据史书记载，这 16 座宝塔象征当时高棉的 16 个省。其中，被称为"吴哥古迹明珠"的女王宫，更是以它精美绝伦的石雕著称于世。这些雕像刻工之精细、线条之流畅、立体感之强烈，都堪称石雕艺术中的奇观。

吴哥遗迹包括城内的大小吴哥以及城外的塔普伦寺、女王宫等，遗迹内的全部建筑没有寸铁尺木，完全由巨大的石块堆砌而成，它的建成本身就是个奇迹。但更令人迷惑的是，如此庞大的建筑群为什么会被丛林的荒草所湮没而长期无人问津呢？

大小吴哥的每一块石头都精雕细琢，遍布浮雕壁画，其技巧之娴熟、精湛，想象力之丰富，使现代人惊叹，以至于长时间流传着吴哥古迹是天神创造物的传说。人们发现在垒砌这些建筑时，当初的建造者并没有使用粘合剂之类的材料，完全靠石块本身的重量和形状紧密相连。时至今日，吴哥古迹的大部分建筑虽历经沧桑，但仍岿然不动。多年来，针对吴哥的科学考古没有停止过，但还是有许多人们无法解开的谜团。

依据吴哥城的规模，估计这座古城最繁荣的时候，至少有近百万居民。可是这样一座繁荣昌盛的都城为什么竟会湮没在茫茫丛林里呢？它的居民为什么都不见了呢？有人猜测，当时流行的瘟疫或霍乱之类的疾病使他们在极短时间内全部死去。还有人认为，外族的入侵使吴哥沦陷，几乎所有的居民都被迫成为入侵者的奴隶而被驱赶到了某地。

大部分学者认为，吴哥的废弃与暹罗（泰国的古称）人的不断入侵有关。暹罗的不断强大使高棉人蒙受深重的灾难，日益衰竭的国力使高棉人无法应付暹罗人的挑战，他们只好采取回避的办法。再加上吴哥王朝的王族内部矛盾不断激化，内外交困使得高棉王朝最终放弃了吴哥古城。15世纪上半叶，吴哥王朝被迫迁都金边，曾经繁华昌盛的吴哥城逐渐杂草丛生，被茂密的热带森林所湮没。

关于吴哥被遗弃的原因，2007年澳大利亚科学家的推测认为吴哥被弃的根本原因是水资源危机。负责这项研究的考古学家罗兰德·弗莱特说，为了维持古城75万人口的生存，高棉人不得不谨慎管理用水系统。但在控制吴哥城中部用水系统的两个庞大建筑中发现的阻塞物显示，此系统在吴哥城存在的历史末期已开始失去作用。依据过去的实地调查与新的发现，专家推论，由气候变化带来的新的季风类型使古城无法支撑下去而最终被废弃。

由于有关柬埔寨中古时代的史料极其缺乏，重现于世的吴哥古城与相关谜题还有待后人进一步探索研究。

（十六）婆罗浮屠建造与废弃之谜

佛教产生于公元前6世纪至前5世纪的印度，后开始向亚洲各地传播。迄今所知的最大佛像群是印度尼西亚的"婆罗浮屠"，梵文意思为"丘陵上的佛塔"，俗称"千佛塔"。其工程之浩大、建筑之壮观，可与中国的长城、埃及的金字塔以及柬埔寨的吴哥古迹相媲美，被称为古代东方的"四大奇观"之一，也是世界上最大的佛教建筑之一。

婆罗浮屠位于印度尼西亚爪哇岛中部，日惹市西北约40千米处。如果把它精美的浮雕连接起来，长度可达3000多米。佛塔高居于海拔3150米的群山之上，登临塔顶可望见烟波浩渺的印度洋海面。这座辉煌壮丽的"千佛塔"，在热带丛林的石块和野草之中荒废了800多年，早已被人们遗忘，直到近代才被西方的考古学家和探险家重新发现。

1814年，当时的英国驻爪哇总督托马斯·拉弗尔斯爵士发现了被碎石和杂草掩盖的佛塔，在他清除了周围的碎石和杂草后，婆罗浮屠才为人们重新认识。此后，不断有来自西方的探险者发现新的线索。1907~1911年，荷兰考古学家西奥多·范·埃尔普开始对它进行第一次修复工作。他拆除并重建了三个圆台和窣堵波，并出土了一大批石狮、佛头以及其他雕像。通过他的努力，三年后，婆罗浮屠已经基本重现了当年的辉煌。

1968年，法国考古学家格罗斯利尔发出警告，由于雨水和河流的长期冲刷，庞大的婆罗浮屠将"出现惊人的泥土和雕刻塌方"。第二次世界大战之后，在印度尼西亚政府的要求下，联合国教科文组织为挽救这一遗迹向国际社会发出了呼吁。最后在联合国和印度尼西亚国内各界的援助下，20世纪70年代人们开始对佛塔进行大规模修复。

工作人员借助电脑技术将石块进行复位，在 10 年时间里总共搬运了 100 万块石头，这样，这个世上最大的佛殿——一本用石头写就的佛学经典才得以旧貌换新颜。据说，修复婆罗浮屠的总费用高达 2000 多万美元。

在 1973 年开始的修复工程中，为了在婆罗浮屠的台基下浇筑混凝土板，工人们首先将百万余块石材卸下来，利用计算机进行登记，并存放在仓库里。在重新放回原处以前，工人们首先用干燥的刷子将石材表面清理干净。如果石材上的污痕和滋生的生物顽固不化难以清除，还要使用中性的化学溶剂。之后潮湿的石头被放在太阳下晒干，必要时还会使用机器烘干。最后，石材需经除草剂处理，才能放归原位。

据相关统计，建造婆罗浮屠共用了 55000 立方米本地出产的玄武岩。这些石材中包括总面积为 2500 平方米的 1460 块浮雕，504 尊人身大小的佛像，一座主塔、72 座穿孔塔和 1472 座象征性小塔，32 尊石狮子，1740 个三角形饰物，100 个滴水嘴和数百个其他装饰石料。

8 世纪时的爪哇，强盛的夏连特王朝的统治者皈依了大乘佛教之后，便使用当时最先进的技术，大约在 800 年左右建造了这座设计精良的石头佛塔。佛塔是用附近河谷中的安山岩和玄武岩砌成的。建筑采用大乘和密宗教义的结合形式，整个佛塔犹如一个巨大的花式蛋糕。建造佛塔共用了近 225 万块岩石，底层用每块重约 1 吨的巨石铺就，总体积达 5.5 万立方米。塔底呈正方形，周长约 120 米，总面积将近 1.5 公顷。原高 42 米的塔因主佛塔顶端触雷而被毁掉，留下的部分只有近 35 米。成千上万名工匠、雕刻师和艺术家参与了该塔的建筑，工期将近 80 年。

婆罗浮屠浮雕构图精美，气势磅礴。整个佛塔呈金字塔形，可拾级而上，共有 9 层，外形呈阶梯状的锥体，上面 3 层为圆形，下面 6 层似方形，方形坛包括一个正方形的塔基和 5 层带边墙的平台，并装饰着数以千计的反映佛陀生活的雕刻。圆形平坛上面竖立着 72 座钟形佛塔或佛龛，每座佛塔内都有一个环绕中央大塔而建的佛像，各层平坛向上依次收缩，顶部有一座钟形主佛塔，底座直径 9.9 米，高 7 米。佛教徒必须按特定的路线登婆罗浮屠：从东面进入，按顺时针方向绕行。走向庙顶象征着一个人逐步达到完美的精神境界。

每层塔的下部都有供人行走的围廊，第 1～5 层回廊的左右壁面上还保存着《佛传》《本生事》《华严五十三参之图》等佛家精品，另外还有雕刻精美的浮雕共约 2100 多面。第一层着重描述佛的历史，其余各层都是对佛生前事迹的描述。婆罗浮屠塔的浮雕中，最著名的是表现释迦牟尼传记的部分，前几面浮雕描绘的是释迦牟尼在天神的帮助下，做即将降临凡世的准备，以及释迦牟尼的母亲梦见一个男子将要诞生，这个男子或者将成为世界征服者，或者将成为人类的伟大领袖。浮屠上还有 1212 面装饰性的浮雕，表现了当时爪哇宫廷生活及人民生产、生活、风俗等场景。此外，还有许多栩栩如生的大象、孔雀、狮子的图案。

婆罗浮屠的浮雕就像一幅幅雕刻在石头上的史诗，其内容丰富多彩，有描绘佛陀生平圣迹的，有描绘佛教和佛教徒事迹、故事的，也有描绘民间传说的。

但是，人们无法理解的是，如此精美的婆罗浮屠宝塔，其寿命却异常短暂。夏连特王朝在 10 世纪时便废弃了这座佛塔，任其悄然崩塌，被丛林吞噬。这一切到底缘何而起的呢？

即使是被世人重新认识，婆罗浮屠还是有许多未解之谜的。因此，可以说直到今天，人们也并没有真正了解它。

巨大佛塔的建造者们虽然用了近百年的时间来雕刻这座"石头上的画卷"，却没有留下任何关于它的文字记载。在印度尼西亚和印度等国的历史典籍与佛教经典中，也没有发现任何关于它的资料。因此，婆罗浮屠本身就成了一个巨大的历史和文化之谜。现在人们对它的了解，所依据的只是由联合国学者和专家在佛塔现场及别处考古所寻获的一些古代碑石的基础上考证与推测出来的看法。

婆罗浮屠建造于什么年代？这一点始终没有定论。考古学家们从跋罗婆文的碑铭上得知，这座佛塔大约建造于爪哇的夏连特王朝统治时期，即 772～830 年间，但具体时间却无法确定。而关于它为何被废弃，人们只知道，1006 年发生了默拉皮火山喷发和地震，周围的居民纷纷出逃，婆罗浮屠随即被火山灰淹没。再往后，这座世界上最为壮观的佛教建筑惨遭废弃，最后消失于丛林之中。

建造婆罗浮屠的夏连特王朝人到底是怎样的一个民族？当初建造它的目的又是什么？现代研究者尚未能彻底弄清。有人认为它是为了安奉佛陀舍利子而建造的；有人认为是作为帝王等统治阶层的陵墓；也有人认为它是佛教徒们朝拜的圣地；此外，还有人认为它是帝王为弘扬佛教所做的功德。此外，人们虽然知道它是一处佛教建筑，塔内的石雕也必然属于佛教内容的演绎，但这里的石雕数量众多，内容也远远超出了人们对一般佛教故事的理解。实际上，婆罗浮屠的大多数佛像石雕究竟蕴含着什么样的意义，现代人至今并不能真正理解。在众多的佛像石雕中，世人能够理解的仅占20%，而剩下的80%，人们至今仍未破解。

婆罗浮屠中绚丽多姿的千尊佛像，面对一代又一代的研究者，它却始终缄默无言。

（十七）精绝国消失之谜

几乎同古罗马庞贝、南美洲玛雅的消亡一样，大约 2000 年前，曾经繁盛一时的古代西域三十六国之一的精绝国，悄然沉没在塔克拉玛干浩瀚无垠的沙海之中。由于难以逾越的天然屏障的遮掩，其宏伟的国都——尼雅默默沉睡在大漠深处上千年，鲜有人能够扰乱它的平静。

1901 年，英国探险家斯坦因在位于今天新疆民丰县的塔克拉玛干沙漠中考察时，无意中在尼雅河畔发现了一些保存完好的古代竹简，简上刻着一些无人能识的古代文字。自此，尼雅遗址开始向世人露出神秘的面貌。斯坦因从这里还发掘并掠走了大量经文、日常用具和精美工艺品，每一件发现都引起了西方世界的轰动。中国学者在震惊和心痛之余，敏锐地意识到，尼雅遗址可能就是消失千年的古精绝国。精绝国与古楼兰一样，为西域三十六国之一。它虽然地域很小，都城面积不到 1 平方千米，全国上下只有 3000 人。却是丝绸之路上的重要通道，来自世界四大文明古国的文明成果均在此交汇。然而这个小国在三国两晋之后竟消失无踪，成为困扰历史学家上千年的文化悬案。

1949 年新中国成立之后，有系统的考古活动才得以开展起来。考古学家们发现，遗址以佛塔为中心，散布于长 25 千米、东西宽 5~7 千米的区域内。遗址内有房屋、场院、墓地、佛塔、佛寺、果园、田地，甚至发现了陶窑、冶炼遗址等遗迹，并出土了木器、铜器、毛织品、木简等遗物。此外，还发现了当时炼铁留下来的烧结物和炭渣。最重要的是发现了一种奇怪木简的符号，经专家考证是一种叫佉卢文的文字。这是一种早已消失的文字，起源于公元前 4 世纪的印度西北部，距今已有 1600 多年，当今世上只有极少数专门的研究者才能读懂它。佉卢文出现在异国他乡，这很难解释。

现在学者大多同意尼雅即古精绝国遗址一说。然而古精绝国是如何消失的呢？为此，历史学家们既困惑不解又争论不休。

从尼雅城发掘出的文字——佉卢文解读内容来看，精绝国王朝长期受到西南方向的强大部落的威胁和入侵，木牍的文字表明精绝国受到外族入侵是一步步地加深，如"威胁令人十分担忧，余等将对城内居民进行清查"，"现有人带来关于……进攻之重要消息"，"现来自且末之消息说，有来自某国之危险……兵士必须开赴，不管有多少军队……"。考古学家们在这个沉睡了 1600 多年的废墟上，看到了宅院四周尸骨累累，内部各种遗物四处散落，房门敞开或半闭。用来存放佉卢文的陶瓮密封完好没有拆阅，储藏室里仍有大量的食物，甚至纺车上还有一缕丝线。这一切似乎告诉人们尼雅王国在面临长期的入侵威胁后，遭到了惨重的致命一击，甚至没有留下最后的文字记载。

另一种说法是植被破坏和水源的逐渐枯竭，以及沙漠化的不断扩展迫使尼雅人终于放弃了祖辈居住的家园。水是生命的源泉，尼雅河流里的水从多到少以致最后断流，导致了自然景观的连锁反应，这是尼雅毁灭的根本原因。

尼雅人的命运告诫我们，如果不保护我们的地球，即使再辉煌的文明也最终会成为废墟。

（十八）古格王朝消失之谜

作为佛教的一支，藏传佛教在全球拥有很大的影响力。有人说，它的发展和壮大有赖于已经消失的古文明"古格王朝"。发迹于世界屋脊喜马拉雅山的古格王朝，曾经掌握着这一带的商业、交通，一度繁荣，但它的突然消失却给人留下了一连串的谜团。

位于欧亚大陆腹地中心的西藏阿里地区被认为是地球上离大海最远的地方，那里的平均海拔都在 4000 米以上，有"世界屋脊的屋脊"之称。但就是在这片广袤无垠、人烟稀少的土地上，被现代文明遗忘的角落里，却隐藏着一个古文明的传奇——古格王朝。直到 20 世纪 30 年代，古格遗迹才被人们发现。由于当地恶劣的自然环境，直到 1985 年才由我国政府组织的考古队对古格遗址进行了第一次科学考察。

目前所遗存的古格王朝遗址位于西藏阿里地区的札达县境内象泉河南岸。一座高300 多米的黄土山，曾经是古格王朝的宫堡。考古学家们发现，这座宫堡从 10 世纪至16 世纪被不断扩建，规模十分庞大。整个宫堡依山叠砌，由王宫、庙宇、佛塔、洞窟组成，从地面到山顶建筑物高达 300 米，居高临下，气势雄壮。王宫遗址分为夏宫和冬宫。夏宫建在地面，规模很小，由于年久失修，仅留断壁残垣。冬宫修在地下，现保存完好，冬宫是地道式建筑，盘旋通往山下，其间有一连串地穴式房屋。宫堡内有四通八达的地道，外有坚实的城墙，犹如铜墙铁壁非常坚固。

据历史记载，17 世纪的时候，古格地区就开始出现西方传教士。当时，古格国王和古格的宗教领袖（其实是国王的弟弟）之间的矛盾比较深重，为了巩固自己的势力，他开始借助西方传教士的力量削弱佛教的影响。1633 年，僧侣们发动叛乱，古格国王的弟弟勾结了与古格同宗的拉达克王室，利用拉达克的军队攻打古格都城。而建在山上的古格王宫是西藏防守能力最强的建筑之一，只有一条隧道可以通到山上，其他地方全都是悬崖。战斗持续了很长时间，拉达克军队开始驱赶古格百姓在半山腰修建一座石头楼。他们想在这座建筑和山顶一样高的时候，拿下古格都城。现在这座石楼的遗址还矗立在半山腰上，但是石楼并没有修完。据说，由于拉达克人强迫古格百姓夜以继日地修石楼，老百姓困苦不堪，便在山下非常凄苦地歌唱，国王听到百姓的歌声后非常难过。最终，绝望的国王为了百姓不再受苦，从悬崖上跳了下去。也有人说，是国王选择了投降。

拉达克人进入古格以后，古格王朝灭亡，被并入拉达克人的王国。此后古格都城开始衰落，最终又被荒漠吞噬。

古格王朝的前身是象雄国。大约从 9 世纪开始，在统一西藏高原的吐蕃王朝瓦解后建立了象雄国，到 17 世纪结束，古格前后有 16 个国王。它是吐蕃王室后裔在吐蕃西部阿里（古称羊同，即象雄）地方建立的王国，其统治范围最盛时遍及阿里全境。它使佛教在吐蕃瓦解后重新找到立足点，并由此逐渐达到全盛。

吐蕃王朝末代赞普郎达玛统治时期，曾灭佛毁寺，不少避难僧人逃到阿里。阿里地处西部边境，深受大食、印度的影响，加上又是苯教的发源地，所以便成为各种思潮、各种力量的汇集之地。而古格王朝系起于 10 世纪中期，由朗达玛的曾孙吉德尼玛衮创建。史载，朗达玛被僧人刺杀，内战纷起。4 年后平民起义，朗达玛的两个儿子奥松与云丹为争夺王位相互斗争。奥松之子贝考赞被奴隶起义军所杀，贝考赞的儿子吉德尼玛衮见大势已去、回天无力，便带着 3 个大臣和 100 多名士兵逃亡至阿里，并娶了当地头人的女儿。吉德尼玛衮将阿里一分为三，分封给他的 3 个儿子，古格王国即其第三子德祖衮的封地，德祖衮就是古格王朝的开国皇帝。

跟他们的祖先不同，古格王朝崇尚佛教，多次派人到克什米尔学经，翻译佛经 108 部。史载，1042 年印度高僧阿底峡到阿里地区弘扬佛法，阿里便成为佛教复兴之地，佛教史称之为"上路弘法"。古代印度的许多重要佛教教义，就是从这里传入西藏腹地的。

面积 18 万平方米的古格王国遗址，包括 300 多座房屋，300 余孔窑洞及 3 座 10 多米高的佛塔，有红庙、白庙、轮回庙、枕不觉庙、王宫殿和集会议事殿等庙宇、殿堂。其中，尤以红、白、轮回三庙保存最为完好。各庙之内，还残留着许多泥塑佛像和生动的壁画。

考古专家们认定这些保存完好的壁画是古格艺术的精华。虽然几个世纪无人问津，但那些妩媚动人的菩萨、度母，以及国王和王后礼佛图与佛传故事图等依然色彩鲜艳，光彩照人。其中又以佛祖像、佛祖传记故事数量最多，画风旷达粗犷，颜色厚重。记录古格王统世系、反映古格地区政治和经济活动以及文化风情的壁画在整个西藏绝无仅有，男人农耕、出牧、狩猎、骑射，女人挤奶、歌舞的生动画面，无一不是那个时代的写真。

有趣的是，考古学家发现，古格遗址中王宫、民居、军事设施均被破坏殆尽，但唯独留下几个佛堂。据说，因为拉达克人原也是佛教徒，在毁灭了古格的一切之后，拉达克人心存敬畏，止步于这些神佛之前。

"托林"，意为"飞翔于空中永不坠落"。托林寺始建于古格王国开国之初（约 996 年），是由当时的古格国王益西沃和佛经翻译大师仁青桑布仿照前藏的桑耶寺，融合印度、尼泊尔以及西藏本地的建筑风格而设计建造的。

作为古格王国在阿里地区建造的第一座佛寺，托林寺在藏传佛教史上有着举足轻重的地位。它不但是古格王国最重要的宗教活动场所，而且它的建造也揭开了藏传佛教后宏期的帷幕。自从有了它，来自克什米尔、印度、尼泊尔等地的艺术家和工匠陆续汇集到这里，修建寺院、绘制壁画，古格从此开始与外界进行频繁的交往，从而逐渐发展成为西藏西部佛教文明的中心。

千百年来，托林寺虽然经历了各种自然和人为的破坏，但至今仍是殿宇林立、佛塔高耸，其内的壁画也依然色泽艳丽。1996 年，它被列为"国家一级文物保护单位"。

迄今为止，人们对于古格王朝的描述大多来源于传说和《拉达克纪年史》的记载。古格王朝没有自己的国史，因而关于古格王朝的细节，现代考古也几乎没有头绪。消失的古格给人们留下的是一个个不解的哑谜。

在诸多哑谜当中，最神秘的就是它的消失。古格文明在当时的西藏高原基本上是独一无二的，它成熟、灿烂，却在一夜之间彻底消失了，其后的几个世纪，人类几乎不知道它的存在。

从历史记载来看，拉达克人消灭古格，古格的最后一个国王及全家被拉达克人带回拉达克都城列城后关进了监狱，这些都是可靠的。在古格王宫下面的山洞里，考古学家发现了一个藏尸洞，几十具无头的尸体横七竖八地排列着。人们猜测，那是当时被拉达克人处死的古格百姓和战士。

从记载和考察的结果上看，战争造成的屠杀和掠夺并不足以毁灭古格文明。可事实上，硝烟散尽的古格王国却迅速沦为一片废墟。

也有人说地理环境的迅速恶化才是古格被废弃的主要原因。今天看来，古格遗址的沙化程度已经非常严重。史书上记载说古格百姓有 10 万之众，但他们到了哪里？被拉达克人驱赶回了拉达克？环境恶化后集体迁徙了？他们的后裔又在哪里？诸如此类的疑问一直困扰着人们。目前看来，古格的哑谜还未能解开。

（十九）亚特兰蒂斯之谜

亚特兰蒂斯，一个魂梦缭绕的传说，一个高度文明的国度，一个在一夜之间消失得无影无踪的帝国。几千年来，人们一直孜孜不断地寻找着它的踪迹，猜测着它的去向，总是无疾而终，失望而返。

传说，创建亚特兰蒂斯王国的是海神波塞冬。波塞冬娶了一位父母双亡的少女并生了 5 对双胞胎，于是波塞冬将生活的整座岛划分为十个区，分别让 10 个儿子来统治，并以长子为最高统治者。因为这个长子叫作"亚特拉斯"，因此称该国为"亚特兰蒂斯"王国。

安居乐业，诚实善良，生活富庶，跟动物轻易沟通，利用基因工程创生半人半兽的"卡美拉"，例如美人鱼、独角兽，可以返老还童。这一切让亚特兰蒂斯人无忧无虑、快快乐乐地生活在那个天堂里。然而，他们的生活也变得越来越腐化，无休止的极尽奢华和道德沦丧，不自觉地一步一步走向了毁灭。终于激怒了众神，"强烈的地震和凶猛的洪水，在一昼夜之间就将亚特兰蒂斯帝国淹没于深海之下。"这是柏拉图对亚特兰蒂斯的描述。人类正是循着这条线索在孜孜不断地寻找这个失落的文明。

是什么力量把这个拥有高度文明的大城市摧毁于无形，一夜之间消失得无影无踪？地震、洪水泛滥，真的有此力量吗？它真的存在吗？它到底在哪里？什么时候消失的？据说，一艘苏联探测船在古巴外海意外发现了一个自称来自亚特兰蒂斯的"人鱼宝宝"。根据他的描述，亚特兰蒂斯由于陆沉而隐居深海底，进化成有鳃和鳞，平均寿命达 300 岁以上，人口约有 300 万人。恐怖的是，他们也会假扮成人类混在人群中，观察人类文明的进展。也许他们在探测我们，精心策划着他们的崛起⋯⋯

更神奇的说法是，亚特兰蒂斯可能是一艘外星人的宇宙飞船的名字，由于出现故障或其他原因被迫降落在地球上，为了修复飞船，外星人用先进的技术引导人类收集资源。亚特兰蒂斯飞船起飞离开时，由于体积太大引起了海啸和地震⋯⋯伴随着海啸和地震，亚特兰蒂斯越飞越高，直入高空，消失在人类的视野里。

亚特兰蒂斯，失落的史前文明，谜一样的帝国，你在哪里？

（二十）太平洋"姆大陆"之谜

世界上一切事情皆有可能，比如深深的大洋海底，在浩渺沧海之前也许就是辽阔的桑田。英国学者詹姆斯·乔治瓦特一生致力于追寻这片神秘的大陆——"姆大陆"，他汇聚毕生精力，集众家之长为我们讲述了 12000 年前先民的生活。

12000 年前浩瀚大洋中曾经存在一个古老的大陆，这是人类文明的摇篮，勤劳的先民们在灿烂的阳光下过着自由自在的生活，巨大的神殿高耸入云，7 座美丽的城市人口达 6400 万。白种人、黑种人、黄种人平等地生活在一起，毫无贵贱之分。拉·姆，意为太阳之母，既是姆大陆的最高统治者，也是最神圣的宗教领袖。在单一宗教下，姆大陆一派祥和宁静的气氛。

姆大陆先民拥有高度的文明，尤其精于航海。首都喜拉尼布拉道路四通八达，港口船舶云集，商旅不绝。他们的船只遍布世界各地，开拓了不同的文明。最初的一支团队抵达南美洲，建立了"卡拉帝国"；维吾尔族人创建了从蒙古到西伯利亚的"维吾尔帝国"；那卡族一路向西在印度方向开创了"那卡帝国"⋯⋯飞行船是他们彼此交换珍宝的交通工具。

毫无征兆的灾难毁掉了繁荣，天崩地裂、海啸山呼，橘红色的火山溶浆铺天盖地，整个大地渐渐沉落，姆大陆文明就此沉寂在汹涌的大洋中。没有了母国，其他文明也逐渐消亡，只是各个大陆上偶尔可见的遗迹显示了它们曾经的存在。

詹姆斯·乔治瓦特笔下的姆大陆真实而又幻灭。但是学院派认为按照历史常识而言，在大洋中根本不可能存在这样一个超高文明的帝国，一切不过是作者一个天真善良的愿望而已。西藏寺庙的《拉萨纪录》、玛雅人的《特洛阿诺抄本》《德累斯顿抄本》、印度古老的"神圣兄弟那卡尔"黏土板，他们都提到了古大陆的沉没，这是乔治瓦特最直接的证据。大洋深处距离遥远的小岛之间竟然有着相似的文明；小岛随处可见的超前文明遗迹（巨大石像和刻画文字）也有力地支持了乔治瓦特。

地球数度沧海桑田，在浩瀚的大洋中果真存在过这样一个高度文明的姆大陆吗？不能否认的是，姆大陆的存在会给予世界上一半未解之谜答案。

（二十一）特洛伊传奇之谜

一个幽灵，一个冤魂，夜夜徘徊在一个神秘地带，千百年间不曾离开，这里，曾是他的乐园，曾是他的希望，也是他的哀伤，他的葬身之地。特洛伊，这片曾经祥和太平的海岛，经过一场惨烈无比、血流成河的诡异之战后，永远地消失了。只留下那数不清的冤魂，游荡在充满神秘和传奇色彩的鬼魅孤岛之上，用那凄厉的风声呐喊，诉说着他们的冤屈。那场灭国之战，是神的意旨，还是人的祸端？悬疑重重，跌宕起伏，充满了传奇色彩。

特洛伊，这个位于爱琴海东岸多山的古国，曾经那样的美丽富饶，人民安居乐业，悠闲自得，与世无争，被认为是人间天堂。得天独厚的交通地理位置，物产丰盈的强大国力，成为同样强大但是野心勃勃的古希腊人觊觎的对象。战争，成为他们争夺特洛伊的邪恶计划；而借口，则是战争的准备，狂热的希腊人终于迎来了攻打特洛伊的借口。

"给最美丽的女神"的"金苹果"之争，引发了特洛伊的灭城之灾。在虚荣面前，赫拉、雅典娜及阿芙罗狄忒三个女神互不相让，作为裁判的特洛伊国王英俊的小儿子帕里斯，把金苹果交给了阿芙罗狄忒，交换条件是让世上最漂亮的女子海伦做妻子，这让赫拉及雅典娜决心毁灭特洛伊人，可怜而又可悲的特洛伊城成了众神争斗的牺牲品。

海伦，倾国倾城的古希腊城邦斯巴达王后，这位曾引起希腊王国内讧的绝色美女，作为阿芙罗狄忒的交换条件，和特洛伊小王子帕里斯相爱了。海伦背叛了斯巴达国王，与帕里斯私奔来到了特洛伊城。

特洛伊之战就此拉开了帷幕。尽管每个参战国的战争之名不同，战争目的各异，希腊联军，还是不远千里讨伐特洛伊。战争，可以为私欲而战，可以为权力而战，可以为尊严而战，可以为名誉而战；而特洛伊人，却选择为了爱情而战。因为权力，千万人赴汤蹈火，战死沙场；因为尊严，千万人丧失理智，疯狂厮杀；因为爱，一个国家就要灭亡，生灵涂炭，冤魂遍野。这场持续了10年的恐怖战争，这场权力与爱情的争斗，断送了多少英雄的鲜血，又断送了多少无辜生命。对于卷入战争的每个人来说都是灾难，因为战争，从来都是毁灭，毁灭……

"木马计"让10年战争有了最终的了断。凭借着"木马"，希腊军队攻入了久攻不下的特洛伊城，开始了惨绝人寰、泯灭人性的大屠杀。剑戟之声、哭声、呼喊声，刀光剑影中溅射着鲜血。浓烟滚滚，吞噬着手无寸铁的人民，到处弥漫着骇人的焚尸味；冲天的火焰疯狂地吞没着整座特洛伊城，巨柱纷纷轰然倒塌。鲜血浸透了屠城者坚硬的盔甲，疯狂地叫嚣着"燃烧吧，燃烧吧，把这里的一切烧光……"。

美丽富饶的特洛伊城堡被洗劫一空，焚烧殆尽。小王子帕里斯在战斗中丧失，海伦被抢走，无数的战士丧生在刀光火影下。战争结束后，幸存的青年男子被杀，妇女儿童沦为俘虏，昔日繁华的城堡仅剩下残垣断壁，成为一片废墟。

特洛伊战争，不仅摧毁了一个城堡，更是对人类的践踏。有多少无辜百姓冤死在刀光剑影之下，有多少百姓发出那凄厉的惨叫声，跌倒在浓浓烈火之下；有多少特洛伊的战争冤魂，千百年来不住地控诉呐喊。

（二十二）巴别塔之谜

根据《圣经》记载，洪水过后，巴比伦人决定建一高塔，"塔顶通天，为要传扬我们的名。"

直达天庭的高塔惊怒了上帝，为了制止塔的继续修建，上帝变乱了人类的语音，高塔就此停工，这就是巴别塔。

最早描绘巴别塔的是历史学家希罗多德，巴别塔废墟瞬间就将他征服："它有一座实心的主塔，一弗隆（201米）见方，一共有8层。外缘有条螺旋形通道，绕塔而上，直达塔顶……"简单勾勒，巴别横空出世之姿跃然纸上。

此后随着美索不达米亚文明的失落与湮没，巴别塔成为史书中的传奇，直到1899年德国考古学家当真在巴比伦遗迹挖掘出一巨型塔基，才证实巴别塔确实存在。虽然已是砖瓦废墟，但是这个庞然大物依然巍峨雄壮，傲视周边地区。

很多人醉心于重塑巴别塔雄姿，但是更多人好奇巴比伦统治者为何修建巴别塔？以当时人力物力是如何完工的？有人认为巴别塔是古时天文观测台，有人认为是巴比伦统治者的陵墓，还有人认为是供诸神落脚之处，更有人推测为外星智慧修建……各种说法都无证据支持，有考古学家认为只要炸开巴别塔，真相自然呈现。但是谁会去做千古罪人呢？

这座古人的伟大奇迹，见证了一个文明的兴衰，写就了一段历史，注定是一个谜。

（二十三）索多玛与蛾摩拉之谜

索多玛与蛾摩拉最早出现在《旧约圣经》中，摩押平原五城中的两个。上帝"将二城倾覆，焚烧成灰，作为后世不敬虔人的鉴戒"。从天而降的硫黄和火毫不留情地摧毁了索多玛与蛾摩拉，精致的城市和纵欲的居民连同地上生长的都毁灭了，烧焦的土地烟气蒸腾。唯有罗得和妻子女儿逃了出来，但是罗得的妻子顾念家乡，回头一望就成了一根盐柱。

"我们是最久远的双胞胎，彼此的灵魂最相接近，背负的是罪，背负的罚。那是超越一切的因果，也是你跟我的……"索多玛、蛾摩拉，两座背弃了上帝的救赎而沉沦在撒旦怀抱的腐朽城市，一时纵情欢愉换得无尽黑暗唾弃。

当所有人认为这只是圣经故事时，考古学家在死海南部浅水区发掘出两座古城，所处的时代、肥沃的平原、神秘的祭坛、精美的陶器，高耸的盐柱，一切一切都和《圣经》描述吻合。发掘显示两座古城同时遭到了废弃的命运，突然间就人去城空。很显然这就是索多玛与蛾摩拉。

上帝真的摧毁了它们吗？如果不是，它们去哪了？为什么放弃自己的故乡呢？索多玛与蛾摩拉，两座黑暗城市留给我们太多悬疑。

（二十四）古格王城之谜

与世界上其他诸多神秘消失王国不同的是，到现在，你还可以准确的知道古格王城的具体位置，这座王城的遗址就在距西藏阿里的札达县城 3~4 千米处，位于象泉河南岸的泽布兰村附近的一座黄土山上。

在十七世纪初，与古格国同宗的西部邻族拉达克人发动了入侵战争，最后拉达克人用卑鄙的手法征服了古格王国。但让人感到奇怪的是，一个有着 700 多年历史和 10 多万人口的国家，在这次征服后就突然消失的无影无踪。

单纯的一场战争是无法消灭 10 万之众的，这 10 万之众的下落也就此成谜，古格王城的居民去了何方，如果古格国还有后裔，那他们又在哪里，这都是吸引考古学家进行解答的未解之谜。

从现存的古格王城遗址看，古格王城依山而建，在遗址东北侧，屹立着 3 座 10 米高的佛塔，这也是佛教对古格王城影响的见证；山坡上，蜂房似的密布着 800 多孔洞窟；中间有数幢红墙白壁的建筑，那也是完好无损的庙宇。古格王城的住宿有严格的等级制度：山下是奴隶居住，山坡上是达官贵族的住宿，有的洞窟则是僧侣的修行地。古格王城的王宫坐落于山的最高处，只有一条小路能从山下通向皇宫。就因为这个易守难攻的地形，也引出了古格王城灭亡时的凄美故事。

据记载，1630 年，古格王城因佛教与王权的斗争而爆发了内乱，恰在此时，与古格同宗的西部邻族拉达克人发动了入侵战争，但拉达克人久攻古格都城不下，在这种情况下，拉达克人将俘虏的古格臣民驱赶到前沿阵地，命令他们从山脚下往山顶修筑一道高大的石墙。

看到臣民在烈日下因修建石墙而死，古格国的国王决定接受拉达克人的条件，降王为臣，以保全古格民众的生命。就是在这场战争后，古格王城就此沉沦，他的人民也不再见诸于任何史料记载之中，唯一留下的就是在遗址中被发现的无头干尸洞。

在 300 多年后的今天，让所有到此参观的人感到吃惊的是，经历了 3 个多世纪的变迁后，古格王城遗址中的壁画仍然保存完好，好像昨天才刚刚制作完成，在 300 多年的时间里人类几乎不知其存在，没有人类活动去破坏它的建筑和街道，修正它的文字和宗教，到现在，漫步在古城遗址中，还不时可以见到深深地嵌入土山中的铠甲片和铁箭镞。

这座古城究竟有什么样的秘密？在古格王城的遗址中还发现了大量的藤制盾牌和藤制箭杆，但这一地区是一片荒漠，根本没有藤树，据此也有人说古格是西藏高原上的农业国，如果此言属实，那么这一地区的地理面貌在这 300 多年里就发生了惊天的变化，究竟是人造就了古格王城，还是古格王城造就了生活在这里的人？这都有待于历史学家的进一步考证、发现。

（二十五）特奥蒂瓦坎城之谜

他们从何而来，又去了哪里？无人晓得。公元 10 世纪，当阿兹特克人走进这座古城时，空荡荡天地间唯有诸神的陵墓矗立在呼啸而过的寒风中。

有人说是神建造了特奥蒂瓦坎城，倒不如说特奥蒂瓦坎城建造了特奥蒂瓦坎城。特奥蒂瓦坎——"创造太阳和月亮"的诸神之城，彰显了古人超人的智慧。据考证，特奥蒂瓦坎城全盛时期居民近 20 万人，当阿兹特克人驰骋在美洲大地时，特奥蒂瓦坎已成废墟，寂静广阔的广场上空无一人，他们悄无声息地蒸发了。于是特奥蒂瓦城被阿兹特克人称为"黄泉大道"。

太阳金字塔当属城中最大的建筑，深褐色的巨石逐层累叠，散发着冷峻的光芒。公元 2 世纪，文明滥觞，特奥蒂瓦坎人并未掌握铁质工具，如何将取自远方的巨石雕琢，至今还是个谜。

宗教仪式是虔诚的表现，每逢祭祀，牺牲石上捆绑着祭祀用的活人，祭司立于塔顶之上，头戴石头雕刻的面具，一番舞蹈之后，剖胸取心献给诸神。祭祀结束，尸体即行在"黄泉大道"上火化。特奥蒂瓦坎没有土葬的习惯，所有的尸体都放于大道之上公然火化。这是一种神秘的宗教，仅存的遗迹星星点点昭示着宗教仪式的严谨和血腥。

墨西哥人一直醉心于研究特奥蒂瓦坎城与星外智慧之间的关系。也确实如此，太多疑点指向了太空深处。特奥蒂瓦坎城诸神陵墓和庙宇之间距离恰如其分地诠释了太阳系行星运行轨迹，甚至于火星和木星间的小行星带都不差毫厘。太阳和地球、太阳和水星……每个单位都精准无误。"黄泉大道"尽头为月亮金字塔中心，测量数据显示这是天王星的轨道数据。而再将"黄泉大道"延长，一座神庙和神塔的距离正是海王星的轨道数据。

难道有什么神秘力量点拨特奥蒂瓦城建设者？除了星外智慧，好像别无它解。有人说特奥蒂瓦人是来自天外的智者，风雨之后又回到了浩瀚星空。特奥蒂瓦城最终被遗弃了，杂草林乱的废墟依然让人着迷，斑驳的金字塔墙壁青苔围绕，来自远古的风声传递着无解的密码。

面对层层迷雾，我们也只能说特奥蒂瓦城自己建造了自己。

十六、远古遗迹之谜

（一）埃及金字塔之谜

埃及金字塔被誉为"七大奇迹"之冠，其中最为壮观的一座叫胡夫金字塔，它建于公元前 2600 年左右，高约 146.5 米，塔基每边长 232 米，绕一周约 1 千米，塔身用 260 万块巨石砌成，平均每块重 2.5 吨，时近 5000 年，经历了多少个世纪的风风雨雨，它仍傲视长空，巍峨壮观，令人赞叹！

埃及共发现金字塔 80 座。这些大大小小的雄奇建筑，分布于尼罗河两岸。其中最著名的就是胡夫大金字塔，它修筑于 4500 年以前，是人类有史以来最大的单个人工建筑物。

胡夫大金字塔耸立于开罗以西 10 千米外的吉萨高原。那儿荒砂遍地、碎石裸露，是一片不毛之地。在这种地方修筑这样一座显然并非出于实用目的的建筑，设计者的目的究竟是什么？据研究这座金字塔可以在风沙弥漫中，继续存在 10 万年而不会损坏，这个时间结束以前人类文明可能已经不复存在。

20 世纪 20 年代以来，大批科学工作者来到埃及。他们以诧异的眼光，望着这座庞然大物。古代埃及人如何把石块雕琢并砌成陵墓，陵墓内部的通道和墓室的布局宛如迷宫，古代埃及人究竟是用什么办法设计它的。陵墓的通风道倾斜深入多层地下，石壁光滑、刻以精美华丽的浮雕、令游人叹为观止，但谁也弄不清古埃及人何以掌握如此精湛的挖掘雕刻技巧，不知他们运用怎样精良的加工工具。要知道在 4500 年前，那时候人类尚未掌握铁器。

令专家们更不可思议的是建造这座金字塔，需要多少劳动力？据估计建造金字塔时，埃及当时的居民必须是 5000 万人，否则难以维持工程所需的粮食和劳力。当专家翻开历史的册页时，便发现问题更难以让人理解了，公元前 3000 年全世界的人口只有 2000 万左右。

进一步研究的情况还表明，众多的劳动力必须在农田上耕耘，以保旷日持久的工地上要有足够的粮食，他们都要吃饭。而地势狭长的尼罗河流域所能提供的耕地，似乎不足以维持施工队伍的需求。这支施工队伍少在几十万人，最多时可达百万人之多，他们之中不仅要有工程人员、工人、石匠，还要有一支监护工程施工的军队、大批僧侣，以及法老们的家族。单靠尼罗河流域的农业收成，能维护工程的需求吗？

令人惶惑之处还在于古埃及人用什么运载神殿所需的巨大石料。传统的看法认为，古埃及人利用滚木运输。这种最原始的办法，固然能将庞大的石料运抵工地，但滚木需要大树的树干才能做成，尼罗河流域树木稀少。在尼罗河岸分布最广、生长最多的是棕榈树，但古埃及人既不可能大片砍伐棕榈树，而且质地松软的棕榈树干是无法充当滚木的。因为棕榈树的果实是埃及人不可缺少的粮食来源，棕榈树叶又是炎热的沙漠中唯一可以遮阳的材料。大规模砍伐棕榈树，埃及人等于在做自杀的蠢事。

那么，埃及人很可能从域外进口木材？提这样设想的人并没想到，从外地输入木材就意味着古埃及人拥有一个庞大的船队，渡海将木材运抵亚里山大港后，还得逆尼罗河而上、将木材转运到开罗，从开罗装上马车送到工地。且不说4500年前埃及人是否拥有庞大的船队，光说陆途运输的马车，还是在金字塔建成后的900年，才出现在埃及的土地上。

据测算大金字塔是由260万块每块重约10吨的石块堆砌成的。塔身的石块之间，没有任何水泥之类的黏着物，历经4500年的风风雨雨，其缝隙仍相当严密，一把锋利的尖刀都难插入。如此精湛的工艺，出自4500年前古埃及的工匠，或者奴隶之手，的确叫人难以置信。

其次，认为金字塔仅仅是埃及法老陵墓也同样是让人难以接受的。暂且不说这260万块巨石如何采掘，单说把它们堆砌起来就是一件难以想象的事情。如果每天筑彻10块巨石，那么，完成这个建筑所需的时间为260万天，即700年的时间。我们还可以加速工程的进程，如果每天筑砌100块巨石，那么，完成这个建筑所需时间为26000天，即70年。如此简单的数字，相信埃及法老们是可以算得出来的，那么，他们为什么要建造这个自己无法享用的陵墓呢？

如果说到底是谁建造了金字塔令我们迷惑不解的话，那么，金字塔本身涵盖的科技知识更令我们赞叹不已！

因为金字塔与天文学、数学有着一种现代人难以理解的联系。建造大金字塔的目的在于为整个人类确定一种度量衡体系。

大金字塔的长度单位是根据地球的旋转大轴线的一半长度而确定的；这座大金字塔同时确定了法寸的长度与公亩的边长；人们可以从中找到1寸的长度，它与普鲁士的古尺相等；大金字塔的重量单位或容量单位是以上述的长度单位与地球的密度组合而成；大金字塔的热量单位是整个地球表面的平均温度；时间的单位与一周7日的分法也在其中得到表现；大金字塔为希伯来人所建，希伯来人生活在受神灵启示的时期和古代父系制时代。

另外，大金字塔内那间陈放法老灵柩的墓室，其尺寸为 2：5：8 和 3：4：5，这个数字正好是坐标三角形的公式。公式发明人是古希腊的哲学家毕达哥拉斯，而毕达哥拉斯诞生时，金字塔早已建好 2000 年。

还有，大金字塔的选址更颇有意味——子午线正好从金字塔中心穿过，也就是说它坐落在子午线的中间。这似乎可以窥见金字塔的建造者，为什么要选在沙漠中这块独特的岩石地带作为塔址。这片岩石地带有一道 V 型的天然裂缝，正好利用它来建造巨大的陵墓。而且，金字塔坐落的地方，正好可以把陆地和海洋分成相等的两半。不是对地球构造、陆地和海洋分布了若指掌的人，是不可能选择这里作为塔址的，而古埃及法老们有这个能力吗？

越来越多的学者发现金字塔有着挖掘不尽的科学含义。1949 年一位德国学者提出，用金字塔的数学资料可以轻而易举地推算出地球的半径、体积、密度及各星球运行的时间，甚至男人和女人的生命周期。当人们尚对此说瞠目结舌时，法国一位更前卫的学者在 1951 年提出了更加玄奥的问题："大金字塔是否包含了原子弹的方程式？"

最近，在埃及更有惊人的发现，考古学家称金字塔内藏有外星人或生物。保罗·加柏博士与其他考古专家，对埃及金字塔的内部设计技术进行研究时，偶然发现塔内密室中藏有一具冰封的物件，探测仪器显示该物件内有心跳频率及血压显示，相信它已存在 5000 年。专家们还认为，冰封底下是一具仍有生命力的生物。科学家们又据该塔内发现的一卷用象形文字记载的文献获知，约距今 5000 年前，有一辆被称为"飞天马车"的东西撞向开罗附近，并有一名生还者。该卷文献称"生还者"为设计师，考古学家相信这外太空人便是金字塔的设计及建造者，而金字塔是作为通知外太空的同类前往救援的记号。但令科学家们迷惑不解的是，那外太空人如何制造了一个如此稳固、不会溶解的冰格，并把自己藏身于内？

在全世界研究金字塔的浪潮中，真是一谜未解，一谜又起。说法越来越多，也愈来愈离奇，被它吸引的人也日益增加。近 30 年来，忽然又冒出一项所谓"新发现"，在西方接连出版了几十本洋洋洒洒的专著，上百篇的论文，成千上万人在试验、探讨，它的热潮正方兴未艾。这项"新发现"就是当前蜚声欧美各国的"金字塔能"。它说的是金字塔形的构造物，其内部产生着一种无形的、特殊的能量，称之为"金字塔能"。据说，这种能量有着许多用途和奇特的功效。

所谓的"金字塔能"究竟有没有？它是怎样产生？为什么它正好聚集于胡夫殡室的位置上，即塔 1/3 的地方？这是巧合，还是古人已掌握了这种能源？各国的金字塔信徒们正在千方百计地寻求它的谜底。

（二）诺亚方舟之谜

"诺亚方舟"是出自圣经《创世纪》中的一个引人入胜的传说。据说，由于偷吃禁果，亚当和夏娃被逐出伊甸园。此后，他们来到地面，繁衍了一代又一代，人布满大地，但罪恶也充斥人间。该隐诛弟，揭开了人类互相残杀的序幕，人世间充满着强暴、仇恨和嫉妒。上帝看到人类的种种罪恶，愤怒万分，决定用洪水毁灭这个已经败坏的世界。但心地善良正直的诺亚特别受恩宠于上帝，所以上帝告诉他："在这块土地上，恶行太过了，我决心毁掉所有的人。不过只有你和善，我决定救助你和你的妻子以及你的孩子和他们的妻子。我要使洪水泛滥地上，毁灭天下。你要用木头造一只大船，完成之后，要把你的家族，还要把所有的动物分成雌雄一对，都放到方舟上去，一切准备妥善，我就让雨不停地下 40 个昼夜，毁掉地上所有的生物。"

上帝要求诺亚用歌斐木建造方舟，并把舟的规格和制造方法传授给诺亚。此后，诺亚一边赶造方舟，一边劝告世人悔改其行为。诺亚在独立无援的情况下，花了整整 120 年时间终于造成了一只庞大的方舟，并听从上帝的话，把全家八口搬了进去，各种飞禽走兽也一对对赶来，有条不紊地进入方舟。7 天后，洪水自天而降，一连下了 40 个昼夜，人群和动植物全部陷入没顶之灾。除诺亚一家人以外，亚当和夏娃的后代都被洪水吞没了，连世界上最高的山峰都低于水面 7 米。

上帝顾念诺亚和方舟中的飞禽走兽，便下令止雨兴风，风吹着水，水势渐渐消退。诺亚方舟停靠在亚拉腊山边。又过了几十天，诺亚打开方舟的窗户，放出一只乌鸦去探听消息，但乌鸦一去不回。诺亚又把一只鸽子放出去，要它去看看地上的水退了没有。由于遍地是水，鸽子找不到落脚之处，又飞回方舟。7 天之后，诺亚又把鸽子放出去，黄昏时分，鸽子飞回来了，嘴里衔着橄榄叶，很明显是从树上啄下来的。诺亚由此判断，地上的水已经消退。后世的人们就用鸽子和橄榄枝来象征和平。于是诺亚带着一切活物走出方舟，回到地面，重建家园。上帝告诫说："你们要生育繁殖，遍布大地，切不可作恶，凡流人血的，他的血也必被人所流……"

诺亚大洪水的故事是距今 6000 年左右的传说，不仅在《旧约全书》里有清楚记载，被称为世界最古老的图书馆——古代亚述首都尼尼微的文库中发掘出来的泥板文书上，也有着类似的洪水故事的记载。虽然是个传说，但由于《圣经》中记载的很多事情都被证实是真实的，所以很多年以来，许多国家的圣经考古学家都希望揭开这个千古之谜。早在 17 世纪，荷兰人托依斯就写过一本《我找到诺亚方舟》的书，并附有方舟的插图。18 世纪也有一些人声称他们看见过方舟。

如果他们的所见真实的话，那么在哪里可以看到方舟呢？位于土耳其东端靠近伊朗国境的地方，有座海拔 5065 米的死火山，山顶自古就被冰川覆盖着，名叫亚拉腊山。传说诺亚方舟就在这个山顶。不过，住在这个地方的阿尔明尼亚人把这座山尊崇为神圣的山，相信人若登上山顶会被上帝惩罚。长期以来，谁也没有爬过它。但这个谜最终还是被登山队员所破解。1792 年，一个叫弗利德里希·帕罗德的爱沙尼亚登山家，初次在亚拉腊山登顶成功。随后，在 1850 年，盖尔奇科上校率领的土耳其测量队也登上了顶峰。1876 年，英国贵族詹姆斯·伯拉伊斯在圣山高约 4500 米的岩石地带，捡到了木片，并发表了他找到方舟残迹的消息。

1916 年俄国飞行员拉特米飞越亚拉腊山时，发现山头有一团青蓝色的东西，好奇心促使他飞回去又仔细地看了看，结果他惊讶地发现了一艘房子般大的船，一侧还有门，其中一扇已毁坏。他很快就把这个奇遇报告了沙皇尼古拉二世，皇帝命令组织一支探险队，前去探个究竟，但是由于十月革命的爆发，这项计划便搁置起来。

第二次世界大战后，一位土耳其飞行员在这里拍下了一张"方舟"照片。从此，"方舟"不再是人们口头的传闻，而是有了照片的实物。更令人吃惊的是，照片放大处理后，测出船身为 150 米长，50 米宽，和传说中的方舟近似。

1945 年，美国的阿仑·史密斯博士组织了亚拉腊山远征队，以探寻诺亚方舟为目标，可是未能达到目的。1952 年，法国的琼·多·利克极地探险家又组织了探查队，并成功地登上了亚拉腊山顶，然而关于诺亚方舟则什么也没有发现。可是，当时的一个叫琼·费尔南·纳瓦拉的队员却不死心，他下定决心要找到方舟。1953 年 7 月，他带了 11 岁的小儿子拉法埃尔，第三次登上了亚拉腊山峰顶，并且如愿以偿地发现了"诺亚方舟"的残片，他们从冰川中挖出了它的一部分，带回了一块木板。这块古木板后来寄送到西班牙、法国、埃及等国家的研究所，进行了科学的研究。其结果证明，这是一块经过特殊防腐涂料处理过的木板。经碳-14 测定它至少有 4480 的历史，正是所传"方舟"建造的年代。

人们惊呆了，又有照片，又有实物，费尔南坚信自己发现的就是"诺亚方舟"。后来，他根据这些探查结果，写了一本书名叫《我发现了诺亚方舟》，于 1956 年出版。他还在全世界到处举行报告会，引起了强烈反响。

但有人提出了质疑：首先是地质学家从未发现全球性大洪水的证据；就算发生过诺亚时期的大洪水，1.25 亿年前冰封的地区总该有被水改变过的迹象，可它们依然如故。不管海拔多少，那些外露的冰川断层仍保持原始状态。况且，洪水水位也不至于会升到 5000 米的高度，方舟又怎能处在亚拉腊山之巅？

美国卡佐和斯各特提出，从科学观点来看，历史上有人见过诺亚方舟的说法是无说服力的。如果方舟在 5000 年前就被搁置在亚拉腊山的山顶附近，那它很可能早就被冰川运动转移到了较低的高地。方舟至少在某种程度上已支离破碎，木头撒遍了亚拉腊山的较低山坡。可是就我们所知，从来也没人找到过这样大宗的木头，更不用说方舟的残骸了。而飞行员们提供的"方舟"照片显然都是模糊不清的，真实性让人质疑。

也许我们可以设想出 5000 年前在美索不达米亚地区发生的一场大洪水，诺亚家族预见到当地的江河有泛滥之征兆，于是他们造了一只船，贮藏了足够的物资，出于自然的冲动，给牲畜留出了舱位。那场洪水使生命财产损失浩大，数天之后，那只船搁浅在某一高地或丘陵上。随着时间的消逝，这件大事的传说就作为家喻户晓的诺亚方舟故事而流传了下来。

还有一种说法，认为方舟搁浅在亚拉腊山脉面向黑海的一个山坡上，而且很可能因为黑海水位暴涨而沉入黑海海底。

那么，历史上是否存在诺亚方舟呢？如果存在的话，它在哪里呢？是在亚拉腊山，还是黑海海底呢？这都有待于探险者和考古工作者的研究。我们期待着这个千古之谜可以早日大白于天下。

（三）撒哈拉沙漠壁画

撒哈拉沙漠是世界上第一大沙漠，气候炎热干燥。然而，令现代人迷惑不解的是，在这极端干旱缺水、土地龟裂、植物稀少的旷地，竟然曾经有过高度繁荣昌盛的远古文明。沙漠上许多绚丽多姿的大型壁画，就是这远古文明的结晶。今天人们不仅对这些壁画的绘制年代难以稽考，而且对壁画中那些奇形怪状的现象也茫然无知，成为人类文明史上的一个谜。

1850 年，德国探险家巴尔斯来到撒哈拉沙漠进行考察，无意中发现岩壁中刻有鸵鸟、水牛及各式各样的人物像。1933 年，法国骑兵队来到撒哈拉沙漠，偶然在沙漠中部塔西利台、恩阿哲尔高原上发现了长达数千米的壁画群，全绘在受水侵蚀而形成的岩石上，五颜六色、色彩雅致、调和，刻画出了远古人们生活的情景。此后，世人注意力转到撒哈拉。欧美一些国家的考古学家纷至沓来。1956 年，亨利·罗特率领法国探险队在撒哈拉沙漠发现了 1 万件壁画。翌年，将总面积约 1080 平方米的壁画复制品及照片带回巴黎，一时成为轰动世界的奇闻。

在壁画中还有撒哈拉文字和提裝那古文字，说明当时的文化已发展到相当高的水平。壁画的表现形式或手法相当复杂，内容丰富多彩。从笔画来看，较粗犷朴实，所用颜料是不同的岩石和泥土，如红色的氧化铁，白色的高岭土，赭色、绿色或蓝色的页岩等。把台地上的红岩石磨成粉末，加水作颜料绘制而成的，由于颜料水分充分地渗入岩壁内，与岩壁的长久接触而引起了化学性变化，融为一体，因而画面的鲜明度能保持很长时间，几千年来，经过风吹日晒而颜色至今仍鲜艳夺目，这是一种颇为奇特的现象。

在壁画中有很多人是雄壮的武士，表现出一种凛然不可侵犯的威武神态。他们有的手持长矛、圆盾、乘坐在战车上迅猛飞驰，表现出征场面；有的手持弓箭，表现狩猎场面；还有重叠的女像，嬉笑欢闹的场面。在壁画人像中，有些身缠腰布，头戴小帽；有些人不带武器，像是敲击乐器的样子；有些似作献物状，像是欢迎"天神"降临的样子，是祭神的象征性写照；有些人像作翩翩起舞的姿势。从画面上看，舞蹈、狩猎、祭祀和宗教信仰是当时人们生活和风俗习惯的重要内容。很可能当时人们喜欢在战斗、狩猎、舞蹈和祭祀前后作画于岩壁上，借以表达他们对生活的热爱或鼓舞情绪。

壁画群中动物形象颇多，千姿百态，各具特色。动物受惊后四蹄腾空、势若飞行、到处狂奔的紧张场面，形象栩栩如生，创作技艺非常卓越，可以与同时代的任何国家的壁画艺术作品相媲美。从这些动物图像可以相当可靠地推想出古代撒哈拉地区的自然风貌。如一些壁画上有人划着独木舟捕猎河马，这说明撒哈拉曾有过水流不绝的江河。值得注意的是，壁画上的动物在出现时间上有先有后，从最古老的水牛到鸵鸟、大象、羚羊、长颈鹿等草原动物，说明撒哈拉地区气候越来越干旱。

那么，在今天极端干燥的撒哈拉沙漠中，为什么会出现如此丰富多彩的古代艺术品呢？有些学者认为，要解开这个谜，就必须立足于考察非洲远古气候的变化。据考证，距今3000—4000年前，撒哈拉不是沙漠而是湖泊和草原。6000多年前，曾是高温和多雨期，多种植物在这里繁殖起来。只是到公元前300至公元前200年，气候变异，昔日的大草原终于才变成沙漠。是谁在什么年代创造出这些硕大无比、气势磅礴的壁画群？刻制巨画又为了什么？

尤其令人不解的是，在思阿哲尔高原丁塔塞里夫特曾发现一幅壁画，画中人都戴着奇特的头盔，其外形很像现代宇航员的头盔。为什么头上要罩个圆圆的头盔，这些画中人为什么穿着那么厚重笨拙的服饰？

说来也巧，美国宇航局对日本陶古的研究结果，竟然意外地披露了一些撒哈拉壁画的天机。

日本陶古，是在日本发现的一种陶制小人雕像。陶古是蒙古服的意思。这些陶古曾被许多历史学家认定为古代日本妇女的雕像。可是经过美国宇航局科研人员鉴定，认为这些陶古是一些穿着宇航服的宇航员。这些宇航员不但有呼吸过滤器，而且有由于充气而膨胀起来的裤子。科学工作者的这个鉴定结果，除来自对陶古的认真研究外，还把一段神话传说作为参佐的依据。日本古代有个奇妙的关于"天子降临"的传说，有趣的是，恰恰在这个传说出现100年后，日本有了陶古。人们有理由认为，传说中的"天子"，也许正是外太空来的客人，而陶古恰恰是日本人民对这些"天子"一位宇航员的肖像雕塑。假若日本陶古真的是宇航员，那么，撒哈拉壁画中那些十分相似的服饰，为什么不可能是天外来客的另一遗迹呢！

（四）狮身人面像

6层楼的高度，面向正东，每年在春分与秋分这两天，可从正面看着太阳升起。石像蹲踞的姿态，就好像它在沉睡好几千年以后，终于决定要提起脚步向前的样子。在地点的选择上，当时人曾做过非常仔细的考查测量，才决定了在这个俯视尼罗河谷的位置，就地取材，取比附近的山丘要高上9.14千米的石灰岩山头之石，雕成了狮身人面像的头和颈部分。山丘下侧的长方形石灰岩则被雕成身体，并为和周围的环境做成区隔，以凸显雕刻物，使得狮身人面像能够傲然独立，自成一格。

狮身人面像给人的第一个，也是最深刻的印象，便是它真的非常古老。在各个历史阶段中的古埃及人，都是如此看待狮身人面像。他们相信狮身人面像会守护"肇始世界开始的吉祥地"，并认定它有"能够遍及全域的神力"，而对它加以崇拜。

这也就是公元前1400年左右，第十八王朝的法老图特摩斯四世立起"库存表石碑"时，想要传达的讯息。至今仍然静静地站在狮身人面像的双爪之间的花岗岩制"库存表石碑"上记录道：在图特摩斯四世统治前，狮身人面像除了头以外，全部被埋没在沙土中，图特摩斯四世将沙土清除以后，便建立起这块石碑，以兹纪念。

在过去5000年来，基沙高地上的风沙气候并没有重大的改变，也就是说，这些年来，狮身人面像和它的周围受到的风沙之害，应该不比图特摩斯四世的时代所遭受的更大。的确，从近代的历史中，我们不难看出，狮身人面像只要稍有疏忽，便可能被砂土埋没。1818年，卡维格里亚上尉，为了他个人的挖掘计划，曾清除过一次狮身人面像上的沙土。到了1886年，玛斯佩罗为了挖掘遗迹，不得不再度清除，但是经过了39年后的1925年时，沙土再度将狮身人面像从颈部以下全部封住，迫使埃及考古厅出面，清除沙土，使它恢复原貌。

然而，我们是否可以推论，建造狮身人面像的年代，与今天的埃及气候大不相同？如果建造成这么大的雕像，但过不多久就会被完全埋没于撒哈拉沙漠的沙土中的话，何必还要建造呢？从另外一个角度来看，撒哈拉沙漠在地理上是个非常年轻的沙漠，基沙地域在11000～15000年前，土壤还相当肥沃。我们是否应该完全推翻以前的假说，从完全不同的角度重新思考？有没有可能，狮身人面像在基沙一带油绿葱葱的古老时代，便已雕刻完成？有没有可能，现在风沙满天的沙漠地带，也曾有过遍地草木、土质安定的好日子，就好像今天的肯尼亚、坦桑尼亚一带一样？

假设当时的环境如上面所述的青葱快意的话，那么在那样的风沙上建造成一个一半在地上、一半在地下的石雕像，就不违背思考常识了。或许当时建造狮身人面像的人，并没有预料到基沙高地会日渐干燥，而有转化为沙漠地带的一天。

然而，狮身人面像如果真的建造在一片青葱之上的话，那该是多么、多么久远前的事！我们能够想象得出来吗？

现代的古埃及研究学者，对这种想法憎恶有加。不过，连他们也必须承认："没有任何直接的方法，了解狮身人面像建造的日期，因为它们是从天然石中雕刻而成的。"在无法做进一步客观调查下，列那博士指出，现代考古学家只能从各种蛛丝马迹的前后对证来判断年代，而既然狮身人面像位于基沙古迹群，也就是最有名的第四王朝所在之地，因此一般学者便一口认定，狮身人面像属于第四王朝。

但是对这样的推理，至少19世纪的一些著名古埃及学者并不以为然。他们曾有一度提出，狮身人面像为第四王朝出现很久很久以前便已建造完成的理论。进一步探索、研究。

有个观点认为，狮身人面像在埃及"古王国"时期建成，建造者是第四王朝的法老卡夫拉。这是传统历史学观点，它出现在所有埃及学标准教科书、大百科全书、考古杂志和常见的科学文献中。这些文本都表示，狮身人面像的面部是照卡夫拉本人的模样来雕刻的，或者说狮身人面像的面孔就是卡夫拉国王的脸，这一点已被当成是历史事实了。

那么，狮身人面像面孔的原型到底是谁呢？这也是狮身人面像身上的一个大秘密。

远古的石像是否曾被特大的洪水浸没过，这是揭示石像产生的重要依据。这场争论的起源可以追溯到20世纪70年代。当时，美国一位独立从事研究工作的学者约翰·安东尼·韦斯特，正在着手研究杰出的法国数学家，象征主义者施瓦勒·德拉布里奇晦涩难懂的作品。施瓦勒以其对鲁尔苏尔庙的论著而著称。他在1961年发表的《神圣科学》一文中评论说，考古学发现暗示我们："12000年以前很少有困扰着埃及的气候和洪水。"他写道："在洗劫埃及大地的一次次特大洪水来临之前，一定有一段规模庞大的历史文明期。这一推测使我们确信，狮身人面像在那段文明时期就已经存在了。这尊矗立在基沙西部高崖上的雕像，除头部之外，整个狮身都现出无可争辩的水浸迹象。"

施瓦勒简单明了的结论以前并未引起任何人的注意。这一结论明显抨击了埃及学领域广泛认为狮身人面像是由卡夫拉在公元前2500年建造的这一观点。韦斯特在读到施瓦勒的这段话之后便认识到施瓦勒从地质学角度提供了一条探索的途径。从这条途径出发就可以"真正地证实，早在古埃及王朝文明以及其他所有已知的人类文明的数千年以前，可能已经存在过另一个文明期，或许其规模比后来的都大。"

韦斯特还说，要是能证实狮身人面像受过水浸这一点，便会推翻所有世人已接受的人类文明编年史，也会迫使我们对支撑整个现代教育的"历史过程"的种种假设重新定论，并迫使我们去面对由此而引起的激烈争论。然而，从石刻古迹上很难发现问题，就算是很简单的问题……

韦斯特对从考古学角度得出的结论之理解是正确的。如果狮身人面像表面的一切变化部位能证明是水浸的结果，而不是像埃及学家们一直认为的是风沙吹蚀的结果，那么，已经建立起来的编年史就要面临被推翻的危险。要理解这种推断，只要牢记下面这两点就够了：首先要记住，远古的埃及的气候并非像今天这样始终都异常干燥；另外一点就是，比起莱纳和其他一些人认定的狮身人面像"背景建筑群"的理论，韦斯特和施瓦勒提出的狮身人面像侵蚀模式更加完善优秀。韦斯特和施瓦勒提出的狮身人面像的这个变化特征，是基沙遗址的某些古迹所不具备的。这种变化特征的提示清楚地告诉我们，只有部分建筑是在同一时期建成的。

但这是哪一个时期呢？

韦斯特最初认为，理论上不排除狮身人面像受过侵蚀的可能。因为大家早就一致认为，过去埃及曾多次受到海水和尼罗河特大洪水的困扰。就在不那么遥远的古代还出现过一次这样的洪灾，人们认为这是最近一次冰季冰川融化而造成的。一般人认为，最后一次冰季的时间是在公元前10500年前后，而尼罗河周期性的大洪水就发生在这之后。在公元前1万年前后发生的那次大洪水是最后一次。因此可以推断，如果狮身人面像受过水浸，那它一定是在洪水发生之前建成的……

从"理论上"看，韦斯特的这种推断确是站得住脚。可是，正如韦斯特后来所承认的，实际上狮身人面像所受到的不同一般的腐蚀作用并非是"洪水"引起的。

他后来认为，问题是狮身人面像的脖颈以下已经腐蚀得很厉害。如果这种腐蚀是由水引起的，那就是说，在整个尼罗河流域至少有18米深的洪水。很难想象发生这样大的洪水会是什么样的景象。这种假设如果成立则更糟，因为狮身人面像堤道的另一端，即所谓的丧葬庙里面的石灰质岩心石，也已经受到侵蚀。这就是说，洪水已爬到金字塔的底座，也就是，有48米高的洪水……

斯科克自然尚未证明狮身人面像属于公元前7000年至公元前5000年，韦斯特尚未证明他认为的更早的历史时期，传统埃及学也尚未证明狮身人面像到底是否属于卡夫拉王朝和公元前2500年的那个时代。换句话说，目前尚无可能用任何合乎情理的标准来给这一独特古迹的确切归属和历史下最后的定论，狮身人面像之谜仍未解开。

（五）米兰壁画

在中国新疆，有一个名叫"米兰"的古城，它曾经有过辉煌的文明。然而，随着历史的变迁，它在沙漠中只留下一些让人唏嘘不已的残垣断壁。直到1907年新年伊始，匈牙利裔英国探险家斯坦因在米兰遗址惊喜地发现了"从未报道过、完全出乎意外"的精美壁画。

他后来记述说，在去米兰的路上他感到前所未有的神秘和荒凉，其神秘就在于它与世隔绝，数个世纪以来从无人打扰。更使他感兴趣的是，他在米兰挖掘出一堆沙海古卷——藏文书，这些文书是"从守卫着玄奘和马可·波罗都走过的去沙洲的路上的古戍堡里出土的"。他从一座破坏严重的寺院里，找到了不止一个完好的涂着垩粉的雕塑头像，在同一寺院里他还挖掘出公元3世纪以前的贝叶书，他简直欣喜若狂了。这一口气挖掘出的一件又一件稀世珍宝，足以使斯坦因富甲天下了，然而，他做梦也没有想到，更大的幸运正雪花般向他飞来。

一天，他来到了一座凋残的大佛寺，在长方形的基座走廊上，发现了一个呈穹顶的圆形建筑。进而，他意想不到地看见了美丽的壁画。那带翼天使的头像，其东方色彩明显不如其他壁画那么突出，完全是希腊罗马风格。他叙述道："在我看来，这幅壁画的整体构思和眼睛的表现，纯粹是西方式的。残存的带有佉卢文题记的祷文绸带，高度可信地说明，这里的寺院废弃于3—4世纪。"斯坦因认为这些壁画明显带有古罗马的艺术风格，在他看来，这些带翼的天使是从欧洲的古罗马"飞"到东方古国的。这个说法无疑引来中外学者的激烈争论。

斯坦因还找到一组欢乐的男女青年群像，"看起来是希腊罗马式的，这是一幅多么好的中国边疆佛教寺院里喜悦生活的画面！"他以调皮的语调描述了这组画面："这些漂亮的女郎从哪里得到的玫瑰花冠？这些男青年哪来的酒碗？这一切奇怪现象仿佛是用魔法在卡尔顿周围创造出了沙漠及滚滚沙丘，而这一伙迟到的饮宴者正在为之惊奇。"这组画面上还出现了列队行进的大象、4辆马车和骑在马背上的王子等，在造型上酷似印度艺术，但也充满了对希腊罗马古典艺术的效仿。佉卢文题记表明，这些画与尼雅卷子属于同一时代。

斯坦因特别为"带翼天使"的发现而激动。他写道："这真是伟大的发现！世界最早的安琪儿在这里找到了。她们大概在2000年前就飞到中国来了。"米兰壁画是新疆境内保存的最古老的壁画之一，这里的"带翼天使"可以说是古罗马艺术向东方传播的最远点。斯坦因的发现，轰动了欧洲文化界和考古界，米兰从此不再是一个陌生的名字，而成了世人争睹风采的所在。

在以后的时期里，新垣考古工作者又在米兰佛寺遗址发现了两幅并列的"带翼天使"。天使像为半身白地，以黑线勾镂轮廓，身体涂红色。此画位于回廊圆形建筑内壁近底部，上面有一条黑色分栏线，在这条线的右端上部有一黑红色莲花座，显示出回廊内壁绘画与雕塑的整体装饰结构。这两幅并列的"带翼天使"壁画，参照斯坦因的观点进行分析。可以看出，它们体现了希腊罗马艺术作品的美学追求。罗马艺术家使用灰泥塑成主体的块状，完全可以在护墙的内壁上运用阴阳明暗对比和渲染手法，使富有立体感的人物形象跃然壁上。壁画上天使的眼睛是完全睁开的，双眸明亮，眉毛细长，唇微合，双翅扬起，表现了追求天国生活的自信与博爱精神。这种形式迥然不同于佛教绘画准则，而更贴近古罗马艺术的美学特点。

反对斯坦因这种说法的人也为数不少，比如中国学者阎文儒先生对上述观点就持反对态度，认为斯坦因"抱有偏见"，因而给予猛烈抨击。阎先生说，斯坦因不仅抱有偏见，调查研究也不深入，他对丹丹乌里克、若羌磨朗寺院遗址中发现的佛教壁画，有的说法牵强附会，有的将西方的古代神话强加到佛教艺术的题材中，以致混淆了许多观念。阎先生还认为，斯坦因把丹丹乌里克两个木版画解释为《鼠王神像》和《传丝公主》是完全错误的，是对佛教不熟悉所致。对于"带翼天使"不是3—4世纪的作品，而是唐代风格之说，他认为斯坦因将绘画时代上推，是为了把这些壁画题材附会到希腊爱神上去。关于"带翼天使"神像的题材，应从佛教艺术中去寻找，因为"带翼天使"神像不仅在巴基斯坦、西亚发现过，在克孜尔、库木吐拉、森木塞木等早期石窟中甚至敦煌莫高窟唐以后壁画中，也多有表现。因此，把它说成是希腊罗马式美术作品，是根本行不通的。

仁者见仁，智者见智，争论在所难免。米兰壁画上的带翼天使究竟从何处而来，还有待深入探索，予以破解。

（六）非洲岩画

撒哈拉沙漠位于非洲北部，面积920万平方千米。自从有人类文字记载的历史以来，提起撒哈拉沙漠就会联想到大地龟裂，人兽困在飞沙走石之中，饱受日晒干渴而死的惨状，令人望而生畏。公元前430年，希腊著名史学家希罗多德最先提到撒哈拉，他描述那是干旱无水，不宜人类居住的一片大漠。时至今日，撒哈拉还是世界上最大最荒凉的沙漠，没有任何改变。

但是随着近代地质学家、考古学家连年不断地对这片大漠进行探险、考察与研究，人们发现撒哈拉并非自古就是不毛之地。在8000多年以前，这里曾是遍地牛羊，青葱肥沃的草原。同时，远在史前时代，撒哈拉就早已有人类居住。其最有力最明显的证据就是在该地区洞穴中或岩石上数以千计的古代图画，尤其以恩阿哲尔高原最多。可以说，撒哈拉沙漠是世界上岩石画最多的地方。它一再证明了撒哈拉沙漠曾出现过高度繁荣的远古文明。

撒哈拉的岩石画绘制得美妙绝伦。在恩阿哲尔洞中的壁画上，人们可以看到奔跑的长颈鹿、羚羊、水牛、鸵鸟和两只大象聚集在一起的精美画面，整幅壁画以明显的写实风格，向人们再现了距今4000—8000年前那些动物和人可能已在草原生活的场面。塔基迪多马坦的石壁上是一幅5500年前的岩石画，画面中可见牧人们忙碌的情景，一只水牛拴在小屋前，一只长角牛正从牧地回来，这栩栩如生的壁画令现代人如痴如醉，流连忘返。尤其是约8000年前刻于石壁上的羚羊，最为传神，它们是撒哈拉最古老的艺术珍宝。

然而令人茫然不解的是，在这些5000多年前的岩石壁画中，却夹杂着一些非常现代的神秘人像。他们有的身穿精致的短上衣，有的戴着头盔，头盔上还有两个可供观察的小孔，头盔用一种按钮与躯干部服装连接。有人说，"显然这是一件宇航服"。在撒哈拉的塔希里山脉，有一些被称为"伟大玛斯神"的岩画，画中的人像戴着圆形的密封头盔，穿着连体的紧身衣，很像现代宇航员的样子。有的学者认为："这只能证明早在7000多年前，其他行星生物早已到过撒哈拉沙漠"。当这些笨头笨脑、装束奇怪的人像不是一幅，而是许多幅一再出现的时候，人们不得不感到震惊。考虑到撒哈拉岩画在具体风格上的写实性，很难想象这样的画面是史前人类的即兴之作。应该说，它是有某种生活原型为依据的。

非洲的另一处岩画——纳米比亚的布兰德山崖上的壁画也同样闻名于世。最引起轰动的，当属1918年德国人发现的一幅壁画，这幅画被命名为"布兰德山的白贵妇"。据考证，这幅壁画绘于公元前5000年左右。令人无法理解的是，壁画上除了几个几乎裸体的土著黑人之外，竟然还有一位现代打扮的白人女郎。她肤色白皙，鼻梁高而且直，留着现代的发型，身穿短袖套衫和紧身裤，臂部包得很紧，脚登吊袜带和靴子，手持莲花，发型与现代女郎完全相似，头发上、胳膊上、腿上和腰部还都装饰着珍珠。当著名考古学家艾贝希留尔经鉴定宣布它是7000多年前的真品时，人们的思维不得不再一次陷入时间和空间上的极大混乱之中。

人们知道，纳米比亚位于非洲大陆西南部，南回归线横贯国土，这里世世代代只有黑人居住，白色人种的欧洲人只是在16世纪才由葡萄牙人最早到达这里。即使是传说中的腓尼基人，也只是可能在2000多年前乘船从这里驶过。那么，这个白人贵妇是怎么在7000多年前到这里来的？还有，据考证，人类穿衣服的历史不过4600多年，而纳米比亚的许多土著黑人直到如今还衣着很少。人们不禁要问：远古时代的非洲西南部黑人何以能够超越时空，准确无误地画出几千年后另一种族的人物形象及服饰呢？

人们常说，艺术是生活的反映。绘画作为艺术的一种，自然也不例外。生活在7000多年前的裸身的原始人也许会想到树叶和兽皮，但肯定不会想到紧身裤、吊袜带、连体服及密封的太空盔。如果说生活是艺术的依据，那么这些非洲岩画上人物形象的依据又是什么呢？真令人百思不得其解。

（七）南美巨型图案

南美曾经是古代印加人的帝国，这里有灿烂的文明，同时也有非人力所能企及的遗迹。这里有许多庞大的遗迹必须要在空中才能观看其全貌，的确是一个令人迷惑的谜团。

纳斯卡位于秘鲁纳斯卡和帕尔帕市之间的山谷和附近的一片高地上，这座山谷长60千米，宽2千米。这里有许多奇妙的图案，图形有正方形、梯形、长方形、三角形，以及长度在 1~10 千米的巨型"跑道",跑道完全笔直,科学家们的测量结果表明,8 千米长的跑道直线偏差只有 1~2 厘米。所有跑道两端都突然中断,仿佛被一柄巨大的斧头斩断一样。许多跑道的一端通向悬岩或深渊顶上,这使得有些人认为它们是道路。有些跑道的中途还发现了石头路标的残片,它们每隔 1.5 米等距离地排在跑道一侧。同时,在几条跑道的交汇点上,构成一个与美国肯尼迪航天中心发射场极其相似的平面。机场的特点全都表现在这些巨大的图案中,另外,线条描绘的有别具风格的大花、几种其他植物、一只蜥蜴、一只秃鹰、一只蜘蛛和一只猴子。

纳斯卡引人注目的是巨大的机场图案。这些跑道被一些巨大的之字形曲线截断。在 4 条主要跑道的交汇点,还有一个由许多同心圆构成的方位标志,标明第五条斜伸出去的跑道,该跑道两侧还有两条不太明显的平行跑道,很像大型机场的辅助跑道。那些石头路标则很像飞机起降时的地面航标。据测定,纳斯卡的地面跑道一条长 1700 米,宽 50 米。另一条跑道则构成 1500 米长的二面角平分面,它们坐落在机场的理想地点:一片相对平坦的干旱高地,地面到处是坚硬的石头,能够承载重量最大的飞机降落,而四周没有植被又不会妨碍导航和驾驶员的操作;机场的供水由今天已经干涸的纳斯卡河解决;主要跑道无明显的坎沟;周围没有高山与岗峦,不会给飞机降落造成危险,跑道本身也不易损坏,没有检修上的麻烦,当然这都是现代人的猜想。

考古学家认为,这些图案大约是在 2000 年前由纳斯卡人勾画的。但是这些巨大的图画是怎样完成的?由于它们的面积异常庞大,只有在 800 米的高空才能窥其全貌。可是当地周围既无高山也无丘陵,作者们不可能根据事先画好的图纸,按详细的尺寸在地面上进行放大,因为那里的地形非常不规则,如果采用放大的方法,就需要遥测仪、经纬仪和其他测量仪器才能准确地勾出轮廓。

瑞士人丹尼肯做了大胆的推测,他认为直线的观念是由地球以外的来客留给印第安人的,这些外来户所乘的飞船留下了许多轨迹,启发了土著的想象力。丹尼肯又指出,最早的轨迹是由一艘天外飞行器借着高压空气降落地面造成的,高压空气又把沙石吹掉,其他轨迹则是飞船每次离开造成的。印第安人看到的这两种图案,是飞船降落和起飞的轨迹,他们为了表示尊敬那些天上来的"冒火的神",就开始勾画又长又直的图案,并加以保护和崇敬。

另外一种观点认为,巨大的图案是在高空进行协调指挥的。美国探险家斯皮里尔持这种观点,他猜测印第安人乘坐热气球飞上天空,设计地面上的图案。他猜测的依据是:古代纳斯卡人的陶器上常常有形如气球或风筝的图案,气球和风筝看起来飞得很高,尾部在飘扬;另外在图案附近的坟墓里挖出了工艺精巧的纳斯卡编织品,这种编织品甚至比近代用来制造热气球的合成材料还要轻,经过实验证明,它比用来制造降落伞的材料织得还要细密。在中、南美洲的许多印第安人部落,自古就有一种习俗,每当宗教庆典结束时,都要放一些小热气球。斯皮里尔还了解到印第安人中印加人的传统，在战争中，有一个印加少年曾在敌人的阵地上空进行侦察飞行。经过以上的推断，他相信自己的说法站得住脚。另外，纳斯卡图案的许多直线末端的大圆阵内都有熏黑了的石头，从多次试验中可知，黑石头可能是因为准备大气球升空点火时熏黑的。

1975 年，斯皮里尔与一些同事为了检验自己的推断，只用推想中纳斯卡人所用的材料和技术制造了一个气球，命名为"秃鹰号"，然后由两名驾驶员蹲在一个芦苇造的吊篮里升上纳斯卡荒漠的高空。气球刚升到 200 米的高度，便遇上一股猛烈的气流，气球一下子被卷到地上。斯皮里尔又进行了第二次试飞，为了安全起见，气球没有载人，气球升空顺利，升到 400 米的高空，并在 18 分钟里飞行了 14 千米。"秃鹰 1 号"的飞行壮举，似乎证明了那些图案可能是利用空中的气球设计而成的，问题似乎解决了。

但是，"秃鹰 1 号"气球充的是丁烷气，没有能够飞行很长的时间，并且不能在空中固定。据估计，地面上的图案可能是有人长时间待在 500~1500 米上的高空指挥画出来的。飞行器要固定在空中的某个点上，以便能够对坐标进行精确的计算。这样的操作不可能从一个气球或风筝上完成，因为两者都不可能"系留"（任何拴系的绳索都经受不住），也不可能进行定点（当地经常突然刮起强风）。任何气球都不可能逆风飞行，不可能经常不断地、轻而易举地上升和下降，也不可能长时间停留在空中。因此，在风暴频繁出没的纳斯卡地区上空，如果气球停留时间过长就会发生事故，只有装有发动机和舵柄的飞行器才能完成此项任务。

退一步讲，假使气球解决了上述的全部问题，也还有两点是无法解释的：第一，他们进行测量时使用的器具；第二，在强风的呼啸中，如何向远在几千米的地面上的人传达方位坐标并指挥人们行动。

如何完成巨大图案是一疑问，这些图案的用途也是疑问。可以肯定的是这些图案不是为了装饰地面，也不是陶制品图案的简单放大复制。有人说这些图案是当时人们制造的"农历"。但这样的"农历"真是太大了，在需要查阅时，只得采用繁琐的办法，冒着生命危险，乘坐气球升到百米高的天空。天空是危险的，可能会跌到地面摔得粉身碎骨，或被飓风吹到海洋中去，这无疑是一种疯狂的行为。历法是依据天象制定的，有人认为图案是为农业服务的，但是这样的历法在地面上看不清楚，而且它们的位置与人们猜想其所指的星座并不相符。那么，它们是外星人的遗物？当地的居民中流传的神话说，他们的第一个王朝的建立者芒戈盖拉和他的妻子来自天上……他们死后都被送到天上，载运他们的尸体的气球在太阳的照耀下越升越高……

纳斯卡的图画越来越神秘，成为未解之谜。

（八）20 亿年前的奥克洛原子反应堆是谁建造的？

位于非洲中部的加蓬共和国，有个风景非常秀丽的地方——奥克洛。但是，奥克洛的闻名于世，并不是由于它的风光，而是它那神秘莫测的原子反应堆。

　　1972 年 6 月，奥克洛的铀矿石运到了法国的一家工厂。法国科学家对这些铀矿石进行了严格的科学测定，发现这些铀矿石中能直接作为核燃料的铀 235 的含量偏低，甚至低到不足 0.3%。而其他任何铀矿中铀 235 的含量理应是 0.73%。这种奇特的现象引起了科学家们的高度重视和关注，运用多种先进的技术手段和科学方法，努力寻找这些矿石中铀 235 含量偏低的原因。经过深入探讨和研究，科学家们十分惊奇地发现，这些铀矿石早已被燃烧过，早已被人用过。这一重大发现立即轰动了科技界。为了彻底查明事实真相，欧美一些国家的许多科学家纷纷前往奥克洛铀矿区，深入进行考察和研究。经过长时间的共同努力探索，断定在奥克洛有一个很古老的原子反应堆，又叫核反应堆。这个原子反应堆由 6 个区域的大约 500 吨铀矿石组成，它的输出功率只有 1000 千瓦左右。据科学家们考证，该矿成矿年代大约在 20 亿年前，原子反应堆在成矿后不久就开始运转，运转时间长达 50 万年之久。面对这个 20 亿年前的设计科学、结构合理、保存完整的原子反应堆，科学家们瞠目结舌、百思不解。这个原子反应堆究竟是谁设计、建造和遗留下来的呢？这是一个令全世界科学家都无法揭晓的特大奇谜。由于这个奇迹出现于奥克洛矿区，因此，科学家们把它称为"奥克洛之谜"。

　　这个古老的原子反应堆是自然形成的吗？科学家们一致否定了这种可能性，因为自然界根本无法满足链式反应所具备的异常苛刻的技术条件。只有运用人工的科学方法使铀等重元素的原子核受中子轰击时，才能裂变成碎片，并再放出中子，这些中子再打入铀的原子核，再引起裂变——连续不断的核反应（链式反应），当原子核发生裂变或骤变反应时释放出大量的能量。原子反应堆是使铀等放射性元素的原子核裂变以取得原子能的装置。这种装置绝对不可能自然形成，只能按照严格的科学原理和程序，采用高度精密而先进的技术手段和设备，由科学家和专门技术工人来建造，只有用人工的方法使铀等通过链式反应或氢核通过热核反应聚合氦核的过程取得原子能。

　　既然如此，这个原子反应堆的建造者是谁呢？据研究，早在 20 亿年以前，地球上还只有真核细胞的藻类，人类还没有出现。到新生代第四纪更新世早期（距今 300 多万年前），才开始出现了早期的猿人。直到第二次世界大战末期，人类才制造了第一颗原子弹。1950 年，在美国爱达荷州荒漠中的一座实验室内，才第一次用原子能发电。1954 年，苏联才建造了世界上第一座核电站。由此看来，距今 20 亿年前，在奥克洛建造的原子反应堆，绝对不会是地球上的人类，而只能是天外来客。一些科学家推测，20 亿年前，外星人曾乘坐"原子动力宇宙飞船"来到地球上，选择了奥克洛这个地方建造了原子反应堆，以原子裂变或聚变所释放的能量为能源动力。他们产生原子动力的主要设备为原子反应堆系统和发动机系统两大部分。反应堆是热源，介质在其中吸收裂变反应释出的能量使发动机做功而产生动力，为他们在地球上的活动提供能量。后来，他们离开了地球，返回了他们的故乡——遥远的外星球，于是在地球上留下了这座极古老而又神秘的原子反应堆。

原住在奥克洛附近的主要有芳族、巴普努族等。在他们中间，流传着这样的神话传说：在非常遥远的古代，整个世界漆黑一团，没有人类，也没有任何生物，大地一片荒凉。突然一个神仙从天而降，来到奥克洛地区，用矿石雕刻了两个石像，一男一女，"石像能放出耀眼的光芒"，使茫茫黑夜中出现了白昼。有一天，蓦然狂风怒吼，雷鸣电闪，两个石像变成了活生生的人，并且结成恩爱夫妻，生儿育女，他们的子孙后代，便成了当地部落的祖先。这个神话透露出了一点消息，那个"自天而降"的神仙，很可能就是外星人，而那个能放出耀眼光芒的石像，很可能就是受过原子辐射照射的某些介质被加热后所释放出的光。

对此，也有人从另外一个角度进行解释。有人认为，地球上不止有一代人，在20亿年前，就曾有过一次高度发达的人类社会，由于相互仇视，发动核战争，人类毁灭了，但也留下了一些数量极少的遗物。而奥克洛原子反应堆，就是20亿年前的人类建造的。

到底哪一种说法对呢？现在还不是做结论的时候，还有待于人们进行深入的研究和探索。

（九）4000年前的摩亨佐·达罗城为何在某一刻全部毁灭？

作为被科学家列为世界上难解的三大自然之谜之一的"死丘事件"，发生在距今3600多年前的某一天，位于印度河中央岛屿的一座远古城市的居民几乎在同一时刻全部死去，古城也随之突然毁灭。直到1922年，印度考古学家巴纳尔仁才第一次发现了这座古城的废墟，因城中遍布骷髅，所以称之为"死丘"。

然而，远在3600多年以前，何以有文化相当发达的古城？而古城为什么又会突然灭绝？其真凶又是谁？一系列的问题使科学家一直困惑了70年，至今仍未找到一个圆满的解释。

摩亨佐·达罗是印度河流域最大的文明古城，位于今巴基斯坦信德省拉尔卡纳县境内，在当地方言中，摩亨佐·达罗的意思是"死亡之丘"。该城遗址于1922年被印度考古学家拉·杰·班纳吉等人首次发现，根据 C_{14} 测定，其存在年代为公元前2500年~公元前1500年，虽然其历史比古埃及和美索不达米亚略晚，但影响范围更大。在距摩亨佐·达罗城几百千米以外的北方，人们也发现了布局相同的城市和规格一致的造房用砖。

从遗址发掘来看，摩亨佐·达罗非常繁荣，占地8平方千米，分为西面的上城和东面的下城。上城居住着宗教祭司和城市首领，四周有城墙和壕沟，城墙上筑有许多瞭望楼，上城内建有高塔，带走廊的庭院，有柱子的厅以及举世闻名的摩亨佐·达罗大浴池。浴池面积达 1063 平方米，由烧砖砌成，地表和墙面均以石膏填缝，再盖上沥青，因而滴水不漏。浴场周围并列着单独的洗澡间，入口狭小，排水沟设计非常巧妙。和上城相比，下城设置比较简陋，房檐低矮，布局也不规整，可能是市民、手工业者、商人以及其他劳动群众的居住之地。

此城具有相当明确的建设规划，总的来说，布局科学、合理，而且已经具备现代城市的某些特征。整座城市呈长方形，上下两城的街区，均由纵横街道隔成棋盘格状，其中，也有东西和南北走向的宽阔大道。居民住宅多为两层楼房，临街一面不开窗户，以避免灰尘和噪音。几乎每户都有浴室、便所以及与之相连的地下排水系统。此外，住宅大多于中心地方设置庭院，四周设居室。给人的印象是，城市清洁美丽，居民生活安详舒适。这座城市已经达到了相当高的文明水平，考古学家从遗址中发掘出大量精美的陶器、青铜像以及各种印章、铜板等，还发现了 2000 多件有文字的遗物，包括500 多个符号。目前，学者们正在加紧进行释读。

在古城发掘中，人们发现了许多人体骨架，从其摆放姿势来看，有人正沿街散步，有人正在家休息。灾难是突然降临的，几乎在同一时刻全城 4 万~5 万人全部死于来历不明的横祸。一座繁华发达的城市顷刻之间变成废墟。

然而对于"死丘"毁灭的原因，科学家们还是从不同的角度做了种种推测。

有些学者如 R·L·雷克斯、S·威尔帕特等，从地质学和生态学的角度进行了解释，认为"死丘事件"可能是由于远古印度河床的改道、河水的泛滥、地震以及由此而引起的水灾，特大的洪水把位于河中央岛上的古城摧毁了，城内居民同时被洪水淹死了。然而，有些学者不赞同上述说法，认为如果真的是因为特大洪水的袭击，城内居民的尸体就会随着洪水漂流远去，城内不会保存如此大量的骷髅。考古学家在古城废墟里也没有发现遭受特大洪水袭击的任何证据。

有些学者猜测，可能是由于远古发生过一次急性传染疾病而造成全城居民的死亡。然而这一说法也有其漏洞，因为无论怎样严重的传染病，也不可能使全城的人几乎在同一天同一时刻全部死亡。从废墟骷髅的分布情况看，当时有些人似乎正在街上散步或在房屋里干活，并非患有疾病。古生物学家和医学家经过仔细研究，也否定了因疾病传播而导致死亡的说法。

于是，又有人提出了外族人大规模进攻，大批屠杀城内居民的说法。可是入侵者又是谁呢？有人曾提出可能是吠陀时代的雅利安人，然而事实上雅利安人入侵的年代比这座古城毁灭的年代晚得多，相隔几个世纪。因此，入侵说也因缺少证据而不能作为定论。

在对"死丘事件"的研究中，科学家又发现了一种奇特现象，即在城中发现了明显的爆炸留下的痕迹，爆炸中心的建筑物全部夷为平地，且破坏程度由近及远逐渐减弱，只有最边远的建筑物得以幸存。科学工作者还在废墟的中央发现了一些散落的碎块，这是黏土和其他矿物烧结而成的。罗马大学和意大利国家研究委员会的实验证明，废墟当时的熔炼温度高达 400℃~1500℃，这样的温度只有在冶炼场的熔炉里或持续多日的森林大火的火源才能达到。然而岛上从未有过森林，因而只能推断大火源于一次大爆炸。

其实，印度历史上曾经流传过远古时发生过一次奇特大爆炸的传说，许多"耀眼的光芒""无烟的大火""紫白色的极光""银色的云""奇异的夕阳""黑夜中的白昼"等等描述都可佐证核爆炸是致使古城毁灭的真凶。

可是历史常识又告诉我们：直到第二次世界大战的末期，才发明和使用了第一颗原子弹，远在距今 3600 多年前，是绝不可能有原子弹的。

也有人认为，在宇宙射线和电场的作用下，大气层中会形成一种化学性能非常活泼的微粒，这些微粒在磁场的作用下聚集在一起并变得越来越大，从而形成许多大小不等的球形"物理化学构成物"，形成这种构成物的大气条件同时还能产生大量的有毒物质，积累多了便会发生猛烈的爆炸。随着爆炸开始，其他黑色闪电迅速引爆，从而形成类似核爆炸中的链式反映，爆炸时的温度可高达 15000℃，足以把石头熔化。这个数字恰好与摩亨佐·达罗遗址中的发掘物一致。据推测，摩亨佐·达罗可能是先被有毒空气袭击，继之又被猛烈的爆炸彻底摧毁。而在古城的大爆炸中，至少有 3000 团半径达 30 厘米的黑色闪电和 1000 多个球状闪电参与，因而爆炸威力无比。

还有人认为，摩亨佐达罗毁于外星"宇宙飞船"。英国学者捷文鲍尔特和意大利学者钦吉推测，3500 万年前，一艘外星人乘坐的核动力飞船在印度上空游弋时，可能意外地发生了某种故障而引起爆炸，以致造成巨大灾难。然而外星人是否存在至今仍是一个未解之谜，故此证据不足。

对以上几种观点，现在还难以判断是非。

（十）日本琴弹山下神秘的钱形图案

在日本香川县的财田河左岸，有一座琴弹山，山下是明海海滩。站在山顶眺望海滩，人们惊奇地发现长长的海滩上有一个巨大的钱形图案。这个图案是掘砂筑成的，周长 354 米，东西长 122 米，南北宽 90 米。其构图和中国古代的铜钱大体一致。从山上向下看"钱"是圆形的，从海滩上实际测量却是椭圆形的，中间有方孔，方孔四周有 4 个大字"宽永通宝"。整个钱形图案只有站在琴弹山上才看得清楚，站在海滩上则看不明白。

据传说，这个巨大钱形图案是宽永十年（1633 年）时，当地居民为迎接龙丸藩主前来巡视，一夜之间掘砂修造起来的，距今已有 300 多年，然而仍然保存完好。最令人费解的是，为什么这个钱形图案只有在高处才能看到全貌。

对此，当地百姓有一个传说：在琴弹山顶有一座神殿，叫"八幡神宫"。公元703年，即大宝三年的一天夜里，八幡大神乘坐一艘发光的飞船，从宇宙神宫飞临此地，钱形图案是他们所为。这个传说让人联想到秘鲁的纳斯卡平原上的地面图形，画的飞鸟和这里的钱形图案一样，也只有从高处才能看清。

现在有人推测说，这两个图案都是外星人掘成的。发光的船是他们乘坐的飞行器，传说的大神是驾驶飞行器的飞行员。这种说法不能使人感到十分满意。外星人在海滩挖出钱形图案的目的是什么？难道他们对地球人的钱也感兴趣吗？严格说来，在海滩掘钱形图远不如掘星象图有意义，因为这样能增加人类的知识，进而了解这些天外来客所在的星球。

也有人认为这个巨大的钱形图案纯粹是地球人的杰作，是集体智慧的结晶。据他们推测，在创造这一奇迹时，指挥者站在海岸边的琴弹山上，通过旗语来指挥海滩上众多的人，这样人们在统一指挥下就完成了这项巨大的工程。只有这样他们所创造出的钱形图案虽然实际上是椭圆形，但人们站在山上所看到的却呈圆形，与钱更加相似。

对于这一解释，人们认为比较合理。但人们还不明白，这个钱形图案究竟是些什么人，出于什么动机和目的，在什么时间创造出来的？它为什么能够在大海的波涛下长存而没有消失？

（十一）玛雅金字塔之谜

墨西哥尤卡坦半岛上，耸立着许多气度非凡的金字塔，它们是玛雅人留下的杰作。其规模之宏伟、构造之精巧，完全可以与埃及金字塔相媲美。

在埃及，金字塔是法老的陵墓。而在古代亚洲的幼发拉底河流域，苏美尔人也建造了一种多面形的金字塔。其顶上建有神殿，用来观察天体。苏美尔人那里没有石料，所以他们烧制了数百万块砖，并用沥青做黏合剂来建造巨大的庙宇台基。这种金字塔可同埃及作为陵墓的宏伟建筑相媲美，但它是供活人享乐的场所。与埃及和苏美尔人的金字塔相比，人们发现玛雅人的金字塔的天文方位计算得更为精确：天狼星的光线经过南墙上的气流通道，直射到长眠于上面厅堂中的法老头部，北极星的光线通过北墙的气流通道，径直射进下面的厅堂里。

那么，玛雅人为何要建造金字塔呢？

有学者通过研究，认为玛雅人建造金字塔的目的在于祭祀。玛雅举行祭祀仪式时，玛雅祭司和献祭者就沿着几百级甚至上千级的台阶，一步一步地登上金字塔顶，这给金字塔下的群众造成了通天的感觉，从而也使他们产生敬畏之情。尤其是学者近年在蒂卡尔的考古发掘活动更说明了金字塔的祭祀用途：玛雅人在塔基底下埋有许多祭品。但是这些祭品是献给玛雅人祖先还是众神的呢？一直无人知晓。

考古学家通过发现则认为，玛雅金字塔的功能是供祭司们观察天象。在玛雅图谱中经常能发现这样的图画，即阶梯顶部有一个房子，里面有祭司在用交叉的十字棍观测天象。这些金字塔从任何一面看，都是阶梯加神庙的形式。玛雅人观星的精确度很大程度上取决于这些高耸入云的金字塔。在没有望远镜等现代设备辅助的情况下，要做到准确的观察就必须要站在一个极高的地方，这样才能越过繁茂的丛林将视线投射到遥远的地平线。玛雅祭司们对天气、农时的准确预报，依靠的就是他们长年累月不间断的观察和记录。

事实上，玛雅人有的天文知识之精确确实让人匪夷所思。他们把一年分为 18 个月，他们测算的地球年为 365.2420 天，现代人测算为 365.2422 天，误差仅 0.0002 天，就是说约 5000 年的误差才仅仅一天。他们测算的金星年为 584 天，与现代人的测算 50 年内误差仅为 7 秒。这是个多么令人难以置信的数字！

玛雅金字塔的构造也与天文历法有着神秘的联系。以库库尔坎金字塔为例，塔基呈四方形，共分 9 层，由下而上层层堆叠而又逐渐缩小，像一个玲珑精致又硕大无比的生日蛋糕。塔的每个侧面各有 91 级台阶，直达塔顶。四面共 364 级，再加上塔顶平台，不多不少正好 365 级，这也正好是一年的天数。9 层塔座的阶梯又分为 18 个部分，这又正好是玛雅历一年的月数。

每年的 5 月 19 日中午和 7 月 25 日中午，金字塔的西面会准确地朝向日落的方向。而每当春分和秋分即 3 月 21 日和 9 月 22 日这两天，阳光从南往北移动，中午时，金字塔西南的最下一层会出现一道笔直的逐渐扩散的阴影。从阳光普照到完全阴暗，所花的时间不多不少总是 66.6 秒。有人曾在春分那一天，在太阳金字塔顶上向南眺望，发现太阳在一块标有记号的石头下坠入地平线，丝毫不差。

金字塔各种数据的精确程度让科学家们惊叹不已。苏格兰天文学家斯穆斯对其中的两座金字塔作了为期四个月的测算，他们得出了一些发人深省的数据：塔的四个面都是等边三角形，它们正好是东南西北四个方位；底边与塔高之比，恰好为圆周率与半径之比；塔的高度为地球赤道周长的二十七万分之一，也是地球到太阳距离的一万亿分之一。

这些令人敬畏的建筑处处显示出它的不平凡，如果非要把它同玛雅人联系在一起，实在是更令人难以想象。因为根据考古学家掌握的证据来看，当时玛雅人仍巢居树穴，以采集或狩猎为生，过着相当原始的生活，似乎没有文明前期过渡形态的痕迹；那奇迹般的文化并没有经过一个由低向高逐渐发展的过程，而似乎是在一夜之间从天而降，骤然间涌现出了各种超越时代的辉煌成就。因此有些学者怀疑，这些建筑不是玛雅人自己创造的，而是别人传授给他们的。可是谁又能把这样先进的知识传授给他们呢？人们自然联想到了外星人。

公元 900 年前后，玛雅人放弃了高度发展的文明，大举迁移，繁华的城市变成荒芜，任由热带丛林将他们吞没。玛雅文明似乎一夜之间消失于美洲的热带丛林。玛雅文明为什么会神秘消失？人们做着种种猜测：

有一派学者认为是因为城内粮食不继，建于丛林中的玛雅帝国，在发觉此地无以维生后，便做了一次种族大迁徙，来到齐乾伊莎定居，又绵延两个世纪才灭亡；也有学者认为，玛雅帝国外受游牧民族的袭击，内部则因发生内乱，整个帝国在遭受巨变后，溃退逃散。然而何以胜败两方面都走得无影无踪？没有人能够找到合理的答案。

另外的种种推测包括：外族入侵、人口爆炸、疾病、气候变化……总之，各派学者各执己见，给玛雅文明涂上了浓厚的神秘色彩。但是，玛雅文明灭亡的真正原因，直到现在依然是未解之谜。

（十二）厄瓜多尔史前隧道之谜

1941 年 12 月，在墨西哥恰帕斯州进行考古研究的戴维·拉姆夫妇给美国总统带来一个惊人的消息：他们终于发现了传说中守卫在墨西哥恰帕斯密林中地下隧道的印第安人。正如传说中所说的那样，恰帕斯的腹地存在着早已荒废的玛雅人的城市，城市下面分布着构成网络的隧道。

在戴维夫妇之后，又有人在秘鲁的库斯科发现一处地下隧道。它向北可直接通向利马，向南可以通向玻利维亚。从地图上看，它位于安第斯山脉地下，长达 1000 千米以上。秘鲁政府为了更好地保护这一远古文明遗址，把这些被发现的隧道入口重新封闭，它被联合国教科文组织列为世界文化遗产。

然而，在南美大陆地底深处，还有一条更大规模的、绵延数千千米的庞大隧道体系及一批文物，这条庞大的隧道是 1965 年 6 月阿根廷考古学家胡安·莫里茨在厄瓜多尔偶然发现的，他沉寂 3 年之久才向世人公开。1969 年厄瓜多尔总统授予莫里茨经过公证的证书，证明他拥有厄瓜多尔地下洞穴的所有权，但要受到厄瓜多尔国家的监控。这条隧道位于地下 240 米的深处，属于一个极为庞大、复杂的隧道系统，估计全长达4000 千米以上，人们至今尚不知道其最终通向何处。隧道的秘密入口位于莫罗纳一圣地亚哥省的瓜拉基萨—安东尼奥—亚乌皮三角地。

德国作家冯·丹尼肯曾在莫里茨的陪同下进入过这个隧道。从隧道口进去不久，就有个加工得平整光滑面积达 2 万多平方米的大厅。隧道里面的通道时窄时宽，墙壁光滑，顶部被人工加工得十分平整，好像还被涂过一层釉。他极其惊讶地见到了宽阔、笔直的通道和墙壁，多处精致的岩石门洞和大门，还有许多每隔一定距离就出现的平均 1.8~3.1 米长、80 厘米宽的通风井。隧道那惊人的宏大与神奇，使这位以想象大胆著称的作家也惊得目瞪口呆。他毫不怀疑地认为，这是我们这个世界上最大的工程，也是世界上最大的、最难破解的谜。

这条隧道里还蕴藏着无数对人类具有重大文化和历史价值的极为珍贵的古代遗物。大厅中央放着一张桌子和七把椅子，这些桌椅像金属般坚硬，像是人造材料制造的。大厅里还有许多纯金制作的动物模型，如巨蜥、大象、狮子、鳄鱼、美洲豹、骆驼、熊、猿猴、野牛、狼以及蜗牛与螃蟹等。而其中有些动物如大象、狮子和骆驼等并不产于美洲。那么，是谁制作了它们的模型，又置放在隧道中的呢？更令人吃惊的是，在隧道里一块长53厘米、宽29厘米的石板上，竟然刻着一只恐龙。恐龙早已在6400万年前灭绝，今天人们对恐龙的所有认识，都是从对恐龙化石的研究中得来的。那么这些隧道的制造者是怎么知道恐龙的呢？或许他们像现代人一样用高科技手段研究过恐龙化石？

在隧道里还发现了一个12厘米高、6厘米宽的用石头制作的护身符，经鉴定是公元前9000~前4000年的遗物。它的背面是半弯月亮和光芒四射的太阳，正面是个小生灵，这个小孩右手握着月亮，左手握着太阳，他竟然还站在一个圆形的球体上。从1522年麦哲伦完成环球航行后，人类才第一次证实地球是一个球体。那么，在史前时代，有谁早已知道我们是生活在一个球体上的呢？

隧道里还有一个奇异的石雕人像，这个人像戴着形状奇怪的头盔和耳机，穿着带有许多按键的服装。这种怪异的服装让人很自然地联想到外星宇航员。但在这一切的珍宝中，最珍贵的还是那本在许多民族远古传说中提到的金书。金书大部分用一种不知名的金属板制成，而另一部分是用同样的金属薄箔制作的。书页大小为96×48厘米，每页上都盖有奇怪的印章，估计有数千页之多。书上的文字好像是用机器压上去的，这些文字与现在任何一种文字都不相同。

在遥远的史前时代，是谁建造了这条规模宏伟的隧道？是谁留下了隧道中的宝藏？也许人类目前的智慧和科学还不能够准确回答这些问题。

仿佛是为地下王国的存在提供证明，1994年，墨西哥城的一条街道因一次偶然的地陷，竟然冒出3名"地鼠人"。可惜的是这3名"地鼠人"已经因偶然的地陷被压死。这些"地鼠人"全都身材矮小，大约只有3英尺高，但手脚四肢齐全。与此同时，一位墨西哥的人类学家威廉·格治博士在地陷后进入地下水道时，竟然看到了惊慌失措的"地鼠人"。当博士追过去想抓住其中一个，却没能实现。

1972年4月，美国加利福尼亚伯克利大学的3名学生于假日登上一座高达4318米的死火山，他们在山顶看到了不可思议的一幕：火山口冒出一缕缕烟气，并出现亮光和大量的火星，还看见一些碟形飞行物飞进飞出。他们马上拿起望远镜，吃惊地看到了5个高个白人，他们披着长长的卷发，迅速走到火山口下面一块岩石后就突然消失不见了。

有人认为，所谓"地下王国"纯属荒谬之谈。但是更多人相信，不仅美洲大陆存在地下长廊，而且亚、欧、非三洲也都有地下长廊。通过"地下长廊"穿陆过海、首尾相接的地方，就能够到达某些神秘的"地下王国"。

（十三）卡纳克石阵的不解之谜

在法国布列塔尼半岛濒临大西洋的城镇卡纳克，是一块充满神秘色彩的地方。这里除了有巨石砌成的古墓，最吸引人的便是郊外那一片片整齐排列的石阵。长期以来，卡纳克石阵一直默默无闻，直到18世纪20年代才引起人们的关注。

这片石阵，据说曾有1万根石柱，而如今仅存2471根。它被农田分为36片，以12根一排向东延伸。石阵被农田分为三片：位于卡纳克城北1.5千米处的勒芒奈克石阵，以11排向东延伸，共1099块石头，排列在长1千米、宽100米的矩形内，最高的巨石露出地面部分达4.2米。再向北走，过了一座古老的石磨坊界线，便进入克马里欧石阵，它比前者要小，

卡纳克石阵

与其相邻的凯尔斯堪石阵就更小些了，长约400米，共13行，每行都很短，共540块巨石，排成正方形。它的末端是一个圆形石阵，由39块巨石组成。各组石阵都沿东西方向分行排列，越往南北，边缘行距越密，每一行巨石的大小和排列距离也并不均匀，每行越近东端，石块越高且排得越紧。石块排列以直线为主，也有排成平行曲线的。

这些巨石的有什么用呢？在各种说法中，最流行的说法是卡纳克在古代为一宗教中心，那些石块受到布列塔尼人膜拜。很久以后，罗马人"接收"了这些石块，在上面刻上他们神的名字；还有一种说法（在中世纪十分流行）认为，这些石块能提高妇女生育能力；又有些人认为这些石块只是留在地上的标记，是专为参加宗教仪式的人而设的，在仪式中祭司会为作物和牲畜祈福。地质学家汤姆博士认为巨石的竖立者想借此研究天体的运行，包括太阳和其他行星，尤其是月球的运行，或许以此作为巨大的天文钟，以便推算耕种的时间。

要给出一个确切的说法，似乎永远也不可能。

考古学家考证，这些石阵大约是从公元前4300~前1500年分期竖立的。石块中最大的重约350吨，高达20米。那个时期欧洲人还没有发明轮子，竖立者是如何把如此沉重的花岗岩竖立在指定位置的？有些学者认为，卡纳克石阵是外星人访问地球的飞

船基地，或许只有这样才能使人们的心灵得到些许慰藉。

1979~1984年，考古学家勒霍斯带队发掘卡纳克海滨格夫尔林尼岛上的一个甬道墓，发现墓中是一个人为营造的地下建筑。经同位素鉴定，与石阵的营造时间大致相同。在墓中人们看到，宛如露天运动场看台的同心圆台，墓壁上有精美的浮雕图案。在墓内甬道，29块墓道壁石板中23块刻了图案。许多是同心圆弧、斧头。墓的内室顶板的一个大石板上，刻着一头长角牛的牛头及其前身，还有一把斧头的前半截。在20千米外一座古墓的内室也发现了相似的一段，把它们拼合在一起，正是一方完整的14米长、总重量在30吨以上的刻图石板。这方石板明显是人为截断的。为什么要将完整的石板截断？为什么要分装在相距20千米的两墓中？又用什么工具来运输30多吨的石板？人们百思不得其解。

卡纳克人有本领营造这么宏大的"地下殿堂"，自然也有能力架设简单的"地面柱林"。尽管聪明的现代人绞尽脑汁，还是难以了解远古的卡纳克石阵的奥秘。英国考古学家欧文·霍丁霍姆说，它像金字塔一样，给人类留下了永恒的不解之谜。这或许是对神秘的卡纳克石阵的崇高赞誉。

（十四）黄泉大道建造之谜

在美洲的著名古城特奥蒂瓦坎，有一条被称为"黄泉大道"的纵贯南北的宽阔大道。在公元10世纪时，最早来到这里的阿兹特克人，沿着这条大道来到这座古城时，发现全城没有一个人，他们认为大道两旁的建筑都是众神的坟墓，所以就给它起了这个奇怪的名字。

"黄泉大道"全长4000米，宽45米，南北纵贯全城。街南端为古城的最大的建筑群，是当时宗教、贸易和行政管理中心，如今已成为博物馆、商场和管理办公室的所在地。对面是占地6.75万平方米的城堡，里面有一座羽蛇神庙。现在庙宇已毁，但庙基尚存，庙基斜坡上的羽蛇头栩栩如生。街北端西侧是著名的蝴蝶宫，这是当时古城最繁华的地区。宫内石柱上刻有十分精致的蝶翅鸟身浮雕，形象生动，色彩鲜艳。

1974年，在墨西哥召开的国际美洲人大会上，一位名叫休·哈列斯顿的人声称，他在特奥蒂瓦坎找到了一个适合其所有建筑和街道的测量单位。经过使用电子计算机计算，该单位长度为1.059米。例如特奥蒂瓦坎的羽蛇庙、月亮金字塔和太阳金字塔的高度分别是21、42、63个"单位"，其比例为1：2：3。

哈列斯顿测量"黄泉大道"两边的神庙和金字塔遗址时，发现了一个让人惊讶的情况："黄泉大道"上那些遗址的距离，恰好表示着太阳系行星的轨道数据。在"城堡"周围的神庙废墟里，地球和太阳的距离为96个"单位"，金星为72，水星为36，火星为144。"城堡"后面有一条运河，它离"城堡"的中轴线为288个"单位"，刚

好是木星和火星之间小行星带的距离。离中轴线 520 个"单位"处是一座无名神庙的废墟，这相当于从木星到太阳的距离。再过 945 个"单位"，又是一座神庙遗址，这里是太阳到土星的距离。再走 1845 个"单位"，就到了月亮金字塔的中心，这刚好是天王星的轨迹数据。例如再把"黄泉大道"的直线延长，就到了赛罗戈多山上的两处遗址。其距离分别为 2880 个和 3780 个"单位"，刚好是冥王星和海王星轨迹的距离。

显然"黄泉大道"是根据太阳系模型建造的，肯定特奥蒂瓦坎的设计者们早已了解了整个太阳系的行星运行情况，并懂得了各个行星与太阳之间的轨道数据。

然而，人类 1781 年才发现天王星，1845 年才发现海王星，1930 年才发现冥王星。那么在混沌初开的史前时代，是哪一只看不见的手，为建造特奥蒂瓦坎的人们指点出了这一切呢？

（十五）蒂亚瓦纳科的太阳门之谜

蒂亚瓦纳科遗址位于南美洲国家玻利维亚境内，是古代蒂亚瓦纳科文化、宗教、政治中心，也是玻利维亚印第安古文化遗址。它位于著名的喀喀湖以南约 20 千米处，海拔 3500 米。蒂亚瓦纳科在古印第安语中是创世中心之意，大批宗教建筑、绘画雕刻以及高度发展的古印第安文化都集中在此，太阳门是该遗址中最著名的古迹。

太阳门高 3.048 米，宽 3.962 米，由重达百吨以上的整块巨型中长石雕成，中央凿一门洞。据说每当 9 月 21 日黎明时，第一缕曙光总是准确无误地从门中央射入。门楣正中间刻制着一个人形浅浮雕，从这个人形神像的头部会放射出许多道光线。他的双手各持着护杖，在他两旁平列着 3 排 48 个相对较小的、生动逼真的形象。3 排中的上下两排是带有翅膀的勇士，他们面对神像；中间一排是人格化的飞禽。这块巨石在发现时已残碎不堪，1908 年经过一番整修，恢复了其旧观，放在今天人们看到的基地上。

美国考古学家温德尔·贝内特用层积发掘法证明蒂亚瓦纳科文化的最早年代是在公元 300~700 年，而太阳门和其他一些建筑应是在 1000 年前正式建成的。

蒂亚瓦纳科考古研究中心主任、玻利维亚考古学家卡洛斯·庞塞·桑西内斯和阿根廷考古学家伊瓦拉·格拉索用放射性碳鉴定，蒂亚瓦纳科建筑应该是开始于公元前 300 年，而建成美洲这一灿烂辉煌的文明大约是在公元 8 世纪以前，一般看法认为在公元 5 世纪至 6 世纪。

面对着"太阳门"，惊叹之余，人们必然要产生种种疑问。首先，古代的印加人为何要不惜巨大的劳动力来建造这巨大的石门？或者说"太阳门"究竟是作什么用的呢？

从"太阳门"秋分时节射入第一道太阳光这点来看，有人认为，"太阳门"上刻的是历法知识。如果是这样，那将是世界上最古老的历法。

美国学者贝拉米与艾伦在《蒂亚瓦纳科的偶像》一书中，对这些符号做了详细研究，认为上面记载了大量的天文知识，并记载了 27000 年前的天象。这些知识是建立在地球为圆形的观念上的。那么，古代印加人知道这些知识的，又是如何了解地球是圆形的呢？又是如何通过图案与符号表达历法的？无人能解释。

也有人认为建筑者可能是居住在安第斯山区的科拉人，他们认为蒂亚瓦纳科曾是一个举行宗教仪式的中心场所。太阳门极有可能是阿加巴那金字塔塔顶上庙堂的一部分。

关于太阳门是如何建造也是一个谜。

当时的生产力十分低下，要把上百吨的巨石从 5 千米外的采石场放到指定地点，至少每吨要配备 65 人，这就需要有 26000 多人的一支庞大队伍，而要安顿这支大军的食宿，就得有一个庞大的城市，但这在当时还没出现。

还有人认为，当初是用平底驳船经的的喀喀湖从采石场运石料的。根据地质考察，当时湖岸与太阳门所在地位置十分接近。

玻利维亚的科学家们做过实验，用木筏在水上只能运输较小的石块。如从陆上运输，6 名士兵才能拖动一块半吨重的石头。而"太阳门"的重量在 100 吨以上，该用多少人来拖动？而要把这么庞大沉重的石门立起来，必须要用大型的起重机。而当时的印加人连车辆都没有发明，他们是怎样把这巨大的石门立起来的？这一切的未知，都需要等待考古学家来解答。

（十六）新农庄巨石墓之谜

纽格兰奇墓就是人们常说的新农庄巨石墓，前者是音译，后者是意译。据考古学家估计，巨墓始建于公元前 3100 年左右。1699 年，有人在修路时，在满布荒草的大石堆下发现了它。

纽格兰奇墓被认为是由一群在博因河谷从事农业耕作的人建造的。作为神的居所，它曾经受到凯尔特人和 3 世纪时罗马人的崇拜，他们的贡品、钱币、珠宝等都在石堆的顶上被发掘出来。1142 年，基督徒建立了梅利丰特修道院，纽格兰奇墓附近的土地成为修道院的地产，石墓附近的小镇就得名于此。

1699 年以后，墓室被发现和打开，纽格兰奇墓成了重要的考古遗址。1962 年，纽格兰奇墓迎来了第一次科学发掘。在发掘过程中，人们将墓内通道清理重建，并增建了一条通道，以减轻顶上石堆的压力，防止其崩塌。

纽格兰奇墓是爱尔兰最有名的史前遗迹，也是西欧发现的此类墓葬中建造水平最高、构思最奇特的一个。从外形看，古朴的石墓不过是高坡顶上一个微微隆起、遍覆青草的圆形大土堆，但其实它的构造堪称工程史上的奇迹。石墓基座由 97 块数吨重的大石头水平铺就，其中许多块都刻有象征意义的图案。整座墓是由 20 多万吨石头和土块垒成的通道式石墓。

石墓直径约 280 英尺，高 47 英尺。其中心会所是拱梁的，长 12 英尺，高 8 英尺，被称为"未经修面的直立石头"。每一块拱顶的压顶石都在 20~40 吨之间。石墓通道入口是一圈由 5~8 英尺高的独立巨石包围的前院。这些石头中的 30 块无论是里面还是外面都是扁平的，并且有装饰性的麻点和雕刻。切口的许多地方都刻有几何图形，如锯齿状线条、V 字形、三角形、菱形、同心环形、螺旋形等。最初的理论认为，这些设计是受迈锡尼墓葬艺术的启发。但这是不可信的，因为迈锡尼文明要比石墓出现的年代晚得多。

在纽格兰奇墓的入口上方，有一个像窗一样的开口。有学者发现，每年 12 月 19 日~23 日的黎明，一束狭窄的阳光会穿过入口上方的开口，射入墓室。随着太阳的升高，光束越来越宽，最后整个墓室都充满阳光。这个奇特的现象会持续 17 分钟左右，大约从 8 点 58 分到 9 点 15 分。学者们宣称，这可能反映了建造者要表达新的一年的开端，或是生对死的胜利。这个奇怪的现象被人发现后，很多学者进行了非常详尽的研究，但对于石器时代的古人究竟是如何计算并设计成这种结构的，仍然没有任何结论。

现在，每年冬至来临时，都会有游人像几千年前的人们一样，在墓中等待阳光射入，感受一年中最长的一个夜晚终于过去而太阳终于升起的场景。

（十七）种族不明的南美人像

在哥伦布到达美洲之前，美洲一直是印第安人的家园。但是，令人百思不得其解的是，在墨西哥和南美一些地方发现的古代艺术品中，竟出现了陶制或石制的其他种族人物的头像。

在墨西哥的特南哥地方，曾发现过一个奥尔梅克文化时代雕刻的翡翠人头像。虽然该头像的鼻部已经破损，但人们从其扁平的脸形、并不凹陷的眼窝、眉毛前额和颧骨的特征，仍然一眼就能看出，这是个中国人的头像。在危地马拉发现的另一个石雕人像，也明显具有中国人的特征。

而在墨西哥的委拉卢克斯发现的另一个石雕人头像，一看就是个非洲黑人。那厚厚的嘴唇，圆圆的前额，明显地表现出尼格罗人种的特征，而与美洲印第安人的相貌完全不同。

在危地马拉还发现过一个石雕人头像，鼻梁又高又直，下巴上蓄着长长的胡子，看上去像个闪族人，有人认为这是古代腓尼基人的雕像。

按常理说，艺术是生活的反映，古代美洲的印第安人很难雕出自己完全不熟悉的种族的人像，那么这些没有在美洲生活过的人的雕像是怎么来的呢？

关于古代中国人曾到过美洲的说法由来已久，史前腓尼基人曾到过美洲的传闻也有人相信。但是，这些毕竟还都是尚未证实的假设。最难理解的是那个非洲黑人的头像，唯一可能的解释是：黑人可能作为古代腓尼基人船队中的划桨奴隶，这尚存在疑问。而且就算有这样的事，又有谁会专为一个划桨奴隶雕塑头像呢？

在蒂瓦纳科著名的太阳门旁边，也伫立着 48 个巨石人像。人们曾经以为它们是祭神的仪仗队或侍石，如同通常的神庙前的石像一样。然而引人瞩目的是，这 48 个石像容貌各不相同。有的嘴唇厚，有的鼻梁高，有的鼻梁矮，有的耳朵大。这吸引了考古学家和人类学家的注意。经过仔细考察，他们发现这些石像实际上表现了地球上人类各个种族和主要民族的形象。

这就是说，这些石像是在其制作者们掌握了人类各个人种和民族的外貌特征的基础上制作的。有的考古学家认为，只有从陈列或展览的角度去理解，才能窥见制作者们的真正意图。如果是这样，那么在美洲其他地方零星出现的那些中国人、非洲黑人和腓尼基人的石像，也就不足为奇了。然而，这些石像的制作者们又是怎样知晓人类各个人种和民族的情况的呢？不得而知。

（十八）神秘的纳兹卡线条

1938 年一位秘鲁飞行员在飞经安第斯山脉上空时，无意中向下看了一眼。他惊奇地发现地表那些原本杂乱无章的线条，竟然变成了一幅幅清晰可辨的巨大图案，更令人震惊的是一些庞大的几何图案甚至绵延数十千米却仍能保持完整的形态，还有一些线条则描绘了非常具体的生物形象，比如飞鸟、蜘蛛、猴子以及一些植物和所有亲眼所见的人一样，这些巨大而简洁的线条所形成的图案，引起了一连串的疑问，到底是怎么做的，为什么要做，以及到底是谁做的又做给谁看的呢？

在地面上，它们似乎像在暗红色的砂砾上一条条弯弯曲曲的小径。只有从高空往下观望时，这些线条才能呈现各种兽类的巨大图形，如：一只 50 米的大蜘蛛；一只巨大的秃鹰，其翼展竟达 120 米；一条蜥蜴有 180 米那么长；而一只猴子则有 100 米高。这些迷宫般的图案占地 500 平方千米，它们是靠移开坚硬的表层石块，让下层黄白色的泥土露出地面而创造出来的，人们随后发现，这些线条有的由南向北，十分精确，和今天地球经线的偏差不超过 1°。位于南半球的秘鲁，人们看不到北极星，又没有使用指南针的记录，巨画的制作者怎么能设计得这样精确呢？伴随这些巨画，还有很多圆圈和螺旋线条，它们又是什么意思呢？除了物画之外，还有比动物大几十倍的人物画，其中一个人物高达 620 米，躯干挺直，双手垂在两边，有两只大大的眼睛、长长的手、大大的脑袋，整个造型像我们印象中的外星人。而当地人则直接称之为外星人（Alien）。

此外，在距离纳兹卡巨画不远的帕尔帕谷地里，在几乎寸草不生的土地上，又有许多笔直如道路般的线条标志。从飞机上俯瞰，这些道路或互相平行，或交叉，或被巨大的不规则四边形包围着。如果让飞机沿着这条跑道飞行，就会被它引向有着神秘巨画的纳兹卡高原。显然，这两者之间有着某种特殊的联系。

很多人相信，纳兹卡线条是外星人的杰作，因为从地面上看去，这些线条什么也不是，只是沙漠上一道道莫名其妙的沟槽而已，要在几百英尺高的地方才看得出它们的真实形象，但附近没有一个高坡可以提供这样的观景点，而且纳兹卡人不会飞，当时也没有热气球。

（十九）玛雅人的宇宙火箭图

1948～1952年间，墨西哥籍考古学家路利教授（Alberto Ruz Lhuiller）在巴伦杰神殿的"碑铭神庙（The Temple of The Inscriptions）"中，发现在巨大石室的墙上刻有九位盛装的神官，及一个谜一样的浮雕。经过仔细观察，发现这个浮雕与现在的太空船十分相似！

在一个前端尖形的流线型物体上，坐着有独特体形的人物——太空人，头戴盔甲，盔后飞扬着两条辫子似的管子，这个人弯着腰和膝盖双手正在操纵着一些操纵杆，位置较高的一只手似乎正在调节把手般的东西，较低那支手的四根指头，似乎在操纵类似摩托车把手般的控制器，双眼前视。

左脚跟搁放在有好几道槽痕的踏板上。双操纵杆前面并排着许多复杂的仪器，操纵者后面有个类似内燃机的机关枪物体。有中央控制系统的氧气瓶，放在鼻子前面的束缚皮带中。

"能"的供应系统和通信系统也是如此，在太空船舱内，中央系统前面，可以清楚看到大形磁铁，它们的用途显然是在制造太空船舱周围的磁场，以便阻止在太空中高速飞行的太空船与浮游在太空中的分子碰撞。

太空人的后面，我们可以看到一座核子融合炉，两颗可能是最后出现的氢和氦的原子图案呈现在那炉中，而更重要的一点，是在这流线型物体尾部，还画有类似瓦斯喷出的气，显然是火箭上排泄出来的废气，都表现在太空船尾部外面的架子上。

因碑文上有古玛雅人正确无讹的天体运行和太阳之子，若将浮雕的各点综合起来想象，当时玛雅可能已设计出这种形式的火箭，也有宇宙飞行的经验。然而看这张火箭图，可知当时尚欠缺最高水准的机械制作技术、冶金术、燃烧工学和正确的电脑技术。而且当时的玛雅人尚不知有金属，也不知车子的用法。

如果没有真实的形体出现在他们面前，以当时人的智慧，绝对无法想象一个乘坐太空船的人类所使用一切复杂的装备。因此，假若图中所画的果真是火箭的话，也绝不可能为玛雅人所造。事实若真如此，那火箭又是何人所造？造于何时？难道是比玛雅人更早以前来过此地的外星人吗？碑文和传说中的太阳之子是外星人吗？是否玛雅民族将"天上信使"的讯息，用他们熟悉的象形文字及绘画天才表现于石墓中，作为一位来访太空中驻足地球的证据？

（二十）来自远古的飞机模型

我们都知道，直到 1903 年地球人才制造了第一架飞机。可奇怪的是，考古学家们却在地球上很多古文明区域发现了飞机模型以及浮雕上的飞机图案。

1898 年，就有人在埃及一座 4000 年前的古墓里发现了一个与现代飞机极为相似的模型。这个模型是用当时古埃及盛产的小无花果树木制成的，重量为 31.5 克。因为当时的人们还没有飞机这个概念，所以就把它称之为"木鸟模型"。这个模型现在还摆放在开罗的古物博物馆，编号为"物种登记"第 6347 号，放在第 22 室。

1969 年，考古学家卡里尔·米沙博士发现这个"木鸟模型"除了头有些像鸟外，其他部分都跟现在的单翼飞机差不多，它也有一对平展开来的翅膀，一个平卧的机体，尾部还有垂直的尾翼，下面还有脱落的水平尾翼的痕迹。

为了弄清这架飞机模型的本来面目，由考古学家、航空史学家、空气动力学家和飞行员组成的委员会开始了对这架飞机模型的测量研究。经鉴定，许多专家认为，它具有现代飞机的基本特点和性能：机身长 5.6 英寸，两翼是直的，跨度 7.2 英寸，嘴尖长 1.3 英寸，机尾像鱼翅一样垂直，尾翼上有像现代飞机尾部平衡器的装置。尾翼除外形符合空气动力要求外，还有反上反角的特点，使机身有巨大的上升力。机内各部件的比例也很精确。只要稍加推动，还能飞行相当一段距离。所以，一些专家们断定，这绝不是古埃及工匠给国王制造的玩具，而是经过反复计算和实验的最后成品。

1879 年，英籍考古学家韦斯在埃及东北部荒芜沙漠中的 Abydos 古庙（Abydostemple）遗址内的浮雕壁画中，发现一个奇怪现象，就是看见与现今飞机形状极为相同的浮雕，以及一系列类似的飞行物体。有的图案状似今日直升机，有的图案状似潜艇或飞船，甚至还有"UFO"出现于 3000 年前的古埃及。还有至少 3~4 个飞行物与今日的飞机形状极为相同，飞机在 19 世纪初才开发出来，但竟然在 3000 年前的古埃及的壁画中出现。在世界历史中，不少远古民族在发展语言和文字之初，均以壁画记载历史。出现在庙宇中的浮雕，也应该是古埃及人用以记载某一件事或表达某一种意思，但 3000 年前的人可以预言到今日的文明产物吗？

令人惊奇的是，在南美洲的一些地方，考古学家也发现了一些与古埃及飞机模型极为相似的古老的飞机模型。在南美的一个国家的地下约 780 英尺深的地方，考古学家挖出了一个用黄金铸造的古代飞机模型，跟现代的 B-52 型轰炸机十分相像。据科学家们分析，这架飞机的模型不但设计精巧，而且具有飞行性能。美国纽约研究所的专家们在为这架古代飞机模型做过风洞试验后，绘制了一张技术图纸，这些图纸把古代飞机模型的概貌描绘了出来。1954 年，哥伦比亚共和国在美国的博物馆展出过古代金质飞机的模型。后来在南美其他国家也陆续发现过这类古代飞机模型。

那么，古代人是凭借什么手段"制造"出飞机的呢？如果这些谜都解不开，人们就只好把这件事归结为外星人了。西方有些人就认为：几千年前的人根本不可能制造出飞机，这些飞机模型，都是外星人在地球上留下的制品。

（二十一）哥斯达黎加巨型石球之谜

古代曾有 3 万多名印第安人生活在中美洲的哥斯达黎加。20 世纪 30 年代末，美国人乔治·奇坦在该国人迹罕至的三角洲热带丛林里发现了约 200 个好像人工雕饰的石球。这些石球大小不等，大的直径有几十米，最小的直径也在 2 米以上，制作技艺精湛，堪称一绝。

这些石球引起了人们极大的兴趣。科学家在对它们进行了认真的测量后，发现这些石球表面各点的曲率几乎完全一样，简直是一些非常理想的圆球。那么，石球有什么作用呢？有人推测，摆放在墓地东西两侧的石球可能代表太阳和月亮，也可能是一种图腾标志，有人把它们戏称为巨人玩的石球。

这些大石球的直径误差小于 1/100。从大石球精确的曲率可以知道，制作这些石球的人不仅要具备相当丰富的几何学知识和高超的雕凿加工技术，还要有坚硬无比的加工工具及精密的测量装置。否则，他们是不可能完成这些杰作的。诚然，远古时期，生活在这里的印第安人不乏雕凿石头的能工巧匠，然而，打磨如此硕大的石球必须付出艰巨的劳动，从采石、切割到打磨，每一道工序都要求不断地转动石块，要知道这些石球重达几十吨，这无论如何不是一件容易的事，仅凭一些简陋的原始工具岂能完成？

据考察，这些石球差不多都是用坚固美观的花岗岩制成。但是，令科学家和考古工作者们迷惑不解的是，这些石球所在地的附近并没有花岗岩石料。面对这样奇特的现象，人们提出了一连串的问题：是什么人制作了这些了不起的巨大石球？所必需的巨大石料如何运到这里？究竟用什么工具加以制作？

在当地印第安人中流传着这样的传说：宇宙人曾经乘坐球形太空船降临这里。因此，有人认为这些大石球是宇宙人制作的，并按照一定的位置和距离进行了排列，布置成模拟某种空间天象的星球模型。但是，今天有谁能理解这个星球模型的真正含义呢？又有谁能知晓在这些大石球中，哪一个代表这些天外来客生活的故乡呢？这些问题到现在仍然困惑着人们。

（二十二）派恩古冢之谜

距离澳大利亚东海岸约 750 英里的新喀里多尼亚岛以南 40 英里处，有一个叫派恩的小岛。岛上有 400 多个像蚁丘似的古怪古冢，用沙石筑成，高 8~9 英尺，直径 300 英尺。古冢上寸草不生，古冢内也找不到任何遗骸，只在 3 个古冢中各发现一根直立水泥圆柱，在另一个古冢中发现有两根并排的水泥圆柱。这些圆柱，直径从 40~75 英寸不等，高 40~100 英寸。用放射性同位素碳检验法测定，这些圆柱是公元前 1095~1120 年间的东西。

是谁在人类发明水泥之前就已使用水泥了？这些圆柱究竟有什么用处？为什么在附近找不到任何有关的人类遗物？

（二十三）马耳他岛轨迹之谜

地中海上的马耳他岛，位于利比亚与西西里岛之间，距离两地不足 100 千米。在马耳他岛上有三个神秘的谜。这是三个异乎寻常的谜，因为其神秘性并不仅仅是考古学意义上的。

谜一：难以想象的轨迹

第一个谜是有关地面上的一些奇特轨迹。这些轨迹看起来像是某种轨迹，当地土著人称之为大车辙。表面上看，这些轨迹也似乎是车辙。有人认为这些轨迹是实际使用的车轨，可能在某个时候湮没在地面之下，以后又逐渐露出地面。但这是不可能的，为什么呢？因为这些轨迹显示出明显不同的辙宽。又有人认为这些轨迹只是大车辙，譬如说某种双轴大车在地上压出的槽，这也肯定不对。众所周知，双轴车有四个轮子，在转弯时，后面一对轮子划出的曲线要比前面一对的小一些。因此，如果是双轴大车，必须找到与前面轮子辙印不同的后轮辙印，但事实上没有。还有人认为是单轴车，这一猜想同样不着边际，理由是各不相等的辙宽，这些单轴车得有活动的轴才行。

也有人提出其他想法。他们认为，这些轨迹也许是某种动物，譬如牛，将树枝绑在背上拖曳而成。这些树枝下面有分叉，在分叉的枝干上放置沉重的货物，譬如神庙中的巨型石雕。然而这种理论也不可能。马耳他岛的地面主要由石灰岩构成，如果某种动物的确曾经年复一年地拖着分叉的树枝走过而在地面上留下印记，那么，首先我们应看到这种动物踏出的小路，其次我们还必须假定多年以来树杈具有相同的宽度。这些困难使得这种理论不大可能成立。

还有人认为某种球状物体也许是解释轨迹之谜的钥匙，这种理论认为轨迹是某个球状物体在地面上滚动时压出的凹槽。不过这也不正确，因为实际球体在滚动时在凹槽低点留下的痕迹与人们在马耳他岛上的轨迹中所发现的特征完全不同。对轨迹的另一种设想是，它是一种输水管道系统。这一想法也没有多大意义；轨迹的凹槽越过了高山与峡谷并始终保持非常紧凑的曲线。

近年来，又有人提出一种观点：在轨迹的凹槽中推动的是单只轮子。这一想法也不对。因为轨迹凹槽深度为 72 厘米，这意味着当轮子在槽沟里转动时，从轴心到底部的深度至少为 70 厘米左右；但这样大小的轮子无法沿着轨迹向前转动，因为轨迹有些地方转弯很大，轮子在槽沟中根本转不过去。

考虑了大约 20 种如此这般的想法和几乎同样多的猜测之后，我们发现没有一种理论站得住脚。不得不承认，这个轨迹，这个位于马耳他岛上的"车辙"，确乎是史前留下的谜。

有人提出一个大胆的设想：我们的宇航员在月球上留下过车辙，月球车也曾在月亮表面四处行走；马耳他岛地面为风化的石灰岩，它在潮湿的时候非常松软，也许就在这期间某种不明飞行物曾经以某种方式接触过马耳他岛的地面。

谜二：叹为观止的光柱

在马耳他岛上，人们把蒙娜亚德拉神庙称为太阳神庙，它足足比海平面高出 48 米。每年至少有半年时间，强劲的海风越过沙丘吹拂着太阳神庙，它夹带的海岸边的盐粒，不断地侵蚀着神庙中的石雕群。离海最近的神庙是哈格·钦姆神庙，它离大海峡只有不足 500 米的路程。

蒙娜亚德拉神庙的整体轮廓看起来如同一片三叶苜蓿的叶子，宽约 70 米。

一名叫保罗·麦克列夫的马耳他绘图员曾经仔细地测量过这座神庙，并由此得出了一个极其令人震惊的结论：在夏至的日出时分，太阳光擦着神庙出口处右边的独石柱射进后面椭圆形的房间里，正好在房间的左侧的一块独石柱上形成一道细长的竖直光柱，这道光柱的位置随着年代的不同而改变。在公元前 3700 年，光柱偏离了这块独石柱而射向它后面一块石头的边缘；而在公元前 1 万年，这道光柱如同一束激光一样笔直地射向后面更远一些祭坛石的中心。

在 12 月 21 日的冬至日，上述情况又出现了。不过这次出现在相对的一侧，同时房间右侧后部没有祭坛石。

我们已经看到，在日出时分，太阳发出的第一道光线笔直地在出口处的两块独石柱之间穿过，射进神庙的房间里，光线穿越门拱并照亮了房间中部巨大的祭坛石。神庙中出现的这种准确的投影现象绝非偶然，事实上整个神庙的建筑布局上的精确性已经排除了任何偶然性。

这样，在冬至和夏至日，分别在右边和左边的相应的独石柱上形成了一道光柱，这两根独石柱可称为日历柱。它们宽度不等，右边一块宽 1.33 米，左边一块宽 1.20 米。右边的独石柱上出现的是冬至的太阳光柱，我们所看到的是在我们的世纪里太阳光柱的位置，它没有射向后面石块的边缘。这样的建筑布局，也恰好为公元前 3700 年和公元前 1 万年的太阳光柱留下了位置。

太阳光柱在整个石块上扫过一遍大约需要 25800 年的时间。正是根据石块的宽度我们算出了这一情况开始的时间：公元前 10205 年。

根据左侧与右侧独石柱的不同宽度，我们可以推算出太阳神庙的建成日期。公元前 10205 年的冬至日，太阳光柱正好扫到右侧独石柱的边缘；同年夏至日，太阳光柱落在左侧独石柱后面的祭坛石中心。这样，我们可以毫不犹豫地得出结论：神庙是公元前 10205 年建成的，离现在已经整整 1.2 万年了。

考古学家历来视确定古史日期为畏途，对我们石器时代的祖先，他们做出的排序总是混乱不堪的。

根据马耳他岛上的太阳神庙中相当精确的太阳钟，我们可以推测出其建造者的许多情况。他们并非完全未开化的原始蒙昧的生命，至少他们具有丰富的天文学知识和精确的历法。此外，我们还确定他们生活的年代，这都是作为后人的我们感兴趣的话题。

谜三：鬼斧神工的地下建筑

马耳他岛上的第三个谜团暗藏在位于南部的首府瓦莱塔一条不引人注目的小路上。1902 年就是在这儿发生过一件引起轰动的大事。当年，有人建房时在地下发现了一处洞穴，但房主一声不吭。他也知道马耳他岛上有许多史前地下建筑，保持缄默的原因是因为他不希望自己的建筑因官方的禁令而夭折。只是到后来人们才逐渐知道，在他的房子下面埋藏着何等的财富！

这座地下建筑由许多上下交错重叠的多层房间所组成。里面有一些进出洞口和奇妙的小房间，旁边还有一些大小不等的壁龛。中央大厅里耸立着直接由巨大的石料凿成的大圆柱与小支柱，支撑着中央大厅的半圆形屋顶。整个建筑采用了粗大的石料，以一种近乎完美的方式建成，线条清晰，棱角分明，甚至那些粗大的石梁也不例外。没有用石块镶嵌补漏的地方，更没有用多块石块拼装之处。无缝的石板地面上耸立着巨大的独石柱，壁龛与支柱都直接雕在这些石柱上——都是一些非常致密、坚固的大石料。整个地下建筑共 3 层，最深处离地面 12 米。

建筑者持石锤工作，因为在马耳他岛上根本没有黑曜石（即火石）。

这座地下建筑的设计者是谁？在石器时代，他们周围是一些什么样的人？他们为什么急急忙忙地建造了这座巨大的地下建筑？直到今天，人们仍然没有找到答案。

现在让我们去戈佐小岛，它是地中海上一个针尖般大小的小岛，在戈佐岛上坐落着整个马耳他群岛最大的神庙。

人们称这一神庙为艾尔·甘蒂亚，意为"巨人"。从神庙群表面严重风化的情形看，巨人神庙是非常早期的建筑。这儿大大小小的石块互相重叠，犬牙交错，其中最大的一根独石柱宽为 7.8l 米。艾尔·甘蒂亚神庙是整个马耳他群岛上尚存的唯一与某个古代传说相联系的神庙。据说，一个怀孕的巨人独自建成了这座神庙，建成以后，她就在神庙的墙下生下了一个儿子。这个孩子在神庙中度过了童年时光。这里涉及的巨人，是不是有些荒诞？

在莫斯所写的第一本书中也提到了巨人。这些巨人是远古时期的英雄。在先知亨诺克的伪书中，作者问道："何以生下了巨人之子？"而在先知巴鲁克一篇唯一由古代传下的文字中甚至提到了巨人的数量："将出现地球上最大的海潮，它将毁灭所有的肉体，也将毁灭 409 万个巨人。"

但真实情况究竟如何呢？一个马耳他群岛上最大的神庙怎么会建在一座没有人烟的小岛上呢？难道这神庙并不是为人类建造的？所有问题的答案已在时光的流逝中被湮没。

难道在远古某个不为人知的时期，神秘的马耳他岛上真的有过外星来客光临？

（二十四）诡秘城市阿尔卡伊姆

1987 年，苏联政府打算在南乌 RAEL 地区的阿尔卡伊姆盆地修建一个水库，结果，考古学家在盆地的中央发现了一个巨大的神奇圆形建筑群。经过一年多的考证，考古学家发现，阿尔卡伊姆遗迹与古埃及和巴比伦属同一时期的文明，要比特洛伊和古罗马还早得多。空中俯瞰阿尔卡伊姆，整座城市好似由许多个同心圆组成的圆盘，它们一层套一层就像树的年轮。中心部分是一个圆切正方形广场，整个城市的建筑构思恰如"天圆地方"的宇宙天体的微缩景观。阿尔卡伊姆不仅仅是一座城市，同时也是天文观测台。据悉，城市的整体设计方案似乎可以精确地算出宇宙天体的准确方位。阿尔卡伊姆城中有暴雨排水沟，木质结构住宅的木头中浸渍了不怕火烧的化合物，因此，该城历史上从未发生过水患，也没有发生过火灾。城中每一间住宅都有完善的生活设施，排水沟、水井、储藏室、炉灶等。最有意思的是，水井处有两条土制通风管道：一条通向炉灶，铁匠在打铁生火时可不用风箱；另一条通向食物储藏室，从井里吹来的冷风可使这里的温度比周围低许多，储藏室就如同一个大冰箱。

在这个神秘的地方，时钟会失灵，心脏跳动的频率、人的血压和体温都会发生突变，地球的电磁场也莫名其妙的降低，空气温度在 5 分钟内会忽然上升或下降 5℃。苏联考古学家认为，这里是地球上最神秘的地方之一。飞碟专家认为，很久以前这里或许是外星人起降飞碟的航天中心。

（二十五）诺亚方舟存在之谜

《圣经》中记载的诺亚方舟的传说流传多年始终未得到证实，而近年来一支由香港人和土耳其人组成的探险队宣布：诺亚方舟的残骸在土耳其东部的阿拉拉特山海拔超过 4000 米之处被发现。

《圣经》如此清清楚楚地记载着诺亚方舟停靠在阿拉拉特山顶，这样，它就给人们留下了一下流传千古的谜：阿拉拉特山上到底有没有诺亚方舟呢？

阿拉拉特山位于土耳其、伊朗和俄联邦交界的地方，海拔 5000 多米，山势陡峭，终年积雪。公元前 300 年巴比伦的一个祭司和作家治贝斯曾在一本书中说，有一些人曾走近过诺亚方舟；13 世纪意大利著名的旅行家马可·波罗离开中国后，曾实地去过阿拉拉特山，他在日记中记道：诺亚方舟依然停泊在某一座山峰极顶之上，那里终年积雪，不仅不会融化，而且随着冬雪增加，积雪越来越厚，将方舟湮没于千年积雪之下。

但千百年来，不论是历史学家、考古学家，还是探险家、信仰宗教的人，蜂拥而至，历尽艰难，要寻找那与我们命脉息息相关的方舟。

从 1792 年开始，至 1850 年、1876 年，探险家们屡次登上了阿拉拉特山顶，但不见方舟踪影。

1883 年，一次大地震使阿拉拉特山的一个地段裂开了一道大口，突然露出了一条船！当时有个赴地震灾区考察灾情的委员会的所有委员都看到了这条 12～15 米高的大船，因为一大部分还嵌在冰川里，无法估计它的长度。

这个消息震惊了全世界，从此，寻找诺亚方舟的热潮再次席卷全球。

1916 年，俄国飞行员罗斯克维斯基执行完侦察任务，正沿着土耳其与伊朗边境飞回基地，飞临阿拉拉特山顶上空时，他突然发现一明青蓝色的东西，立即调转机身去观看，他发现的竟是一个很大的船体！船的一侧有门，其中一扇已毁坏，他拍了照片，回去立即报告了政府，政府立即组织了两个连的兵力去寻找。1 个月后他们找到了方舟，弄清了方舟有几个房间，有的还用交叉的木块做成了大栅栏，房子前面还有一排排的铁栓。

"二战"后，苏联马斯科莱茵少校驾驶一架飞机，也在阿拉拉特山上发现一只巨大的木船，船只的一半已投入冰河中，长度大约 120 米，与《圣经》记载的 125 米基本吻合。

20 世纪 40 年代，一位土耳其飞行员也拍到一张阿拉拉特山上诺亚方舟的照片，由美国照相测量专家蒙登贝格经过放大处理，测出船长为 150 米，宽为 50 米。

寻找方舟的热情继续高涨，法国探险家费尔南·纳斯曾于 1952 年、1955 年、1969 年三次到阿拉拉特山探险。1955 年 7 月 5 日，他和 12 岁的儿子拉斐尔在一条山缝的底部，找到一块方形的经过加工的木料，经碳 14 测定，这块木料已有 5000～6000 年的历史，即与公元前 4000 年建造诺亚方舟的年代是吻合的。

1974 年，土耳其卫星在阿拉拉特山再次拍到了方舟卫星图片。

1989 年，美国查克·阿伦驾驶直升飞机在飞临阿拉拉特山时也发现了冰川覆盖了一部分的方舟。

上述发现是真实的吗？诺亚方舟真的存在吗？

诺亚方舟，又译挪亚方舟，是基督教《圣经·创世纪》和亚伯拉罕诸教中传说的一艘根据上帝的指示而建造的大船，其依原说记载为方形船只，但也有许多的形象绘画描绘为近似船形船只，其建造的目的是为了让诺亚与他的家人，以及世界上的各种陆上生物能够躲避一场上帝因故而造的大洪水灾难，记载中诺亚方舟花了 120 年才建成，这段故事分别被记录在《创世纪》（包括《旧约圣经》和《希伯来圣经》）以及伊斯兰教的《古兰经》第 6 章到第 9 章。另有电影、小说也以此为名。

一项近年研究证实，早在 8000 多年前北大西洋巨大冰盖的融化曾使海平面大幅上升，科学家指出，这一事件可能是《圣经》中记载的诺亚方舟拯救人类故事的起源。

据西班牙《世界报》报道，英国埃克塞特大学和澳大利亚伍伦贡大学的科学家指出，发生在距今 8740 年至 8160 年间的北美劳伦太德冰盖融化，造成了近 10 万年来地球上最大规模的淡水增加，地中海海平面也因此上升了 1.4 米。

研究指出，海平面的上升导致当时还是一个淡水湖的黑海被咸水淹没，造成黑海海水在大约 8200 年以前增多变咸。生活在黑海沿岸一带的新石器时代的农业人口受影响最大，他们无法继续耕作。洪水最严重时，有 72700 平方千米的土地被淹，这一时期持续了约 34 年。同样的现象还出现在地中海沿岸，大约 1120 平方千米的土地被水淹没。

这一切造成了 14.5 万农民（以东欧为主）向西迁移，寻找更适合的耕地。他们的到来加速了当地的社会变革，推动了生活方式的改变，这很可能是早期农业向欧洲其他地区传播的过程。

研究小组负责人英国教授克里斯·特尼指出，这一事件被代代相传，给人留下的印象是全世界都发生了大洪水，这也可能是诺亚方舟的故事起源。

（二十六）踩在三叶虫上的足印

1938 年美国肯塔基州柏里学院地质系主任柏洛兹博士宣布，他在石炭纪砂岩中发现 10 个类人动物的脚印。显微照片和红外线照片证明，这些脚印是人足压力自然造成，而非人工雕刻。据估计，有人足痕迹的这些岩石约有 2.5 亿年历史。

更早一些时候，有人在美国圣路易市密西西比河西岸一块岩石上，曾发现过一对人类脚印。据地质学家判断，这块岩石约有 2.7 亿年历史。

最为奇特的发现，是在美国犹他州羚羊泉。业余化石爱好者米斯特于 1968 年 6 月发现了几块三叶虫化石。他叙述说，当他用地质锤轻轻敲开一块石片时，石片"像书本一样打开，我吃惊地发现，一片上面有一个人的脚印，中央处踩着三叶虫，另一片上也显出几乎完整无缺的脚印形状。更令人奇怪的是，那几个人穿着便鞋"。

之后，1968 年 7 月，地质学家伯狄克博士亲往羚羊泉考察，又发现了一个小孩的脚印。1968 年 8 月，盐湖城公立学校的一位教育工作者华特，又在含有三叶虫化石的同一块岩石中发现了两个穿鞋子的人类足迹。

所有这些发现，经有关学者鉴定，均认为令人无法怀疑，是对传统地质学的严重挑战。犹他州大学地球科学博物馆馆长马迪生在记者招待会上提出疑问：那时候"地球上没有人类，也没有可以造成近似人类脚印的猴子、熊或大懒兽，那么，在连脊椎动物也未演化出来之前，有什么似人的动物会在这个星球上行走呢？"

三叶虫是细小的海洋无脊椎动物，与虾蟹同类。在地球上存在时间从 6 亿年前开始，至 2.8 亿年前灭绝。而人类出现的历史与之相比，很短，至于穿上像样的鞋子不过 3000 多年。这一切，又该做何解释？

（二十七）矿石中的人造物之谜

人类学会制造工具不过几十万年历史，然而，人们却从几千万年甚至几亿年前形成的矿石中发现人工制造的东西。

1844 年，苏格兰特卫德河附近的矿工，在地下 8 英尺的岩石中发现藏有一条金线。

1845 年，英国布鲁斯特爵士报告，苏格兰京古迪采石场在石块中发现一枚铁钉，铁钉的一端嵌在石块中。

1851 年，美国马萨诸塞州多契斯特镇进行爆破，从坚实的岩床中炸出了两块金属碎片。这两块碎片合拢后，竟是一个钟形器皿，高 12 厘米，宽 17 厘米，是用某种金属制成，有点像锌或锌与银的合金，表面铸刻着 6 朵花形图案，花蕊中镶有纯银，底部镂刻着藤蔓花环图纹，当地报刊誉为"精美绝伦"。

1852 年，苏格兰一处煤矿中，在一大块煤炭中发现一件形状像钻头的铁器，而煤块表面无破损，也找不到任何钻孔。

1885 年，澳大利亚一处作坊的工人，在砸碎煤块时发现煤中有一个闪闪发光的金属物，是一平行六面体，两面隆起，其余四面均有深槽，形状规则，使人无法否认这是一个人造物体。

1891 年，伊利诺伊州摩里逊维尔镇的柯尔普太太在敲碎煤块时，发现煤里有一条铁链，两端还分别嵌在两块煤中。这两块煤原来是一个整体，只是在敲碎时才分开。

1961 年，美国加利福尼亚州奥兰恰市洛亨斯宝石礼品店三位合伙人兰尼、米克谢尔和麦西，在一个海拔 4300 英尺的山峰上，找到一块化石。当他们用钻石锯开化石时，锯刃被坚强的东西弄坏了，打开后才发现，化石中包着一个"晶洞"，里面有一个像汽车火花塞一类的东西。中间是一条金属圆芯，外包一个陶瓷轴环、轴环外又有一个已变成化石的木刻六边形套筒，套筒外面便是硬泥、碎石和贝壳化石碎片。据地质学家估计，这块化石在 50 万年前就已形成。而 50 万年前又何来汽车火花塞？

（二十八）20 亿年前的核反应堆之谜

原子能技术是人类近几十年中才开始掌握的一门高科技技术，而在非洲，却发现了一个 20 亿年前的核反应堆！

法国有一家工厂使用从非洲加蓬共和国进口的奥克洛铀矿石，他们惊讶地发现，这批进口铀矿石已被人利用过。铀矿石的一般含铀量为 0.72%，而奥克洛铀矿石的含铀量却不足 0.3%。这一奇怪的现象引起了科学家们的注意。他们纷纷来到加蓬奥克洛铀矿考察，发现了一个不可思议的史前遗迹——古老的核反应堆，由 6 个区域约 500 吨铀矿石构成，输出功率估计为 100 千瓦。这个反应堆保存完整，结构合理，运转时间长达 50 万年之久。据考证，奥克洛铀矿成矿年代大约在 20 亿年之前，成矿后不久就有了这一核反应堆。而人类只是在几十万年之前才开始使用火。那么，是谁留下了这个古老的核反应堆？是外星人的作品，还是前一个地球文明的遗迹？

（二十九）远古超级计算机之谜

1901 年，希腊潜水员在打捞水下古船残骸时，发现了一座 2100 多年以前的钟形装置。100 多年后，科学家在现代先进技术的辅助下揭开了它的惊人谜底——这座名为安蒂基西拉机器的装置竟然是一台超级天文计算机！

安蒂基西拉机器由手工制成，做工十分精细。仪器由铜质齿轮和刻度盘组成，29 个齿轮彼此咬合。经过考古学家研究认为，仪器制成于公元前 150～前 100 年，于公元前 65 年左右随船沉入 42 米深的水中。这个拥有 2100 多年历史的装置，目前齿轮与仪表刻度盘均锈蚀钙化。

数十年来，专家怀疑安蒂基西拉机器是一种天文历，但如何运作还不清楚。一直到 2006 年，专家利用 X 光电脑断层摄影，取得仪器上 29 个仅存齿轮的 3D 影像，并利用高解析造影，近距离观察刻于刻度盘表面上的小字母，证实了相关的理论。他们认为这个仪器可以估算 365 天的历法，并相当聪明地纳入闰日，也可以显示由巴比伦人设计的 19 年一个循环的梅顿历，并且预测每 223 个月循环的蚀亏。

如果这些属实的话，安蒂基西拉机器的先进计算能力和技术含量在它制成后千余年时间内没有其他机器可以媲美。德国慕尼黑大学的弗朗索瓦·沙雷特博士也认为，直到 1000 多年后，类似的天文计算器才出脱。

对于这台机器出自何人之手，研究人员还没有定论。他们认为，希腊天文学家、数学家喜帕恰斯可能参与其制作过程。研究人员说，齿轮的齿数目决定着仪器的功能，这台仪器中某些齿轮有 53 个齿，这与人们所知的喜帕恰斯月球理论模型存在联系。同时，机器描述的月球运行方式也吻合喜帕恰斯的推测。

而根据伦敦科学博物馆机械工程馆长迈克尔·赖特的理论，该机器是在希腊罗得斯岛斯多葛学派哲学家波塞多尼欧斯创建的学校中制造的，因为公元前 1 世纪，希腊演讲家和哲学家西赛罗曾在文章中提到过类似的机械，他写道："我们的朋友波塞多尼欧斯最近发明了一种设备，每一个旋转都能复制太阳、月球和五大行星的运动。"西赛罗正是波塞多尼欧斯的一名学生。

如果能够找到更多的证据，证明是希腊人制造了它，那么恐怕就要彻底改写古希腊科学技术史。如果不是希腊人制造了它，那么必定有远比希腊人更聪明，工艺水平和科学技术水平更高的智慧生命制造了它。

（三十）巴格达古代电池之谜

1936 年 6 月的一天，在伊拉克首都巴格达城外，一群修路工人正在铲除一座土丘，为铺设路基做准备。突然地面上露出了一块巨大的石板，石板上似乎还刻有许多文字。工人们继续向下挖，竟挖出了一个巨大的石板砌成的古代石棺。伊拉克博物馆的考古学家们赶到现场，将石棺抬回博物馆进行研究。石棺被打开后，人们从中发现了大量珍珠和金银器，研究证实这些东西都是属于古波斯时代的文物。但最令考古学家惊讶的还不是这些，而是一些铜管、铁棒和陶器。

"这些小型铜管、铁棒和陶器为何同金银器等贵重物品一起殉葬？它们有什么用途？"时任伊拉克博物馆馆长的德国考古学家瓦利哈拉姆·卡维尼格对这些出土文物百思不得其解。于是，他立即组织力量，对这些铜管、铁棒和陶器进行研究和鉴定。

不久，卡维尼格宣布："我们发现了一个异常奇特的文物，其中有一个陶器，高 15 厘米，形似花瓶，呈乳白偏黄色，上端为口状，瓶里装满了沥青。沥青之中，埋有一根铜管，直径 2.6 厘米，高 9 厘米。铜管内有一层沥青，包着一根铁棒。铁棒高出铜管 1 厘米。高出的部分虽布满铁锈，但个别地方却有一层灰色偏黄的物质，看上去好像是一层铅。铁棒下端则塞有 3 厘米高的沥青，使铁棒与铜管相隔离。"此后不久，经过化学实验，卡维尼格宣布了一个惊人的消息："这些出土的铜管、铁棒和陶器是一个古代化学电池，只要向陶瓶内倒入一些酸性或碱性水，便可以发出电来。"

此言一出，考古界哗然。人们实在不能相信，在公元前 248～前 226 年之间，居住在这些地区的波斯人就会使用电池了！而 1800 年世界著名物理学家伏特才发明了世界上第一个现代电池，两者竟相差 2000 多年！

世界各国考古学家纷纷赶到巴格达，希望仔细研究这个古代化学电池。但是，卡维尼格和古代电池却突然不见了。原来他带着这些古代的化学电池悄悄地返回了德国，以便证实他的另一个惊人的推断。他说："根据出土文物中共有可装配10个电池的材料来分析，这些电池当时是被串联使用的，串联这些电池的目的则是通过电解法将金涂在雕像或装饰品上。"

卡维尼格的这两个发现对世界考古界来说，无疑是一场"地震"。他的论断长时间未能得到考古界的承认，究其原因，正如此后访问巴格达的英国科学博物馆秘书长、化学和自然科学家瓦里物尔·温冬所说："尽管他的论断颇有道理，但自然科学家很难相信，化学电池在伏特之前约2000年就诞生了。这个考古的发现若能在科学上确立，那么将成为科学史上一个最大的事件！"

卡维尼格坚持自己的论断，他感慨地说："迄今为止，没有任何科学能够反驳我的论断，但科学界却无视这种事实。对以往观点的坚持和对古代历史的蔑视使科学界接受不了2000年前两河流域居民使用了电池这一事实。"

事实上，此前人们在巴格达附近的安息古城泰西封已经发现了其他陶罐，那些陶罐是与护身符等多种神秘物品一起被发现的。这种情况表明，炼金术士曾使用过这些陶罐。但我们仍然找不到关于它们的用途的线索。如果不是电池，它们又会是什么东西？

几十年过去了，还是无人为这只神秘的陶罐提出真实可信的其他解释。而事实仍然是：作为一个电池，它工作得相当出色。美国进行过两项独立的实验，对陶罐及其内装物质的复制品作了测试。把醋酸、硫酸或柠檬酸当作电解质，注入铜管，模型便产生了电压为1.5伏的电流，18天后电流才消失。

可是，在2000年前，到底是什么人用电池做了什么事情？科罗拉多大学的保罗·凯泽指出，这些电池的使用者是巴比伦的医生，在没有电鳐鱼时，他们把它作为替代品使用，从而起到局部麻醉的作用。但是，在各种意见中，伊拉克博物馆实验室主任、德意志考古学家威廉·柯尼希所做的解释最有说服力。他曾于1938年仔细研究过"巴格达电池"，认为将若干个这类腔体串联起来，从里面发出的电流可以用来电镀金属。实验中，复制品所产生的电压能够满足这项工作的需要。

事实上，为了给铜首饰包银，伊拉克的工匠们仍然在使用一种原始的电镀方法。而这种技术可能就是从安息时期或者更早的时候一代代传下来的。

我们可能永远也搞不清古代人的科学和才智到底发达到何种程度。好在伊拉克还有数百个坟冢未曾发掘，博物馆中也有数千块泥版，泥版上涉及科学的文字在等人翻译。也许不久的将来，两河流域这片神奇的土地还会给我们新的惊喜！

（三十一）3 亿年前的人类脚印之谜

美国得克萨斯州的恐龙谷是古生物学家研究恐龙等史前生物的圣地。令人不可思议的是，恐龙谷中恐龙足迹化石旁竟然有人类的脚印化石。科学家辨认后认为，这种脚印只能是人类的脚印。

可是，恐龙是在 6500 万年前灭绝的，就我们现在所了解的生物进化史来说，那时候还不可能有人类。直到称霸地球的恐龙灭绝之后，曾在恐龙脚下战战兢兢生活的哺乳动物才有机会繁衍起来。那么，这些脚印该如何解释呢？

1. 脚印是伪造的吗？

有些古生物学家直言不讳地指出这些人类脚印是伪造的。因为历史上曾发生过有人在真的恐龙脚印旁凿上人类脚印，以高价出售骗钱的事情。但古生物学家们知道，如果是真正的人类脚印，那么，第一，人脚的压力通常会使脚印周围的岩层隆起；第二，如果将真的脚印化石敲破或锯开，在脚印表面之下会找到压力线纹。过去他们也是据此识别出伪造脚印的。然而，在帕勒克西河河床上发现的这些人类脚印，其周围岩石的隆起清晰可见。把化石从中间切开，截面有压缩的痕迹，这是伪制品无法做到的。

1976 年，得克萨斯州基督教大学的地质学教授华尔柏和另一名专家柏林在帕勒克西河上筑起堤坝，抽干河水，在发现人类脚印化石的同一河床找到了更多交错在一起的恐龙脚印和人类脚印。这些人脚印长 45 厘米左右，宽 13～17 厘米。最重要的是，所有这些脚印周围都有脚部压力造成的隆起部分。如果有人要伪造这些脚印，就必须把几乎整个河底的岩石都凿掉一层，而且还得长时期地潜入河底动工，这显然是不可能的。

2. 不是人类的脚印吗？

还有人提出，这些与恐龙脚印交错的脚印不是人类的，而是一种与人类身材体重差不多的、用两足行走的恐龙的脚印。但是，世界上还从来没有发现过双脚与人类的双脚长得类似的恐龙，这样的恐龙显然是不存在的。当然，也有另一些古生物学家确信这些就是人类的脚印，但这些人是怎样来到恐龙时代的呢？对此，他们也难以提出令人信服的答案。

（三十二）6000 年前的南极古地图之谜

18 世纪以前，人们从未到过南极洲，甚至不知道它的存在。直到 1738～1739 年，法国航海家布韦才发现了南极圈东边的一个岛，即今天的布韦岛。到了 1820～1821 年，美国的帕尔默，沙俄的别林斯高和高扎列夫，英国的布兰斯菲尔德等一举登上南极大陆，人类才真正发现了南极洲。但是奇怪的是，在 6000 多年前，就有人绘出了与现代地图相差无几的极其精确的南极洲地图。

18 世纪初叶的一天，在土耳其伊斯坦布尔的托普卡比宫，国家博物馆的马里尔·埃德亨先生正在清理一大堆先人留下的文物，赫然发现几张彩绘鹿皮地图。埃德亨先生还是第一次看见这种奇特的地图。他再仔细一看，发现地图的绘制者是 200 年前土耳其奥斯曼帝国的海军舰队司令——皮瑞·雷斯，并标明绘于 1513 年。在地图一角的附记里，皮瑞·雷斯这样写道："为绘制这幅地图，我参照了 20 幅古地图，其中的 8 幅绘于亚历山大大帝时期。"

200 多年以后，到了 20 世纪 40 年代，这几幅地图被辗转到美国地图学家、联邦海军水道测量局局长依林敦 . H. 麦勒瑞手里。独具慧眼的麦勒瑞很快便被古地图所描绘的大体轮廓吸引住了。他马上找来一个地球仪，两相比较之后，不禁瞠目结舌：这些地图中的一幅所描绘的不正是南极洲地图吗？

除了南极洲外，这张地图上还准确地画着大西洋西岸大陆的轮廓，北美洲和南美洲的地理位置也准确无误。同时，甚至在我们今天很少考察或者根本没有发现过的地方，上面也有显示。更令人不解的是，几千年来，人们并不知道南极洲厚度达 4500 多米的冰层的下面有山脉，但是古地图不但绘制了这些山脉，有的甚至标出了高度。我们今天的地图是借助回声探测仪才绘制出来的，那么古地图的绘制者是怎样知道这一切的呢？

皮瑞·雷斯地图所呈现之资料，大大超越了 1513 年当时人类有限的地理知识。这实在令人感到匪夷所思。

爱因斯坦和不少的科学家坚信，如今冰天雪地毫无生机的南极曾经是人类文明的发源地！爱因斯坦认为，1 万多年前，北极不在北极点上，而在今天的加拿大北海岸附近；南极也不在南极点上，而位于温带地区。那个时候，温度气候均适宜的南极大陆也许曾孕育了一种高度发达的古文明。然而好景不长，因为地壳发生了逆时针大移动，北极漂移到了今天的位置，南极漂移到了冰天雪地的南极点，气候突然异常寒冷，大陆被冰雪覆盖，南极文明也就随之消失了。

南极古地图的发现也使一些学者相信，南极是人类文明的发源地。可能是由于地壳突然发生变动而引发了一场巨大的灾难，洪水淹没了整个世界，也淹没了曾经传播文明的王国和人民。

另外，有些科学家认为，南极史前文明并没完全消失，可能因为地球气候发生变化，南极大陆逐渐被冰雪覆盖，曾经的史前文明被厚厚的冰层永远埋葬。

另有一些人认为，是外星人在那个时候，乘坐太空船绕行地球，对还未被冰层覆盖的南极洲进行勘探，绘成一幅幅先进、精密的地图。如果不是天外来客的帮助，我们的祖先又怎能绘制出地图来呢？

面对南极古地图的疑问，或许只有未来的人才能够解答。

（三十三）迷雾重重的水晶头骨

在世界古代文明史中，没有哪个民族像玛雅人一样留下了那么多的未解之谜。他们像是从天而降，却又突然消失。也没有人知道他们的文明和历史的细节。玛雅人留给现代人的一个又一个谜团当中，最匪夷所思又最神奇诡秘的恐怕就是水晶头骨了。

在美洲古老的印第安传说中，古时候一共有 13 个水晶头骨，它们和人类的头骨一般大小，下巴还可以活动，能说话，能唱歌。据说这些头骨甚至可以提供有关人类起源和死亡的资料，还能帮助人类解开宇宙生命之谜。而且按照传说，总有一天人们会聚齐所有的水晶头骨，它们聚集在一起时能够集人类大智于一体，并帮助人类揭开社会历史之谜。

时至今日，13 个水晶头骨已经全部面世，其中的少数几个被博物馆收藏，大部分散落在民间收藏家手中。其中最著名的一颗当属名为"米歇尔·黑吉斯水晶头骨"，它是 1927 年由米歇尔·黑吉斯所发现的。事实上，除了这颗"米歇尔·黑吉斯水晶头骨"之外，世界上已经发现的其他水晶头骨都被认为是合理的，是可以解释得通的。

根据学者考证，墨西哥的原居民阿兹特克人有用石头、骨头、木头等材料雕刻人头骨的习俗，这些头骨被称为"死亡头"。其中有一些也用水晶雕刻，它们大多形状夸张、抽象，一般都很小。大英博物馆就藏有两个被鉴定为属于古代墨西哥的小头骨。小的一个是用滑石雕刻的，大一点的一个是用水晶雕刻的，但高度也不过 1.25 英寸（约 3 厘米多一点）。而且这两个头骨都有穿孔，专家们估计，它们是被当作念珠或护身符使用的。巴黎的一家博物馆也藏有一个水晶头骨，大约为真人头骨的一半大小，法国专家认为，它是阿兹特克人在 14 世纪或 15 世纪时制作的。

今天风靡全球的所谓"水晶头骨之谜"，指的仅仅是米歇尔·黑吉斯发现的这颗水晶头骨。

这个水晶头骨长 17 厘米，宽和高各 12 厘米，重量是 5 千克，是用一大块完整的水晶根据一个成年女人头颅的形状雕制而成的。其做工非常精细，鼻骨是用三块水晶拼成的，两个眼孔处是两块圆形的水晶，下颌部分可以跟头盖骨部分相连，也可以拆开，整个构成异常精巧。

米歇尔·黑吉斯在他 1954 年出版的自传《危险，我的伙伴》中提到他发现水晶头骨的过程，消息一经披露，就立刻引起了轰动。

数十年来全球不同领域的专家都密切关注着它，许多狂热者认为水晶头骨拥有超自然的能力，比如心灵遥感、散发一种奇特的气味、能改变水晶颜色等。但迄今为止，专家们仍未证实这些超自然能力是否真实存在。

科学家们曾把水晶头骨和真正的人类头骨做了比较，发现除了眼部特征稍稍偏于人类的正常范围以外，其他参数都与真正的人类头骨相差无几。我们知道，近代光学产生于 17 世纪，而人类准确地认识自己的骨骼结构更是 18 世纪解剖学兴起以后的事。这个水晶头颅却是在非常了解人体骨骼构造和光学原理的基础上雕刻而成的，1000 多年前的玛雅人是怎样掌握这些高深的解剖学和光学知识的呢？

据说水晶头骨有催眠功能，如果让一个人紧盯着水晶头骨的眼睛处，不多时这个人便会感觉昏昏欲睡，传说头骨是玛雅人为病人做手术时催眠病人用的。

另外，水晶是世界上硬度最高的材料之一，用铜、铁或石制工具都无法加工它，而 1000 多年前的玛雅人又是使用的什么工具呢？另外，这种纯净透明的水晶虽然硬度很高，但质地却脆而易碎。科学家们推断：要想在数千年前把它制作出来的话，只可能是用极细的沙子和水慢慢地从一块大水晶石上打磨下来，而且制作者要一天 24 小时不停地打磨 300 年，才能完成这样一件旷世杰作。

这颗水晶头骨有这么多的谜团，实在是令人费解。

后来，人们通过对米歇尔·黑吉斯本人传记的研究，发现他有一个很不光彩的习惯——撒谎。于是，人们自然也有理由怀疑这颗水晶头骨到底是不是一件"货真价实"的玛雅文明遗物。

考古学家们在研究玛雅历史时也发现，玛雅人并无雕刻水晶制品的习俗，而且玛雅人生活的地区也没有水晶矿藏。据此，一些专家认为它是阿兹特克人制造的，而且时间不会早于殖民地时期，因为据鉴定过这具头骨的多兰德说，它的牙齿有机械琢磨的迹象。

这个头骨有两个穿孔（米歇尔·黑吉斯的女儿安娜声称她"发现"该头骨时，穿孔就已存在），估计是在摆设时用于固定头骨的，而该穿孔明显是用近代机械工具钻出来的。安娜曾经在 20 世纪 60 年代至 70 年代将它交给多兰德和惠普公司的晶体实验室鉴定，得出了它是由一整块水晶雕刻而成的结论。并且认为，这块水晶"是如此接近在加州卡拉维拉斯郡巨大的水晶矿发现的水晶，我猜测其原来的水晶块就是从那里来的"。

有一部分科学家倾向于它不是玛雅人的遗物，而是 19 世纪现代人的产物。但是，这种百分之百纯净透明的水晶，就算它不是一件文物，其价值也无法估量。谁会用它来制作一件冒充文物的东西呢？

如今，水晶头骨的拥有者安娜已经拒绝对水晶头骨再作任何科学鉴定。因此，它究竟是不是现代人制作的赝品，科学家们还不能论断。但人们还是愿意相信，终有一天，现代科技会把水晶头骨上的神秘彻底揭去，让真相浮出水面，还原事实大白于天下。

（三十四）石缸阵来历之谜

老挝境内有一个叫作查尔平原的地方。"查尔"在老挝语中就是"石缸"的意思，而这个平原得以出名，正是靠着一大片神奇的石缸阵。方圆几十平方千米的平原上，散落分布着600多个巨型石缸，这些石缸从哪里来的？是谁制造了它们？又是怎样被运到这里的？它们是干什么用的？

每个缸都由整块坚硬的花岗岩雕成，虽然大小不一，有圆有方，但都经过精细的加工，里面平坦光滑、空无一物。据专家测量，这些缸小的有1吨来重，大的则重达5吨以上。它们长年躺在这片孤寂的平原上，就像是在等待什么人的光临。人们不禁要问：如此多的石缸从何而来，放在那里又是什么意思呢？这个石缸阵可真是一个让人匪夷所思的奇观。

石缸的雕凿手法古朴粗略。由于年深日久，石缸内外覆盖着很多青苔。石缸的摆放疏密有致，有的三五一簇，有的个体单独。这里的石缸有600多个，绝对是世界上仅有的石缸奇观。在石缸平原上，一共有三个这样的石缸群，大致以一个小山洞为圆心呈扇形分布，一眼望不到边际。那些石缸，有一群石缸还是用红色岩石雕凿而成的。形状各不相同，有的大，有的小，有的粗，有的细，有的高，有的矮，有的口是方的，有的口是圆的，有的口是向里收的，有的口是直上直下的，有的石缸上面还盖着盖子。由于天长日久，石缸内外长了很多青苔。老挝文物保护部门给每一个石缸上都用白油漆编上了号码。

据科研部门考证，这些石缸雕凿的年代距今已有2500~3500年之间，所用的石料为花岗岩、大理石、砂岩石和石灰石，但川圹当地不出产这些石料，考古专家认定这些石缸的原料是从外地运来的，也许是在外地雕凿好石缸后运来的。但即使现在，到查尔平原的交通都极不方便，在2500年前的人类是用什么样的交通工具将这些巨石运来的呢？

关于石缸阵的来历，大致有几种猜测：

一种是"石棺说"。因为川圹省原是古战场，因此老挝当地人猜测可能是一些好战的国王用来存放有功将士的尸体的石棺。但是，石缸周围找不到任何尸骨遗留物，使这种假说很难立住脚。

第二种是"贮水说"。一些考古学家认为可能是古代人为防天旱而建造的巨型贮水器皿。这种说法的根据是，有一个石缸上有一个巨型石盖，仿佛是贮水容器的盖子；缺点在于，无法考证与石缸同一年代的大规模部落居住在当地的遗址，仿佛这些石缸是独立存在的，与其他文化毫不相干。

第三是"酷刑说"。有人认为这些石缸也是做类似酷刑之用。然而，是怎样可怖的国度才会用3000多个石缸施行酷刑？这种说法似乎也有些夸张。

第四是"天象说"。认为这些石缸可能是古代人用于观测天象、记录节气和水期的记号。但至今还没有任何星图能够与石缸的排列相匹配，也没有资料表明当地有这种文明存在。

还有一种"生殖崇拜说"。认为这些石缸其实并不是缸，而是古代人膜拜的神灵的性器官。然而，如果是这样，为何几乎所有石缸的边沿都留有装盖用的凹口？又如何解释部分方形石缸的来历？

但是迄今为止，仍没有一种比较权威的结论，世界各地的研究者还在争论不休。

（三十五）白公山外星人遗址探秘

柴达木盆地有许多神奇的自然景观和人文景观，其中最神秘、最难解的是托素湖畔的白公山、三维洞奇异之物。在托素湖的东北角有一座白山，当地人称为白公山。"外星人遗址"和众说纷纭的神秘的铁质管状物就坐落在白公山下的岩洞里。

白公山周边有着火星一样的地形：火红色的岩石反射着刺目的光斑，一簇簇干旱的沙漠植物顽强抵抗着侵袭而来的罡风。湖边直立的石头更是奇特，绝大多数呈几何图形，有正方的，有长方的，有圆的，有半圆的，有钻了孔的，有打了眼的，绝非天然而成。

已然风化的铁质管状口散布在山体的表面上，沙石的岩层上有一串神秘莫测的符号和未解的字母，黝黑的岩洞仿佛一个巨大的问号。这里，真的就是外星人造访地球时留下的遗迹吗？

神秘的铁管就分布于这座山脚下大小不等的岩洞之中。中间的岩洞大，东西两边的小，中间的洞离地面约2米，洞深约6米，最高的洞约8米。与通常所见的自然岩洞不同，有点像人工开凿。洞内上下左右都是纯一色的砂岩，没有任何杂质。令人吃惊的是一根直径为40厘米的大铁管从山顶斜插到洞内，由于多年的锈蚀，现在只能看见半边管壁。另一根相同口径的铁管从底壁通入地下，只露出管口，可以量其大小，却无法知道它的长短。洞口处有十余根直径在10~40厘米之间的铁管子穿入山体，铁管之间距离不等。管壁与岩石完全吻合，不像是先凿好洞后放进管子，而好像是直接把铁管插入坚硬的岩石。其余各处的铁管都有这个特点，可见施工安装技术非常高超，实在令人赞叹。

洞口对面约80米处就是波光粼粼的托素湖，就在离洞口40多米的湖滩上，又有许多的铁管散见于满滩裸露的砂岩上。这些呈东西向延伸的铁管，直径较山下的小，2~4.5厘米不等。从残留的铁管形状上看，有直管、曲管、交叉管、纺锤形管等，形状奇特，种类繁多。最细的铁管内径不过一根牙签的粗细。虽经岁月的腐蚀、沙子的填充，但细管内并没有被堵塞。

在这附近，既没有人长期定居，也没有现代的工业，那么这些神秘矗立在洞穴里的铁管究竟从哪里来，又是谁将它们牢牢固定在这戈壁之中的崖壁上的呢？百思不得其解。

1981 年 7 月 24 日，在我国的陕西、甘肃等地同时有目击者报告发现不明飞行物的踪迹，而且 UFO 最后消失的地方就是德令哈。有神秘铁管现身的托素湖正是位于德令哈的附近，这会是一个巧合，还是 UFO 与铁管之间有着什么不寻常的联系呢？据推测，德令哈这片神秘的地区，很可能是当初外星人到达地球之后驻扎的一个基地，这些铁管恰恰就是外星人遗留下来的。

外星人为什么会选择柴达木盆地的白公山呢？柴达木地势高，空气稀薄，云层很少，透明度极好，是观察天体宇宙的理想之地。1984 年中国科学院紫金山天文台在德令哈建立青海天文站，就是因为这一带干燥、海拔高，容易收到毫米波。几年中，他们发现了 100 多个星系，观测效果极佳。1993 年，日本天文权威海布带领美国、日本的天文学家到此考察测量，认为这个站在亚洲是很理想的点。

据此特点，有关专家认为，以外星人的眼光看，柴达木德令哈一带是星际交往的最好之地，特别是白公山一带条件更优，托素湖和克鲁克湖形成有特点。白公山离湖最近，地形独特，十分醒目。如果外星人乘坐飞行器进入地球，首先看见的是柴达木，最醒目的是咸淡两湖，最易辨识的自然也是白公山，可见这里是外星人进入地球后，来去起落最理想的地点。

（三十六）英格兰石圈

从公元前 3100 年到现在，英格兰神秘的石圈一直就是人类的一个未解之谜。

石圈是一片由巨石组成的建筑。石块是呈圆形分布，形成了一圈一圈越来越大的圆周，圆周与圆周之间留有一定的空隙，像是一个同心圆。

据研究，在公元前 3100 年前，建造石圈的人已有了天象的知识。

在计算机的辅助下，研究者搞清楚了石块的具体方位以及它们的早期放置地点。另外，也弄明白了间隔地带的相对位置和石块的高度。从得出的资料显示，石圈并不是在公元前 3100 年一次性建成的，而是分成了若干不同的建筑时期。这个天文中心的建筑，就说明了当时人们已经用它来观察气象了。

每年 6 月 21 日，也就是夏至那天，太阳从那块所谓"脚跟石"——一块独立在石圈之外的巨石上升起，穿过那些巨大的石门，变得越来越大，越来越明亮。月亮有一定的运行周期，有时运行至夏至点，有时运行至冬至点，有时靠近南回归线，有时靠近北回归线。这说明石圈的作用是用观测行星和天象的。当月亮升起或落下的时候，月光在巨石背面投射的阴影在不断变化。

更令人惊讶的是石圈竟然是一个缩小的太阳系模型。当然，它显示的不是椭圆形轨道，而是平均的轨道距离。最里的一圈的中心代表太阳，第二圈环绕的是水星，第三圈是金星，第四圈是地球，再外一圈是火星，接着是火星与土星之间有数十万的石块组成的小行星带，更外一圈的"脚跟石"表明了木星的平均轨道距离。

这些只是现代人单方面的推测。究竟是谁在古老的岁月建造了这个"天文中心"？这一切未解之谜，还有待进一步去研究。

（三十七）卡纳克石阵

法国布列塔尼半岛的濒临大西洋的城镇卡纳克，是一块充满了神秘色彩的地方。这里除了有巨石砌成的古墓，最吸引人的便是郊外那一片片整齐排列的石阵。

长期以来，卡纳克石阵一直默默无闻，直到18世纪20年代才引起人们关注。这片石阵，据说曾有1万根石柱，而如今仅存2471根。它被农田分为36片，以12根一排向东延伸。最高石柱露出地面部分达4.2米的莱芒尼石阵，地处城北1.5千米。从这里再向北，便是卡尔马里石阵，它比前者要小，与其相邻的凯尔斯堪石阵就更小些了，长约400米，远远一望，好像正在接受检阅的一队士兵。

对此，众说纷纭，莫衷一是。不少学者相信，石柱是恺撒大帝时代的产物。19世纪初，考古学家在卡纳克发现许多蛇崇拜的遗迹，这使人产生联想：那一条条逶迤延伸的石队或许是蛇的模拟图形。还有人推测，这个石阵是晒鱼场、市场、旅馆、妓院的遗址。现今甚至有人称它是外星人访问地球的飞船基地。

1959年，专家们确认卡纳克为世界上最大的新石器文化发源地之一。

现代人尽管聪明，并喜欢绞尽脑汁去钻研问题，可是还是难以了解远古人的思维奥秘，也许现代人的思维与古代人的思维就像人与猴一样难以沟通？也许是思维角度不同？现代人的思维总是喜欢从复杂的方面考虑问题。

正如对石阵进行了长期考察的英国考古学家欧文·霍丁霍姆所说，这个石阵就像金字塔一样，为人类留下了永恒的不解之谜。

令人纳闷的是，这么大规模的石柱群为何在18世纪以前的历史记录中，只字未提？这也是石柱群令人感到神秘莫测的主要原因。人们无法从文献中探知它的形成及作用。于是便开始了种种推测。

有的说，卡纳克镇守护神可内利在公元前56年，为抗拒恺撒大帝的罗马大兵入侵而亲登镇北山丘，在奇迹般的神力下，将一个个追赶来的罗马人封死在原地，变成石柱。有的说，罗马人竖立石柱，是为了作为庇护帐篷的挡风墙。

这些论调当然是仁者见仁，智者见智。虽然石柱群之谜还有待于将来解开，但至少有一点可以肯定，就是经过碳-14测试，这些石柱群早于公元前4650年便已经存在了。也就是说，它们是新石器时代文化最伟大的源泉。

两个世纪前，考古学家在法国的布列塔尼半岛上挖掘出呈不规则排列的巨大石柱群，是世界考古史上最神奇的伟大发现之一。

这个被英国考古学家海丁翰教授称为"比金字塔更为神秘"的石柱群，无论从它们的重量、数量、高度和历史的久远程度来看，都足以取代英国沙利斯伯里平原上的石群，成为名副其实的世界巨石之最。

（三十八）马耳他巨石建筑

除了神秘莫测的英格兰巨石阵外，20世纪初以来在地中海上的马耳他岛也陆续发现了多处规模宏大、设计独特的史前巨石遗迹。这些不可思议的巨石遗迹的建造者是谁？在蛮荒落后的石器时代，他们为何耗费如此巨大的精力来建造这些巨石建筑？它的用途何在？人们百思不得其解。

作为古文明的一部分，巨石遗迹遍布世界各地。例如埃及的金字塔，复活节岛上的巨石建筑，英格兰的巨石阵，法国布列塔尼半岛的巨石遗迹……凡此种种，不一而足。据考证，这些巨石遗迹约建造于公元前3500年至公元前1500年的石器时代。自从有文字记载以来，关于这些古怪巨石建筑的来历和用途就引起了人们的种种猜测。中古时代的人们普遍相信，是魔鬼或巫师建造了这些巨石建筑，或者它们是由大洪水前地球上出现的巨人所建。也有人认为它们是古代塞尔特人的督伊德教祭司所建。另外一些人则认为，欧洲的巨石建筑是由失落的亚特兰蒂斯帝国所建。这些巨石遗迹究竟何时建立？由谁而建？因何而建？是庙宇、坟墓，还是所谓的古代"计算机"？学者们始终无法找出一个合理的解释。

在所有的远古巨石遗迹当中，马耳他岛上的巨石建筑独具特色。与目标明显的英格兰巨石阵不同，马耳他岛巨石建筑的发现纯属偶然。马耳他岛是地中海上的一个小岛，面积246平方千米，位于利比亚与西西里岛之间。就在这个微不足道的小岛上，20世纪以来人们却接二连三地发现了30多处史前巨石建筑遗迹。其奇特的设计和宏大的规模，引起了人们强烈的兴趣，在欧洲掀起了"史前巨石建筑研究热"。

1902年，马耳他岛繁荣兴旺的佩奥拉镇发生了一起轰动世界的大事。当时一群建筑工人正在为一家食品店盖房，其中有几个工人为建造一个蓄水池正满头大汗地凿着地下的岩石。突然，脚下的岩石露出一个洞口，待凿开一看，竟是一个通过凿通硬石灰岩而建成的宏伟的地下室。起初，工人们并没有在意，只是把凿下来的碎石、废泥以及垃圾堆放在洞穴里面，但其中一个颇有头脑的工人认为此事非同寻常，便向当地有关部门做了汇报。闻讯赶来的考古学家们对洞穴仔细地进行了挖掘和清理，一个规模宏大、设计独特的史前建筑逐渐清晰地呈现在世人面前。沉寂的马耳他岛由此一时名声大噪。

这座巨大的石制地下建筑共分 3 层，最深处距地面 12 米，错综复杂，仿佛一座地下迷宫。它由上下交错、多层重叠的多个房间组成。里面有一些进出洞口和奇妙的小房间，旁边还有一些大小不等的壁孔。中央大厅耸立着直接由巨大的石料凿成的大圆柱、小支柱，支撑着半圆形的屋顶。整个建筑线条清晰、棱角分明，甚至那些粗大的石架也不例外，没有发现用石头镶嵌补漏的地方。它的石柱、屋顶风格与马耳他其他许多古墓、庙宇如出一辙，但别的庙宇都建在地上，这座建筑却深藏于地下的石灰岩中。由于构造奇特，人们借用希腊文"地窖"一词来形容它，意为"地下建筑"。

这座"地下建筑"是"庙宇"还是"坟墓"？在生产力极其落后的石器时代，马耳他的岛民为何耗费如此巨大的精力来建造这座庞大的地下建筑？

有人认为它是一座地下庙宇。在这座地下建筑中，有一个奇妙的石室，人们称之为"神谕室"。由于设计独特，石室内产生了一种神奇的传声效果，因此石室又被称之为"回声室"。这个石室的其中一堵墙被削去了一块，后面是状似壁龛、仅容一人的石窟，一个人坐进去照平常一样说话，声音会传遍整个石窟，并且完全没有失真。由于女人声调较高，不能产生同样的效果，设计者就在石室靠顶处沿四周凿了一道脊壁，女人的声音就沿着这条脊壁向外传播。正是因为有这个石室存在，考古学家断定这座地下建筑是一个在宗教方面有着特殊用途的建筑物，说不定它就是祭司的传谕所。此外，考古学家在发掘过程中发现了两尊侧身躺卧的女人卧像，还发现了几尊丰乳肥臀也许以孕妇作为蓝本的女人卧像。据此，考古学家推测，这里或许是崇拜地母的地方。由于整个建筑埋在地下，不见天日，因而显得阴森怪异。设想一下，当一个虔诚的原始人置身于这样一个诡秘幽玄的地下石室时，突然传来隐身人的说话声，他能不毛骨悚然从而对其产生敬畏之情吗？

然而，这座建筑真的就是一座地下庙宇吗？事实并非如此简单。越往地下深层发掘，考古学家发现它越不像是庙宇所在，尤其是在一个宽度不足 12 米的小石室里竟然发现埋藏有 7000 具骸骨。这些骸骨并不完整，骨殖散落在狭小的空间中，说明是以一种移葬（即初次土葬若干年体腐烂成了骸髅后，捡拾骨殖到别处重新安葬）的方式集中起来的，这种埋葬方式在原始民族中很普遍。地下室难道是善男信女们的永久安息之地吗？

根据挖掘出来的牛角、鹿角、凿子、楔子、两把石槌以及做精工细活用的燧石和黑曜石判断，再根据其建筑风格推测，此地下建筑约建于公元前 2400 年前后，当时岛上正处在石器时代。那么，岛上居民什么时候把骨殖放到这个地方来的？马耳他的居民又为什么要如此安放骨殖？没有人知道。也没有人知道这座地下建筑在什么时候变成了墓地。兴许初建时它就兼有庙宇和坟墓的双重用途。也许这是一座仿效地上建筑而建的一座地下庙宇，也许它就是死者的安息之地。这些问题均无从回答，难以确定。很多解释也都在两可之间。

继发现地下建筑后，马耳他岛又陆续发现了另外一些石器时代的石制建筑。1913年，在该岛一个名叫塔尔申的村庄发现了巨大的石制建筑。经考古学家鉴定，这是一座约在5000多年前建造的庙宇。庙宇占地达8万平方米，是欧洲最大的石器时代遗址。站在这座庙宇的废墟面前，首先映入眼帘的是一道宏伟的主门，通往宽敞的厅堂和有着错综复杂走廊的各个房间。整个建筑布局精巧，雄伟壮观，好多个祭坛上都刻有精美的螺纹雕刻。

这种精心设计的巨石建筑遗迹在马耳他岛上不止一处。在哈加琴姆、穆那德利亚、哈尔萨夫里尼，考古学家们也发现了几座经过精心设计的庞大建筑物。它们都用石灰石建成，有的雕琢粗糙，有的琢磨光滑，有的建筑物的墙上有粉饰，有的则精雕细刻，各有特色。哈加琴姆的庙宇用大石块建造，里面发现了一些石桌，它们排列在通往神殿门洞内的两侧，有些石桌至今未能肯定究竟是祭台还是柱基。考古学家在神殿里还发现了多尊母神的小石像。这座建筑是最复杂的石器时代遗迹之一，许多谜团有待进一步考证。

穆那德利亚的庙宇又是另一番景象。它大约建于4500年前，由于建在海边的峭壁上，可以在上面俯瞰苍茫无际的地中海。它的底层呈扇形，是典型的马耳他巨石建筑的特征。那些大石块由于峭壁的掩护，很少受到侵蚀风化，保存得相当完好。

最令人感到神秘莫测的是名为"蒙娜亚德拉"的一座神庙。这座庙宇又被称为"太阳神庙"，它的结构很奇特，人们在惊叹之余又觉疑雾重重。一位名叫保罗·麦克列夫的马耳他绘图员曾对这座庙宇进行了仔细的测量，根据测量出来的数据，他提出一个惊人的假设：这座庙宇实际上是一座相当准确的太阳钟！保罗·麦克列夫指出，根据太阳光线投射在神庙内祭坛和石柱上的位置，可以准确地显示夏至、冬至等一年中的主要节令。而且，更令人震惊的是，这座神庙是在公元前10205年建成的，也就是说离现在已经1.2万年了。在那个遥远的年代，神庙的建造者居然有那么高深的天文学和历法知识，能够周密地计算出太阳光线的位置，设计出那么精确的太阳钟和日历柱吗？

不少学者的研究表明，马耳他岛上的巨石建筑的建造者们在天文学、数学、历法、建筑学等方面都有极高的造诣。这些庙宇有的本身就是可以判断节令的历法标志，有的甚至还可用作观测天体的视向线。另外还有人提出，这些庙宇能当作一部巨型计算机，准确地预测日食和月食。这是庙宇的真实面貌还仅仅是一种巧合？

马耳他石器时代的巨石建筑遗迹使人们对名不见经传的马耳他岛刮目相看，同时又疑窦丛生：石器时代的马耳他岛居民真有这么高的智慧吗？如果真是这样，那么他们是怎样获得这些知识的？为什么他们在其他领域却没有相应的发展呢？是什么原因激发了他们建造巨石建筑的热情？这些"知识"又为什么莫名其妙地中断了？这一切至今仍没有人能够圆满回答。

（三十九）图尔卡纳荒原石柱

在非洲肯尼亚共和国北部，图尔卡纳湖以西，有一片广阔的荒原，在荒原上屹立着19根石柱，每根石柱的长短和大小各不相同，插入地下的角度也各不相同。石柱之间的间隔很小，一般距离不超过一米。石柱上刻有许多奇形怪状的花纹、左右对称的图案，其中有毒蛇和鳄鱼等动物形象，较多的是酷似字母"E"的图形，19根石柱全向北倾斜。

当地居民"图尔卡纳族人"，把荒原石柱称为"纳穆拉图恩加"。在图尔卡纳族的语言中，"纳穆拉图恩加"的原意是"变成了石头的人"。关于这个名称的来历，有一段古老的传说：相传在遥远的古代，有19个人因触犯了天条，因而受到天神的惩罚，使他们变成了19根石柱，永远站立在荒原上，仰望着天空，祈求天神的怜悯和恩赐。直到现在，图尔卡纳族人还在石柱顶上用小石块堆成小金字塔形的锥体物，向天神诚心祭拜。

这19根石柱过去没有引起考古学家的注意。直到1975年才引起考古学家们的极大兴趣和高度重视。从此以后，10多年来，许多国家的学者纷纷前往考察。经长期调查研究，大家一致肯定：这19根石柱，是两千多年前古人特意建造的一座石头天文台。用放射性碳的分析法测定，这座石头天文台的年龄约为2285年。由此可知，这19根石柱大约是公元前300年竖立起来的。

石柱之间连接成的几何线条可以确定天空中一些星座的位置。西侧的第15号和第18号石柱，是观察天空中星座的基本石柱，观察者站在它们的背后，就能经过其他石柱的顶端划出一条条线指明星座出现的空间位置和这些星座在天空中移动的踪迹。这种观察，能达到精确的程度。

在这19根石柱中，最高的是第11号石柱，最短的是第19号石柱，似乎没有任何一根线要通过这两根石柱的顶端向天空延伸，这两根石柱组成的线条不指向任何一颗星座。究竟第11号和第19号石柱的作用是什么呢？至今考古学家还无法弄清。

石柱上所刻的花纹图案究竟代表什么呢？例如：石柱上所刻酷似字母"E"的图形所包含的意思是什么呢？据调查，在肯尼亚共和国的蒙特·包尔山山麓居住的莱恩基列族人自古至今盛行这样一种风俗习惯：人们爱用小刀或其他锋利的器具在自己的手上划3个"E"形的伤口，在伤口上往往搽上盐，待伤口愈合后，"E"形的伤疤就更加突出显眼，引人注目，永不消失，他们还爱在家畜身上盖上"E"形图案作为戳记。究竟石柱上所刻的"E"图形与莱恩基列族人在自己手上所划的和在家畜身上所盖的"E"图形之间有什么联系呢？……总之，这19根石柱有一些奥秘，至今还没有被考古学家查明。

（四十）遍地石球何处来？

1967 年，美国采矿工程师戈登在墨西哥发现了 4 个石球，直径都在 1.8 米左右，石球的表面虽然经过风雨的侵蚀，但依然是圆滚滚的，他拍了石球的照片，送给考古学家史特灵。史特灵看后惊讶不已，马上飞抵墨西哥，他在阿美卡山附近，发现了许多这样的石球，在山峰顶部还发现了一个直径达 3.35 米的石球。另外，他还找到了一些呈梨形和两个石球连在一起的哑铃形石球。

后来，人们又在南美洲哥斯达黎加、联邦德国的瓦尔夫格堡、新西兰的墨埃拉·赁尔达海滩、埃及的卡尔加以及我国的山西雁水地区、新疆的第三纪砂岩中、汾河上游、河南信阳等地，都发现了类似石球。它们大小不一，小到直径 10 厘米，大到直径数十米，但石头表面都具有几乎一样的曲率，可以称得上是理想的圆球。

那么，这些石球是怎么产生的？又是怎样跑到世界各地，甚至高高的山顶，它们放在那里有什么用处？这些问题引起了科学家的兴趣，也引发出各种各样的解释：

最初，许多考古学家断言，这些石球是石器时代的人创造的，作为防御和狩猎某些较大兽类时使用的设施和工具，或者是某种宗教祭祀品。

对大石球做过周密调查的考古学家们都确认，这些石球的直径误差小于百分之一，准确度接近于球体的真圆度。从大石球精确的曲率可以知道，制作这些石球的人员必须具备相当丰富的几何学知识，具有高超的雕琢加工技术，还要有坚硬无比的加工工具以及精密的测量装置。否则。便无法想象他们能够完成这些。

诚然，远在往古时期，生活在这里的印第安人大多数都是雕琢石头的巧匠能手。然而，有一点无疑必须肯定，琢磨如此硕大的石球必须付出艰巨的劳动，从采石、切割到打磨，每一道工序都要求不断地转动石块，要知道这些石球重达几十吨，这无论如何不是一件容易的事。难道这些大到几米的石球就是他们的祖先在缺乏任何测量仪器的情况下，运用原始简陋的操作工具一刀一刀地雕琢而成的吗？这实在是令人难以置信的事。

因此也有人认为，这种石球绝非是人工所能完成的。美国的什克罗夫林基和卡尔·沙根认为："这些大小不同的圆球放在那里是有一定目的的。譬如，它们代表天上不同的星球，彼此相隔的距离表示星球间的相对位置。这很可能是宇宙来客给地球的纪念品，他们想向人类表示某种意思。"

但是，今天有谁能理解这个"星球模型"的真正含义呢？又有谁能知晓在这些大石球中，哪一个代表这些天外来客生活的故乡呢？

但是更多的学者认为石球是大自然的产物，只是在石球的成因上尚有分歧。

一种说法认为石球是火山活动形成的。

1968 年 3 月，美国地质学家史密斯率领一个科学代表团对墨西哥的石球做了考察，他得出的结论是：约 4000 万年以前，这里曾有过火山活动，火山爆发喷出的火山灰中，有 75%~85% 是炽热的火山玻璃。在高温下，火山玻璃逐渐冷却，结晶而出。结晶过程是围绕着一个核心开始的，从核心向外扩张，逐渐形成球。直到温度降低时，石球才停止生长。

我国的地质工作者在考察了我国河南信阳上天梯珍珠岩矿区的刘家冲流纹岩中的石球后，发现它也属火山石球，新鲜断面呈灰白色，成分为石英质，有的具有环形构造，因而推测它的形成可能与熔岩的热力作用有关。当火山熔岩溢出时，岩浆中的熔岩轻快上升，升到一定高度冷却变重下落，经过多次上下翻滚，就可能形成球体。热力作用大、翻滚次数多的就像滚雪球一样，越滚越大，形成较大的火山石球。

但是，石球的火山成因说却无法解释连体石球的成因，而且，并非所有的火山区都有这样的石球。

于是，英国沉积学家查得·C·塞利提出了石球水成说。他认为，在可以聚集成一块结构松散的砂岩的水下沙层中，有时会有某种矿物质的溶液挤进沙粒的空隙。溶液达到饱和时易于结晶沉淀。这时如果出现一个结晶核（指他种金属盐类，甚至可以是植物的一点残骸），就会以这个核为中心出现结晶现象。结晶物又将周围分散的沙粒层层胶结凝聚在一起。在温度和压力等条件完全相同的情况下，结晶和凝聚过程以同样的速度向四面八方延伸，于是在岩层中便出现了完美无缺的球状体。几百万年过去了，当石球外面松软的地表层因风化而剥落，由沙粒牢牢胶结起来的球体便渐渐暴露于光天化日之下。有时两个结晶核靠得很近，最后就发展成连体石球。

我国的地质学家郭俊卿和董祝安撰文提出后期结核说。当砂岩和黏土岩形成并硬化后，地壳运动和风化作用使它们产生大量裂隙。而流水使原岩中的化学物质（主要是钙）向下沿裂隙运移，并携带一定数量的机械碎屑。在一定条件下，机械碎屑与化学物质可一起聚集在某些凝结核的周围。由于化学物质对机械碎屑的胶结凝聚作用（特别是干湿季明显变化时，这种作用尤为显著，因为干旱时化学溶液易达到饱和），并且由于原岩岩性均一，这种凝结作用在各方向上是以同样速度延伸的，于是在原岩中就有被胶结的球形体出现。某些石球由于干缩产生裂隙，化学物质可沿裂隙渗入"球心"，形成灰白色的方解石结晶。

有关石球成因的猜测和争论还在继续，我们期待着水落石出的一天。

十七、全球宝藏之谜

（一）荷马史诗中的宝藏

德国商人海因利希·施里曼是个无比幸运的人，他凭着古希腊诗人荷马所创造的两部伟大史诗《伊利亚特》和《奥德赛》的指点，在小亚细亚半岛西北岸发掘出湮没2000 多年的特洛伊城遗址，找到了"普里阿蒙宝藏"。又在伯罗奔尼撒半岛的一条山谷发现了迈锡尼王室的坟墓，打开了埋藏 3000 年之久的地下宝库。

施里曼从 1870 年在土耳其官方领到了发掘的许可证起，他开始着手在希沙里克山发掘湮没的特洛伊城。他在三年的挖掘中没有找到一块金子，直到 1873 年 6 月的一天。

1873 年 6 月 14 日，施里曼和雇工们到工地作最后一次努力。当他站到 28 英尺深靠近普里阿摩斯王宫环形墙附近时，突然被废物层中一个形状很特别的器物所吸引，因为那东西后面似乎有夺目的光彩在闪烁。施里曼意识到那肯定是金子。他竭力压住内心的激动，让妻子告诉工人们：假借今天是他的生日，要大家提前收工。

民工们走后，索菲娅转回来站在丈夫身旁。施里曼继续在发现青铜器的洞周围抠挖着，终于土里出现了象牙的光泽和金子的闪光，施里曼把手伸进去，里面的宝物一件件地被取了出来。

这批器物中，最珍贵的是两顶华丽的金冕，远比其余的东西更加光彩夺目，大的那顶由 16353 块金片金箔组成，还有 1 串精致的项链，可以围绕在佩戴者头上，并且悬吊着 74 根短的、16 根长的链子，每根以心形的金片组成，短链子上的流苏垂在佩戴者的额前，长链子下垂于佩戴者的双肩，佩戴者的脸膛完全镶嵌在黄金之中。另一顶类似前顶，但链子吊在金叶带下，侧边的链子较短，只遮盖双鬓。两顶金冕的制作技艺精美绝伦。还有 6 只金镯，1 只重 601 克的高脚金杯，1 只高脚琥珀金杯，1 件大的银制器皿内装有 60 只金耳环、8700 只小金杯。还有穿孔的菱镜、金扣子、穿孔小金条和其他小件饰物，以及银、铜的花瓶与青铜武器等。

施里曼终于兴奋地跳了起来，他将一顶金冕戴在他妻子的头上，并激动地向妻子说道："我们发现了特洛伊王普里阿蒙的宝藏！"

阿伽门农的坟墓是许多考古学家殚精竭虑寻求的目标。1876 年 8 月，施里曼来到伯罗奔尼撒半岛上的一条孤寂的山谷。在山顶西边，城墙是用很大的石块砌成的，其间开了一个宏伟的门道，上面蹲伏着两尊雄狮，这就是闻名遐迩的狮子门。施里曼根据鲍沙利阿斯的记载，断定阿伽门农及其战友的 5 座坟墓就在城墙里面。

考古队员从 1876 年 8 月 7 日开始对阿伽门农的坟墓开始挖掘。很快，事实证明他的推断是正确的。在伯罗奔尼撒半岛上的山谷中，施里曼夫妇总共发现 5 座坟墓，队员斯塔随即又发现了第 6 座，全都在石板围成的圆圈里。那圆圈里实际上是一处陵园，是作为圣地而修建的公墓。

这些坑墓都呈长方形，但大小深度相同。6 座墓穴中共葬有 19 个人，有男有女，还有 2 个小孩。尸身上大多数覆盖着黄金。男人脸上罩着金面具，胸部覆盖着金片。2 个妇人戴着金制额饰，其中一个还戴着金冠，2 个小孩包裹在金叶片里面，男人身边放着刀剑、金杯、银杯等东西。妇女戴着装饰用的金匣和别针，衣服上装饰着金片。除了多数的贵重金属外，那些宝物的价值也极高，制作技艺更是精妙无双。有两把镶嵌着黄金的青铜匕首，堪称精品中的精品。一把匕首上描绘的是猎狮场面：一头受伤的雄狮正向一群拿着大盾的持矛猎手扑去。另一把匕首上镌刻着江河景色：河水涟漪，芦苇丛生野猫子悄然钻过，惊起的野鸭鼓翼而飞。

发掘出的宝藏越来越多。施里曼兴奋极了，他要整个世界都知道。为此，他几乎每天都要从发掘现场发出报道和文章，供《泰晤士报》发表。他非常自信，确信挖出来的一具又一具尸体是在特洛伊城下战斗过的英雄们的遗骨。

对施里曼来说，无论是普里阿蒙的宝藏还是阿伽门农及其战友的 5 座坟墓，毫无疑问，他已发现自己发现了荷马的世界。遗憾的是，施里曼的判断是错误的，两次都是。

施里曼至死都确信他发现了特洛伊王普里阿摩斯王官的宝藏。他认为既然这是特洛伊城的遗址，那么，他相信，宝藏所在的倒数第二座城址就是《荷马史诗》中描述的特洛伊城，是斯卡安城门，是普里阿摩斯王宫的宫殿。

但在他逝世后不到 3 年，这个论断就被推翻了。

今天的学者们相信，荷马笔下的特洛伊古城约在公元前 1200 年就已被摧毁。经他们的鉴定，特洛伊城址就在废墟下面的第三层。而施里曼和他的工人一直挖下去时，实际已穿过了特洛伊古城的废墟。他所发掘的废墟并不是特洛伊城，而是另一座更古的古城。那顶金冠不是海伦的，而是公元前 2300 年的古物。这批财宝属于比普里阿摩斯早 1000 年的另一位国王。

而他所谓的阿伽门农的坟墓，实际上，这些坟墓的年代应再向前推 400 年，粗略估计，约在公元前 1600~前 1500 年之间。

尽管施里曼判断有误，但他的发现仍然是无与伦比的。

不过，现在的疑问是，既然施里曼所谓的普里阿摩斯宝藏并非真正的普里阿摩斯国王的财产，那么它们的主人到底是谁？真正的普里阿摩斯宝藏又在何处？《荷马史诗》中的宝藏真的找到了吗？人们仍然不得而知。

（二）玛雅人的藏宝圣井之谜

16世纪，西班牙人征服新大陆不久，一位教士在他的记事簿上第一次提到了奇琴·伊察的圣井，玛雅人往这口井中扔活人，并相信这些人并不会死。据说奇琴·伊察圣井不仅神秘，而且拥有大量祭祀财宝。很多探险者到圣井寻宝，但大多一无所获。

19世纪末，有个名叫汤普逊的人试图寻找这口圣井。有一次，他在奇琴·伊察的某个神庙中闲逛时，无意中发现神庙地板中间的一块大石板敲打时有空洞声。他将石板撬开，发现下面是一个宽敞的地下室，室中有一个大石磴。他使劲将石磴挪开，下面露出一个巨大的洞口，洞里有条4米长的大蟒蛇正向上看着他。汤普逊跳进洞后发现，洞里的地板上有两具人的骸骨，骸骨下面还铺着一块大石板，他把石板撬开，下面又是一个竖洞。当他撬开第5块石板时，露出了一个大约15米深的竖洞。竖洞的地板上有无数用玉石和宝石雕刻的花瓶，以及用珍珠制成的项链和腕链。不过，汤普逊虽然找到了这个人造洞穴，却并未找到真正的玛雅人的圣井。

1977年7月中旬，一个叫丹尼尔的法国人来到奇琴·伊察。他在这里勘察了十几天，后来见到一大片荒芜的密林和一条隆起的道路。他在密林中披荆斩棘，一步步向前深入，但途中突然被一条巨大的藤条绊了一跤，爬起来时，他发现前面有一个石碑，石碑上雕刻的是一个姑娘伸出双手迎接雨水的图案。丹尼尔认为眼前的这座石雕是玛雅人的圣井遗迹。

据说，后来丹尼尔还真的掌握了那个圣井的秘密。但这个消息却传到了美国的黑手党"黑鹰"那里。1987年，"黑鹰"组织的头目本杰明想知道圣井的秘密，绑架了丹尼尔。丹尼尔带着重伤逃出去，爬上了一个崖顶，他临死前在日记本上写道："给人带来最有诱惑的想象力的是宝藏，给人带来致命结局的也是宝藏。"后来，有个美国考古学家在崖顶上发现了丹尼尔的遗体和日记本，但圣井中的宝藏却始终没有找到。

（三）所罗门的宝藏之谜

由6个大岛和900多个小岛组成的所罗门群岛，仿佛一块块璀璨的翡翠和一粒粒晶莹的珍珠散落在西南太平洋约60万平方千米的洋面上。这些临近赤道的小岛处处林木葱郁，黛色参天，森林面积覆盖率达90%以上。近代以来，人们不仅在岛上发现了丰富的金银矿藏，沿海丰富的金枪鱼渔产更是为岛上的居民带来无数的"软黄金"。据考证，尽管早在3000多年前所罗门群岛就有人类生息繁衍，不过几千年来，岛上只是零零散散地居住着一些美拉尼西亚、密克罗尼西亚和波利尼西亚岛民。

值得一提的是，所罗门群岛这个名字是和"所罗门王宝藏"联系在一起的。于是，人烟稀少的所罗门群岛便骤然热闹起来，欧洲人蜂拥而至。他们来了之后，既不开采地下的金银矿藏，也不捕捞沿海丰富的"软黄金"，而是上岛之后就掘地三尺，到处开挖。那么他们在探寻什么呢？

故事还要从所罗门王本人说起。

耶路撒冷最早的主人是迦南人。早在公元前3000年左右，来自阿拉伯半岛的迦南人就已在此定居，并建立了一批最古老的城镇。他们称该城为"尤罗萨利姆"，即阿拉伯语"和平之城"的意思。自从耶路撒冷建城至今，它已重建、扩建达18次之多，是世界上唯一被基督、伊斯兰和犹太三教同时敬仰的圣城。

当公元前12世纪来自埃及的犹太人征服迦南时，耶路撒冷并没有被征服，仍一直是一个独立的小国家。直到公元前1000年左右，犹太人才在大卫王的率领下攻占了这座城市，并将他们的首都从希伯伦迁到这里。从此，耶路撒冷由一个小部落王国的首都，变成了统一的以色列王国的首都。大卫王迁都耶路撒冷后，依惯例将其更名为"大卫城"。大卫王在位33年，他以耶路撒冷为首都，完成了对整个迦南的统一。

耶和华是犹太人的保护神和救世主。耶和华的训谕是当年圣徒摩西在西奈山的顶峰不吃不喝40个昼夜才得到的。摩西得到《摩西十戒》和《西奈法典》后，严格按照上帝的指示，为了保存《摩西十戒》和《西奈法典》，便做了一个木头盒子来存放它们，外面包裹黄金，世称"金约柜"。大卫统一迦南后，把"金约柜"迎到耶路撒冷，暂时安放在一座祭坛上，打算日后建造一座宏伟的圣殿来供奉它。大卫王的这一心愿是由他的儿子所罗门完成的。

所罗门王在耶路撒冷大兴土木，建造了一系列的城市建筑，其中最为著名的是一座巨大的犹太教圣殿。这座圣殿长200多米，宽100多米，用了7年的时间才建成。这座圣殿成了犹太人心目中的圣地。从此，犹太教徒也开始把耶路撒冷视为自己的圣城。

所罗门的犹太教圣殿建在耶路撒冷的锡安山上，周围还筑了一道石墙。而犹太教最为珍贵的圣物金"约柜"和"西奈法典"就被放在圣殿的圣堂里。

除了犹太教的最高长老（即祭司长）有权每年进入圣堂一次，探视圣物，其他任何人不得进入圣堂。

所罗门极为富有。据说，所罗门每年仅从各个属国征收的贡品就相当于666塔兰（1塔兰相当于150公斤）黄金。所罗门将他所搜刮的金银财宝都存放在圣殿里，这就是历代相传的"所罗门珍宝"。

所罗门死后，犹太王国分裂成两个国家。以耶路撒冷为中心的南方仍由所罗门的后代继续统治，叫犹太国。北方则另立王朝，叫作以色列。由于以色列没有宗教中心，祭司们都到耶路撒冷的"犹太圣殿"献祭，教民们也仍然到这里朝圣，因为唯一的圣物——"约柜"仍在这里。

到了公元前590年，新巴比伦王尼布甲尼撒二世第二次进兵犹太，耶路撒冷在被困三年以后，终于在公元前586年被巴比伦军队攻占，王宫和圣殿全被烧毁，大批的犹太人被押送到巴比伦，这就是前面所谓的"巴比伦之囚"。从此，无价之宝"耶和华约柜"和"所罗门金宝"下落不明。

几千年来，许多人都想找到"约柜"和"所罗门珍宝"，但直到今天仍无结果。

最早开始寻找金"约柜"的是以色列的一个长老耶利来。耶利来在耶路撒冷被陷时，由于躲了起来，没有被巴比伦人抓走。当巴比伦人撤走之后，他来到圣殿的废墟，想找到金"约柜"，把它偷出耶路撒冷藏起来。耶利来在被夷为平地的圣殿废墟里，看见了著名的"亚伯拉罕巨石"。据说金"约柜"当初就放在这块巨石之上。但是金"约柜"早已无影无踪了。那么稀世珍宝"约柜"究竟藏在哪里呢？20世纪初，一些学者认为，金"约柜"和"所罗门金宝"可能就藏在"亚伯拉罕巨石"底下的暗洞里。

"亚伯拉罕巨石"是一块长17.7米、宽13.5米的花岗岩石。它高出地面大约1.2米，由大理石圆柱支撑着。这块"亚伯拉罕巨石"也是伊斯兰教的圣物。

相传，伊斯兰教的创始人穆罕默德，由天使陪同乘天马从麦加到耶路撒冷后，就是脚踏这块巨石升天去听真主的启示的。据说这块巨石上，至今还留着穆罕默德升天时的脚印。所以，"亚伯拉罕巨石"被穆斯林视为"圣石"。"圣石"下面的岩堂高达30米。而且，岩堂里确实有洞穴，完全可以把金"约柜"和"所罗门金宝"隐藏起来。

曾经有几个英国冒险家在获悉了学者们的看法后，试图寻找金"约柜"和珍宝。这几个英国人买通了岩堂的守夜人，在夜里潜进岩堂进行挖掘。一到天亮，他们便把洞口伪装上。就这样，他们一连干了好几个夜晚，但最后还是被发现了，几个英国冒险家一溜烟地逃得无影无踪。

后来又有人说，金"约柜"和所罗门珍宝实际上是藏在"约亚暗道"里。"约亚暗道"相传是大卫王在攻打耶路撒冷时，偶然发现的一条可以从城外通到城里的神秘通道。据说这条暗道后来又和所罗门圣殿连在一起。早在"巴比伦之囚"以前，犹太人就已经把金"约柜"和所罗门珍宝藏到暗道里去了。

1867年，有一个叫沃林的英国军官，在耶路撒冷近郊参观时，在一座清真寺的遗址中，偶然发现了一个有石梯的洞。他顺着石梯一直往下走，一直走到洞的深处。后来，他发现他头顶上的岩石中还有一个圆洞。他攀着一条绳子爬进了圆洞后，又发现了一条暗道。他顺着暗道又来到另一个黑漆漆的狭窄山洞。最后，他好不容易顺着山洞走到了外边。出来一看，大吃一惊，原来，他发现自己已经站在耶路撒冷城里了。学者们测定，这条秘密的地下通道建于公元前2000年左右，并推测它就是"约亚暗道"。

在20世纪30年代，又有两名美国人来到暗道寻找过金"约柜"和"所罗门金宝"。他们在"约亚暗道"里一处土质不同的地方，发现了一条秘密地道。地道里有被沙土掩埋着的阶梯。两人想用随身带着的锹把沙土挖开，但是，阶梯上的流沙却越挖越多，竟然连地道口也几乎被堵住了。无奈中，他们慌忙逃出地道。第二天，他们下来发现，地道的入口又被流沙盖上了。

还有人传说，金"约柜"早已不在耶路撒冷，它收藏在埃塞俄比亚古都阿克苏玛的一座古寺里。据说，所罗门的一个儿子从耶路撒冷偷出了真的金"约柜"，又把一个假"约柜"留在了耶路撒冷。

直到今天，金"约柜"和所罗门珍宝仍然是一个谜。

（四）圣殿骑士团宝藏之谜

当年威风凛凛的圣殿骑士团究竟把宝藏隐藏在哪儿了呢？他们那些刻在石头上的神秘符号到底意味着什么呢？

中世纪欧洲发动的"十字军东征"对东、西方社会历史发展均产生了重大而深远的影响，其中圣殿骑士团的历史作用不可忽视。然而，由于圣殿骑士团的官方档案已经随着圣地的丧失而丢失，人们只能通过罗马教廷档案的侧面记载以及一些零散的资料来了解它的历史。

1096年圣城耶路撒冷被十字军攻占后，很多欧洲人前往耶路撒冷朝圣，而这时十字军的主力已经回欧洲去了，朝圣者在路上常常会遭到强盗的袭击。1119年，一位法国贵族和其他8名骑士为了保护欧洲来的朝圣者，发起成立了一个宗教军事修会。由于该教会总部设在耶路撒冷犹太教圣殿，所以叫作"圣殿骑士团"。圣殿骑士团大多都是由基督教骑士组成，也包括少数军官、教士和神甫。

圣殿骑士团的最初职能是保护朝圣者和保证朝圣道路的安全，不久其职能就得以扩展，军事职能遂成为其基本职能。随着军事力量的增长，其政治作用也不断增强。它不仅在十字军国家的政治中具有举足轻重的地位，而且不同程度地影响了欧洲政治。

圣殿骑士团成立后，由于对伊斯兰教徒同时也对基督教徒进行敲诈勒索，加上朝圣者大量无私的捐赠以及教皇给予的种种特权，从而积聚了相当可观的财富。由于他们生活奢侈，贪得无厌，热衷秘术，又密谋参与政治活动，终于引起欧洲各国国王和其他修会的不满。1312年，罗马教皇克雷芒五世不得不正式宣布解散圣殿骑士团。

1307年10月5日，法国国王菲利普四世下令逮捕所有在法国的圣殿骑士团成员，想通过没收圣殿骑士团的巨额财富来补充日趋窘困的财政开支。但是，圣殿骑士团却巧妙地把大量财富隐藏了起来。有人说，罗马教皇在法国国王采取行动的前几天，曾经悄悄地给圣殿骑士团通风报信。

据历史记载，当圣殿骑士团大祭司雅克·德·莫莱在狱中获悉法国国王要彻底摧毁该修会时，便让自己的侄儿基谢·德·博热伯爵秘密继承了大祭司的职位，并让他发誓将来拯救圣殿骑士团，将一些财宝一直保存到"世界末日"。据说，在他的墓穴里珍藏着圣殿骑士团的档案，通过这些档案，就可以找到许多圣物和珍宝，其中包括：耶路撒冷国王们的王冠、所罗门的 7 支烛台和 4 部有圣·塞皮尔克勒插图的金福音。同时，在大祭司墓穴入口处的祭坛边上有两根大柱子，柱子的顶端能自行转动，在柱身里藏着圣殿骑士团积蓄的巨额财宝。

1314 年，雅克·德·莫莱大祭司被法国国王处死后，基谢·德·博热伯爵成立了一个"纯建筑师"组织，并请求法国国王准许把莫莱的尸体埋葬到另外的地方。得到国王同意后，博热便趁机从圣殿骑士团教堂的大柱子里取走了黄金、白银和宝石。他把这些财宝藏在棺材和箱子里，转移到了安全的地方。由于圣殿骑士团长期热衷于秘术，有自己独特的一套神秘符号体系，他们就是用这种符号体系和秘密宗教仪式来隐藏、取出他们的珍宝。正因为这样，对于圣殿骑士团巨额财宝的下落至今仍然众说纷纭，成了一个难解的历史之谜。

有人根据当地的传说和发现的圣殿骑士团的神秘符号，认为藏进棺材和箱子里的财宝现仍在法国罗纳省博热伯爵封地附近的阿尔日尼城堡里。据称，那里除秘藏着圣殿骑士团的金银珠宝外，还有大量的圣物和极其罕见的档案。

1952 年，对圣殿骑士团神秘符号体系颇有研究的考古学家和密码学家克拉齐阿夫人，在对阿尔日尼城堡进行实地考察后声称："我深信圣殿骑士团的财宝就在阿尔日尼。我在那里找到了可以发现一个藏宝处的关键符号。这些符号从在进口大门的雕花板上开始出现起，一直延续到阿尔锡米塔楼，那里有最后一些符号。我认出了一个埃及古文字符号，它表明：除有宗教圣物外，还有一笔世俗财宝。"

巴黎人尚皮翁对圣殿骑士团的宝藏深感兴趣，曾经在秘术大师、占星家阿芒·巴波尔和对圣殿骑士团秘术有专门研究的作家稚克·布勒伊埃的指导下，对阿尔日尼城堡进行过发掘。由于对刻在建筑物正面的神秘符号的内涵始终束手无策，结果一无所得。

法国"寻宝俱乐部"根据最新发现的资料认为，圣殿骑士团的财宝可能隐藏在法国夏朗德省巴伯齐埃尔城堡。城堡四周曾有三大块圣殿骑士团的封地，人们通过发掘墓穴发现了许许多多令人晕头转向的圣殿骑士团留下的符号。还有人认为，圣殿骑士团的另外一些财宝可能隐藏在法国的巴扎斯、阿让以及安德尔—卢瓦尔的拉科尔小村庄附近。因为在法国瓦尔市的瓦尔克奥兹城堡的墙上也刻着圣殿骑士团的神秘符号，也有关于圣殿骑士团把财宝隐藏在那里的传说。

总之，人们认为，圣殿骑士团确实把一大批财宝隐藏起来了，但是，当年威风凛凛的圣殿骑士团究竟把宝藏隐藏在哪儿了呢？其谜底也许就像刻在石头上的神秘符号一样令人难以捉摸。

（五）印加黄金宝藏之谜

在公元15世纪中叶，秘鲁利马附近的一个土著印第安人部落通过不断兼并邻近部落，建立起了一个奴隶制国家——印加帝国。它的首都建立在一个叫库斯科的地方。在传说中，印加帝国是一个金子的国度。印加人非常崇拜太阳神。他们看到黄金发出光泽与太阳的光辉同样璀璨，因此特别钟爱黄金，千方百计地聚敛黄金，并使用了大量的黄金来装饰神庙和宫殿，大多数印加人都佩戴黄金首饰和收藏着黄金。

有关印加国黄金的传说，在当时，引起了一些殖民主义者的占有欲望。1532年9月，西班牙殖民者皮萨罗率领160多名士兵，越过海拔3500多米的安第斯山脉，进入了这个欧洲人从未到过的国度。在印加重镇卡沙马尔卡，狡猾的皮萨罗设计伏击并俘房了印加王阿塔瓦尔帕，然后要求印加人用黄金和白银填满关押阿塔瓦尔帕的屋子，以此来交换印加王。印加人总共付出了13265磅的黄金和26000磅的白银。然而，皮萨罗却背信弃义，依旧杀害了这位印加王。历史上最后一位印加帝国国王阿塔瓦尔帕走上绞架时，向着太阳神发出了对殖民者可怕的诅咒。

善良诚实的印加人看清了这帮侵略者的真正面目。当亲眼看到他们的皇帝被处死后，他们便把更多的黄金隐藏起来。但是，印加人最终未能抵挡住西班牙殖民者的疯狂掠夺和杀戮，印加帝国就这样消失了。印加帝国黄金的下落就成了一个谜。关于它们到底在什么地方，人们有种种猜测：

有人说，那些黄金和阿塔瓦尔帕的尸体被印加人一起夺回后藏了起来，藏宝的地点就在今天厄瓜多尔利安加纳蒂的山中。许多寻宝者冒着生命危险进入利安加纳蒂地区探寻宝藏，但在这个沼泽密布、毒蛇野兽横行的地方，无数寻宝者进去后就再也没能出来。

另一种说法是：当年，皮萨罗一伙开进库斯科城后发现大批黄金转移了，就抓来一些印加贵族询问黄金的去向。在严刑拷打之下，有一位贵族吐露了黄金的秘密：这些黄金珍宝都是从位于亚马孙密林中的一个印第安酋长帕蒂统治的马诺阿国运来的，那里的金银财宝堆积如山，难以数计。亚马孙密林中隐藏着用之不尽的黄金，但这个神秘的地方，除了国王和巫师外没人知道在哪里。

还有人认为印加黄金宝藏藏在萨克萨伊瓦曼要塞的地道里，因为这里是印加人传统的藏宝地。在要塞的中央曾耸立着一座倒塌建筑物，在园塔的一个构造特别的平台上，有一个迷宫般曲折复杂的通道连接着。可是，由于明沟暗道实在复杂，除了印加皇帝和他的几个亲信知道秘密入口外，其他人都很难找到地道的入口。

500年来，这个黄金古国曾吸引了无数冒险家，其中有著名的英国陆军上校哈里森，他曾在1925年出发寻找；而距今近一点儿的则是1972年尼科斯带领的法、美探险队和 1997 年挪威考古学家哈科斯·约德的探险队，但他们最终都一去不复返。

因此，有专家对印加黄金宝藏之说是否确有其事表示怀疑。波士顿人类学家哥科里认为："整个关于印加人逃到库斯科，并在那里埋下了宝藏的说法只是一个传说，根本没有可靠的证据可以支持。"但是，印加黄金宝藏依然会吸引探险家们不断的探寻。

（六）北欧海盗的宝藏之谜

北欧海盗曾经长时间横行于北欧海域，令往来的船只闻风丧胆，同时也积累了大批财富。其实，这些北欧海盗绝非平庸之辈，他们的祖先早在几百年前就在大不列颠岛和欧洲大陆之间扮演着举足轻重的角色。早在公元前 6000 年，他们的祖先维京人就已经乘着简陋的小船，走遍斯堪的纳维亚半岛。

到 14 世纪下半叶，虽然维京人的狂飙已经过去，北欧的海盗活动却有增无减。无数独立的海盗各行其是，他们几乎全部来自北欧的港口。在北欧水域，一支熟悉大海的野蛮海盗队足以令所有在北海来往的船只望风而逃。他们自称是"上帝的朋友"和"全世界敌人"，组成了"粮食兄弟"联盟。

克劳斯·施托尔特贝克尔就是属于"粮食兄弟"联盟的最大胆的海盗之一。他出生在德国的维斯马，常年指挥着 50 艘船只在北海和波罗的海劫掠。对有些人来说他是一只可怕的海狼，但在另一些人眼里他是"海上的罗宾汉"。这些海盗们的势力日益强大，在海上肆虐的过程中，他们不但积聚了数量众多的珍贵物品，而且还攫取了巨大的金银宝藏。为了把抢来的金银财宝尽可能多地运走，海盗们便掏空船桅杆，把一部分贵重的金属如大量的黄金等熔铸成金锚链，藏匿在桅杆之中。

由于"粮食兄弟"的海盗船在北海变得越来越肆无忌惮，他们触犯了国王的尊严，于是英格兰国王理查德二世和丹麦女王玛格丽特为了共同打击海盗行径而有意联合起来，共同对敌。

1401 年夏天，经过一场激烈的海战，海盗们遭到惨败，包括克劳斯·施托尔特贝克尔在内共有 73 名海盗被投进监狱，40 名海盗被打死。随后，这位海盗船长被送回德国审判。1401 年 10 月，被捕之后的克劳斯·施托尔特贝克尔和他的 72 名海盗兄弟一起被押往格拉斯布鲁克断头台。行刑之前，克劳斯·施托尔特贝克尔向汉堡的议员提出了条件：他许诺拿出无数的金币来赎买海盗们的自由，但是这个请求被断然拒绝了。

施托尔特贝克尔的海盗船"红色魔鬼"号被一个普通的渔民买了下来。当渔民在锯断三根桅杆时，在凹处发现了大量的金币和银币。原来这是"粮食兄弟"抢来的战利品。但这个渔民并没有留下宝藏，而是把装满财宝的桅杆埋到了一个秘密的地方。然而，这只是海盗财宝的一小部分，真正的财宝后来一直没有找到。也许当时有人初进入俄国，后建立了新俄罗斯，定都于基辅汉堡的议员确信他们一定会找到施托尔特贝克尔的宝藏，因此没有对海盗网开一面。但后来的事实证明他们的想法错了，直到今天，海盗的所有财产仍然下落不明。那么，海盗们所说的财宝是真的吗？它们到底被隐藏在哪儿了呢？

有人根据海盗们的活动区域分析，认为施托尔特贝克尔那批巨大的宝藏可能隐藏在古老的哥特兰港口城市维斯拜，因为这个地方曾经是"粮食兄弟"一度攻占的目标。这个城市设防十分牢固，有众多的堡垒、强大的保护墙和28座碉堡包围。

也有人认为，财宝隐藏在波罗的海的乌泽多姆。在那个小岛上有一条从沙滩通向腹地的"施托尔特贝克尔山谷"。过去，这条山路曾经通往海盗的一处藏身地。另一个被人们认为可能的地点，是东佛里斯兰海岸雷伊布赫特东部的位于马林哈弗的那座古老的圣母教堂。教堂建有60多米高的钟楼。在14世纪时，这里也是海盗们最喜欢的栖身之处。那时，大海从这里一直延伸到离陆地很远的地方。海盗们有可能把他们的海盗船固定在坚固的石环上，然后把抢来的东西放到高高的钟楼里。

进入20世纪以后，受到宝藏吸引的探险家和寻宝者们先后找到了这几个地点，却未发现这笔宝藏。海盗们究竟把珍宝埋藏在哪儿了呢？也许是因为他们掩埋得太严密，而埋藏地点的可能性又很多，使得人们暂时无法找到财宝。如果能把这些地方彻底找遍，也许有一天人们真的会找到海盗的宝藏。

（七）"金银岛"上的珍宝之谜

苏格兰作家斯蒂文森的著名小说《金银岛》是以太平洋的可可岛为背景写的，该岛位于距哥斯达黎加海岸480千米的海中，曾是17世纪海盗的休息站。海盗们将掠夺的财宝在此装装卸卸、埋埋藏藏，为这个无名小岛平添了神秘色彩。据说岛上至少埋有6处宝藏，其中最吸引寻宝者的是秘鲁利马的宝藏。

自从1535年西班牙殖民头子弗朗西斯科·皮萨罗占领秘鲁直到1821年秘鲁独立，利马始终都是南美西班牙殖民地总督的驻地。当年，殖民军到处大肆杀害印第安人，并从他们那里搜刮了大批金银饰物，聚敛到利马，然后定期装船运回西班牙。所以，利马号称"富甲南美洲"。

1820年，当被称为"解放者"的秘鲁民族英雄玻利瓦尔所率领的革命军即将进攻利马时，利马的西班牙总督仓皇出逃。他将多年搜刮的财宝，包括黄金烛台、金盘、真人般大小的圣母黄金铸像装上一艘"亲爱玛丽"号的帆船上逃走。

不料，到了海上，船长汤普逊见财起意，杀死了西班牙总督。为了安全起见，船长将财宝藏进了可可岛上的一个神秘的洞穴内。这主要是因为几个世纪以来，可可岛与世隔绝的地理位置有助于摆脱任何海上监控和追踪，成为南美洲海盗们一个颇有吸引力的避风港。

汤普逊将船上的主要财宝小心翼翼地埋藏在可可岛之后，毁掉了"亲爱玛丽"号帆船，与船员们分乘小艇去了中美洲。他们谎称在海上遇到了无法抗拒的狂风暴雨，船触礁沉没了。但是，尽管汤普逊大肆宣扬了很久，他的海盗行为还是被完全识破了。他的同伙们在酷刑下供出了实情，并受到了惩罚。而在以后的日子里，汤普逊一直没有找到适当的机会重返可可岛取走宝藏。

1844年，汤普逊病入膏肓，也许为了摆脱良心上的谴责，在临死前他向自己的好友基廷透露了可可岛上的藏宝秘密，并且给了基廷一份平面图和有关藏宝位置的资料。基廷按照汤普逊所说的，先后三次登上可可岛，带回了价值5亿多法郎的财宝。但是"亲爱玛丽"号船上的主要财宝却始终没能找到。后来，基廷又将可可岛的秘密告诉了好友尼科拉·菲茨杰拉德海军下士。由于菲茨杰拉德太穷，就一直没有雇船去可可岛寻宝。菲茨杰拉德临死前，将藏宝情况告诉了柯曾·豪上尉。不过，柯曾·豪上尉也是由于种种原因，没有去成可可岛。

就这样，有关可可岛上藏宝的资料年复一年地遗赠着、传递着，后来还被盗窥过、交换出售过。神秘的宝藏诱惑着众多人前往可可岛，试图找到船长的藏宝。也许太神秘，也许太虚假，也许太隐蔽，这些传说中的宝藏仍然不见天日，依旧使人着魔。

1927年法国托尼·曼格尔船长得到了藏宝资料。他带着得到的这些资料，曾于1927年和1929年两次去可可岛上寻找藏宝。托尼经过分析认为，汤普逊的那笔财宝就埋在希望海湾南边和石磨岛西北边的海下。他在那里还确实找到了一个在落潮时近一个小时里可以进入的洞穴。而在那个地方，水流特别急。他在洞里寻宝的时候差点被淹死，拼命挣扎了半天总算回到了岸上。他以为"这是对藏宝寻找者的诅咒"，从此再也不敢去那里冒险了。

1931年，一个比利时人叫贝尔受，他根据托尼·曼格尔的资料，在希望海湾找到了一尊0.6米高的金圣母塑像。这尊圣母金像被贝尔曼在纽约以11000美元的价钱卖掉了。

随着时间的推移，有关可可岛藏宝的资料越来越多，而且都自称是可靠材料。美国洛杉矶一个有钱的园艺家詹姆斯·福布斯拥有一份藏宝图。他曾经带着现代化的先进器材五次去过可可岛，但最终一无所获。

1978年，一件意料不到的事情使所有寻宝者目瞪口呆：哥斯达黎加政府以保护生态环境为理由，封闭了可可岛，严禁任何人挖掘。然而，这之中又隐藏了一个怎样的新秘密呢？

当年利马城里的无价之宝究竟藏在哪里呢？它们会永远被埋葬吗？也许它们仍然沉睡在可可岛上某个神秘的角落。

（八）"黄金船队"沉处之谜

自从 15 世纪末哥伦布首次发现美洲之后，西班牙、葡萄牙的冒险家们便不停地穿梭在新旧大陆之间。欧洲人用先进的枪炮征服了古老的美洲大陆，屠杀当地人民，掠夺了大量沾满血腥的财宝。

18 世纪初，由于西班牙财政状况日渐窘困，国王菲利普五世命令南美洲西班牙殖民政府把上缴和进贡的金银财宝用船火速送往西班牙塞维利亚。但是，由于西班牙和英国正处在交战之中，运宝船在穿越大西洋时要冒很大的风险，更何况这是一支运送价值几百亿法郎财宝的船队。尽管如此，17 艘满载着从秘鲁和墨西哥掠夺来的金银珠宝的大帆船还是在 1702 年 6 月 12 日离开了哈瓦那，朝西班牙领海进发了。这就是西班牙历史上著名的"黄金船队"。

这支"黄金船队"一路小心翼翼，历尽艰辛，在 6 月的一天驶到了亚速尔群岛海域，这里离西班牙领海已经不远了。正当船员们心中暗暗欣喜的时候，突然一支英、荷联合舰队拦住去路，这支 150 艘战舰组成的舰队迫使"黄金船队"驶往维哥湾躲避。面对强敌的包围，最好的办法是从船上卸下财宝，从陆地运往西班牙首都马德里，但偏偏当局有个奇怪的规定：凡从南美运来的东西必须首先到塞维利亚市验收。显然不能违令从船上卸下珍宝，侥幸的是，在皇后玛丽·德萨瓦的特别命令下，国王和皇后的金银珠宝被卸下，改从陆地运往马德里。

在被围困了一个月后，英、荷联军约 3 万人在鲁克海军上将指挥下对维哥湾发起猛攻，3115 门重炮的轰击，摧毁了炮台和障碍栅，西班牙守军全线崩溃，由于联军被眼前无数珍宝所激奋，战斗进展迅速，港湾很快沦陷。此时，"黄金船队"总司令贝拉斯科绝望了，他下令烧毁运载金银珠宝的船只，维哥湾瞬间成为一片火海，除几艘帆船被英、荷联军及时俘获外，绝大多数在火海中慢慢消失，沉入深不可测的海水之中。

这批财宝究竟有多？据被俘的西班牙海军上将恰孔估计：约有 4000～5000 辆马车的黄金珠宝。尽管英国人冒险多次潜入海下，希望能打捞起这些财宝，但由于当时潜水技术及打捞手段落后，他们仅仅能捞上极少的一些战利品。于是，这批宝藏强烈吸引着无数寻宝者。

近三个世纪以来，一批又一批的寻宝者都在搜索着这笔丰厚的沉宝，黑暗的大西洋海底，冒险家们的身影接连不断。有的捞起已空空如也的沉船，空耗了力气一无所获，也有的极幸运地捞起许多珍贵的绿宝石、紫水晶等珠宝翡翠。然而，这些也都是一些零星的收获，绝大部分的宝藏依旧静静地躺在深深的海底。随着岁月推移，风浪海潮已使宝藏蒙上厚厚泥沙，并且位置也有了很大改变，使人难以确定。

尽管现代化的潜水打捞技术不断提高，但这批宝藏依然仿如置身于一个迷局之中，让人们无从下手。变幻莫测的海底世界里，到底何处是这些财宝的藏身之地呢？也许它们神秘地隐藏在某一方，等待着幸运儿的寻觅、发现。

（九）橡树岛上的藏宝洞之谜

著名作家马克·吐温在《汤姆·索亚历险记》中描述说，海盗的宝藏都是装在破木箱里，埋在老枯树下，半夜时这棵树的树枝阴影所落下的地方就是藏宝地，这类情景几乎就是"钱坑"宝藏的再版。

1795 年 10 月，三位少年登上离加拿大仅 3 英里处的橡树岛旅游，他们发现朝海一面的大片红橡树林中突然出现空旷地，地中间独立着一颗古橡树，树枝上似乎挂过一个古船的吊滑车，正下方有一个浅坑，根据迹象判断，这里可能埋有海盗的宝藏。

原来，橡树岛在 17 世纪时是海盗出没之地，有一个著名海盗叫威廉·基德，1701 年他在伦敦被处决，临死前提出一个交换条件：若他能幸免一死，愿告诉一个埋宝地方。但他遭到拒绝，连同那个宝藏一道被送进阴间。

那么，基德的宝藏是否就埋在此地呢？三位少年开始挖掘，发现那坑像个枯井，每挖 3 米就碰到一块橡木板，最终毫无结果。1803 年，又一群人继续挖掘，当挖到 27 米深时，发现了一块刻有神秘符号的石板，经专家破译，意思是：在此下面 12 米埋藏了 2000 万英镑。人们欣喜若狂，他们一边抽水一边挖掘，在一天晚上用标杆探底时，在 30 米深处触及类似箱子的硬物，当即大伙谈起了宝藏分配，可是第二天，人们惊讶地发现，坑内积水已达 20 米深，于是希望成了泡影。

仍不死心的掘宝者又陆续作过 15 次挖掘，耗资 300 万美元。在 1850 年时，人们又有个奇怪的发现，退潮时，"钱坑"东面 150 米处海滩上不断冒出水，犹如吸满水的海绵不断受挤压一样，同时又发现了一套精巧复杂的通向"钱坑"的引水系统，它们使"钱坑"变成一个蓄水坑。

于是人们做出一个推论：海盗将"钱坑"挖得很深，然后从深处倒过来挖出斜向地面的侧井，宝藏可能离"钱坑"几百米远而埋在斜井尽头，离地面不过 10 米深，这使海盗们可以迷惑掘宝者而自己又能轻易挖出宝藏。

世界上大概没有任何一个地方能像橡树岛这样，在仅仅几十平方米的范围内，在长达 200 多年的岁月中，一直吸引着一批又一批怀揣着黄金梦的探索者，想挖掘出那个传说中的藏宝洞……

据官方统计，从 1795 年至今，这些探宝队在岛上的藏宝洞中一共只挖掘出三个铜链、一小片羊皮纸、一块刻着奇怪符号的石头。其中，羊皮纸碎片的发现很快引起了轰动。据专家鉴定，"它是用装着印度黑墨水的羽管写的"，尚可辨认的字符"看上去是 ui、vi 或 wi 或是这些音节的一个部分"。于是有人断定，这些羊皮纸可能是 17 世纪常出没此地区的海盗船长基德在此埋下的一大笔宝藏。

尽管在此之前，这一带就有岛上藏宝的传闻，说这个地区 100 年前曾是基德船长及其他海盗的安乐窝，他们可能把劫掠来的东西埋藏在这儿。但直到这时，寻宝者才恍然大悟，原来，在整个藏宝洞中布下迷魂阵的竟然是英国历史上最为引人关注的海盗船长——基德。

自从橡树岛上"奥克岛寻宝公司"挖掘出的羊皮纸和基德的名字联系在一起之后，橡树岛似乎突然长出了翅膀，很快传遍了世界各地，引起无数寻宝者们的强烈关注和极大兴趣。

羊皮纸的发现，也极大地鼓舞了布莱尔和他手下工人的干劲。1897 年 10 月，他们开始挖新的 14 号井。这口井是八角形的，但挖到 37 米深处遇到了 1866 年的寻宝者所挖的一条坑道，水从这个坑道进来淹没了这个新井，最终不得不放弃这个井。他们又锲而不舍地开始挖第 15 号井，但挖到 53 米深处时又突然进水。再以后，他们又孤注一掷地挖了 16、17、18 和 19 号井，深度分别是 44 米、32 米、53 米和 48 米。但遗憾的是，每一次井里都会因突然涌入大量的海水而失败。

从 18 世纪麦坚尼发现这个藏宝洞到 20 世纪初，探索橡树岛宝藏的历史已长达将近两个世纪。但基德的幽魂及他的藏宝洞却一直在和寻宝者们捉迷藏。200 多年以来，无数的寻宝者带着他们世代积累起来的钱财，像打水漂一样只是在奥克岛旁的海水中轻轻地划了几道弧线，就伤筋断骨般悲惨离去，好多条鲜活的生命也永远留在了藏宝洞前，但这并不妨碍寻宝队一茬接一茬决不放弃。

也有人认为橡树岛上的这个宝藏洞，也许根本不是基德埋藏的财宝。因为，不论基德的航海技能有多高超，他也没有能力来建造这么重大的工程。他们认为，这项规模宏大的工程显然是由专家和正规的专业技术人员所完成的。再说，从 1795 年发现的滑车和绳子的样式来看，藏宝洞建造时期不会早于 1780 年。

所以，又有一种观点认为，这个藏宝洞的建造时期可能是在美国独立战争期间。1778 年，英国在纽约的驻防军受到华盛顿麾下部队的威胁。当时，英国总督手中握有驻美洲全部英军的军饷，可能他出于安全考虑，下令建造了一个秘密藏宝洞，而受命担任这项工程任务的可能是英国皇家工程队的一支小分队。因为，在这地区有能力建造这种秘密宏大工程的，只有英国皇家工程队队员。

但也有人反对说，截至目前，没有任何能证明英国陆军在 1778 年前后遗失过一大笔金钱的记录。如果真有此事，必将受到英国军方的追究。

如今已有 25 个探宝公司因投入巨额资金最后两手空空而破产。在 200 多年的反复挖掘中，有的人仰天长叹知难而退，有的人锲而不舍一意孤行，有的人倾家荡产，有的人抱恨终生，有的人葬身海底，但没有一个能够如愿以偿。经过两个多世纪徒劳无功的挖掘，人们不禁要问：这个岛上是否真的埋藏着巨额的宝藏呢？对这个问题，在取得最后的结果以前，任何人都无法回答。但是，橡树岛对寻宝者的诱惑却是永恒的。也许，人们寻找的并非宝藏，而是一个永远无法挖掘的秘密。

（十）拿破仑战利品下落之谜

1812 年 5 月，法国皇帝拿破仑率领 50 万大军对俄国进行远征，并于同年 9 月 14 日占领莫斯科。此时的莫斯科几乎是座空城了，大部分居民已随俄军撤退，近 20 万人口的城市剩下的还不到 1 万人。当天晚上，城内有几处起火，后又蔓延成大火，整整持续了 6 天 6 夜。

在这里饱受饥饿和严寒，又无法找到食物，粮食和弹药又供应不上，拿破仑不得不放弃刚占领不久的莫斯科，于 10 月 19 日向西南缓慢后撤。撤退中，沿途曾不断受到俄军和农民游击队的阻击，法军苦不堪言。就在这个时候，法军庞大的运输队中有 25 辆装满了在莫斯科掠夺的战利品的马车突然失踪了。

俄国历史学家亚历山大·米哈洛夫斯基·达尼列夫斯基回忆说，从莫斯科撤退时，带走了从克里姆林宫掳取的战

拿破仑

利品。曾任当时俄军统帅库图佐夫元帅副官的达尼列夫斯基说："这批战利品约重 10～15 吨，包括大炮、餐具、毛皮、金银币以及伊凡大公的十字架。"

自那时起，一个半世纪以来，拿破仑的这批战利品究竟隐藏在哪儿，就成了鲜为人知之谜。

有位叫勃柯毛罗夫的学者对此深信不疑。他在列宁图书馆花了大量时间进行查阅，还查阅了一些俄国人、英国人和法国人所记述的有关材料，这些人一致认为拿破仑是 1812 年 11 月 2 日把从莫斯科掠夺的战利品扔进了塞姆廖波的湖中。勃柯毛罗夫几乎翻遍了所有的地图，但令人失望的是，在比亚吉玛、塞姆廖波一带并没有什么湖。

还有一种说法是，战利品埋藏在维亚兹马附近的一个小湖——托阿切湖的湖底。20 世纪 60 年代初，一批专家前往斯托阿切湖边。在长约 40 米、宽 5 米的地带发现了大量的金属矿藏，化学家化验出湖水中的银含量要比一般银矿石中银的含量高出百倍。这个结果让人们很兴奋，仿佛已经找到这些战利品存在的依据。但是由于湖里淤泥太

多，探宝者下到湖中的深度从未超过 6 米，结果什么珍宝也没找到。

关于拿破仑的战利品突然失踪的问题，仍有待于人们的研究和发掘。

（十一）纳粹的财宝藏地之谜

第二次世界大战中，纳粹法西斯大肆抢掠被侵略国家的财宝。希特勒政府除了掠夺别国金融财产外，还抢夺了无数珍贵文物。比如在征服波兰后，戈林下令掠夺波兰文物。据德国官方的一份秘密报告表明，到 1944 年 7 月为止，从西欧运到德国的文物共装了 137 辆铁路货车，计有 4174 箱，21903 件，单单绘画就有 10890 幅，其中不乏名家杰作。纳粹头目们借机扩充"私人"收藏，经过瓜分形成了令人震惊的八大宝藏，即希特勒金库、隆美尔藏宝、墨索里尼东林宝藏、凯瑟林财宝、福斯中潜艇藏宝、南太罗的三处宝藏。

纳粹灭亡后，这批财宝有一部分已经找到和收回，其中主要是 1945 年 5 月隐藏在上奥斯一座盐井底下的财宝，价值达 100 亿法郎。随后又找回了秘密警察头子卡顿布伦纳隐藏在奥斯克里加别墅花园里价值 10 亿法郎的财产，以及 1946 年埋藏在萨尔茨堡的总主教府邸地窖里的赫尔穆特·冯·希梅尔子爵的财产。后来，在纽伦堡附近韦尔顿斯坦别墅的钢筋水泥地窖里还找到了戈林元帅的部分私人财产：36 只大金烛台，1 个银浴缸，一批大画家的名画和极其罕见的白兰地酒等。

1960 年成了以色列人阶下囚的曾被纽伦堡国际法庭判处死刑的埃兴曼，在布拉亚·阿尔默的高山牧场区就埋藏了价值 190 亿法郎的财宝。人们在富斯施克城堡附近的一个谷仓里找到了 1945 年纳粹党卫队头子萨瓦德埋藏的两只大箱子。在一个今天已成了屠宰场的混凝土地下室里，发现了当年纳粹德国外交部长的一个藏有黄金、外币和珍宝的小藏物处。但目前人们所找到的只是其中极小的一部分，纳粹的大量财宝藏在什么地方呢？谁也不知道。

最普遍的说法是，有相当一部分被隐藏在奥地利境内的阿尔卑斯山中，盟军的寻宝队曾多次在那里搜寻。1946 年，两名寻宝者带着地图走进了奥地利山区寻找宝藏，但不久人们就发现了他们的尸体。在离尸体不远处，有几个藏宝的洞已经被挖开。洞中空空如也，看来其中财宝已被秘密转移。

1952 年、1953 年 5 月，又有 8 个已经被掏空的藏宝的地洞被发现，同时还有很多寻宝人的尸体。不久，警方在这一地带逮捕了一个纳粹嫌疑犯，他身上带着一份有纳粹德国党卫队将军弗罗利奇正式批示和签名的清单：66 亿瑞士法郎，99 亿美元，14 吨金条，294 颗钻石和数万件艺术品，但这些财宝的去向，警方一直无法从他口中得知。

奥地利托普利兹湖区曾经露出一些宝藏的端倪，因此这一地区一直受到美国联邦调查局的严密监控。到了 1959 年 7 月，德国技术人员也来到这个地方，他们带着超声波探测器和水下摄像机，在托普利兹湖下 70~80 米深处的湖底确定了 16 只货物箱的位置，并打捞上来一些货箱。人们在货物箱里发现了大量伪造得和真的完全一样的假英镑。这批假英镑出自当年被德国人关押在萨克森豪森集中营里的伪币制造能手，传说中的宝藏仍然不见踪影。

有人猜测，"大德意志之宝"的主要财宝已经多次转移，其主要藏宝处分散在奥地利的加施泰因、萨尔茨堡、萨尔茨卡梅尔克附近地区。然而，这些藏宝受到非常严密的监控，非熟悉内情的人看来是不大可能找到它们了。

（十二）琥珀屋失踪之谜

18 世纪初，以追求豪华生活而著称的普鲁士国王腓特烈一世心血来潮，异想天开，建造了被他称为世界第八奇观的琥珀屋。琥珀屋于 1709 年建成，约 55 平方米，它共有 12 块护壁镶板和 12 个柱脚，全由琥珀制作，并饰以银箔，可以随意拼装成各种形状，真是光彩夺目、富丽堂皇，堪称世界一绝，不愧为稀世珍宝。不久，为了讨好俄国，腓特烈一世将这稀世之宝作为礼物送给彼得大帝。

1717 年琥珀屋被运到彼得堡。彼得大帝死后，他的女儿伊丽莎白女皇于 1755 年把琥珀屋从彼得堡运到沙皇村查斯科耶西洛，改装成一个豪华的宴会厅。十月革命后，沙皇村更名为普希金城，辟为游览区对外开放。叶卡特林娜皇宫中的琥珀屋成为最吸引游客的地方，琥珀屋实在太美了，它成了一颗灿烂的明星。

"二战"期间，德军占领苏联，一个以掠夺文物为目的的法西斯组织将琥珀屋拆卸装箱运往柯尼斯堡。战后，苏联的一个寻找琥珀屋的组织根据一个德国人的指点，在波罗的海水中打捞起 17 个箱子，可是，箱内装的不是琥珀屋，而是滚珠和轴承。在重新研究大量材料时，寻宝人员发现德国一位研究琥珀极有造诣的艺术教授罗德博士是位知情人，原来罗德不仅从纳粹手中接收了琥珀屋，并亲自为它编排目录，举办过小范围展览，而且在法西斯失败前曾下令拆卸琥珀屋，但是，罗德对琥珀屋的确切收藏位置模糊不清，正当他继续考虑线索时却不明不白地暴死了。搜寻队又将线索转向一位名叫库尔任科的苏联妇女身上，她曾与罗德一块共事，并负责保管被认为是包括琥珀屋在内的艺术展品。

这位妇女回忆说：在德军撤退时，一群军人曾歇斯底里地破坏这些艺术品，接着城市又燃起了熊熊大火，那些展品和放置它们的城堡被烧成一片灰烬。因此出现这样一个问题：琥珀屋是否就混同在这批艺术品中？

线索中断了，但并没有阻止搜寻队的行动，而且不少德国人也纷纷协助寻找琥珀屋，一家图文并茂的杂志甚至登出广告，号召人们提供有关琥珀屋的线索。一时间，从柏林、莱比锡、慕尼黑、汉堡等地来的信件犹如雪片飞向编辑部。

一位青年提供了一条有价值的情报，他的父亲乔治·林格尔曾是纳粹的军官，具体过问并执行了掩藏琥珀屋的命令，并在生前曾亲口告之，琥珀屋藏在一个名为斯泰因达姆的地下室。这份情报又给人注射了一针兴奋剂，但经过搜寻最终还是毫无结果。

人们对于琥珀屋的去向猜测纷纷：

第一种看法是琥珀屋已被毁。琥珀屋运到哥尼斯堡后，由罗德博士任馆长负责保护与研究琥珀屋，苏联有位叫库尔任科的妇女做过罗德的助手，她曾协助罗德把展品转移到施威林的庄园。据她说，罗德博士曾指着施威林伯爵一间大房子里的一大堆箱子说，哥尼斯堡美术馆的所有展品都在这些箱子里。而这些箱子在苏军快攻进城时，被德国人放火烧毁了。

据说，后来去抢救时，"除了烧焦的木头和对象之外，我们什么东西也没有找到。整个城堡已烧成一片灰烬"。很可能，琥珀屋连同其他展品一起都被烧掉了。但这位妇女并未亲眼见到箱子中有琥珀屋的材料，故琥珀屋是否装在木箱中仍不得而知。

第二种说法，琥珀屋已安全转移出哥尼斯堡，藏在一个地下室里。罗德博士负责了琥珀屋的装运工作，他把大批博物馆的展品转移到了施威林的庄园，但却没有琥珀屋。罗德的儿子沃尔夫冈在苏军开始枪击守备哥尼斯堡的德军前沿阵地时，曾亲耳听到他父亲对他说："琥珀屋已被转移到安全的地方。"很显然，罗德是重要知情者。"二战"后，苏联搜寻队的人还找过罗德，罗德答复帮忙寻找。有一天，罗德把苏联的搜寻人员巴尔索夫教授带到一个入口被堵死的地下室旁，悄悄地说里面有博物馆的展品，但巴儿索夫只问了一句："有画吗？""没有。"谈话就此结束。不久，人们听到了罗德暴死的消息。有人推测，那个地下室可能就藏有琥珀屋。至于罗德之死因却不得而知。

第三种看法是琥珀屋被转移到德国的中部地区，藏在图林根。据东普鲁士纳粹领袖里希·科赫供认，按照希特勒之命，1945 年 1 月，琥珀屋即被运出哥尼斯堡，运往德国中部。据东德调查，1945 年 2 月，德军先后把八批文物汇合在波茨坦，然后装上火车，据说其中第三批装有琥珀屋。火车运往德国中部，藏在图林根地区。按照这一线索，东德当局派许多人对图林根地区的苏尔察到波尔齐之间的所有深谷、山洞、古堡进行搜索，均未发现琥珀屋。

第四种看法，琥珀屋转运到伏尔普利豪森矿山的一条矿井里，但已被毁了。1977 年，原伏尔普利豪森区纳粹领袖施密特回忆说，1945 年，一批来自哥尼斯堡的货物由火车运到伏尔普利豪森，这批货物有 12 只木箱，每只木箱长 150 厘米、宽 80 厘米，箱子用铅封口并扎着铁箍。是由施密特亲自提货，指派绝对可靠的党卫队员卸货的，这批木箱后来存放在矿井深处的一条岔道里。此说如可信，为时过晚。因为 1945 年 9 月底，不知何故，这些木箱突然被炸毁了。木箱中是否有琥珀屋也难以断定。

第五种看法，琥珀屋仍然藏在哥尼斯堡的某个地方。因为 1945 年 1 月底，苏军已切断哥尼斯堡对外的一切交通线，将其包围，根本不可能用火车、汽车成批地将琥珀屋转运出去，只能就地隐藏。据说 1945 年 1~2 月间负责隐藏琥珀屋的党卫队突击大队长乔治·林格尔，在临终前给其子鲁道夫·林格尔说，琥珀屋、部分琥珀藏品与部队档案都藏在斯仄因达姆的地下室里。但具体在什么地方却未告诉其子。从林格尔的笔记本中，发现了三条与琥珀屋转移有关的命令，即中央帝国安全局把转移琥珀屋命名为"绿色行动"，要求转移到指定地点后，按计划把入口伪装起来，并把附近建筑物夷为平地。后来，林格尔顺利地完成了任务。然而，当林格尔受苏联邀请前往哥尼斯堡寻找琥珀屋时，并没有找到那间地下室。

搜寻琥珀屋已近半个世纪，仍一无所获。但人们还在继续寻找，东德在德国中部寻觅，波兰人在原东普鲁士地区寻找；苏联人虽有点泄气，于 1983 年撤销了搜寻琥珀的委员会，仍未放弃努力。

（十三）恐怖的亚利桑那州金矿

在美国亚利桑纳州有一个称为迷信山的山区，这里荒草丛生，怪石峥嵘，猛兽出没，到处是凶狠的响尾蛇。传说在山中有一座金矿，如果用锤子将墙壁砸开，就会有成堆的天然金子滚下来。这座金矿最初是被印第安人一种族发现并作为秘密保守下来。

1840 年末，一位名叫珀拉塔的探险人深入山区，几经艰险，终于发现一处矿藏丰富的金矿，他仔细地做了标记，以便终生受用。从此很多探宝人一直想找出这处金矿，但很多人不幸葬身荒野，有些人则在途中惨遭印第安人的伏击而身亡，在通往黄金通路上障碍重重，充满恐怖的气氛。

1880 年，金矿再次被两个美国年轻士兵发现，他们背包里装满了黄金，但当他们第二次再去时就再也没有回来，后来一个调查小组被派过去进行调查，他们发现两名士兵被射杀而死。之后有关金矿的故事到处流传并被润色修饰。

19 世纪，德国探险家雅各布·华兹、雅各布·韦瑟在墨西哥小镇的一次打架事件中救了唐·米格尔·珀拉塔。作为回报，珀拉塔告诉了这两位探险家有关一个家族金矿的秘密，接着三人根据珀拉塔家族地图寻找到了金矿，三人得到了价值 20000 美金的金子。

此后，他们会经常在山上待上两三天，然后神秘地潜回老家，每次总会捎上几袋高品质的金矿。但是好景不长，他的两个同伴全被人神秘地杀害了，凶手是谁？不得而知。1891 年，华兹死于肺炎，他在临终前画了一张地图，标明了这处金矿的位置。

一位名叫鲁斯的男子后来不知通过什么途径弄到了这张图。在金矿的诱惑之下，他按照地图的指引，进入了迷信山山区。金矿没有找到，反而送了命。6 个月后，有人在山区发现了他的头颅，头上中了两枪，样子很惨，可以想象他一定被一种极为可怕的景象吓呆了，那么杀手又是何人呢？

1959 年，又有三位探险者在这处山区遇害。

但是，神秘的死亡并不能阻止前来探险的人们。在恐怖的阴影之下，是不断在寻觅宝藏的身影。

如今，这片区域属于国家公园——迷失荷兰人国家公园，并被禁止采矿，但是这也不能阻止每年 8000 人到那里去寻找黄金的"游客"。

（十四）日本赤城山宝藏之谜

明治维新推翻了幕府的统治，然而赤城山的藏金也就随着幕府的垮台而成为一个世纪之谜了。幕府的宝藏究竟埋藏在哪里呢？

在日本，赤城山不以高大或雄秀出名，而是以传说中天文数字般的藏金量出名。据说，赤城山的黄金埋藏量高达 400 万两，相当于现在的 100 兆日元（兆在古代指 1 万亿），而 1987 年日本的国家预算也不过 54 兆日元。

在 1866 年，正值日本幕府统治行将覆灭之际。1 月 14 日，赤城山附近突然出现了 30 名武士，监督着约 80 个雇工运来了 22 个沉重的油桶和 20 捆重物。这件秘密工作进行了将近一年，完事后大部分人被灭口。据后人调查，他们所藏匿的这批东西，就是德川幕府准备用作军费储备的 400 万两黄金，负责该计划的是幕府最高执政官井伊直弼。

原来，由于当时日本黄金兑换率大大低于世界水平，黄金外流严重，为了阻止这种消极现象，也为了贮备财产以利于军备，当局高度秘密地制定了埋藏黄金计划。赤城山被选为藏金之地，因为它是德川幕府为数不多的直辖领地之一，属德川家族世代聚居地，易于保守机密，而且地处利根川与片品川两河之间，有连绵起伏的高山做屏障，是易守难攻的军事安全地带。然而计划尚未开始，井伊就于 1860 年被倒幕派刺杀身亡，此后计划由其属下小栗上野介等人负责。1868 年 7 月，明治维新成功，天皇重掌大权，赤城山的藏金也就随着幕府的垮台而成为一个世纪之谜了。

这批作为军费而被埋藏的黄金总数到底有多少？据知情者披露，当时从江户运出了 360 万两黄金；小栗上野介的仆人中岛藏人，在遗言中又说从甲府的御金藏中还运出几万两黄金，加之其他金制品，估计埋藏总数达 400 万两。

一个多世纪以来，有不少想一夜之间成为富翁的人纷纷来到赤城山探宝。有人曾经在此寻找到几个装有黄金的木樽，后来在修路过程中也曾有人寻到过日本古时纯金薄片椭圆形的金币 57 枚，但大批的宝藏并没有立即随之出现。

对发掘赤城山藏金最热衷的，莫过于水野一家祖宗三代了。第一代水野智义是中岛藏人的义子，中岛藏人临终前告诉他，赤城山藏有德川幕府的黄金，藏宝点与古水井有关。从此水野一家开始了几代人的寻宝之旅。1890 年 5 月，水野智义从一口水井北面 30 米的地下挖出了德川家族的纯金像，推测金像是作为 400 万两黄金的守护神下葬的。不久，又在一座寺庙地基下挖出了水野智义认为是埋宝地指示图的 3 枚铜板，但它们所含之谜却无人读懂。昭和八年四月，水野智义又发现一只巨型人造龟。后来他的儿子水野爱三郎在人造龟龟头下发现一空洞，洞内有五色岩层，不知是自然形成还是人为造成，但是他们开掘了近 22 千米的坑道，依然没有寻到藏金点。

近年来，有人用最新金属探测机在水野家挖的坑道内发现有金属反应，经分析此处地层内又极难存在天然金属，有可能是德川的藏金所在，但由于地质松软，要挖掘需要有强力的支撑物，只能作罢。看来这一宝藏之谜短时间内还不能揭开。

（十五）石达开宝藏之谜

翼王石达开是太平天国最富传奇色彩的人物之一。他生于 1830 年，广西贵县客家人。早年加入拜上帝会，与洪秀全、冯云山等共谋举义。在太平军由广西向金陵（今南京）进军途中，任开路先锋，屡建战功。

太平天国运动后期，太平天国祸起萧墙而内乱不息。1856 年秋，天京爆发内讧，石达开奉诏回京辅政，合朝拥戴。1857 年夏，因受洪秀全疑忌，率 10 余万众，脱离皖、赣根据地，转战浙、闽，后折入湖南，进图四川，与湘军作战失利，被迫撤入广西。十一年秋，他重振队伍，在川南、黔北转战年余，屡战受挫。同治二年（太平天国癸开十三年，1863 年）夏，进至越厅紫打地（今四川石棉县安顺场南），为大渡河所阻，又遭清军及士兵围困，进退无路，陷于绝境。他冀图"舍命以全三军"，投入清营，后不仅部属惨遭屠杀，自己也在成都遇害。

相传，石达开兵败大渡河前夕，为了保留财物以图东山再起，于是边把军中巨量金银隐藏起来。为了今后能辨认出藏宝地点，令人在石狮旁边的悬崖壁上深深地凿出"太平山"三个大字。

在四川当地的传说中，还有这样一段趣闻：只要找到"太平山"的位置，就能找到石达开藏宝的地方。目前，传闻中的"太平山"已经现身，附近也有石砌的痕迹，可以看出是人工的，只是传说中的财宝一直没有踪影。在"太平山"下面，有一排石砌的遗迹，尽管现在有些变形，但能看出是人工所为，是否就是传说中藏宝的地方，谁也说不清楚。

抗战期间，国民党四川省主席刘湘秘密调了 1000 多名工兵前去挖掘。在大渡河紫打地口高升店后山坡下，工兵们从山壁凿入，豁然见到三个洞穴，每穴门均砌石条，以三合土封固。但是挖开两穴，里面仅有零星的金玉和残缺兵器。当开始挖掘第三大穴时，被蒋介石侦知。蒋介石速派古生物兼人类学家马长肃博士等率领川康边区古生物考察团前去干涉，并由故宫古物保护委员会等电告禁止挖掘。不久，刘湘即奉命率部出川抗日，掘宝之事终于被迫中止。根据研究人员赴现场考查后判断：该三大洞穴所在地区和修筑程度，似非为太平军被困时仓促所建。

新中国成立后，也有许多人前往石棉县安顺场寻宝，只是此类民间行为既无财力支持又缺乏理论根据，一无所获也在意料之中。

也有史学专家认为太平军当时的境况根本不可能有大量的金银财宝，完全是在弹尽粮绝的状况下才全军覆没的。石达开到底有没有埋下宝藏？有的话究竟埋在哪里？这个谜会被解开还是最终掩埋在历史长河中？人们仍在孜孜不倦中探索、研究。

（十六）清东陵宝藏下落之谜

清东陵曾经是一块与世隔绝、神圣不可侵犯的皇家禁地。自顺治皇帝开始，先后有5位皇帝葬在这片宛若虎踞龙盘、充满王气之地。裕陵是乾隆皇帝的陵寝。它是在清朝国势鼎盛时期修建的，耗银 200 多万两，遍选天下精工美料，建筑艺术精湛华美居清陵之冠。

统治近代中国长达半个世纪的西太后慈禧的定东陵，兴建于清末，工程前后耗银227 万两，持续 14 年，直到她死前才完工。慈禧的定东陵金碧辉煌，奢华程度连皇宫紫禁城也难与为匹。

1928 年 7 月 2 日，孙殿英以军事演习为名，秘密挖掘了清东陵慈禧墓和乾隆墓，盗窃了大批金银财宝，震惊中外。这些财宝至今下落不明。

这些财宝的下落一直是人们关注的焦点。世纪之交，湖北省武汉市新洲区传出惊人消息，清东陵被盗财宝有一部分可能藏在该区一座神秘的建筑徐公馆地下。

据悉，徐公馆是国民党陆军上将徐源泉 1931 年为母亲祝寿回乡而建造，位置坐落于距汉口 160 千米外新洲区仓阜镇。

"文革"时，红卫兵在徐公馆地道下挖掘时发现一个砖砌的地洞进口，但洞口冒出大量白烟，由于怕内有机关暗器，无人敢下，因此就用土回填了。

1994 年，时任新洲文物管理所副所长的胡金豪，专程探访了徐公馆东厢房下的密室。他仔细地清扫了这间仅几个平方米大、空无一物的密室，并细细敲打每一面墙砖，查看里面是否藏有机关。胡金豪发现，密室墙上没有糊上泥巴，有一面墙的砖还参差不齐，似乎墙是临时砌上去的。由于种种原因，他没有做进一步的调查。胡金豪认为，要论定徐公馆地下是否藏有清东陵宝藏，至少还有几点需要核实：孙殿英是否将东陵宝藏送给了徐源泉？徐源泉是否将宝藏埋在了徐公馆地下？从徐公馆建成到 1949 年徐源泉离开大陆期间，他有没有将宝藏移往他处？而这些在史料上都无记载，所以论断徐公馆埋有东陵宝藏尚为时过早。

生前长期在徐公馆做女佣的袁一全老人，也曾向人披露过徐公馆的一些内幕，在其中的一份现场调查笔录上说，孙殿英盗东陵，徐源泉是他的顶头上司，徐源泉公馆就是收了孙殿英的贿赂建成的。

今年74岁的林庚凡老人是徐源泉的外甥，据他回忆，徐源泉的老娘曾有一个缀满珠宝的凤冠。后来土改时，徐源泉老娘的坟被挖，这顶凤冠被挖出，金光夺目，队长不识货，让一捡破烂的拿去了。

对于沸沸扬扬的藏宝之说，新洲区文物管理所所长胡德意对此看法较为慎重。胡德意说，关于目前清东陵被盗的部分财宝藏于武汉的消息，来源只是民间的一些传言以及某些研究人员的推测。早在20世纪60年代，他就听到附近的老人传说徐公馆可能是埋宝的所在地。早些时候，文物部门曾对徐公馆进行过一次较大规模的维修工作，但未发现有传说中的藏宝地道。但同时他又强调说，揭开徐公馆的清东陵财宝之谜还有待时日，"目前只能说有这个可能"。

徐公馆藏宝之谜，只是近年来关于东陵宝藏众多传闻中影响较大的一个。另外，人们猜测，这些财宝或被用来行贿，或被变卖，或被损坏，或被走私海外，半个多世纪以来，围绕东陵宝藏产生的种种离奇故事却不断被续写着。

十八、神秘生物之谜

（一）"大脚怪"野人之谜

大脚怪，又叫"沙斯夸支"，是在美国和加拿大发现但未证实的一种似猿的巨型怪兽。在北美的印第安人中，早就流传着这种神秘怪兽的传说。有关大脚怪的说法最先是由美国人提出的，特指一种大型、多毛、像人的生物。多年来，世界各地关于发现大脚怪或其脚印的消息层出不穷。据不完全统计，19世纪人们收到多达750宗有关发现"大脚"遗下的巨型脚印的报告，地点大部分位于由北加州伸展至英属哥伦比亚的常绿森林地区。

1811年，当时的探险家大卫·汤普逊从加拿大的杰斯普镇横越洛基山脉前往美国的哥伦比亚河河口，途中看到一串人形的巨大脚印，每个长30厘米、宽18厘米。他报道了这一消息后，人们就用"大脚怪"来称呼这种怪兽。这是最早找到的大脚怪存在的痕迹。从此以后，关于发现大脚怪或其脚印的消息络绎不绝，至少有750人自称他们见到了大脚怪。

大脚怪多是夜间出动而又很聪明，极善于逃避敌害。为探索这种捉摸不透的大脚怪之谜，美国摄影记者伊凡·马克斯凭着毅力和本领，从 20 世纪 50 年代起，通过访问印第安人和其他知情者，一直对大脚怪进行追踪、考察。

1958 年，伊凡·马克斯在内华达州的华尔特山狩猎美洲猴时，发现 500 米外的地方有一个黑色高大的可怕人类生物。他立即用长焦镜头拍了下来，他说："那东西古怪、陌生，可能很危险，所以我不想再靠近它。"

1977 年 4 月，在加利福尼亚州夏斯塔郡的雪山附近，马克斯发现一个雄性的大脚怪站在沼泽中用手舀水，并用力地抖动身子驱赶成群的蚊子。它的皮毛像水獭那样发亮，头上的毛发分成前后两半，这是一种胚胎发育的特征。同年 12 月的一天，马克斯与妻子佩吉正沿着一些可能是大脚怪的脚印搜索前进时，忽然听到一种树枝断裂的声音正向他们靠近。马克斯警觉地从肩上取下了枪，正在这时，他看见一个大脚怪向他们扑了过来。马克斯用枪一下子将它击倒，大脚怪很快就一瘸一拐地逃走了。马克斯和佩吉害怕它再回来报复，于是也急忙离开了。

关于大脚怪是否存在，一直存有争议。近几年，美国佐治亚州的两名男子称，他们在佐治亚州北部森林发现了大脚野人的一具尸体，并拍下了尸体照片，还收集了大脚野人的 DNA 证据。但是经过检测，仍然无法证明大脚怪确实存在。因为这种 DNA 更像是负鼠，一种和家猫一般大小的有袋目哺乳动物。

2005 年 8 月 19 日，一名叫汤姆·比斯卡迪的人称，一周前他的团队拍到了一个大脚男野人的照片，这个野人重 400 多磅、高 8 英尺。他称几天后将公布数张照片。后来的调查结果发现这只是一场恶搞。

然而美国《伊利诺斯南方报》的编辑托尼·史蒂文斯却相信大脚怪的存在。他说："这不是骗局，这是狩猎区。要知道任何披着动物外衣的人，其伪装都将被子弹射穿。"

科学家们表示，随着人类对自然界认识的增加，发现动物新品种的可能性就越来越小，但可能仍有许多人们未知的动物。大脚怪是不是真的存在，还有待于人类进一步去探索。

（二）喜马拉雅山上的"雪人"之谜

在喜马拉雅山山麓的尼泊尔，在天寒地冻的中亚诸国，在美国的阿拉斯加，都流传着"雪人"的传说。尼泊尔人给这种神秘的生物起了一个颇有意思的名字——"夜帝"。自从 1951 年，登山者在喜马拉雅冰川上发现了很大的足印后，就引起了全世界寻找"雪人"的热潮。但是，尽管科学界多年来苦苦探寻神秘"雪人"存在之谜，可他们仍没有发现任何确凿的证据能证明它们的存在。

1959 年 6 月 24 日，在卡玛河谷中游的莎鸡塘，一个住在中国境内的尼泊尔边民报告说：他的一头牦牛被"雪人"咬断喉咙死去。"雪人"吸尽了牦牛的血。其后中国科学院有关人员和北京大学生物学系教师参加的考察队赶到现场，在死牛附近找到一根棕色的毛，长15.6厘米。带回北京鉴定后，认为与牦牛、猩猩、棕熊、恒河猴的毛发在结构上均不同，但是，这是"雪人"留下的毛发吗？没人知道。

1956年，中国科学院等单位曾派出专业人员对"雪人"进行专题调查。在海拔6000米的雪地上又发现了"雪人"的脚印，大小与登山鞋印相似。5月20日晚，队员尚玉昌正在营帐里写日记，突然听到山谷里两声枪响，只见藏族翻译气喘吁吁地跑来，大喊："雪人！雪人！"只见一个"雪人"从山谷下正往山顶走去，全身长毛。翻译开了两枪，但因天黑而未打中，"雪人"逃走了。这之前，绒布寺的喇嘛也看到过"雪人"，它的特征是：全身长毛，身体比人大，直立行走。

对于"雪人"之谜，科学家们的看法有很多种。

曾有日本登山协会的一名登山家深根诚声称"雪人"是一种棕熊。他说自己历经12年，研究了尼泊尔、西藏和不丹等地的方言，发现"Yeti"（"雪人"的当地称呼）就是这些地方方言中的"Meti"，意思就是"熊"。他解释说，喜马拉雅山区居民十分敬畏熊，他们将熊奉为一种可怕而超自然的生物。意大利著名登山家莱因霍尔德·梅斯纳也认为，"雪人"根本不存在。所谓的"雪人"只不过是喜马拉雅山的棕熊而已。

还有人认为"雪人"其实是一种半人半猿的生物。它们的脑部也比大猩猩和猿类发达，很可能是次等人类。

由于从来没有捕捉到真正的"雪人"，到目前为止，有关"雪人"的线索仍然停留在脚印、头发、传闻和目击者的报告上，还拿不出真凭实据。"雪人"给人们留下的仍是无尽的猜测。

（三）西伯利亚"野人"之谜

有关俄国野人的一些最令人感兴趣的情报来自西伯利亚：有两种类型的野人，一种非常像人，而另一种是大型动物的变种。所有的报道，都由于有民间故事和传说的润饰，而使内容更为完整。前一种似人的野人，大约只出现在西伯利亚东北部的雅库特地区（处于中国东北角的正北方，大于北纬60°）。后一种野人则分散地出现于由西至东横跨整个西伯利亚的地带，这是真正名副其实的辽阔地域，东西的最长距离有8000千米，我们发现，人们对西伯利亚各地野人的描述有惊人的相似之处。这些多毛动物，在冻土地带和针叶森林中神出鬼没，于是引出许多简直令人难以置信的故事。

西伯利亚的荒凉和辽阔是难以想象的，它的整个面积超过1295平方千米。近20年来，尽管苏联政府鼓励向这片大原野移民，但这里的人口密度仍然很低。西伯利亚的土生土长的居民大都是半游牧的驯鹿人家。关于野人的故事，很大一部分就是这些牧民述说的，其他一部分则是科学工作者和学者们的报道。这些外来客，出于业余爱好，对考察野人发生浓厚的兴趣，他们借助当地居民的描述来核对资料。很多戏剧性的见闻，往往就发生在当地人劳动的地方。下面就是一个老人说的故事。

"在离河 300 米的地方，我和两个成年人、六个男孩正在堆集干草。附近有一间草屋，是割草时临时居住的地方。我们突然发现，河对岸有两个从未见过的怪物——一个矮而黑，另一个身高超过 2 米，身子灰白色。它们看起来像人，但我们立即认出并不是人。大家都停止割草，呆呆地看它们在干什么。只见它们围着一棵大柳树转。大的白怪物在前面跑，小的黑怪物在后面追，像是在玩耍，跑得非常快。它们赤身露体，奔跑了几分钟后，飞快跑远，然后就不见了。我们赶快跑回小屋，待了整整 1 个小时，不敢出来。然后，我们就抄起手边的东西当武器，带一条枪，乘一只小船，驶向对岸怪物玩耍过的地方。在那里，我们见到许多大小足印。我已记不起小的脚印上的趾迹，但当时注意观察了大的足印，确实很大，像是穿冬季大皮靴留下的印记，不过脚趾看来是明显分开的。较清楚的大足印共有 6 个，长度都差不多。脚趾不像人的一样拼在一起，而是略分开一些。"

这段报道之所以令人感兴趣，有两个原因：第一，看到动物的不是一个人，而是很多人同时看到的（而且还有其他村民）；第二，同时看到一大一小野人在一起。这就必然引起一个问题：那小的是不是同种族的一个幼儿？事情已过去半个世纪，现在没有必要过分推敲当时的细节。从描述的基本情况以及足印看，很可能是"雪人"类的动物。

当许多考察者怀着极大兴趣来搜寻有关西伯利亚"雪人"资料时，他们得知"雪人"经常偷走猎户们猎杀的动物尸体（如兔、野猪等），由此推断出"雪人"是食肉类种。学者推测，西伯利亚"雪人"在进化过程中，因奇怪的退化现象的出现才使"雪人"成了西伯利亚一大谜团。

（四）阿尔金山"大脚怪"之谜

大脚怪不仅在北美洲出现，在阿尔金山也曾露出一些存在的痕迹。这里平均海拔4500 多米，属第三纪末地壳变动形成的封闭型山间盆地，群峰巍峨，峡深谷幽，丛林莽莽，人迹罕至，是各类野生动物的天然乐园。这里生息着野骆驼、斑头雁、雪豹等珍禽异兽 50 多种，其中属国家级保护的珍稀野生动物多达 15 万余头。然而出人意料的是，在这个"动物王国"里，多年来相传存在一种被称为"大脚怪"的神秘生物。一时间，引得许多动物专家前来探访。

在 1984 年，新疆科学院等单位组成的 9 人联合考察队，对阿尔金山自然保护区作了多学科综合考察。10 月 6 日深夜 1 时 30 分，在车灯的照射下，科学院地理所的工作人员突然在河滩雪原上发现一串硕大的奇怪脚印，每只长 40 厘米，宽度为 13～151 厘米，深约 6.5 厘米，呈向前的外八字形，单步距 1.5 米，最大跨度近 2 米，左转右拐地向南部西藏方向走去。有人怀疑，这就是大脚怪留下的脚印。后来登山队员分别在海拔 5750 米和 5300 米处均发现了同样的野人脚印，引起考察队员们的一片恐慌。

当地的一些人还声称见过大脚怪。据保护区工作人员阿不都逊介绍，在一个风雪弥漫的傍晚，当地维吾尔族牧民买买提·内孜在阿尔金山一带放牧时，突然发现一个直立行走、上肢摆动、身材酷似"篮球巨星"、没穿任何衣服的巨大"怪物"。他隐隐约约发现，这怪物通身无毛，披头散发，在雪野中行走如飞。由于风大雪浓能见度低，无法辨清其毛发色泽。不一会儿，这个怪物就消失在鹅毛大雪之中。

现在，关于阿尔金山大脚怪的一些记载多是传闻，并没有确凿的实据。那么，阿尔金山的大脚怪是不是仅算一种传说，或者它压根儿就不存在？

有专家认为，传说中的大脚怪极有可能是国家级保护动物藏马熊。因为藏马熊行走时，后爪紧跟前爪，踏在前爪踏过的地方，但只有部分与前爪印重合，这样，人们便看到了酷似人类的大脚印。

但是对于大脚怪长时间的直立行走又该做何解释呢？这仍然是一个疑问。阿尔金山大脚怪仍是难解之谜。

（五）山妖"大灰人"之谜

1880 年末，英国皇家学会会员、伦敦大学有机化学教授诺曼·柯里发表了一篇耸人听闻的文章，讲述了 35 年前他在攀登班马克律山时的奇遇。柯里教授是位登山专家，当他独自一个人登上苏格兰高地凯恩果山脉的最高峰、海拔 1308 米的班马克律山时，发生了一件奇怪的事，他每走几步，就会听到一个巨大的脚步声，仿佛有人在山雾中以大过他三四倍的步伐紧跟其后。柯里教授立即站住左右张望，由于大雾，什么也看不清，四周也摸不到任何东西。他只好迈开步子继续前进，可与此同时，那怪异的脚步声也随之响起，柯里教授禁不住毛骨悚然，感到一种莫名其妙的恐惧，寒意顿生，不由自主地撒开两腿，一口气跑出六七千米。从那以后，他再也不敢独自攀登班马克律山了。柯里教授的奇遇引出各种关于山妖"大灰人"的传说。

1845 年，登山专家凯拉斯博士在班马克律山上也有过一次恐怖经历。那是一个仲夏的午夜，博士和他的哥哥一起在山上过夜。吃过晚饭，山顶的空气凉爽宜人，博士的哥哥坐在石标旁，博士则在离他不远的山石上休息，兄弟俩谁也没说话，各自享受着周围的寂静。突然，博士无意中发现小路上有一个巨大的身影向这边移动，走到石标旁转了几圈，又沿原路返回，消失在小路上。这么深的夜色，这么高的山峰，有人在此时此地走动，怎么不奇怪？何况那影子几乎和石标一般高，足有 3 米。让博士更吃惊的是，当他跑过去问哥哥刚才那个身影究竟是什么人的时候，哥哥竟然不无诧异地望着他说："什么影子？我什么也没看见呀。"

　　苏格兰女作家温蒂·伍德在一个阴霾的冬日，途经班马克律山入口的石子小径时，听到身边传来一声巨大的回响，这声音好像是冲着她来的，要和她用当地的盖尔语交谈。伍德被吓得魂飞魄散，话都说不出来了。镇静了一下后，伍德自我安慰地说："不要怕，那不过是野鹿嘶鸣产生的回音。"这念头刚一闪现，那奇怪的声音又从她脚边响起来，而且这回连她自己也可以肯定绝不是动物的叫声——的确是人类的语言！作为一名作家，此时她的心情既失望又兴奋，但并不恐惧。最终，这个勇敢的女人鼓起勇气，振奋精神，集中思虑到底是哪一种可能。她兜着圈子，慢慢地向四周扩大，想看看是不是有人受了伤，躺在地上呻吟。探索了半天，一无所获。这时恐惧又袭上她的心头，占了上风，当时她心中只有一个念头：赶快离开这里，越快越好。她不由得抬起脚步往回返，只觉得身后什么东西跟着她，并且脚步声越来越急，越来越近，她被吓得魂不附体，晕头转向，根本分不清东南西北，只是一门心思地往前跑，直到听见前面村子的犬吠声，她的那颗心才算落了地。

　　律师乔治·邓肯先生则肯定地说他在 1914 年 9 月的登山途中，遇见了魔鬼撒旦的影像。1926 年又有两位先生称他们在班马克律山遇到了撒旦。

　　1928 年夏季的一天，作家琼·葛兰特和丈夫李斯里一起在苏格兰凯恩果山区散步。那天天气晴朗，阳光温和地照耀着山林，一片静寂平和的气氛。但突然间，葛兰特心中不知为什么顿生惧意，并一阵阵地强烈起来，最后终于支持不住，撇开丈夫，拔腿往回去的方向飞奔。李斯里被弄得摸不着头脑，不得不在后面连追边喊："喂！亲爱的，发生了什么事？"可这时被莫名的巨大恐惧驱使着的葛兰特，只顾拼命奔跑，哪里有喘口气告诉他原因的工夫，况且她似乎根本讲不出个究竟来。只是感觉身后有一个满怀恶意的四足怪物紧紧跟着她，而且越来越近，虽然她并没看见那怪物的模样或身影，但却能清晰地听见它的"咚咚"脚步声，沉重有力，足见它的力量和强悍。只要被追上，肯定是死路一条。就这样跑了大约 800 米，她似乎越过了一个看不见的界线，突然间又觉得什么都安全了。1 秒钟之前还为了性命竭力挣扎的葛兰特，这时又莫名其妙地脱离了危险。

　　亚历山大·杜宁是一位经验丰富的登山专家，又是一位自然学者和摄影家。1943年 10 月，他打算用 10 天的时间独自攀登苏格兰的凯恩果山。因为时间和路途较长，他并没带足干粮，只是准备了一把左轮手枪，以便打些小动物充饥。这天下午，当他翻过班马克律山山头时，忽然间大雾袭来，周围模糊一片，寒气逼人。他恐怕遇上暴风雨，顾不上休息，找到下山的小路，赶紧往回走。这时，雾中传来一阵奇怪的声音。"嗵嗵嗵"，很像脚步声，从声音间隔的时间听来，步子迈得很大，这不由得让他想起柯里教授和"大灰人"的故事，他下意识地摸了摸口袋里的左轮枪，握紧枪托，他瞪大眼睛，寻声望去，竭力想要看清身边到底发生了什么。没过多久，眼前出现了一个奇怪的形体，还没等他看清楚，那形体便向他扑过来，显然是带有攻击意图的。杜宁毫不迟疑地拔出手枪，向那影子连开三枪，可是子弹似乎没起作用，影子依然向他逼近，一时没了主意的杜宁只剩下撒腿逃跑了。据他自己事后说："我一辈子也没跑过这么快！"

"二战"期间，1945年5月末的一个午后，空中救援人员彼得·丹森正在班马克律山山头巡逻。忽然间浓雾急聚，丹森便就地坐下休息，等待浓雾散去。他掏出三明治和一块巧克力，正吃着，忽然间凭着登山者特有的敏感，他觉得身边多了一个人，但并没太在意。接着又发觉脖子有什么冰凉的东西，他认为是水气增多的缘故，披上了带帽外衣，还是不太理会。又过了一会儿，他仍然觉得脖子上有股压力。这回他终于站起身，听见石标那边传来脚步声，便寻声走了过去。就在他走近石标时突然想起"大灰人"的传说，他一向认为那不过是人的凭空幻想。此时此刻又感到十分有趣，毫无恐惧感。也就在这一刻，丹森发现一切都是真的，并意识到要逃下山去，可是已经晚了，他正在以一种难以置信的速度，飞快地跑向"断魂崖"。虽然他极力想停下脚步，但根本做不到，就好像有人在背后推着他跑似的，他也试图改变方向，可仍然办不到……

也是这位丹森先生，"二战"期间曾和他的朋友——一位经验丰富的登山专家理查·弗瑞尔在这一带山区搜寻一架飞机残骸。黄昏时分，他们爬到石标附近。转眼的工夫，丹森发现弗瑞尔似乎正在自言自语，可又觉得他是在同石标另一边的什么人谈着话。丹森走近前，发觉自己竟然也加入了谈话！他们俩同一个看不见的人谈了一会儿后，得到一些讯息。可是后来又忽然间明白了，四周除了他们二人外，谁也没有。更怪的是，事后两人一点儿也想不起那个"谈话"的内容。这确实是一次奇怪的、令人费解的经历。

如果"大灰人"仅仅是一个传说，它为什么会被现代许多著名学者、作家和登山专家的亲身经历所屡屡证实呢？这不是迷信虚幻，但时至今日，苏格兰高地的"大灰人"仍是一个难解之谜，而那种使许多人产生奇异恐惧感的力量，更是令人费解。

（六）蜥蜴人之谜

1988年6月29日下午2时左右，17岁的美国人克利斯·达维斯见到了一个让他终生难忘的场景。那一天他驾驶着小汽车经过斯凯波·尤里沼泽旁时，蓦然清楚地看见离他约25米处有一个神秘的怪物，它身材高大（约2米以上），绿色的皮肤非常粗糙，全身长满斑点。手只有3个指头，又黑又粗又长。直立行走，尾巴的末端像针筒一样，整个看起来活像一只大蜥蜴。

克利斯·达维斯被眼前看到的这一幕惊呆了，不过他迅速的反应过来，然后开足马力，一路狂奔，到当地政府并做了报告。

加利福尼亚州里镇副警长威尼·阿金逊和骑兵米克·豪德基听到报告后，马上前往这一地区进行了仔细查勘，发现三处被揉得乱七八糟的纸板堆（体积约 40 加仑），离地约 2.5 米高处的纸板被扯碎，他们还找到几个像人似兽一样的脚印，长约 35～45 厘米，十分清晰地印在较坚硬的沙地上，他们也成了这一事件的重要证人。

蜥蜴人的消息一经公布，立即引起了强烈的震惊和轰动。许多专家纷纷前往发现地区考察研究，但蜥蜴人一直没有再出现。有人认为这只是一次幻觉事件，但实际上除达维斯外，还有很多人看见过蜥蜴人从他们的汽车前面飞快跑过去。工人乔治·霍罗曼说，他在 20 号公路和 15 号公路汇合处不远的沼泽地一眼自流并抽水时，看到蜥蜴人在不远处徘徊。它的身高达 2 米，全身长满绿色斑点，每只手仅有 3 根手指，还长着一条长长的尾巴，尾巴的末端像针筒。直立行走，力气很大，能轻易掀翻汽车，跑起来比汽车还快，每小时可达 65 千米。

有人甚至认为，在远古人类起源的漫长过程中，存在着一些"缺失的环节"或"空白区"，迄今尚未被知晓。"蜥蜴人"可能是远古"正在形成中的一支旁系"。

持否定论的学者也有不少。因为从进化论的角度来说，一个高级物种要维持生存，必须拥有一个适合的生存环境和最低基数的种群，没有足够的实物和不够这个基数，这个物种就要灭亡。而达维斯等人看见的都是孤身的"蜥蜴人"，未见过其群体或家族，所以不可能传宗接代。

另据报道，美国有 3 个怪人，他们接受整形手术后，却都将自己整得十分像某种意义上的"动物"，或者我们可以称他们为猫人、蜥蜴人、牛人。达维斯等人看见的"蜥蜴人"，会不会就是某人整形后的恶作剧呢？

（七）刚果沼泽"恐龙"之谜

200 年来，刚果的边远密林沼泽中流传着一只怪物的故事，侏儒族啤格米人猎杀了一只怪物，结果，部落里吃过怪物肉的人基本都死了。该部落叫它"莫格拉·斑比"，栖息于密林的沼泽和河湖中。虽然此地区极难通行而很少有人进入考察，但是少数进入此地的探险者几乎都有一定发现。

见过莫格拉·斑比的人描述说，它的体形有点像大象，不过有长长的脖子和尾巴。它经过的地方总会留下圆形且带着爪子的脚印，它的身体是深咖啡色的，体长大约是 5～10 米。据说它栖息在刚果河流域的沼泽里，一般躲在水底，只有搬迁和觅食的时候例外。人们传说莫格拉·斑比特别讨厌河马，见一只就杀一只；也有人说它厌恶人类，经常用尾巴打翻船只，还屠杀乘客。

最早见诸文献记载的对其有所了解的欧洲人，是 1776 年的法国传教士普洛亚特。

在一部名为《卢安戈历史》的著作中他记述了一则来自中非的消息，他写道：在这里的丛林沼泽中，传教士们曾发现某种还未被人类所知的巨型动物留下来的又大又圆的足迹或爪印，每个印迹的直径竟达 3 英尺，而这种动物行走时的步距大约有 7～8 英尺长。

时间很快就过了 100 多年，在 1912 年，有一位名叫卡尔·哈根贝克的动物标本收藏家，去过中非捕捉动物做标本，他也曾报道说：从非洲土人那里听说，当地有一种半龙半象的"巨大怪兽"，生活在"中非沼泽中"。"据我所闻，这种动物很像某种恐龙，从其形态上来看，似乎与雷龙同族"。

不久之后，又有一位名叫冯·劳斯尼茨的德国男爵，他曾是德国住喀麦隆殖民地的最高行政长官，他以官方名誉向国内发送过一条消息：在喀麦隆有一种巨大的神秘怪兽存在。这种怪兽十分可怕，它生活在刚果河，以及生活在利夸拉地区的几条刚果河的支流之中。它的体形比大象大几倍，不同的是，它还长着一条活动自如的长脖子。后来，冯·劳斯尼茨上尉还奉命于 1913 年和 1914 年，两次对利夸拉沼泽地区的怪兽进行过考察，他在报告中称利夸拉地区生活着一种神奇的动物，名叫"摩克利曼博怪龙"。但由于 1914 年正值爆发了第一次世界大战以及德国战败，使得劳斯尼茨不得不停止了这一考察工作。

类似的报告发回欧洲，引起了欧洲新闻界的极大兴趣。这样一来，也就招引了一批又一批的欧洲狩猎者、标本收集者、探险家和生物学家相继来到非洲考察。因此，非洲有关"摩克利斯怪龙"的消息也就越传越神。在很长一段时间里，非洲可能存在远古时期的恐龙遗种，成了欧洲新闻界和有识之士的热门话题。

探险家把很多种恐龙复原图给土人看，土人认为雷龙复原图与之最为相似。虽然雷龙比这要大许多且不栖息在密林沼泽地区，另外非洲还未发现过雷龙化石，但是在侏罗纪非洲与美洲相连，理论上雷龙在非洲有分布是可能的，再说蜥脚类长得都差不多。至于大小和习性，时间已过去了 1 亿多年，环境也有了极大变化，如果蜥脚类有残存，后裔也应该出现身体变小和习性改变，这符合生物进化的规律。

（八）尼斯湖的水怪之谜

苏格兰的尼斯湖水怪是全球最著名的传说之一，每年都吸引着来自世界各地的大量游客前往参观，希望能一睹水怪真面目，同时也吸引着许多科学家和探险者的目光。

尼斯湖深约 213～293 米，长约 39 千米，平均宽度为 1.6 千米（最宽处约 2.8 千米）。它是淡水湖，终年不冻。适宜于生物饮用，因此湖中鱼虾众多，水鸟翔集。优越的自然环境为怪兽的生存提供了有利条件，大名鼎鼎的尼斯湖水怪就出现在这里。

关于尼斯湖水怪的最早记载可追溯到公元 565 年，爱尔兰传教士圣哥伦伯和他的仆人在湖中游泳，水怪突然向仆人袭来，多亏教士及时相救，仆人才游回岸上，保住性命，自此以后的 10 多个世纪里，有关水怪出现的消息多达 1 万多宗。但当时的人们对此并不相信，认为不过是古代的传说或无稽之谈。

1802 年，有一个叫亚历山大·麦克唐纳的农民说，一次他在尼斯湖边劳动，突然看见有一只巨大的怪兽露出水面，用短而粗的鳍脚划着水，形状很奇特，气势汹汹地向他游过来，距离他只有四五米，吓得他慌忙逃跑。

1880 年初秋，有一只游艇在湖上行驶，突然一只巨大的怪兽从湖底冲出湖面，全身黑色，脖子细长，脑袋三角形，就像一条巨龙似的在湖中昂首掀浪前进，使湖面卷起一阵巨浪，把游艇击沉，艇上的游客全部落入水中淹死。这一消息传开，轰动了当时整个英国。同年，潜水员邓肯·莫卡唐拉为了检查一艘失事船只的残骸而潜入尼斯湖底。他潜入湖底后不久，急忙狂乱地发出信号。人们不知道发生了什么事，迅速把他从湖底拖上岸来。他说不出一句话，脸色发白，全身颤抖。休息和医治了几天，平静下来之后，才把他在湖底看到的讲述了出来：正当他检查沉船的残骸时，突然看到湖底的一块岩石上躲着一只怪兽，远远望去好像一只巨大无比的青蛙蹲坐在那里，形状十分可怕，吓得他差一点儿昏过去。

英国有一个名叫歌尔德的海军少校对此感到十分好奇，他访问调查过 50 个曾经亲眼见到过怪兽的人，将得到的各种材料加以综合研究和推测后，描述出了一个比较系统的怪兽的大概模样：怪物呈灰黑色，背上有两三个驼峰，身长约 15 米，颈长约 1.2 米。然而他的推测并没有科学根据，只是一种假设。目前，仍然没人弄清楚它到底什么样。

1933 年 8 月的一天清晨，英国兽医学者格兰特骑摩托回家，途经尼斯湖时，他看见了一只奇特的水生动物，长有 4.5~6 米，他吃惊地从车上跳下来观看，只听见水怪鼻中呼呼作声，随即潜入水中不见了。此外，一对到这里旅行的约翰·麦凯夫妇和修路的工人也看到了它。这个神秘的怪物在湖中游弋着，弄得湖水哗哗作响。它露出了两个驼峰似的脊背，皮肤呈灰黑色，有点儿类似大象，满是皱纹。它时而伸出像蛇一样细长的脖子，时而又沉入水中。

不久，格兰特和约翰·麦凯夫妇惊人的奇遇就轰动了英伦三岛，也引起了全世界人们的好奇。一时间，尼斯湖闻名天下，好奇的英国民众、记者、旅游者、生物专家们纷纷赶到尼斯湖，希望亲眼目睹一下这个怪物。有些科学家干脆住在湖边，希望发现它并加以考察。但是，这个怪兽始终未露真身，除了偶尔在什么地方突然露一下脊背，或者伸出它的长颈在湖面晃晃外，便长时间地销声匿迹了。人们给这个怪兽起了个好听的名字"尼西"，意即尼斯湖里有趣的怪物。

1934 年 4 月 19 日，一位英国的外科医生在尼斯湖畔拍摄到第一张尼斯湖怪兽照片。这位居住在伦敦哈利街的医学顾问肯尼斯·威尔逊博士也是一位尼西迷，他经常在尼斯湖畔开车巡视，希望与尼西碰面。4月19日这一天，他开车到尼斯湖畔的因弗莫里斯顿附近，突然看见湖面游着一个从未见过的动物。尽管离得很远，他还是迅速地举起相机按下了快门，一连拍了4张照片，其中的2张保存了下来。照片上呈现了一个长拱形的颈部耸立水面、厚厚的身体浮于湖面的涟漪中的景象，看上去像是一个长脖子、小脑袋的不明动物，湖水因它的游动而扩散出圆弧形的波纹。也许因为威尔逊太希望得到一张尼西的照片了，也许尼西发现有人在窥视它，很快就潜下湖去了。总之，威尔逊只成功地拍摄了几张照片，而没有来得及仔细观察怪兽的模样。

1972年，以美国应用科学院专家赖恩斯为首的一个研究组，在对尼斯湖进行探险时，曾利用水下照相机拍下了一个巨大的鳍脚。1975年6月19日，设置在尼斯湖中的水下照相机拍下了几百张照片，但什么也没有看到。当天下午9点45分，有一个动物接近水下照相机，很快消失了。只拍到这个动物的极小一部分，看不清它是什么。大约1个小时后，这个动物又出现了，可能由于闪光灯要快或慢的缘故，照片上所见到的只是一大片黄色斑点的丑陋皮肤，不能证明这个动物究竟是什么。直到第二天凌晨4点32分，闪光灯及时地闪了一下，才抢拍了一个珍贵的镜头，这张照片上现出了一只活怪兽的轮廓（躯体和头部）：一个菱状躯体，一个细长的脖子，脖子成拱形地伸展，脖子的一部分因阴影而模糊不清，最后是一个斑点，表明是怪兽好奇地转向照相机的头部，两个鳍脚从躯体上端伸出，看上去好像一只吃惊地扑向照相机的怪兽。据估计，这只怪兽大约长6.5米。不久怪兽向水下照相机发起一系列的攻击和碰撞，结果打翻了水下照相机。有些学者根据这张水下照片来证明尼斯湖里确实存在着怪兽。但另一些科学家否定这些照片，认为赖恩斯等人错误地判读了照片，有些科学家甚至认为所谓"水下照片"是假造出来的一个骗局。

那么，尼斯湖水怪到底是什么呢？

一位专门进行此类研究的科学家说，根据现有拍摄到的水怪照片判断，尼斯湖水怪实际上是好几条七八米长的老鳗鱼。他认为，尼斯湖的几条鳗鱼大概已活了100岁左右。弗利曼说，尼斯湖的鳗鱼通常10岁大时就会游进大西洋，游到美国佛罗里达州，在那里产卵后老死。不过，其中也有些鳗鱼变成了无法生育的"太监鳗鱼"。由于这些鳗鱼不产卵，所以，其中一些可能不会冒险游往海里，有的就留在了尼斯湖里。留在尼斯湖的鳗鱼因为没有天敌，所以越长越大，最后就成了现在许多人所说的"水怪"。

而另一种观点则认为，尼斯湖水怪是蛇颈龙。蛇颈龙，是生活在1亿多年前到7000多万年前的一种巨大的水生爬行动物，也是恐龙的远亲。它有一个细长的脖子、椭圆形的身体和长长的尾巴，嘴里长着利齿，以鱼类为食，是中生代海上的霸王。如果尼斯湖水怪真是蛇颈龙的话，那它无疑是极为珍贵的残存下来的史前动物，这一发现也将在动物学上占有重要地位。

（九）尚普兰湖水怪

尚普兰湖位于美国佛蒙特州，这个湖泊以水怪闻名。自1609年以来，很多人都声称自己见过尚普兰湖水怪，人们相信它是一种名叫蛇颈龙的中生代爬行动物。

1883年当地的治安官穆尼说，他看见过水怪。据他描述，这个水怪出现时掀起了巨大的水花，长约7~9米。这也就是说穆尼对于恰普水怪的目击记录，比尼斯湖水怪早50年。对尚普兰水怪的各种描述很多，其共同的特征是长约3~30米长，暗黑色皮肤，头部像马。据目击者声称发现了几只尚普兰水怪。

1871年，一名在乘坐小船游玩的游客声称，他在湖浪中看见了水怪的头，和它长长的脖子。

19世纪80年代，甚至有人出5万美金悬赏捕捉它，未果。2009年6月，37岁的埃里克·奥尔森公布了自己拍摄尚普兰湖水怪的一段视频，这段视频是他在2009年5月31日当地时间凌晨5点30分拍摄的。从视频中，可以清楚地看到露出水面的水怪头部与之前拍摄到的尼斯湖水怪十分相似。该视频长达2分钟，是迄今关于尚普兰湖水怪"最完整"的影像资料。《揭示尚普兰湖水怪之谜》一书的作者——著名动物学家洛伦·科尔曼说："如果这段视频真的证实了尚普兰湖水怪的存在，那它将成为最令人信服的影像资料！我们需要进一步掌握更多的证据，从而揭示水怪的神秘面纱。"

1977年，佛蒙特州布里斯托尔居民桑德拉·曼西的女儿也曾讲述了自己当年看到的情景：她说她看到的水怪头部与拍摄视频中的生物头部形状相似，给她印象最深的是尚普兰水怪的脖颈非常长。当时她就和家人坚信尚普兰水怪的确确存在。

究竟尚普兰湖中隐藏着的是什么神秘动物，目前众说纷纭。有人说是远古蛇颈龙，因为尚普兰湖长175千米、深约122米，足够隐藏大型动物。尽管缺少关于水怪的证据，但是尚普兰湖水怪的神秘仍使人们产生了浓厚兴趣，相信不久的将来定会被揭晓的。

（十）1977年日本捕获海怪之谜

1977年4月25日，日本大洋渔业公司的一艘"瑞洋丸"号远洋拖网船，在新西兰克拉斯特彻奇市以东50多千米的海面上捕鱼，结果他们捕获了一个惊人的动物。

当船员们把沉到海下300米处的网拉上来时，意想不到的是拉上来一只庞大的怪兽尸体。为了看清楚它的全貌，船员们用起重机把它吊了起来。尸体散发出一股强烈的腐臭气味，一小部分肌肉和尸体上的脂肪拉着长长的粘丝掉在甲板上。脖子长长的，脑袋小小的，肚子很大（腹部已空，五脏俱无），而且长着4个很大的鳍。怪兽身长10

米，颈长 1.5 米，尾部长 2 米，重量约 2 吨，估计死去已经月余。

闻讯赶来的船长，见大家在欣赏一具腐臭的怪物，大发雷霆，他担心自己船舱里的鱼受到损失，命令船员们立即把它丢到海里去！幸好，随船的矢野道彦先生觉得这个发现不寻常，在怪兽抛下大海之前，拍摄了几张照片并做了相关记录。

消息传到日本之后，举国震动，尤其是动物学家、古生物学家们更是兴奋，他们在对照片进行了分析之后认为："非常惊人呀！这是不次于发现矛尾鱼那样的世纪性的大发现。本世纪最大的发现——活着的蛇颈龙。"消息也立刻传遍了全世界，各国报刊都很快转载了照片，发了消息。这件事引起各国生物学家极大的兴趣和关注，他们纷纷对此发表了感想和谈话。把怪兽尸体又抛回大海这件事，引发了人们深深的遗憾和强烈的谴责。尤其是日本的一些生物学家，对此举简直气愤得"怒发冲冠"，他们指责船长无知、愚蠢。日本生物学权威鹿间时夫教授说："怎么也不该扔掉，看来日本的教育太差了，才会发生这样的事。为了 2 亿日元的商品，竟然把国宝扔掉，简直是国际上的大笑话。"

有人怀疑它是 7000 万年前便已绝灭了的蛇颈龙的子孙，认为它是"活着的蛇颈龙"。日本横滨国立大学的鹿间时夫教授认为："从照片上看，仅限于爬行类，然而可以考虑太古生息过的蛇颈龙，可以说是发现了名副其实的活着的化石。"这种说法轰动一时。

尽管大洋渔业公司立刻命令在新西兰海域的所有渔船，奔赴现场，重新捕捞怪兽尸体，甚至包括苏联和美国在内的一些国家的船只也闻讯赶往现场进行捕捞。但由于消息发表之日与丢弃怪物之日已相隔 3 个月，虽然他们想尽了各种办法寻找它，然而在茫茫的大海里，谁也没能再把它打捞上来。人类可能认识一种新动物的最好机会，就这样被遗憾地错过了。

这次发现给生物学家们保留下了三个线索：一是怪兽的 4 张彩色照片，二是四五十根怪兽的鳍须，三是矢野道彦先生在现场画的怪兽骨骼草图。

照片：照片是从三个不同角度拍摄的。有两张是刚把渔网拖上甲板时拍摄的，网里是那只全身由白色的脂肪层包裹着的怪兽；另两张是在怪兽由起重机吊起时拍摄的，其中一张是从怪兽侧面拍的，另一张是从怪兽背面拍的。可以清楚地看到，怪兽有一个硕大的脊背，对称地长着 4 个大鳍，照片中还可看到它腹内已空，整个身躯肌肉完整，只是头部露出白骨，怪兽白色的脂肪下面有着赤红的肌肉。从个头儿大小来看，海洋里只有鲸鱼、巨鲨、大乌贼可以与它相比。但从照片来看，它的头部甚小，与现存的所有鲸鱼类的头骨迥然不同，而且颈部奇长，这就没有其他海洋动物及鱼类可以与它相提并论了。

鳍须：这是留下的唯一重要物证。它是怪兽鳍端的须状角质物。长 23.8 厘米，粗 0.2 厘米，呈米黄色的透明胶状，尖端分成更细的 3 股，很像人参的根须。

骨骼草图：草图左上方写着"10时40分吊起"。怪兽骨骼长10米，头和颈部长约2米，其中头部45厘米，颈的骨骼粗20厘米，尾部长2米，根部粗12厘米，尾端部粗3厘米，身体部分长约6.05米。

虽然上述这些记录和证据非常宝贵，但是要靠它们来确定怪兽究是何动物，还缺少依据。因为没有实物，无法与已知的各种动物和古生物的化石骨骼做比较，也就无法对比鉴定。所以，科学家们至今还对此争论不休。

比如东京水产大学对怪物须条进行了蛋白质的分析后，就发现它的成分酷似鲨鱼的鳍须，于是传媒又转向鲨鱼说。但究竟是不是鲨鱼呢？迄今为止，围绕着太平洋怪兽到底是什么的问题，科学家们仍然在议论纷纷，人们都盼望在南纬43°53′、东经173°48′曾经打捞上怪兽尸体的地方，有一天会再现怪兽的踪影。

（十一）喀纳斯湖水怪之谜

在阿尔泰山西北部的峡谷中，有一弯月牙形的湖泊——喀纳斯。人们习惯把湖区划分为一道湾、二道湾、三道湾和四道湾，湖的最北端又叫湖头，这也是人迹罕至的地方。但是这里却出了一个湖怪。

哈纳斯湖里原先经常飞来许多野鸭，不知从什么时候开始，野鸭一落湖便被一种怪物活吞，没几年工夫，哈纳斯湖就不见野鸭的踪影了。喀纳斯湖岸许多农户经常发现沿湖岸浅水地带，有完整的牛、马、羊的骨架。这自然不是人吃的，即使是山上的狼豹等凶猛动物，它们也不可能把这么多的骨架，扔到如此远的湖水里。

新疆的科研人员有一年夏天在湖中考察，遇到一件怪事。那天，他们在湖里抛下了一副600米长的大鱼网，网是尼龙的，光是浮柱就够粗的。过了一夜，到湖面上一看，茫茫碧波哪里还有渔网的影踪。众人惊得目瞪口呆：怪了，难道这600米长的大网能"飞"了不成？科研人员百思不得其解，想来想去只有一个可能：被人偷去了。但和边防站哨所联系后，人们又断然否定了这种可能。果然，过了几天科研人员泛舟到哈纳斯湖上游考察时，又发现网漂浮在水面上，纠缠成了一大堆。是什么东西把渔网逆水拖到了好几千米以外？自然又成了一个谜。

有一次，一名叫金刚的护林员到湖头的林区去巡视，当时他把船拴在岸边，从山上下来的时候，突然在湖面上看见了一个漂浮的物体，这个物体和船的距离约有500米远，初步判断其长度有船的2倍。

两年后的秋天，金刚在骑马巡山时，他再一次看见湖的中间有一个大概50厘米高的不明物体。当他到附近的牧民家里借一架望远镜想看个究竟时，却遭到了当地居民的训斥，并且告诉金刚这是不能乱说的。这让金刚十分意外和迷惑，他隐约感到这些老人似乎在刻意地隐瞒着什么秘密。

1985 年夏天，一支科学考察队曾经来到喀纳斯，目的之一就是考察喀纳斯湖里面是否真的有水怪存在，领队的是新疆大学生物系教授向礼陔。最初他们在湖边巡视了几天都一无所获，可是一天早晨，湖水的声音却突然有了变化。湖面上涌起一阵浪花，浪花下面有一个巨大的影子在游动。在望远镜里，向礼陔隐约看到一条红色的巨兽缓缓游过便迅速消失了。

第二天，考察队成员中有人又看见在水下面有几十个东西在动，后来有 100 多个，其背部都是红棕色的。这些大鱼的影子都硕大无比，估计长度 10 米开外，考察队暂时把看到的东西称为"大红鱼"。

第三天，新疆环境科研所的袁国映和同伴们也看到了蓝绿色的湖面上有很多红褐色的圆点，像蝌蚪一样的鱼头，并在湖面上形成很多巨大的影子。其中，有些影子还可以隐约看出鱼的形状。袁国映共看到大约 60 条左右的大鱼，他保守地认为鱼的长度一般都在 10 米以上。那么，这条鱼的长度着实令人匪夷所思。迄今为止，人们只知道最大的淡水鱼类是产自我国的鲟鳇鱼，它的身长可以达到 7 米左右，体重可以达到 1 吨。而专家们在喀纳斯看到的大鱼的长度却是鲟鳇鱼的 2 倍多，几乎可以和海洋中最大的生物鲸鱼相媲美，如果这是真实的，在喀纳斯发现的大鱼绝对称得上是世界淡水鱼之最。

1987 年新疆环保科研所的一只考察队中的数名队员又一次发现了这一"水怪"。7月 24 日，考察队员登上了湖边的骆驼峰，从峰顶上的一个八角亭上向湖面望去，发现湖面上突然有一团团褐红色的水藻般的东西漂浮着。一个拿着望远镜的队员喊道："快看！大鱼！那是大鱼！"队长连忙接过望远镜仔细观察，此刻那些像水藻的红色东西开始浮出水面，这些"水藻团"正是大鱼。在望远镜中，鱼头上巨大的眼睛清晰可见，到了中午，这些巨型的怪物竟然聚集了有 60 多头。据当时亲眼目睹这一壮观的队员说，鱼头的宽度大约有 1~1.5 米，鱼长 10 米以上，最大的鱼竟有 15 米长，重量大约有 2 吨。如此巨大的鱼是不是鲸鱼或者其他巨型生物呢？

生物学家否定了这种猜测，因为像鲸鱼这样的生物只能生活在海洋环境中。像喀纳斯湖属于淡水湖，是不可能有鲸鱼的。况且，从外部体征来看，颜色、体形等方面都有很大的区别。那么到底这是何种生物呢？它为什么会生活在喀纳斯湖？能不能捕获到一只呢？队员们立即动手制作了两个巨大的鱼钩，再放上羊腿和活鸭，希望能够钓到实物。但是没有成功。

2003 年 9 月 27 日，中俄边境的交界处发生了里氏 7.9 级的大地震。管理局的人员赛力克和全宝明驾船行进到二道湾时看见了水怪，并觉得那个怪物呈椭圆形，没有完全离开水面高度的情况下长度就有 10 米以上。会不会是地震使得那个久未露面的怪物又重新出现了呢？

时隔不到两年，2005 年 6 月 7 日，一群来自北京的游客在喀纳斯湖面上乘船游览，当船行进到三道湾附近时，突然看见一个巨型物体从岸边游向湖心。最后由一个变成了两个，一前一后。当时，游客拍摄了怪物录像，从录像中可以隐约看出水下有个阴影，有的画面还能看出露出水面的三角形的像背鳍的东西。如果这个影子若是哲罗鲑，而且长度真的达到 10~20 米之间，那么，按照生长的这个体重和体长的关系来推断，15 米的鱼就有 32 吨重，这完全可以像海洋的鲸鱼。

消息一传开，不少外国科研机构和观光者纷纷来到这个冰山脚下的小湖边，目的只有一个，那就是一睹"水怪"的真面目。同时，所有的人都在追问，这个巨大的"水怪"到底是什么呢？

有人提出，这种生活在湖中的奇特生物就是巨型的哲罗鲑，它属于鲑形目鲑鱼科，是一种产于北方的冷水型食肉鱼类。哲罗鲑在繁殖季节，皮肤呈红褐色，其次哲罗鲑也是鱼中最凶猛、体型最大的。从已经捕捞上来的一条长约 1.45 米的哲罗鲑标本来看，这种鱼体形狭长，头部扁平，满嘴都是锋利的牙齿，即使在上下腭和舌头上也布满倒刺，咬住食物，食物很难逃脱。

在和诸多"水怪"目击者求证后，他们大多认为看到的东西很可能是大鱼，水中的黑色影像正是鱼的脊背。

不过，即使是把喀纳斯水怪认定为哲罗鲑大鱼后，仍有一些疑问难以解释。首先，迄今为止从喀纳斯湖中捕捉到的哲罗鲑长度还没有超过 3 米的，无法证明湖中会有 10 米长的大鱼。另外，喀纳斯湖是否有供巨型鱼存在的生态条件？哲罗鲑属于鲑科鱼类，鲑科鱼类的一个重要特性就是繁殖季节的洄游，而喀纳斯湖是一个过江湖泊，它的上下游河道都比较狭窄，尤其是和湖区相连的部分，大多是一些乱石浅滩，大鱼又是如何通过的呢？

如果这种水怪是哲罗鲑的话，那为什么会如此巨大，使它变大的原因是什么？如果不是哲罗鲑，那又是什么动物？这一系列的问题至今还没有令人满意的科学解释。

（十二）海底人之谜

1902 年，一艘英国货轮在非洲西海岸航行时，发现了一个半浮在水中的巨大怪物，好像是金属做成的。当探照灯照过去时，它却消失在海里。

1938 年，在爱沙尼亚的朱明达海滩上，人们发现了一个"鸡胸、扁嘴、圆脑袋"的"蛤蟆人"。当它发现有人跟踪时，便迅速地跳进波罗的海，速度之快使人几乎看不见其双腿。这大概是第一例海底人的目击案例。

1958 年，美国国家海洋学会的罗坦博士使用水下照相机，在大西洋 4000 多米的海底，拍摄到了一些类似人但却不是人的足迹，难道这就是海底人的脚印？

1963 年，美国潜艇在波多黎各东海岸演习时发现了一个"怪物"，它既不是鱼也不是兽，而是一条带螺旋桨的"水底船"，时速可达 280 千米。据说当时美国海军有 13 个单位都看见了它，并分头派出了驱逐舰和潜艇进行追踪，但不到 4 个小时，这头"怪物"即消失得无影无踪。

有一种观点认为，"海底人"确实存在，它们是另一种智慧生物，它们既能在"空气的海洋"里生存，又能在"海洋的空气"里生存，其理由是：人类起源于海洋，现代人类的许多习惯及器官明显地保留着这方面的痕迹，例如喜食盐、身无毛、会游泳、海生胎记、爱吃鱼腥等等，而这些特征则是陆上其他哺乳动物所不具备的。在人类进化过程中，很可能形成了水中、陆上两个分支，上岸的被称为"人类"，下水的则被称为"海怪"。有人说，也许"海怪"还把人类称为"陆怪"呢！

第二种观点则认为，"海底人"不是人类的水下分支，而很可能是栖身于水下的特异外星人，理由是这些生物的智慧和科技水平远远超过了人类。

目前，大多数科学家都不同意这两种观点，他们认为，神秘的"海底人"的许多特征均符合地球的生存条件，他们只能是地球的产物，而不可能是来自外星的生物。于是，海底不可能有另一支人类分支的说法逐渐占了上风。到底是否真的有"海底人"呢？这需要科学家们去进一步证实。

（十三）美人鱼之谜

美人鱼只存在于童话故事中吗？未必！

科威特的《火炬报》在 1980 年 8 月 24 日报道：最近，在红海海岸发现了生物公园的一个奇迹——美人鱼。美人鱼的形状上半身如鱼，下半身像女人的形体——跟人一样长着两条腿和 10 个脚趾。可惜的是，它被发现时已经死了。

无独有偶。1990 年 4 月，《文汇报》有这样一则报道：一队建筑工人，在索契城外的黑海岸边附近的一个放置宝物的坟墓里，发现了这一令人难以相信的生物。她看起来像一个美丽的黑皮肤公主，下面有一条鱼尾巴。它长达 173 厘米。科学家相信她死时约有 100 多岁的年龄。

1991 年 8 月，美国两名捕鲨高手在加勒比海海域捕到 11 条鲨鱼，其中有一条虎鲨长 18.3 米，当渔民解剖它时，在它的胃里发现了一具奇怪的骸骨：上身像成年人的骨骼，骨盆开始却是一条鱼的骨骼。渔民将之转交警方，检验结果证实是一种半人半鱼的生物。参加检验工作的美国生物学家说，从他们所掌握的证据来看，美人鱼并不是传说或虚构出来的，而是确实存在的。

证据似乎已经够多的了。那么，美人鱼是否像传说的那样真实地存在于海洋中呢？

许多科学家认为，传说中的美人鱼实际上就是海中的海牛或海豹类动物，它们拥有与美人鱼相似的特征：海牛的身体虽说比妇女的身躯略大，但雌海牛的胸部乳房的

位置与人类女性的位置相似，远远望去很容易错认。至于在寒带或温带海洋看见的"美人鱼"，则很可能就是海豹。海豹有肢状前鳍和逐渐缩小的身体，有温柔迷人的眼睛，而且还会跳跃，这跟传说中的美人鱼十分相似。

美国斯密森尼安博物馆脊椎动物部主任居格博士是著名的隐匿动物学家。一次有人问他美人鱼究竟属于哺乳动物还是属于鱼类时，他说除非看到美人鱼的标本，否则对这个问题的任何一种回答都是臆测。

（十四）海洋巨型生物之谜

1861 年 11 月 20 日，法国军舰"阿力顿号"从西班牙的加地斯开往腾纳立夫岛途中，遇到一只体长 5~6 米、触手 2 米的海上怪物。希耶尔和船员们用鱼叉把它叉中，又用绳套住它的尾部。但怪物疯狂地乱舞触手，把鱼叉弄断逃去，绳索上只留下重约 40 磅的一块肉。

1978 年 11 月 2 日，加拿大纽芬兰三个渔民在海滩上发现一只因退潮而搁浅的巨大海洋动物，见惯了怪异海洋动物的渔民们也啧啧称奇。它身长足有 7 米，有的触手长达 11 米以上，触手上的吸盘直径达 10 厘米，眼睛足有人的脸盘大。渔民们用钩子钩住它，怪物挣扎了一会儿，不久就死了。

关于这种统称为海怪的生物究竟是什么物种，人们做出种种猜测：

一种说法认为这是一种巨型章鱼。1896 年底，在圣·奥古斯丁海滩，两位正在玩耍的男孩发现了一个巨大的白色生物体。它有 7 米多长，2 米多宽，重达 7 吨，而且肉体非常有弹性，显然死去不久。当时最有名的头足类动物（乌贼等）专家、耶鲁大学的阿狄森博士，断定它是一种未知巨型章鱼的尸体，并且给了它一个"科学"名称——"巨型章鱼"。

阿狄森博士曾在一本书中描绘这条章鱼："巨型章鱼活着的时候，有着令人恐惧的臂，每条臂至少有 30 多米长，有一艘大船的桅杆那么厚。它有着数以百计的碟状吸盘，最大吸盘的直径至少是 30 厘米。"而普通章鱼的两臂伸直最长纪录不过 6 米多。这实在是一种可怕的生物。

还有人猜测，海怪有可能是 1.6 亿年前的蛇颈龙，或是其他的古生物物种。这种古生物的数量非常之少，它们生活在稳定的深海环境里，人们很难见到它的踪影。

有专家通过对世界各地发现的海怪尸体样本的化学组成的检对比测，发现它们都十分相似，既不属于巨型章鱼或鱿鱼，也不属于其他各种神秘的无脊椎动物。这些样本都是来自同一种生命体——鲸鱼，它们可能是一种鲸鱼或者鲨鱼的组织。

虽然这种海洋生物还保持着它的神秘性，但无论它属于哪种物种，以"海怪"来称呼它才是恰如其分的。

（十五）欧肯纳根湖水怪之谜

据说加拿大的水怪比任何一个国家都多，这或许是因为水温较低的缘故。欧肯纳根湖位于加拿大哥伦比亚省欧肯纳根的核心地带，湖约150千米长、1.6千米深。在当地流传说这个湖有十几只水怪。在过去，这只是一种传说，但近来已经有越来越多的目击者看见。

1872年，当地居民约翰·阿里森就亲眼看到了水怪，他说，水怪长着一副马头，身子却像蛇一样。1926年，正在欧肯纳根湖行驶的船就遇到了水怪，当时包括船长在内30人都亲眼目睹了。他们看到了水怪的脊梁，大约长12米。

1989年，加拿大哥伦比亚省古生物研究俱乐部曾两度远赴欧肯纳根湖寻找水怪的踪迹。其中一次，他们就有幸目睹了这一水怪。据描述，长90~100米，露出水面部分有好几个拱状背脊，皮肤犹如鲸鱼般。

根据三次目击证人的描述，欧肯纳根湖水怪的特征基本为马一样的头和脸，蛇一样修长的身体，鲸鱼般的皮肤，露出水面部分有好几个拱状背脊。有人说，欧肯纳根湖水怪与尼斯湖水怪是同一种生物，但究竟是什么，目前还没有一个统一的说法。只有等待专家的进一步考察研究，相信终有一天答案会明朗的。

（十六）猎塔湖水怪之谜

在四川省九龙县城附近的山上，有一个叫猎塔湖的高山湖泊。这里集原始森林、高原湖泊、高山草甸、众多的野生动植物于一体。猎塔湖面积不大，只有约1平方千米左右，但是湖水看上去深不可测，给人一种万丈深壑的感觉。

这个不大的湖泊，却因湖内生长着一种不为人们所知的水怪，而引起了许多水产专家和生物学家的关注，现已有许多新闻媒体前来采访报道。至今，猎塔湖内的水怪究竟是何动物，还是一个未解之谜，它深深地吸引着世界各地探险、探秘的旅游爱好者。

在九龙县一个叫吉日寺的喇嘛庙里，保存有一本流传千年的藏经，经书上赫然记载着：猎塔湖里有宝物！正是这一记载，激起了人们寻宝发财的欲望。千百年来，一批又一批的探宝者来到猎塔湖寻宝，但谁也没有找到。他们中的一些人，倒是遇到了令人匪夷所思的水怪，并感受到了极大的恐惧。

1994年的一天，有个当地人偶然来到猎塔湖边。突然，湖面上天气突变，随着一声巨响，一个神秘怪物从湖中跃起。据他说，那怪物长得像远古时代的恐龙，模样十分可怕。几天后，好奇的人们在他的带领下来到湖边，结果在湖边发现了一些牦牛尸体。"这地方没有出现过大型野生肉食动物，牦牛肯定是被水怪吃了！"人们惊骇不已，相互转告。

1998年，有个当地人在猎塔湖边用摄像机拍摄到了一个神秘现象：平静清澈的湖中突然出现浪花，浪花像车轮一样把水搅成逆时针方向旋转，而旋涡底下好像有生物在移动。几分钟之后，这一现象消失，湖面又呈现出平静安详的景象。

2004年6月，两个村民在湖边休息时，突然间大风骤起，黑云堆积，湖中传来一阵巨大的响声。一个村民闻声看去，只见湖中掀起了阵阵巨浪，转瞬之间，湖面上突然钻出了一个头长近2米、远看像大蟒蛇的怪物！片刻之后，怪物便沉入了水中。

时隔一年之后的8月，有个本地画家在猎塔湖写生时，也看到了传说中的"水怪"：当时天气突变，狂风大作，他看到湖中出现了一个将近20米长的神秘怪兽，怪兽头上似乎还长有一个冠子，它在水中旋转翻腾，激起了阵阵大浪……

众多目击者的描述惊人的相似，一致认为该动物身体淡黄、头部青灰，运动方式多样，特别重要的是，每前进一段距离还会喷水。这让同行的生物学者感到迷惑，他断定世界上没有已知生物符合这样的综合特征。

对猎塔湖中出现的水怪，人们提出了各种各样的解释和猜测。

有人提出，湖里可能生存着远古恐龙的后代；有人说，湖里可能生存着一条或者几条巨大的蟒蛇；有人认为，水怪是巨大的鱼类或其他水生动物。但是这几种说法都被一一否决了。

既然以上几种说法都站不住脚，那么，猎塔湖水怪到底是什么东西呢？目前我们还不得而知，也正是这样才给我们留下无穷的猜想。

（十七）蒙古死亡之虫存在之谜

在蒙古内陆环境险恶的戈壁沙漠里，据说有一种世界上最奇异、最难以琢磨的怪物——"死亡之虫"。当地人关于这种动物的传说已流传了几个世纪，直到今天仍不时有人声称目击过它。可是，这种可以在瞬间将人畜电死的虫子真的存在吗？一个英国科学家小组计划到"死亡之虫"出没最频繁的地区进行为期一个月的科学探险，试图揭开这个自然之谜。

如果有朝一日经过荒无人烟的戈壁沙漠，那么你一定要小心脚下，因为沙土下面很可能潜伏着一种非常恐怖的怪物。这种怪物十分可怕，很多当地人甚至没有胆子提它的名字。只把它称为"死亡之虫"。

据说这种肠虫不仅会喷射毒液，还能放电，甚至在几米开外都可以将人或畜电死。可是，对于这样的传闻，科学家并不会一笑了之。在他们眼里，关于"死亡之虫"的传说在蒙古流传如此之广，人们的描述如此惊人的一致，足以说明科学界有必要揭开这个自然之谜。

有一位目击者甚至在不经意间与肠虫有过"亲密接触"，结果他的手臂被烧伤，伤口周围变得铁青。当地艺人根据目击者的描述雕出一条肠虫，和雪豹、野生白山羊等珍贵动物的标本一起摆放在当地的博物馆里，毫无疑问，博物馆里的肠虫，虽然是木头雕刻而成的，但它绝对是所有展品中的"大明星"。

蒙古人称"死亡之虫"为 Allghoi khorkhoi，在蒙古语里为"肠虫"的意思。因为据目击者介绍，这种怪物在蒙古戈壁沙漠的诺扬地区出没，外形很像牛的肠子，颜色为暗红色，不仅长得丑陋无比，它的攻击力也非常惊人。这种"死亡之虫"大约有 1.5 米长。

英文资料中第一次提及"死亡之虫"是在 1926 年，美国教授罗伊·查普曼·安德鲁斯在《追寻古人》一书中描述了"死亡之虫"，但是他还不能完全确信依据蒙古官员们描述的这种沙漠怪物的存在。他在书中写道："尽管现在的人们很少见到'死亡之虫'，但是当地蒙古人对'死亡之虫'的存在表现得非常坚定，而且那些目击者的描述竟惊人的相似。"捷克探险家伊凡·麦克勒是探寻"死亡之虫"的权威专家，他早在 1990 年和 1992 年分别两次来到蒙古寻找"死亡之虫"的踪迹，尽管前两次探险并未达到自己的预期目标，但是他已被"死亡之虫"的神秘感深深吸引。

依据前两次探寻经验，麦克勒编写了一份具有实用价值的"情报资料"，是陆续前来探索"死亡之虫"的科学家和猎人们的必读信息。

麦克勒在这份资料中指出，外形像香肠的"死亡之虫"体长为 1.5 米，如同男性胳膊一般粗细，类似于牛体内的肠虫。它的尾端很短，就像是被刀切断一样，尾端并不是锥形。由于"死亡之虫"的眼睛、鼻孔和嘴的形状很模糊，让目击者乍一看无法具体辨识其头部和尾部。它整体呈暗红色，与血液、意大利腊肠的颜色十分接近。"死亡之虫"的爬行方式十分古怪，它要么向前滚动着身体，要么将身体倾向一侧蠕动前进。

如果牧民的报告可以令人相信的话，那么这种怪物将是动物里的"终极杀手"。根据外界的传言，它是一种能吐出像硫酸一样的腐蚀性液体（甚至可以腐蚀金属）的怪物，是一种从眼睛中喷射出电流甚至能够杀人的怪物。

弗里曼则认为，蒙古戈壁沙漠里存在一种行踪神秘的动物，这种可能性不能排除，但像当地人所说的"死亡之虫"有那么大的可怕杀伤力，这一点令人怀疑。他因此联想到中世纪欧洲的火蜥蜴迷案，当时人们以为这种火蜥蜴有剧毒，甚至有人推测亚历山大大帝的士兵当时由于喝了生活有火蜥蜴的溪水后，导致几百人丢了性命。但现在科学家证实，火蜥蜴无毒。另外，类似的可怕传说在今天的苏丹同样存在，当地人普遍认为沙蟒蛇剧毒无比，人们只要碰它一下就会死掉。事实是，这种蟒蛇根本就没有毒性。

弗里曼并不认为所谓的"肠虫"是一种虫子,因为虫子需要湿润的空气和泥土,肠虫所处的环境显然不具备这样的条件。如果蒙古戈壁沙漠里果真有这样的动物,那么它更有可能是石龙子,也就是一种长有短小或退化了的腿的蜥蜴。

让科学家迷惑不解的是,如果这种怪物是石龙子,可石龙子虽然喜欢生活在沙子里,但它们不能分泌毒液。事实上,人们只知道两种有毒蜥蜴—珠毒蜥和钝尾毒蜥,而且人们从未在亚洲发现这两种蜥蜴的踪影。如果不是蜥蜴,那么它可能是一种未知的蛇类。一些神秘动物学家(研究神秘动物踪迹的专家)表示,蒙古"死亡之虫"符合人们对致命毒蛇的描述。

致命毒蛇是一种产自澳大利亚的有剧毒的蛇。致命毒蛇与眼镜蛇关系紧密,而几种眼镜蛇在自卫时会喷射毒液。但是,这种毒液只有在接触到眼睛时才有危险,另外它肯定不具任何腐蚀特性。眼镜蛇更不可能释放电流。鳗鱼和其他几种鱼虽然可以放电,但它们不可能生活在陆地上,而对于所有生活在陆地上的动物来说,它们又完全不具备这种技能。

迄今为止,对于蒙古"死亡之虫"是否真的存在问题,科学界意见不一。

十九、超自然现象之谜

(一)"金字塔能"之谜

1963 年,埃及考古学家马苏博士宣称,当他经过 4 个月发掘,在帝王谷下 27 英尺的地方打开一座古墓石门的时候,一只大灰猫披着满身尘土,弓着背,嘶叫着,凶猛地向人扑来。几个小时以后,这只猫在实验室里死去了,然而它忠实地守卫着主人,守了整整 4000 年。

这不是唯一一件发生在金字塔内的奇异事件。

法国人鲍比是最早发现金字塔具有神秘力量的人。在进入金字塔考察时,鲍比发现塔内温度非常高,但残留于塔内的生物遗体却并不腐烂变质,反而脱水变干。鲍比据此推断,塔内可能有某种不可思议的力量在起作用。

鲍比用薄木板裁成底边为 1 米的三角形,把 4 块三角形的薄板拼起来组成一个金字塔模型,然后把动物的内脏、加工过的肉和生鸡肉等放入模型内部,几天后拿出来一看,肉类并未腐烂,依然新鲜。

鲍比的模型实验进一步引起了各国学者的兴趣。后来美国的研究人员又做了一项模型实验。他们把 1000 克牛肉分成两份，每 500 克为一份，一份放在自制的金字塔模型之内，另一份放在模型之外进行对照实验。在同样的室温条件下，放在模型内的牛肉 5 天后完全脱水，变成了牛肉干。而放在模型外的牛肉，不到 4 天就腐烂发臭了。

接着，日本的研究人员也做了几项对比实验。他们把同样的牛奶分装两杯，自制的金字塔模型之内放一杯，另一杯放在模型之外，经过 50 小时，模型内的那杯牛奶变得像奶酪一样干硬，但未变质，而在模型外的那杯牛奶已经变质了。

但是，尽管科学家们做了如此多的对比实验，也只能说他们对神秘力量的现象有了更多的了解。至于"金字塔能"的形成原因，至今也没有人能做出科学合理的解释。

（二）恐怖的法老诅咒之谜

图坦卡蒙是埃及新王国第十八王朝的一个法老，他自幼多病，死时只有 18 岁。图坦卡蒙的陵墓并没有藏在高高的金字塔中，而是建在地下，因此在很长时间里都没有被发现。直到 1922 年 11 月 5 日，英国考古学家霍华德·卡特终于找到了图坦卡蒙陵墓的入口。他竟然开凿于断崖底下，位于另一个著名法老拉美西斯六世的陵墓下面。在卡特的合作者卡纳冯赶到后，他们一连打开了两道门，无数的奇珍异宝让所有在场的人几乎窒息。第二年 2 月 17 日，第三道门被发现了，在这里，他们打开了图坦卡蒙无比豪华的棺椁。也是在这里，卡特发现了一个用黏土做成的匾额。几天后这个匾额上的文字被翻译出来了："谁扰乱了这位法老的安宁，'死神之翼'将在他头上降临。"从此，图坦卡蒙的诅咒似乎从远古的阴影中扩散开来。数十年来，凡是胆敢进入法老墓穴的，几乎一一应了咒语，不是当场毙命，就是不久后染上奇怪的病症而痛苦地死去。

图坦卡蒙咒语的第一位牺牲者是卡纳冯。死因是其面颊上的一个肿块。几个月前，当卡纳冯进入图坦卡蒙陵墓入口时，他的左侧面颊突然被什么东西蜇了一下，伤口顿时肿胀且疼痛难忍。几天后，卡纳冯住进了开罗的一家医院。1923 年 4 月 15 日凌晨，值班护士突然听见卡纳冯大声叫喊道："我完了！我完了！我已经听见召唤了……"没等护士赶到他身边，突然停电了，到处变得漆黑一团。5 分钟过后，当电灯重放光明时，人们奔到卡纳冯的床前。只见他极为惊恐地瞪大眼睛，半张着嘴，已经断气了。奇怪的是，后来用 X 光检查图坦卡蒙的木乃伊时，人们发现在他左脸颊上也有一个伤痕，其形状、大小和部位都与卡纳冯左脸颊上的肿块一模一样。

卡纳冯之死不过是一连串死亡事件的开始。不久，在开罗那家医院护理过卡纳冯的护士也突然死去了，死因不明。曾给图坦卡蒙做 X 光透视的亚齐伯尔特·理德教授拍了几张照片后，突然发起高烧，返回伦敦不久就一命呜呼。此后，卡纳冯的助手以及参加过挖掘和调查的学者、专家纷纷神秘死亡。此外，有卡特陪同参观过图坦卡蒙墓室的一个美国人参观完毕次日便发高烧死亡。一个南非富豪参观完陵墓的挖掘现场后，在归途中从游艇跌进风平浪静的尼罗河中淹死了。最怪异的是，1929年卡纳冯的遗孀也死了。据报道她也是被虫子叮蛰而死的，叮蛰的部位也在左侧面颊。仅6年的时间里，就有20多个有关联的人莫名其妙地死去。人们把这一系列的惨案称为"图坦卡蒙的诅咒"。

图坦卡蒙墓室

目前对"法老咒语"的所谓显灵，科学家们众说纷纭。

第一种解释：致命真菌的发现。1989年，美国考古学家肯特·威尼斯在帝王谷中，主持发掘了一座编号为K—V5的陵墓。在这座陵墓里，埋葬着十九王朝拉美西斯二世的48位王子。陵墓早已被盗掘一空，但是它仍然留给发掘者们一个意外收获：这是一座黑暗而潮湿的陵墓，墓中随处可见一团一团奇怪的东西。它们以木乃伊和陪葬的食物为食，渗入的尼罗河洪水又给它们带来了更多的食物。更重要的是，这些家伙不需要氧气。这些致命真菌的发现，与图坦卡蒙陵墓发掘记录中的一条讯息十分吻合。那就是，图坦卡蒙王陵在最初被开启的时候，墓中也发现了许多成团的"莫名其妙的东西"。它们很可能就是和王子墓中同样的致命真菌，也就是卡纳冯爵士以及更多受害者致死的重要原因之一。为什么发掘K—V5的考古者们没有一个死于非命呢？那是因为，现代的科学技术，已经让人们明白了隔离的重要性。考古队员们在最初进入墓室的时候，都会穿戴上防护的服装，以及面罩、手套等等。而在发掘图坦卡蒙王陵以及更早以前其他的发掘时，人们还没有这种意识。那位在狂乱状态中死去的德国人杜米切恩教授那个时代的防护装置，仅仅是将一块橘皮绑在鼻子下面，用以冲淡一些墓穴的异味而已，根本不可能将致命的真菌孢子与自己隔离。

第二种解释：毒药。古埃及的祭司们，是人类历史上已知最早也最善于利用毒药的一群人。早在公元前3000年的时候，埃及最早的前王朝时期，埃及的第一位法老王KA，就已经指派专人种植有毒的植物了。人们还发现了不久后的曼尼斯法老时期的文书，上面记载着许多毒物的应用方法。上面不但有鸦片、砒霜、附子等，甚至也包括一些氰化物。除此之外，在古代埃及，毒蟾蜍还有着至高无上的地位，被视为圣物。除了它的毒素之外，人们想不出其他有说服力的理由了。所以，人们也认为，古代埃及人很有可能将剧毒作为保护法老陵墓的武器使用。当然，对毒物的使用也不一定就是有意为之。因为在陵墓内随处可见的壁画上，那些绚丽的色彩里，就含着各种剧毒成分。除此之外，"尸毒"也是一种很可怕的毒素，它能使接触者诱发脑膜炎等不治之症。这些林林总总的毒素混杂起来，累积在密闭的法老陵墓中无法消散，当然就有可能对闯入者（特别是最初的一些闯入者）的身体产生无法弥补的伤害。

第三种解释：放射线的辐射。仔细看看因"法老的诅咒"而丧命的病例，除了发高烧、中风之外，更多的是疯癫，以及血液循环系统的毁坏。于是，关于放射线的解释也提上考虑的范围之内。也就是说，金字塔的一部分是由带放射性的石料砌成的。更准确地说，古代埃及人已经发现了放射性的铀的作用，用它来保护法老身后的平安。那些紧紧贴在木乃伊身上或放置在陵墓中的护身符等等，就是用纯度较高的含铀矿石制作或至少曾经接受过辐射"加工"的。1912年4月15日，史上最为惨烈、影响也最深远的一次海难，在英国—纽约的航线上发生。悲剧的主角名叫泰坦尼克号。踏上这次不归之旅的，除了2000多名乘客之外，还有一具古埃及女祭司的木乃伊。她生活在十八王朝，即图坦卡蒙的那个时代。木乃伊的身上佩着许多的饰物，最显眼的就是安放在胸前的一块符咒，那上面画着死神奥西里斯像，还有一行文字：快从沉睡中醒过来吧，你眼光所及能战胜伤害你的一切。为了妥善保管这具木乃伊，它被安放在船长的驾驶舱里。据说，和这具木乃伊打过交道的人里，很多都有神志不清的情况发生。那么，是不是驾驶泰坦尼克号的船长也成为其中的受害者之一呢？据说，老练的爱德华·史密斯船长，在驾驶泰坦尼克号的最后一天，做出了一些令人匪夷所思的决策，其中包括过分的高速、选择了非正常的航道等等。而其他船员也多少犯了与船长相似的错误，例如求救电报发出的时间太晚等等。在研究泰坦尼克号海难原因的时候，有人就提出这样的疑问：是不是船长和船员们频繁接触女祭司的木乃伊，受到了诅咒的影响呢？假如诅咒之说太过于缥缈，那么，至少也是受到了木乃伊所佩饰物上可能携带着的放射线地影响了吧？当然，真正的原因随着巨轮的沉没而无从查考。但是关于木乃伊的疑问，却肯定会在很多人的心里成为一个不解之谜，更进一步加深了人们对神秘古埃及的向往。

第四种可能：心理压力。这种情形，多数发生在初次接触金字塔的非专业人士中间。他们往往只是在好奇心的驱使下前往参观，但是在他们身上发生的类似"诅咒"事件，却也频繁发生。1866年，一位中国学者参观了胡夫金字塔。事后他形容自己入塔的感受时说，自己当时有丧魂失魄的感觉，眩晕不能自制，出塔之后才发觉，自己已是一身冷汗。"至今思之，为之神悸"。

（三）死亡谷"铁锅"之谜

在西伯利亚泰加地区有一片10万平方千米的原始针叶森林。这里是神秘事件、奇异动物和古怪传说的频发地，索有"死亡谷"之称。

根据当地一些文献记载，一些猎人曾进入过死亡谷，他们见到过好几间凸出于永久冻土上的半圆形铁房子。这些光滑泛红的铁房屋的顶上有开口，是楼梯井的出口，楼梯下到底层圆形走廊，再通至各个"铁"房间。尽管室外大于零下40℃，但室内却很温暖。当地的雅库特老人不知道这些铁房子的来历，也不知道它们属于谁的，是用来干什么的。当地人把这些铁结构称为"倒扣的铁锅"。雅库特人注意到，随时间推移，一些"铁锅"正逐渐下沉于冻土中，趋于消失。这些地点对有生命的物种都具有危险性，停留时间过长，人会产生眩晕，还可能染上莫名的病症。

这些记载是真实的吗？海参崴的米克海·柯里金写信给《劳动报》称，他曾于1933年、1937年和1947年三次进入死亡谷。他与朋友一起第三次进入死亡谷时，他们总共见过7个"铁锅"，那些"铁锅"看起来都很神秘，直径为6~9米。"大锅"周围的植物比别处的植物更为茂盛，有许多长茎阔叶的牛蒡以及比人高1倍的异草。当时柯里金及同伴在一个"大锅"中过了一夜。尽管当晚未出现异常现象，但在1个月后，他的一位朋友的头发全掉光了，柯里金的脸上则长了两个小脓包，一直没有治愈。

1936年，一名地质学家来到奥吉拉克河流域时也发现了一只"大锅"，它还没有完全陷入地下。"铁锅"的厚度为2厘米，边缘锋利，颜色泛红，它有1/5还在地面之上，拱顶上的开口甚至能让骑在驯鹿上的人进入。这名地质学家将他发现的情况报告给省会城市雅库茨克。

从1979年开始，雅库茨克派出了一系列的考古探险队。尽管探险队有一名当地的老向导，他曾在年轻时也见过"铁锅"，但探险队还是没有找到"铁锅"的下落。

雅库特死亡谷的"铁锅"之谜深深地吸引着探险队。捷克探险家伊万·迈克尔勒率领的探险队决定在这些神秘的"铁锅"沉入地下之前，亲眼见一下它们。探险队并不相信它们是UFO的残骸或什么单眼黑怪物。他们要证实，有没有"铁锅"存在，它们到底是什么东西。

由于泰加地区十分辽阔，探险队选择在融雪后的春天用机动滑翔伞来勘察。机动滑翔伞飞行1小时相当于步行1个月，还可以拍出一些疑点。另外，在一些地区由于身背装备和食物实在无法在密林中穿行，他们只好选用充气橡皮艇顺河而行。为了完成全长约200千米的河域探测，他们在行进一段后便上岸住上几天，并以营地为中心，再扩大搜索范围。有一天，滑翔伞驾驶员在落地后大声呼喊："我发现了圆圈状物体！"他用手指着河的东岸。大家都围拢过来并看录像。正如驾驶员所述，在贫瘠的山地里，确实有一奇怪的环形物体。大家兴奋地拿出伏特加酒，庆贺发现了第一个"铁锅"。

尽管还是6月天，探险队员还是感到惊奇，因为在夜间下起了雪。直到第二天雪仍未停止，大家渐渐失去了耐心，决定冒雪出行，搜寻神秘的"铁锅"。队员手拿GPS，穿过厚厚的积雪，他们来到山顶的一块开阔地，见到他们拍到的环形物体。可是他们见到的并非是盼望已久的凸现在地上的半圆形"铁锅"，而是直径为 30 米的池塘。池塘中央是直径为 30 米的圆形平地，这个池塘看起来不像是天然形成的地形。

一名探险队员用两根树枝探着脚下的薄冰，以免陷入冰下的沼泽。他穿着长筒防水靴继续试探着。树枝在水下探到坚硬的半球形东西，如果它是半球形冰块，它应随着水流早就融化了。因此，它很可能是半球形的"铁锅"，它现在已完全沉没在冻土之中。

之后的几天，在冰雪融化后，探险队幸运地在河的下游几千米处又发现了另一个直径为 10 米的半圆形物体，穹顶覆盖着泥巴。他们凭树枝探出半球形穹顶的形状，但却没有设备排出水和泥巴让它显露出来。第二天，一名探险队员果然身体不适，头晕发呕，身体无法平衡，就像以前遇到"铁锅"后发病的人一样。当夜色降临，突然狂风大作，大雪纷飞，探险队的帐篷完全被大雪封盖。大家在疑惑，是否神秘的"铁锅"在惩罚他们？第二天，他们便乘橡皮艇赶紧离开了死亡谷。

"铁锅"的来历——这一令人不安的秘密，仍有待人们去解开。

（四）布达佩斯"闹鬼城堡"之谜

欧洲四大"鬼宅"中有一座闹得最凶，它坐落在匈牙利首都布达佩斯的郊外。这是一幢中世纪古堡，它的主人就是当时艳倾一时的李·克斯特伯爵夫人。李·克斯特伯爵夫人的美丽据说保持了近 50 年，而她的美丽秘方，实在令人恐惧万分。她用鲜血沐浴，而且只用纯洁少女的鲜血。她洗一次澡，至少要杀掉两个少女。就这样，在漫长而黑暗的 50 年里，一共有 2800 名少女惨被杀害。

在李·克斯特伯爵夫人的一生中，为她决斗而死的青年贵族，据说超过了 100 个。甚至在她 60 岁那年，两位浪漫的青年诗人因为得不到她的垂青而举剑自杀。是什么样的魅力才让他们疯狂至此？她究竟美丽到什么地步呢？据野史中记载，在一次李·克斯特伯爵举行的盛大晚宴上，她着一身飘逸的长裙，出现在每个人眼前。黑色长发在空中飘舞，两颗宝石般的明眸闪烁着摄人心魄的光芒，火红色长裙就像流动的烈焰一样，包裹着她白玉似的修长身躯，整个人宛如一团移动的火之精灵。当她停下脚步的时候，银白色的月光从窗外照进来，淡淡地罩着她。在坐的绅士们个个情迷意乱，他们搞不清楚，这位李·克斯特伯爵夫人究竟是顺着月光而下凡的天使，还是将要循着月光飘向天宫的圣女。

一直到后来，大革命爆发。愤怒的群众将已经快 70 岁高龄的李·克斯特伯爵夫人抓住，群情激奋之下，大家将她活活烧死在她自己的浴室中，并且封掉了古堡。从此，一代艳后香消玉殒。

但在此后的 400 年里，每逢月圆之夜，古堡里就会传出一阵阵如海潮般幽怨的恸哭，仿佛是千鬼夜哭，万魂哀鸣，连10里之外布达佩斯的居民都能听见。他们不堪其扰，请来了术士驱魂作法，结果大师也无能为力。最后，教皇无奈，只能将这块地方列为禁地，禁止凡人出入。迄今为止，在布达佩斯的郊外，这幢古堡依然贴着教皇的封印。离它不远处，当地政府写了块牌子：游人勿进。

（五）"波尔代热斯" 神秘现象之谜

近年来，西方对一种神秘的现象着了迷。在一些住宅内，平整的天花板纷纷掉下，物品家具竟然会自行移动，餐具突然从桌子上摔下去砸得粉碎。半夜里，睡在床上的主人会被一双无形的手扼住脖子，然而灯亮了却不见有人。房间内常出现无人的脚步声、怪叫声。门外有人敲门，打开门又不见其人……

现在专家们将这类奇景奇事定名为"波尔代热斯"现象（德文原意为吵闹鬼，指自发出现的声音、物体移动和其他不寻常的现象）。美国已拍摄两部描写这种"波尔代热斯"现象的影片，轰动了全国。这种现象在香港亦有发现，在闹市中心有一幢空旷的大楼，常有人在里面哭泣、惨叫、喘气，有时恐怖的声音还会撕裂静谧的夜空。据称这种现象由来已久，早在几十年前就有居民向警方报案。

1985年，在香港一个4位青年同住的房间里，突然响起了1位男人的说话声。然而，他们从来不见其人，也不知说话声来自何方。可是，这个说话声还能同4个人对话。有的时候，它竟能揭露他们所干的、自以为无人知道的事情。

西方科学界早有人对此现象加以探索研究，至今众说纷纭、莫衷一是。不过，他们已经确信，世界上确实存在"波尔代热斯"现象。有的人认为，它是由一种因为思想作用而影响客观事物的能力所造成的特殊现象，即人在思维过程中会产生某种能量，它能与空间的某种能量结合产生作用；有的人认为它是一种超自然能力的反应，超出了目前科学水平可以了解的范围；还有的人认为，它是人体特异功能的一种表现。孰是孰非，难见分晓。

许多人证明，那个说话声不是人的幻觉。再说，说话声的出现必须有空气振动。房间里的什么东西促使空气发生振动的呢？为此，专家进行了一种试验，分别对4位青年施行催眠法，并做出相应的暗示，结果发现：实行催眠后，如果不做任何暗示，试验者就会遇到过去所见的奇景；而做出暗示就什么也不会发生。因此，专家认为"波尔代热斯"现象来源于人的无意识作用，这种作用受到催眠的影响。然而，这种无意识究竟是如何产生作用的呢？这到底是怎么回事呢？科学家们仍然感到困惑不解。

科学家们试图确定，什么样的心理状态才能使某些人产生超自然的能力，从而导致"波尔代热斯"现象的产生。因为心理测验及研究资料表明，在某些情况下这些人确实引发了"波尔代热斯"现象。遗憾的是，原先估计能引发"波尔代热斯"现象的

紧张、烦躁、苦恼、失望和愤怒等心理状态在新的试验中均告失败

现在，神秘的"波尔代热斯"现象还在层出不穷地给人们带来震惊和思索，它使科学家们陷入了迷宫。

（六）希腊毒蛇"朝圣"之谜

每年的 8 月 6 日是希腊人纪念上帝的日子，8 月 15 日为纪念圣女的日子。在这段时间，除了希腊人外，还有一种动物和他们一同履行这一宗教仪式。这种动物就是毒蛇。

每年的 8 月 6~15 日，都会有数以千计的毒蛇从悬崖峭壁和山林洞穴里爬出来，直奔西法罗尼岛上的两座教堂，盘结在教堂的圣像下面。它们在这里待上 10 多天后，才全部慢慢离去，就好像有谁在指挥着它们似的。这是一种剧毒蛇，只要被它咬一下，就很难活命。但它们却能跟岛上的居民和睦相处，十分温顺。

更让人感到奇怪的是，每一个蛇的头上都有一个跟十字架极为相似的标记。据记载，这种毒蛇朝圣的现象已经持续 120 多年了

在传说中，在很久很久以前，西法罗尼岛就是一个美丽富饶的地方，人们安居乐业，过着无忧无虑的日子。可是有一天灾难降临了，一伙强盗登上了这个岛，烧杀抢掠，还不怀好意地将 24 名年轻貌美的修女关押起来。圣母知道这一情况后，为了使手无寸铁的修女免遭强暴，就把她们都变成了毒蛇。强盗眼看着美女变成了毒蛇，吓得一哄而散。可蛇也再没有变回人。为了报答圣母的恩德，每到 8 月 6~15 日就到这里来朝圣。

这终究只是传说。然而，这种现象用科学的方法该如何解释呢？

有人认为，这是某种自然现象导致的一种特定情况，如地热现象或地下水淹没蛇洞迫使蛇爬到不热或没有水的地方等等。不过到目前为止，还没有一种很有说服力的科学证明来解释这一现象。

随着传播媒介的不断扩大，越来越多的人知道了这个小岛上发生的奇事，很多旅游者纷纷涌向西法罗尼亚岛，希望亲眼目睹毒蛇朝圣的奇迹。在岛上，人们真切地看到，岛上的居民确实与毒蛇和平相处，有些人甚至认为毒蛇有祛邪治病的神力，而有意触摸它们，或将其缠绕在身上，毒蛇也任凭人们的逗引，温顺异常，从不伤人。

（七）"哭墙""流泪"之谜

哭墙是犹太教的遗迹，又称西墙。在耶路撒冷东区老城的东部，长 160 英尺，由大石块砌成。

公元前 11 世纪古以色列王大卫统一犹太各部族，建立以色列王国，定都耶路撒冷。公元前 10 世纪大卫的儿子所罗门继位，在耶路撒冷的锡安山上建造了第一座犹太教圣殿，即所罗门圣殿，它十分宏伟华丽，教徒们来此朝觐和献祭者不绝，从而成为古犹太人宗教和政治活动的中心。公元前 586 年，巴比伦人攻占耶路撒冷，圣殿被付之一炬。以后重建，公元前 1 世纪末由希律王加以扩建，又于公元 70 年和 135 年毁于罗马人之手。罗马帝国统治时期，绝大部分犹太人被赶出巴勒斯坦地区流散在欧洲各地，圣殿始终未能恢复。后来，在圣殿断垣残壁的遗址上修建起围墙，虽然只是伊斯兰圣地围墙西墙的一段，但犹太人仍然珍惜它，这段墙被视为犹太人信仰和团结的象征。据说罗马人占领耶路撒冷时，犹太人常聚在这里哭泣。此后千百年中，常有各地犹太人来此号哭，以寄托其故国之思，因此便将此墙称为哭墙。到今天，每到犹太教安息日，都会有人到哭墙去表示哀悼，进行祈祷。

2002 年 7 月，以色列圣城耶路撒冷出现极为不寻常的异象，著名哭墙的一块石块竟流出泪水般的水渍。

犹太教士称，一些朝圣者发现哭墙的石块流出水滴，哭墙流出的水滴已浸湿了 10×40 厘米面积的城墙。那些水滴是由哭墙男士朝圣区右边中间的一块石块流出，其位置接近女士朝圣区的分界线。

哭墙流泪了，这令不少极端正统的犹太教人士激动不已。因为在犹太教传说中，哭墙流泪是犹太救世主弥赛亚降临的先兆。一些犹太教的神秘教派更是指出，在他们的典籍中预言：若哭墙流泪的话，是世界末日的先兆。

圣殿山的管理官员称，这可能是由管理官员装设的一条管道流出的水滴。但有专家指若是正常滴水，不会不被蒸发，而且亦不可能不扩散，实在是谜！

一个考古专家小组对此进行了调查研究，指出这不像是水迹，看来是植物的分泌物。但当中为何其他一样有植物的石墙没有水迹，并且水迹保持长方形不蒸发的原因是什么等等，专家都无法解释。

（八）圣水石棺之谜

法国的石棺能够源源不断地流出"圣水"来，因此成为人们崇拜的圣物，它被赋予了神的旨意吗？"圣水"从哪里来的呢？

在法国比利牛斯山区的代奇河畔，有一个名叫阿尔勒的小镇。在这个小镇子的教堂里摆放着一口石棺。据说，这口石棺是公元 4 世纪至 5 世纪时一个修士的灵柩。石棺是在 1500 多年前制作的，大约有 1.93 米那么长，是用白色大理石精雕制成的。

从外表看，这也只是一口普通的石棺，可是打开石棺的盖子，就会发现里面长年盛满了清泉一样的水。当地人对石棺里的水非常虔诚，却没有一个人知道这水是从哪里来的。

据说在 760 年的时候，有一天，一个修士从罗马带回来两个人，一个叫圣阿东，另一个叫圣塞南，这两个人都是波斯国的亲王。在修士的开导下，两位亲王信仰了基督教，成了基督教的忠实信徒。圣阿东和圣塞南来到阿尔勒镇，除了传授基督教，还带来一样圣物。他们把圣物放在了教堂的古棺里面，至于这个圣物到底是什么，没有人能够知道。不过，从那以后，这口石棺里面开始出现源源不断的"圣水"。这"圣水"为当地的老百姓带来了吉祥和幸福。

为了纪念圣阿东和圣塞南，感谢他们的恩德，只要一到每年的 7 月 30 日这天，阿尔勒镇上的人们都要在这里举行传统的纪念仪式。纪念仪式完了以后，人们就排着队到这口石棺前边领取一份"圣水"。石棺的盖子上有一个小孔，小孔上面有一根弯的铜管，铜管上有一个开关，修士们就是通过控制这个开关给大家分发圣水的。平时，铜管上的开关都是合上的，只有每年的 7 月 30 日这天，修士们才把它打开，让"圣水"流出来。人们对得到的"圣水"非常珍惜，小心翼翼地收藏在家里，只有到了万不得已的时候才拿出来使用。据说，这"圣水"有一种特别神奇的力量，可以医治好多种疾病。

有一些专家对这口石棺进行过认真的观察，发现它的整个容量还不到 300 立升。而历史上对"圣水"的记载也大都符合其容量。

1529 年，有一队西班牙士兵曾经从阿尔勒镇路过，并在镇上驻扎了好几天，他们从石棺里汲取了大约有 1000 立升的"圣水"。1850 年，这口石棺仅仅在一个月时间里边，就蓄了大约有 200 立升的"圣水"。

可是，在法国大革命期间，当地的一些人胡乱造反，将石棺当了垃圾箱，什么东西都往这口石棺里边倒。这口石棺在遭受厄运的几年当中，竟然没有流出一滴"圣水"。后来，法国大革命结束了，人们怀着虔诚的心情清除了石棺里边的脏东西，石棺才又重新流出了神奇的"圣水"。即使在旱灾的年头，这口石棺照样向当地人们提供着清泉一样的"圣水"。

关于石棺"圣泉"的传说有很多，虽然说法都不尽相同，但从这口石棺里流出来的"圣泉"却是真实的。这时，也就出现了许多疑问，让人们感到纳闷。阿尔勒镇教堂的这口石棺为什么会有这样源源不断的"圣水"呢？另外，这神奇的"圣水"究竟是从哪里来的呢？

1961 年 7 月，两个格累诺布市的水利专家来到阿尔勒镇，他们想解开石棺的"圣水"之谜。两人走进教堂，围着石棺认真地观察了半天。开始，这两个水利专家以为这是一种渗水或者凝聚现象，才使得石棺里面有了"圣水"。于是，他们征得了修士们的同意以后，把石棺垫高，使它和地面隔离开来。然后，又用塑料布把石棺严严实实地包裹了起来，为的是不让外边的雨水渗入到石棺里面去。

做完这些后，两个水利专家又日夜值班地守在这口石棺面前，不让别人往里面加水。然而过了几天以后，他们打开石棺一看，石棺里边的"圣水"一点儿也没有减少，还是那样源源不断。他们又对这口石棺里面的"圣水"进行了鉴定，结果发现石棺里面的"圣水"即使不流动，它的水质也是纯净不变的，好像石棺里的"圣水"能够自动更换一样。这到底是怎么回事呢？两位水利专家也感到一头雾水。

后来，又有许多科学家试图解开这口石棺之谜，然而他们全都没能成功。要解开阿尔勒镇教堂石棺的"圣水"之谜，还得需要科学的进一步发展。现在，阿尔勒镇的人们还是像以前一样，每年只要到了 7 月 30 日这天，都会来到教堂举行传统的纪念仪式，然后排着队到石棺前边去领取"圣水"，希望它能够给家人带来吉祥和幸福。

（九）巴巴多斯石棺移动之谜

大西洋的巴巴多斯岛上有一处珊瑚石垒成、水泥加固的大墓穴，门口用大理石封住，平时都用大锁紧紧地锁住。可就在这样严密的保护下，墓穴里的棺材竟然多次发生移动。

按照当时的巴巴多斯习俗，富有的种植园主家庭通常使用笨重的铅封结构棺材，这种棺材需要 6~8 个壮汉才能移动。赖斯特彻奇陵墓是由珊瑚石砌成的，并由一块沉重的蓝色德文郡大理石板封口。它的一部分在地上，另一部分则埋在地下，上下用一段台阶连接。陵墓长 4 米，宽 2 米，并带有一个拱形的墓顶，墓顶从里面看是拱形，从外面看却是水平的。1807 年 7 月，托马西姬·戈达德夫人第一个被葬在这个陵墓中。一年以后，一个可怜的 2 岁女孩玛丽·安娜·蔡斯也被葬于此。1812 年 7 月 6 日，玛丽的姐姐多丽丝又随她而去。当时，有关这个陵墓的葬礼看上去仍然很正常。

可是到了 1812 年，一切都改变了。道貌岸然的托马斯·蔡斯先生——一个被所有巴巴多斯人厌恶的家伙躺进了这个著名的墓穴。玛丽的小棺材原本横放在墓穴内，现在却被底儿朝上扔到了更远的一个角落里。戈达德夫人的棺材则被翻转了 90°，棺盖对着墙躺在旁边，参加葬礼的白人们的第一反应是谴责看管墓地的黑人。但遭到了黑人强有力的反驳。

终于蔡斯家人们停止了臆测，开始动手整理墓穴中凌乱的棺材，就在这个时候，他们碰到了棘手的事情，那就是要把托马斯·蔡斯爵士的棺材搬回原处。要想移动这副沉重的铅棺，起码得有 8 个壮汉才行，而现在他们只能望棺兴叹了。这件事倒引起了大家的注意，并冷静地思考和观察，发现其中的奥妙实在是琢磨不透：如果说格达尔德夫人的棺材被黑人移动了还有一定可能性的话，那么蔡斯爵士沉重的铅棺又是被谁移动了呢？难道是一下潜入了 8 个壮汉吗？这事儿蹊跷了，因为刚才大家都看到，墓穴唯一的出入口，大理石墓门上的封印完整如初，那么他们是怎样穿过这道加了封印的大理石墓门的呢？最后又是怎样离开了这封闭着的墓穴的呢？层出不穷的谜团扰得大家心里发慌，各自暗暗叫苦，最后还是另请了工人，将这散乱的棺材一副副摆回原处，并在大理石的门扉上加了更严密的封印，然后头也不回地逃离了墓园，就好像后面有人在追赶一样。

过了大约4年以后，1816年9月25日，只有11个月大的萨缪尔·阿莫斯又被抬进了这个陵墓。在小萨缪尔死前5个月，曾经暴发了一起短暂的奴隶起义运动。这在19世纪早期的巴巴多斯并不罕见，但随即被野蛮的种植园主们残酷地镇压了。陵墓中的几个棺材又一次被弄得乱七八糟。这次对亡灵的亵渎同样被不公正地安在了黑人头上。白人种植园主们相信这是黑人为那些在最近的奴隶起义中被伤害的奴隶们所进行的复仇行动。

然而，调查者们并不赞成这种解释。因为很明显，陵墓只有一个出口，而挡住出口的那块沉重的蓝色德文郡大理石板依然纹丝不动地放在原处，丝毫没有受到破坏的迹象。接着，人们对棺材本身的结实程度提出了疑问。戈达德夫人的棺材是木制的，相对轻一些，比别的棺材更容易损坏，更容易被移动。而名声不好的托马斯·蔡斯生前则是一个大块头，至少有224磅。他被葬在一个硬木做的铅封棺材里，需要10多个小伙子才能搬动它。在1816年9月25日的葬礼上，当小萨缪尔的棺材被抬进陵墓时，人们发现，那个笨重的铅封的棺材已经离开它原来的位置好几英尺远，并且翻转了90°。6个星期以后，陵墓再次被打开。小萨缪尔的父亲萨缪尔·布鲁斯特，在4月那次奴隶起义中被自己的奴隶杀死。当时匆忙之中，临时葬在别的地方。10月，其灵柩被移葬到他最后的安息地——家族陵墓。

大家仔细检查了那块沉重的石板，看上去它仍在原位。一群好奇的围观者盯着萨缪尔的棺材。石板缓慢地移开，一缕阳光直射下去：棺材又一次动了！陵墓里一片狼藉。戈达德夫人的木制棺材已经变成了碎木条。人们把它捆成一捆，放在墙边。克赖斯特彻奇教区的托马斯·奥德森教区长和另外三个人将陵墓彻底搜查了一遍。人们认为洪水是导致这种现象的可能原因，于是他们检测了陵墓的湿度，但每一处看起来都相当干燥，所有的墙和地面也都没有裂缝的迹象，一切都那么正常。

那些庄园主、经理和路过来看热闹的水手们则对此表现出浓厚的兴趣与好奇心，他们甚至带些病态地希望下次的葬礼能早点举行。1819年7月16日，这个让人翘首期待的日子终于来到了。那就是托玛西奈·克拉克夫人的棺材将被安放进蔡斯家的墓穴，克拉克夫人生前并不是一个具有伟大成就的知名人士，然而她的死讯却很快传遍了岛上的各个角落。人们奔走相告，倒不像要举行葬礼，而似举行婚礼一般，人人兴奋不安，从权威贵族到平民百姓都从各方赶来。其中头面人物有：孔巴米亚爵士、孔贝尔·麦当雷总督，以及副官警备队长等等。整个墓园的空地上挤满了人，里三层外三层地把蔡斯家的墓穴团团围住。所有的目光都盯着奥德森牧师，只见老牧师沉着地走向那座黑色的大理石墓门，掏出放大镜仔细地检查了门扉上的封印，完全就和自己上次加封时的一模一样，这才放心地让工人们前来开启墓门。

奇怪的事发生了，这扇墓门似乎出了毛病，工人们怎么也打不开，费了好大的劲儿才撬开一条缝，趴在门缝上往里张望，发现有个庞然大物正从里面顶着墓门。送葬的人个个捏了把冷汗，连大气也不敢出，知道事情不妙，但又不情愿离开。

工人们费了九牛二虎之力才掰开了墓门，顿时，站在墓门周围的人几乎就要瘫倒在地上，原来那个顶住墓门的庞然大物竟是托马斯·蔡斯爵士巨大的铅棺：这笨重的铅棺难道是生出脚来了？不仅移动了位置，而且还爬上了台阶，那个躺在棺材中的蔡斯爵士是否不甘心失掉自己的权贵势力，决定破门而出了呢？

走进墓穴可以发现，其他的棺材都改变了位置：有的横在通道口，有的斜靠在墓壁上，只有戈达德夫人的木棺保持原样，躺在自己的位置上，上次用来修补裂缝的那几根粗铁丝古里古怪地扭曲着，好像是正冲着人们发出了龇牙咧嘴的笑。在场的人都目瞪口呆，背脊骨上不由地升起了一阵寒气，整个墓场死寂般的可怕。

根据总督的命令，对陵墓采取加位的防范措施。人们在地面上撒上一层厚厚的白色沙子，以便能留下什么东西的脚印或拖痕。沉重的石板又被用水泥封在了原处。勋爵和他的随行人员在水泥没干之前，盖上了他们的封印。岛上的人们变得越来越兴奋和好奇，他们等待下次葬礼，甚至都有些急不可耐了。

1820 年 4 月 18 日，岛上的居民代表经过讨论后决定，为了解开棺材移动之谜，他们不再等待下一位家庭成员的去世，立刻再次打开陵墓，对里面进行了检查。结果人们发现，棺材再次被移动了，可是沙子没有丝毫被动过的迹象，上面没有入侵者的脚印、拖痕，也没有洪水的痕迹。陵墓的每个部分都像当初建造时一样坚固，没有松动的石头，也没有密道。总督认为一切应该到此为止了。他命令将所有的灵柩厚葬在其他地方，蔡斯陵墓被腾空了——直到今天，它仍然是一座空墓。多少年来，人们为了解释巴巴多斯棺材之谜，提出了许许多多种理论。相信超自然力的人开始用幽灵鬼怪来解释。他们认为戈达德夫人是忍受不了托马斯先生的折磨而自杀的，他们的魂魄在陵墓中依然不得安宁，长期进行着争斗。还有人认为是托马斯先生生前品行恶劣，他死后受到上帝的诅咒。或者，托马斯先生卖身与魔鬼，掌握了邪恶的力量。最后，UFO研究者也插足进来，他们指出这可能是外星人在地球上做的远距离牵引实验。总之，其中最好的解释也不完全充分，而最差的就更是南辕北辙了。

（十）吞人的神秘黑洞之谜

黑洞是自然界产生的一种天体，据说它的引力场非常强，以至于连光线都无法从中逃脱，据说全世界已经多次发生"黑洞吞人"的神秘现象。

1915年8月21日，英国和土耳其战争期间，英国的一个陆军营来到欧洲西南部靠近达达尼尔海峡的一个山谷里。这个营由500人组成，携带当时非常先进的武器装备。但是，就在他们走入山谷后，一团神秘的蓝色光雾突然出现，并且笼罩在人们周围。然后，几乎是一眨眼的工夫，那团朦胧的迷雾突然紧急上升，英国诺福克第5团第1营的士兵全部消失得无影无踪，什么东西也没有留下来。

在此之后50年内，英国政府一直将这个秘密尘封起来，不让外界知道。1967年，记载了20多个目击者证词的文件才被公开。

类似的事情在全世界发生过很多次，但到目前为止，一次都没有找到失踪者的下落。

1890年，美国殖民地洛诺克岛上大约100名村民就是这样神秘集体失踪的。当美国军队到达那里的时候，他们发现村子里的民房内都点着蜡烛，晚饭也摆好在桌上，可是到处空无一人。附近没有一滴血迹，也没有一具尸体。

1923年2月5日，巴西佛得角上的600名居民突然集体失踪，从此他们再也没有出现过。警方仔细对那一带进行了搜查。在学校里，他们发现一支枪丢在地上，显然是用来抵抗突如其来的外力的。在教室的黑板上写着："没有人来拯救我们。"

古希腊人认为，大批的人之所以突然消失，是因为得罪了海神普罗特斯。普罗特斯一般都在海底沉睡，每50年出现用一次餐。他通过爆发的火山来到人世间，可以变换成任何形象出现。因此，人们必须向他供奉几百名处女，放在火山口供他食用。然后这些处女就会不留痕迹地神秘消失，留下的只有她们身上的镣铐。

旧金山加州大学的简·林德赛特教授表示，这些人的失踪与所谓的"黑洞"有关。地球上的时空周期性地发生变化，整个城市处于完全不同的四度空间，有时甚至"被踢出去"。地球上有很多这样的黑洞，人们经常会莫名其妙地遭遇它们。但是，林德赛特教授说："物体不可能穿越时空，因此，我们可以发现失踪者的物品留在了原地。"

而一些科学家对"黑洞"进行了更为深刻的研究，他们指出"黑洞"是根据广义相对论预言存在的天体，它凭着自身的引力把空间中的一切"禁闭"起来。黑洞的大小若用质量相比较的话，那么具有太阳质量的黑洞，其半径只有3千米。黑洞把一切物质吸入，连光都不可能逃逸出来。

然而，"黑洞"真的会吞噬人类吗？那些神秘失踪的人究竟去了哪里？这些问题还有待科学家的进一步研究和考证。

（十一）阿根廷夫妇神秘失踪之谜

1968年6月1日深夜，两辆高级轿车在南美阿根廷首都布宜诺斯艾利斯市郊疾驰着。6月天，在南美是冬季渐渐降临的季节。然而，阿根廷的滨海地区都几乎没有经历过严冬。那里离赤道的距离与东京相仿，可是，在最寒冷的 7 月，平均气温也保持在 10℃左右。而在盛夏的 1 月，也难得有达到 25℃的日子。这或许是大西洋海洋流起了调节气温的作用吧。这天夜里，浓雾正笼罩着四野。后面车上坐着布宜诺斯艾利斯的律师盖拉尔德·毕达尔博士和他的妻子拉弗夫人，前面车上坐着的夫妻二人是他们的朋友。为了探望熟人，他们由布宜诺斯艾利斯南面的查斯科木斯市，向南方 150 千米的买普市彻夜驱车而行。

阿根廷的西部屏障着险峻的安第斯山。由中部直到东部是绵延的大平原，那是南美最大的谷仓。道路穿过连绵无际的麦田，又直插沙尘漫漫的荒野。不知是因为前面的车速度太快了，还是由于博士夫妇的车发动机有点毛病，两辆轿车的距离渐渐拉开了。

前面的车临近买普市郊时，两人回首远望，后面浓雾弥漫，什么也看不见。于是他们决定停车等候后面的博士夫妇。可是，等了半小时、一小时，仍然没见博士夫妇的车开过来。道路平坦而无分叉，他们心中狐疑，掉回车头来寻找。然而，既没有车相会，也没有车停在路旁。甚至连出了故障或破损的车的碎片都没有见到。就是说，博士夫妇乘坐的车在公路上奔驰途中，好像忽然化作一阵烟消失了。

第二日起，亲戚朋友们全体出动，找遍了查斯科木斯市与买普市之间。然而，道路东西两边，在广袤无垠的地平线上，不论是人还是车，连影子都不曾见到。是多维世界还是时空扭曲造成博士夫妇的神秘失踪呢？现在还不得而知。

（十二）美国爱达荷魔鬼三角地

美国爱达荷州有一条州立公路，在离因支姆·麦克蒙 14.5 千米的路段上，经常出现恐怖的翻车事件，司机们都称它是"爱达荷魔鬼三角地"。正常行驶的车辆一走进这个地带，不知道什么时候就会突然被一股人们看不见的神秘力量扔到天上去，然后又被这股神秘的力量重重地摔到地面上，造成车毁人亡的惨重事件。一个叫威鲁特·白克的汽车司机就经历过这种恐怖的事件。

某日，天气晴朗，太阳暖暖地照着大地，微风轻轻地吹拂着树木，威鲁特·白克驾驶着一辆 2 吨重的卡车离开了家门。不一会儿，他就驶上了爱达荷州的州立公路。

汽车飞快地奔驰着，威鲁特·白克的汽车很快来到了被司机们叫作"爱达荷魔鬼三角地"的路段上。公路上的车辆不多，好半天才开过去一辆。就在这时，威鲁特·白克突然觉得好像不知道从什么地方来了一股神秘的力量，一下子就使汽车偏离了公路，朝着路边闯了过去。威鲁特·白克急忙想把汽车控制住，可是，那股神秘的力量猛地把汽车抓了起来，又"腾"地一下扔了出去。最后，汽车"咕咚"一声就翻倒在了地上。不过，威鲁特·白克非常走运，只是身体受了伤，保住了命。后来，他只要一想起这件事情，就感到害怕。

威鲁特·白克是幸运的人，可有好多人就没有他那么幸运了。据统计，在"爱达荷魔鬼三角地"这个地方，已经有十几个人断送了性命。事实上，这段公路跟其他路段的公路没有什么区别，全都是既平坦又宽阔的康庄大道。那么，为什么会造成很多车毁人亡的事故呢？为什么车辆到了这里就会被一股神秘的力量扔出去呢？谁也未能解开这个谜。

（十三）波兰华沙附近的死亡公路

在波兰首都华沙附近有一个地方，也是一个叫司机们感到头疼的恐怖之地。有时候，司机们驾驶着汽车来到这里，会忽然感到脑袋昏沉沉的，好像是吃了什么迷幻药似的，结果造成了车毁人亡的事故。所以，司机们走到这个地方的时候，宁愿多走一些冤枉路，也不敢从这里经过。非但如此，就连猪、狗这样一些动物也不愿意在这个地方停留。因为它们只要在这个地方一停留，就会昏昏沉沉。不过，像猫、鸟、蛇这样的小动物在这个地方却生活得很好。

生长在这个地方的植物分成了两种情形。苹果树、枣树、杜鹃花这样的植物，在这里根本活不成，种下去没有多少日子就会死掉。可是，像枫树、柳树、桃树这样的植物，却在这里生长得枝繁叶茂。还有一件事情也很奇怪，就是这个地方生产的蜂蜜要比附近别的地方高出 30%。

科学家们面对这种奇怪的现象，进行了大量的考察和研究，想找到其中的原因。他们认为，这种现象的产生是由地下水脉辐射的影响造成的。可是，科学家们却没有办法搞清楚，这里的地下水脉到底跟别的地方的地下水脉有什么不一样，这种奇怪的现象是怎么造成的，这又是一个难解之谜。

（十四）兰新公路 430 千米处翻车之谜

在我国的兰（州）新（疆）公路的 430 千米处，不但翻车事故频繁发生，而且翻车的原因也神秘莫测。一辆好端端的、正常运行的汽车行驶到这里，有时便像飞机坠入百慕大一样，突然莫名其妙地翻了车。这种车毁人亡的重大恶性事故，每年少则发生十几起，多则二三十起，给国家和人民的生命财产造成了重大损失。尽管司机们严加提防，但这种事故仍然还是不断发生。

难道 430 千米处坡陡路滑、崎岖狭窄吗？都不是。430 千米处不但道路平坦，而且视线也十分开阔。那么，如此众多的车辆在前后相差不到 100 米的地方接连翻车，奥妙究竟何在？有人认为，这里的道路设计肯定有问题。交通部听了这种意见以后，好几次改建这段公路。可是，不管人们怎么想办法改建这段公路，神秘的翻车事故还是不断出现。

后来，人们发现，430千米处的每一次翻车事故，翻车的方向全都是朝着北方。有人说，这个神秘的430千米处以北可能有一个很大的磁场，汽车行驶到这里就会被磁场的吸引力吸引过去，这样就会发生事故。不过，这种看法听起来好像很有道理，只不过没有经过科学家们的论证。所以，兰新公路的这个神秘的430千米处，已经成了中国的一个魔鬼三角。

（十五）古墓明灯不灭之谜

世界各地都有盗墓者，他们千方百计到古墓中去偷窃埋藏了千百年的金银珠宝。在终年不见天日的古墓中，盗墓者通常会认为里面应该是伸手不见五指。可是，他们有时却惊恐地发现，在一些古墓的拱顶上，竟能发现一盏明灯散射着幽幽的光芒。

一位希腊历史学家曾记录了在埃及太阳神庙门上燃亮着的一盏灯。这盏灯不用任何燃料，无论刮风下雨它都不会熄灭。据罗马神学家圣·奥古斯丁描述，埃及维纳斯神庙也有一盏类似的灯，也是风吹不熄，雨浇不灭。

1534年，英国国王亨利八世的军队冲进了教堂，解散了宗教团体，挖掘和抢劫了许多坟墓。他们在约克郡挖掘罗马皇帝康斯坦丁之父的坟墓时，发现了一盏还在燃亮的灯，康斯坦丁之父死于公元300年，也就是说，这盏灯燃烧了1200年。

考古记录显示，这种古庙灯光或古墓灯光的现象在世界各地，例如印度、中国、埃及、希腊、南美、北美等许多拥有古老文明的国家和地区都有发现。

有人认为，世界各国有关长明灯的记录足以说明，确实存在这样一种不熄的或者长久燃亮的灯，只是因为技术失传，所以我们现在的人理解不了。另一部分人则认为，历史上虽然有很多关于长明灯的记录，但现实中并没有一盏长明灯摆在众目睽睽之下。这种灯的能量问题也严重违背能量守恒定律，因此这种灯应该不存在。

的确，如果长明灯真的存在，那么它们的能量来源是什么？可能它们并不是永久长明的，而是通过不断补充燃料而使灯长久不熄。中世纪以后，许多人曾经试图用补充燃料的方式制造一盏长明灯，即在燃料将耗尽时能够自动快速补充燃料，但是没有一个实验成功过。

还有一些人大胆推测，这种灯就是使用电的灯，灯碗里那看似燃料的液体可能就是用来导电的汞，这种用电的灯不会因为风吹雨打而熄灭。如果是这样，那么电能是如何产生的？要做到一劳永逸地不断供应电能，只有太阳能发电可以做到。神灯真的是利用太阳能发电吗？这些还有待进一步的科学研究加以证实。

（十六）神奇的舍利子之谜

2002 年 2~3 月，陕西省扶风县法门寺的佛指舍利赴台湾巡礼，引起海内外极大轰动。为确保佛指舍利在运送、巡礼期间万无一失，有关方面制定了极其周密的安全保卫措施。安置佛指的舍利亭内装有红外线感应器和摄像头，可随时监控现场。同时，由大陆 24 名武僧、台湾 120 名金刚组成的护法团与其他有关人员组成 4 道屏障，24 小时护卫。这些足见佛指舍利的珍贵和重要。如此牵动人心的佛指舍利，究竟为何物呢？

舍利子是梵文"Sarira"的译音，意思是"身骨""尸体"或"灵骨"，即死者火葬以后的残余骨灰。在佛教用语里，舍利子指佛祖释迦牟尼圆寂火化后留下的遗骨，多呈珠状宝石样，后来也指高僧火化剩下的生成物。佛经上说，舍利子是一个人通过戒、定、慧的修持再加上自己的大愿力所得来的，因此十分稀有。

据传，2500 年前，佛祖释迦牟尼涅槃后，弟子们在火化他的遗体后，得到了一块头顶骨、四颗牙齿、一节中指指骨和 84000 颗珠状舍利子。佛祖的这些遗留物被信众视为圣物，当时有八位国王争分，他们每人各得一份，并带回自己的国家，兴建宝塔供奉，以让百姓瞻仰、礼拜。但在历史的烟云变幻中，绝大多数舍利子都已散失，无从寻找。

所幸的是，我国于 1987 年在法门寺的地宫中发现了世界上唯一的一颗佛指舍利。佛指舍利出土时，被五重宝函包着，舍利高 40.3 毫米，重 16.2 克，其色略黄，稍有裂纹和斑点。据史料记载，唐时该舍利"长一寸二分，上齐下折，高下不等，三面俱平，一面稍高，中有隐痕，色白如雨，稍青，细密而泽，髓穴方大，上下俱通"。所记与实物吻合，只是舍利颜色因受液体浸泡千年变成微黄了。

前几年，我国的一些寺院相继出现舍利子半夜发光的奇迹。舍利子为什么会发光呢？有人认为，舍利子发光是能量场在起作用。那些德高望重的高僧修行时经常吸收天地宇宙之间的浩然正气，他们将这些精华吸入体内，久而久之，这些精华就凝聚成一种储藏能量的结晶体。当高僧的遗体火化后，这些结晶体就留了下来，成为舍利子。到了晚上，那些能量就会释放出来，形成奇特的发光现象。但是，这种说法带有太多的迷信色彩，缺乏科学依据。

（十七）幽灵飞机与幽灵船之谜

自近代以来，人类蒙受神秘浩劫的主要表现形式就是飞机与船只的失踪。让人更觉得毛骨悚然的是，这些无人驾驶的飞机与船只就像一只幽灵一般，隔一段时间后又会从另外的时空返归到地球上。

1985 年，一架失踪了差不多半个世纪的双引擎客机，在新几内亚的一片森林沼泽内被发现。令人无法理解的是，这架飞机看来就像它失踪时一样簇新，毫无陈旧异变。机身上清晰可辨的标志显示，这架银光闪闪的飞机正是 48 年前由菲律宾马尼拉飞往民琴那峨岛失踪的一架客机。在机舱内找到的报纸，其日期是 1937 年 1 月的第三个星期日。

一组由印尼军方派出的航空专家，经过数小时在这架"像新的一样"的客机内调查后，出来时个个面色大变和震惊不已。负责调查的主管部门当即下令军队封锁飞机再现的地区。

调查人员最初见到该机时，简直无法相信自己的眼睛：它的外壳是那么新，机身完全没有瑕疵，在太阳下犹如一面镜子闪闪发光。调查人员本以为机门一定生了锈，很难打开，可是它却一扭便开，没有一丝"吱吱"的声音。

进入机舱后，见不到任何活的或死的人。但机舱内有空的纸杯、烟蒂、几份完全没有发黄的 1937 年的报纸，显示出最近曾有人乘坐过。在其中的一个烟灰缸内，放了一个空香烟盒，它的牌子在 1930 年十分流行，但到第二次世界大战时已停止生产。而出现在杂志上的服装和发型，也全是美国经济大衰退时期的。保温瓶内还有滚烫的咖啡，而它的味道完全没变。那里还有三明治，也同样新鲜。

最让调查人员惊讶的还是飞机状况，它的电池仍充满电，当扭开几个开关时，机内的灯皆亮了起来。飞机的油缸也几乎全是满的。种种情形令调查人员不禁感到毛骨悚然。

这架飞机看来是用机轮紧急着陆的，它刚好落在沼泽软泥上，所以完全没有损坏，仍可像 50 年前一样飞行。为揭开客机失踪重现之谜，当局对这架来自"过去"的飞机仍在进行调查中。

据记载，类似事件在 20 世纪 60 年代已出现过。"格德"号是一架美国利贝雷达型轰炸机，1946 年 4 月 4 日，该机升空后即失去踪影。事后美国军方在它失踪现场周围 500 千米的空域内搜寻，毫无结果。不料想，到了 1962 年，"格德"号飞机竟又重新出现在机场外数百米的地方。飞机上的无线电设备完好无损。根据对仪器装备的分析，它好像是在当天下午降落地面的，可是实际上该机早已失踪达 17 年了。

在 1984 年一个晴朗的日子里，墨西哥北部的沙滩上突然出现了 5 架美国军用飞机。机身闪亮，油箱里储满了汽油，但机舱里却空空如也，不见人迹。应邀赶来鉴定的美国专家认为，它们就是 1945 年在百慕大海域上空突然共同失踪的那 5 架战机。不过此事还在争议之中。因为已有人提出飞机番号有出入。无论对此如何结论，失踪飞机的再现事实却是无可否认的。

关于幽灵船也有很多故事：

1983 年夏天的一个下午，委内瑞拉一艘叫作"马拉开宝"号的货轮正在大西洋的海面上航行着。忽然，一个船员发现前边不远处有一艘轮船，在海面上随着海浪任意地漂荡，好像不知道要航行到什么地方去一样。这是怎么回事儿呢？

那个船员赶紧把这个情况告诉了船长。船长想了想，立刻命令向那艘轮船靠拢。船员们急忙加大马力，朝着那艘轮船开了过去。等到他们来到那艘轮船的旁边，发现它的船身上写着"白云"，原来它叫"白云"号，也是一艘货船。看样子，"白云"号的载重量大约有2300多吨。

船长让船员们开着"马拉开宝"号货船围着"白云"号绕了一圈，只见它的上边没有挂旗子，看不出来是哪个国家的船只，而且船的甲板上看不见一个人影。船长的心里更加纳闷了："哎，这艘轮船上的人都到什么地方去了，是不是他们遇到什么危险了？对，还是赶紧到船上去看一看吧。"想到这儿，船长和几个船员爬上了"白云"号。

他们爬上"白云"号，仔细一看：船上的救生艇不见了，甲板上乱七八糟地扔了好几双鞋子。船长对手下的船员说："你们分头到厨房、船舱、驾驶室去看一看，有什么情况马上向我报告！"船员们答应一声，赶紧分头去了。

工夫不大，船员们陆续回来告诉船长："报告船长，这船上已经没有一个人了，厨房里的衣物全都发霉了，船上还有500箱炮弹。"船长一听，心里感到更加奇怪了："走，带我去看看！"

结果，船长在"白云"号货船上所有的地方都仔细地查看了一遍，果然，那厨房里的食物全都发了霉，变成了绿颜色；无线电室里的无线电台转钮转到了应急的频道上；货舱里整整齐齐地摆放着500箱炮弹，那炮箱上贴着一些标记……

船长越看越感到奇怪：无线电台的转钮转到了应急的频道上，这说明"白云"号一定是碰到了什么特别危险和紧急的情况；船上的救生艇不见了，甲板到处都是扔弃的鞋子，就是说船上的人们已经跑到救生艇逃命去了。那么，这艘船到底遇上了什么样的危险和紧急情况，船员们才慌慌张张地逃走了的呢？

后来，船长和他的船员们琢磨了半天，觉得这艘"白云"号货船是一艘运送军火的货船，它一定是不知道在什么地方受到了损害，使得船上烧起了大火。后来，船上的大火又自己熄灭了。可是，船员们当时以为这场大火会很快地蔓延起来，大火要是引起炮弹爆炸，那整个船都会被炸得粉碎，船上的人一个也别想活命。所以，他们就急忙跳上救生艇逃走了。

"马拉开宝"号船长看了看眼前的这艘"白云"号，向船员们说："咱们再对它好好地搜寻搜寻，也许还会发现一些有价值的东西。"船员们觉得船长的话很有道理，就又在"白云"号船上搜寻了起来。

找着找着，有一个船员发现了一本航海日志，赶紧交给了船长。船长打开仔细一看，只见那上面记录着："白云"号最后停泊的地方是非洲西北部加利群岛的拉斯帕马斯港。也就是说，等到"马拉开宝"号的船员们发现它，它已经在海面上漂流了整整62天，大约漂流了18000海里。

这么一来，"马拉开宝"号船长和船员们更加奇怪了："白云"号漂流了整整62天，也就是两个多月的时间呀。那为什么没有人查问它的下落呢？大家你看看我，我瞧瞧你，谁也弄不明白……

这件奇怪的事情很快就到处传开了。人们听到这个消息以后，不禁想起了历史上发生过的好几件这样的难解之谜。

1855年2月28日，英国一艘叫"马拉顿"号的三桅帆船，正在北大西洋上航行，准备到美国去。走着走着，他们碰到了美国的一艘三桅帆船，名字叫"杜瑞姆斯·切斯莱尔"号。只见这艘船的风帆已经落下了，随着风浪慢慢地漂荡着。船内也没有一个人，船上没有一个地方受到损害，船上的货物一点儿没动，船上的淡水和食物也特别充足，船上根本看不到一点儿痕迹，但船上却没有一张航海图和一个罗盘。看样子，是船上的人们在逃走的时候，把航海图和罗盘全都拿走了。

那么，美国的这艘三桅帆船碰到了什么样的危险呢？它的船员们为什么一定要逃离呢？船员们又是怎么逃走的呢？谁也弄不明白。

英国"马拉顿"号的船长决定把美国的这艘"杜瑞姆斯·切斯莱尔"号三桅帆船拖到美国去，交给美国人。这样，也许能搞清楚这里边的原因。

可是，当英国"马拉顿"号的船员们把美国的那艘三桅船拖到纽约以后，向人们一打听，那船上的船员们根本就没有回来。而且，在世界的其他地方，人们也没有发现这些船员。

1881年12月12日，美国一艘叫"爱伦·奥斯汀"号的机帆船在北太平洋的海面上也发现一艘随风漂泊的帆船。船上有食物，有淡水，有水果，还有啤酒，就是没有一个人。

人们回想起这些往事，再看看眼前的这艘"白云"号货船，不禁要问：世界上为什么会有这么多奇怪的没有人驾驶的漂船呢？

一种说法是，这些没有人驾驶的漂船在航行当中，碰到了龙卷风，要不就是碰到了海啸。船员们在这些灾难面前吓得不知道怎么办才好，只能离开船只，坐着救生艇逃走了。可是，龙卷风和海啸实在是太凶猛，把救生艇打翻了，船员们全都被掀进了波涛汹涌的大海里，最后也没有了性命。

但是这种说法很快被否定了。在广阔的海洋，不管是龙卷风还是海啸，都没有那么大的破坏力。有的时候，甚至感觉不到海面上正在刮着的龙卷风和海啸。所以，这些船上的船员们根本就不会害怕，更不用说惊慌失措、下船逃命了。再说，海面上产生龙卷风要有一定的条件。那些没有人驾驶的漂船所处的海面上不太可能产生龙卷风。

有的人说，这些没有人驾驶的漂船也许是遇到了次声波。次声波是由于风暴和强风作用，在波浪表面上发生波峰部的波流断裂的一种现象。次声波是一种人们的耳朵听不到的声波。可是，次声波的频率低于 20 赫兹，在传播的过程中能量衰减得很小，所以传播得比较远。科学家们认为，强大的次声波会使人们惊慌失措，特别难受。船员们如果碰到次声波，也许忍受不了这种折磨，最后就跳船逃命去了。

不过，人们的这种说法只是一种猜想，一直到现在也没有发现由于次声波造成没有人驾驶的漂船的确切例证。

还有的人说，这些没有人驾驶的漂船是不是碰到海洋怪兽了呢？海洋怪兽把船上的人们吓得慌里慌张地逃走了。只是这种说法没有什么科学依据，所以不太能说服人。

到底是什么原因才是造成了幽灵飞机和幽灵船的出现呢？一直到如今也没有找到确切答案，也就成了一个难解之谜。

（十八）贝尔米兹鬼脸之谜

西班牙有一座著名的"鬼屋"，坐落在盛产橄榄油的马吉纳山中的贝尔米兹村里。30 多年来，这个鬼屋不仅让那个偏远的山村居民困惑不解，也让成千上万的科学家和幽灵怀疑者颇感兴趣，他们纷纷到那里试图目击"贝尔米兹鬼脸"这一怪异现象。

老妇人玛丽亚·戈梅兹·加马拉就是在这座房子里出生的。1971 年的一个早晨，玛丽亚走进自己的厨房，突然发现混凝土地板上出现了一张脸，紧紧地盯着她。老太太吓得够呛，她立即叫她的儿子米加尔用镐头把那块地板除掉。

米加尔在接受媒体采访时回忆起那天的情形，他说："我用镐头把混凝土地板刨掉，然后重新把地板修好，整个地板看起来像是新的，可是让我一生中感到最可怕的事情还是发生了，就在第二天早晨，那张脸又出现了，而且还在同一个地方！"

不久，更奇怪的事发生了，几个星期、几个月、几年来，在那个第 5 号房间里，一群一群的面孔在那里出现、移动。米加尔说："就好像有人在我们家里召开幽灵会议一样。"消息迅速传播开来，那些"鬼脸"吸引着世界各地的人们，有些人不远千里跑去看个究竟，连一些科学家也对这种现象感到不解。

特异现象的调查人员来到那个房子，在房子主人的同意下更换了地板，并把那间房子封闭了三个月。当这些调查人员重新回到那个房子时，那些"鬼脸"又出现了！调查人员还在那个房子里进行了录音，结果录到了奇怪的声音，似乎是那些面孔在相互交谈。

从那以后，这座房子就全世界闻名了，房子主人不仅要与那些奇怪的面孔分享房子，有时是正常的脸面，有时只看到凶恶的眼睛盯着你，或者手脚张牙舞爪地伸出来，房子主人还不得不接待络绎不绝的慕名参观者。直到今天，"贝尔米兹鬼脸"也是一个没有解开的神秘现象。

西班牙超心理学协会主席佩德罗·埃莫罗斯说："我们将要进行新的调查，比以前进行的调查更彻底。"他补充说，在玛丽亚老太太死前不久，该协会在她的房子周围保留了一些混凝土地板，另有一些则放进了条件良好的实验室里。那间房子的混凝土地板上出现了更多的面孔，其余的房间则没有。经过调查发现，那个房子的地基下曾经挖出好几块骨骼。经过进一步地调查发现，那个房子建在一个古坟场上，一开始那个墓地是罗马人的，在摩尔人占领时期又成了穆斯林墓地，最后成为基督教的墓地。因此有人提出了"鬼魂说"，可是，这一说法并不令人信服。有很多人要求在那个经常出现"鬼脸"的房子里过夜，但遭到拒绝。

二十、传奇古墓之谜

（一）寻找亚历山大陵墓

亚历山大曾是一位赫赫有名的英雄，但同时又是一位神秘人物。有关他的传说不可胜数。遗憾的是，他生前的一些历史记载没有留传下来，而后来的一些传抄本及书籍又众说纷纭，矛盾重重，而且带有极浓重的传奇色彩。因此，就是在他死后2300多年的今天，这位古代伟大统帅的业绩仍令人们十分关注，迫切希望发现这位不可一世的帝王的陵墓，以求从出土文物中获得一些有价值的历史证据。

1964年的一天，埃及亚历山大市的报纸发表了一则耸人听闻的消息："马其顿国王亚历山大的陵墓找到了！波兰考古学家们的巨大成就！"消息很快传遍了全世界。美国《纽约时报》立刻给波兰考古队发了一封电报，希望就这一伟大的发现写篇文章，并给予优厚的稿酬。各国记者也争先恐后地飞抵埃及。同时，大批旅游者的涌进使得埃及警方处于戒备状态。

可惜，消息是假的。原来发现的并不是亚历山大的陵墓，而是古罗马时期的一座剧院的遗址。那么这位著名历史人物的陵墓究竟在哪里呢？他又是怎么死的呢？

关于亚历山大的死因历来有两种传说。一是说他远征印度时在距离巴比伦不远的地方，迎面碰上了一些精通天文和占卜的祭司，他们劝告他不要去巴比伦，否则凶多吉少。虽然他没有停止前进，但此后却变得心情阴郁。

一次，他驾驶着战舰在湖泊上游逛。突然刮来一阵风，把他的帽子吹走，掉在芦苇丛中，正好落在古亚述国王的墓上。所有的随从以及亚历山大本人都认为这是很不吉利的事。

派去追赶帽子的水手，在泗水回来时，竟大胆地把它戴在自己头上，这就更加强了不祥之感。亚历山大恼怒了，当即把这个水手杀了。不久，亚历山大身患重病。13天后，在公元前323年6月的一个傍晚逝世。当了12年零8个月的国王，死时才32岁。

这些琐事，看来只不过是一种巧合罢了。其实，大帝的死很可能是由于行军路上的艰辛，加之经过多次作战，弄得遍体伤痕，在沼泽地里又感染上了疟疾等原因造成的。

另一个传说是：亚历山大之死是因为在宴会上有人往他的酒杯里下了毒药。如果这个传说是真的，那么亚历山大就不是自然死亡，而是死于阴谋。

亚历山大死后，他的部下托勒密将军（后来成为埃及王），用灵车把他的遗体运往埃及，安葬在亚历山大城，并为他建造了一座富丽堂皇的陵墓。

恺撒大帝、奥古斯丁皇帝、卡拉卡尔皇帝等历史上的著名人物都曾到此陵墓朝拜过，还在亚历山大的塑像头上加上一顶金冠。可是到了公元3世纪，有关陵墓之事，不知为什么无声无息了。公元642年，阿拉伯大军攻占了亚历山大城，这里的辉煌历史陈迹使他们感叹不已。到了1798年，法兰西拿破仑的军队进入亚历山大城时，这里已是一派衰落景象，城中只有6000居民了，跟随拿破仑的一些学者还看见不少古建筑的废墟。19世纪初，这里开始修建海港，古老的建筑遗址成了采石场，有许多遗迹被深埋入地下。亚历山大城很快成为地中海上一个重要的贸易中心，可是历史陈迹却荡然无存了。

按古希腊的习俗，创建城市的国王，在他死后一般都要埋葬在城市中心。因而有的考古学家分析认为，陵墓很有可能在位于城市东部的皇宫区。也有人认为，陵墓应在两条街道的交叉点上。

近年来，波兰考古学家玛丽亚·贝尔纳德对当地出土的古陵灯，进行了一番研究后发现，古人在制作用灯时，在上边绘制了古代亚历山大城的模型，因此她对陵墓的位置做了一个有趣的推测，她认为在模型内的许多建筑物之中，有一个圆锥形的建筑物，可能就是亚历山大的陵墓。因为，奥古斯丁皇帝的陵墓是尖顶圆锥形建筑，这种墓形很有可能就是在仿造亚历山大陵墓。英国人维斯曾对托勒密王朝的墓地，进行过分析研究，认为这些墓应当同亚历山大陵墓相像。他想象亚历山大的棺木是安放在一座宏伟的庙宇里，周围是一些圆柱，墓里一定有许多稀奇精美的物品。墓内还可能保存着从埃及各处庙宇送来的经书。20世纪70年代，一个惊人的发现大体上证实了这些猜想。专门研究古代马其顿历史的考古学家安得罗尼克斯发现了亚历山大的父亲—腓特烈二世的陵墓。

大殿中央停放着高大的大理石石棺，上面设有镶着宝石的、沉重的金质瓶状墓饰。国王的遗骨就在其中，周围是一些珠宝金器、王权标志、战盔等物。

其中有 5 个用象牙雕刻的雕像，制作得相当精美，特别引人注目。这 5 个雕像是国王的一家：腓力二世本人、他的妻子、儿子亚历山大和国王的父母。这个发现在考古界引起了轰动，被认为是 20 世纪考古中最伟大的发现。

惊喜之余，人们不禁要问：腓特烈二世国王的陵墓尚能找到，难道他儿子的陵墓就不能寻觅？但事实毕竟是事实，亚历山大陵墓的确令人难以揣测，一直没有任何线索。

谁能解开这个陵墓之谜？人们耐心地期待着。如果一旦解开，很可能会发掘出当时许多民族的文化艺术珍品，以及大量的历史资料，这对考古学将是一个多么巨大的贡献呀！

（二）三峡崖葬

三峡地区位于四川省东部和湖北省西部。这里是巫山山脉，群峰连绵，滚滚长江在这里切开巍峨众山，向东滔滔奔泻而去。因此，这一带水流湍急，悬崖层叠，河谷幽深，景色十分雄伟壮观。长江三峡也就因此成为世界上著名的峡谷地带。在三峡地区的长江以及支流大宁河两岸的悬崖峭壁上，基本都是致密而坚硬的石灰岩。这里有依山傍水的无尽崖壁层理和众多的山崖罅隙，是古人进行崖葬的理想葬所。

整个三峡地区进行崖葬的场所，都是选择在面临江河的高陡崖壁上。长江三峡中的崖葬多是在高出江面 100 米以上的地方，最高的可达 700 米，非常险峻壮观，令人惊奇不已。大宁河峡谷中崖葬的高度比长江三峡中崖葬的高度要稍微低一些，但是一般也多在高出江面 30~100 米的地方。崖葬选择的具体环境，主要有以下几种：

天然洞穴。在三峡地区中，崖葬的木棺多是放在天然的洞穴中，有的是单独一具棺放在一个洞内，有的是几具木棺一起放在一个洞内，有的木棺还是相互重叠地放在一起。在洞穴中放棺的地方还要用石块、木棒等将地面垫平，在三峡的盔甲洞中还在洞口用石块等砌成放棺的平台。

崖壁裂缝。就是利用纵向竖起的狭长形天然崖壁裂缝，在裂缝两侧的壁上凿孔而横放木棒，这样就可以在一个崖壁中上下好几层地悬空安放木棺了。例如在西陵峡的风箱峡的一处崖壁裂缝中，横放有两根木棒，在这两根木棒上以前曾重叠放置了多达 9 具木棺。在大宁河东岸一个叫作九层楼的崖壁上，有一个洞隙，在洞隙中有 8 根木棒，分成上下两层排列着，从前的木棺也许可以多达数十具。现在在木棒上还置有一具木棺。

天然岩墩。就是将木棺顺着放在天然岩石层里凸出的岩墩上。这些可以放棺的岩墩一般都是为狭长形的平台形状。例如在巫溪县荆竹坝的棺木岩地方，大量的木棺首尾相接地放置在同一水平面的天然岩墩上，在有的不平的地方还要用石块垫平再放棺。

在巫山县三峡错开峡中一处叫作棺木阡的崖壁上，有一个多面体柱状的凸起的岩墩平台上原有 10 具木棺，其中有 8 具顺着崖壁相互重叠放置，另有 2 具平放在平台上。

人工龛穴。如果当一面崖壁上既没有天然的洞穴，又没有天然的裂缝和岩墩时，人们就在崖壁上用人工开凿出一个小洞，所以我们又把它称为"龛穴"。这种龛穴的形状为一个横的长方形浅穴，大小只要能够放下一具木棺就可以了，所以龛的大小依照木棺的大小而不等。这些龛穴都发现在大宁河流域，例如在巫溪县的南门湾、凤凰山的很大的崖壁上，洞龛分布密集，十分壮观。

三峡崖葬的葬具都是用木材做成的棺，其中有一种是用整木剖成的，有一种是由木板拼合而成。在整木棺中，又有圆形和长方形这两种不同的外形。

圆形木棺，一般制作比较粗糙，外形就像一根圆木，但是底部比顶部的弧度稍微平一些，以便放在地上。有的木棺的一端或两端还有带耳的穿孔。

长方形木棺，这种木棺整个棺身显得浑厚，棺盖的顶面微呈浅弧形。有的木棺的一端或两端有一圈伸出的外檐，在棺盖和棺身两端的两侧各有一对凿孔，这些就像江西省贵溪崖葬的木棺那样。

三峡地区崖葬的安葬习俗形式多样。木棺中安葬死者，较多的是一个死者安放在一具木棺内，仰身直肢地平躺着。死者穿着服饰，先用粗麻布裹尸，外面再用编织精细的竹席包裹，然后又用竹篾条捆扎好后放入棺内。这种一个死者安葬在一具棺内，都是死后直接葬入的。

此外，也有两个以上的人共同安葬在一具木棺内的。例如，巫溪县荆竹坝的 18 号木棺内就有人头骨两个和一些肢骨、躯干骨等。经鉴定这两个头骨为一男一女两个儿童，男孩 10 岁左右，女孩不超过 13 岁。又如在巫山县错开峡棺木阡的岩墩上，有一具木棺内至少安葬有 7 个头骨。如果是两具儿童的尸体还可以直接放入一具棺内，但是无论如何 7 具完整的尸体是不能都放入一具棺内的。因此，这 7 个死者应该是先经历了一次安葬，等到尸体的软组织腐烂之后，再把头骨和一部分肢骨进行再次的安葬，放入这一木棺内。这种葬法被称为"二次葬"，在世界上许多民族中都有这种葬俗。在第二次安葬之前，一般是要将准备再次安葬的人骨清洗干净，所以这种葬法又被称为"二次洗骨葬"。

三峡地区的崖葬中流行群葬。例如，这种 7 个人同葬在一具棺内的情况就是一种群葬。还有一种群葬的情况是许多人同葬在一处葬地。例如，宜昌市长江北岸的新坪棺材岩的一个洞穴中就放置有 30 多具木棺，至少安葬有 30 多人。又如在巫山县错开峡棺木阡的岩墩上，除了我们上面所说的那一具葬有 7 个头骨的木棺之外，还有 9 具木棺，在这个岩墩上至少安葬有 16 个人以上。这种群葬的盛行，可能反映出在三峡地区实行崖葬的民族中，还保留有以血缘为纽带的氏族社会的组织形式。棺木阡岩墩上的这 10 具棺可能葬的是血缘关系或者亲缘关系密切的同一氏族集团或家族集团的人们，而里面装有 7 个头骨的木棺可能安葬的是相互关系更为密切的同一年龄等级的兄弟姊妹或者是同一家族的成员。不过，由于这些人骨都没有进行过鉴定，性别年龄都不清楚，因此我们无法进行进一步的推测判断。

在大宁河等长江支流沿岸的崖葬，凡是人骨保存较好而可以辨别死者安放方向的，其死者的头部都是朝着河流下游的方向。这也许说明这些行崖葬的民族最早是居住在河的下游，以后才逐渐往河的上游方向迁徙，因此他们希望自己死后，死者的灵魂要返回他们祖先居住的地方。

根据对木棺进行的碳素年代测定分析，再结合随葬物品的年代学分析，我们可以知道三峡地区崖葬的主要流行年代是战国时期至东汉时期。

在东周时期，也就是在春秋战国时期，三峡地区属于巴国统治的区域。巴国是一个多民族的国家。巴国的最高统治者是周王的宗族，与周王一样也姓姬。根据古代文献的记载，当周武王东征灭亡了商王朝以后，周国的领土大大地扩展了。并且当时在周王统治的范围内进行了一次广泛的大分封。巴国的最高统治者就是当时被分封的诸侯之一，史书记载"武王既克殷，以其宗姬封于巴"。巴国的最高统治者被分封的诸侯等级是"子爵"，所以又经常被称为"巴子"。东周时期，巴国的统治范围大概在四川盆地的东部，其东边的国境一直达到湖北省西部的山区，三峡地区也包括在内。根据《华阳国志·巴志》的记载，其地东至鱼复，西至焚道，北接汉中，南达黔涪。巴国境内的一般居民都是"蛮民"，"有濮、賨、苴、共、奴、獽、夷、蜑之蛮民"。在川东以东地区，有"奴、獽、夷、賨之蛮民"。通过许多的考古学资料我们现在知道，巴国统治集团的丧葬习俗是土葬，他们所用的棺是木制的船棺。而崖葬应该是当时居住在三峡地区的蛮民中流行的一种丧葬习俗。在三峡地区内当时主要的居民是獽和蜑。现在我们在三峡地区所见的崖葬遗迹，应该就是这两种土著居民所留下来的。

（三）西夏王陵

在宁夏回族自治区首府银川市以西约 30 千米的贺兰山东麓，有一大片古代帝王的陵园。那是西夏王国 8 代帝王的安息之地，距今已有 700~900 多年的历史了。

西夏是党项族建立的封建政权，在公元 1038~1227 年的 190 年中，先后跟北宋、南宋相对峙。根据考古工作者在 1927~1975 年对王陵中第 8 号陵墓发掘所获得的文物资料，结合有关史书中的记载来看，可以知道西夏王国具有严密的政治制度、比较完备的法律和独树一帜的西夏文字，是西北地区一个比较强大的封建王朝。

西夏王陵的范围东西宽约 4 千米，南北长约 10 千米。在这个约 40 平方千米的陵园里，8 座王陵及其附属的 70 多座陪葬墓，按时代先后，依山势由南向北顺序排列，形成了一个整齐的墓葬群。每座王陵占地约 10 万平方米，都舍弃贺兰山的石头不用，一律用夯土筑成。原先都有自己的阙门、碑亭、月城、内城、献殿、内外神墙、角楼等附属建筑。由于年深月久，如今每座陵墓的附属建筑多已毁坏，独有陵墓的主体仍巍然挺立，向人们显示着西夏王国的历史风貌，因而被人们称为"中国的金字塔群"。

凡是参观过西夏王陵的游客，除了充分领略西夏的风格以外，仔细一想，都会觉得有许多问题像谜一样留存于脑海，难以求得解答。

问题一，8座西夏王陵为什么没有损坏？王陵的附属建筑都已毁坏了，但以夯土筑成的王陵主体却巍然独存。根据年代推算，最早的一座王陵距今约900年，最晚的一座也超过了700年，如此漫长的岁月，许多砖石结构的建筑已经由于风雨的侵蚀而倾毁倒塌了，更何况是夯土建筑。有人认为是王陵周围原有的附属建筑保护了王陵主体，使它免受了风雨的侵袭。可是那些附属建筑有的早已不存，很难说它们起了保护王陵主体的作用。有人认为王陵在贺兰山东麓，西边的贺兰山就是王陵的一道天然屏障，为它们挡住了西北风的侵袭。可是王陵主体和附属建筑同样都在贺兰山的屏障之下，为什么附属建筑都已毁坏而王陵主体却安然无恙呢？

问题之二，王陵上为什么不长草？贺兰山东麓是牧草丰美之地，西夏王陵的周围也多是牧民放牧牛羊的好地方，可是唯独陵墓上寸草不生。有人说陵墓是夯土筑成的，既坚硬又光滑，所以不会长草。可是石头比泥土更坚硬，只要稍有裂缝，落下草籽，就能长出草来，陵墓难道连一点儿缝隙也没有吗？有人说当年建造陵墓时，所有的泥土都是熏蒸过的，失去了使野草赖以生长的养分，所以长不出草来。可是熏蒸的作用能持久到将近千年吗？陵墓上难免有随风刮来带有草籽的浮土，这些浮土是未经熏蒸的，为什么也不长草呢？

问题之三，王陵上为什么不落鸟？西北地区人烟比较稀疏，鸟兽比人烟稠密地区相对要多一些，尤其是繁殖力较强的乌鸦和麻雀，遍地皆是。乌鸦落在牛羊背上。落在树上和各种建筑物上。麻雀更是落在一切可以让它们歇脚的地方。可是它们唯独不落在王陵上。有人认为王陵上光秃秃的，没有什么可吃的东西，所以不落鸟类。可是有些光秃秃的石头或枯树枝上，也没有什么可吃的东西，为什么常会落下一大群乌鸦和麻雀呢？难道鸟类也知道封建帝王具有权威而不敢随便冒犯吗？

问题之四，西夏王陵的布局有些令人不解。王陵按照时间顺序或者说帝王的辈分由南向北排列，但是每座王陵的具体位置的安排似乎又在体现着什么事先设计好了的规划。如果从高空俯视，好像是组成了一个什么图形。有人说那可能是根据八卦图形定的方位，也有人说那是根据风水安排的。可是最早一个国王的逝世到最后一个国王的逝世，时间相差近200年，怎能按照八卦来定方位呢？事先谁能估计到西夏王国要传8代王位呢？再说，西夏是党项人建立的政权，党项是古羌族的一支，难道他们也崇拜八卦和相信风水吗？

目前我们对西夏王国的历史文化以及风俗民情等还没有充分的研究，知道得还不太多。也许在西夏的各种文书之中能够找得到关于王陵的具体规划设计，说明为什么要这样安排的理由，也可能在有关的记载中会解答王陵的种种难解之谜。但是很可惜，目前人们还没有寻找到开启这些谜团的钥匙，只好让王陵守着它的秘密，在沉默中继续等待。

（四）聚焦马王堆

1. 马王堆汉墓发掘纪实

1973 年 11 月中旬，长沙东郊马王堆的考古发掘工地上热闹异常，位于一号汉墓南边的三号汉墓正在开工发掘。这是一次规模空前的科学考古发掘工作。从领导、专家学者到义务施工人员，大家都在认真地贯彻执行周恩来总理的指示："务期这次发掘工作，要取得比上次更多的成绩和收获。"为了取得完整的科学资料，在发掘过程中出现了许多令人难忘而有趣的事。

由于马王堆一号墓的发掘，出土了面目如生的女尸和上千件的精美文物，引起了国内外的轰动，因而对二、三号汉墓的发掘，也寄予了很大的希望，有的盼能再出土一具完好的古尸，以深化对古尸的研究；考古人员则希望多出一些失传的古籍或其他新奇的文物，以更好地研究汉代的社会历史。为了探讨古尸保存之谜，棺液中是否有意加入了防腐药水？或者这些棺液是由尸解水和棺外气相的水分子渗入凝聚而成？因而要求能在开棺之前就能钻孔取样，立即进行化验。为此，专门研究设计制作了一个仪器，在内棺的东南角钻孔，在开棺之前就取得了未曾与棺外空气接触的气体和棺液样品。后来由于内棺密封不严，尸体已腐烂只存骨架，故这些样品的化验结果的研究价值不大了。但这种设计对今后类似的考古发掘仍是很有用的。

经过 20 多天的紧张发掘工作，到 12 月中旬，三号汉墓中的填土、白膏泥、木炭均已挖出，木椁上露出了一幅 25 平方米的完整竹席，揭去竹席，杉木椁盖板呈现金黄的颜色，揭开 3 层盖板之后，木椁的 4 个边箱里，摆满了千余件随葬物品，真是琳琅满目，美不胜收。但边箱有一米多深，无地插足，人不能下去，如何把这些文物完好地取上来，仍是一个难题。各路来的专家多，办法也多，棺室西壁悬挂的大幅帛画，由北京故宫博物院来的老专家张耀选等同志细心地剥了下来；边箱中的文物，也由有几十年从事考古发掘工作经验的老师傅们一件件完好地取了上来，……只有西边箱北端有堆竹简，共有 400 多支，由于编缀的绳子已经腐朽，竹简已散乱在一些漆器上面，为了要保持原来的编缀顺序，便于今后研究，就要按竹简现状整个地提取上来，谁能解决这一难题呢？业务组负责人正在为难之际，中国科学院考古研究所前来支援的对保护文物有"智多星"之称的王振江同志自告奋勇承担了这一任务，只见他蹲在椁板上，拿着自制的许多精巧的工具，在散乱的竹简交叉处用细线系起来，仅一个多小时，这400多支竹简就按原状连成了一个整体，并提了上来，大家都甚为高兴，不约而同地称赞老王同志的丰富经验和巧妙方法。

1974年1月13日，长沙大雪纷飞，北风呼啸，马王堆考古发掘工地却人声鼎沸，热气腾腾，二号汉墓的发掘进入了最后清理阶段。此墓坟堆同墓主人的妻子的墓（一号墓）一样高大，但墓坑却小得多，形状也特殊，上半部为椭圆形，下半部作长方形，由于白膏泥使用不均，密封不好，加上多次被盗，棺椁早已腐朽，仅存底板，随葬物品也多已腐蚀，或被压碎。墓壁已出现多处险情，必须抓紧清理完毕。省委书记、领导小组组长李振军同志冒着严寒在现场亲自指挥，鼓励大家善始善终完成发掘任务。前来支援的解放军同志和省机械化施工公司的同志们也都抱着很高的热情在各自的岗位上工作，并盼望能出土新奇的宝物。可是出土的漆器、陶器全是碎片，尸体和丝织品连痕迹都看不到了，大家十分扫兴。不久，考古工作人员从边箱的污泥中摸出了铜鼎、错金弩机、玳瑁卮杯等重要文物，特别是发现了"利苍"玉印和"轪侯之印"是龟纽铜印。"轪侯之印"是利苍被封侯的爵印，是由汉王朝中央颁发给列侯的，印应为"金印紫绶"，因要传给下一代轪侯，故随葬的这件爵印是用铜铸成，是专为随葬而制作的明器，仅外表贴附有些金箔，以表示"金印"罢了。有了这两颗印章出土，对正在争论不休的马王堆汉墓的墓主和年代问题，一下子都可解决了。一号汉墓是所谓"双女坟"（即长沙王刘发的母亲唐姬和程姬的墓）说，是第二代或第三代轪侯之妻的墓说，均可否定，可以确定这三座汉墓分别是第一代轪侯利苍，及其妻子和他们儿子的墓。但按《史记》《汉书》记载，利苍死在"长沙丞相"任上，应该还有一颗"长沙丞相"的官印，虽经反复寻找，仍无踪影，后来发现棺椁底板已裂开宽至2~3厘米，印可能从这些缝隙中漏下去了。于是决定把棺椁底板吊上来之后，把墓底的淤泥全部运回博物馆，经用水冲洗，终于把"长沙丞相"这颗官印冲洗出来了，也是一颗龟纽铜印，因为原物金印要传给长沙丞相的继承者醴陵侯越。由此证明《史记》《汉书》中关于利苍曾封为轪侯，并曾任长沙丞相的记载是完全正确的，所不同者，《史记》中"利苍"的"仓"少了一个草头，《汉书》中把利苍误为"黎朱苍"了。

2. 古尸为什么能保存2000多年而不腐

经过2000多年保存下来的马王堆一号汉墓古尸，是一具非常罕见独特的尸体。她外形完整，软组织富有弹性。体重34.5千克，内脏虽有干缩，但外形完整、柔润……。这一考古新发现曾轰动了世界，怪不得有言过其实的传说谓"老太婆""容貌如生""形如刚死"，甚至有港澳同胞问道"为什么不抢救呢！"

其实古尸并不是未腐败，而是腐败到一定程度被中断而保存下来。展现在观众眼前的是一具"巨人观"的女尸，就是墓主人死后早期腐败的现象。

人死之后，由于缺氧气，细胞发生自身溶解并导致组织自溶，尸体内的细菌与尸外来的细菌在尸体内急剧繁殖，并分泌大量的分解有机物（如蛋白质等）的酶，而引起尸体腐败。腐败过程中产生大量的气体，挤压全身的组织内脏器官，使全身肿胀、张口、伸舌、眼球突出、肛门脱出……。法医学称这些早期腐败的现象为"巨人观"。如果死者是孕妇发生了"巨人观"，气体压力可能将胎儿挤出阴道，叫内分娩。当然这具 50 多岁的软侯夫人不存在这些问题。

既然细菌能引起尸体腐败，为什么尸体不彻底腐烂而又保存完好呢？

尸体腐败，必须有腐败菌的参与。而腐败菌的生存、繁殖或死亡，同温度、湿度、氧气的有无、酸碱度、营养物质等密切相关。要防止尸体腐败，除了化学药物或物理方法来杀灭细菌外，改变腐败细菌的生存条件也可以停止腐败。我国西汉时代的劳动人民，采取了深埋密封等措施，使得马王堆一号汉墓中物理和化学的条件不利于细菌的生长繁殖。因而在尸体发生了一定程度的自溶腐败之后，及时地制止了腐败的滋长，形成了无菌的环境而使尸体保存下来。

据考古学家查证，可能古人给尸体用香汤和酒给尸体沐浴（抹澡），使尸体去秽、"香美"，还有一定消毒作用，并在入殓时喷洒了酒。棺液化验出乙醇（0.11%）和乙酸（1.03%）等，但棺内放酒浸泡尸体未见于我国历史记载。沐浴之后的尸体用丝麻织物紧裹达 20 层之多，不但隔绝蝇虫接触尸体而且把棺材填满，造成棺内空气极少，外面又套上密封条件很好的三层棺。诸棺盖封口都用漆封粘，尸体在密封的条件下，棺内的少量空气很快被早期腐败的尸体消耗尽，形成缺氧条件；棺外的椁室内存放大量的随葬品包括食物等的腐败、消耗墓室内的氧气，腐败菌在这样极其有限的空气条件下生存随着氧的耗尽而自身延缓或停止繁殖生长，或死亡，或以芽孢形式停止生长（尸体的肌肉、肝、肾发现大量细菌芽孢），无氧环境抑制了嗜氧菌的生长，而厌氧菌却繁殖起来，继续对尸体起腐败作用，但它由于自身的代谢产物日益积累增多，反而抑制厌氧菌的生长，厌氧菌最后也死亡了，腐败也随之停止。

为说明墓室缺氧，我们还介绍一则有趣的小旁证：在启棺当时，在随葬品中发现了 5 只小昆虫（三头钩纹皮蠹幼虫和两头米象成虫）的完整尸体。这些昆虫也是 2100 多年前伴着随葬品活着入葬的。在墓室里，有空气有湿度有营养维持生活，为什么昆虫会死亡呢！很显然是空气被耗尽，昆虫窒息死亡。这说明墓室内形成缺氧后，腐败过程延缓、停止了。

尸体停止腐败，已腐败的部分当然不能恢复，已形成的张口伸舌突眼脱肛也不能复原，而没有腐败的组织被保存下来，仍然维持着器官内脏乃至全身的形状，这些组织保存最好的是"结缔组织"，在电子显微镜下看到的超微结构十分丰富、接近新鲜状态。

为了保证墓室密闭，墓室的周壁用厚厚的白膏泥构筑，并防止地下水渗入。这样尸体在深埋 20 米的地下，维持着低温、恒湿密封、避光、又无大地震的恒定条件下，保持了 2100 多年。如果这种恒定条件遭破坏，尸体就不能保存下来，例如同样是埋在马王堆上的二、三号墓是吕后至汉文帝时期入土的，其地理条件一样，墓葬措施也大体相同，但二、三号墓被盗或墓室密封不严，而引起尸体腐败。

还有另一种说法是：在棺内放有某种防腐药物，尸体才不腐败，这完全可能，如化验棺水发现棺水中有汞（水银）、乙醇（酒精）……。古人是将放水银作为防腐措施的，不过科学已证明，汞起不到防腐作用。是否用中草药防腐呢？目前也无确证。我国是文明古国，有许多古尸尚未发掘，化学药物防腐措施的解释，让今后出土的古尸研究来证明吧！

3. 轪侯夫人他杀？自杀？病亡？

马王堆一号汉墓墓主人轪侯夫人辛追的死因，读者想知道，科学家们也着重研究它，然而，他们不是猎奇而是想通过研究古尸的死因及探讨古代疾病，取得科研资料，为祖国医学科学服务。

有人说，辛追可能是服毒自杀的，也有的说是被别人一棒子敲死的，还有的说可能是上吊死的……。讨论会上的发言各持己见，因为墓葬中没有有关古尸病史的记载。科学家运用现代科学技术研究她死前患什么病和死亡原因，主要的是进行尸体病理解剖。解剖开始之前，先作了皮肤科、眼科、耳鼻喉科、妇产科和法医学的检查，以及 X 射线的复查，然后进行系统的解剖，通过肉眼和病理组织、电镜观察 X 射线、寄生虫学研究、毒物分析……，发现女尸生前患有以下几种主要病理：

（1）全身性动脉粥样硬化症。

（2）冠状动脉粥样硬化性心脏病（简称冠心病）。

（3）多发性胆石症。

（4）日本血吸虫病。

（5）慢性铅、汞中毒。

此外，还有肺结核钙化点，右手骨折畸形愈合、腰椎间盘脱出（或变性）、蛲虫、鞭虫感染、会阴陈旧性裂痕、胆囊隔畸形……。

这么多的疾病，哪一种是致使辛追的死因呢？在解剖中发现食管、胃、肠子里有甜瓜子（138 粒半）反映墓主人临死前 24 小时尚能从容进食，是在发病后一天内死亡的，医学上叫作急死或猝死。据统计，猝死的病人多数是死于"冠心病"。原来解剖古尸心脏时就见到她的心脏曾有过心肌梗死（心脏局部缺血坏死），营养心脉的血管——冠状动脉粥样硬化（动脉管壁内面像稀饭皮那样）相当严重，这是墓主人猝死的"病理基础"。科学家分析辛追死因可能性最大的是由于胆结石引起胆绞痛急性发作，反射性地引起冠状动脉痉挛，由此导致急性心肌缺血心脏停止跳动而造成猝死。

为什么辛追不是上吊死的呢？因为古尸颈部没有绳索勒痕；身体也没有机械性外伤，所以也不是被一棒打死的。辛追生前有慢性汞（水银）中毒，是否可说是汞中毒死亡呢？也不是。辛追所在的西汉时期，生产技术还不能生产出使她急性中毒死亡的"升汞"。古尸为什么会有汞中毒的症状？主要是吃进水银。考古学家查证，西汉时期"炼丹"技术已盛行。大概这位轪侯夫人想长生不老，服"仙丹"，而造成慢性汞中毒，然而她不可能知道"仙丹"是不能挽救她胆绞痛诱发冠心病致死的短命的下场。

4. 国之瑰宝——素纱禅衣

在引人注目的长沙马王堆汉墓出土文物中，素纱蝉衣是一件令人惊叹的稀世珍品。它长128厘米，两袖通长190厘米，其重量包括厚实的领和袖口锦边在内，还不到现在的一两，只有49克。禅衣薄如蝉翼，是目前世界上现存年代最早、保存最完好、制作工艺最精和最轻薄的一件丝绸衣服。

纱，是丝织物中一种单色、纤细、稀疏、方孔和轻盈和平纹织物。在我国古代，称方孔丝织物为"纱"，纱的经丝和纬线纤细，交织成的孔眼较大，其透光面积一般在75%左右，而且孔眼均匀，布满整个织物表面。再由于纱织物质地轻柔透亮。故在我国古代的诗中，就有"轻纱薄如空"的描述。方孔平纹织物，何以称之纱？一是与丝织物的生产分不开，因为古代丝织物的出现，首先是生产上筛网的需要，由于这种织物的孔眼，只能通过小小的沙粒，故名这种织物为纱（沙）。二是纱织物的经密和纬密都比绢、缣稀少，故纱字形声由"系"和"少"组成。纱织物是我国战国秦汉时期的高级丝织品种之一，又因纱织物轻柔透亮，它就成了秦汉时期做夏服和内衣的一种非常流行的织物。据《中草古今注》记载："纱衫，盖三代之衬衣也"。相传有一次，汉高祖刘邦与楚霸王项羽战于荥阳，刘邦归帐，汗透中衣，遂改名为汗衫。因此，在我国使用丝织物作纱衫，在西汉初期就开始了，也就是说，汗纱的使用，在我国至少也有2200多年的历史了。

马王堆一号汉墓中出土的素纱禅衣，据丝织物研究专家鉴定，素纱的织物密度稀疏，经密为58根/厘米，纬密为40根/厘米，每平方米的织物重15克，经纬丝的直径很细，经纬丝的投影宽为0.08毫米，蚕丝的纤度极细，单根丝为10.2~10.3旦，这样微细的蚕丝，不仅和近现代缫出最精细的蚕丝十分相当，和现代轻柔透明的乔其纱织物也无两样。在2000多年前，我国古代的能工巧匠在技术不高、生产力还不很发达的情况下，缫制出这样细而匀的蚕丝，必须有熟练技术的缫工，才能制作，这充分体现了织造工匠们的高超技艺和智慧才能。

5. 世界上最早的地图

马王堆三号汉墓出土了一幅绘在帛（丝绸）上的边长为96厘米的正方形地图。地图没有标注绘制的年代，但马王堆三号汉墓是公元前 168 年下葬的，此图绘制的年代当在此以前。据考证，该图大约绘制于吕后末年，即公元前 180 年左右，距今已 2160 多年了。

这幅地图的方位为上南下北，与现在的地图上北下南恰恰相反。地图所包括的范围是东经 111 度~112 度 30 分、北纬 23 度~26 度，地跨今湖南、广东、广西三省，具体地点大致是今天广西全州、灌阳等地以东，湖南双牌县以南，广东连州市以西，南至广东珠江口外的南海。地图有主区和邻区的明显划分：主区详细，邻区简略。主区是汉初诸侯吴氏长沙国的南部，即今天湖南湘江第一大支流潇水流域（地图上叫深水）和九嶷山一带。邻区是汉初诸侯南越国的辖地，主区的比例大致为 1/17 万~1/19 万，如果用当时的度量制计算，大约图上一寸相当于实地十里，即为一寸折十里的地图。邻区的比例大致为主区的 3 倍，地图的内容非常丰富，既有作为自然地理要素的山脉、河流，又有作为社会经济要素的居民点、道路等，而山脉、水系、居民点、交通网四大要素，正是现代地图的基本要素，所以，这应是一幅相当于现在的大比例尺的地形图。

地图绘制的水平很高，它已经作用了统一的图例。全图共有 80 多个居民点，分为 2 级，即县级 8 个，乡里级 70 多个。县级用方框符号表示，乡里级则用圈形符号表示，同级符号也有大小的区别，这应是居民点大小不同的表示。用方框和圆圈区分居民点的行政等级，一直沿用到近几十年以前。地名注记在方框和圆圈之内，读者一目了然，不会混淆，现代地图采用小符号，只好把地名注在符号旁边，但在居民点稠密处，则容易误读。图中用直线或虚线表示道路，共有 20 多条，在县城之间以及重要乡里之间，均有道路相通，水道则用弯曲的由细而粗的均匀的线条表示，图中绘制了大小河流 30 多条，其中 9 条注明了河流的名称，有的还注记了河流的源头。把帛书地图与现代的地图比较，我们发现河流的骨架，河系的平面图形，河流的流向以及主要的弯曲均与今图大体相似。2000 多年前我国地图测绘水平精确到如此程度，真叫人吃惊！图中山脉的画法很科学，它不仅用闭合的曲线表示山脉坐落、山体的轮廓，以及延伸方向，而且还用月牙形、柱形等符号表示山簇、山峰、山头、山谷等内容，尤其是九嶷山采用了类似现代等高线的画法。山脉的这些表示方法，比宋至明清地图采用人字形画法和山水画中山的画法要好得多。

从地图的内容看，这是一幅经过实地勘测的地图。但地图主区所绘的是一个万山磅礴、高山深水的地带，地形是如此复杂，但地图的比例的准确性很高，例如河系的平面图形、山脉的走向、城市的方位与现在同一地区的地图大体相似 2000 年以前，绘出了如此高水平的地图，在世界地图史上是独一无二的。在时间上，也还没有发现比它更早的地图。所以，它是目前世界上现存最早的绘在绢帛上的地图。

6. 全世界现存最早的天文专著

马王堆三号汉墓出土了两本天文专著，一本叫《五星占》，另一本叫《天文气象杂占》，这都是目前世界上保存下来最早的天文专著。

《五星占》是关于金星、木星、水星、火星、土星这五大行星在天体运行的记载，它指出金星的会合周期是 584.4 日，比现今天文学家所测得的 583.92 日，只差了 0.48 日，误差只有万分之几。而土星的会合周期，帛书记载为 377 日，比今天测得的 378.09 日亦非常接近。帛书谈到金星的会合周期说："五出，为日八岁，而复与营室晨出东方。"也就是说，金星的 5 个会合周期刚好等于 8 年。并且，帛书还利用这个周期列出了秦始皇元年到汉文帝三年之间，共 70 年的金星动态，也就是公元前 246 至公元前 177 年的金星动态表。1965 年我国翻译出版的法国著名天文学家弗拉马利翁的《大众天文学》第二册里说："8 年的周期已经算是相当准确的了，事实上金星的 5 个会合周期是 8 年减去 2 天 10 小时。"弗拉马利翁还利用这个周期预报了 20 世纪后半期到 21 世纪初金星的动态。但是，谁也没有想到，中国在 2200 多年以前，一个没有留下名字的中国天文学家，就发现了这个周期，并利用这个周期列出了从秦始皇元年（公元前 246 年）至汉文帝三年（公元前 177 年）间共 70 年的金星动态表。据考证，《五星占》的内容是战国时期《甘石星经》的内容，而《甘石星经》成书的年代为公元前 370 年至公元前 270 年，比世界最早的天文学家伊巴谷还早两个世纪，所以，《五星占》应是目前发现的全世界最早的天文专著了。

帛书《天文气象杂占》里的精华就是它有 29 幅彗星图。20 多年前，英国著名学者李约瑟博士在他编写的《中国科学技术史》第三部分《天学》中谈到彗星时，引用公元 1644 年我国手绘的一幅彗星图时说，他不知道北京明清两朝的档案中，是否还有这种手绘的彗星图。他认为公元 1644 年这幅彗星图就是我国最早的彗星图，但他根本没有想到我国早在 2000 多年前，就绘出了 29 幅彗星图，而且完好地保存在马王堆汉墓内。这些彗星图都绘有彗核、彗发和彗尾，十分科学，而且这些彗星图都是头朝下、尾朝上的，这是因为彗尾总是背着太阳的缘故。这一规律在国外直到公元 1531 年才由欧洲人波特尔·阿毕安发现，我国比他早发现 1700 多年。在国外，直至公元 66 年才有一个出现在耶路撒冷上空的彗星图；欧洲直到 1528 年还把彗星画成一个怪物。而我国的彗星图还早了 200 多年，比西欧则早了 1000 多年。由此可见，马王堆三号汉墓出土的 29 幅彗星图是全世界最早的彗星图。

7. 我国现存最古的医方——帛书《五十二病方》

马王堆三号汉墓出土的医书《五十二病方》是我国现存最古的医方。

《五十二病方》写在高约 24 厘米的半幅帛上。书首有目录，正文每种疾病都有抬头的标题，共 52 题。每种疾病题下分别记载各种方剂和疗法，少则一二方，多则 20~30 方不等。疾病包括外科、内科、妇产科、小儿科、五官科的病名。治疗方法主要是用药物，也有外科手术、灸法、砭法、角法、熨法及按摩法。书中涉及药名 247 种，其中一半是《神农本草经》和《名医别录》两书中所没有记载的。医方达 283 个之多。药的剂型有汤、散、丸、酒、膏等。《五十二病方》内容极其丰富，对于当时的广大人民来说，真是灵丹妙药。

马王堆三号汉墓出土的医书
养生方（左）和五十二病方（右）

今天人们认为外科手术是西医的事，中医只用汤药。但是，《五十二病方》中记载了外科手术。如"牡痔"一题记载："巢塞直者，杀狗，取其脬，以穿籥，入直中，吹之，引出，徐以刀割去其巢，治黄芩而屡傅之，州不可入者，以膏膏出者而倒悬其人，以寒水溅其心腹，入矣。"用现在的话说，就是人的直肠内有了痔疮瘤子之类，就杀狗取出膀胱，套在竹筒上，从人的肛门插入直肠内，用嘴吹胀，将直肠下端患部引出，然后开刀割去患部，在伤口上敷上黄芩。如果直肠不能复位，就涂上膏，使其润滑，倒悬其人，再用冷水溅其心腹，以刺激腹腔，令其收缩，直肠就自动回到腹腔里去了。除此外，还记载了烧灼、结扎、瘘管等搔抓和结扎摘除等手术。说明我国外科手术在 2000 多年前已经很进步了。

医书中关于用水银软膏治疗痈肿和皮肤病的疗法，是世界医学史上一项重要的发明。在国外，直到公元 12 世纪才发明这种疗法。

医书中已经有了辩证施治的观念，如对疽病的治疗，有这样的医方："治白蔹、黄耆、芍药、桂、姜、椒、茱萸、凡七物。蛆疽倍白茎疽黄耆、肾病倍芍药，其余各一，并以三指大撮一入杯酒中，日五六饮之"。这个方子有七味药，针对不同疽病的需要，调整药的比例。这种辩证施治的观念，是我国医学史上的重要发现。

医书的内容非常丰富，它反映了我国古代劳动人民在医学方面通过长期实践取得的光辉成就。它在中国医学史上占有很重要的地位。

（五）万仞绝壁居然有棺材

金沙江与岷江汇合成长江后，接纳的第一条较大支流便是四川宜宾地区的南广河。

南广河的上游，四川珙县城南有个叫麻塘坝的地方，这里的山并不高，但是悬崖峭壁处处可见。地球上的悬崖峭壁多得是，然而这儿的峭壁上却悬挂着许多的棺材，不能不说是件稀罕的事，人们把这些棺材叫"僰人悬棺"。为什么僰人不像中原人民一样把棺材埋入土里，而偏要高高地悬挂在空中？在400年前，在那样恶劣的自然条件下，这些悬棺是用什么技术放到万仞绝壁上的呢？这的确是一个难解的谜。

所谓"僰人"是古代生活在我国西南川、滇、黔三省交界地带的一个少数民族，最早见于《吕氏春秋》记载，春秋战国时确焚侯国，秦代修筑了通往西南地区的五尺道，汉武帝建元六年（公元前135年）更遣唐蒙发动巴蜀人民开凿山道2000余里，征服僰，置为僰道，当时政区制度以少数民族聚居区设"道"相当于县级。新中国成立后，在1957年归宜宾市管辖。

据研究，秦汉时期的僰人就是魏晋南北朝时的濮人，僰为濮的异写，也就是唐宋时代的僚人。也有人认为今天僚族或白族就是古代樊人的后裔，"悬棺"一词最早见于南朝梁、陈之际学者顾野王所记。悬棺葬是一种将死者遗体放入棺内，再置于悬崖上使之风化的葬法。据《四种通志》记载，珙县有座棺木山，"昔为僰蛮所居，尝于崖端凿石拯钉，置棺其上，以为吉"。1974年，四川省博物馆会同珙县有关单位曾在麻塘坝共同清理过10具棺材，他们从悬棺中发现两只青花瓷器，经鉴定是明朝正德、嘉靖年间景德镇的产品。由此推算，其中有些棺材已经在空中足足悬挂400多年了。邻近麻塘坝的兴文县苏麻湾高崖壁立，也布满了层层悬棺，约有50多具，蔚为奇观。另外，四川境内长江沿岸的黔江市东南官渡峡、奉节县东的风箱峡也都有悬棺。

这些悬棺都是用质地坚硬的整木雕琢而成的，或为船形，或为长方形，其安置方法大致有3种：①在峭壁上凿孔，把木桩打入孔内，然后把棺材横放在木桩上；②把棺材安放在露天的天然岩洞里；③在较浅的山洞（或是人工开凿的浅洞）把棺材的一半插入洞内，一半留在外头。这些悬棺多半离地面约50米，有的竟高达百米以上。

1974年取下的10具木棺都是水平地放置在崖壁的木桩上面。一具木棺一般放在二三根木桩上。而木桩则是钉在宽度和高度大概为12厘米，深度大概为17厘米的人工开凿的方孔内。邓家岩的7具木棺地面的高度，最高的是25米，而白马洞的3具木棺距地面的高度，最高的是44米。

取下的木棺一般都长2米左右，最长的有2.2米。木棺的一头大，一头小，大的一头高度和宽度都是50厘米左右，小的一头的高度和宽度都是40厘米左右。木棺棺盖的形状有两种：一种的盖顶是弧形，一种的盖顶是两面斜坡的屋顶形，此外还有的盖顶形状介于二者之间。在有的木棺的端头还钉有一块木雕装饰，它的形状既像手掌又像是火焰。这种装饰的具体含义是什么，我们现在还不太清楚。在有的木棺的端头横着钉有两根木棒，大概是为了抬棺所用。

木棺都是用整木挖凿而成，木棺的内外都不髹不漆，木纹清晰可见。从木棺上残存的痕迹来看，显然在制作木棺时，没有用过木锯，而可能是用铁斧和铁凿挖成的。棺盖和棺身之间有子母榫扣合，目的是为了防止棺盖脱落，在棺盖和棺身之间还用铁抓钉扣紧棺身和棺盖。木棺的木质坚硬，历史文献和民间都传说是用马桑木制成，但经过专家的鉴定，用的却是楠木。

这些悬棺中的随葬物品不多，除了衣服之外，10 具悬棺中随葬的所有物品一共只有 40 多件，一具木棺中最多的随葬物品也只有 6 件，有的棺内一无所有。这些随葬物品都是日常的生活用品，种类和质量也差别不大。保存下来的有丝织品、麻织品、陶器、竹木器、瓷器、铁器、漆器、铜器等，其中以麻织品和竹木器的数量最多。

经过清理的悬棺，在棺盖和棺身之间都被鸟雀打开了大小不等的孔洞，于是鸟雀在棺内筑巢栖息。所以，棺内杂草、树枝、羽毛和泥沙层层相间，填满了棺内。经过考古学家们的悉心清理，小心剔除这些外来杂物，才使得棺内的原物重见天日。

经过清理以后，可以看出棺内的人骨架保存基本完好，死者当年是仰身直肢地躺在棺内，左右手平放在身躯的两侧。随葬的物品都放在棺内，其中绝大部分都放在头部或者脚部的两侧，还有个别的放在左右手的两边。尸体当年是穿着各种入葬的衣服，有的还要用素面的麻布或者是有彩绣的麻布裹住尸体，再用针线将麻布缝合。

五号棺的死者是一个男性。在他穿着的服装外面还裹着彩绣的麻布。上身的外面第一层到第四层穿的都是对襟的绣花马褂，有丝绸的，也有麻布的。最里面两层是两件丝绸的深蓝色上衣。下身穿的是两件丝绸的彩绣短裤。在短裤的左右下方各绣着一个意味深长的图案，左边是 4 个汉字的"王"字，右边是四个"醒"。脚上穿着麻布的袜子。这个死者可能是一个相当重要的人物，所以才能在短裤上绣有"王"字。随葬多件丝绸的服装也显示出死者生前的富有。除了服装之外，还有 5 件随葬物品，即麻网袋、竹筒、竹簸、瓷酒杯和陶碗各一件。

六号棺的死者也是一个男性。他的最外面第一、二层穿的是黄色丝绸的通身长衫，第三层是麻布的通身长衫。第四层到第七层是白麻布的上衣，有花边和彩色绣花。第八层是一件蓝色的对襟短内衣。最里面两层是白麻布的对襟内衣。下身穿的是一条彩绣短裤。小腿上还绑有彩绣的绑腿。死者的随葬物品也有 5 件，有麻网袋、竹簸、木碗、牛角和剑形木板各一件。死者的身份可能是一个巫师，而绑有鸡骨的剑形木板和牛角，大概就是他作法的器具。

四号棺的死者是一个老年女性。她的头上戴着露顶的蓝色丝绸披风，镶有花边。披风垂在身体后面。上身的胸部和腹部各有一条方巾覆盖着，方巾大概一尺见方。在胸巾的内面缝有 3 个小的香囊。上身最外面一层的服装是一件对襟的麻布长褂，一直到膝部，长衫上还镶有花边和彩绣。上身第二层到第七层服装是麻布的坎肩，没有袖子，也镶有花边和彩绣。下身最外面一层服装是一条左右开缝的麻布裙子，镶有花边。下身第二层是一条夹层的裙子，外层是天蓝色的丝绸，内层是红色的里子。下身第三层是一件深蓝色的通身麻布折叠裙。下身第四层到第六层是 3 件白麻布的通身折叠裙。最里面有 4 条短内裤，两条白色的，两条蓝色的，短内裤的两边都有彩绣。短内裤的下面有蓝色的花边裹腿。这个老年妇女的服装如此华贵阔绰，数量众多，也一定是一个上层社会的妇女。

悬棺葬要耗费很大的人力物力，是什么观念支配了他们这么做的？有一种推断是，僰人居于山水之间，自然环境决定了他们的生活环境和生活习性，也在他们的观念意识中得到折射。悬棺一般放在靠山临水的位置，棺形也有作船形的，这表明亡灵对山水的依恋和寄托之情。把棺木放得很高，可以防潮保尸，也可以防止人兽的侵扰，但其中的观念成分还是主要的。唐代的《朝野金载》中说，五溪蛮父母死后，置棺木"弥高者认以为至孝"，以致形成争相高挂棺木的习俗。元代李京《云南志略》上也说，土僚人死后，悬棺"以先坠为吉"。

今天，我们把架设高压电线叫高空作业。远在千百年前，人们要把沉重的棺材搬到悬崖峭壁上，论难度、论高度，不亚于高空作业。当时到底用什么巧妙手段把这些棺材搬到这么高的地方的？人们对此猜测纷纭，甚至蒙上了一层神秘色彩，因而也有把悬棺叫"仙人柜"，把悬棺葬山岩叫"神仙岩"的。最普遍的猜测是栈道说、吊装说和下悬法。栈道说者认为，在山崖上凿口子、铺设栈道，然后把棺材悬放在半山腰，或推入自然山洞内，葬完后撤去栈道。吊装论者认为棺材是由下往上吊装上去的，很可能使用了某种原始的机械。这两种说法，既有合理的成分，也有难以服人的地方。

由于古代悬棺葬盛行于长江以南的丘陵山地，1973 年福建武夷山非法盗棺的犯罪行为也许给悬棺葬程序做了最好的注脚。该年 9 月，有两个盗棺人买了数百斤粗铁丝，制成软梯，上端紧绑在岩顶的大树根部，一人把风，一人顺梯下到岩洞，因岩洞深凹，他运足了气，荡起秋千，把身体晃进"仙洞"，撬开"金棺"取宝，锯棺三截，然后攀梯而上，结果被依法判刑。僰人也许就像盗棺人的做法一样，从上缒上几个"葬礼先行官"，在洞口预先架设数尺栈道，部落人在山顶将装殓死者的棺材缓缓吊坠而下，先搁在栈道上，再由"先行官"推入洞中，因为有的洞穴深度不够，所以有些悬棺的小部分还露在外头。这种猜测，可以叫"下悬法"，这也许是目前最为合理的解释。

（六）图坦哈王陵墓

霍华·卡特越来越失望，这位考古学家为了搜寻少年法老王图坦哈门的陵墓，已浪费了 25 年宝贵光阴。资金也所余无几。同事们对他不但深表怀疑，甚至加以嘲笑。

但这位英籍埃及古物学家不甘心就此失败，他仍深信图坦哈门王的陵墓必在埃及古都昔伯斯的帝王谷中，因住附近的路克索庙宇中发现了图坦哈门王的碑铭。这座陵墓从来没有被人盗过，因为，他从未听到有关文物面世的报道。

最初 10 年内，掘到的东西只是一些坛子和有国王笛字的衣服。除此之外，卡特几乎搜遍了帝王谷的每一角落，还是找不到这位 18 岁就驾崩的法老王陵墓踪迹。

卡特踏着早晨清凉的沙地走向工地时，不由又想起他的资助人业余考古学家卡拿封爵士，一路回忆在英国汉普郡爵士府中最近一次会议。

当时，卡拿封要求卡特罢手。"我的家产快赔光了，"他对卡特说，"我实在无能为力了。"

可是卡特要求爵士继续支持，做最后一次的发掘。"霍华，"爵士笑着说，"我是一个赌徒。再支持你一次，碰碰运气，如果再失败，真要破产了！咱们从哪里开始？"卡特打开帝王谷的地图，指出还没有掘到的一个小地区。位于通往拉美斯六世陵墓的路上。"瞧，"他对爵士说，"这是最后一片还没有发掘的地区。"

他走近发掘的工地时，想起这地方，宛如一场噩梦的最后一幕。他与工作人员除了掘到当年建筑拉美斯六世陵墓的奴工住过的小屋残迹外，其他一无所获。他们又以 3 天的时间在瓦砾堆里翻转，仍是徒劳无功。

卡特走到工地时，工头阿里跑来说："我们挖到深入地下的一个台阶！"两天之内，他们清出一条笔直石级，通往下面一扇封的闭门。卡特立刻电告卡拿封爵士说："我等终于有了惊人发现。一座宏伟的陵墓，原封未动。恭候大驾。并祝成功！"

日期是 1922 年 11 月 6 日。

卡拿封到后，他们又以好几天的时间打通墓门，清出一条甬道。甬道上到处散落着石块。然后到达第二扇密封的墓门前。

这时，卡特的理想终于变成事实。卡拿封站在卡特的背后，凝望着那门时，卡特慢慢地凿着墓门，凿开一个可容伸进蜡烛的小孔，向罩面探望。后来他这样记述：

"开始时，我什么也看不见。从室内透出的热气，使烛火不停地闪动。可是，等我的视力能适应那明暗不定的光度时，室内的一切开始明朗：里面布满奇怪的动物雕像和黄金，遍地都是发亮的黄金。"

"当时对我身旁其他人来说，我惊得目瞪口呆的那一刻必然是一段无限长的时间。卡拿封爵士似乎急不可待了，便急忙问我：'看到什么没有？'我只来得及虚应他说，'看到了奇妙的东西！'"

这座陵墓包括 4 间墓穴，里面有棺，有花瓶，有镶满了珠宝的金御座，有衣服、家具和兵器。陵寝两旁有黑色人像各一，里面有 4 座金神龛，一座接一座的叠放着，还有一具精美的石椁，内藏一套 3 层的棺材。

最里面的一层，用纯金打造，盛着图坦哈门王的木乃伊，用缀满珠宝的尸布缠着。脸上覆着金质面具，镶满晶石和青金石。头项和胸膛上，绕着用矢车菊、百合与荷花缀成的花圈。虽在石椁中存了 3300 年，花圈的色泽仍然保持不变。

陵墓内一切的陈设，使我们对这位公元前 1350 年的埃及法老王传奇般的生活，得到一个大概的印象，对卡特和忍受长期折磨的资助人卡拿封爵士来说，这真是一次长久而心力交瘁的搜索。不过，最后总算有了补偿：他们得到考古学上最辉煌的成就。

卡特和卡拿封爵士掘开图坦哈门王的陵墓后，接连发生了不可理解的事故。参与掘墓的人员中，有几人不是横死，就是不得善终。根据传说，他们都是法老王咒语的牺牲者。

据说，1922 年 11 月，两位考古学家率领工作人员首次凿开墓门的当天，就连续不断地发生令人胆寒的意外。而这种不祥的迷信，就是根据上述未经证实的报道而来的。最后一人从墓穴走出地面时，据说突然吹起一阵狂风，在洞口盘旋。风沙平息后，有人看见象征古代埃及皇室的秃鹰，在陵墓上空呼啸而过，飞向西天，飞向埃及神话中的"另一世界"。迷信的人说，已故法老王的幽灵曾经留下咒语，凡是侵犯他们陵墓的人，都要得到恶报。

5 个月后，当时 57 岁的卡拿封爵士的左颊，被毒蚊蛰了一口，伤口受了感染，因血液中毒而染上肺炎，结果于凌晨 1 点 55 分死在开罗，当时全城灯火熄灭。同时，在英国他的故居，爵士的家犬也忽然哀号不止而死。

最奇怪的是，据后来检验图坦哈门王木乃伊的医师报告，木乃伊左颊上也有个凹下的疤痕，和卡拿封爵士被毒蚊蛰伤的位置完全一样。

另有几个到过墓地的人，也死得不明不白，据说也是由于咒话作祟。例如：卡拿封爵士的兄弟赫伯特，死于腹膜炎。自称法老王后裔的埃及亲王法米在伦敦一家旅馆遇害，他的兄弟也自杀而死。美国的铁路业巨子乔治·古尔德参观墓穴时，突患感冒，结果死于肺炎。贵族里查贝特尔协助卡特编制文物目录，据说在 49 岁时就自杀了。几个月后在 1930 年 2 月，他的父亲威斯柏瑞爵士也在伦敦跳楼自杀身亡。因为，在他的卧室里，摆着一支自法老王墓中取出来雪花石膏花瓶。自 1922 年发现这座图坦哈门王的陵墓后，短短 7 年中，已有 12 个与此事有关的人，离奇丧生。

但是，理应最受法老王咒语所害的那个人，却一直平安无事。那就是掘墓的卡特。他于 1939 年 3 月逝世，得享天年。后来埃及政府同意运图坦哈门王的宝藏往巴黎参加 1966 年的展览会时，主管文物的穆罕默德·伊柏拉汗夜里忽得一梦：如果他批准将这批文物运出埃及，他将遭遇到可怕的凶险。因此他在开罗与有关单位据理力争，但无效，最后一次会议终了，他离开会场后，竟被车撞倒，两天后因伤重不治毙命。

（七）古罗马地下墓穴之谜

美丽古典的意大利古罗马城墙外，隐藏着一个可怕的秘密。城外的地下，一条条通道和洞穴纵横相连，连绵不断，竟然是一个巨大的基督教徒群葬墓。这就是神秘的古罗马地下墓穴。

古罗马时期，基督徒是流行土葬的，来表达对基督教的无限忠诚与支持；地下庞大的墓群，则用来纪念基督教忠实的信徒。奇怪的是，为什么墓穴会建于罗马城外的地下？如此叹为观止的墓穴，又是如何建成的呢？

更神秘的是，据说死者的尸体都放在宽大的壁灶里，且都穿着完整的衣服，并被撒上了特殊的膏药以防止腐烂。

神秘的古罗马地下墓穴，壮观的墓群表达着同一个思想，那就是信仰与忠诚。

（八）马其顿腓力二世墓之谜

马其顿腓力二世的陵墓在20世纪70年代被考古学家揭开了神秘的面纱，一时轰动考古界，成为20世纪考古中最伟大的发现。然而千般繁华终归寂寞，金碧辉煌的陵墓大殿和宝石棺椁也只能无声地述说主人生前的荣耀。

腓力早年曾在底比斯城邦为人质。回国后，他夺取王位，励精图治；建立常备军，创建了一种战斗力很强的"马其顿方阵"；并利用希腊城邦之间的矛盾，打败希腊联军，确立了对希腊城邦的控制。他在位的20多年间，马其顿由一个内乱不止的小国崛起为希腊城邦的首领，为其子亚历山大的征服做好了充分的准备。

腓力二世的陵墓里，王权标志和战盔闪着熠熠光芒，而其中让考古专家最为感叹的是5个象牙雕刻的雕像：腓力二世本人、他的妻子、儿子亚历山大和腓力二世的父母。

如果没有腓力二世，不敢想象是否还有亚历山大的伟岸帝国，如果腓力二世多活几十年，也很难料定之后那个庞大帝国的主宰是否还是亚历山大。腓力二世的传奇故事如同他死后被埋葬的陵墓，带给人们莫大的期盼与惊喜。

（九）帕伦克的帕卡尔王陵之谜

素有"美洲的雅典"之称的帕伦克，一座与世隔绝的古城，以精美绝伦、高大宏伟的古老建筑著称。但是直到19世纪，这座沉睡已久的古城才开始慢慢醒来，一点一滴地呈现在人们的面前。而其中帕卡尔王陵的发现，则是最不可思议、最神秘的了。

"太阳陛下"帕卡尔，拯救帕伦克这个城市的大帝王，他最后的安息之处就隐藏在壮观的碑铭神庙下。巨石碑上镌刻着奇怪的图形或者文字，排列有序，如同棋盘上的一粒粒棋子，猛然感觉像人的脸庞，又像怪物的面孔，或者像蠢蠢欲动的神话怪兽，神秘诡异。

碑铭神庙深处数以吨计的泥沙堆积填塞，前方布满了重重障碍，似乎在掩盖着什么。那么这里到底隐藏着什么秘密呢？

莫非地板暗藏天机？一个带有神秘装饰图案的石板吸引了人们的注意力。电光闪石间，人们开始了种种猜测和摸索，细细拨开重重障碍，小心穿过层层迷雾般的廊道，终于发现了一个千年来世人不曾涉足的房间。这里，就是帕伦克的帕卡尔王陵密室宫殿。

在风格华丽、精美绝伦的壁画和浮雕的环绕下，一个巨大的石棺呈现在眼前。当人们审视石棺上那精美的浮雕图案时，不由如坠迷雾之中。

图案上这个半躺着、上身向前倾斜、眼睛凝视着前方、伸出两手的男子，表现了什么呢？这是描绘帕卡尔以一种胎儿的姿势降入人间的情景吗？还是表现帕卡尔在弥留之际掉进一个阴间怪物嘴里的惨状？传说，他死时"呼出了一口热气"。雕塑把人物内心深处的恐惧、内在力量的凝聚表现得淋漓尽致、栩栩如生。

更神奇的是，细细审视图像，还有更诡异的秘密。一个人似乎正在操纵某种精密的类似仪表的机器例如车或飞机，机器呈流线型的尖状，类似太空舱，尾端还有火舌喷出。远古时代的帕伦克人，难道已经掌握了探索太空飞行的科技了？如果不是他们，那么这个操纵着至今人类无法知晓的飞行器的人，到底又是谁呢？

一座与世隔绝的古城，一座精美绝伦的宫殿，一个神秘巨大的石棺，一块诡异莫测的浮雕，这就是帕伦克的帕卡尔王陵。探索、猜测、疑惑、迷茫，种种心绪涌上心头。帕卡尔王陵，将逐渐苏醒在人们的视野下。

（十）西潘王陵之谜

如果你喜欢古文明，当你踏上秘鲁这片神秘的热土时，你将会遭遇所有旅行中最精彩的部分。秘鲁曾有南美大陆最辉煌的文明，因此秘鲁也是世界上古文明遗址最多的国家之一，由此也产生了极为疯狂的文物被盗现象，而最初西潘王陵的发现就和盗墓者有关。

1987年前后，秘鲁考古学家沃尔特·阿尔瓦在国际文物黑市上发现了一些明显来自秘鲁的文物，但这些文物又不属于印加文明，这引起了他的注意，他猜测很可能又一个重要的遗迹被盗。就这样，西潘，秘鲁北部一个无人知晓的沿海小村庄，立刻让众人瞩目。

西潘王陵就这样出现在人们的视野中。

沃尔特·阿尔瓦对西潘王陵的这一次挖掘震惊了整个考古界。从头到脚被金银包裹着的西潘王，0.5千克重的纯金小铲子，模样怪异的金面具，以及其他数不清的金银饰物和工艺品，个个造型奇特，工艺让人惊叹。

但西潘王陵对于考古的意义并不仅仅是这些金银财宝，而是一尊人物陶俑。这尊陶俑的穿着佩戴几乎和西潘王一样，金头饰，金珠子串成的项链等等。所不同的是，陶俑的右手握着一柄黄金权杖。而正是这点让来自美国的考古学家确定了西潘王的另一个身份——之前在许多陶罐上出现的"斩首之王"。

和西潘王密切相关的莫切文明就这样浮出水面。之前对于莫切文明，考古学家们争论不休，因为莫切人没有独立的文字体系，而绝大多数的宝藏又让殖民者西班牙掠夺走了，考古学家只能在那些残缺不全的废墟上和一些陶罐上进行研究。

秘鲁的印加文明、墨西哥的阿兹特克文明和中美洲的玛雅文明被公认为是美洲最早的三大古印第安文明。而西潘王陵的发现却证明，莫切人创建的文明比印加帝国早1000多年，其发达程度比后来的三大印第安文明毫不逊色。

西潘王陵的发现是一个了解莫切文明的分水岭，但我们对莫切人的认识却依然模糊。谁将最终解开莫切文化的起源、发展的谜团？但也许正如一位美国考古学家所言："总是有人希望，一旦发现一座墓穴，你就可能会找到在教科书或瓷器上所描绘的国王这样的人，但其实你永远也不会找到他们。"

（十一）摩索拉斯陵墓之谜

摩索拉斯，英语中陵墓一词（mausoleum）的来源。这座象征着他权力的陵墓直到他驾崩也没有完工，后来他的王后替他完成了这座浩大的工程。这座陵墓一建成就受到了世人的瞩目，被列为"世界七大奇观"之一，更有人将其与埃及的胡夫金字塔相提并论。这座长方形陵墓向空中延伸了大约50米，高度接近20层楼。除了恢宏的建筑，陵墓内的雕塑也同样让人叹为观止，尤以三处浮雕装饰最精彩：第一处刻画的是马车，第二处为亚马孙族女战士和希腊人作战的情景，第三处是拉皮提人在和半人半马的怪物争斗。难怪在其建成1500年之后，一位主教还写道："摩索拉斯国王的陵墓过去曾是，现在仍是一个真正的奇迹。"

可是人算不如天算，摩索拉斯的灵魂栖息之地在公元15世纪前的一场大地震中受损。1402年，陵墓所在地哈利卡纳苏斯被人征服。为了建造他们的城堡，统治者毫不犹豫地把陵墓当成了采石场，摩索拉斯的陵墓被彻底毁掉，少量幸免于难的浮雕及一些残存的碎片，被英国考古学家带到大英博物馆内存放起来。

哈利卡纳苏斯城曾经的繁荣已经不再，人们甚至已经找不到那座美丽王陵的所在地，虽然市内中央广场的遗迹依然存在，但最终人们会将这里遗忘，或许只有四处杂生的野草记得这位曾经显赫一时的国王吧！

（十二）纽格兰奇巨墓之谜

对于很多国家来说，史前时期的历史往往是一片空白，人们只能借助神话传说臆测那段不为人知的历史。但是事情往往有例外，史前的遗物、遗址说不定会在某刻被发现，爱尔兰就是这样一个幸运的国家。建于公元前 3100 年左右的纽格兰奇巨墓被发现和挖掘，给人们带来了无穷想象的空间。

作为爱尔兰最著名的史前遗址，纽格兰奇巨墓的外貌并不引人瞩目，似乎只是一个建在高大的坡地上向上隆起、绿草茵茵、呈滚圆形状的大土堆。以上的描述只是它古朴的外观，其实它的构造奇特，巧夺天工。巨墓的地基是由 97 块数吨重的整块大石头平铺而成，有些石头上还刻有一些不知是何意义的图案。在此基础上，整座墓由整块的石头和土块垒成。

这时，脑中两个疑问油然而生。石头上所刻的图案到底具有怎样的象征意义？在史前生产力水平极其低下的情况下，没有机械的外力，建造巨墓整块的大石头从何处运来？是怎么运来并堆砌起来的？

据考古学家研究，很多石头上都刻着漩涡状花纹的图案，可能是代表太阳等天体的意思，或者与生死轮回和返世再生的观念有关，意义不能确定。对于这样浩大的工程，应该是耗费了大量的人力，通过在巨石底部垫上圆木从远方滚至目的地的。再根据周围的环境推测，巨大石块的来源地应该是博因河附近。不知道这个巨墓的修建花费了他们多久的时间，也许是几代人努力的结果。

但是，古人建造这座巨墓的目的何在？至今仍旧是一团迷雾。即使进入墓室内部考察，也很难得出确切的结论。

墓穴内部首先是一条长长的石头甬道，甬道的尽头是一个圆形石屋，石室里有进行宗教仪式使用的壁凹和石盆，一些诸如垂饰、珠子、燧石、骨制凿子、骨制别针等简单的遗物，身份未明的两具死者遗骸，和至少三名死者的骨灰。他们在干什么？为什么均被埋葬于这个墓穴中？没有文字史料的记载和有力实物的佐证，这个谜底恐怕永远都不会被揭开。

（十三）殷墟妇好墓之谜

中国历史悠久绵长，各朝各代如流星般璀璨滑落。每个朝代的那些人、那些事也如过眼云烟，飘忽远去的不见痕迹。可是总有遗漏的人或事被埋藏在大地里，尘封多年后再度被掀起覆盖其上的面纱。

妇好墓中共出土随葬品千余件，材质运用广泛，造型精美，做工精致，反映了当时商朝较高的铸造水平。其中，尤以青铜器和玉器为主。让科学家们感到奇特的是随葬品中的玉器，呈现出深浅不一的绿色，因为这种青玉的来源地是新疆。在当时交通很不发达的条件下，新疆玉如何跋山涉水，穿越千山阻隔来到中原地带，成为王室贵胄的把玩收藏之物，是值得考证和推敲的。

对于这位四处征战、为商朝开疆辟地做出突出贡献的王后来说，她的事迹完全可以彪炳史册，奇怪的是鲜有文字材料记载其人其事，直至甲骨文被破译，妇好墓被挖掘，妇好的形象才逐渐清晰完整起来。

若不是科学家们发掘了妇好墓，我们就不会领略到几千年前中国女子的坚韧不拔；若不是妇好墓内的随葬品种类丰富多样，我们不会知道她尊贵的身份、地位；若不是我们去妇好墓前瞻仰凭吊，不会明白"古今多少事，都付笑谈中"的凄凉与落寞……

（十四）印山越王陵之谜

印山越王陵位于浙江省绍兴市郊。它的挖掘开发还是迫不得已的举动。为遏制猖獗的盗墓之风，当地政府着手开始挖掘开采。这一挖不要紧，竟然挖出了一个举世罕见，绝无仅有的战国时期的墓葬。

这是一个四周环绕宽大长墓道的竖穴岩坑木椁（室）墓，墓坑总体呈"甲"字形，如同古代城市中的护城河，四条直角形的壕沟规则地分布于墓的外围，保护着墓室的主人。墓坑东西长度达100余米，南北宽20米，深20余米，石壁布满四周，墓室布局的精心、严密，表现出对死者极大的尊重。可惜的是，墓室的规模虽在，但各种随葬物品出土极少，棺内也尸骨无存，不能不说是一个莫大的遗憾。

印山越王陵的发掘，还给后人留下各种悬念。首先，墓的主人归属，有史学家认为是越王勾践的父亲允常。但是，由于发掘出的随葬物品不多，也无任何铭文考证，而文献的记载又莫衷一是，做出了推测却不能肯定；这座2500年前的古墓主人，是根本就没有埋葬在此，还是被盗墓贼拖出墓外？更是无人可知。此外，历经千年木棺却保存完好的高超防腐技术奥秘何在？

一座小孤山，亦真亦幻的墓室主人，豪华墓葬零落成泥的现状，团团迷雾笼罩在印山王陵的上空，令人百思不解。

特别提示：

本书在编写过程中，参阅和使用了一些报刊、著述和图片。由于联系上的困难，和部分作品的作者（或译者）未能取得联系，对此谨致深深的歉意。敬请原作者（或译者）见到本书后，及时与本书编者联系，以便我们按照国家有关规定支付稿酬并赠送样书。

联系电话：010-80776121　联系人：马老师